The Essence of Evidence Law

证据法要义

(第二版)

张建伟 /著

图书在版编目(CIP)数据

证据法要义/张建伟著. —2 版. —北京:北京大学出版社,2014.8
(法学名师讲堂)
ISBN 978-7-301-24531-6

Ⅰ. ①证… Ⅱ. ①张… Ⅲ. ①证据-法学-中国-高等学校-教材 Ⅳ. ①D925.013

中国版本图书馆 CIP 数据核字(2014)第 157956 号

书　　　　名：	证据法要义(第二版)
著作责任者：	张建伟　著
责 任 编 辑：	孙战营
标 准 书 号：	ISBN 978-7-301-24531-6/D·3635
出 版 发 行：	北京大学出版社
地　　　　址：	北京市海淀区成府路 205 号　100871
网　　　　址：	http://www.pup.cn
新 浪 微 博：	@北京大学出版社　@北大出版社法律图书
电 子 邮 箱：	编辑部 law@pup.cn　总编室 zpup@pup.cn
电　　　　话：	邮购部 62752015　发行部 62750672　编辑部 62752027
	出版部 62754962
印 刷 者：	北京虎彩文化传播有限公司
经 销 者：	新华书店
	730 毫米×980 毫米　16 开本　28.5 印张　543 千字
	2009 年 6 月第 1 版
	2014 年 8 月第 2 版　2025 年 4 月第 7 次印刷
定　　　　价：	49.00 元

未经许可,不得以任何方式复制或抄袭本书之部分或全部内容。
版权所有,侵权必究
举报电话:010-62752024　电子邮箱:fd@pup.cn

是非之心,人皆有之;是非之心,智之端也。

——孟子

序　言

在一本侦探小说里读到：侦探问看门人"案发前后有无外人出现在现场"，回答是"没有"。实际上当时邮差曾经出现，由于这个邮差每天到来，实在熟悉得不得了，把侦探提到的"外人"理解为"可疑的陌生人"的被询问者竟然一时没有想起他——这个熟悉的"外人"。

这是很常见的现象：有些事，我们习焉不察，从来没有追问过、思索过，即使那本来应该成为疑问的。

2004年9月的一天，清华园涌来了很多外国刑法学专家，后面还跟着许多国内的法学专家。明理楼里，听罢主人对清华大学法学院和中国刑法发展历程的介绍，轮到提问时，外国专家立即活跃起来。一位专家问：在许多国家，证据法都是必修课，为什么贵国却是选修课呢？

这还真是个问题，猝然遇到，脑子里没有标准答案，真不好回答。只见热情的主人三言两语含糊过去，估计那位提问的外国学者辞别中国时也没有把这个疑问弄出个子丑寅卯。

时隔这么久，我的耳边还时常响起那一句悦耳的英文：为什么在贵国证据法是选修课呢？

在西方国家，证据法很受重视，盖因诉讼靠证据说话，除非免证事项，没有证据简直像白门楼上被捆成粽子状的吕布，徒呼奈何。况且，证据法是技术性很强的法律，尤其是英美之证据规则格外繁密，非精密研习无以熟练掌握，遑论应用？法学院的学生若弄不清楚证据法，将来办起案来，窘状可想而知。各大学法学院不敢小觑，实在理有固然。

我国有特别的"国情"，情况当然大不相同。一是证据法内容过于简单，若按诉讼法典上区区几条证据法内容讲，不出半小时，谁都能懂。二是在司法实践中，证据法并未得到足够重视，没有精心学习过证据法的，仅凭诉讼法典上那寒酸的几条和最高司法机关的司法解释，已足够应付。证据法学得再好，一身屠龙术用不上，又有啥用？证据法之不受格外青睐，也是事有必至。

最近读杨良宜、杨大明著《英美证据法》，居然在序言里找到可以给那位外国专家提供的答案，只不过读来实在令英雄气短。

杨良宜、杨大明劈头就说"中国人不讲证据"（这话说得不太厚道，我看了都吓了一大跳,瞪了半天眼),云:"中华民族的文化中一向没有对证据深究的传统与习惯。说到肯去花心思、动脑筋、花金钱调查事实/真相才作出判断,中国人推崇的包公应是绝少的例外。即使如此,笔者的印象仍是许多处不够科学。一旦无法解释,包公要靠第三只'阴眼'或做梦、托梦才知悉事实真相。另一例子是中国人喜欢的武侠小说,对证据/事实更是天马行空"。西方建立一套相对完整、符合人性与现实需要的证据法,穷几百年之功,收集和累积了西方古人先贤的明智之言和有关如何分析/对待各种证据(作为先例)的方法,"但中国完全是空白,它既没有制度,也没有人去收集与累积中国古人先贤的智慧。例如,诸葛亮的'料事如神'(这正是判断事实真相的能力)或包公的'明镜高悬'(也是同一回事)到底是怎样一回事,怎样才能做到。反而是,这些中国古人智慧慢慢沦落为迷信或支离破碎、似是而非的一些说法"。不仅如此,"中国人懒于取证,不肯花钱,不想麻烦与不懂调查",杨良宜、杨大明叹道:"很久以前笔者曾听过西方国家嘲笑一些发展中国家对嫌疑犯人下酷刑迫供,说:'这些国家警察或公安不是为人残忍,而是他们十分懒惰,不想动脑筋调查'。这是笑话,但仔细去想想,也觉得有一定程度的真实"。杨良宜、杨大明提出改变之道,谓:"中国人懒于取证调查,说真的,懒惰何止在此。笔者认为最严重与最危险的懒惰在疏于学习,而学习的最主要渠道就是去阅读与钻研好书"。

这所谓"好书"当然包括证据法方面的好书,可惜司法人员中读书的风气并不浓,吾未见有多少闲来无事手捧证据法书籍耽读者也。

仔细想想,两位杨先生这番解说,乃震聋发聩的反省之言,操持法律权柄的人们听了之后若有所憬悟,对改良司法实在大有裨益。不过,这番话实在不宜向外国人宣扬,说出来有点长他人志气、灭自己威风,大家关起门来跺跺脚、点点头,也就罢了。

我暗自思忖:证据法早晚是会逐渐得到重视的,君不见庭审那套方式发生的变化,已经刺激了证据法学研究的发展;当打官司摆脱了打关系的糟糕局面,事实、证据和法律真正成为诉讼中独立起决定作用的要素时,证据法一定不会再独自向隅、受到冷落了。

到那时,证据法该是各法律院系的必修课了吧?

目 录

绪 论

第一章 证据法总论 (3)
  第一节 证据法界说 (3)
  第二节 证据法属性 (6)
  第三节 证据法功能 (10)
  第四节 神裁法：证据法的童年 (14)
  第五节 诉讼模式与证据法 (22)
  第六节 中国证据法的沿革 (31)

第二章 证据法的理论基础 (39)
  第一节 认识论 (39)
  第二节 法律价值及平衡、选择理论 (47)

第三章 证据法之诸主义 (52)
  第一节 证据裁判（原则）主义 (52)
  第二节 无罪推定（原则）主义和疑罪从无（原则）主义 (55)
  第三节 两造举证主义和职权调查主义 (57)
  第四节 实质真实发现主义与形式真实发现主义 (61)
  第五节 法定顺序主义与自由顺序主义（证据随时提出主义与证据适时提出主义） (64)
  第六节 形式证据主义与实质证据主义 (68)

附 录 证据法学简史 (77)
  第一节 外国证据法学的历史发展 (77)
  第二节 中国证据法学的历史沿革 (86)

本 论

上编 证据通论

第一章 证据界说 (105)
  第一节 证据生成 (105)

第二节　证据界说 …………………………………………（110）
第二章　证据属性 ………………………………………………（122）
　　第一节　总说 ………………………………………………（122）
　　第二节　关联性(相关性) …………………………………（124）
　　第三节　客观性以及对客观性的质疑 ……………………（134）
　　第四节　可采性 ……………………………………………（138）
　　第五节　证据能力与证明力 ………………………………（140）
第三章　证据种类与分类 ………………………………………（144）
　　第一节　证据种类 …………………………………………（144）
　　第二节　证据分类 …………………………………………（145）
第四章　证据的收集与保全 ……………………………………（154）
　　第一节　总说 ………………………………………………（154）
　　第二节　收集与保全证据的基本要求 ……………………（158）
　　第三节　收集与保全证据的主要方法 ……………………（161）

中编　证据各论

第一章　物证 ……………………………………………………（171）
　　第一节　总说 ………………………………………………（171）
　　第二节　物证的分类 ………………………………………（173）
　　第三节　物证的证据能力 …………………………………（175）
　　第四节　物证的证明力:迹证重于人证 ……………………（185）
第二章　书证 ……………………………………………………（190）
　　第一节　总说 ………………………………………………（190）
　　第二节　书证的分类 ………………………………………（191）
　　第三节　书证的证据能力 …………………………………（193）
　　第四节　外部证据规则 ……………………………………（200）
　　第五节　书证的证明力 ……………………………………（202）
　　第六节　书证之提出 ………………………………………（205）
第三章　证人证言 ………………………………………………（207）
　　第一节　总说 ………………………………………………（207）
　　第二节　证人资格 …………………………………………（207）
　　第三节　证人的作证义务 …………………………………（210）
　　第四节　免证特权 …………………………………………（212）
　　第五节　证人的权利及安全保障 …………………………（218）

  第六节 作证方式 …………………………………………………（224）
  第七节 证人证言之证据能力 ……………………………………（225）
  第八节 证人证言的证明力 ………………………………………（232）
  第九节 韦蒲尔定律 ………………………………………………（233）
  第十节 五听 ………………………………………………………（243）
第四章 被害人陈述 ………………………………………………………（245）
  第一节 界说 ………………………………………………………（245）
  第二节 被害人陈述的特点 ………………………………………（245）
  第三节 被害人的心理特点和对被害人的询问 ………………（247）
  第四节 被害人陈述的证据价值 …………………………………（247）
  第五节 被害单位出具的证明材料：证据能力与证据归类 …（248）
第五章 犯罪嫌疑人、被告人的供述和辩解 …………………………（251）
  第一节 总说 ………………………………………………………（251）
  第二节 犯罪嫌疑人、被告人的供述和辩解的特点 …………（252）
  第三节 犯罪嫌疑人、被告人的供述和辩解的证据能力 ……（253）
  第四节 供述义务 …………………………………………………（267）
  第五节 犯罪嫌疑人、被告人的供述和辩解的证据价值 ……（269）
第六章 鉴定意见 …………………………………………………………（271）
  第一节 总说 ………………………………………………………（271）
  第二节 鉴定意见的证据价值 ……………………………………（273）
  第三节 鉴定意见的证据能力 ……………………………………（275）
  第四节 鉴定意见的种类 …………………………………………（276）
  第五节 鉴定人之选任 ……………………………………………（287）
  第六节 鉴定人的权利义务和对鉴定的基本要求 ……………（288）
  第七节 司法鉴定体制 ……………………………………………（290）
第七章 勘验、检查、辨认、侦查实验等笔录 …………………………（293）
  第一节 总说 ………………………………………………………（293）
  第二节 古代中国之勘验制度 ……………………………………（294）
  第三节 勘验、检查、辨认、侦查实验等笔录的种类 …………（296）
  第四节 勘验、检查、辨认、侦查实验等笔录的特征 …………（298）
  第五节 勘验、检查、辨认、侦查实验等笔录的证据价值 …（299）
第八章 视听资料、电子数据 ……………………………………………（301）
  第一节 总说 ………………………………………………………（301）
  第二节 视听资料、电子数据的起源和司法应用 ………………（303）
  第三节 视听资料、电子数据的应用前景 ………………………（307）

第四节　讯问中的录音录像 ·· (311)
　第九章　各种证据的收集与保全 ·· (314)
　　　第一节　物证、书证、视听资料、电子数据的收集与保全 ········· (314)
　　　第二节　当事人陈述与证人证言的收集与保全 ························ (318)
　　　第三节　鉴定意见的形成 ·· (322)
　　　第四节　勘验、检查、辨认、侦查实验等笔录的形成 ··············· (323)
　附　录　主要证据规则一览表 ·· (326)

下编　诉讼证明

第一章　证明 ··· (331)
　　第一节　证明定义与两种证明观 ··· (331)
　　第二节　临近或者易混淆的概念 ··· (336)
第二章　证明主体 ··· (341)
　　第一节　谁证明 ··· (341)
　　第二节　法院、公安机关是否证明主体 ····································· (343)
第三章　证明责任 ··· (347)
　　第一节　证明责任缘起 ··· (347)
　　第二节　证明责任界说 ··· (348)
　　第三节　证明责任制度之必要 ·· (353)
　　第四节　证明责任与诉讼主张 ·· (355)
　　第五节　证明责任的构造 ·· (357)
　　第六节　证明责任分担 ··· (360)
第四章　证明客体与免证事实 ··· (373)
　　第一节　证明客体 ··· (373)
　　第二节　免证事实 ··· (380)
第五章　证明标准 ··· (404)
　　第一节　证明标准的设定是否可能 ·· (404)
　　第二节　证明诸标准 ·· (406)
　　第三节　以主观的证明标准取代客观的证明标准？ ······················ (411)
　　第四节　"客观真实"与"法律真实" ······································· (414)
　　第五节　证明标准涉及的两大基本问题 ····································· (421)

结论 ·· (438)
跋 ··· (445)

绪　　论

难道你们不知道？
难道你们没听说？
难道没人告诉你？

——《上帝的话》

第一章 证据法总论

法律乃人类行为之规则。

——John Jay McKelvey

《易》曰:"饮食必有讼。""讼"者,纠纷也。一旦形成纠纷,不能自行解决,就需要求助于第三方出面裁决,这逐渐成为解纷止争的主要方法。随着历史发展,国家最终充当了裁决双方争议的第三方,国家解决争议的专门机构主要是法院。

诉讼,以认定事实、适用法律为内容,适用法律,以有一定事实之存在为基础。故适用法律,必先明了事实。事实明了,适用法律才能正确。事实明了依赖诉讼证明,通过证明使事实清楚的手段乃是证据。什么资料可以作为证据,如何收集以及如何运用,都需要认真加以规范。为使依证据认定事实真实、适用法律正确,不能没有法律规范作为准绳,此即证据法产生之缘由。

第一节 证据法界说

解纷止争之道往往在于先了解真相,查明是非,要做到这一点,不能不注重揭示真相的证据。① **现代诉讼首重证据,实行"证据裁判主义"**,建构了一整套细密的证据制度。一国一地的证据制度通常都不是一朝一夕形成的,它们有着长期悠远的沿革史。将证据制度以法律的形式确定下来,即为证据法。

在一些国家、特别是英美国家,一提到证据法,便会想到许多证据规则。有学者曰:"法律乃人类行为之准则。"(A law is a rule of human action.)②"法律作为一种制度,由许多这样的规则组成。"③可以给法律下这样一个定义,法律"就是

---

① "证据"一词,繁体为"證據"。《说文》解释云:"證,谏也。""證,告也。"从字的构成看,"證"由"言"和"登"组成,登是"上车"之意,引申为"上升",登堂入室,"言"加"登",意思是到官府大堂去讲话(告发),然则告发不能无所依据,"證"就有了凭据之意。《说文》解释"據"的含义是"杖持也",该字左手为"手",右手由"豖"和"虍"构成,含有野猪和老虎"斗相持不解"之意,据说后来代表分别以"豖"和"虍"为图腾的部落争持不下,各自"手持"凭证到更高首领处说理,由后者进行裁决。此近曰"证据"一词意义之所由来也。参见谭金土著:《法言与法相》,远方出版社2001年版,第123—124页。

② John Jay McKelvey, *Handbook of Evidence Law*, St. Paul. West Pubishing Co., 1944, p.1.

③ Ibid.

由主权机构制定、颁布并依靠制裁、奖赏或者刑罚来保障实施的规则。不过,就法律的整体而言,这并非精确的定义。法律作为我们生活在其下的社会制度的一部分,由数量庞大的人类行为规则所组成。并非所有规则皆由主权机构制定和颁布。相反,许多规则来源于所有人类共有的心灵的某些特性,并由所有人类种族成员所获得的自觉认识建立起来。这些规则与尊重其自身的人格和财产的基本权利有关"①。

其实,证据法的内容并不仅限于证据规则。在英美国家,有关证据法的教材和课程一般以"证据"而不是"证据法"为名,这并不是无意为之。② 彼得·摩菲(Peter Murphy)指出:"大多数律师与学生在想到证据时都把它看作一系列规则的总和,这些规则统摄着在法庭上哪些事实可以被证明,哪些材料可以提交给法庭用来证明这些事实,以及这些材料应当以什么形式提交给法庭。他们心里所想的,其实是证据法而非证据本身。普通法奇妙处之一,是证据规则的产生,目的不在于使一方当事人为获得胜诉得以将证据呈送给法庭,而在于禁止一方当事人在其对手反对的情况下提出某些类型的证据,甚或法庭本身主动拒绝某些证据。由于实践需要,强调熟悉这些规则就成了自然而然的事情。在证据学科进行教学和考试的内容就成了证据规则了。"③

证据法(the Law of Evidence)是规定诉讼上有待证明的对象、可以作为证据的资料的范围以及收集、调查和利用方法的原则、制度和规则之法律规范的总称。上海东吴大学法学院《证据法学》云:"夫证据法学者,即证据法中之学理与规律,用以为审判上裁判真确之准据。凡研究此类事物证明之方法,既宜合于科学之原理,又须不违背公道之实施也。美国散由(Thyer)教授曰:'证据法学,乃审判合于理性化之结晶,为鉴衡一切证据之科学,经悠久之经验所蜕化而成。'"④约翰·杰伊·麦克凯尔维认为:"证据法乃是与在法庭中运用证据有关的法律,在其贴切的意义上,该法律包括两个方面内容:(1)用于排除证据的特定规则;(2)规范在法庭中提出证据之行为的规则。准确地说,证据法包含了所有根据制定法、法院的裁决和实践确立起来的统摄法院司法活动中证据运用的那些规则。"⑤不过,当代证据法的应用并不仅限于审判阶段,侦查过程也要受到证据法的规范,证据法不仅规范在法庭中提出证据之行为,也规范在侦查和起诉中收集证据的行为。审前收集证据的行为不当,最终可能招致在审判中根据证

---

① John Jay McKelvey, *Handbook of Evidence Law*, St. Paul. West Publishing Co., 1944, p.1.
② 我国20世纪80年代最初的此类教材也称"证据学"。当时证据学作为法学的一门学科,并不会被误读为与"法"无关之学。
③ Peter Murphy, *Murphy on Evidence*, London Blackstone Press Limited, 1997, p.1.
④ 东吴法学丛书:《证据法学》,上海私立东吴大学法学院1948年发行,第2页。
⑤ John Jay McKelvey, *Handbook of Evidence Law*, St. Paul. West Publishing Co., 1944, p.5.

据法的相关规则而排除不当行为获得的证据。

证据法之含义颇广,日本学者石井一正云:"'证据'或'证据法'广义上为泛用于一切学问和日常生活概念;狭义上则特指裁判中确定事实的方法和程序"①。土本武司云:"并非任何物品都能作为证据,也不是可以无限制地承认证据的证明力,关于何物能作为证据的资格——证据能力问题——或能否根据有证据能力的证据自由地认定事实及有哪些制约——证明力问题——等,有一定的法则。关于证据的法则,称为'证据法'。"②在诉讼活动中有证据法之运作,在非诉讼证据法亦有证据法之运作,故证据法包括诉讼证据法与非诉讼证据法两类:

1. 诉讼证据法

诉讼证据法乃是参与司法活动的专门国家机关以及当事人收集证据、运用证据进行证明、审查判断证据所应遵守的法律规范,包括刑事诉讼、民事诉讼、行政诉讼等三大诉讼法,也包括宪法诉讼证据法,以及公益诉讼证据法等。本书所阐述的,乃诉讼证据法,并仅涵盖刑事诉讼、民事诉讼、行政诉讼等三大诉讼所运用之证据法。

2. 非诉讼证据法

非诉讼证据法乃是行政机关、仲裁机构、公证机关等机关或者组织以及当事人收集证据、运用证据进行证明、审查判断证据所应遵守的证据法规范,包括行政证据法、仲裁证据法和公证证据法等。

证据法包含以下两种模式:

1. 单一法

又分为统一法和专项法。**统一法采取熔三大诉讼的证据法律于一炉、制定统一的证据法的形式**,如美国在1909年由证据法学家威格穆尔编纂的《证据法典》(Code of Evidence)、美国法学会在1942年编纂的《模范证据法典》(Model Code of Evidence)、美国统一各州法律全国大会在1953年的《统一证据规则》(Uniform Rules of Evidence)以及由律师、法官和法学教授组成的咨询委员会编纂的《联邦证据规则》(Federal Rules of Evidence)③,都提供了这一方面的范例。**专项法是就特定人员或者特定诉讼阶段乃至于某一特定诉讼种类(即分别就民事、刑事、行政证据单独立法,以不同的诉讼类型为单元,形成适用于这些不同诉

---

① 〔日〕石井一正著:《日本实用刑事证据法》,陈浩然译,五南图书出版公司2000年版,第2页。
② 〔日〕土本武司著:《日本刑事诉讼法要义》,董璠舆、宋英辉译,五南图书出版公司2007年版,第294页。
③ 该规则全称《联邦法院和治安法官适用的证据规则》,其草案于1972年经过美国联邦最高法院批准,美国国会修改、公布,1975年7月1日生效。高忠智著:《美国证据法新解:相关性证据及其排除规则》,法律出版社2004年版,第3—4页。

讼类型的证据法律）所制定的证据法的形式，如英国《警察与刑事证据法》、联邦民事证据规则等。单独立法模式中还有一种情况，就是针对证据法中某一问题进行单独立法，如针对我国刑事庭审当中证人出庭率偏低的情况，有人建议立法机关制定证人出庭法。这一建议如得到采纳，就属于针对证据法中特定问题单独制定的法律，亦即属于专项法。

2. 混合法

分为两种情况：一为与诉讼法合并之混合法，即诉讼法中含有证据法内容，即将有关证据制度分别纳入诉讼法，成为刑诉、民诉和行政诉讼三大诉讼法典的组成部分；一为与实体法合并之混合法，即实体法中含有证据法内容，诸如在实体法当中单独列编规定证据法，葡萄牙、澳门的民法典当中就规定有民事证据法部分。

第二节 证据法属性

证据法以诉讼上有待证明的对象、可以作为证据的资料的范围以及收集、调查和利用证据的原则、制度和规则等为内容，在法律的类别上究竟应属什么，应有所认识。

法律，就其分类而言，依法律存在的形式不同而分类者，为成文法与不成文法；依法律的实质内容而分类者，为公法与私法、实体法与程序法（此外还应有一种，即混合法）；依实施要求不同而分类者，为强行法与任意法；依法律来源不同而分类者，为固有法与继受法；依法律效力不同而分类者，为普通法与特别法。①

诉讼证据法是成文法还是不成文法，因国家或地区不同而异，在有的国家或者地区为成文法，有的为不成文法。成文法与不成文法，区别并不在于是否记载于一定文书，如判例虽以文书形式存在，但判例法仍属于不成文法非成文法。我国虽无独立的证据法典，但在诉讼法典中皆规定有证据章节，这些诉讼法皆成文法，诉讼法中证据法部分当然也是成文法。

诉讼证据法乃是规范参与司法活动的专门国家机关以及当事人收集证据、运用证据进行证明、审查判断证据所应遵守之法。**公法与私法区别之标准，为法律关系的主体为何**，"规定国家（或公法人）与国家、或国家与私人之法律，曰公法；规定私人与私人之法律，曰私法"②。由此观之，诉讼证据法乃公法无疑。非诉讼证据法中规范国家机关收集证据、运用证据进行证明、审查判断证据所应遵

---

① 〔日〕奥田义人著：《法学通论》，卢弼、黄炳言译，政治经济社藏版，年代不详，第128—132页。
② 同上书，第123页。

守之法,亦为公法,与国家机关无涉,只规范个人或者国家机关、企业事业单位社会组织收集证据、运用证据进行证明、审查判断证据所应遵守之证据法,则为私法。

诉讼证据法乃强行法,非任意法。**强行法与任意法区别的标准,在于对于法律关系的取舍去就,是否由个人的自由意志所决定,即法律的适用是强制的还是取决于个人之私意**。强行法是必须遵奉而不能以自己的意思来决定是否适用的法律。任意法与之相反,凡可以由个人自己决定是否适用的法律,为任意法。诉讼证据法乃诉讼中必行之法,非由当事人可依私意决定是否适用者,故而属于强行法。

我国的诉讼证据法非固有法,乃继受法。"固有法者,本一国固有之民情风俗习惯而发生之法律也。继受法者,或采他国之法律为模范以制定法律,或取他国之法律,直为本国法律之谓也。"我国自清末改制以来,法律皆仿习西法而成,证据法亦然。我国当前之诉讼证据法乃参酌苏联法制、大陆法系和英美法制而制定,非本国自主创造之法,故而属于继受法。

我国诉讼证据法为普通法,即通用于全国而非国内某一特定地区之法,通用于全体人民而非某一特定人群。特别法乃适用于某一特定地区之法或者某一特定人群,并与普通法存在原则与例外关系、对普通法起补充作用之法,显然,诉讼证据法并非特别法。

进行上述归类,一目了然,并非难事,但证据法究竟是程序法还是实体法,抑或既有实体内容也有程序内容的混合法,却需要仔细端详,不可遽然而论。日本松冈义正在其所著《民事证据论》中云:"民事证据之法则,应全部规定于民法中乎?抑或将民事证据法则中关于证据实体之法则(举证责任、证据种类、证据效力之法则),规定于民法中;而关于证据手续之法则,则规定于民事诉讼法中乎?抑或独立地制定为单行法而规定之乎?此为立法上最重要之问题也。"[①]不仅民事证据法如此、刑事证据法亦然。

(一) 实体法

实体法(substantive law)就是关于人们之间权利与义务的法律[②],或曰法律关系之实体的法律,"原来人类有一定之生活关系,是曰事实关系。事实不可无法律以保护之,遂生法律关系。故法律关系者,权利义务之关系也"。上海东吴大学法学院《证据法学》云:"实体法为规定事物之权利义务与责任等问题;程序法乃标明诉讼手续、审判进行而为实施实体法之用者。证据法在法律中之地位,通常指谓程序法之一部分。惟亚拿氏(Aron)则谓:'证据法乃研究事物真伪之

---

① 〔日〕松冈义正著:《民事证据论》,张知本译,洪冬英勘校,中国政法大学出版社2004年版,第1页。
② John Jay McKelvey, *Handbook of Evidence Law*, St. Paul. West Publishing Co., 1944, p.1.

实体法也,得与规定权利义务之实体法,及标明诉讼手续之程序法,鼎足而立。'"①实体法中载有证据法的内容,典型的例证是德国曾将举证责任规定于民法之中,"就德国言之,德国系以举证责任之法则属于民法者"②。

(二) 程序法

大陆法系国家的传统,视证据法为诉讼法之一部分,故证据法通常被看做程序法。程序者,"凡运用实体法时,所经历之过程,谓之程序"③。程序法者,与实体法相对称,又称"手续法""附属法""形式法","谓规定行使权利履行义务之手续之法律,即规定关于实体法运用上之手续的法律"④。

约翰·杰伊·麦克凯尔维认为:"证据法乃手续法的一部分。"⑤

霍奇·M.马利克也指出:"法律通常分为实体法(substantive law)即规定权利、义务和责任的法律,和附属法(adjectival law)即规定实体法实际应用所依赖的程序、声辩(pleading)和证明的法律。"⑥其中,"程序规则规范诉讼的一般行为;声辩的目标在于引导双方当事人和法庭去确定每个特定案件中争议中的实质事实;证明是以适当的法律手段确立这些事实以便使法庭得到认定,这个含义中也包括反证(disproof)。"⑦

证明不同于辩论、从证据中得出的推论,影响证明之要素有三:证据、推定和司法认知。英国学者指出:"是故证据法之内容是双重的,例如,规范哪些资料可以或者不可以被采纳以确立争议中的事实,以及诸如这些资料出示给法庭的方法。是否需要证明乃是个法律问题。英国法明确区分法律与事实。外国法乃属例外,它被看做是为了证明目的之事实。"⑧

松冈义正也认为,证据法乃属程序法,云:"但以民事证据多为民事诉讼方面具有效用者,所有民事证据之法则,应以之全部规定于民事诉讼法中,方为适当。"⑨松冈义正还指出:

> 就法国言之,法国于一千六百六十七年之敕令,曾将证据之法则,悉规定于诉讼法之中;厥后制定法国民法时,则将证据一般之法则规定于债务关系之中,而将其他证据之法则规定于民事诉讼法之中,显系以民事诉讼法为

---

① 东吴法学丛书:《证据法学》,上海私立东吴大学法学院1948年发行,第1—2页。
② 〔日〕松冈义正著:《民事证据论》,张知本译,洪冬英勘校,中国政法大学出版社2004年版,第31页。
③ 郑竞毅、彭时编著:《法律大辞书》,商务印书馆1940年版,第1502页。
④ 同上书,第210页。
⑤ John Jay McKelvey, *Handbook of Evidence Law*, St. Paul. West Publishing Co., 1944, p.1.
⑥ Hodge M. Malek, *Phipson on Evidence*, London, Sweet & Maxwell Ltd., 2005, p.1.
⑦ Ibid.
⑧ Ibid.
⑨ 〔日〕松冈义正著:《民事证据论》,张知本译,洪冬英勘校,中国政法大学出版社2004年版,第1页。

民法中规定证据之补充。此种编纂,实缘于起草民法者之错误,早为识者所批评。原来法国民法多本于婆杰氏(法国法学者)之债务关系论(Traité des Obligations),既系债务关系论,当然论及证据时,只能限于债务关系,法国民法起草者忽焉不察,竟于制定民法时,直以载诸债关系论中之事项定为条文;此外物权关系及其他法律关系,悉遗忘之矣。此所以法国民事诉讼法必须补此缺点,另行规定证据调查之法则,而与民法共同完成证据之法则也。由此观之,法国规定证据之法则,其非以之属于民法之见地,已可明了矣(法之祁薛氏亦主证据法则应规定于诉讼法中)。①

日本曾依法、意、比、荷等国立法例,在旧民法中规定证据之实体,如旧民法证据编中规定有举证责任、证据种类、证据效力(后已效),并在民事诉讼法中规定"证据手续"且未加修订,松冈义正认为这表明"日本之证据法则,殊欠完备"。②

同样,石井一正认为证据法乃程序法,云:"'证据法'如被解释为广义的事实确定的程序,那么,这种程序就是一种几乎与所有的学科都有联系,与社会生活密不可分的程序。任何一个人都会深切地感觉到,无论是在学术上还是在社会生活中,确定事实都务求准确。在这层意义上,广义的'证据'、'证据法'就不是一种法律特有的技术性、冷漠的术语,而是一种使用频率极高的概念,它意味着构成所有事实基础的、准确认定事实关系的方法和程序。"③

松尾浩也指出:"审判程序核心的部分是依据证据准确无误地认定事实的过程,规定这个过程的法律规范的总称是证据法,它是程序法的重要组成部分。"④日本学者这类观点,与其是是一种学术见解不如说是对大陆法系立法习惯的事实描述。

我国近代以来证据法,亦含诉讼法之中。证据法素被看作诉讼法的一部分,

---

① 〔日〕松冈义正著:《民事证据论》,张知本译,洪冬英勘校,中国政法大学出版社2004年版,第30页。
② 同上书,第1页。松冈义正还指出:"举证责任分担之法则,能行于应加判断之当事人事实上之主张(出诉原因之事实,抗辩原因之事实)不能行于其他之事实。又举证责任分担之法则(亦与主张责任分担之法则相同),仅于民事诉讼中发挥其效力。故属于民事诉讼法,非属于私法。然在立法便利上,当制定民法及其他实体法时,因斟酌举证责任分担之法则,常设种种举证责任之规定。所以举证责任分担之法则,必须综合探究民事诉讼法之法意与私法及其他实体法中关于举证责任分担之各种法则而认识之。"(〔日〕松冈义正著:《民事证据论》,张知本译,洪冬英勘校,中国政法大学出版社2004年版,第41页。)
③ 〔日〕石井一正著:《日本实用刑事证据法》,陈浩然译,五南图书出版公司2000年版,第1页。
④ 〔日〕松尾浩也著:《日本刑事诉讼法》(下册),张凌译,中国人民大学出版社2005年版,第1页。

与诉讼法有着相同的价值理念,起到沟通程序法与实体法的桥梁作用。① 我国自清朝末年为收回治外法权而变法,模仿西方国家法制开始本国法制的近代化改革。1902 年清政府下诏宣布立法的宗旨云:"参酌各国法例","务期中外通行","与各国无大悬绝",并派沈家本、伍廷芳为修律大臣负责修订现行法律。次年设立修订法律馆,修订法律馆负责拟订奉旨交议的各项法律与各项专门法典,增订旧有的法例与各项章程。制定诉讼法是清末立法的项目之一,当时仿行欧陆国家的惯例,将证据法规定在诉讼法之中。

(三) 混合法

证据法,不仅包含实体法之内容(关于证据关联性等属性的规定、推定等皆是),亦包含程序法之内容(关于收集证据的程序的规定皆是),故证据法实为实体与程序之混合法。所争者,唯在实体法的内容多一些,还是程序法的内容多一些而已。

第三节 证据法功能

法律本身并不构成目的,它是为实现外在于它的目的或者价值服务的。休果·L. 皮拉克法官曾言:"法律本身不是目的,它也不提供目的,而是为我们所认为对的事提供卓越的服务方法。"②法律制定出来之后,总要发挥预期的功能,功能与功用的含义相似③,乃指"事物之显著效益曰功用"④。证据法当然也具有其特定功能,立法者在制定法律之时,期望发挥这些功能达到预期的目的,实现法律追求的价值或者维护这些价值。

证据法具有两大基本功能:

一、保障发现真实

发现真实,是实体公正的表现和前提,体现了秩序价值。秩序是首要的法律价值,在大多数情况下是其他价值的基础。诚如艾瑞克·沙瓦瑞德所言:"如果

---

① 林钰雄云:"证据法乃诉讼法的灵魂。刑事诉讼法是确定并实现国家于具体刑事个案中对被告刑罚权的程序规范,实体刑法借此而得以实现,证据法则是沟通其间的桥梁。具体刑罚权存在与否,包含事实认定与法律评价两个方面,例如,检察官起诉甲于某年某月某日在某处杀乙,甲有无检察官所指的犯罪事实,乃事实认定问题,若所指实在,甲所为是否该当刑法之构成要件,则属法律评价问题。犯罪事实如何认定? 应该透过何种程序认定? 这是整部刑事诉讼法的核心问题,乃证据法所欲处理的对象,并且同时涉及发现真实与法治程序之目的。"林钰雄著:《刑事诉讼法》(上册),中国人民大学出版社 2005 年版,第 344 页。
② 〔美〕劳伦斯·J. 彼德(Laurence J. Peter)著:《珠玑集》,罗明琦、王梅文译,世界文物出版社 1978 年版,第 488 页。
③ 仲文弢编辑:《新辞典》,新加坡,星洲世界书局 1957 年版,第 138 页。
④ 陆尔奎等编校:《辞源》,上海商务印书馆 1915 年版,第 341 页。

秩序崩溃,自由自将失去……更进一步的公平远景也将失去。"①

诉讼的过程是运用证据查明案件事实的过程,案件事实查清了,在此基础上正确适用法律,案件才能得到正确处理。在诉讼中,大部分难解决的问题皆出于事实认定,证据的运用在这个问题上特别重要。石井一正指出:"在现代社会,无论是民事诉讼、刑事诉讼或行政诉讼,事实认定,亦即证据法(证据调查)实际上已经成为——裁判的核心。也许,说到裁判,大部分人都会认为这是一种法律性程序,是围绕着法律适用或法的解释而进行争论的诉讼核心。但是,在实际的裁判中,无论民事诉讼还是刑事诉讼,几乎所有的案件都是由当事人针对事实的认定来展开各自的攻击和防御的,甚至于这种攻防可以决定诉讼的胜与败。"②无疑,证据的收集、运用和审查判断,根据证据所认定的案件事实是否符合事实真相,乃诉讼之关键。证据法之完善,对于实体事实的发现和确认可谓举足轻重。

尽管世界各国在达到诉讼具体目标上要求的程度和方式不尽相同,但对于刑事案件一般都要求探明事实真相。**在刑事诉讼模式的总体设计上,大陆法系各国实行职权调查原则,英美法系各国实行当事人平等对抗制度,主要是出于各自发现案件真实的考虑**:前者认为积极发挥法官的能动作用可以更好地发现案件的真相,后者认为发挥当事人双方的积极性才最有利于实现这一目标。

追求实体真实,要求在总体设计上最大限度查明案件真相,这不是针对个别问题而言的,某些案件枝节问题并不需要一一查证清楚。对于具体案件来说,基于对案件涉及的多元价值的权衡,也可能为保护惩罚犯罪以外的价值而牺牲实质真实发现。

二、保障手段正当

证据法应当有利于满足发现案件真实的要求,但又不能把这一目标绝对化、简单化,案件真实的发现必须通过正当手段来完成。手段正当是程序公正的基本要求,它体现了对个人自由价值的尊重。

证据法的作用不仅在于揭示案件事实,还具有保障人权的重要功能。证据法可以通过取证环节、采证环节对执法人员的诉讼行为和结果加以约束,起到限制国家专门机关的权力、保障个人自由、实现程序公正的价值作用。因此,证据法的完善,对于正当程序的维护、保障个人自由同样干系不小。

从总体上看,实体真实与程序正义应当是统一的。一般情况下,程序设计科

---

① 〔美〕劳伦斯·J.彼德(Laurence J. Peter)著:《珠玑集》,罗明琦、王梅文译,世界文物出版社1978年版,第488页。

② 〔日〕石井一正著:《日本实用刑事证据法》,陈浩然译,五南图书出版公司2000年版,第4页。

学,程序运用正当,有利于实现查明案件真实情况的目标,因此在诉讼中应当将实体真实与程序正义结合起来。

我国司法改革,期望强化当事人的诉讼权利,并力图在维护秩序和保障人权方面取得平衡。从业已取得的进展和推出的改革措施看,对当事人诉讼权利的保障是有所加强的。但与之相比,证据法却明显滞后,不能为改良后的审判方式提供助力,因而减弱了司法程序改革的效果,限制了诉讼程序进一步改革的步履。①

在权利保障方面,我国证据法与国际司法准则在拉近距离。② 如1988年9月我国批准加入的《禁止酷刑和其他残忍不人道或有辱人格的待遇或处罚公

---

① 例如,证人出庭作证问题,是三大诉讼中普遍存在的突出问题,在我国,即使是证人出庭情况最好的1996年下半年到1997年初庭审方式改革试点时期,所有案件的证人出庭率也只有7%,其他时候证人出庭已经成为我国庭审中难得一见的场景。

② 1945年英、美、法、苏等国倡议成立了联合国,并通过《联合国宪章》,该《宪章》第一次将"人权"规定在一个普遍性的国际组织文件中,成为会员国应遵守的最基本的国际准则。鉴于法西斯主义肆虐时代对人权的极大侵犯,人们意识到如果国际社会存在一些保护人权的有效的国际制度,也许这些暴行可以得到制止。1948年12月10日,联合国大会通过了人权委员会起草的《世界人权宣言》,宣言虽不是一项国际条约,但它提供了一份不容剥夺的人权一览表,为了使《世界人权宣言》公约化,"作为所有人民和所有国家努力实现的共同目标"(序言),1966年12月16日第21届联大通过了包括《经济、社会及文化权利国际公约》、《公民权利和政治权利国际公约》及《公民权利和政治权利国际公约任意议定书》的"国际人权公约",《公民权利公约》于1976年3月23日生效。《公民权利公约》确立的证据准则主要有:(1)禁止酷刑或施以残忍的、不人道的或侮辱性的待遇或刑罚。《公民权利公约》第7条规定:"任何人均不得加以酷刑或施以残忍的、不人道的或侮辱性待遇或刑罚。"所谓酷刑是指"为了向某人或第三者取得情报或供状,为了他或第三者所作或涉嫌的行为对他加以处罚,或为了恐吓或威胁他或第三者,或为了基于任何一种歧视的任何理由,蓄意使某人在肉体或精神上遭受剧烈疼痛或痛苦的任何行为,而这种疼痛或痛苦是由公职人员或以官方身份行使职权的其他人所造成或在其唆使、同意或默许下造成的"。(2)质证权。在法庭上有权在同等条件下讯问对他不利和有利的证人(戊目);免费获得译员的援助(己目)。(3)无罪推定。《公民权利公约》第14条第2项规定:"凡受刑事控告者,在未依法证实有罪之前,应有权被视为无罪"。(4)反对强迫自证其罪。《公民权利公约》第14条第3项庚目规定:"任何人不被强迫作不利于他自己的证言或强迫承认犯罪."《公民权利公约》制定后,联合国大会及其所属组织还通过了一系列有关司法的单项法律文书,规定了某一方面的准则,将《公约》确立的证据准则具体化。其中包括保护未成年人的《儿童权利宣言》(1959年11月20日通过)、《联合国少年司法最低限度标准规则》(即"北京规则",1985年11月29日通过)、《联合国预防少年人犯罪准则》(1990年12月14日通过)、《联合国保护被剥夺自由少年规则》(1990年12月14日通过)。这些法律文件规定:在诉讼的各个阶段,应当有保证基本程序方面的保障措施,诸如假定无罪、指控罪状通知本人的权利、保持缄默的权利、请律师的权利、要求父母或监护人的权利、与证人对质和盘诘证人的权利等。关于禁止酷刑包括《保护人人不受酷刑和其他残忍、不人道或有辱人格待遇或处罚宣言》(1975年12月9日)、《禁止酷刑和其他残忍、不人道或有辱人格的待遇或处罚公约》(1984年12月10日)、《有关医务人员、特别是医生在保护被监禁和拘留的人不受酷刑和其他残忍、不人道或有辱人格的待遇或处罚方面的任务的医疗道德原则》(1982年12月18日)。这些法律文件宣布:任何国家不得容许或容忍酷刑或其他残忍、不人道或有辱人格的待遇或处罚。应确保在任何诉讼程序中,不得援引任何业经确定系以酷刑取得的口供为证据,但这类口供可用作被控施用酷刑者刑讯逼供的证据。应确保酷刑受害者得到补偿。医务人员、特别是医生,如积极或消极地从事构成参与、共谋、怂恿或企图施行酷刑或其他残忍、不人道或有辱人格的待遇或处罚的行为,为严重违反医疗道德。还有关于预防和控制犯罪的,包括:制定了反贪污腐败的实际措施(如公布财产、举证责任倒置等),预防和控制有组织犯罪的实际措施(如允许截获电信和使用电子监视等)。

约》第15条明确规定:"每一缔约国应确保在任何诉讼程序中不得援引任何业经规定系以酷刑取得的口供为证据,但这类口供可用作被控施用酷刑者刑讯逼供的证据。"我国《刑事诉讼法》规定严禁刑讯逼供、威胁、引诱、欺骗等非法方法取证,逐步明确由此获得的证据如何处理,其中以刑讯逼供等非法方法获得的犯罪嫌疑人、被告人供述和以暴力、威胁等非法方法获得的证人证言、被害人陈述将予以排除,不能作为起诉的依据和定案的根据。1998年10月我国政府签署了《公民权利和政治权利国际公约》,这一公约多方面规定了刑事司法准则,其中含有与证据有关的内容,例如:该《公约》第14条规定:在法庭上有权在同等条件下讯问对他不利和有利的证人;其第14条第3项(庚目)规定:"任何人不被强迫作不利于他自己的证言或强迫承认犯罪"。尽管这一公约须经全国人大常委会审查批准后才能生效,但为了达到国际刑事司法准则提出的要求,在国内法律的完善方面已经有所作为,例如,在2012年修正的《刑事诉讼法》第50条中规定"不得强迫任何人证实自己有罪"就是如此。人们认识到,证据立法涉及无罪推定、直接言词原则、沉默权、禁止酷刑等内容,国际社会都有一定的准则可以参考、遵循,我国证据制度应当与国际司法准则看齐,以达保障自由之目的。

三、保障诉讼效率

任何诉讼都需要投入一定司法资源。司法机关为办案预备和投入的人力、物力、财力,称为"司法资源"。在不严格意义上说,公安机关的办案警力、装备和资金也一同称为"司法资源"。在诉讼中,不但国家专门机关为办理案件要投入司法资源,当事人等诉讼参与人参加诉讼活动,也要付出时间、精力和财力,甚至蒙受经济损失。**诉讼过分延宕而导致当事人深陷诉讼中,称为"讼累"**。在不失公正的前提下,减少司法资源的投入和当事人"讼累",不但是诉讼程序设置需要认真考虑的问题,由于构成诉讼活动主要组成部分的是收集、提供和审查判断证据,保障诉讼效率,自然也就成为证据法不能回避的问题。

保障诉讼效率是证据法又一重要功能。J.W.塞西尔·特纳指出:所有的证据制度结构都是依据三个主要的公理建立起来的,其中之一是"如果一个人试图不承担举证责任,他就不能提出在逻辑上与争议事实有关的问题",这一原则的理由之一,就是"防止浪费法庭的时间"。[①] 有的证据规定是把诉讼效率作为考虑因素之一而建立起来的,例如,某一证据虽然具有相关性,但属于"与案件事实只有微弱的联系,不值得花费时间去核实的证据,如果允许每一种与争议事实有点关系的情况都作为证据,审判时间就会拖长到令人无法忍受的程

[①] 〔英〕J.W. 塞西尔·特纳著:《肯尼刑法原理》,王国庆、李启家等译,华夏出版社1989年版,第485页。

度"①,证据法中诸如此类的内容,都是为了保障诉讼效率而规定的。

第四节 神裁法:证据法的童年

证据法的童年,是在反理性的襁褓中度过的。

初民已有讼争,有讼争就需要解决。要解决纠纷,需要弄清楚争议双方的是非曲直,这就需要探明真相。美国学者罗维引述霍布浩斯的话说:"古旧的诉讼手续不以有罪无罪之确实决断为中心,而注重在部族内斗之防止。然而即令在粗陋的文化中,也应用种种方法来测验控词之真伪或争执之是非,但所用方法通常饱含该族所通行的法术兼宗教的观念。在这个题目之下,有两种习俗值得注意,立誓(oath)和神断(ordeals)。"②由此形成诅誓和神断的证据制度,最初的证据制度存在于行动中,并没有体现在书面上。③

神断,音译为"奥提尔"(ordeals),"'奥提尔'者,在神灵之前之一种试验,如能受试胜利,宣告无罪。此种试验,大抵为一种严刑式之难事,理直之人,虽经试验,决无损伤,若理屈者,必死伤于受试验之时"④。

神灵的启示并不是现代严格意义上的证据,它与案件事实往往不具有关联性。以获取神的启示作为断案的方法,是这一裁判制度的本质性特征,故该证据制度应当被称为"神示证明制度"或者"神明裁判制度"。这种证明制度是在生产力低下的发展状况的制约下产生的,主要发端和盛行于亚欧各国的上古时期和欧洲的中世纪。在实行神意裁判制度的社会里,人们对于自然界的各种现象和人世间的悲欢离合,缺乏科学的认识方法和手段,将这些现象和事件归结为神意。神被奉为万物的创造者,是宇宙的主宰,神无所不在,无所不知,神意代表着公正、正义,违背神的意志、欺骗神灵必遭天谴,在这一认识前提下,人们相信可以凭借神的启示发现是非善恶并进而惩恶扬善,实现神的意志。

获得神的启示是通过某些确定的仪式来完成的,这些仪式主要有:

一、诅誓

诅誓(oath)的证明方法在公元前17世纪巴比伦王国《汉穆拉比法典》中有明文规定,该《法典》第126条规定:"设若某人并没有失落什么而声称'我失落了某物'并诬陷自己的邻居,则他的邻居应在神前发誓来揭穿他并没有失落什么,而他则应加倍偿还他的邻居自己所贪图的物品"。古代日耳曼法和西欧中

---

① 〔英〕J. W. 塞西尔·特纳著:《肯尼刑法原理》,王国庆、李启家等译,华夏出版社1989年版,第485页。
② 〔美〕罗维著:《初民社会》,吕叔湘译,商务印书馆1987年版,第488页。
③ 同上。
④ 应成一著:《社会学原理》,民智书局1933年版,第152—153页。

世纪初期的《萨利克法典》也有类似规定。在笃信宗教的社会,诅誓是常见的证明方式。人类学者指出:"立誓之法的普遍用途是决定犯罪与否。萨莫伊人和奥斯提雅克人让被告凭熊鼻立誓。他一面用刀割熊鼻,一面宣誓,'我若诬誓,熊来噬我!'他们相信诬誓者必应誓,所以凡是宣过誓的,便算是无罪。但是倘若后来他真被熊咬死或遇其他意外,大家都说是由于他诬誓之故。吉尔吉斯人的规则特别些,不叫被告立誓,另外找一个以正直知名的人立誓,倘若他明知而诬誓,誓言便落在他的身上。"①德国直到1933年才取消将宣誓当做询问证人替代方法的做法。英美国家至今采用的宣誓供述书(affidavit)是诅誓制度的遗留。许多国家证人在法庭上作证前进行的宣誓,也是古代诅誓的遗风。

在欧洲古时,曾实行对福音传教士发誓方式来替代决斗,方法是:"接受这种考验的被告,要面对一本《新约》,或圣者的遗物,或圣者的陵墓发誓他没有犯下强加于他身上的罪行。另外他还要找到十二位被公认是正直的人,他们也要同时发誓他们相信他是清白的。这种审判方式导致极大的弊端,特别是在有争议的遗产案中,最坚定的发誓人自然会获胜"②。也就是说,人们可以"靠信誓旦旦发假誓"获得成功。③

二、水审(冷水审和热水审)

水审(ordeal by water)是用水来检验当事人的陈述是否真实或者被控告的人是否有罪的神示证明方法,又分为冷水审和热水审两种方法。冷水审是将被控告的人投入河水中来检验其是否有罪的方法,例如,《汉穆拉比法典》第2条规定:"设若某人控他人行妖术,而又不能证实这事,则被控行妖术的人应走近河边,投入河中。如果他被河水制服,则揭发者可以取得他的房屋;反之,如果河水为这人剖白,使之安然无恙,则控他行妖术的人应处死,而投河者取得揭发者的房屋。"冷水审中还有饮水一法,按照希伯来法律,凡怀疑妻子不贞洁的丈夫,可以令其妻子过量饮水进行测试。沸水审是以在沸水中放置物件令被控告的人用手取出来或者赤足入水以验证其是否有罪的方法。检验标准通常是,烫伤后向神祷告或发咒语,在一定时间内如果烫伤痊愈或者有即将痊愈的迹象,则认定无罪;脓肿溃烂,则认定有罪。

日本也曾存在水审制度,学者石井一正云:"从古代至中世纪,日本和西欧的证据方法都有非常相似的特征,其代表性的证据方法就是'神判'。在日本国,最为古老的裁判方法之一即所谓的'盟神探汤',这是一种让诉讼当事人伸

---

① 〔美〕罗维著:《初民社会》,吕叔湘译,商务印书馆1987年版,第488页。
② 〔英〕查尔斯·麦凯著:《人类愚昧疯狂趣史》,朱品凡等译,漓江出版社2000年版,第294页。
③ 同上。

手到滚烫的开水中去捞取小石块,然后根据手是否被烫伤来判断主张真伪的方法,《古事记》《日本书纪》中均有记载。到了中世纪,这种方法演变为'汤起请',即用同样的方法捞出小石块后根据手被烫伤的程度来判断是非曲直。"①

三、火审/热油审

火审(ordeal by fire)是用火或者烧热的铁器检验被控告的人是否有罪的方法。火审的存在,是因为"人们一般都认为火是不会烧清白的人"②,多见于中世纪的教堂中,据说是古代条顿民族和法兰克民族发明的。公元9世纪法兰克人《麦玛威法》规定:"凡犯盗窃罪,必须交付审判。如在神判中为火所灼伤,即被认为不能经受神火的考验,处以死刑。反之,如不为火所灼伤,则可允许其主人代付罚金,免处死刑。"

查尔斯·麦凯指出有几种火审方法:"有一种火刑就是把烧得炽热的犁头按一定的距离摆放在地上,然后蒙上被告人眼睛让他赤脚走过这些铁犁。如果他正好踩在空格里,没踩着犁,那么他就被判无罪;如果他被烫着了,那他就有罪……这种神裁法称为'世俗炼狱'。它还可以用其他几种方法来审判。一种是用手拿几块一或两三磅重的炽热的铁块……另一种方法是把手臂赤条条地伸进一个装着沸水的大锅里,然后牧师用几块亚麻布和绒布包扎一下,让病人在教堂里住上三天,由他们进行特别护理。如果三天之后手臂完全恢复不留一个疤痕,那就绝对证明被告的清白。"③后一种情形,实际上是"水审"(沸水审)。

在有的国家或者民族,沸水被热油取代,称为"热油审"。周达观撰《真腊风土记》记载,在南海一小国真腊,"且如人家失物,疑此人为盗,不肯招认,遂以锅煎油极热,令此人伸手于中。若果偷物则有腐烂,否则皮肉如故云。番人有法如此"④。此外,查尔斯·麦凯转述福比斯《东方回忆录》中记载,云:

> 当一个被控死罪的人选择神裁时,他将被严密监禁几天,右手和手臂用厚蜡布包住,扎紧并封蜡,而且还要有有关官员在场以防作弊。在英格兰地区,封蜡总是和同伴的手臂一起封,而且囚犯是由一个来自欧洲其他国家的卫兵看管。到了规定的审判时间,就把一个大油锅放在火上,油开后丢进一个硬币;这时当着法官和原告的面解开犯人手臂上的包扎物并清洗,在进行仪式时,在场的婆罗门教徒则向他们的神祈祷。在接受了他们的祈祷后,被告把手伸进沸腾的油里取出硬币。然后又封起手臂直到指定的复审时间。

---

① 〔日〕石井一正著:《日本实用刑事证据法》,陈浩然译,五南图书出版公司2000年版,第2页。
② 〔英〕查尔斯·麦凯著:《人类愚昧疯狂趣史》,朱品凡等译,漓江出版社2000年版,第295页。
③ 同上书,第295—296页。
④ 陆楫等辑:《古今说海》,巴蜀书社1988年版,第141—142页。

那时打开蜡封:如果没有伤痕就是无罪;反之他就要因他的罪行而受到惩罚。①

四、决斗

维柯在谈到决斗时曾经指出:"在各民族的野蛮时代,神的裁判中有一种方式就是决斗。"②应成一解释说:"决斗者,使相争执之两造,各比武艺于上帝之前。如理直者,得上帝之默佑,自然战胜;其曲之造,上帝使之战败,故两方曲直,因其胜败而定之。"③从性质上看,"决斗就已包含了真正的裁判,因为决斗都在争执对象当面进行……决斗可以有见证人,作为裁判人进行干预,这就会使决斗变成民法或刑法的裁判"④。

决斗(wager of battle)起源于何时,无从稽考。维柯指出:"它理应从最早的神的政府之下就已开始,在英雄政体下还持续一段很长时间。"尽管"过去没有人相信原始的野蛮体制下就已运用决斗,因为没有留下决斗的记录……不过这种决斗毕竟留下了两个重大的遗迹,一个在希腊史里,另一个在罗马史里,都说明了古代各民族的战争一定是从受委屈的两方个人的私斗开始(拉丁人把这种战争就叫做 duella 决斗)"⑤。查尔斯·麦凯指出:

> 根据501年通过的以勃艮第国王名字命名的贡德巴尔达斯法,在所有法律诉讼程序中是允许用格斗代替发誓来作证的。在查理曼时代,勃艮第人的做法已传遍法兰西帝国,不仅是为了公道的原告,而且证人,甚至法官,在死亡威胁时都不得不为他们的理由,他们的证据,或是他们的裁决作辩护。他们的继任者路易一世,努力要根绝这种日益增长的罪恶,他只允许在重罪的申诉、民事案件,或是涉及权利文书的问题以及武士团法庭的案件,或是攻击一个人骑士资格的这些案件中进行决斗。除了妇女、病人、残疾人以及 15 以下的儿童或是 60 岁以上的老人,无人能免除这些考验。允许牧师找人代替他们。随着时间的推移,这种做法扩大到所有民事和刑事案件的审判中去,所有案件都必须由决斗来决定。⑥

应成一指出:"在古代之日尔曼人,及撒克逊人之历史中,均有此等宗教审判之记载。英国直至 1817 年后,其制始废。"⑦由当事人双方使用武力对打以决

---

① 〔英〕查尔斯·麦凯著:《人类愚昧疯狂趣史》,朱品凡等译,漓江出版社 2000 年版,第 296 页。
② 〔意〕维柯著:《新科学》,朱光潜译,人民文学出版社 1997 年版,第 483 页。
③ 应成一著:《社会学原理》,民智书局 1933 年版,第 152 页。
④ 〔意〕维柯著:《新科学》,朱光潜译,人民文学出版社 1997 年版,第 484—485 页。
⑤ 同上。
⑥ 〔英〕查尔斯·麦凯著:《人类愚昧疯狂趣史》,朱品凡等译,漓江出版社 2000 年版,第 292 页。
⑦ 应成一著:《社会学原理》,民智书局 1933 年版,第 152 页。

胜负的神示证明方式,显然不是以证据进行裁判而是依体力、武功来确定案件事实的有无。在这种争斗中,凡获胜的一方便被认为是无罪,失败的一方被认为是有罪的,这种判断的结果难免与事实真相相左。

　　决斗作为纠纷解决的方法有其社会心理基础,"人们认为上帝会给予诉讼理由合理的格斗者一方以勇气,让他击败他的对手。正如孟德斯鸠所言,在刚刚脱离野蛮时代的民族中这种信仰是很自然的。"①决斗作为一种解决纠纷的手段还有一个原因,那就是决斗意味着勇气,"缺乏勇气之人会被他人自然而然地怀疑到除怯懦以外其他的缺点。而缺点又是与背叛共存的,因此在遭遇战中表现得最为英勇的人会公众免除任何他会被指控的罪行"②。"政府通过在尽可能小的范围内开始了诉讼,在这种诉讼案中通过单个格斗来证明或否认犯罪的做法是合法的。"③

　　不过,决斗曾受到教士的反对,"需用智慧进行管理的教士从不赞成要置所有事物于最强壮之人统治之下的法律体系,自始他们就坚决反对决斗,并努力去抑制这种与宗教准则截然不同的尚武精神"④。教士们把进行决斗的人逐出教会,一是出于对流血的憎恶,二是出于保住权力的欲望,"为了把这种权力集中于教会,他们制定了五种审讯方式,并把它们的操作全部掌握在他们手中。这五种方式是:面对福音传教士发誓;十字架神裁法和火刑裁决法,用于身份较高之人;水刑裁决法,用于卑贱阶层;最后一种,即面包和奶酪裁决法,用于他们的阶层成员"⑤。

　　决斗不仅仅是诉讼争议的解决方式之一,也是争勇斗狠的做法,甚至出现为一条狗、一只鹅、戏院的一个座位而进行决斗或者因一位妓女争风吃醋而进行决斗,许多决斗由玩牌而引起。这种决斗的习俗逐渐与时代冲突,一些国家开始着手禁止决斗。在英法国家,开始有决斗者被监禁在监狱里。在德国,腓特烈大帝下令对于军队内的决斗,决斗的一方倒下,士兵受命立即向另一方射击。奥地利皇帝约瑟夫二世下令逮捕进行决斗的军官,并要求军事法院审判他们,指出:"这种野蛮的习俗只适用于帖木儿时代,它给每一个家庭带来悲痛。我要制止它,惩罚它,即使为此我会损失一半的军官。仍然会有人知道如何把一个英雄的品格与一个良好臣民的品格结合起来;只有遵守法律,他才能成为英雄"。波兰国王奥古斯塔斯颁布法令,对于决斗的主犯和从犯处以死刑。1773年在慕尼黑颁布法令:对于决斗的主犯和从犯,即使决斗双方没有一个人被杀或受伤,也将

---

① 〔英〕查尔斯·麦凯著:《人类愚昧疯狂趣史》,朱品凡等译,漓江出版社2000年版,第292页。
② 同上。
③ 同上。
④ 同上。
⑤ 同上书,第293页。

被处以绞刑,尸体埋在绞刑架底下。那不勒斯国王于 1738 年发布法令反对决斗,规定对所有与决斗有关的人均处以死刑。① 对于决斗的消亡,应成一指出:"在古代之日尔曼人,及撒克逊人之历史中,均有此等宗教审判之记载。英国直至 1817 年后,其制始废。"②

五、卜筮

卜筮(divination)是就当事人双方争议的事实向神祷告,然后进行占卜,法官根据卦象式签牌的内容判断何者胜诉的神示证明方式。这里的"卜",是占卜的意思,"向龟曰卜,谓欲知事之吉凶,灼龟以取兆也";"凡预兆皆曰卜,如以虫鸟之鸣卜阴晴是也"。③ "筮"的意思是"以蓍草占休咎之术"。④

六、十字形证明

十字形证明是当事人双方对面站立,手臂左右伸直,使身体呈十字形,保持这一姿势时间最久者胜诉的神示证明方法,为信仰基督教的民族所采用。查尔斯·麦凯还介绍了另一种十字架裁判法,颇为奇特:

> 十字架审判或裁判法,这也是查理曼在他的儿子之间出现争执时要求他们采取的方式。这种方式是这样进行的:被控有罪的人在宣誓他是清白的之后,求助于十字架以便得到对他有利的判决。他被带入教堂,站于圣坛前。牧师事先准备好两根一模一样的棍子,其中一根刻有一幅十字架图案,用大量的细羊毛小心翼翼地并经许多仪式把它们裹好,放在圣坛上或是圣人的遗物上,然后向上帝进行一次庄严的祈祷。根据圣坛上十字架的裁决,上帝会高兴地发现被告是无辜或有罪。一个牧师走向圣坛,取下一根棍子,用手虔诚地拨开羊毛,如果棍子刻有十字架,被告人则是清白的;如果没刻有,那么他就是有罪的。⑤

七、面包奶酪法/圣米法

这是"教士们为自己而设的那种最不可能判他们阶层的任何成员有罪的方法"。该方法"是这样进行的:把一块面包和一块奶酪放在圣坛上,被指控的牧师身着全套法衣,周围一群傲慢的天主教徒,牧师念了一段咒语,然后怀着极大的热情祈祷几分钟。如果他所被指控罪行属实,上帝将派他的天使加百利去扼

---

① 〔英〕查尔斯·麦凯著:《人类愚昧疯狂趣史》,朱品凡等译,漓江出版社 2000 年版,第 332—336 页。
② 应成一著:《社会学原理》,民智书局 1933 年版,第 152 页。
③ 陆尔奎等编校:《辞源》(上册),商务印书馆 1915 年版,子集第 396 页。
④ 同上书(下册),未集第 12 页。
⑤ 〔英〕查尔斯·麦凯著:《人类愚昧疯狂趣史》,朱品凡等译,漓江出版社 2000 年版,第 294 页。

住他的喉咙使他无法吞食面包和奶酪"。这种方法"就连世上最应受惩罚的恶人用这种方法也可以清洗罪名",难怪根本就"没有牧师被这样噎住的记录"。①

印度实行圣米法,与面包奶酪法很相似:"它不是选用面包和奶酪,而是圣米。通过想象的力量使罪犯连一粒米也吞不进,这种情况并不罕见。罪犯意识到自己的罪行而害怕受到上天的惩罚,所以当试图吞食圣米时他们就觉得在喉咙中有窒息感,于是就跪了下来,承认了所有对他们的指控"②。

八、静坐

元朝周达观撰《真腊风土记》记载:"两家争讼,莫辨曲直,国宫之对岸,有小石塔十二座,令一人各坐一塔中,其外两家,自以亲属互相提防,或坐一二日,或三四日,其无理者,必获证候而出:或身上生疮疖,或咳嗽热症之类。有理者略无纤事,以此剖判曲直,谓之天狱,盖其土地之灵有如此也。"③小说《西游记》描述唐僧与虎力大仙比赛静坐,也与此近似。

九、立鸡蛋

将鸡蛋立起,以此判定双方争议事实真伪,也是一种神裁法,如非洲"特佛高人用占卜方法断定盗贼,把鸡蛋放在矛刃上,叫到谁的名字那个鸡蛋站稳了,谁便是贼"④。

十、付诸"神兽"

将动物当作"神兽",依一定方法"验证"真伪善恶。如古代越南有所谓"鳄鱼裁判",将双方当事人投入有鳄鱼的河内,如果一方被鳄鱼——神的化身——吞噬,则该当事人败诉。⑤

在我国上古时期,有一种传说中的神兽獬豸,似羊非羊,似鹿非鹿,头上长着一只角,俗称"独角兽"。在中国古代的法律文化中,獬豸一向被视为公平正义的象征,它怒目圆睁,能够明辨善恶忠奸,发现奸邪的官员,就用角把他撞倒,然后吃下肚子。当人们发生冲突或纠纷的时候,独角兽能用角指向无理的一方,甚至会将罪该处死的人用角抵死,令犯法者不寒而栗,自古以来被认为是驱害辟邪的吉祥瑞物。辞海解释云:獬豸为"传说中的异兽名,能辨曲直,见人斗即以角触不直者,闻人争即以口咬不正者,见《异物志》"。此外,《后汉书·舆服志下》

---

① 〔英〕查尔斯·麦凯著:《人类愚昧疯狂趣史》,朱品凡等译,漓江出版社2000年版,第296—267页。
② 同上书,第267页。
③ 陆楣等辑:《古今说海》,巴蜀书社1988年版,第141—142页。
④ 〔美〕罗维著:《初民社会》,吕叔湘译,商务印书馆1987年版,第489页。
⑤ 〔日〕石井一正著:《日本实用刑事证据法》,陈浩然译,五南图书出版公司2000年版,第2页。

解释说：" 獬豸，神羊，能辨别曲直，楚王尝获之，故以为冠。"后亦用以指执法者。古代执法官吏戴獬豸冠（又云"法冠"），《后汉书·舆服志下》："[法冠]执法者服之……或谓之獬豸冠"①。

独角兽（unicorns）不仅是中国古代传说的神兽，也是西方传说中一种神秘生物，通常被形容为修长的白马，额前有一螺旋角（这也是独角兽的特征）。关于 unicorns 的形态有很多不同的说法：有的说它像一匹大马，头上有一只角，是难以驯服的生物。有些人则认为它是山羊般的生物，独角，神圣的生物，有些民族甚至信奉 unicorns。古罗马博物学家普利斯形容 unicorns 为四肢似大象，狮子尾，上半身像山羊，头上有一黑螺旋纹的角，是极凶猛的怪兽。公元前 380 年，有一希腊哲学家 Ctessias 对 unicorns 作出一种普遍形态的说明。他说 unicorns 是印度一种野生生物，有白色的身体，紫色的头，蓝眼，一只又直又硬的角，底白，中黑，顶部是红色。这有可能是把独角仙神化后所形成（独角仙也叫 unicorn）。"unicorn"源自于希伯来文"re'em"，早期古老翻译为"monokeros"，意解"独角"，后来转成英语"unicorn"了。独角兽是幻想中的神兽，但有些考古学家则说独角兽的角其实是北极海独角鲸科"一角鲸"（也叫 unicorn）的牙。②

神裁法是在生产力低下的发展状况的制约下产生的，主要发端和盛行于亚欧各国的奴隶社会和欧洲的封建社会前期。当时实行与法术兼宗教相关的司法习惯。

在实行神裁法的社会里，人们对于自然界的各种现象和人世间的悲欢离合，缺乏科学的认识方法和手段，便将这些现象和事件归结为神意。神意裁判之所以存在，"只有一个唯一的根源，那就是一切民族生来就有的天意安排的观念，当他们看到善人遭殃而恶人得势时，还必须俯首听从这种天意安排"③。在那样的社会，神被奉为万物的创造者，是宇宙的主宰，神无所不在，无所不知，神意代表着公正、正义，违背神的意志、欺骗神灵必遭天谴，在这一认识之下，人们相信可以凭借神的启示发现是非善恶并进而惩恶扬善，实现神的意志。

不过，随着人类理性的发展，神裁法受到动摇。在西方，牧师进行神明裁判之时，开始暗中做手脚，如利用十字架进行神裁时："牧师事先经过严密的调查

---

① 资料来源 http://www.bjsupervision.gov.cn/xiezhi/xiezhi.asp，最后访问日期：2008 年 5 月 21 日。
② 百度百科"独角兽"词条，资料来源：http://baike.baidu.com/view/35999.htm，最后访问日期：2014 年 7 月 13 日。
③ [意]维柯著：《新科学》，朱光潜译，人民文学出版社 1997 年版，第 486 页。另外，维科指出："在所谓'自然体制'（即氏族体制）中，因为还没有依法律去统治的民政权威，氏族父主们就向神们陈诉自己所遭到的冤屈，祈求神们为自己的案件的公道作见证。"这是神的裁判的早期形式。"最初向神们的陈诉是由简单粗鲁的人们来进行的，他们相信神们会听到他们，他们想象神们住在山顶峰，正如荷马把神们摆在奥林普斯峰上，而塔西佗则叙述到赫曼都里族和查提族之间的一场战争，说他们迷信要使住在山峰上的神们听清楚凡人的祈祷，只有在两族之间的那条界河上才行。"同上书，第 481—482 页。

并了解一切情况后已断定上诉人是清白还是有罪,这样他们就相应地拿起标有十字架的或未标有十字架的棍子。尽管对于其他所有旁观者来说,这些裹在羊毛里的棍子看起来都是一模一样的,但对于那些要剥开羊毛的人来说,则可以毫不费劲地把它们区别开"。又如进行火审时,"因为只有牧师是参与放置犁头的,所以他们经常可以预知到结果。为了证明一个人有罪,他们只需把铁犁放得间距不等,那么被告肯定会踩到其中一块铁犁。"在火审中,手拿炽热的铁块,手却丝毫无伤,"不仅是手皮厚的男子,连那些细皮嫩肉的女人也能皮毛不伤地这样做时,我们可以肯定事先已在手上涂抹了保护剂,或是那种表面上看似炽热,实际上不过是块漆成红色的冰冷铁块"①。

随着知识的进步,神明裁判受到激烈的反对,但习惯的力量超乎想象,法国迟至路易九世(1226—1270)、英国迟至亨利二世时才予以废除,但决斗的社会风俗却一直延续到19世纪还存在。

第五节　诉讼模式与证据法

人类的诉讼经历了神示裁判和证据裁判两大证据制度阶段。**以神的启示作为判断案件事实手段,称为神示裁判主义**。诅咒和神断都是神示裁判主义的证明方法。在神示裁判主义的证据制度中,神的启示被视为无可争议的"证据"。不过,**依现代证据观点,该"证据"实际上与案件事实缺乏相关性**。

证据法表现于法典才容易为后人所了解。公元前2400年时,最初占据巴比伦土地的萨麦族人制定了自己的法典,即"Sumerian Code"(萨麦法典),该法典书写于泥板上,我们现在可以知道当时的司法制度已具雏形,但对于其证据制度则不得其详。公元前2100年,汉穆拉比在任时制定了法典,后人称之为《汉穆拉比法典》(Code of Hammurabi)。在巴比伦王国,刑事诉讼和民事诉讼没有明确的划分,《汉穆拉比法典》是诸法合体的,它对传唤证人、举证责任、法官责任、神明裁判等作出了规定,这是在人类制定的法典中我们所知最早的证据法。

古代罗马人制定了罗马法,该法的全面发展持续了一千年。现今可考的最初罗马成文法典为《十二铜表法》,共有105条,其中第二牌共4条,是关于诉讼中审问的规定;第三牌共6条,含有关于自认的规定。除《十二铜表法》外,罗马人还为人类文明发展奉献了宝贵的《查士丁尼法典》。罗马法法庭具有程序完备的特点,罗马法昌盛时期也正是辩护律师大显身手的时期。帕皮尼安、保罗和乌尔比安主持的法庭发现并确立了一系列证据原则、制度和规则,诸如:"举证

---

① 〔英〕查尔斯·麦凯著:《人类愚昧疯狂趣史》,朱品凡等译,漓江出版社2000年版,第293—295页。

责任在于确认之人而不在否认之人"(ei qui affirmat non ei qui negat incumbit probatio)的举证原则、"兼听"(audi alteram partem)的调查原则、"任何人都没有使自己牵连进刑事案件的义务"(nemo tenetur speipsum accusare)的反对自证其罪原则、"一切行为都被推定是正确的和严肃地作出的"(omnia praesumuntur rite et solemniter esse acta)理智推定原则、遇有疑义作有利于被告一方的解释和处理(in dubio pro reo)的有利被告原则等。罗马法为现代证据制度构造了框架,其确立的证据原则、制度、规则成为现代证据原则、制度和规则的主要来源之一。在古罗马的法庭审判中,"诉讼争辩概由律师为之,他们可向法院提出图片说明罪行;可以抱着小孩争论,可以揭示当事人的伤痕"①。法庭为了取证,常对当事人的奴隶加以刑讯。哈德良严格限制对奴隶使用刑讯,除非不得已始可用之,他并提醒法院不可信赖刑讯获得的证据。但法院刑讯并未停止,到 3 世纪甚至扩大到自由人。②

证据法与诉讼模式存在协调一致关系。古罗马的弹劾式诉讼催生了一系列证据规则。古罗马之诉讼,法官消极中立,诉讼之认定端赖诉讼双方举证,需要建立证据规则保证诉讼双方以一定规矩画成方圆,并使法官在面临诉讼双方竞争而有所裁决时有预定的依据,进而在此规矩之下对全案作出最终裁决。没有证据规则作为依据,法官和诉讼双方将手足无措,或者陷入诉讼的混乱。

不同历史时期,法律价值有所不同。我们可以将历史粗略区分为君权时代与民权时代,这两个不同时代的司法和证据制度,各有不同特点。在历史进程中,诉讼模式也处在演进过程中。这些模式经早期弹劾制到纠问制直至现代诉讼模式,发生了质的变化。诉讼模式不同,证据法也存在差异:

君权时代	民权时代
国家权力至上	个人权利至上
义务本位(强调个人对于国家的义务)	权利本位(强调个人自由权利的保障)
纠问主义(主动依职权审判,不告也理、秘密审判、书面审判、拷问、对公民自由保障不重视)	弹劾主义(不告不理、职权主义和当事人主义:一个偏重程序公正,一个偏重真实发现)
法定证据制度	自由心证证据制度

继罗马法之后,公元 5 至 9 世纪的欧洲又形成了日尔曼法。日尔曼法是在日尔曼国家中适用于日尔曼人的一系列法典的总称。尽管日尔曼法是在日尔曼部族原有习惯的基础上发展而成的,却在西欧法律发展史上占有重要地位。日尔曼法确立了神明裁判制度。

公元 4 世纪到 15 世纪,罗马天主教的法规从罗马法和日尔曼法借鉴了许多

---

① 〔美〕威尔·杜兰著:《恺撒与基督》,台北幼狮文化公司译,东方出版社 2003 年版,第 516—517 页。
② 同上书,第 517 页。

法律原则和制度,成为欧洲中世纪的重要法律。教会法与罗马法、日尔曼法并称为欧洲三大法律传统的重要组成部分。教会法以《圣经》、宗教会议的决议、法令与法律集、教皇教令集等为法律渊源。教会法采用书面审理程序和代理制度,证据必须经过宣誓提出,法官依据"理性和良心原则"进行审判活动,必须发自内心地确信他所作出的判决。教会法在诉讼中确立了纠问式诉讼程序,例如,英诺森三世的教会法则规定,根据公众告发或私人控告,法院可以对案件进行调查,从调查证据到刑罚执行都由官方负责。按照当时的教会制,法官审判,没有外行法官参与,收集证据、审查判断证据均由法官进行,严格客观标准,实行推定证据规则(情况证据规则)、供述证据规则等以及法定证据制度——主要事实之证明,须二个完全证人,有亲属关系者,为 1/2 价值;有的有 1/4 或者 1/8 价值。纠问式诉讼程序以及与之相应的证据法对大陆各国诉讼法和证据制度影响巨大。

中世纪,欧陆诸国奉行弹压政策、刑罚严酷、实行法定证据制度。在中世纪,法国法律经历了由习惯法到罗马法再到王室立法的发展过程(从 9 世纪到 18 世纪),1670 年制定的刑事诉讼法是这一发展历程的重要成果之一。法国的司法审判先采用"神明裁判"与"司法决斗",后采用形式证据制度。"法国从 13 世纪导入的法定证据制度,经过几百年的经验积累和发展,到 16 世纪基本达到完成、确立的地步。1670 年路易十六的刑事裁判王令是其代表性的法典。"法国《人权宣言》规定了以下证据原则:(1) 无罪推定原则:"任何人在其未被宣告为犯罪以前应被推定为无罪。"(第 9 条)(2) 反对酷刑:"即使认为必须予以逮捕,但为扣留其人身所不需要的各种残酷行为都应受到法律的严厉制裁。"(第 9 条)法国大革命以后,拿破仑亲自主持法典编纂。1808 年 12 月 16 日公布的《刑事诉讼法典》,确立了内心确信(l'intime conviction)的证据制度和其他一些具有现代精神的证据原则、制度和规则,对欧洲大陆诸国产生深远影响,而且影响远及亚洲、非洲和美洲的许多国家,成为大陆法系国家证据制度的奠基之作。

日尔曼习惯法和罗马法对德国法的产生和发展产生了重要影响。德国封建社会的早期沿袭日尔曼人的习惯,采取弹劾式诉讼。1220 年,德国编成了《萨克森法典》,其中对刑事诉讼规则作出了规定。德国后来受到教会——意大利法影响,1532 年颁布了《加洛林纳法典》,该法典共 179 条,确立了"有罪推定"和刑讯制度,审理不公开,判决分为有罪判决、无罪判决和存疑判决。《加洛林纳法典》也是形式证据制度的代表性法典,它意味着法定证据制度在全德意志各公国取得统治地位。

俄国直接从部落习惯法转化为早期封建制法,11 世纪出现的《罗斯法典》是在习惯法和立法的基础上汇编而成的。11 世纪的《俄罗斯法律汇典》已经把各种证据按照其不同价值而区别开来,这些价值是由法律预先规定各种不同条件决定的。《俄罗斯法律汇典》中民事诉讼法条文和刑事诉讼法条文中均有反映形式证据制度原则的条文。《俄罗斯法律汇典》规定受铁的考验的证据具有证明价值，例如，被告人在经受烧红铁考验时"没有烧坏"就意味着他是无罪的。《俄罗斯法律汇典》还规定了完善的证据的种类和不完善的证据的种类。1497年颁布和1550年颁布的两部《律书》（前者称"大公律书"，后者称"沙皇律书"或"第二律书"）对法院的权限、诉讼费用、诉讼程序作出了规定。1649年制定的《会典》采用了纠问式诉讼制度。1833年俄国编纂了《俄罗斯帝国法律全书》，原为十五卷，四万两千余条，规模庞大。该全书在修订和补充时增补了《1664年审判条例》作为第16卷，对法定证据制度作出了详细的规定。

俄国本属大陆法系国家，1917年十月社会主义革命诞生了苏维埃政权，新政权宣布废除沙皇时代的司法制度和基本立法，但由于来不及在短时期内制定出完备的新法律，仍允许沿用一部分旧法律。1918年11月30日，苏维埃政权宣布完全禁止在诉讼文件中引用旧法令，确立了苏维埃诉讼和证据制度，后又通过制定和完善诉讼法典，确立了社会主义类型的诉讼和证据制度，对其他社会主义国家产生了示范作用。

欧洲大陆诸国实行纠问制诉讼，后改良形成沿用至今的审问调查制。在此一诉讼模式中，法官积极、主动；职业法官主审，主动推进诉讼进程和调查证据被认为是法官之责任，其证据规则重在限制法官，规定较为简单，证据的证明力采自由心证主义，由法官自由加以判断。这种诉讼，重在调查证据的程序，要求必须进行合法调查，才能决定取舍，保证发现案件真实，不加以法律形式的限制；但如果职权过重，当事人参与机制缺乏，对于当事人辩护不理，容易导致专横。"普通法事实认定的复杂标准经常被认为是普通法系与大陆法系诉讼程序之间的主要差别，因为普通法系存在着许多有关事实认定的复杂法律规定，而大陆法系则几乎不存在。"①

英国在长期的诉讼发展中，没有形成盛行于欧洲大陆的纠问式诉讼，虽然证据制度在一定程度上存在形式主义特征，但并没有形成严格的法定证据制度，刑讯也不盛行。英国的证据法并不预先具体规定各种证据的证明力，而是确立一整套证据规则用以规范采纳证据和判断证据的活动。

证据规则复杂而精密是英美法系证据制度的突出特点。英美法系国家通过一系列判例确立了许多具体的证据规则，这些证据规则极大地丰富了诉讼证据法和诉讼证据法学，并对英美法系以外的国家的立法和司法实践产生了积极的影响。这些证据规则通常是在解决具体问题中确立起来的，即法律循着从个案

---

① 〔美〕米尔建·R.达马斯卡著：《漂移的证据法》，李学军等译，中国政法大学出版社2003年版，第10页。

到原则的脉络演进。对于这一现象,美国法学家罗斯科·庞德解释说:"在普通法法律家富有特性的学说、思想和技术的背后,有一种重要的心态。这种心态是:习惯于具体地而不是抽象地观察事物,相信的是经验而不是抽象的概念;宁可在经验的基础上按照每个案件中似乎正义所要求的从一个案件到下一个案件谨慎地行进,而不是事事回头求助假设的一般概念;不指望从一般公式化了的命题中演绎出面前案件的判决……这种心态根源于那种根深蒂固的盎格鲁撒克逊的习惯,即当情况发生时才处理,而不是用抽象的具有普遍性的公式去预想情况"。

英美法系国家确立一整套证据规则有其诉讼机制的原因。英美国家实行陪审制度,本竞技(fair play)和运动(true sports)之精神进行审判——排除规则,限制无关联性的证据、偏颇、虚伪的证言,使证据保持安全性、证明力,保证陪审团可以作出合理之判断。证据规则与陪审制度关系密切,"英国诉讼程序有其独特性,即确定案件事实的责任不是由经过训练的法官来承担,而是由未经过训练的平民来承担,我们的许多证据规则就是根据这一特点建立起来的"。原因是,"在英国,由于陪审团成员的非专业化,使法庭不得不建立起许多规则,以排除某些容易使不善于逻辑思维的人受到错误引导的证据。"因此,"在英国法方面,这些规则一般地说来,都是陪审制度演进的结果。"①不过,米尔建·R.达马斯卡对此持有不同意见。他认为:"被广泛视为英美证据法理论基础的所谓非专业人士的心智缺陷,对英美证据法的独特性所给出的解释要比通常认为的小得多。必须从别的地方去寻找那些与陪审团有关的更具释明力的因素。"②

英美法系对抗制诉讼中,法官消极、中立,实行陪审制度,推进诉讼进程和举证乃当事人的责任,如果允许控辩双方极尽攻击、防御之能事,而不就举证方法设立严格标准,将导致举证纷乱、旷日费时,于是设立一整套严密、繁琐的证据规则,把握争点、限制辩论范围,以约束当事人和防止陪审团产生偏见。英美法系的证据规则的特点在于:证据规则复杂,重在如何提出合理的证据——即"许容性"(admissibility)证据,对于个人利益的保护较周详,但由于限制过严,裁判结果也可能存在误差。对于社会秩序的维护,有所不足。米尔建·R.达马斯卡云:"从大陆法系的角度来观察英美证据法,人们就会发现英美证据法的三个典型特征,即:证据规则的复杂性、对事实认定者所闻所见的证据材料进行预先的筛选以及对证据分析进行架构的渴望。"③

在英美法系国家,证据规则颇具特色。这些规则主要有:诱导性询问规则、

---

① 〔美〕阿瑟·库恩著:《英美法原理》,陈朝璧译,法律出版社2002年版,第76页。
② 〔美〕米尔建·R.达马斯卡著:《漂移的证据法》,李学军等译,中国政法大学出版社2003年版,第50页。
③ 同上书,第10页。

意见证据规则、证据的相关性规则、最佳证据规则、传闻证据规则、自白和沉默权规则、非法证据排除规则等。英美法系国家的某些证据规则可以追溯到中世纪,绝大多数的证据规则是以17至18世纪的判例为基础的。在19世纪和20世纪,英美法系国家进行了一系列法律改革,证据制度得到进一步发展。

英美法系国家证据规则主要是由排除规则构成的。排除规则通常适用于两种情况:一是排除那些与争议事实无关的材料;二是排除那些虽然有相关性,但与案件事实只有微弱的联系、不值得花费时间去核实的证据,或者与案件事实相关、甚至也很重要,但由于其自身特点,会使一般人误以为其证明力比实际更大的证据以及违反正当程序、损害公民受法律保障的权利而取得的证据。

在英国,1955年库鲁马一案后,曾一度出现法官不断扩大排除非法证据的范围的趋势,但在1979年英国诉桑一案中,上议院阻止了这种扩张趋势。1984年《警察与刑事证据法》肯定了普通法的传统做法,该法第78条规定:(1)在任何诉讼中,法庭在考虑到包括证据收集在内的各种情况以后,如果认为采纳这一证据将会对诉讼的公正性产生不利的影响,以至于不应将它采纳为证据,就可以拒绝将控诉一方所据以提出指控的这一证据予以采纳;(2)本条的规定不应对任何要求法庭排除证据的法律规则的适用产生不利影响。可见,排除非法搜查、扣押的证据并非普通法系国家的普遍做法。[1]

在美国刑事诉讼中,曾经有过的情况是,即使被强迫的自白也决不会被法庭自动排除,只有很少的被告人曾经成功地排除了污点证据。[2] 1914年,这种情况发生了重大变化,在威克斯诉美国一案(Weeks v. United States)中,警察没有事先取得搜查令而搜查了威克斯的住宅并扣押了他的书信文件。为了遏止警察违法搜查和扣押,联邦最高法院裁决:警察的行为属于非法搜查,由此获得的证据不能在法庭中使用,警察应将由此取得的书信文件返还被告人。最高法院认为,如果不排除违法搜查或扣押的证据,美国宪法第4条修正案将毫无价值,从而确立了现代意义上的非法证据排除规则。不过,当时威克斯一案所确立的排除规则并不适用于州法院系统,非法搜查、扣押的证据在各州法院仍可以作为证据使用。而且,各州警检违法取得的证据,由于联邦官员并未参与非法的搜查、扣押。依据所谓的"银盘理论"[3],联邦法院也可以采用。1949年,最高法院通过沃尔夫一案宣布,美国宪法第4条修正案通过第14条修正案对各州法院系统一体适用,但非法所得的证据是否可以采用,仍然由各州法院自行决定。直到1949年

---

[1] 〔新西兰〕J. B. 道森著:《英联邦国家对非法取得的证据采证问题的若干法律规定》,载《法学译丛》1983年第4期,第250页。

[2] *Vital Problems for American Society*, edited by J. Alan Winter, Random house, 1968, p.184.

[3] 即silverplatter doctrine,源于餐厅侍者用银盘托账单或钱物递送给顾客的做法,作为刑事诉讼理论,意思是州执法人员收集的证据提供给联邦执法人员,联邦法庭承认该证据的可采性。

在沃尔夫诉科罗拉多州(Wolf v. Colorado)案件的判决中,美国最高法院才根据美国宪法第 14 条修正案中的正当程序条款将美国宪法第 4 条修正案适用于各州。法院态度的转变源于 1961 年在马普诉俄亥俄州案件(Mapp v. Ohio)的影响。美国联邦最高法院推翻了俄亥俄州法院的判决,新的判决在美国司法史上被称为"里程碑式的判决"。最高法院通过美国宪法第 14 条修正案中的正当程序条款将权利法案中其他宪法修正案施行于各州。例如,美国最高法院通过宪法第 14 条修正案中的正当程序条款将权利法案中其他宪法修正案施行于各州。例如,美国宪法第 5 条修正案①反对强迫自我归罪(self-incrimination)的特权在 1964 年马洛诉霍根(Malloy v. Hogan)的判例中被裁决适用于各州。与此类似,在 1963 年吉德恩诉万瑞得(Gideon v. Wainwright)案件中,获得律师帮助的权利也被裁决适用于各州。美国最高法院还借助于排除规则去保护没有特别规定的某些"法律正当程序"权利。例如,被强迫而非自愿作出的自白将被排除,这并不是因为反对自我归罪的特权之故,而是因为强迫自白违反了法律的正当程序。与之相类似,不公正进行的审前辨认程序也会被确认违反了法律的正当程序。②

此外,其他证据规则也都有着各自的重要功能。例如,传闻证据规则的内容是传闻证据不得作为证据使用。传闻证据(hearsay evidence)是指证人并非自己亲自感知而是转述他人所描述的有关案件的事实或者在法庭外所陈述的有关案件事实的证言。英国在 1202 年就认识到传闻证据不可信,但直到 17 世纪后半期传闻证据规则才得以确立起来。禁止传闻证据的理由在于它不可靠,因为陈述在传播的过程中可能会被歪曲,这些陈述来自不在场的证人,该证人既不能对该证言发誓,也不受交叉询问,其证言的确实性得不到检验,而且采纳传闻证据也容易拖延诉讼进程。英国《2003 年刑事司法法》放宽了刑事诉讼中传闻证据可采性的规定,允许使用符合特定条件的传闻证据,包括提供原始证据的人有正当理由不能出庭或者法官认为其不出庭是适当的情况下使用传闻证据。③

被告人拥有不被强迫自证其罪的权利,以暴力或者公开威胁得到的任何供认都不能作为证据使用。反对强迫自证其罪的权利有三大来源④,其中之一是英国 1637 年的李尔本案件,该权利于 1640 年得到英国议会的确认。美国宪法第 5 条修正案也确认公民享有该项权利。自白规则可以追溯到 1906 年 10 月 26

---

① 美国宪法第 5 条修正案规定:"非经大陪审团提出报告或起诉,任何人不受死罪或其他重罪的惩罚,唯在战时或国家危急时期发生在陆、海军中或正在服役的民兵中的案件不在此限。任何人不得因同一犯罪行为而两次遭受生命或身体的危害;不得在任何刑事案件中被迫自证其罪;未经正当法律程序,不得剥夺任何人的生命、自由和财产;非经恰当补偿,不得将私有财产充作公用。"
② John N. Ferdico, *Criminal Procedure*, West Publishing Co., 1989, pp.47—49.
③ 陈光中主编:《21 世纪域外刑事诉讼立法最新发展》,中国政法大学出版社 2004 年版,第 7—8 页。
④ 一是古罗马"任何人都没有义务将自己牵连进刑事诉讼"的格言,二是欧洲中世纪的教会法及其实践,三是英国的议会立法。

日英国首席法官奥尔沃斯墩为回答伯明翰警察局局长的询问而写的一封信。1964年,英国王座法庭的全体法官会议制定了一套新的规则,规定:一旦警察有了足够的证据怀疑一个人实施了犯罪,他应该立刻对这个人进行警告,告知其享有沉默权,然后才能对他进行询问。1966年,美国最高法院在对米兰达案件的裁决中规定警察在对犯罪嫌疑人加以逮捕时必须告知其拥有沉默权,违反这一规则所取得的自白将被排除。1994年,英国的刑事审判对沉默权加以四项限制,允许法官和陪审团在特定情形下对嫌疑人、被告人的沉默或者拒绝陈述作出不利于他的推断。这一法律的修改颇为引人注目。在美国,米兰达规则自产生之日起就存在很大争议,至今人们仍对这一规则有不少质疑,批评者通常认为,米兰达规则帮助了罪犯从而妨碍了对犯罪的打击。2000年到2004年,四个有关米兰达规则的问题被提交给美国联邦最高法院:(1)国会是否有权改变米兰达规则?(2)毒树之果规则是否要求排除违反米兰达规则而获得的实物证据?(3)警察机关故意违反米兰达规则时应适用什么证据规则?(4)米兰达规则被违反时受害者是否有权提起民事损害赔偿之诉?美国联邦最高法院拒绝推翻米兰达规则,认为该规则已经成为美国文化的一部分。2004年,美国联邦最高法院在迪克森一案中以5票对4票裁决因违反米兰达规则而获得自白进而取得的实物证据将不被作为"毒树之果"加以排除。[1]

总之,英美法系国家的证据制度由大量的证据规则构成,这些证据规则通常由相应的判例所确立,这些证据规则内容繁琐、复杂,而且至今仍在不断地丰富和发展,如美国刑事诉讼中通过判例对排除规则附加了诸如"必然发现"(inevitable discovery)的例外、"真诚相信"(good faith)的例外、"稀释"(attenuation)的例外、"独立来源"(independent source)的例外等,它们在诉讼中都发挥着举足轻重的作用。英美法系国家通过一系列判例确立的证据规则,极大地丰富了诉讼证据法和诉讼证据法学,并对英美法系以外的国家的立法和司法实践产生了积极的影响。

英美法系国家的一整套证据规则,是在解决具体问题中确立起来的,宗旨是保障发现案件真实,防止冤枉无辜。英美法系国家的证据规则具有严格性,而且常常有利于确保被刑事追诉者的权益,这被认为具有极大的法治价值。一些证据规则,如米兰达规则,体现了当实质真实与正当程序存在矛盾时将正当程序置于实质真实之上的价值取向,反映出英美国家对诉讼中人权保障的重视。另外,证据规则与诉讼机制存在密切关系,在英美国家,由于陪审团成员具有非专业性,法庭不得不建立起许多规则,以排除某些看来容易使他们受到错误引导的证据。

---

[1] 陈光中主编:《21世纪域外刑事诉讼立法最新发展》,中国政法大学出版社2004年版,第7页。

美国一些证据法专家热心推动证据法的起草工作,一系列证据法得以出台。美国联邦和州制定了一些证据法典或者证据规则,诸如1942年《模范证据法典》、1953年《统一证据规则》、1965年《加利福尼亚州证据法典》和1975年《联邦证据规则》等。在美国,最具权威性的证据法典是联邦最高法院于1965年起草、国会于1975年1月2日批准颁布的《联邦证据规则》,该规则对证据制度进行了总结、归纳,对有关证据的原则和制度作出了详细的规定,并且为完善之,每隔几年修订一次。

在美国,联邦最高法院通过一系列判例丰富了普通法证据制度,特别值得一提的是,20世纪五六十年代,美国联邦最高法院在首席法官厄尔·沃伦的主持下扩展了人权法案保障的权利的实体内容,并使这些权利对各州产生约束力,在马普诉俄亥俄案件(1961年)、吉迪温诉温赖特案件(1963年)、米兰达诉亚利桑那州案件(1966年)等著名判例中,美国联邦最高法院强化了对被告人获得律师辩护和沉默权的保护和对非法获取证据的排除,掀起了美国法制史上的"正当程序革命",为证据制度带来新的变革。

英国以判例法为主,但也制定了若干成文法,特别是近年来,制定了一系列用来规范诉讼证明活动的单行法律。包括1968年《民事证据条例》、1984年《警察与刑事证据法》等。1994年的《刑事审判与公共秩序法》对起源于英国并得到广泛应用的沉默权规则作出改革。

"9·11"恐怖袭击发生后,为加强打击恐怖犯罪,一些西方国家纷纷修订法律。美国以几乎没有争论和异乎寻常的速度通过了《爱国者法》(Patriot Act),英国、加拿大、澳大利亚等国也纷纷进行反恐立法,对有关司法程序进行修订,放宽了羁押、监听、扣押、秘密侦查等方面的适用条件,强化了打击恶性犯罪的能力。这些法律有的属于证据法的内容;有的虽然不是证据法内容,但对证据法的调整可能会产生一定影响。

在美国,作为诉讼和证据制度磁石的陪审团制度在发生变化,证据制度也可能随之变化,米尔建·R.达马斯卡云:"在普通法证据制度形成时期影响很大的体制环境在20世纪已经发生了巨大变化:陪审团的重要性已急剧下降,审判中心制已经在很大程度上被废弃,甚至当事人对诉讼程序的控制——尽管还有相当顽强的抵抗——也不免受到了挑战。因此,证据法的三个支柱全都出现了裂缝……英美法系中证据法近期出现的改革浪潮在很大程度上可以归因于这些制度环境的变化。由于与制度环境相联系的理由弱化了,因此在此前赋予了意义的诸多法则和惯例现在已越来越显得仅仅具有技术性,是缺乏深厚意义的法律仪式。"①

在评价英美国家证据法时,米尔建·R.达马斯卡的一段话值得玩味:"伴随着陪审团审判的边缘化、审判中心论的放弃以及对抗制在一定程度上的衰退,曾为普通法的证据法特征提供了强大而又有争议之理论基础的该制度背景也好像已经衰败。因此,与英美事实认定模式广泛联系的规则和惯例如今往往也丧失了其令人信服的理论基础。失去了理论基础和充分的根据,他们面临的危险是,渐变成过时的古式摆设和被禁闭在司法城堡地牢里的知识珍本。"②

在亚洲,1948年,日本以新宪法为依据并参照美国模式改革了证据制度,强化了公审中心主义和控辩双方的对抗作用、限制口供的证据能力、限制传闻证据。

20世纪后半期,强化人权保障成为刑事证据制度改革的主要趋向;另外,两大法系诸国相互借鉴吸收,使许多具体原则、程序和规则进一步趋同。

第六节 中国证据法的沿革

徐朝阳云:"在我国古代诉讼亦有宣誓之制,盖古代信赖神权,中外一致,而我国古代且有司盟之官,专司其事,如《周礼·秋官·司盟》云:'有狱讼者则使之盟诅。'其方法,即:'凡盟诅各以其地域之众庶,共有牲而致焉,既盟则为司盟,共祈酒脯(见《疏》)。据此,则我国古代诉讼审理亦法定证据主义,可无疑义。'至于盟之场所,则不一定。"③**中国古代的神判制度,在有历史记载的周代已经衰落,从现有的史料看,中国古代的神判制度并不发达。**在中国古代的诉讼活动中,对于证据,一般交由法官自由判断,虽然存在根据"众证定罪"(即有三人以上明证其事才能定罪)和"罪从供定"等机械的规定,但还不能构成法定证据制度。

中国古代有证据制度。证据种类主要有被告人口供、证人证言、物证、书证和检验结果等。在诉讼中,刑讯是法定的调查取证的方法。不过,要追溯近现代意义的证据法,不能不追溯到清末法律新制,特别是民国时期法律中的证据制度。

一、民国时期证据法

1911年10月10日爆发辛亥革命,推翻清朝统治,建立中华民国,成立了孙

---

① 〔美〕米尔建·R.达马斯卡著:《漂移的证据法》,李学军等译,中国政法大学出版社2003年版,第7页。
② 同上书,第198—199页。
③ 徐朝阳著:《中国诉讼法溯源》,商务印书馆1933年版,第10页。

中山领导的南京临时政府。1912年3月2日，南京临时政府颁布《大总统令内务司法两部通饬所属禁止刑讯文》废除了刑讯制度，规定："不论行政司法官署，及何种案件，一概不准刑讯，鞫狱当视证据之充实与否，不当偏重口供"①。同时命令各级官府"从前不法刑具，悉令焚毁"。

1912年，袁世凯就任民国大总统之职，因民国法律还没有制定颁布，于是下令准许暂时援用清朝施行的法律，这就是《暂行新刑律》。1914年4月，袁世凯撤销约占全国2/3的地方审检厅和全部初级审检厅，恢复县知事兼理民事刑事案件的制度，《县知事审理诉讼暂行章程》规定："审判方法由县知事或承审员相机为之，但不得非法凌辱"。

在袁世凯执政时期，对于证人作证制度，当时的《刑事诉讼法草案》作出具体规定。我们可以通过这部法律草案的内容一窥民国时期证据法的全貌，后来的法律是在其基础上斟酌损益而形成的，故述之不妨略详：

关于证人资格者，《刑事诉讼法草案》第150条规定："不问何人，检察厅及审判衙门得以为证人而讯问之，但有特别规定之人不在此限。"②

关于免证特权者，《刑事诉讼法草案》第152条规定："左列各人得拒绝证言：第一，被告人之亲族，其亲族关系消灭后亦同。第二，被告人之监护人、监督监护人及保佐人。"③《刑事诉讼法草案》第152条规定："应行讯问之事实遇有左列各款得拒绝证言：第一，僧道、医师、药剂师、药材商、产婆、律师、公证人或曾居此等地产之人因受职业上委托应守秘密者。第二，证人之陈述恐致证人或证人之亲族、监护人、监督监护人、保佐人为刑事被告人者，其亲族关系消灭后亦同。"④《刑事诉讼法草案》第151条规定："官吏、公吏或曾为官吏、公吏之人所知之事实，如本人或该管公署称为有职务上秘密者，非经监督吏员承诺不得以之为证人而讯问之。"⑤

民国时期采行作证前具结制度，有关此规定者，《刑事诉讼法草案》第159条规定："左列证人不命其具结而讯问之：第一，未满15岁者；第二，因精神障碍不解具结之意义及效果者"。

为配合诉讼法有关证据的规定，当时的刑法也作出了相应规定。《暂行新刑律》就证据方面的犯罪作出的相应规定，包括：

（1）湮灭证据罪。《暂行新刑律》第178条规定："湮灭关系他人刑事被告事件之证据或伪造或行使伪造之证据者处四等以下有期徒刑、拘役或三百圆以

---

① 《辛亥革命资料》，中华书局1961年版，第215页。
② 转引自《暂行新刑律汇解》，第十二章第二页。
③ 转引自《暂行新刑律汇解》，第十二章第二——三页。
④ 转引自《暂行新刑律汇解》，第十二章第三页。
⑤ 转引自《暂行新刑律汇解》，第十二章第二页。

下罚金。"有论者指出:"本条所谓证据者,其于刑事被告人有利或不利,皆不为之区别,而处分亦不预定其轻重。""证据字样,既明揭关于刑事被告事件,则关于民事者不在此限,自无待言。按湮灭民事证据,有毁弃文书之规定,且被害者可以要求赔偿,故无庸设民事处分之专条。盖湮灭证据,为侵犯该官吏之搜索权;湮灭民据,为侵损被害者之利益,二者绝不相侔也。""湮灭刑事证据,有曲庇犯人使之转重为轻,幻有作无者。有陷害犯人,使之轻者加重,无而为有,二者情形虽异,处分则一。其伪造或行使者亦同。"①

（2）亲属之间得为容隐的规定得以延续。《暂行新刑律》第178条还规定:"犯罪人或脱逃人之亲属为犯罪人或脱逃人利益计而犯本章之罪者免除其刑。"当时有判例规定:亲属湮灭证据(兄藏匿胞弟烟具)不得处刑(院判四年非字十七号)。

（3）对于提供伪证行为,《暂行新刑律》第181条规定:"依法令于司法或行政官署为证人而为虚伪之陈述者处二等至四等有期徒刑。""依法令于司法或行政官署为鉴定人、通译人而为虚伪之鉴定、通译者,亦同。""犯前两项之罪未至确定审判而自白者,得免除其刑。"判例规定:"判决后及未命具结,均不能为证人。又不陈述,不能为伪证。"(院判四年五月二十九日非字第十号)有论者解释说:"证人有得依民刑诉讼法及其余律例为证人者,及不得为证人者。从其区别而谓之适法之证人。例如,律例虽有近亲不得为证人之说,然近亲为证人者,纵陈述虚伪,不得以本条拟之。""鉴定人者,以自己之学识或特技,于审判厅鉴别事物,凭判定者也。例如,医师、理化学者,判定加害者之健康状态(有无精神病与否)或有无血痕之类。凡审判官于法学之力所不能及之处,必需有特别之学识,或技术之人为其补助,即可命之为鉴定人。与传之出证人,同有供述自己真实见解之义务,通译人亦同。""第一项有需注意者三:(其一)犯本罪之人,须系按律有为证人之资格者,使无此资格(如精神病人),虽有虚伪之陈述,不得致罪。(其二)本罪成立,须属肯陈述而故为虚伪之言者;若不肯陈述,或所陈述而等于不陈述者,不列于本罪。(其三)本罪成立,无论民事证言利于原告或害及

---

① 论者又云:"元年九月二日司法部令江苏提法司潘陈氏等杀人既遂,复将尸体抛弃大塘一节。初必疑为湮灭证据罪,及细思之,《暂行新刑律》第178条明规定湮灭他人刑事被告事件之证据者,方成本罪。则犯人湮灭自己证据刑事被告事件之证据者,即不成本罪可知。二年五月十五日大理院统字第二十二号函覆京师第三初检厅查湮灭证据罪,不限于犯罪发觉以后,虽在犯罪未发觉以前,苟预知他人犯罪之证据而湮灭者,亦成立该罪,惟须他人之犯罪案件,系属于审判衙门,始能为湮灭证据罪之既遂时期。""八年三月十五日复浙江高审厅函统字九四九号湮灭或伪造或行使伪造关系他人刑事被告事件之证据,本不以他人已为刑事被告为论罪条件。凡在湮灭或伪造或行使伪造关系他人刑事被告事件之证据为起诉权时效未消灭以前,经有权官署于其职务上知悉该项证据所证明他人犯罪之事实时,即可按照本条处断。乙伪造之函,既经县知事提甲研讯,自可援据本条论罪(按来函称,有甲某因犯他案羁押,乙与有嫌,捏丙之名,致函与甲,内有谋乱等语,被管狱员检出,送县提甲研讯后,知系乙伪造)。"(许世英、胡必达编辑:《现行新刑律汇解》,上海文明书局1918年版,第28—29页。)

原告,刑事证言利于被告或害及被告,并因虚伪致为审判得实或不得实,皆一律处罚。惟得视其情节,于法定范围内轻重其刑耳。本罪以虚伪陈述为既遂,欲陈述而尚未陈述者为未遂。惟未遂,无处罚之明文,故不为罪。或谓因虚伪而致判决有误者,为既遂,否则为未遂,实谬也。为虚伪之鉴定或通译者,亦同。"

1922年,北洋政府制定了《民事诉讼条例》《刑事诉讼条例》颁行全国,规定了证据裁判原则:"犯罪事实,应依证据认定之。"(《刑事诉讼条例》第305条)又规定证据心证原则:"证据,由法院自由判断之。"(《刑事诉讼条例》第306条)同时规定:"法院认为被告之犯罪嫌疑不能证明……应谕知无罪的判决。"

及至国民党执政,于1928年7月颁布了《中华民国刑事诉讼法》和《中华民国刑事诉讼法施行法》,1934年这两部法律得到修正并于次年颁布施行,1945年再次修正公布。1932年公布实施、1935年和1945年两次修订定型的《民事诉讼法》主要模仿日本1891年实施、1926年修订的《民事诉讼法》和1898年7月16日实施的《人事诉讼程序法》,在第三节中规定了证据制度,共分通则、人证、鉴定、书证、勘验、证据保全六目。1935年《刑事诉讼法》在第九章规定"被告之讯问"(第94—100条),在第十一章规定搜索及扣押(第122—153条),在第十二章规定勘验(第154—161条),在第十三章规定人证(第162—183条),在第十四章规定鉴定及通译(第184—198条),这些章节皆与证据有关或者本身就是关于证据的规定。

此时的诉讼法是在进一步取法德国、日本等大陆法系的刑事诉讼制度基础上制定的,主要采行职权主义的诉讼模式,确立了如下有关证据制度的原则:

(1)职权进行原则。法院对于诉讼的进行或者终结,依据职权而进行必要的诉讼行为,不受当事人意思的约束,也不必等待当事人的申请,务求发现实质的真实。

(2)直接审理原则。法官应当亲自接触当事人和收集证据,但有例外,即允许委托受命推事进行若干诉讼行为。

(3)言词审理原则。举证、辩论等行为以言词为之,例外是,第三审案件不经过言词辩论。

(4)实质真实原则。关于事实和证据,不受当事人意思所拘束,例如,《刑事诉讼法》第270条规定:"被告虽经自白,仍应调查其他必要之证据,以察其是否与事实相符。"

(5)自由心证原则。对于证据的证明力,法律不预先加以规定而由法官自由判断;《刑事诉讼法》第269条规定:"证据之证明力,由法院自由判断之。"《民事诉讼法》第222条规定:"法院为判决时,应斟酌全辩论意旨及调查证据之结果,依自由心证,判断事实之真伪。"

(6)证据裁判原则。例如,《刑事诉讼法》第268条规定:"犯罪事实,应依证据认定之。"

（7）自白任意性规则。《刑事诉讼法》第 270 条规定："讯问被告，应出以恳切之态度，不得用强暴、胁迫、利诱、诈欺及其他不正之方法且与事实相符者，得为证据。"

（8）疑罪从无原则。例如，《刑事诉讼法》第 293 条规定："不能证明被告犯罪或其行为不罚者，应谕知无罪的判决。"

在 1931 年以前，工农民主政权在各根据地建立起革命法庭或裁判部。1931 年 12 月，江西瑞金工农民主政权颁布《中华苏维埃共和国中央执行委员会暂行组织和裁判条例》，1932 年 6 月颁布《中华苏维埃共和国司法程序》，确立了禁止肉刑逼供的原则。当时证据制度的特点是：严禁刑讯逼供；要求正确对待被告人口供，"收集确实证据""充分的证据"；要求原告向司法机关提供证据。① 抗日战争时期，冀鲁豫边区、陕甘宁边区等地的抗日民主政权颁布了单行保障人权的条例，如陕甘宁边区政府颁布了《陕甘宁边区保障人权财权条例》，规定了在司法活动保障公民人身自由的程序和证据要求。当时强调调查研究、实事求是，严禁刑讯、诱骗或强迫供述，重视口供以外的其他证据，不轻信口供；明确当事人提供证据的责任。解放战争时期，人民民主政权确立了合法的传讯和搜查程序，以及禁止使用肉刑和乱打乱杀、案件复核、平反已决案件的原则、制度。强调定罪证据必须确实、充分，否则应释放被告人或宣告无罪。

中华人民共和国成立前夕，中共中央发布了《关于废除国民党的六法全书与确定解放区的司法原则的指示》（1949 年 2 月），随之华北人民政府也颁布了《废除国民党的六法全书及一切发动的法律的训令》（1949 年 4 月 1 日），宣布废除国民党的《六法全书》及其一切反动法律，各级人民政府的司法审判不得再援引其条文，中国法制进程发生重大转折。

二、当代证据法

1949 年 10 月 1 日中华人民共和国成立，证据法律制度转而取法苏联，例如，苏联诉讼程序中的如下内容，为新中国的诉讼法所认同：（1）依审判员的心证来评定案内的证据，审判员不受任何形式的证据的拘束；（2）直接原则，即审判员应当根据他亲身所了解的案件中的一切证据来源来制作判决。直接原则并不是要审判员亲自去调查每一件事实，而是使审判员能够清楚地了解各种证据。我国 1957 年起草、1963 年修订的《刑事诉讼法草案》（初稿）第 140 条就明确了审判员应当根据他在法庭上亲自查实的证据来确定被告有罪还是无罪，并据此制作判决。为使直接原则得以贯彻，该草案也作了类似于苏联模式的规定，要

---

① 陈一云主编：《证据学》，中国人民大学出版社 2000 年版，第 80—82 页。

求;所有当事人在公开审判时都必须出庭(第133条);证据必须由法院直接审查,证人与鉴定人必须到庭(第137条、第138条);原则上,每一案件的诉讼程序不得中断,每一案件的组成人员不得更易(第19条、第146条)。此后又经历颠沛,几乎全毁,直到1976年以后方有转机,中国法制进程重新起步,证据法律制度也在这个过程中得以复苏和发展。

我国当代证据法的发展经历了以下阶段:

新中国成立初期到1979年的三十年间,我国没有制定诉讼法典,只是在《宪法》和颁布的若干单行法律、法规中规定了司法机关体系及若干诉讼原则和程序。

1950年7月颁行《人民法庭组织通则》,规定法庭"受理案件后,应认真地进行调查证据,研究案情,严禁刑讯。"1951年中央人民政府委员会颁布了《中华人民共和国人民法院暂行组织条例》《中央人民政府最高人民检察署暂行组织条例》和《各级地方人民检察署组织通则》。这些法规规定了人民法院、人民检察署的组织原则和组织形式,规定人民检察署是国家法律监督机关,但没有涉及具体的证据制度。1954年9月,第一届全国人民代表大会第一次会议在制定颁布《宪法》的同时,制定颁布了《中华人民共和国人民法院组织法》和《中华人民共和国人民检察院组织法》,同年12月颁布了《中华人民共和国拘留逮捕条例》。这些法律明确规定了若干重要的诉讼原则,同样没有就证据法作出具体规定。1956年10月,最高人民法院总结了新中国司法实践经验,公布了《各级人民法院刑、民事案件审判程序总结》,对证据的审查判断的司法经验加以规范化、制度化,用以指导实践。

1976年10月以后,中国结束"十年动乱"走向改革开放,重建中国的法制重获契机。1979年6月,《刑事诉讼法草案》(修正二稿)提请第五届全国人民代表大会第二次会议审议,于1979年7月1日正式通过,同年7月7日公布,1980年1月1日起施行。《中华人民共和国刑事诉讼法》分四编,共164条,是我国第一部社会主义类型的刑事诉讼法典。《刑事诉讼法》的制定,是健全社会主义法制的重要一步,结束了新中国建国以来长期没有刑事诉讼法典作为刑事诉讼活动的依据的局面。该法就刑事证据法作出了粗略的规定。1995年12月,全国人大常委会法制工作委员会拟订了《中华人民共和国刑事诉讼法修正案(草案)》,提交第八届全国人大常委会第十七次会议进行了初步审议。1996年2月,全国人大法律委员会召开会议对再度修改的修正案草案进行了审议,并提交第八届全国人大常委会第八次会议进行了第二次审议。1996年3月5日召开的第八届全国人民代表大会第四次会议审议了《中华人民共和国刑事诉讼法修正案(草案)》,1996年3月17日修正案以《全国人民代表大会关于修改〈中华人民共和国刑事诉讼法〉的决定》的名称获得通过。修正后的条文共225条,比修正前增加 61 条。这次修正，涉及刑事诉讼的多个环节，但在"证据"一章中只增添视听资料为独立的证据种类，其他证据内容却没有修改。1998 年最高人民法院、最高人民检察院、公安部、国家安全部、司法部、全国人大常委会法制工作委员会联合制定、下发了《关于刑事诉讼法实施中若干问题的规定》，最高人民法院、最高人民检察院、公安部也分别制定、下发了关于执行《刑事诉讼法》的解释、规则、规定等，这些规范性文件中关于证据和诉讼证明的规定，在一定程度上满足了司法实践的迫切需要。

1982 年，第五届全国人民代表大会常务委员会通过了《中华人民共和国民事诉讼法（试行）》，1996 年 3 月，第八届全国人民代表大会第四次会议修改了这部法律。2001 年 12 月 6 日，最高人民法院审判委员会第 1201 次会议通过了最高人民法院《关于民事诉讼证据的若干规定》，对民事诉讼中当事人举证、人民法院调查收集证据、举证时限与证据交换、质证、证据的审核认定等作出规定，凡 84 条，在一定程度上应和了司法实践的特别需要。

1989 年 4 月，第七届全国人民代表大会第二次会议通过了《中华人民共和国行政诉讼法》，分别辟专章就民事诉讼证据和行政诉讼证据作出了规定。2002 年 6 月 4 日，最高人民法院审判委员会第 1224 次会议通过了最高人民法院《关于行政诉讼证据若干问题的规定》，对行政诉讼中举证责任分配和举证时限、提供证据的要求、调取和保全证据、证据的对质辨认和核实都作出了具体规定，凡 80 条，弥补了立法在行政诉讼证据和证明规定上的不足。

第十届全国人民代表大会常务委员会第十一次会议于 2004 年 8 月 28 日通过《中华人民共和国电子签名法》，该法律对电子签名正式表明承认其法律效力，并规定了电子签名具有法律效力的条件，对电子证据的诉讼应用具有重要意义。

为了解决诉讼证明涉及的司法鉴定体制问题，2005 年 2 月 28 日，第十届全国人民代表大会常务委员会通过了《关于司法鉴定管理问题的决定》，国家对从事法医类鉴定、物证类鉴定、声像资料鉴定等司法鉴定业务的鉴定人和鉴定机构实行登记管理制度。具体规定了从事司法鉴定业务的个人、法人或者其他组织的登记条件和鉴定责任，并对司法鉴定体制进行了重大改革，有利于加强对鉴定人和鉴定机构的管理，规范对鉴定意见的诉讼运用，保障诉讼证明顺利进行。

2007 年死刑核准权上收于最高人民法院，由此产生的涟漪效应，至今余波荡漾。在死刑案件相关程序、制度的设置和修补方面，死刑核准权上收发挥了法院以外许多人意想不到的促进效果，催生了多项规定出台。2010 年 5 月 30 日最高人民法院、最高人民检察院、公安部、国家安全部、司法部共同发布《关于办理死刑案件审查判断证据若干问题的规定》和《关于办理刑事案件排除非法证据若干问题的规定》并于 7 月 1 日实施。这些规定确立证据裁判原则，其中《关于办理死刑案件审查判断证据若干问题的规定》明确规定:经勘验、检查、搜查提取、扣押的物证,没有勘验、检查、搜查、提取、扣押的笔录,不能证明物证、书证来源的;以刑讯逼供等非法手段取得的口供;以暴力、威胁等方法取得的证人证言;作出鉴定意见的鉴定机构不具有法定的资格和条件,或者鉴定事项超出鉴定机构业务范围的;勘验、检查笔录存在明显不符合法律及有关规定的情形,并且不能作出合理解释或者说明的等等不能作为定案的根据。《关于办理死刑案件审查判断证据若干问题的规定》对排除非法证据问题规定了具体的操作规程。包括具体审查、排除非法证据的程序和对证据合法性的证明责任、证明标准及侦查人员出庭作证问题。

在2012年《刑事诉讼法》进行再修正,证据制度成为修改重点之一。《刑事诉讼法》将物证、书证分列为两项独立的证据种类,将"鉴定结论"改称"鉴定意见",增列"辨认笔录""侦查实验笔录"和"电子数据"为独立的证据种类,确认行政机关在行政执法过程中收集的证据可以用作刑事诉讼证据,明确规定了控诉方的举证责任以及控辩双方的证据开示制度,细化了证明标准,强调了证据要查证属实须经"法定程序",同时将英美法系盛行的"排除合理怀疑"的主观证明标准引入其中,在《刑事诉讼法》中还明确规定了非法证据排除制度和证人出庭的具体保障性制度。这次《刑事诉讼法》修改获得了法学学者和司法实务部门的喝彩,但就司法人权保障和司法制度的完善来说,取得的只是阶段性进步,证据制度方面还存在若干不足,如立法并未正式承认无罪推定原则,没有确立自白任意性规则和传闻法则,规定了近亲属免证权制度但享有免证特权的人员范围过窄,缺乏整体设计,没有区分非法证据、无效证据和瑕疵证据,承认某些垃圾证据(如侦查机关就取证合法性作出的情况说明)的证据能力,排除非法证据的态度也不够坚决,这些不足都有待未来通过法律修改加以裨补。

在2012年,《民事诉讼法》也进行了修正,修正内容包含民事证据制度。我国《民事诉讼法》于1982年制定并试行,1994年发布并正式实施修正后的《民事诉讼法》。2007年该法得到再次修正,2012年完成第三次修正。此次修改《民事诉讼法》,在证据种类中列出"电子数据"作为独立的证据种类,规定举证时限制度,就证人制度作出进一步规定,包括明列证人免于出庭作证的情形,确立了证人出庭费用负担的原则、费用的种类、费用的垫付制度,对于鉴定制度也作出修改,内容涉及鉴定人的确定、职权鉴定和鉴定人出庭义务。此外,还就"有专门知识的人"和诉前证据保全作出了规定。

第二章 证据法的理论基础

> "我们首先得承认这个事实，然后寻找解释、鞭辟入里的解释，而不是举行授予空洞头衔的仪式。"
>
> ——《中国诗与中国画》

证据法学的理论基础，是证据法制、收集证据以及证明等活动以及证据法学研究的理论支持和指导力量。

对于证据立法和证据法实践活动提供支持和指导的理论是多样化的，我们在谈到证据法学的理论基础的时候，只能择其要者进行阐述（主要阐述其哲学基础），不可能将证据法的理论支持和指导力量一一列举出来，这是我们在谈证据法学的理论基础必须首先明确的。

笔者认为，证据法学的理论基础主要包括认识论和价值论两大部分，作为我国证据法学理论基础的，当以认识论和法律多元价值及选择理论为首选。

第一节 认 识 论

墨菲在谈到证据运用的"哲学基础"时指出："将证据用作复原过去事件的材料，产生一系列重要的哲学（尤其是认识论）假定。在这些假定中包括：过去的事件独立于人的认知而发生，人们原则上是有可能获得对过去发生的事件的认知的，收集足够的证据以及从证据获得理性推论是形成这种认知的正确方法。"[1]哲学（尤其是认识论）是证据法的理论基础，迨无疑义。

一、认识活动在诉讼和仲裁中具有根本的决定性意义

这里所说"认识论"中的"认识"（cognition），是"指人的头脑对客观世界的反映"[2]。认识在心理学上有广、狭两种含义：广义的认识是指"知"的各个要素最为显著的心理历程，即感觉、知觉、想象、思维等之总名，与感情、意志对称；狭义的认识是指感知对象的状态，不管它为事为物，属内在的性质还是外在的表

---

[1] Peter Murphy, *Murphy on Evidence*, London Blackstone Press Limited, 1997, p.3.
[2] 中国社会科学院语言研究所词典编辑室编：《现代汉语词典》，商务印书馆2005年修订第5版，第1150页。

象,都领会其内容产生具有确实性的意识。哲学上的认识,指含有判断作用之知的作用,与知识之意相似,所不同的是,知识是系统的和确实的。① 说得明白一点,亦即:"认识"就是认识者对于所认识者的明白了解。奥地利学者威廉·耶路撒冷曾指出:"'认识'二字在通俗语言中到底是什么意思呢?兹取譬喻以明之。例如,我论道某人,说:'我认识他,他是我相识的一个人。'这个意思便是说:我能告诉你他的名字,关于他的事情很多是我熟悉的;他的事业、他的职务,或者他的眼光,我都记得,都能告诉给你。又如我说认识这种植物,这个意思就是说我能以植物学家的眼光,论道这种植物:指出他的名字,与其在植物学的分类中所占的位置。"认识由判断的形式加以完成,"无论何人判断其确已得到某种认识时,便是相信其所认识之对象真实存在,其内容即是所表现的样子,不管吾人认识他与不认识他,他仍然存在。"科学意义上的认识"不仅倚赖感官知觉并深有赖于理智的溶解之作用"。也就是说,感官知觉与理智都对知识的发生具有贡献作用。② 所以认识活动就在感官知觉与理智的共同参与下对一定事物明白了解的过程。推而广之,诉讼中的认识活动,就是公安司法机关的人员和诉讼参与人依感官知觉与理智的作用而对与案件有关的事实进行感知、判断从而达到了解的过程。

认识活动贯穿于诉讼活动的始终,不仅仅存在于刑事诉讼的侦查阶段。从案件事实发生前和发生时,与诉讼有关的认识就已经发生了:犯罪行为人在为犯罪活动进行准备时,就可能被他人所感知;被害人在受害过程中对于自己被侵害的性质、过程和结果以及侵害人的情况一般也存在感知和判断;犯罪人对于犯罪过程、结果和被害人的情况同样存在感知和判断。证人是了解案件事实的第三人,对于案件事实的感知是其陈述具有证据能力的基础;对犯罪嫌疑人的抓捕、扭送,也是将被抓捕、扭送的人确认为有犯罪嫌疑的人的结果,这种确认是建立在一定感知和判断的基础之上的。鉴定人对所要检验、判别的事物运用专门知识和技能进行检验、判别,更是少不了官能感知和理性判断的参与。此外,公安机关进行立案和侦查活动、检察机关进行审查批准逮捕和审查起诉、法院进行立案、法庭审理等活动,对于立案条件所包含的事实、对于侦查对象事实、逮捕条件、起诉和不起诉条件所包含的事实、法院进行裁决所依据的事实,都必须通过感官感知、理性判断加以认识,然后才能就推进、中止、终结诉讼进程或者进行实体处理等作出决定或者裁判。没有认识活动的参与,诉讼就不能进行。

显然,**证明活动同时是一个认识过程,这种认识活动在诉讼和仲裁中都具有根本的决定性意义:**

---

① 舒新城:《中华百科辞典》,中华书局1935年版,第1000页。
② 〔奥〕威廉·耶路撒冷:《西洋哲学概论》,陈正谟译,商务印书馆1928年版,第36—37页。

对于控诉方而言,可以说主要的认识活动是在侦查和审查中完成的。在审判阶段,有关的结论已经产生和明确,但这并不意味着认识活动已经结束。控诉方在法庭(仲裁庭与此相同)进行的固然是"向裁判者证明"甚至"证明给人看"的活动,但在诉讼活动和仲裁活动中,控诉方不仅要对审判活动(如对于法官审理活动的合法性)进行感知和判断,而且针对诉讼或者仲裁的对方当事人提出的事实、声辩都需要调动感官和理智加以认识,由此形成的新的认识可能会强化、补充、动摇甚至根本上摧毁已有的认识,所以控诉方可能会基于新的认识而撤回、变更或者追加控诉。证明活动中的这些内容仍然属于认识活动。

对于法院来说,恰恰需要通过当事人(以及检察官)的证明活动来探求对于自己所未知的事物。各种过去发生的事实(其中也包括在每一个刑事案件中必须加以确认的主要事实,即被告人实施犯罪这个事实),并不是经审判员直接感受到的。过去的事实乃是间接认识的对象,即我们运用思维活动而取得的那种知识。这种思维活动就是我们把个别的直接为我们所感受的事实加以对比,而从这种事实中推论出关于未知事实的结论。这种思维活动也就是证明的过程。[①]

法官在审读起诉书甚至阅读案卷后进行开庭,起诉书和案卷材料为其提供了认识案件事实的基础,但无罪推定原则和排除预断等的制度设计,要求法官不能未经审理而对案件事实作出预断,特别是不能作不利于被告人的假定,他应当不顾及判决书和案卷材料给他实际上造成什么样的印象,坚持法律所认可的一种假定,即被告人无罪的假定,"头脑一片空白"地开始审判活动,当然这种假定只是法律上可推翻的推定,审判过程中法官最终形成的认识可以否定这一假定。对于审判方来说,一切结论必须等到法庭举证、辩论后根据举证、辩论给法官的感官和理智所带来的认识而定。所谓证明责任承担者的说服责任就是通过法庭举证、辩论给法官的感官和理智施加影响,使之形成有利于己方的判断。如果法官进行的活动不再是认识活动,如果不对案件事实的存否、被告人是否是犯罪人等进行认识,那么是对于这些事实事先已经了然于胸不需要进行了解、判断而只是直接运用价值判断和法律法规来作出这些已知的事实所需要的判决吗?那么这样的认识要在起诉书和案卷中形成或者天生就具备了吗?证明活动是以达成与证明者一致的认识为目的的,这种认识(主要来自法官)需要通过证明活动并在证明过程中形成,如果法官进行的活动不再是认识活动,如果法官不需要对案件事实进行感知、判断从而达成了解了,证明责任承担者还需要履行说服责任吗?如果是这样,证明责任承担者又通过什么机制作用达到说服效果呢?

[①] 转引自〔苏〕切里佐夫:《苏维埃刑事诉讼》,中国人民大学刑法教研室译,法律出版社1955年版,第200页。

法官的判决通常要建立在一定的事实基础之上,它是通过证据对一定的事实存在与否、这些事实的性质、意义和法律与这些事实的契合性进行感知、判断所形成的结论。这些事实中的绝大部分是承担证明责任的当事人进行证明或者释明的对象,也有一些属于司法认知的内容,也就是说,法官的判决通常是在对证据、事实、法律及其相互关系进行认识的基础上形成的。认识活动为解决利益争端并为结束以此为目的的诉讼(或者仲裁)活动提供了先决条件。

审判阶段要查明事实,包含以下要素:一是要求查明实质真实还是形式真实;二是查明事实真相的重心是在审前阶段还是审判阶段。这两者,无论如何选择都不影响证明活动是认识活动,因为无论是对实质真实还是形式真实的查明和确认,都离不开认识的参与,都属于认识活动。这种认识活动是否受程序的约束,不能对认识本身的性质产生影响,无论受不受程序约束,认识活动仍然是认识活动,就像戴着镣铐跳舞也仍然是跳舞一样。查明事实真相的重心是在审前阶段还是审判阶段,也不影响认识活动在审判阶段的存在。法官的职能在查明事实真相方面其作用是消极的还是积极的,也不影响法官在审理案件中的认识的参与——法官主动调查取证并在此基础上得出结论和不主动调查取证而在当事人举证的基础上得出结论,都要通过认识活动来完成。无论是作用消极的法官还是作用积极的法官,也无论他追求的是实质真实(如在刑事诉讼中那样)还是形式真实(如在民事诉讼中那样),都有责任尊重事实,在证据裁判主义和诉讼系属原理的约束下就证据作出客观的判断。

当然,争端的解决不一定非得建立在实质真实的基础之上,在形式上解决利益争端和纠纷就不需要以实质真实为前提。不过,不建立在客观真实基础上的对争端的解决只是形式上的解决,它只起到了杜绝在实质上解决争端的诉讼渠道的作用而可能使争端的解决不符合实质正义,所以理想状态的诉讼结果的产生,不可或缺的基础是事实真相的发现和确认。只有在不能发现事实真相,或者在权衡其他因素(如诉讼经济等因素)之后被迫满足于发现形式真实,才在形式真实和无从确认事实的基础上作出裁判。

在此并不需要强调,诉讼活动不尽是认识活动,有些活动如邮寄送达、宣告判决等不是或者不一定是认识活动。但从整个诉讼过程考察,说诉讼活动(当然包括证明活动)主要是认识活动,或者在不是严格的逻辑意义上说诉讼活动是认识活动,并没有错。我们完全可以得出结论:认识活动是判决的基础,构成了诉讼活动和审判阶段证明活动的主要内容,证明活动的目的就是达成特定的认识,认识是通过证明活动并在证明过程中形成的。总之,认识活动在诉讼活动和审判阶段的证明活动中具有根本意义,在它的基础上最终形成了对案件的各种处理决定和诉讼的最终结果。这一点对于仲裁来说也不例外。

我们可以进一步得出结论:诉讼活动的主要构成部分是认识活动,对于认识活动,认识论无疑具有理论支持和指导作用。

二、我国的证据法学应以何种认识论为基础

认识论(epistemology)是哲学的一部分,是"关于人类知识的来源、发展过程,以及认识与实践关系的学说"①,它的任务是**研究人类认识的起源与发展,并考察组织异常复杂的认识作用,其基本问题包括认识的起源问题、认识的确实性问题和认识的本质问题。**

对于认识的起源,主要有三派:**唯理主义(rationalism)者认为认识乃是先天固有的,其起源在于思考;经验主义(empiricism)者认为认识起源于内外之经验;批评主义(criticism)**调和于两说之间,批评主义者认为先天和经验同为知识的源泉。

对于认识的确实性,主要有以下几种流派:其一,为独断论(dogmatism),独断论者是不加验证而独断其真实的观念,信奉者完全信赖感觉与知识的结果,**认为世界的事实情况与我们所见的和所想的完全一致**。例如,宗教是独断的,宗教活动人士坚信其所持教义的真确性,即使是超感觉的不可能的经验的对象,也深信不疑;哲学上也有一个相当长的时期是独断的,例如,柏拉图认为世界的本质是由非物质的观念或者原型组织而成的,等等。其二,**为怀疑论(skepticism),怀疑论者与独断论者相反,极端怀疑认识的可能性,因而不作一切积极的主张。**怀疑论起源于公元前三百年的比罗(Pyrrho),当时哲学家所持的见解彼此矛盾,莫衷一是,因此诱发了怀疑论的产生。到了罗马时代,怀疑论更加盛行,其动机在于寻求精神上的安宁,为达到这一目的而避免卷入学派论战的旋涡当中。怀疑论的贡献在于,教人们在断案的前提未达到完全时,不要轻易下判断。在反对独断论方面,怀疑论起到了积极的作用。如《百科全书》就是在怀疑论的基础上写成的;贝尔(Bayle)依据怀疑论极力主张宗教教义是不能证实的。其三,**为批评论(criticism),批评论者注重研究认识的限度和可能、发展和起源,目的在于发现经验的产生依赖主观要素的状况,并认识人类所能认识的范围。**主张者对教条和自己的认识能力持批评态度,它认为无论何事,不先考证确实,不信以为真。古代埃里亚学派(Eleatics)否认感官的认识能力,德谟克利特认为酸、甜、冷、热都不是物的真性,只不过是人的主观感觉。这些都含有批评的精神。自洛克、柏克、休谟等人的著作出现之后,考察认识的官能更加重要。康德受休谟的影响乃建立哲学的批评论。因康德的研究,独断论受到了致命的重创。其四,**为实证论(positivism),实证论者以为认识的确实,只限于经验范围之内。**只主张

---

① 中国社会科学院语言研究所词典编辑室编:《现代汉语词典》,商务印书馆2005年修订第5版,第1150页。

科学研究现象的法则,不要研究实体究竟如何,那是不可知道的。实证论以法国的孔德、英国的穆勒为代表。

对于认识的本质。**观念论（idealism）认为认识不能获知外物的真实,外物只不过是我们意识中的观念**:"吾人之世界观中被认识的东西,始是由感性（seneibility）之固有的法式——时间与空间——规定之,殆后由悟性之范畴规定之。所以,所认识的东西与经验之范围内的东西,只是主观的原素。除了经验中主观的原素,还有'物之真如'（thing-in-itself）,是绝对不可知的。这个'物如'是纯粹客观的。离吾人而独立,极其精确,不过难于知道罢了。所以客观的原素是有的,惟完全不知道。"举例言之,"譬如我们观察一只忠实的狗,我们实际上并不知道这只狗是真实存在的,因为它也许只是我们种种感觉的总合"。不只是狗,天地、山川、海陆等等都不过是我们的观念而已,所以普罗塔哥拉说:"人是万物的尺度,是存在的事物存在的尺度,也是不存在的事物不存在的尺度。"①**实在论（realism）认为认识是意识描摹的客观事物。朴素（naive）的实在论认为周围独立存在的世界的表现就是真相。现象论（phenomenalism）属于实在论的一种,主张者认为人们所能知道的,只限于现象**。如康德所说:"我们一点都不知道事物本身是些什么东西,我们仅仅知道事物的现象,即事物对我们的感觉发生作用时在我们之内心所产生出来的表象。"②

证据法、证明活动和证据法学深受认识论的影响,如神示证据制度的理论基础就是认识论中的独断论,神灵的存在是不能得到切实的证明的,它被认为是"能想象的最伟大存在体",存在于人们的信仰之中,在人们的信仰中"这个实在体是必然存在的,因为它若不存在,它就不是能想象的最伟大存在体了"③,实际上等于对未经切实证明的事物的存在坚信不疑,而神明的启示被认为是神向人的晓谕,是神通过一定的方式把真理（真相）告诉人们,否则单靠个人的力量可能永远不能获知真理和事物的真相。又如法定证据制度也带有独断论的影响,中世纪欧洲大陆法定证据制度盛行之时,经院哲学大行于世,欧洲大陆的哲学屈服在神学之下,但人类的理性也有所伸张,经验与归纳的研究法——即寻求观察正确的条件,从个别的经验事实寻求普遍适用的结论或原则得到发展。法定证据制度中对证据证明力所作的若干预先规定,目的在于防止缺乏经验或者可能走向专横的法官在认定证据和确认案件事实中发生错误,将来源于司法实践中的经验结合等级观念总结、概括为一系列客观标准,并对这些客观标准采取了教

---

① 转引自〔苏〕柯普宁:《科学的认识论基础和逻辑基础》,王天厚、彭漪涟译,华东师范大学出版社1989年版,第45页。
② 〔德〕康德:《导论》,转引自〔苏〕柯普宁:《科学的认识论基础和逻辑基础》,王天厚、彭漪涟译,华东师范大学出版社1989年版,第46—47页。
③ 〔美〕罗宾·凯利编:《当代信仰手册》,杨牧谷译,校园书房出版社1990年版,第19页。

条的、独断的态度。近现代诉讼中的盖然性理论,则是与认识不可能精确描摹客观事物的观念互为表里的。

我国的证据法学应以何者为基础呢?

笔者认为,**我国的证据法学应以实在论和对于人的认识能力持适正评价观点的认识论为基础。**

按照实在论的观点,我们由思虑和知觉所了解的,是离我们独立存在的,如绿色的树叶,不因我们不去感觉它就不绿,不因黑夜、没有光线就不绿,即使无光、不去看,树叶仍然具有发生绿色的性质,也就是说,存在发生绿色视觉的条件,这种条件是客观地属于树叶的。不过,单纯的实在论观念很难持久,因为就我们的日常经验来说,感觉所发生的错误使我们不敢相信感觉的可靠性。如将棍棒入水,其状如曲折,单靠感觉就不一定靠得住。除了感觉以外,还需要悟性加以判断,以便发现感觉间的联系与本质,完成从感性到理性的过程,但人的理性判断也会发生错误,不能将我们的观念与判断不加检验地认为就是事实真相,例如,患病时看见、听见或者感觉到许多与客观事实不一致的景象、声音或者其他情况,幻想许多与客观不同的东西。所以,实在论还需要批评论加以限定。

对于人的认识能力的适正评价,是认为在有限时空内,人的认识能力是有限的,不但自身有一定局限性,而且受客观外界的各种因素的影响,认识能力也会受到种种限制。例如:

> 在巴黎郊区,一位老医生和他的老伴在家里被杀了。那简直是一场屠杀。歹徒们还把房间洗劫一空。这两位老人单独生活,不接待任何人,也没有佣人。要确定作案的具体时间和日期,以使侦查工作有效地进行下去,这是重要的,但又是困难的。被害的老主妇有一个女友,曾好心地证明上星期三她遇见过这对医生夫妇,她明确地说出时间、地点,她的证词被看做是确凿的。
>
> 半个多月之后,有关部门抓到了三个流氓,他们承认杀了这对老人。他们说,他们在星期二犯下这个重罪之后,很快就"出海"①了。这一点经过调查核实之后也被肯定了。然而在重罪法庭上,当这一犯罪活动的事实已一项项得到具体证实时,那位好心的女人仍坚持说,她在星期三下午四点钟还看见过这两位受害人。她认为警察们和凶手们都弄错了……

这提醒我们:**对于人的感知能力、记忆能力和表达能力不能抱有过分夸大的态度。这种认识论的要义,认为认识是意识,是对客观事物的描摹,但对于人的认识能力抱有批评的态度,不肯未经批评的检查遽认所感知的世界为真实。**

---

① 意思是逃之夭夭。

在诉讼中,一方面应当承认发生过的案件事实是客观存在的,我们对于案件事实的正确认识是对客观存在的事实的反映;另一方面也应当承认在一些案件(不是所有案件)的调查、判断中会得出错误的结论,诉讼活动可以采取一系列办法诸如选任适格的司法人员、维护法定的正当程序等手段来减少错误认识的发生,将审判的重心置于防错和纠错,反对一口断定"我国法院所作的判决,永远都反映真实情况",这种断定"乃是把主观愿望的东西认作是现实存在的东西"①。

唯物主义认识论符合前述认识论的特征:

1. **认为存在是在思维之外,而且不依赖于思维而客观地存在的**。用马克思自己的话说,就是"意识在任何时候都只能是被意识到了的存在"②。

2. **对于人和人的实践活动来说,认识客观世界的现象、本质及其运动规律是必要的**。

3. **对于整体的、延续的人类的认识能力抱有乐观的态度,认为整体的、延续的人类能够认识客观世界的现象、本质及其运动规律**。唯物主义认识论相信认识世界的可能性,与这种信念不同的,是被称为不可知论的认识论观点,否认认识世界的可能性。

4. **就具体的个人或者人群来说,由于主观和客观因素的限制,其认识能力是有限的**。恩格斯说得很清楚:一方面,人的思维的性质必然被看作是绝对的,另一方面,人的思维又是在完全有限地思维着的个人中实现的。这个矛盾只有在无限的前进过程中,在至少对我们来说实际上是无止境的人类世代更迭中才能得到解决。从这个意义来讲,人的思维是至上的,同样又是不至上的,它的认识能力是无限的,同时又是有限的。按它的本性、使命、可能和历史的终极目的来说,是至上的和无限的;按它的个别实现情况和每次的现实来说,又是不至上的和有限的。③

认真解读辩证唯物主义认识论,并且怀有尊重事实的态度,则应当承认正确理解和正确运用辩证唯物主义认识论,是不会无节制地夸大人的认识能力的。例如,应当承认有所谓"完美的犯罪"(perfect crime)之存在,这种犯罪"对于侦探小说家来说是无法承受的"。④ 提到这个短语,需要满足两个要素:犯罪必须达到了目的,而犯罪人甚至没有受到怀疑。⑤ 此外,在刑事诉讼中,疑罪案件并

---

① 转引自〔苏〕切里佐夫:《苏维埃刑事诉讼》,中国人民大学刑法教研室译,法律出版社1955年版,第200页。
② 《马克思恩格斯全集》第1卷,人民出版社1995年版,第72页。
③ 《马克思恩格斯选集》第3卷,人民出版社1995年版,第427页。
④ 阿·克里斯蒂几乎提供了这一题材的杰作——《无人生还》(And then there none),只不过,为了读者的需要,结尾仍然用漂流瓶揭开了谜底。
⑤ Edward Hale Bierstadt, *Curious Trial & Criminal Cases*, Carden City Company, 1928, p. 7.

不鲜见。苏联以及深受苏联影响的我国证据法学确曾有夸大人的认识能力的缺陷,如苏联学者过于乐观地认为:"法院虽然在解决个别案件上可能发生错误,但无论如何不能否认苏维埃法院必然能寻求到客观真实。""我们在使用马克思列宁主义认识论原理时就可以断定说,正像其他各种调查研究工作一样,诉讼上的调查研究工作是可以认识到客观真实的,这就是说是可以认识到正确的、与现实的事实相符合的实施犯罪的情况的。"就显然低估了人的认识能力在主客观条件制约下的局限性,夸大了马克思列宁主义认识论原理和"社会主义法律意识"在认识具体案件中的实际作用。我国较早的法学教材也常常有此种过于乐观的表述,如被一些学者寻章摘句进行批评的一些证据法学著作,确有这一毛病。当年著述,通行全国的文风莫不如此,在某些问题上往往流为武断,也是一时风气所致,不值得大惊小怪。发现此种贬低和夸大,修正可也,一定要将辩证唯物主义认识论也弃置不用,就"深刻"得过于片面了。实际上,这种低估和夸大并非不能为辩证唯物主义认识论所匡正,因应用辩证唯物主义认识论中存在低估和夸大的问题而对辩证唯物主义认识论本身失去冷静的、耐心的审视和持平公允的评价,必欲摒弃而后快,不过是因噎而废食。

第二节 法律价值及平衡、选择理论

在证据法中,作为其基础的若干法律价值具有多元化的特征,有的已经超越了诉讼本身而具有更为深远的意义,这种意义不是"实质正义(发现案件实质真实)"或者"程序正义(正当程序)"所能尽数涵盖的,例如,我国古代诉讼中"凡同居,若大功以上亲及外祖父母、外孙、妻之父母、女婿,若孙之父、夫之兄弟及兄弟妻,有罪相为容忍。奴婢、雇工人为家长隐者,皆勿论。若泄露其事及通报消息,致令罪人隐匿逃避者,亦不坐。"[①]表现于证据法中,亲属之间不互相揭发其罪的权利与义务,可以表现为拒绝提供证明可能陷其于罪的证言的权利和义务,这种法律制度的设定不是因为该证言有虚假的极大可能性可能误导法官作出错误的裁决,也不是为了限制国家权力使之不被滥用,而是基于维护儒家理想的伦理秩序、培养或鼓励忠孝的品格或行为的理由。按照中国传统的观点,亲属关系的和谐和稳定是整个社会和谐和稳定的基础,"中国人在乡村中的社会组织,主要依靠他们的亲属关系,其次才作为人们彼此为邻的团体"[②]。亲属相隐、主奴间相隐,或因恩重或因义重,所以这种制度的设置要保障的是恩义孝忠这样的法律价值。

---

① 《大清律例》之《名例律》。
② 〔美〕费正清:《美国与中国》,孙瑞萍等译,商务印书馆1971年版,第32页。

我们还可以举出其他一些例子,如现代诉讼中许多国家刑事诉讼法赋予律师拒绝披露他从履行辩护职责中获知的有关其当事人的情况,除非其当事人同意他这样做(但该当事人不能被强迫作出这种同意)。1901 年豪斯伯里(Halsbury, L. C.)指出:"为了完美地司法和保护律师与其当事人之间存在的信任关系,基于信任而提供的信息不作为提供的对象被确立为一项公共政策原则。"[1]这一证据法的规则直接保护的对象是律师与其当事人之间存在的信任关系,"信任"在这里是法律保护的价值,通过对它的保护,防止辩护制度大厦倾颓并进而对辩护权乃至实体权利提供保护。医师与病人、宗教活动者与信徒之间的信任关系也受到同样的保护,通过保护隐私权不受侵犯,最终保护医疗中的可信赖性和安全性或者宗教制度的存续和发展。

有些证据规则保护的是国家重大利益,许多国家的刑事诉讼法规定国家公职人员对于公务秘密负有保密义务,他们不得就这样的事实作证。例如,《意大利刑事诉讼法典》第202条第1项规定:"公务员、公共职员和受委托从事公共服务的人员有义务不就属于国家秘密的事实作证。"又如《日本刑事诉讼法典》第144条规定:"对公务员或者曾任公务员的人得知的事实,本人或者该管公务机关声明是有关公务秘密的事项时,非经该管监督官厅的承诺,不得作为证人进行询问。但该管监督官厅,除有妨碍国家重大利益的情形以外,不得拒绝承诺。"这一类规定,既不是为了发现案件的实质真实,也不是为了程序正义,而是将"国家重大利益"作为法律所保护的价值而在具体制度设计中加以保护。

所以,证据法的价值既不是一元的(如实质真实或者程序正义),也不是二元的(实体正义与程序正义),而是多元的,它们共同构成证据法的价值体系,将证据法的价值仅仅定位为实质正义或者仅仅定位为程序正义,就将一个多元价值体系简单化了。在证据法的价值中,起码有四项价值是基本价值,即秩序、个人自由、公平和效率。

社会秩序是法治的基础,失去了社会秩序,也就失去了法治的条件。司法公正表现为对案件事实和证据有着正确的判断,发现案件的是非曲直,并正确适用实体法律,其功能在于维护秩序。例如,实质真实发现是实现刑事诉讼目的的必要条件,刑事诉讼的目的在于确认犯罪事实的发生和犯罪人并在此基础上适用刑罚权。实质真实发现之所以重要,主要原因在于社会秩序在法律价值体系中具有重要性——适用国家刑罚权来惩治和预防犯罪、维护社会秩序是刑事诉讼赖以存在的基础。偏离这一基本功能,刑事司法便无立足之地。刑事证据制度的建构应当有利于发现案件的实质真实,为将实体法律正确应用于具体案件创造条件。设定某些证据规则的有说服力的理由是它们具备发现案件实质真实和

---

[1] William Shaw, *Evidence in Criminal Cases*, Butterworth & Co. Ltd., 1954, p.224.

正确适用法律的能力。只有当证据不足以确认被告人有罪时,亦即事实上的正义无法实现时,才退而求其次,实现法律所确认的正义——在一些案件中将实际上犯罪而没有得到证明的被告人释放。

自由同样是法律——特别是刑事法——的重要价值,"以普通意义观之,自由一语,可从消极积极两面为解。从消极言,即不受外界拘束之谓。从积极言,必其事物,能随自身法则而活动,而又本来具此活动力者,始谓之自由。其用之谓一术语者,以政治上自由、伦理上自由、神学上自由三者为主"①。按照美国学者 M. J. 阿德勒的划分,自由有三种主要形式:一是人性中固有的自由,包括理性思考、综合说话能力等,这种自由是人类特有的,称为"天生的自由"(natural freedom);二是与智慧和美德相联系的自由,只有在其个人发展过程中已经获得了一定程度的美德和智慧的人才拥有的这种自由,称为"后天自由"(acquired freedom);自由的第三种形式完全依赖于有利的外部环境,每一个人对这种自由的拥有情况会因时因地而有所不同,它完全取决于外部环境对他有利还是不利,称为"环境自由"(circumstantial freedom)。② 相对于不同的环境,人们拥有自由的程度有着或大或小的差别。宽松的外部环境为人们按照自己的欲求去选择与众不同的生活方式提供了条件。不利的环境含有强迫、限制、束缚因素,它可能强迫一个人去做他所不愿去做的事,或者限制人们的选择范围,使一个人只能在限定的范围内进行选择。国家秩序对于一个人来说,构成一种社会环境。人们很早就对秩序与自由的关系问题充满兴趣,例如,在英国早期的政党中,辉格党人注重自由;托利党人注重秩序;持折中观点的人(如柏克)则认为秩序是自由的条件,没有秩序就谈不到自由,而只能招致强暴和混乱。③ 秩序是自由前提的命题,为人们广为接受,**美国联邦最高法院时常提到的"有秩序的自由的概念"(the concept of ordered liberty)**就含有对这一命题的认同。但这一命题不能被夸大成为以秩序为由压制自由的理由,按照联合国人权约法所确立的标准,只有当一个国家处于其本身的存在受到威胁的社会紧急状态并经正式宣布时才能克减自己所承担的在保障公民权利和自由方面的义务,但这种克减有着严格的实体和程序限制,并且包括生命权、思想、良心和宗教自由等权利不得克减。④ 对人及其存在的价值和尊严的尊重是法治的最高价值追求,自由是人及其存在的价值和尊严的重要体现和保障,因而也是现代社会最重要的法律价值之一。对个人自由的尊重在诉讼中表现为符合公正标准的程序被严格遵行。在司法活动

---

① 樊炳清编:《哲学辞典》,商务印书馆 1926 年版,第 187 页。
② 〔美〕M. J. 阿德勒著:《六大观念》,杨建国译,团结出版社 1989 年版,第 146 页。
③ 〔英〕柏克著:《法国革命论》,何兆武译,商务印书馆 1998 年版,第 3 页。
④ 见联合国《公民权利和政治权利国际公约》第 4 条。

中,正当程序理念①包含了严格执行程序的要求。

公平体现为法律的平等适用,即要求法律无偏倚地适用于每一个人,做到使人们不感到自己受到的对待与自己地位相似的人不同。 平等是一项重要的价值,法律本身公正性的一个基本要求是在法律中确立平等适用的原则。这里需要防止性别、民族、种族等因素造成法律适用中出现偏袒和歧视现象,特别需要防止权力因素造成法律适用中的不平等现象。

通过诉讼渠道解决法律纠纷意味着司法资源的投入,如何以较少的投入取得最大的收益,是立法、司法机关和诉讼参与人乃至一般民众都关心的问题。当代诉讼越来越关注诉讼效率问题,对于像我国这种发展中国家来说,如果有司法资源投入较小而又无损于公正和廉洁的制度,就应当优先考虑采行这样的制度。当然,只有在公正得到有效保障的条件下才能进行这种选择,因为,在法律的诸价值中,公正是首要的价值,为效率而牺牲公正得不偿失。

在证据法的制度、程序和规则的设计中,上述价值应当兼顾,达成平衡。这些价值往往存在冲突,特别是秩序与个人自由——在刑事诉讼中体现为实质正义与程序正义——之间存在的冲突颇为显著:

理想的司法状态是程序正义与实体正义同时获得实现,在大多数情况下,确是如此。一般地说,程序正义是实体正义的保障,但程序正义并不是实现实体正义的充分条件,即通过它不能必然实现实体正义的结果。不过,如果离开程序正义,往往使程序正义和实体正义两败俱伤。因此,在两者存在冲突时需要司法人员根据法律的强制性规范进行取舍,或者根据法律授予的自由裁量权并综合两方面因素进行权衡然后决定取舍。在刑事诉讼中,多数案件能够通过正当程序达到实质真实发现的目的,从而实现正当程序与实质真实发现的统一,使刑事诉讼本身迹近理想状态;但也有不少案件,正当程序与实质真实发现之间存在矛盾,鱼与熊掌不可兼得,这就需要在两者间进行权衡和作出选择。

注重自由的选择者更倾向于维护法律的正当程序。在刑事诉讼中,当实质真实与正当程序存在冲突的情况下,取正当程序舍实质真实,这一选择建立在认

---

① "法律的正当程序"表达了盎格鲁-美利坚司法的基本观念,这一观念已经影响了欧洲大陆国家和亚洲等其他地域的许多国家,成为现代诉讼的一项基本原则。在英美国家,这一理念有两个内容:一是实质性的正当程序,一是程序性的正当程序。实质性的正当程序是针对立法而言的,要求立法机关制定的程序具有正当性;程序性的正当程序是针对法律的执行机关而言的,要求执行法律的机关必须严格地遵行具有实质正当性的法律或者符合程序正当的要求。"程序性正当程序"是对行政机关和司法机关的限制,旨在消除那些能够影响一个公民人身和财产权利的司法和行政活动中的专横和不公平的程序。这一理念本身要求听证和审判应当及时并且为被控告的人提供足够的不利于他或者她的资讯,在中立的法官和陪审团面前拥有提供有利于自己的证据的机会、在依合法取得的证据证明有罪之前应被推定为无罪、判决应建立在业已提供的证据的基础之上等要求也包含在"正当程序"的理念中。一部具有实质正当性的法律如果在刑事司法活动得不到认真的遵行,或者司法机关在刑事司法活动中采取的措施不具有实质的正当性,都不能实现司法公正。

为国家起源于极恶、国家权力对公民自由权利的威胁极大、它被滥用之害大于个别犯罪人被放纵之害的基本理念之上。取正当程序舍实质真实的选择,并不意味着对实质真实的重要性的贬低,实际上,对于实质真实发现,多数情况是可以通过法律的正当程序达到的。例如,为禁止非法取证而设置的非法证据排除规则,禁止的是非法取证行为,对于证明被告人有罪的证据,人们往往可以通过理性的替代行为——依法取证——来获取,进而达到实质真实发现的目的。虽然在个别案件中会导致实质真实失落的后果,但唯有这一选择才能够促使国家官员依法律的正当程序去发现实质真实并有希望最终促成正当程序与实质真实同时得到实现的前景,如美国的马普案件的裁决体现了这样一种信念:"可供选择的诸方法——诸如对于执法人员进行刑事控诉、对执法人员进行行政纪律约束或者对执法人员提起民事诉讼——均不是实施宪法第4条修正案①的足够有效的方法,只有排除规则才是唯一有效的方法。"②相反的选择则容易造成正当程序与实质真实双双失落的状况。也就是说,对于个别案件,取正当程序舍实质真实的选择,会导致实质真实失落,但对于整个司法活动而言,这一选择对于发现案件的实质真实和对犯罪的惩罚的损害只是局部的,而且可以通过提高侦查能力等理性的替代方法在一定程度上弥补这一缺陷。

如果将排除规则之类证据规则的产生当做现代西方国家特别是英美国家程序至上、轻视实质真实的证据,就可能无法理解沃伦·伯格主持以及伦奎斯特主持的美国联邦最高法院对厄尔·沃伦主持的联邦最高法院确立的非法证据排除规则作出的种种限制,以及美国国内迄今为止对于非法证据排除规则、米兰达规则提出的种种质疑与批评,以及美国判例法确立的"法庭将不会排除由于违宪行为而发现的证人提供的证词"③、"不禁止大陪审团使用那些非法获取的证据"④、"在美国提起的民事案件的审判中并不禁止大陪审团使用那些非法获取的证据"⑤以及排除规则适用的对象是执法人员及其代理人而不是普通公民。这些内容,不正是为了发挥其发现案件实质真实、有效地惩罚犯罪的工具作用而设定的吗?

就我国来说,长期以来偏重实质真实发现而忽视程序合法,特别是在刑事诉讼中,在法律的诸项价值中偏重于秩序与效率,对于个人自由、公平的保障十分薄弱,需要加以纠偏,在诉讼中应当切实加强权利保障,防止以不正当手段实现实体正义甚至不正义的目的。

---

① 美国宪法第4条修正案规定:"人民保护其人身、住房、文件和财产不受无理搜查、扣押的权利不得侵犯;除非有合理的根据认为有罪,以宣誓或郑重声明保证,并详细开列应予搜查的地点、应予扣押的人或物,不得颁发搜查和扣押证。"

② John N. Ferdico, J. D., *Criminal Procedure*, West Publishing Co., 1989, p. 48.

③ United States v. Ceccolini (1978).

④ United States v. Calandra (1971).

⑤ United States v. Sanis (1976).

第三章　证据法之诸主义

真理非常简单以致被当成虚伪的陈腔滥调。

——哈玛绍

在法学中,"主义"一词与"原则"近似,但也有微妙差别。《辞海》解释"主义"云:"主义"的含义是"一种特殊之思想或学说,由信仰而成立者也"①。《辞源》解释说:"主义"的含义是"所主张学说上之根本标准,而以之为宗旨者也"②。《辞源》对"主义"所作界说,与这个意义上的"原则"很接近,所谓原则,乃指作为行动或者行为的指南或者理性基础的一般法则或者信条。不过,**司法活动中所谓"原则",往往指法定原则,即由法律所规定、具有法律效力之原则;主义则是学理上所主张、非有法律规定者**。

司法证明是诉讼活动的一部分,规范诉讼活动的若干基本准则也适用于证明活动,如司法中立主义、直接审理和言词审理主义、两造平等主义、审理单元主义等;有的虽不直接规范证明活动,但对司法证明活动有一定影响,如迅速审理主义等。在诉讼诸主义中,应用于或者主要应用于司法证明活动的原则包括证据裁判主义、无罪推定主义和疑罪从无主义、两造举证主义和职权调查主义、实质真实发现主义与形式真实发现主义、法定顺序主义与自由顺序主义、形式证据主义与实质证据主义。

第一节　证据裁判(原则)主义

作为证据学中心概念的证据,是诉讼活动的基本条件。从证明角度看,诉讼过程是收集证据、运用证据和审查判断证据的过程。这一过程通常由法律加以规范,由一定的原则加以统摄并由一定的程序和规则加以约束。证据在诉讼活动中占有重要地位,是用以查明案件事实的手段。**诉讼最终要将特定的法律规范适用于一定的事实,在适用法律之前必须查明案件事实,诉讼证据的功能在于使案件事实或者当事人的主张得到确认,最终使裁判者得以适用法律,形成一定的结论**。这是诉讼存在的演绎推理结构。德国罗森贝克云:"作为对法规范效

---

① 舒新城主编:《辞海》,中华书局1948年版,第46页。
② 陆尔奎主编:《辞源》,商务印书馆1941年版,第51页。

果的法律适用,是演绎推理的结果。在演绎推理中抽象的法规范构成大前提,被认定为真实的、具体的案件事实构成小前提。"日本松冈义正亦云:"民事诉讼之裁判,不外于就具体的事实(构成具体的法律上效力之原因之事实),而适用法则(确定发生具体的法律上效力与否之法则)及实验规则(适用法则或推进事实时所可利用之经验结果之生活上规则)所得之结论。故审判官者,须于审判上详加调查,以求熟知当事人主张事实之真否,并熟知法则及实验规则之内容者也。在民事诉讼中,举凡具体的事实之真否,则由法院依据证据认识之;不须审判官当然认识之法则及实验规则之内容,则由法院依据为证据之一种之鉴定认识之。"①

在现代诉讼中,裁判必须建立在诉讼证据的基础之上,这一观念早已成为一项重要的诉讼原则,称"证据裁判原则"或者"证据裁判主义"。这一原则的内容虽然并不复杂,可以从正反两个方面理解其内涵:一是对于犯罪应当依证据加以认定,二是若无证据不得断定其罪行,亦即没有证据不可仅凭裁判者的臆断、推测之词认定其犯罪。② 由此可见,证据裁判主义无非要求作出裁判应凭具有证据能力并且经过调查的证据,但这一原则却是人类经过长期的磨难最终得以确立的,它排斥以神灵启示、主观臆断等非理性的因素作为确认案件事实的根据,使裁判建立在客观实在、理性讨论的基础之上。

证据裁判主义是在否定仅凭口供定案的旧法习惯的基础上产生的。在日本明治九年(1876年)通过司法省公告"规定'依证据断罪,完全由法官确认'。这一规定不仅宣告了开始从中国法向法国法的自由心证原则转变,而且确定了没有口供也能作出有罪判决的原则。这样,采纳证据裁判原则(和自由心证原则)的结果,就是禁止刑讯逼供"③。除此之外,证据裁判主义的对立面,还包括根据证据以外的因素认定案件事实、作出裁判:

1. 神意。根据神的启示来判断诉讼中的是非曲直,将神灵的启示作为判定是非、确定案件的依据,此种制度被称为"神断法"(ordeal)。

2. 长官意志。听命于长官意志而罔顾证据,是司法颓败的极端表现。权威人物对案件预先设定结论,由承审机构或者官员收集甚至炮制"证据"来证明该权威人物的正确性并进而实现其愿望,真正作为裁判根据的不是"证据"而是长官意志。

3. 民愤。《圣经·新约》提供了典型的例证。耶稣被控告煽动民众叛国、反对向恺撒缴税、自称是基督和君主,由罗马总督彼拉多进行审判。经过审问,彼

---

① 〔日〕松冈义正著:《民事证据论》,张知本译,洪冬英勘校,中国政法大学出版社2004年版,第2页。
② 参见〔日〕松尾浩也著:《日本刑事诉讼法》(下册),张凌译,中国人民大学出版社2005年版,第4页。
③ 同上。

拉多把祭司长、犹太领袖和民众召集在一起，当众宣布："你们带这个人（耶稣）来，指控他煽动民众造反，但是我当着你们的面审讯过他，却查不出你们控告的罪证。希律王也找不出他有什么罪状，所以把他解送回来。由此可见，这人根本没有犯什么死罪，所以我决定惩戒他一番，然后释放他。"这时群众却齐声高呼："干掉他！"彼拉多很想释放耶稣，就再次陈述他的立场。无奈他们一直极力叫嚣："把他钉十字架！钉死他！"彼拉多第三次又问："为什么呢？他到底犯了什么罪？我实在找不出犯死罪的证据，因此我要惩戒他一番，然后释放他。"民众越发大声叫嚣，要彼拉多把耶稣钉死在十字架上。最后，彼拉多终于在他们的吼声下屈服，批准了他们的要求。在没有证据的情况下，以民意作为裁判的根据，是与证据裁判主义背道而驰的。

4. 臆断。臆断是凭臆想而下决断。中国旧小说中每多这样的例子，虽包公办案也不能免，"往往是证据尚未到手，蛛丝马迹尚未澄清，被告一提上来，包大人察言观色，便已成竹在胸，暗暗下了结论"①。这都是凭直觉断案的典型例证，与证据裁判主义相冲突。

很显然，以神意、长官意志、民愤、臆断等为裁判的根据，在形式上具有解决纠纷进而维护社会秩序的功能，但作为调查案件事实的方法，它显然是反理性的，以神示的方法如果发现了案件的实质真实也事属偶然，通常情况下既不能发现案件的真相，也不可能保障当事人的合法权益。由此，"随着近代合理主义的兴起，开始通过人的理性发现事实真相。因此，形成一项原则：认定事实必须依据证据，其他任何东西都不是认定事实的根据。"②

要在发现案件事实真相的基础上实现实体公正，不能不依靠由案件事实本身产生的证据。证据是人们借以复原案件原貌（法院认定的事实是由法律框定的具有法律意义的事实）的基本手段，这就是证据裁判主义的重要价值所在。

证据裁判主义有若干例外，主要包括：

其一，司法认知。只靠法官的知识经验就可以认定，此项认定依据的是作为法官职务应当知悉的事实，如法规的存在及其内容等对于法院来说属于显著的事实，或者依据经验法则，对于一般人来说属于显著的事实，也就是众所周知的事实，"经验法则不是具体的事实，而是谁都知道并且不觉得奇怪的常识……不管怎样专门性的问题，只要法官以其个人的研究和自己的经验所知道的，就可以直接用它来认定事实"③。

其二，自认。在民事诉讼中，对于当事人自认的事实，法院不需要审查就直

---

① 张国风：《公案小说漫话》，江苏古籍出版社、中华书局（香港）1992年版，第11页。
② 〔日〕田口守一著：《刑事诉讼法》，刘迪、张凌、穆津译，法律出版社2000年版，第217页。
③ 〔日〕兼子一、竹下守夫著：《民事诉讼法》，白绿铉译，法律出版社1995年版，第102页。

接采纳,自认包括两种情况:一是在审判过程中,当事人作出的与对方主张相一致而对自己不利的陈述;二是当事人在审判中不明确对方所主张的事实,而且从案件情况看该事实不可能存在争议。但在刑事诉讼中,一般不能仅以当事人的自认作为判断案件的唯一根据,特别是不能仅凭被告人的供述就确认其有罪,即使是承认辩诉交易为合法有效的法庭也要求有一定的证据予以佐证。

其三,推定。"推定使得对被推定的事实进行证明和确认成为多余。"[1]推定证明是证据证明的替代性技术方法,"无论在任何国家,每当法庭需要确定某一案件事实时,无非采取两种方法:要么通过获取实际证据,要么采取较容易的然而也是不精确的方法,即依据先验的推定"[2]。这里需要指出的是,推定证明中往往涉及作为认定推定事实存在前提的基础事实,推定事实是在具备基础事实的前提下由法官直接加以确认的,推定事实不需要根据证据加以确认,但作为其前提的基础事实通常需要根据证据加以确认;并且,对于法律上可推翻的推定,要加以推翻时也需要以证据作为手段。

其四,拟制事实。拟制的"特点在于将纯属子虚乌有的事实强行确认其存在,或者将迥然相异的事实强行规定其相同,因而属于立法上的虚构"[3]。这种"立法上的虚构"的事实也是由法官直接根据法律而不是证据加以确认的。

这些例外情形,是为了解决诉讼中出现的无须证明(其中,当事人的自认是基于人的理性预设,认为一个理性的人在能够明了自己行为后果的情况下进行的陈述是可以直接采为定案的根据)、证明不能或者有证明困难的情况而设定的。这些例外,是为了救济证据裁判主义之不足而提供的一种补充,诉讼中总的精神当然是证据裁判主义。

第二节 无罪推定(原则)主义和疑罪从无(原则)主义

无罪推定(presumption of innocence)是一项重要的刑事诉讼原则,也许是最重要的原则。[4] "这种推定存在于证实任何犯罪的过程中。不仅在刑事审判中,而且在民事诉讼中,只要断言某一犯罪行为已经实施,就要适用无罪推定。"[5]

---

[1] 〔德〕莱奥·罗森贝克著:《证明责任论——以德国民法典和民事诉讼法典为基础撰写》,庄敬华译,中国法制出版社 2002 年版,第 227 页。
[2] 〔英〕K. S. 肯尼、J. W. 塞西尔·特纳著:《肯尼刑法原理》,王国庆、李启家等译,华夏出版社 1989 年版,第 485—486 页。
[3] 江伟主编:《证据法学》,法律出版社 1999 年版,第 126 页。
[4] "在刑事案件中,最重要的是每个被告人享有无辜的推定。"William Shaw M. A. , *Evidence in Criminal Cases*, Butterworth & Co. (publishers) ltd. , 1954, p.16.
[5] 〔英〕K. S. 肯尼、J. W. 塞西尔·特纳著:《肯尼刑法原理》,王国庆、李启家等译,华夏出版社 1989 年版,第 487 页。

实际上，正像人们所知道的那样，它不仅仅是一项刑事诉讼原则，而且是一项重要的宪法原则。许多国家的宪法规定了这一原则，在文字表述上与它的最早阐述者是极为近似的。

贝卡利亚在《论犯罪和刑罚》中的两句话被公认为是无罪推定原则最早的、经典的表述：在第16节"关于拷打"中，他指出："**在没有作出有罪判决之前，任何人都不能被称为罪犯**，而且在没有肯定他违反了遵守它就要保证给与保护条件以前，社会不能使被告人失去社会的保护。"他还提到："……**任何人，当他的罪行没有得到证明的时候，根据法律他应当被看做是无罪的人。**"①

有英国学者指出，无罪推定是法律格言"凡推定总是有利于否定的一方当事人"(semper praesumitur pro negante)或者——以另外一种方式表达——由提出肯定主张的一方当事人承担证明责任的体现。还有一句法律格言与无罪推定的实际应用有关："推定将行之有效，除非相反的事实得到证明。"(stabit praesumptio donec probetur in contrarium)

在英美国家的刑事证明中，"无罪推定的牢固性很强，为了驳倒它，必须将被告人的罪行证明到'排除一切合理怀疑'的程度"。这要求：必须清楚地证明，犯罪已经发生；在证明犯罪事实确已发生之后，控诉一方还必须清楚地证明：该罪行就是被告人实施的。② 不仅英美国家如此，其他国家也是如此，要推翻无罪推定，需要达到刑事证明的最高标准。在我国的刑事诉讼中，虽然立法机关没有在法律中明确规定无罪推定原则③，但要判定一个人有罪必须达到"事实清楚，证据确实、充分"的证明标准。

不是所有的案件都能达到法定的证明标准，有些案件处于有一些证据表明被告人有犯罪的嫌疑而现有的证据又不足以确实证明被告人有罪的程度的状态，这种案件为疑罪案件。

我们通常所说的"疑罪"案件，通常是指由于证据原因造成的疑罪案件。《唐律》中有注解释"疑罪"，称"疑，谓虚实之证等，是非之理均；或事涉疑似，旁无见证；或旁有闻证，事非疑似之类"。意思是：肯定和否定的证据相等，有罪与无罪的道理均等；或者案件似有其事，却没有见证；或者虽有旁有闻见之人，却不似确有其事。这些情况，都涉及证据，并意味着疑罪案件。

对于疑罪案件的处理，我国古代已经确立了一定的原则。**中国古代刑事司法中，对于疑罪案件通常采取以下处理方式：(1) 疑罪从无。** 在春秋时期的梁国

---

① 〔意〕切查列·贝卡利亚著：《论犯罪与刑罚》，西南政法学院刑法教研室1980年翻印，第34页。
② 〔英〕K. S. 肯尼、J. W. 塞西尔·特纳著：《肯尼刑法原理》，王国庆、李启家等译，华夏出版社1989年版，第487—488页。
③ 我国《刑事诉讼法》第12条规定了"未经人民法院依法判决，对任何人都不得确定有罪"，许多学者认为这就是无罪推定的法律表达，但立法机关予以否认，指出该条只是吸收了无罪推定的积极因素。

曾确立"赏疑从有,罪疑从无"的原则。**(2) 疑罪从赦**。对疑罪案件的被告人加以赦免,如《吕刑》:"五刑之疑有赦,五罚之疑有赦。"《礼记·王制》云:"疑狱,氾与众共之。众疑,赦之。"**(3) 疑罪从轻**。对疑罪案件的被告人加以从轻处理,如《尚书·大禹谟》记载:"罪疑惟轻,功疑惟重,与其杀不辜,宁失不经。"《书经集传》中提到:"罪已定矣,而于法之中,有疑其可重可轻者,则从轻以罚之。"**(4) 疑罪从赎**。允许疑罪案件的被告人交纳一定金钱财物"赎买"刑罚,如《唐律》规定:"诸疑罪,各依所犯,以赎论。即疑狱法官执见不同者,得为异议,议不得过三。"《宋刑统》:"诸疑狱,各依所犯,以赎论。"

疑罪从赦、疑罪从轻、疑罪从赎,本质上皆为疑罪从有。依现代刑事诉讼的标准看,被告人在经法庭审判证明并被裁决为有罪之前都应当被推定为无罪。按照这一原则,既然不能证明被告人有罪,自当按无罪处理,这就是"疑罪从无"的处理原则。

依现代刑事诉讼中的证明责任制度,证明犯罪嫌疑人、被告人有罪的责任由控诉方承担,辩护方不承担证明自己无罪的责任,如果控诉方不能证明犯罪嫌疑人、被告人有罪,则他们不应当被起诉或者应当被宣告无罪,这就是"疑罪从无"。不过,**对于罪疑案件(有罪无罪存在疑问)实行的是"疑罪从无"原则,对于刑疑案件(刑轻刑重存在疑问),实行的则是"刑疑惟轻"原则**。

疑罪从无原则不是针对理想诉讼状态而确立的一项诉讼制度,事实上,这一制度存在着可能放纵某些真正的犯罪人的弊端。与之相反,有罪推定却有错罚无辜的危险。前者易纵,后者易枉。枉者为害,纵者亦为害,理想的诉讼状态是不枉亦不纵,但这种理想状态不是总能实现。在枉与纵两种可能性存在的情况下,不同的价值取向会有不同的选择,无罪推定重在保护无辜者,体现了"与其杀不辜,宁失不经"的精神和"存心笃厚"的司法之道,有利于抑制国家权力,防止其滥用,从而不仅是为被告人、也是为社会中所有人的权利提供了保障。有罪推定则重在秩序的维护,体现了"宁愿错杀一千,也不放走一个"的追求,必然侵害无辜者的权利,造成大量的冤滥案件。

现代刑事证明中,总的原则是,避免滥罚无辜更重于处罚犯罪,当存在枉与纵两种危险时,宁愿放纵罪犯也不滥罚无辜。在这种价值取向之下,实行疑罪从无原则成为必然的选择。

第三节 两造举证主义和职权调查主义

诉讼中案件事实的认定主要依赖于诉讼双方的举证而不是法官主动依职权调查取证,称为两造举证主义。两造举证主义在民事诉讼中的体现,是依赖原告和被告依据证明责任分配原则进行举证,从而使裁判者从中确认有关案件事实作出判断;在刑事诉讼中,依赖于控诉方举证证明其指控的犯罪事实,辩护方只对法律规定的特定事项才承担证明责任。

在刑事证明中,控诉方针对自己提出的指控承担证明责任是一项总的原则。辩护方除了法律规定的特定情形外不承担证明责任。无论在英美法系国家还是在大陆法系国家,莫不如此。在英美法系国家,"当被告人就主要问题辩称'无罪'之时,检察官有义务在审判中证明起诉书所揭载的对于构成犯罪指控来说具有实质性和必要性的每一项事实和情况。总的原则是,除非有相反的规定,证明有罪的责任由控诉方承担,辩护方不承担证明责任。"①这类原则在现代刑事证明中已经成为常识。

这项证明责任分配原则与无罪推定原则相一致。"无罪推定是一种很牢固的推定,也就是说,对被告人的罪行作出确凿无疑的证明的责任总是由控诉一方来承担。""即使根据制定法或普通法推定某一不利于被告的事实,并且'除非证明相反'才能推翻原来的推定,这时候,被告承担的举证责任与控诉一方所承担的将案件证明到排除一切合理怀疑的程度的责任相比,仍然要小得多,至多不过是像民事诉讼中的某一方那样,只需要使陪审团相信他所要证明的事实具有存在的可能性就够了。"②

与两造举证主义对应的概念,是职权调查主义。**诉讼中对于事实的认定主要依赖于法官主动依职权调查取证,称为"职权调查主义"**。法官在诉讼证明中的作用究竟应是积极还是消极的,取决于人们对司法功能的设定。

在古罗马的弹劾主义诉讼中,司法权是消极的,在中世纪欧洲和古代中国,司法权则是积极的。如今,人们将消极性看做是现代司法的特性。司法权的消极性主要体现在起诉环节实行弹劾原则,没有起诉,法官不能主动启动审判程序,这成为现代各国普遍实行的重要诉讼原则;但在证据调查环节,**大陆法系国家与英美法系国家实行不同的做法,前者法官发挥的作用是积极的,后者法官发挥的作用是消极的**。

英美法系国家的法官消极中立、耐心听讼的形象与他们大陆法系国家和地区的同行有所不同。以询问一般证人和鉴定人为例,**大陆法系国家的程序法以下面的思想为基础:让法官发挥较大的作用,可能会更易于发现真实情况,因此法官应有权,实际上是有义务提问、告知、鼓励和劝导当事人、律师和证人,以便从他们那里获得全部真实的情况**。

在职权主义诉讼模式里,法官掌握着庭审活动的全部控制权,在证据调查中

---

① Robert Ernest Ross and Maxwell Turner, *Archbold's Pleading*, Evidence & Practice, 1938, p. 23.
② 〔英〕K. S. 肯尼、J. W. 塞西尔·特纳:《肯尼刑法原理》,王国庆、李启家等译,华夏出版社1989年版,第487—488页。

起着肯定和积极参与的作用,在大陆法系国家,这被认为是发现案件真实情况的最佳方式。这种方式有时也会受到英美法系国家法官的赞赏。如美国最高法院一位法官曾在判决书中表达不同意见云:"联邦法官不是拳击比赛的裁判员,而是审判官。"其表达的观念与大陆法系国家对法官的功能的认识相近。由于受到这种观念的影响,在有些英美国家法庭上情况稍许有了一些变化,"在对抗制诉讼中,法官起相对消极的作用。法官监督当事人的举证,对证据的可采性、相关性以及一方当事人反对他方当事人提问而提出的异议进行裁决。但是,法官并不限于这些监督的职能。在有限的范围内,法官可以积极地参加举证。他可以建议当事人对证人进一步提问或传唤新的证人。法官还可以直接向证人提问,也可以根据自己的提议传唤证人"①。

陈朴生先生曾指出,当事人主义与职权主义对于诉讼进行采取的方法不同,其真实发现的程度也有所不同。当事人主义诉讼模式,认为诉讼是解决当事人纠纷的方法,爱迪生·海尼斯就曾说过:"法律不是正义。审判不是探求真相的科学方法,而是争论的解决方法"。不仅审判活动的进行以当事人为主,就是法官确认事实一般也以当事人提供的材料为限,重在程序公正,确保个人自由,此种真实,往往流于形式,故称之为"当事人之真实"。职权主义诉讼模式,认为诉讼是行使国家刑罚权的程序活动,不仅诉讼的进行以法院为主,就是其所发现也追求适于行使刑罚权之真实,重在实质真实发现,借以确保社会安全,其所发现的真实,重在实体,但诉讼进行、证据调查及其证明力判断,均系于法院一身。因此认为该真实为法院的真实。显然,两者都存在不足,近今立法例莫不重视补救当事人主义及职权主义之缺点加以调和,期望发现实体真实,又不影响程序公正。②

德国学者赫尔曼热情地赞颂了对抗制下法官的消极形象。他认为,许多国家在审判方式改革中完成或者进行着由职权主义调查式向当事人主义对抗制的转变,"看起来一致赞同讯问式的审判不再符合法院在现代社会中应扮演的角色。法官在审判中作为主要讯问机关行事必须被视为 19 世纪的残余。众所周知,在旧的纠问式审判中,法官既是调查官,同时又是裁判官。这种审判方式于 20 世纪在欧洲大陆国家被称为'改革的程序'所取代。这种改革将法官与控诉人的职能分开。但是,这种改革不彻底,因为它保留了法官在审判中的调查职能。讯问式审判是 19 世纪等级思想的典型,它强调在发现真相过程中的官方控制,于是不难保留法官在审判中作为主要的调查机关"。

---

① 〔德〕赫尔曼:《中国刑事审判改革的模式——从德国角度的比较观察》,1994 年北京刑事诉讼法学国际研讨会论文。
② 陈朴生著:《刑事证据法》,三民书局 1979 年版,第 148—154 页。

这位德国学者指出，法官改变在案件调查中的作用，还因法院的政治功能的变化：当司法成为解决政府其他机构与个人之间的争议和冲突、保护个人不受政府其他机构不正当的真正的第三种政府权力干涉的途径时，需要法官改变在审判中仍为主要调查机关的情况。除了这些宪法性原因外，还有从心理学方面来解释：在讯问式审判中，真正的危险在于法官可能因这些根本不同的任务在心理上负担过重。法官可能受到由警察和检察官积累的案件材料的不适当影响，因为法官在准备法庭举证时不得不仔细研究案卷材料，他可能无意中随着其推理，以与警察和检察官相同的方式来看待案件，结果法官在审判中先入为主，难以做到公正地审查证据和接受辩护方提出的新观点。每当法官提问显得不相信被告或提供有利被告证言的证人时，法官可能表现得偏袒控诉方。

的确，一个在公民个人和强大的政府权力之间起屏障作用的法院，在绝大多数社会是需要的，如果它必须是消极的，那么，人们都会乐于看到法官不再是一个发挥积极角色作用的官员。

不过，法官是否应当为案件的实质真实发现负责？在那些实行职权主义诉讼的国家，法官是否应当放弃主动依职权调查证据的权力呢？

在刑事公诉案件中，我们可以在检察官和警察的积极作为中获得对案件的真实情况发现。但法官的消极如果不伴同着辩护方诉讼能力的增强的话，诉讼中仍然存在失衡状态：辩护方不能以较强的诉讼能力（特别是收集、提供证据的能力）进行防御，法官本可以主动依职权调查帮他一把，如果他一味追求消极，程序的、表面上的公正就会损害实质上的公正。在刑事自诉案件中，这样的坏运气会降到被害人头上，如果法官不主动依职权调查取证，许多被害人就难以真正获得法律武器维护自己的权利和获得救济。

所以，法官在调查案件事实、发现事实真相的能动作用，不应被率意地抛掉。

我国的刑事证明活动注重发现案件的实质真实，对于发挥法官在调查案件方面的主动性十分重视，体现为法官在法庭调查中主动推进诉讼进程，主动依职权调查证据，特别是，合议庭拥有一系列庭外调查的权力。近几年来，刑事诉讼制度改革的主要方向之一是吸收当事人主义诉讼因素，增强司法克制，调动控辩双方的诉讼积极性，包括：改变举证方式，将主要由法官承担讯问被告人、询问证人或鉴定人、出示物证、宣读书证的证据调查活动改由控辩双方承担，这就为法官摆脱一部分讼累从而更多地投入耐心听讼创造了条件；但刑事诉讼改革并不是以全面移植对抗制诉讼为目标的，刑事诉讼法仍然保留法官在法庭上主动调查证据的权力，法官的庭外调查权虽然有所缩小，但仍然予以保留。

法官主动依职权调查证据，有利于提高司法效率，避免案件过分纠缠于细枝末节而造成延宕。另外，发挥法官的能动性，也有利于更好地发现案件的实质真实，所以，在给予控辩双方更多的诉讼空间使之发挥积极作用的同时，保留法官在法庭上主动调查证据的权力,可以扬长避短;但对于法官庭外调查的权力,需要进一步限制。

我国《刑事诉讼法》第191条规定了合议庭的庭外调查权:"法庭审理过程中,合议庭对证据有疑问的,可以宣布休庭,对证据进行调查核实。人民法院调查核实证据,可以进行勘验、检查、查封、扣押、鉴定和查询、冻结。"这一规定允许审判方在没有控辩双方在场的情况下进行证据调查核实活动,从而使这个过程成为"暗箱操作";这里还隐藏着一个危险,就是合议庭对于自己调查获取的结果容易形成先入之见,即使在后续的法庭上公开这一结果,也不容易接纳控辩双方的不同意见,所以,对于控辩双方来说,法官的庭外调查权对其诉讼权力的保障有可能构成威胁。要解决这一问题,应对法官庭外活动加以限制,使其始终保持中立性和超然性。

第四节 实质真实发现主义与形式真实发现主义

审判的理想状态是发现案件的实质真实并在此基础上正确适用具有正义的内在素质的法律,但对于实践中实际取得的审判结果,也可以在一定的认识论的基础上或者在一定价值取向的支配下人为地设定标准,包括以下一些相互对称的标准:

(1) 实质真实与形式真实;
(2) 客观真实与主观真实;
(3) 事实真实与法律真实;
(4) 绝对真实与相对真实。

实质真实、客观真实、事实真实、绝对真实是一组相似的概念,**指称的对象却是一致的,那就是案件的真相**,因此往往被当做同一概念可以替换使用。① 它们都建立在存在论的认识论的基础之上,认为事物是客观存在的,独立于我们的认识之外,人们可以通过感觉和理智去认识它。一切认识都由判断的形式完成,无论何人判断其确已得到某一认识,都意味着他相信所认识的对象真实存在,而且相信不管我们认识它与不认识它,它仍然存在。实质真实强调的是真实的实质性,客观真实强调的是外在于人的认识对象的客观存在的性质,事实真实强调的是真实的本原性、绝对真实强调的是非比较意义上的真实,它们强调的侧重点虽然有差别,但由于指称对象完全一致,说它们属于同一概念,并无不妥。

形式真实、主观真实、法律真实、相对真实也颇相似,但有时也因使用者指称的对象不尽相同而有明显的差别。形式真实以满足一定形式上的要求为真实的

---

① 参见蔡墩铭:《刑事诉讼法论》(修订版),五南图书出版公司1999年版,第22页。

标准,一般只要符合法律规定的形式,就视为真实。主观真实以主观上认为其真实为满足,尽管人在确认实质真实的时候其主观状态也表现为主观上相信其为真实,但主观真实不是指这种情况,而是认为世界乃人的感觉的组合,人只能就自己的感觉依据经验进行判断,当自己相信其为真实则确认其真实,至于是否与实际情况相符,则因不可获知而不必考虑。法律真实则以法律所设定的真实标准为依归,符合法律设定的真实是法律真实论者追求的目标。人们在使用"法律真实"的概念的时候往往是指与实质性的、客观存在的、本原性的、绝对意义上的真实相区别的,但这个概念本身有些模糊,有学者指出,如果法律真实就是法律规定的真实,则"法律真实是放之四海、用于古今而皆准的标准",因为从神明裁判制度的神示真实、法定证据制度的形式真实到我国刑事诉讼法所确立的客观真实,无一不是"法律真实"。① 相对真实是比较意义上的真实,不要求寻根溯源、务必发现真正意义上的真实。

民事诉讼涉及的主要是个人权利,包括财产权、人身权等实体权利,还涉及诉讼程序的公正性以及诉讼效率。刑事诉讼涉及的主要是公权力的行使与约束,判决的结果直接以被告人的人身自由甚至生命的予夺为内容。**大陆法系国家,对于刑事诉讼实行实质真实发现原则,对于民事诉讼实行形式真实发现原则**。民事诉讼期望达到之真实,也可称为"形式真实",如谓:"法院之心证,只须为相对之真实,毋庸为绝对之真实;盖关于民事诉讼之证据,断难如数理上之证据,使得信为与客观之真实一致,仅可如历史上之证据,使得依普通之经验,主观信为真实而已"②。在英美法系国家,刑事诉讼与民事诉讼在某些环节上以相同的原则运作,如刑事被告人的自愿承认有罪与民事当事人的自认具有相似的法律效力,界限不甚分明;但在刑事诉讼中,支持控诉所需达到的证明程度比民事诉讼要高,前者需要达到"排除一切合理怀疑"的程度,后者只要具有占优势的证据就可以胜诉。

实质真实与形式真实的一个重大区别,是**法院对于事实的认定是否受当事人的意思表示拘束的问题。法院对于事实的认定不受当事人意思表示的拘束,务期发现真正的真实的,为实质真实发现主义,又称"实体真实发现主义"**。亦即:"实体真实发现主义者,法院于审理案件中,对于有关系之证据,不受当事人意思之拘束,应自行探求事实之真相,自行搜集或调查各项认为必要之证据。"③ **法院对于事实的认定受当事人意思表示的拘束,仅须发现形式的真实的,为形式真实发现原则**。亦即:"形式真实发现主义者,法院于审理案件中应受当事人意

---

① 陈光中等:《刑事证据制度与认识论——兼与误区论、法律真实论、相对真实论商榷》,载《中国法学》2001 年第 1 期。
② 石志泉原著、杨建华修订:《民事诉讼法释义》,三民书局 1987 年版,第 320—321 页。
③ 周荣编著:《证据法要论》,商务印书馆 1935 年版,第 5 页。

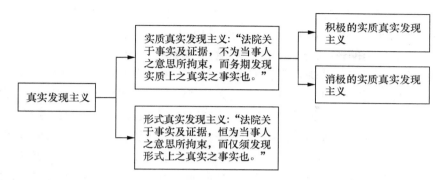

思之约束,即仅在当事人主张事实及其所提出证据之范围内,认定事实。对于当事人二造所不争执之事实,则不应再为调查,而迳认为真实。"[1]英美法系国家对于刑事被告人的自愿承认有罪,可以不必进行法庭调查遽认其有罪,实行的便是形式真实发现原则,但对于被告人不承认有罪或者保持沉默的,则需要通过控诉方的法庭举证达到说服陪审团确信有罪的程度。在大陆法系国家,刑事诉讼中实行实质真实发现原则,不受被告人认罪的约束,即使被告人已经认罪,法院仍需调查必要的证据,确认该供述的真实性。

在我国当代司法活动中,无论是刑事诉讼还是民事诉讼,都曾以发现案件的实质真实(我们习称为"客观真实")为归宿。如今,这一不分刑事诉讼和民事诉讼在确认事实存在方面采取同一标准的做法早已受到质疑。民事诉讼法学者如今强调:民事诉讼以发现案件的形式真实为满足。

我国《刑事诉讼法》要求准确查明犯罪事实、保障无罪的人不受刑事追究,以事实为根据,"有被告人供述,没有其他证据的,不能认定被告人有罪和处以刑罚",就体现了实质真实(我国一般称"客观真实")发现原则。上诉审中实行全面审理原则和审判监督程序的设置,也体现了这一原则。被告人认罪仍然要进行严格的证明,是实质真实发现主义的必然要求,也是我国长期刑事司法实践中实行的制度。

我国刑事诉讼中注重发现案件的实质真实,明显受到苏联法制中客观真实原则的影响。苏联学者切里佐夫认为,客观真实原则不仅表明证明行为的目的,而且还影响当事人权利和法院权利的相互关系这一问题的解决,因而成了如何制定苏维埃刑事诉讼中许多重要诉讼制度的根据。[2] 他还认为:"法律就发现客观真实而对国家专门机关提出的基本要求是:审判长务须使法庭调查尽可能有助于发现真实;侦查员必须完全而全面地调查案件一切事实情况,收集有罪或者

---

[1] 周荣编著:《证据法要论》,商务印书馆1935年版,第5页。
[2] 〔苏〕切里佐夫:《苏维埃刑事诉讼》,中国人民大学刑法教研室译,法律出版社1955年版,第119页。

无罪的证据;第二审法院审查判决有无根据。"①客观真实原则对于制定苏维埃刑事诉讼制度进一步的影响,表现在诉讼制度中包括有各审查阶段,以及重新审查已生效的判决的、特殊形式的审查阶段:依监督程序的重新审查。②

在苏维埃刑事诉讼法和司法实践中,存在片面追求客观真实的情况,对法院的权力缺乏节制。切里佐夫强调:与西方的、特别是英、美的诉讼程序相反,它完全取消所谓当事人处分的原则,法院不受当事人有关案件实体的声请的拘束。法院并不因国家公诉人不支持控诉,或被告人完全承认自己的罪过,而必须作出无罪判决(在前一种场合)或有罪判决(在后一种场合)。③ 苏维埃法院并不是在当事人所指定的范围内寻找真实,仅是借助于当事人来发现真实,并在判决中只宣示那些经它确信具有真实性的情况,即符合真实的事实。这一客观真实原则,使法院不受任何形式证据或当事人提出的证据范围的限制。法院有权调取新的、它认为必需的证据。客观真实原则也说明苏维埃法院具有广泛的权利,它可以超出原来控诉的范围,可以根据在法庭审理过程中所发现的新事实,提出新的控诉或检举新被告人。"因此,客观真实原则与审判员独立原则是密切联系着的。"④

由于民事诉讼涉及的是原告与被告的"私权益",原告与被告在诉讼活动中各自提出有利于自己一方的诉讼证据,法院只依据双方提供的证据进行裁判,不主动依职权进行调查。在一些国家和地区,这一通常做法是有例外的,其例外就是,"对于法社会具有重大社会利益之民事诉讼,如婚姻事件程序及亲子关系事件,法院得职权调查证据,斟酌当事人所未提出之事实"⑤。

第五节 法定顺序主义与自由顺序主义
(证据随时提出主义与证据适时提出主义)

法定顺序主义是对诉讼行为的顺序加以严格限制,要求在限制的范围内进行,否则不产生法律效力。李学灯指出:"在法定顺序主义,凡当事人之诉讼行

---

① 〔苏〕切里佐夫:《苏维埃刑事诉讼》,中国人民大学刑法教研室译,法律出版社1955年版,第119页。
② 同上。
③ 苏俄《刑事诉讼法典》第282条和第306条有此规定。参见〔苏〕切里佐夫:《苏维埃刑事诉讼》,中国人民大学刑法教研室译,法律出版社1955年版,第119页。
④ 〔苏〕切里佐夫:《苏维埃刑事诉讼》,中国人民大学刑法教研室译,法律出版社1955年版,第119页。
⑤ 陈朴生:《刑事诉讼制度于实体的真实主义之影响》,载《法学论集》,中华学术与现代文化丛书之一。

为,应依法律所定之顺序为之,否则不生效力。"①在法定顺序主义下,当事人的主张与证明活动应依法定顺序进行,这可以分为两种情况:

1. **证据分离主义**。证据分离主义者,谓诉讼程序分为本案程序及证据程序。在本案程序中,当事人不许提出证据,而仅能主张事实,或对于事实上之主张,加以陈述或辩论。在证据程序,则当事人方能提出证据,或为关于证据之陈述或辩论,及进行调查证据,此时不许更有事实上之主张矣。所谓本证程序及证据程序,乃以证据判决为分离之标准,证据判决以前,为本案程序,证据判决以后,为证据程序。②简言之,事实主张与举证分别进行,即"将事实上之主张,与证据方法之提出,分为两个阶段,须事实主张完毕后,方开始举证及调查,一经调查证据,即不得为事实上之陈述,此谓之证据分离主义"③。

2. **证据结合主义**。事实主张与举证可以同时提出或者在一定期间内提出,即"当事人所为之主张或举证,须同时或于一定期间内提出者,谓之同时提出主义或证据结合主义"④。周荣曾言:"夫证据分离主义,限制过严,不免削足适履之嫌,其保护当事人之利益不周。证据结合主义则无此弊,有利于当事人。"⑤

自由顺序主义是指当事人进行诉讼行为不受法定顺序的限制,可以在一定时期之前自由为之。也就是说,自由顺序主义下的主张与举证在一定时期之前的任何时间均可提出。⑥

法定顺序主义与自由顺序主义各有一定理由,"采用法定顺序主义,贵在能使诉讼迅速进行,并防程序之混杂,然因有顺序之限制,有时难得完全之资料"。反之,"采用自由顺序主义,贵在能得完全之裁判资料,惟因无一定顺序,易生诉讼之迁延与混杂。"⑦两者各有优点,也各有其弊。

有论者指出,证据随时提出主义与自由顺序主义相同,证据适时提出主义是法定顺序主义的另外一种说法,这两组概念涉及的都是要不要对举证行为进行严格限制的问题。

证据随时提出主义是对当事人举证行为不加限制,允许当事人按照审理的进度和需要,随时提出证据。证据随时提出主义体现了诉讼程序问题听任当事人自己支配的基本思路。证据适时提出主义要求当事人为进行诉讼所必要的与

---

① 王云五名誉总编辑、何孝元主编:《云五社会科学大辞典》第六册《法律学》,我国台湾地区商务印书馆1970年版,第74页。
② 周荣编著:《证据法要论》,商务印书馆1935年版,第7—8页。
③ 王云五名誉总编辑、何孝元主编:《云五社会科学大辞典》第六册《法律学》,我国台湾地区商务印书馆1970年版,第74页。
④ 同上。
⑤ 周荣编著:《证据法要论》,商务印书馆1935年版,第8页。
⑥ 王云五名誉总编辑、何孝元主编:《云五社会科学大辞典》第六册《法律学》,我国台湾地区商务印书馆1970年版,第74页。
⑦ 同上。

适当的时候提供证据,强调举证的适时性。我国所谓"证据适时提出主义",是指对当事人举证规定一个较为狭窄的举证时限,当事人必须在时限内提出证据,逾期提出的证据一般无效。这里所谓"适时",限制在开庭前的时间范围内指定或者约定的某一期间。在我国,举证时限制度的支持者一般认为:举证时限制度为负有举证责任的当事人在逾期举证的情况下设定了证据失效的法律后果,有利于提高诉讼效率和实现程序正义。

我国《民事诉讼法》原本实行的本来是证据随时提出主义,对举证行为并未加以严格限制,但2012年《民事诉讼法》修改,将举证时限制度在法律中加以确定,该法第65条第2款规定:"人民法院根据当事人的主张和案件审理情况,确定当事人应当提供的证据及其期限。当事人在该期限内提供证据确有困难的,可以向人民法院申请延长期限,人民法院根据当事人的申请适当延长。当事人逾期提供证据的,人民法院应当责令其说明理由;拒不说明理由或者理由不成立的,人民法院根据不同情形可以不予采纳该证据,或者采纳该证据但予以训诫、罚款。"此前最高人民法院《关于民事诉讼证据的若干规定》第33条已经规定了举证时限制度,该制度的一般要求是:法院对逾期提出的证据不予采信,目的在于促使当事人及时举证。该条内容是:人民法院在送达案件受理通知书和应诉通知书的同时向当事人送达举证通知书。举证通知书应当载明举证责任的分配原则与要求、可以向人民法院申请调查取证的情形、人民法院根据案件情况指定的举证期限以及逾期提供证据的法律后果。举证期限的设定方式有两种:一是由当事人协商一致,并经人民法院认可;二是由法院指定。其中,由人民法院指定的,指定期限不得少于30日,自当事人收到案件受理通知书和应诉通知书的次日起计算。另外,《关于民事诉讼证据的若干规定》第35条第2款还规定:当事人变更诉讼请求的,人民法院应当重新指定举证期限。无独有偶,最高人民法院《关于行政诉讼证据若干问题的规定》第57条也规定,"当事人无正当事由超出举证期限提供的证据材料"不能作为定案依据。

举证时限制度使当事人举证时间范围被压缩,但是《关于民事诉讼证据的若干规定》并未完全堵塞举证时限外提出证据的途径,其第34条、第36条规定:当事人应当在举证期限内向人民法院提交证据材料,当事人在举证期限内不提交的,视为放弃举证权利。该规定的例外情况是:(1)对于当事人逾期提交的证据材料,人民法院审理时不组织质证,但对方当事人同意质证的除外。(2)当事人在举证期限内提交证据材料确有困难的,应当在举证期限内向人民法院申请延期举证,经人民法院准许,可以适当延长举证期限。当事人在延长的举证期限内提交证据材料仍有困难的,可以再次提出延期申请,是否准许由人民法院决定。其第34条第3款还规定:当事人增加、变更诉讼请求或者提起反诉的,应当在举证期限届满前提出。也就是说,反诉的提出也受到更狭窄的时间限制。

虽然规定了举证时限，最高人民法院司法解释却规定当事人提出新的证据①可以突破最高人民法院设置的举证时限制度而获得被采纳的机会。《民事诉讼法》第 139 条第 1 款规定："当事人在法庭上可以提出新的证据。"最高人民法院《关于民事诉讼证据的若干规定》第 43 条第 1 款规定："当事人举证期限届满后提供的证据不是新的证据的，人民法院不予采纳。"第 42 条又规定：当事人在一审程序中提供新的证据的，应当在一审开庭前或者开庭审理时提出。当事人在二审程序中提供新的证据的，应当在二审开庭前或者开庭审理时提出；二审不需要开庭审理的，应当在人民法院指定的期限内提出。这里所谓"新的证据"是指：(1) 当事人在一审举证期限届满后新发现的证据；当事人确因客观原因无法在举证期限内提供，经人民法院准许，在延长的期限内仍无法提供的证据。(2) 一审庭审结束后新发现的证据；当事人在一审举证期限届满前申请人民法院调查取证未获准许，二审法院经审查认为应当准许并依当事人申请调取的证据。(3) 当事人经人民法院准许延期举证，但因客观原因未能在准许的期限内提供，且不审理该证据可能导致裁判明显不公的，其提供的证据可视为新的证据。另外，《民事诉讼法》第 200 条第(1)项规定"有新的证据，足以推翻原判决、裁定的"，人民法院应当再审。《关于民事诉讼证据的若干规定》第 44 条规定："当事人在再审程序中提供新的证据的，应当在申请再审时提出。"②

最高人民法院关于举证时限的司法解释得到不少学者称赞，认为此举对于防止当事人故意不出示证据而拖延诉讼或者发动证据突袭、提高诉讼效率具有防堵作用。不过，也有论者反对司法解释中设立这一制度，认为："给举证机械地进行时间限制，这种'迟到的'证据，在开庭审理之前或者开庭审理之时提出，即使能够正确反映案情，也因举证时限而丧失证明效力，这是背离司法'公正优先'的价值选择原则的。"这种做法也与公众的期待背道而驰，"强调审后证据失权的绝对效力，意味着明知是错误的判决也可以绝对化，这显然与公众对公正的一般理解不合"③。他们还指出："如果说我国的举证时限制度是属于外国制度的大胆引入，实际上，大陆法系国家几乎找不到类似中国举证时限的立法体例。英美法系国家有举证时限，但其是以陪审制和漫长、充分的证据开示制度为依托

---

① 《关于民事诉讼证据的若干规定》第 46 条规定：由于当事人的原因未能在指定期限内举证，致使案件在二审或者再审期间因提出新的证据被人民法院发回重审或者改判的，原审裁判不属于错误裁判案件。一方当事人请求提出新的证据的另一方当事人负担由此增加的差旅、误工、证人出庭作证、诉讼等合理费用以及由此扩大的直接损失，人民法院应予支持。

② 即使《民事诉讼法》第 65 条确立了举证时限制度，围绕该制度及其司法实践效果的争议还会继续存在下去。《关于民事诉讼证据的若干规定》第 45 条规定："一方当事人提出新的证据的，人民法院应当通知对方当事人在合理期限内提出意见或者举证。"

③ 田平安、马登科：《举证时限制度的冷思考》，载 http://www.civillaw.com.cn/article/default.asp?id=40091，最后访问日期：2008 年 7 月 14 日。

的,且设立举证时限、证据开示的真正目的不是在于提高效率,而是发现真实,破除'竞技论'的弊端。忽视了其制度背景和功能实质,仅仅进行独立举证时限制度的移植,不只是取其皮毛,弃其实质,而且有南辕北辙之险,是难以达到立法目的的。"①

　　支持现行举证时限制度的许多说法,不过是人云亦云,缺乏事实依据,例如许多论者一口咬定:不设定举证时限,当事人会出于某种目的故意拖延举证,或者发动证据突袭,有的当事人还会故意隐瞒部分对其不利的证据,甚至一审不举证,二审再举,或者一审二审不举证而再审时举,这种现象屡见不鲜。然而绝大多数人的行为是符合理性规律的,通常当一个人进行自觉行动的时候,这个行动应当能够给他带来好处。当一个当事人可以提供证据较快获得胜诉,拖延诉讼、延后举证等做法只会使他更多地陷入讼累,不知其中可以给他带来的益处又在哪里?

　　至于举证期限司法运作中的弊端,有律师抨击说,一些法院的法官可以借《关于民事诉讼证据的若干规定》中举证期限的规定舞弊,"庭前规定证据的提交时间,过了时间一概不理,提交证据时又没有笔录人员在场,那是想采纳就采纳,不想采纳就不采纳……甚至笔录时根本不记录你的证据。案子判错了,你又有新证据可以推翻原判决,怎么办?只能申请再审,但再审难,难于上青天。没有关系的当事人,正常的案件有的都立不了案,就更何况是再审的立案了。"这位律师慨叹:民事诉讼举证期限规定"堪称法官的作弊规则,可以不顾事实,只顾规则"。②

第六节　形式证据主义与实质证据主义

　　诉讼的过程既是一个发现、收集、运用证据的客观活动过程,也是一个判断证据、认识与案件有关事实的主观活动过程。在主观活动过程中,法官如何判断证据的证明力及其在判决时应处于何种认识状态,都是值得关注的问题。**在以证据作为判断案件事实手段的诉讼中,存在形式证据主义与实质证据主义(或曰法定证据制度和自由心证证据制度)两大主义,前者以各种证据的证明力由法律预先加以规定为特征,后者以法官自由评价各种证据的证明力为特征。**

---

　　① 田平安、马登科:《举证时限制度的冷思考》,载 http://www.civillaw.com.cn/article/default.asp?id=40091,最后访问日期:2008年7月14日。

　　② 史晓明:《民事诉讼证据规则关于举证期限的规定,堪称法官的作弊规则》,载 http://blog.sina.com.cn/s/reader_4905dab901000arf.html,最后访问日期:2007年8月20日。

一、形式证据主义

形式证据主义,"即当事人间争执之事实,不论审判官就其事实之真否有无确信;然使法院在法律上就该事实之争执,为有效之处理时,须完备法定前提条件后,始能有此作用之主义也。故法定前提存在时,即无异对于实际上有争执之事实,而立法上给予无争执之担保,因之判断事实,多非由于法院之确信。此种形式的证据主义,因其在法律上须使审判官依据一定之证据材料、证据形式及证据效力而下判断,故又称为法定证据主义(gesetzliche Beweistheorie)"[①]。形式证据主义的主要内容是,**一切证据的证明力的大小,以及对它们的取舍和运用,都由法律预先明文加以规定,法官在审理案件过程中不得自由评断和取舍,法官在审理案件中运用证据查证案件情况,只需符合法律规定的各项规则,并不要求符合案件的实质真实情况**。

松冈义正云:"此种主义,为德国古代法所采用,如所谓神的证据(Gottesbeweis),即此种主义之肇端……神裁、决斗、当事人宣誓,俱名之曰神的证据。中古时代之德国,即如此依据神的证据以为裁判,故以后虽受统治者权力之影响,致审判官行使裁判之思想,盛行一时,然审判官所为裁判,仍与神意裁判之形式相同,必须依据法律上一定之规则,始认为有证明或否定某种事实之效力,此即所谓形式的证据主义或法定证据主义是也。例如,某种事实,非两人以上之证言,不得认为证明,必须依据某种证据法则而判定之,方可生效,此即所谓形式的证据主义或法定证据主义之一。"[②]诉讼中当事人宣誓"原为神的证据之遗物",亦为一种形式证据主义。[③] 事实上,形式证据主义的因素在古罗马帝制时期已经出现,随着5世纪西罗马帝国的崩溃,日尔曼蛮族法的形式证据制度又在西欧占据了主导地位。"法兰克王国时代开始出现的纠问程序中,形式证据制度的因素与实质证据制度的因素并存,法庭证据原则并未得到发展。同时,通过意大利注释法学派从12世纪开始的发掘和阐释罗马法的努力,法定证据制度逐渐在意大利半岛城市与教会法的纠问程序中得到确立。从13世纪开始,作为教会法向世俗法渗透的一环,法定证据原则也逐渐向西欧大陆各主要封建国家扩散,并在这些国家的诉讼制度中得到普及和发展。"[④]中世纪后期的欧洲国家大多实行法定证据制度,16至18世纪这种制度最为发展。

形式证据主义的核心内容为证据的证明力由法律预先加以规定,即突出体

---

① 〔日〕松冈义正著:《民事证据论》,张知本译,洪冬英勘校,中国政法大学出版社2004年版,第2页。
② 同上书,第3页。
③ 同上。
④ 王亚新:《关于自由心证原则历史和现状的比较法研究》,引自沈德咏主编:《刑事证据制度与理论》,法律出版社2002年版,第196页。

现为法律对各种证据的证明力所作的预先规定，主要表现在以下方面：

（一）关于证据分类

根据欧洲中世纪后期各国法典的规定，**证据可以分为完善的和不完善的，或完全的（plena probatio）和不完全的。不完全的证据又区分为不太完全的（minus plena probatio）、多一半完全（semi plena major）的和少一半完全的（semi plena minor）**。例如，在1857年《俄罗斯帝国法规全书》里，受审人的自白、书面证据、亲自的勘验、具有专门知识的人的证明、与案件无关的人的证明（即证人证言）等证据被列为完善的证据。受审人相互间的攀供、询问四邻所得知的关于犯罪嫌疑人的个人情况和行为、实施犯罪行为的要件、表白自己的宣誓被列为不完善或不完全的证据。**按照证据规则，几个不完全的证据可以合成一个完全的证据**。例如，一个证人的陈述被视为半个证据，两个证人完全相同的陈述构成一个完全的证据。按照《俄罗斯帝国法规全书》第306条规定，凡能消除"受审人供述无罪的一切可能"的证据就是有罪的完善的证据。第306条还规定：只要有一个完善的证据，就"足够认定判刑是不必怀疑的"。第307条规定：不完善的证据就是那些"不能消除受审人供述无罪的可能"的证据。《俄罗斯帝国法规全书》还具体列举了完善的证据和不完善的证据。**完善的证据包括受审人的坦白**（这被法规全书认为是"全部证据中最好的证据"）、**书面证据、亲自勘验**（在犯罪现场进行的并用以证明这一事件的真实情况的）、**有专门知识的人员的证明**（这些人员在法律上只是指一些"医务官员"）、**与案件无关的人的证言**。在民事证据中，完善的证据是民事原告和被告人双方共同举出的证人的证言。即使不是双方共同举出的证人，只要两个证人陈述一致，也应认为是完善的证据。不完善的证据包括：受审人的攀供、询问四邻（关于犯罪嫌疑人的个人情况和行为向其邻人作普遍的查询）、罪证、表白自己的宣誓。在法院外进行的坦白被认为是无效的；如果该坦白经两个证人确认，应认为有一半证据效力。罪证或间接证据是不完善的证据，但如果受审人不善于辩驳，则该证据的效力可以增大。① 阿拉伯人的著作《帝王宝鉴》云：当夏娃吃了所禁止的伊甸园中的果实后，女人受到诸如月经、怀孕、与父母分离而与一个陌生人结婚等18件事的惩罚，这18件惩罚之事之一，是"要两个女人的证词才能推翻一个男人的证词"。②

（二）关于收集和判断某些具体证据

在所有证据中，被告人的自白被认为是最有价值和最完善的证据，即**"证据之王"（regina probationum）**，它对案件的判决和被告人的命运起决定性的作

---

① 〔苏〕安·扬·维辛斯基著：《苏维埃法律上的诉讼证据理论》，王之相译，法律出版社1957年版，第92—93页。

② 钟雯著：《四大禁书与性文化》，哈尔滨出版社1993年版，第352页。

用。刑讯是各国刑事诉讼普遍采用的方法。在日尔曼和法兰西的刑事诉讼中，刑讯成为"整个大厦的中心"。一些国家的诉讼法典对于刑讯规则作了详细规定。"纠问主义的刑事程序中的法定证据主义要求，作出有罪判决需要两名以上的目击证言或者被告人的自白。但是，多数犯罪没有目击者，所以认定有一定犯罪嫌疑的人有罪，就只好依靠自白了（自白必要主义）。而且由于允许拷问，产生了残酷的刑事司法。"[1]

对于证人证言，法律规定也很详细。两个典型的证人的证言，应当认作是完全的和完善的证据。一个可靠证人的证言，算作半个证据，只能提供高度的盖然性。当几个可靠证人的证言相互矛盾的时候，按多数证人的证言判断案情。如果提供不同情况的证人彼此人数相等，按以下规则评定：男子的证言优于女子的证言；学者的证言优于非学者的证言；显要者的证言优于普通人的证言；僧侣、牧师的证言优于世俗人的证言。

（三）关于运用证据认定某些特定案件

有些国家对于运用证据认定某些特定案件作出了具体规定，例如，《俄罗斯帝国法规全书》第312条规定：审理强奸案件必须具备下列情况才能定罪量刑：（1）切实证明确有强暴行为；（2）证人证明被害人曾呼喊救助；（3）她的身上或被告人身上，或者两个人身上，显露血迹、青斑或衣服被撕破，能够证明有过抗拒；（4）立即或在当日报告。

（四）关于运用证据的总的定案标准

按照法律规定，在办理刑事案件过程中，一经收集到完善的证据，法官必须形成确信，认定被告人罪行属实；收集到不完善的证据，这些证据虽有几分可信但不足以证实被告人有罪，则可以认定被告人有犯罪嫌疑而对他进行刑讯。如果经过刑讯仍然收集不到完善的证据，德、法等国法律规定，法院可以据此作出"存疑判决"。

法定证据制度及其理论是随着集权制国家的建立而逐步发展起来的。用法律的形式，具体规定各种诉讼制度的证明力和运用的规则，有利于消除各地在诉讼中运用证据的混乱状态，使各地在割据、闭关自守的格局下各自都有自己的司法机关和诉讼制度的状况得以消除。

在证据制度的发展史上，法定证据制度较之神示证据制度是一大进步。日本学者松冈义正云："形式的证据主义，虽不适于真实之发现，然使当事人易于自为证明，足以防止审判官之专横。"[2] 田口守一亦云："为了防止法官的肆意判

---

[1] 〔日〕田口守一著：《刑事诉讼法》，刘迪、张凌、穆津译，法律出版社2000年版，第222页。
[2] 〔日〕松冈义正著：《民事证据论》，张知本译，洪冬英勘校，中国政法大学出版社2004年版，第4页。

断,法律规定了评价证据的原则,这就是法定证据主义。"① **法定证据制度的一个重要的诉讼功能是在一定程度上限制法官个人的专横武断,按照这一制度,法官在审理案件过程中要运用证据须遵守法律统一规定的各项规则,使法官的任意判断受到了一定限制。**不过,尽管法定证据制度的各项规则相当详尽、具体,但法官在审理案件时仍有回旋余地,可以利用对法定规则的解释,上下其手,使审判的结果有所偏颇。而且,法定证据制度将被告人的自白视为最佳证据,甚至将刑讯作为合法的取证手段,必然导致刑讯现象盛行,诉讼中很难保持客观公正。

法定证据制度的有些规则,如关于书证的原本、副本证明力的规则,在一定程度上反映了书证的某些特征和运用书证的经验。但法定证据制度将审理某些案件中运用证据的局部经验,当做一切案件收集、判断证据的普遍规律;把某些证据形式上的特征,作为评价所有这些证据证明力的标准;并把这些内容规定在法律中,要求法官在审理案件中加以机械地遵守,遏制了法官在审理案件中的主观能动性,束缚了他们的手脚,依这种刻板的断案方式往往难以发现案件的实质真实。

二、实质证据主义

实质证据主义,又称"实体的证据主义"(Materiellen Beweissy Stem)、"裁定证据主义"(Rechterliche Beweisrecht)或"自由心证主义"(Princip der Freien Beweiswurdigung),"即当事人间有争执之事实,由审判官就其真实与否之确信,而判定为无争执之主义也。故审判官不论在依据实验规则之下,对于事实真否之判断有无确信,然其判断事实之真否,确非依据法定之规则,而是由于审判官之确信。此种实体的证据主义,因其依审判官之确信,故又称为裁定证据主义(Rechterliche Beweisrecht)或自由心证主义(Princip der Freien Beweiswurdigung)"。**其核心内容是证据的证明力由法官自由评价,即法律对证据的证明力不作预先规定而由法官在审理案件中加以自由判断。**"原来诉讼上之裁判,须以审判官之理解为基础,故其调查证据时,固当以依据一定之法则或审酌行之为有效;然于判定证据时,则只须同审判官依据实验之法则为之;并且惟限于审判官确信之范围以内,方为正确。此即实体的证据主义,所以优于形式的证据主义者也。"② **此一证据制度为自由心证制度,又称"内心确信制度"。**

在古罗马共和时期,曾经实行实质证据主义。"当时对证据的评价并不存在任何法定规则的制约,从这个意义上说,自由心证主义的萌芽在古罗马时期即

---

① 〔日〕田口守一著:《刑事诉讼法》,刘迪、张凌、穆津译,法律出版社 2000 年版,第 222 页。
② 〔日〕松冈义正著:《民事证据论》,张知本译,洪冬英勘校,中国政法大学出版社 2004 年版,第 4 页。

已出现。"①在中世纪的欧洲大陆国家,形式证据主义一统天下,实质证据主义反而湮灭无闻了。

"自由心证"的汉译来源于日本,是日本明治时期学者对法国"内心确信"(l'intime conviction)一词的意译,在日本明治二十三年(1890)制定的《民法》(旧)证据篇中最早使用"心证"一词,后来"自由心证"一词在民事诉讼和刑事诉讼中广泛使用起来。

实质证据主义,"为古代罗马法所采用,乃系代替形式的证据制度而盛行于近世诸国者也。"②近世最早提出在立法中废除法定证据制度的是法国的杜波耳。1790年12月26日,杜波耳向法国宪法会议提出革新草案,建议废除书面程序及其形式证据,用自由心证制度取代法定证据制度。会议经过辩论,于1791年1月18日通过了杜波耳提出的草案。1791年9月29日发布训令明确宣布:法官必须以自己的自由心证作为裁判的唯一根据。1808年制定的《法国刑事诉讼法典》率先较详细规定了自由心证制度,该法第342条规定:"法律对于陪审员通过何种方法而认定事实,并不计较;法律也不为陪审员规定任何规则,使他们判断已否齐备及是否充分;法律仅要求陪审员深思细察,并本诸良心,诚实推求已经提出的对于被告不利和有利的证据在他们的理智上产生了何种印象。法律未曾对陪审员说,'经若干名证人证明的事实即为真实的事实';法律也未说:'未经某种记录、某种证件、若干证人、若干凭证证明的事实,即不得视为已有充分证明';法律仅对陪审员提出这样的问题:'你们已经形成内心的确信否?'此即陪审员职责之所在。"现行《法国刑事诉讼法》第353条对自由心证的文字表述作了简化,但其基本内容是一致的。

继法国之后,欧洲各国立法也相继规定了自由心证制度,例如:

德国在19世纪引入法国的自由心证原则,1877年《德国刑事诉讼法》第260条规定:"法院应根据从全部法庭审理中所得出的自由心证来确定调查证据的结果。"

19世纪末叶俄罗斯废止了法定证据制度。1892年俄国《刑事诉讼条例》第119条规定:"治安法官应根据建立在综合考虑法庭审理时所揭露的情况基础上的内心确信,来裁判受审人有无罪过的问题。"俄国十月社会主义革命诞生了苏维埃政权,苏维埃政权从建立之时起便确立了内心确信证据制度。1922年颁布的《苏俄刑事诉讼法典》规定:法院不受任何形式证据的约束,对于案内一切证据所作的判断,一律由审判员根据建立在综合考虑案件一切情况的基础上形成

---

① 王亚新:《关于自由心证原则历史和现状的比较法研究》,引自沈德咏主编:《刑事证据制度与理论》,法律出版社2002年版,第194页。

② 〔日〕松冈义正著:《民事证据论》,张知本译,洪冬英勘校,中国政法大学出版社2004年版,第4页。

的内心确信来进行。1923年颁布的《苏俄民事诉讼法典》也规定,证据由法院根据自由的内心确信进行判断。1961年1月1日公布实施的《苏俄刑事诉讼法典》第71条进一步规定了内心确信制度的核心内容,即"法院、检察长、侦查员和调查人员评定证据,应遵循法律和社会主义意识,依靠以全面、完整和客观审核案件全部情况为根据的自己的内心确信。任何证据对于法院、检察长、侦查员和调查人员,都没有预定的效力"。

19世纪末叶之前,俄罗斯帝国实行法定证据制度。19世纪末的"大革命"时代来临,俄罗斯的司法体制和诉讼程序都发生了变革。1864年的司法改革制定了审判章程并改组革新了法院,同时废除了法定证据制度,确立了依据自己的内心确信判断证据的法官自由判断证据制度。

在苏联,审判员的内心确信是根据法院所审理的、由审判员单独以自己的良心所检查和衡量的事实或情况而形成的。形成审判员确信的过程,是能够独立进行的,受法律保障不受任何局外干涉和影响。证据在形成审判员的内心确信上起决定作用,是内心确信所依据的基础。真实情况并不是一下子就能确定的,而是通过克服各种顾虑和怀疑的方式,在紧密地寻求真实情况的过程中逐渐得到的。审判员的内心确信,是以下列因素为其特点的:

1. 内心确信反映审判员关于犯罪事实及其对犯罪人的结论的正确性和可靠性的信念;

2. 内心确信并不是审判员的经不住批判分析的本能印象;审判员的内心确信乃是从法院确认的各种事实——证据中推论出来的结论,因为它是可以合理说明和论证的;

3. 内心确信仅可以用遵守诉讼法规所确定的一切规则而运用的各种证据来加以论证;

4. 内心确信是以综合判断案件的一切证据为根据而形成的;

5. 内心确信与苏维埃审判员的社会主义世界观、与他们的生活经验和业务经验有着极其密切的联系。

苏联的证据制度强调发现案件的客观真实,在发现客观真实的过程中并不回避审判员主观活动的作用,苏联内心确信制度对审判员通过对证据的审查判断形成内心确信的心理活动过程持实事求是的肯定态度,并以"社会主义的法律意识"置换了西方自由心证证据制度要求的"良心""良知"。这种对证明过程的心理活动不予忽视的态度对我国证据立法和证据法学是有启发性的,这一制度和理论无论从成功的经验还是失败的教训上看对我国都有着借鉴价值。苏联解体后,俄罗斯在刑事诉讼制度改革中恢复了内心确信的原有内涵,摒弃了"社会主义法律意识"的内容。

日本于明治九年采行自由心证制度。日本现行《刑事诉讼法》第318条规定:"证据的证明力由审判官自由判断。"

英国在长期的诉讼发展中,没有形成盛行于欧洲大陆的审问式诉讼,虽然证据制度在一定程度上存在形式主义特征,但并没有形成严格的法定证据制度,刑讯也不盛行。英国的证据法并不预先具体规定各种证据的证明力,而是确立一整套证据规则用以规范采用证据和判断证据的活动。J. W. 塞西尔·特纳指出:"英国诉讼程序有其独特性,即确定案件事实的责任不是由经过训练的法官来承担,而是由未经过训练的平民来承担,我们的许多证据规则就是根据这一特点建立起来的。……在英国,由于陪审团成员的非专业化,使法庭不得不建立起许多规则,以排除某些看来容易使不善于逻辑思维的人受到错误引导的证据。"[1]证据规则复杂而精密是英美法系证据制度的突出特点。

日本学者田口守一曾言:"判断证据的价值不需要外部的制约,而是依靠法官的理性。"自由评价证据的"基础是对公民的理性和法官的理性的信赖。"[2]法定证据制度和自由心证证据制度都是围绕证明力的判断和法官运用证据确认案件事实的认识方式而设立的制度。法定证据制度下的诉讼活动通常只能发现案件的形式真实而未必能发现案件的实质真实。正如1864年《俄罗斯刑事诉讼条例》在阐述立法理由时所说:"法定证据理论的效果是极不能使人满意的。很常见的是,虽然受审人的罪过完全确凿,并为人们所完全确信,但是因为没有法定的完善的证据,法院就只好把显然的犯罪人当做程度轻重不等的嫌疑犯","单纯建立在形式基础上的证据理论,有使老奸巨猾的恶徒逃避审判的缺点,而且这种理论也不能防止不公正地判处刑罚"。自由心证证据则把法官从法定证据制度的束缚下解放出来,使他们能够根据自己的理智和信念来判断证据和认定事实,从而为发现案件的实质真实创造了条件。

不仅如此,自由心证证据制度体现了人道主义精神和法律面前人人平等原则,使公民的基本权利在诉讼中得到一定尊重,使诉讼中与检控权相抗衡的辩护权得到加强,自由心证证据制度与神示证据制度、法定证据制度相比具有民主性和文明性,较符合程序正义和实体正义的要求。

自由心证,虽名曰自由,实则并非自由,"所谓自由心证原则,亦即证据之证明力的判断,对法官而言,即使可谓为自由,惟就实际而言,其实此种自由仅意味着摆脱形式的法律拘束,并非容许法官恣意的自由判断,亦非容许法官为纯粹的自由裁量"[3]。需要指出,对于自由心证理解和运用不当,势必造成司法专横和主观擅断。松尾浩也曾言:"不管法官如何'自由判断',也必须正确地遵守从自

---

[1] 〔英〕K. S. 肯尼、J. W. 塞西尔·特纳著:《肯尼刑法原理》,王国庆、李启家等译,华夏出版社1989年版,第485页。
[2] 〔日〕田口守一著:《刑事诉讼法》,刘迪、张凌、穆津译,法律出版社2000年版,第222页。
[3] 黄朝义著:《刑事诉讼法:证据篇》,元照出版公司2002年版,第11页。

己全部知识和经验所获得的判断标准,准确地评价证明力。自由心证原则的内容,当然是在成熟的市民意识的基础之上,通过法官的知识和经验(对前者进行部分修正)作出合理的、与经验规律和逻辑规律不相矛盾的判断。现在,刑事诉讼法中的自由心证原则的意义,与其说它是'自由的判断',不如说是'法官的判断'。法律依赖法官凭良心作出的判断,并形成合理的心证。"①日本学者田口守一指出:"自由心证主义当然不允许法官肆意判断。自由心证要求根据经验法则、逻辑法则进行合理的心证。自由心证主义必须是合理的心证主义。因此,必须考察自由心证主义之所以具有合理心证主义机能的条件。"这些条件包括:**(1) 判断主体必须具有理性判断能力;(2) 对重大案件的判断采取复数主体制度(合议制);(3) 把没有证据能力的证据排除于判断证据之外;(4) 当事人主义的各种制度;(5) 在有罪判决中记载判决理由制度;(6) 认定事实的事后审查制度。**②

当然,在赋予法官自由判断证据证明力的权力的同时,必须防止法官利用这一权力进行主观擅断,"实体的证据主义,虽过于真实之发现,然而当事人不易自为证明,又不能防止审判官之专横"③。为此许多国家对自由心证的形成规定了若干条件的限制,包括:内心确信必须是从本案情况中得出的结论;必须基于一切情况的酌量和判断;所考察的情况必须不是彼此孤立的,而是他们的全部总和;必须是对每一证据"依据证据的固有性质和它与案件的关联"加以判断的结果。法官必须在证据调查和辩论的基础上,按照经验法则和逻辑要求合理地进行判断,否则,可以被列为上诉(上告)的理由被提起上诉(上告)。

无疑,自由评价证据的制度是以对法官的信赖为基础的,为保证法官具有相应的高素质,许多国家的法律都对审判官的资格作出限制,这也促成了那些国家审判官一般都具有较高素质,使审判官职业成为受人尊重的职业。

在我国,既然法律并没有对各种证据的证明力预先加以规定,实际意味着裁判者对各种证据的证明力也是自由判断的。最高人民法院《关于民事诉讼证据的若干规定》第 64 条也认可了自由评价证据的原则,该条规定:"审判人员应当依照法定程序,全面、客观地审核证据,依据法律的规定,遵循法官职业道德,运用逻辑推理和日常生活经验,对证据有无证明力和证明力大小独立进行判断,并公开判断的理由和结果。"这里规定的法官对证据的证明力"独立进行判断",其含义与对证据的证明力"自由"判断并没有实质区别。

---

① 〔日〕松尾浩也著:《日本刑事诉讼法》(下册),张凌译,中国人民大学出版社 2005 年版,第 6 页。
② 〔日〕田口守一著:《刑事诉讼法》,刘迪、张凌、穆津译,法律出版社 2000 年版,第 225 页。
③ 〔日〕松冈义正著:《民事证据论》,张知本译,洪冬英勘校,中国政法大学出版社 2004 年版,第 4 页。

附录　证据法学简史

人类的知识是不断积累的,法学发展至于今日,亦可谓浩浩荡荡矣,究其来源,常常不过是涓涓细流,汇聚而成。居正曾说:"大凡世界上探研各种学问,必须穷原竟委,有一定的准绳法则。这一定的准绳法则,是由前人因事推理,准情合数,而逐渐发明。不是一蹴而就。更不是凭空捏造。我国《大学》有云,'物有本末,事有终始',若不揣其本而齐其末,方寸之木,可使高于岑楼,那有什么理解可说呢?"本章扼要追溯证据法学发展的历程,正是揣本齐末,了解前人证据法学研究之所贡献,知现在证据法学研究历史位置之意。

第一节　外国证据法学的历史发展

一、欧陆国家证据法学

在欧洲大陆国家,早期法学研究中从事证据法学研究的法学家很少,证据法学著作也不多,这种现象在欧陆国家和英美国家都曾存在。在17世纪,法国的朴蒂埃在其著作中谈到证据法,例如,1671年出版的《债权法论》一书谈到书证的证明力和口头补证等证据法问题。① 这是欧陆国家涉及证据法研究的较早理论著作。

在16世纪到18世纪,形式证据制度理论发展到顶峰,其影响一直延续到19世纪中叶。在法国,波尼厄尔(Bornier)在《证据论》一书中阐述了法官对证据进行加减的规则。② 在俄罗斯,收入《俄罗斯帝国法规全书》的《关于犯罪案件的诉讼法》是形式证据理论在立法上反映的代表性文献。按照形式证据制度的理论,"每一证据都有法律预先规定的分量和意义。法院和侦查机关在证据的判断上应当根据法律的规定。无论法院或是侦查机关都无权按照自己的见解去判断证据。法院和侦查机关的任务是对于它们所遇到的作为证据的每一事实,都要机械地适用法律规定的尺度,并作出法律规定的结论来"。这种理论影响

---

① 何家弘主编:《新编证据法学》,法律出版社2000年版。转引自沈德咏主编:《刑事证据制度与理论》,法律出版社2002年版,第55页。
② 同上书,第46页。

了欧陆各国的刑事诉讼法。①

形式证据理论认为,如果一项证据有几分可信,但对于给被告人定罪而言,尚不够十分有力,即所谓不完善的证据,不过,该证据可以作为有犯罪嫌疑的证据以及被告人应受刑讯的根据。

形式证据理论还根据不同种类证据的特征将证据分类,有些证据被划归法官直接确信的来源,另一些证据被划分为间接确信的来源。

旧俄罗斯的法学理论,精细地研究了"有价值的坦白的条件和属性",认为坦白具有证据能力的有关因素是:(1) 坦白的内容,主要是坦白的"内在的确实性";确实性也需要一定条件,包括:要使坦白者能够正确和完全观察和看出其陈述所涉及的关系;要使其愿意陈述真相;要使坦白所叙述的情节没有任何矛盾并符合案情。(2) 坦白的形式,即供述的方式,包括"在人满的法庭"获得坦白的必要性;坦白的真实性和准确性而不是暗示性;坦白的自愿性,坦白应是在未受任何身体上或精神上强制的坦白。形式证据理论认为,坦白在具备以下四个条件时就成为完善的证据:(1) 自动的坦白;(2) 在审判机关里对法官进行的坦白;(3) 坦白完全符合"已经过去的行为";(4) "所陈述的行为情况的可靠性和真实性不能使人有所怀疑"。②

形式证据理论可以分为积极理论和消极理论。前者要求法院在有法定证据的情况下必须作出有罪判决而不得作出无罪判决,也就是说,如果关于某一事实的证据已经符合法律规定的形式上的特征,即使法官尚未形成确信,也应当认定该事实确实可靠;后者要求在欠缺法律预定的必要证据的情况下不得作出被告人有罪的判决。显然,两者强调的侧重点不同。18 世纪末叶以前,形式证据的积极理论占据上风,以后被消极理论取代。有人评价说:"消极理论不同于积极理论的,是大大减轻了形式证据理论的畸形弊害,反映了人道主义的影响,也反映了自然法学派和百科全书派对当时法官的专横提出抗议的影响。"③

在 1790 年,杜波尔提出废弃形式证据制度,引起激烈争论。议员蒲鲁昂提出:没有形式证据制度,案件就只能听凭法官擅断。因此,"不可以任凭审判人员自由感觉地来判断证据,因为法官不能把盖然性同类似真实性,类似真实同真实,真实同确信,确信同显著性区别开来,就不可能决定被告人是有罪还是无罪。""可以决定被告人命运的,只有在两个不变点中选定,即判定有罪和宣告无罪中来选定。决定这种问题的不可带有危害社会利益和危害无罪人安全的一种可能性。"杜波尔以下述理由反驳保留形式证据制度的意见:"当事实成为法院

---

① 〔苏〕安·扬·维辛斯基著:《苏维埃法律上的诉讼证据理论》,王之相译,法律出版社 1957 年版,第 84 页。
② 同上书,第 95 页。
③ 同上书,第 90 页。

研究对象的时候,全部的注意应当集中在判明真实这一点上。是不是有过这个事实——问题就在这里。认识这一点的手段是什么呢？这种手段有两种:预先规定出来,什么样的证据是可以用来认识真实的,不论法官的确信如何,强使法官根据这种证据去作裁判;把这些证据作为固定不变的尺度加以采用;或是把那些用来认识真实情况的一切资料都精密地搜集起来并在法官面前阐明,而听凭法官去理解和进行内心判断。第一种证据——法定证据,第二种手段——道德证据。我可以肯定说,法定证据制度——它本身就是一种荒诞的方法,是对被告人、对社会,都有危险的方法。"①争论的结果并不是什么秘密:杜波尔占了上风。

  18世纪启蒙思想家倡导的"自由""理性"和"良心"等思想,直接影响到证据制度的各个方面。他们宣扬人道主义,尊重个人人格和保护个人人身权利,并以此带动法律制度的改革,确认了一系列现代证据制度的原则。1764年7月16日,意大利的贝卡利亚出版了《论犯罪与刑罚》一书,系统地提出了无罪推定原则等现代刑事证据基本原则,并主张废除刑讯。贝卡利亚曾受到卢梭、孟德斯鸠、伏尔泰和休谟等人的影响,认为人生而平等,只有根据社会契约代表整个社会掌管公民自愿交出的自由的人,才有规定犯罪与刑罚的立法权,法官的唯一使命是审查和裁定公民的行为是否符合成文法律。《论犯罪与刑罚》专章阐述了证人、口供、宣誓、刑讯等内容,提出了自己的诉讼证据理论。在书中,贝卡利亚指出:

  1. 关于证据的分类,"证实犯罪的证据,可以分为完全的和不完全的。那些排除了无罪可能性的证据,我称之为完全的。这种证据,只要有一个,就足以定罪。不能排除无罪可能性的证据,则是不完全证据。这种证据要变成完全的,需要有足够的数量。也就是说,从单个证据来看,无罪是可能的,而把这些证据连贯起来看,无罪则是不可能的"②。

  2. 证据应当公开,以便使公众对审判实施监督。"审判应当公开,犯罪的证据应当公开,以便使或许是社会唯一制约手段的舆论能够约束强力和欲望。"③

  3. 证人应有一定数量。"一个以上的证人是必需的,因为,如果一个人肯定,另一个人否定,就什么也确定不了,在这种情况下,谁都有权被认为是无辜的。"④

  4. 对于罪犯来说,宣誓并不足以使他说出真相。"理性宣布:一切违背人的

---

 ① 〔苏〕安·扬·维辛斯基著:《苏维埃法律上的诉讼证据理论》,王之相译,法律出版社1957年版,第160页。
 ② 〔意〕贝卡利亚著:《论犯罪与刑罚》,黄风译,中国大百科全书出版社1993年版,第19—20页。
 ③ 同上书,第20页。
 ④ 同上书,第22页。

自然感情的法律都是无益的,最终也是有害的。经验和理性都表明:这种宣誓是何等地徒劳无用。"①

5. 贝卡利亚激烈抨击了刑讯制度。他指出:"在诉讼中对犯人进行刑讯,由于为多数国家所采用,已经成为一种合法的暴行。""如果犯罪是肯定的,对他只能适用法律所规定的刑罚,而没有必要折磨他,因为,他交待与否已经无所谓了。如果犯罪是不肯定的,就不应折磨一个无辜者,因为,在法律看来,他的罪行并没有得到证实。"他讥讽地说:刑讯是"想让痛苦成为真相的熔炼炉,似乎不幸者的筋骨和皮肉中蕴藏着检验真相的尺度"。刑讯的危害是:"痛苦的影响可以增加到这种地步:它占据了人的整个感觉,给受折磨者留下的唯一自由只是选择眼前摆脱惩罚最短的捷径,这时候,犯人的这种回答是必然的,就像在火与冰的考验中所出现的情况一样。有感性的无辜者以为认了罪就可以不再受折磨,因而称自己为罪犯。罪犯与无辜者间的任何差别,都被意图查明差别的同一方式所消灭了。""这种方法能保证使强壮的罪犯获得释放,并使软弱的无辜者被定罪处罚。""刑讯必然造成这样一种奇怪的后果:无辜者处于比罪犯更坏的境地。"贝卡利亚感叹:"无辜者被屈打成招为罪犯,这种事情真是不胜枚举。"②

6. 贝卡利亚提出无罪推定原则。贝卡利亚对该原则是这样表述的:"在法官判决之前,一个人是不能被称为罪犯的。只要还不能断定他已经侵犯了给予他公共保护的契约,社会就不能取消对他的公共保护。"③

这本书有开创现代刑法和刑事诉讼法之功,被伏尔泰誉为"人权法典",不但思想风靡一时,为人传诵;当时一些国家的君主也受其影响而进行司法改革,如"俄国的卡德林娜女皇运用贝卡利亚的理论来促使完成俄国刑事审判制度的必要改革,以确保她的皇位"④。

不同法学流派理论对证据法学也有相当大的影响。例如,人类学派证据理论以生物学、心理学和精神病学为基础,将证明的重心置于被告人的个性之上,包括生理、心理和精神病理等属性,以客观原则分析这些个性。这一理论建立在不确实的前提之上,对诉讼证明采取形式的、机械的态度,容易诱致主观擅断,偏离实质正义。社会学派证据理论则试图将社会因素与生物学因素结合起来,走出不顾及社会因素而产生的学术上的缺陷。

大陆法系国家对于举证责任理论的研究深入而系统,令人叹为观止。罗马法确立的两大举证原则,影响深远,后世许多学者在此基础上进行研究,创立了

---

① 〔意〕贝卡利亚著:《论犯罪与刑罚》,黄风译,中国大百科全书出版社1993年版,第29—30页。
② 同上书,第31—34页。
③ 同上书,第31页。
④ 〔南〕卜思天·M.儒攀基奇著:《刑罚理念的批判》,何慧新等译,中国政法大学出版社2000年版,第20页。

各种不同学说。例如:(1)消极事实说:主张消极事实者,不负举证责任;主张积极事实者,就该事实负举证责任。(2)推定事实说,主张就法律所推定之事实为争执者,对其主张事实负举证责任。(3)基础事实说,主张将事实分类为权利发生要件事实、权利消灭要件事实和权利妨害事实,认为在诉讼中主张权利发生的当事人应当对权利发生要件事实承担举证责任,相对方对权利发生的欠缺要件(即权利消灭要件事实和权利妨害事实)承担举证责任。(4)法律要件分类说,罗森贝克的规范说有很大影响,罗森贝克将法律规范分类为权利发生规范、权利妨害规范、权利消灭规范、权利排除规范,他认为:每一方当事人都必须主张和证明对自己有利的法律规范。莱昂哈德将法律规范分为权利发生规范和权利消灭规范两类,将权利排除规范归入权利消灭规范,将权利妨害规范归入权利发生规范。莱昂哈德主张法律效果成立的当事人,就发生该法律效果发生的所有法律规范的一切有关事实,应承担举证责任。相对方就该法律效果变化或消灭所必需的法律要件的一切有关事实,承担举证责任。莱昂哈德还提出"反驳责任"和"指摘责任"试图减轻原告的举证负担。当代社会,涉及大气污染等公害案件、医疗事故等新领域里的损害赔偿案件与日俱增,亟需建立新的举证责任分配原则,于是新的举证责任分配理论纷纷出台,如危险领域说、盖然性说、损害归因说等,都试图通过建立新的举证责任分配原则来实现诉讼公平原则。在我国,罗森贝克的《证明责任论》、德国学者汉斯·普维庭的《现代证明责任问题》等著作均已被翻译成中文出版,并产生了较大影响。

总而言之,大陆法系国家的证据法学注重体系的完整性和概念的精确性;由于诉讼模式强调司法机关的职权作用,因而习惯于从司法机关的角度研究证据法;以实质真实为出发点研究证据法学,注重证据与证明的真确性;证据规则相对比较简单,对于证据规则的研究重视不够。①

二、英美法系国家证据法学

威廉·特文宁曾言:"证据法的历史,是不同时代对特殊的难题作出一系列大量、各自独立反应的历史。"②证据法是在逐渐发展、缓慢积累中形成的。据报道,在1794年沃伦·黑斯廷案件中,艾德蒙·伯克曾言:他知道有一只鹦鹉能够在半小时内学会全部证据规则并能够在五分钟以内重述一遍。③ 早期的证据法如此简单,与之相应,证据法学也颇浅陋。

在长期的历史中,对于诉讼证据的研究是零散而不成系统的,例如,在英国

---

① 江伟主编:《证据法学》,法律出版社1999年版,第36—39页。
② William Twinning, *Theories of Eviedence*: *Bentham and Wigmore*, Stanford University Press, 1985, p.1.
③ Ibid.

18世纪,布莱克斯通(William Blackstone)在其名著《英国法释义》中关于证据法的论述内容就颇为简单。在17世纪和18世纪,关于证据的论述一般都出现在实体法法学著作中。18世纪以前几乎没有证据法学专著,1717年,内尔森出版的带有摘要性质的《证据法》被认为是证据法学专著的开山之作。拜伦·吉尔伯特(Baron Gilbert)在18世纪20年代写出《证据法》一书,但迟至1754年才得以出版。① 1761年《证据理论》一书出版,作者不详,该书以大力推崇"最佳证据规则"著称。1772年,又一部作者不详的证据法学著作问世,书名为《有关尼西普里乌斯审判的证据》(Law of Evidence Relative to Trials at Nisi Prius)。1789年摩根(Morgan)出版了《证据法论文集》,与此前的其他许多同类作品一样,对证据法缺乏系统、深入的研究,只是对一些判例进行摘要和注释而已。②

19世纪以前,最有影响的证据法学者是前述曾任英国高等法院首席法官的拜伦·吉尔伯特,他于1754年出版的《证据法》一书,试图建立起证据法学理论体系。吉尔伯特是洛克的信徒和业余数学家。在他的著作中,他试图发展一种符合逻辑的证据规则理论,该理论明显植根于洛克哲学并围绕如下观念展开:没有最佳证据就没有事实的证明——"这是最佳证据规则的非常概括和相当精确的版本。"③吉尔伯特认为,以证据认定案件事实可以分为几个"证据等级"——完全确定和相信,猜定、怀疑、不信任、不相信。人们对生活中的许多事情是不能感知的,只能通过别人的行为或语言来识别,这就需要盖然性的判断。吉尔伯特还对证据进行分类,并按照盖然性高低确定证据的等级,公共档案中的记录材料被称为最高等级的证据。④

19世纪初英国证据法学家边沁撰写了很多著作,包括《证据原理导论》《司法证据原理》等。《司法证据原理》是19世纪最有代表性和论证最全面的证据法学著作。边沁在自己的著作中抨击了吉尔伯特的证据理论。边沁认为,在诉讼中追求裁判的真实性应当放在首位,在审判中就指控的案件事实作出判决必须以相关证据为依据。司法审判应当以对证据盖然性的估算为基础,这种估算必须以人的认识经验为基础,因此实现司法目标的最好制度是"自然的证据体系"。应当让纠纷双方面对面陈述自己的理由并允许相互质问。边沁反对证据排除规则,认为任何人的证言和相关的证据都不应被排除在证明过程之外,只要该过程带来的痛苦和花费是有关人员能够承受的。他甚至反对一切证据规则,

---

① William Twinning, *Theories of Evidence*: *Bentham and Wigmore*, Stanford University Press, 1985, p. 1.
② 何家弘主编:《新编证据法学》,法律出版社2000年版。转引自沈德咏主编:《刑事证据制度与理论》,法律出版社2002年版,第51页。
③ William Twinning, *Theories of Evidence*: *Bentham and Wigmore*, Stanford University Press, 1985, p. 2.
④ 何家弘主编:《新编证据法学》,法律出版社2000年版。转引自沈德咏主编:《刑事证据制度与理论》,法律出版社2002年版,第52页。

因为法官对证据的评价很容易受到证据规则的影响。边沁对确保证人出庭作证、如何保证证据确实和充分以及如何指导法官评价证据进行了阐述。①

1806年,英国的埃文斯专门探讨了法律问题和事实问题的区别,最佳证据规则、文书证据,比较了英国和法国在证据法方面存在的差异,建议限制证据排除规则的使用,主张法官在证据评价方面采取更为灵活的态度。②

威廉·贝斯特在1844年出版了《法律与事实推定专论》,并在1849年出版了《证据原则》,在证据关联性、举证责任和传闻证据等方面提出自己的创见。他认为,证据必须与案件争议事实有关联性,传闻证据在诉讼实践中已经作为指导性原则存在很久了,至少在理论上是任何一种法律制度不可或缺的。③

詹姆斯·斯蒂芬于1876年出版了《证据法摘要》一书,他的贡献在于将证据法与程序法作了区分,将证据规则与程序规则作了区分,尽可能缩小了证据法的范围。这个问题在我国的证据法学研究中恰是一个突出问题,证据法与程序法、证据规则与程序规则究竟有着怎样的区别,是我国不少学者忽视或者感到困惑的问题。斯蒂芬对证据相关性的研究也颇有见地。斯蒂芬还试图把全部的证据法压缩成一条原则,即以关联性规则取代最佳证据规则,提出:除了例外情况,判例制定的各条规则可以归纳成一条规则,即争执中的事实或与争执有关联的事实,而不是其他事实,得予以证明。④

19世纪以来,美国学者对证据法的研究开始引起注意。格林利夫的《证据法专论》成为最初产生影响的证据法学著作。在书中,他阐述了证据法理论和在英美法系国家都有指导意义的一般原则。詹姆斯·塞耶于1892年出版了《普通法证据判例选编》,这本书成为多年以来美国法学院首选的证据法学教材。他从陪审团的产生和发展的角度研究了证据排除规则的起源和沿革,认为证据法的范围应当是狭窄的,推定和举证责任都不是证据规则;排除规则的主要基础是实质性而不是相关性。他主张扩大法官在运用证据方面的自由裁量权,简化证据规则。他提出,证据法的核心内容是一套基本上属于否定性的"规范和排除的技术规则"。⑤

到了20世纪,威格莫尔对证据法的权威研究使之最终成为不朽的法学家,他的著作不仅当时被视为里程碑式著作,至今仍然被奉为证据法学研究的高峰。与威格莫尔同时代的证据法著名学者还有查尔斯·穆尔和查尔斯·张伯伦,虽

---

① 何家弘主编:《新编证据法学》,法律出版社2000年版。转引自沈德咏主编:《刑事证据制度与理论》,法律出版社2002年版,第53页。
② 同上书,第55页。
③ 同上书,第54—55页。
④ 同上书,第57页。
⑤ 同上书,第56页。

然他们无法与威格莫尔比肩,但其著作也有很大影响。埃德蒙·摩根是另一位证据法学研究的权威学者,他的著作《证据法的基本问题》被台湾学者李学灯译为中文,为中国证据法学者所熟悉。美国西北大学成为证据法研究的重镇,当代证据法学者乔恩·R.华尔兹教授(已故)、萨尔兹堡教授等,都是证据法学研究的权威学者。

在英美国家的证据法学研究中,对于证据规则的研究可谓汗牛充栋,淋漓尽致。有些证据规则存在很大争议,非法证据排除规则就是突出的例子。非法证据排除规则的拥护者认为。该规则有利于维护宪法权利,抑制违法取证行为,维护司法的完美性。它可以使司法程序免于受到非法取证行为的污染,从而加强了对个人自由与权利的保障,有利于维护法律的正当程序,提升民众对司法的信心。在美国,这项规则矛头直指执法人员而不是平民,体现了法院在个人权利保障与政府权力运作之间的平衡作用,赋予法官在实质真实发现与正当程序这一对诉讼价值之间进行利害权衡的权利——这意味着在理想的诉讼状态与现实的诉讼状态间谨慎地调整着距离。排除规则的支持者认为,司法实践表明,不彻底消除违法行为的利益性,就难以解决违法行为的泛滥问题,就难以实现正当程序与实质真实的和谐状态。① 非法证据排除规则的反对者批评说,非法证据排除规则的直接受益者是那些在非法搜查中被发现有犯罪证据者;没有被发现有犯罪证据的并不能直接从这一规则中受益,他们同社会一般民众一样,只是间接得益于这项规则给警察行为作出约束带来的好处。在遏制警察违法搜查、扣押行为方面究竟发挥什么功效,并没有确实有力的实证证明。② 另外,只有当警察将搜查、扣押的目的置于为起诉和审判服务时,非法证据排除规则才能发挥作用,否则就没有效果。面对犯罪浪潮,警察会采取一些激进的办案手段,目的在于吓阻那些猖獗的犯罪人或者蠢蠢欲动的潜在犯罪人,非法搜查成为常见的手段。警察采用的这种激进执法方法完全置公民的宪法权利于不顾。但由于警察并不想将嫌疑人送上法庭,排除非法证据原则并无助于防止这种警察违法行为。③ 有人直率地批评说:"警察热诚地工作才获得罪证,但是由于严格根据法律对技术问题的规定,罪证被扔出法院,所以有罪的人自自由由地走了。"他们警告:"任何时候有这样的事,老百姓就不信任这个审判体系!"④ 另外,非法证据排除规则的实际应用率并不高,法院其实只在极少数案子中使用排除非法证据原则。这种批评果然发挥了一定效果,我们现在看到的排除规则的若干例外正是这种

---

① John N. Ferdico, *Criminal Procedure*, West Publishing Co., 1989, pp.56—57.
② 马跃著:《美国刑事司法制度》,中国政法大学出版社2004年版,第210页。
③ 同上书,第211页。
④ 〔美〕特德·杰斯特:《我们与犯罪作斗争一直失败》,原载1981年10月12日《美国新闻与世界报道》。转引自中国政法大学《刑事诉讼法参考资料》第三辑,1984年11月,第81页。

批评和改革呼声的直接结果。

现代诉讼中存在多元价值值得维护,这些价值及其相应的制度配置,对于我国证据法的完善具有重要意义。例如,为保护亲属间、特定职业者与他们客户间的相互信任关系,需要赋予这些亲属、特定职业者以拒绝作证的特权。英美国家刑事诉讼理论认为亲属间存在"特权关系"(privileged relations),是从信任关系(confidential relation)原理发展而来的,并且基于保护秘密通讯(confidential communication)特权的目的而设定。① "盖此等之人,因具有人的关系,使之为证言,不仅有背人情,且与良心抵触。"②对于姻亲关系,这种信任显然尤为重要。美国证据学家摩根在谈及这一问题时使用了"信任之必要"(neccessary of confidentiality),他指出:"普通法上夫妻无为相互间有利或不利作证之能力,所包含之拒绝权,其范围显系及于一切信任或不信任之消息。若干晚近之判例即采此一观点,而实际上各该判例,均假定配偶间彼此告知之消息,除其情况有相反之表示外,均有信任之用意。"③另外,亲属间由于存在亲情,强迫其履行作证义务则其证言有着很大的虚假可能性。为保障案件客观真实的发现,免除其作证义务。对于特定职业者享有免证特权,英美法最初是为了保护职业上的地位而设定这一权利,"英美法,初采权威法,以保护一定职业上地位,为拒绝证言权之主要目的;嗣改采权能说,以保护依赖者之信赖关系"④。英美国家赋予律师拒绝披露他从履行辩护职责中获知的有关案件情况,除非其当事人同意他这样做(该当事人不能被强迫作出这种同意)。1901年豪斯伯里(Halsbury, L. C.)指出:"为了完美地司法和保护律师与其当事人之间存在的信任关系,基于信任而提供的信息不作为提供的对象被确立为一项公共政策原则。"⑤这一刑事诉讼法的规则直接保护的对象是律师与其当事人之间存在的信任关系,即保护每一个需要借助法律实现他的权利和维护他的自由的人能够求助于律师的指点和帮助,并保证法律的正确实施。只有在律师和当事人相互信任的情况下,这些目的才能实现。英国学者威廉·肖指出:"从事一定业务之人因其业务受他人之委托,得知他人之秘密者,就其业务上所知悉有关他人秘密之事项,有拒绝证言权,为大陆法和英美法所共认。"这类规定,"重在保护信赖关系,系以基于一定之职业而知悉之秘密为其基本,免除其为证人之证言义务。且其目的,在保护依赖者与受依赖者间之信赖关系,并非保护医师、律师等职业之地位"。因此,如依赖者

---

① 陈朴生著:《刑事证据法》,三民书局1979年版,第389—390页。
② 同上书,第391页。
③ 〔美〕爱德蒙·M.摩根著:《证据法之基本问题》,李学灯译,世界书局1982年版,第123页。
④ 蔡墩铭著:《刑事证据法》,三民书局1979年版,第387页。
⑤ William Shaw, *Evidence in Criminal Cases*, Butterworth & Co. Lid., 1954, p.224.

本人允许,仍可披露有关事项①。

总的说来,英美国家证据制度与欧陆国家的形式证据制度有很大不同。英国证据理论也不同于欧陆国家的形式证据理论,前者认同法官在事实判断上的自由,并不预先规定各种证据的证明力,它关心的是:什么事实是可被证明的;什么证据可以用于证明;谁应提出证据或承担证明责任。由于英美国家实行陪审团审判,英美证据法理论注重各种证据和证据规则对陪审团的实际影响,防止陪审团受到某些证据的误导而作出错误的裁判。

英美国家的证据法学不甚追求体系的完整性和概念的精确性,注重对具体案例的研究,将竞争概念引入诉讼领域并从当事人角度研究证据法,均是英美国家证据法学研究的特色。"英国证据理论的基本任务之一是企图从陪审人员眼光中消除不良的材料,便利陪审人员判断证据的工作。因此在英国的理论里是以对于个别证据效力和意义作出指导性的指示为其基本重点。"②英美证据理论重视个人自由,讲求公平竞赛,重视研究各种证据规则,以及对证据法进行个案的具体研究。

第二节　中国证据法学的历史沿革

一、中国清代以前的证据法研究

清代包世臣云:"南朝有律学,唐沿隋制,公式首载讲读律令之条,至今因之。"不过,目的在于"军民能熟谙律文、深明律意者,准免犯过失、因人连累流罪一次"③。陈顾远认为:"中国之律学,似以所谓法家者流,承其正统,实则概言之耳。法家之能否独立,故置不论;而从事律学者不必限于法家,则为定谳。"言法制者多宗《吕刑》,也多取材《周礼》,皆非法家著作。法学盛于战国,律家之著仅在汉魏,律学之衰确于东晋,东晋至宋初,律学虽衰,尚可例示;南宋至清末,律学已微,沦为小道。④ 近年有学者指出:"汉代以后,法学伴随着'百家争鸣'时代的结束而趋于萧条,但讲求、注释法律之风渐盛。后发展成私家的'律学',即学者对当朝以律为主的成文法进行注释的法学。律学方法是依据儒家经义,从文学上、逻辑上注释法律条文、章句及法律名词,也简述某些法律原理。东晋以后,律学逐渐由'私家'转向'官学'。因而,在整个中国法律文化中,贯穿的是以注

---

① 蔡墩铭著:《刑事证据法》,三民书局1979年版,第386页。
② 〔苏〕安·扬·维辛斯基著:《苏维埃法律上的诉讼证据理论》,王之相译,法律出版社1957年版,第131页。
③ 包世臣:《齐民四术》,中华书局2001年版,第228页。
④ 陈顾远著:《中国法制史》,中国书店1988年版,第41—51页。

释为主的法学研究方法。先秦的《法律答问》融法条与法理于一体,蔚为可观。《唐律疏议》对法条的注疏更是达到了登峰造极的地步。相对于欧洲中世纪后期的注释法学,中国的律学及其方法产生的时间早、持续时间长,对立法和司法的作用大。"①

《尚书》乃我国最早史书。春秋、战国时称《书》,及至汉代,方称《尚书》,儒家又尊称之为《书经》。"尚"与"上"通用,"书"的原意是史,上古时史为记事之官,书为史官所记之史,该书记载的是上古的史事,故称为《尚书》。依时代,《尚书》可分为《虞书》《夏书》《商书》《周书》四部分,凡 100 篇。《吕刑》为其中一篇。《吕刑》曰:"五刑之疑有赦,五罚之疑有赦,其审克之!简孚有众,惟貌有稽。无简不听,具严天威。""非佞折狱,惟良折狱,罔非在中。察辞于差,非从惟从。哀敬折狱,明启刑书胥占,咸庶中正。"又曰:"罔不中听狱之两辞,无或私家于狱之两辞!"又曰:"两造具备,师听五辞,五辞简孚,正于五刑",这些内容都与证据有一定关系,后世奉为经典言论多加引用。

《周礼》著于春秋时期(公元前 770 年—公元前 476 年),在汉代称《周官》或者《周官经》,西汉末期的刘歆开始称《周礼》,与《仪礼》《礼记》统称"三礼"。《周礼》为"三礼"之首,为古代官制典籍,在儒家经典中居举足轻重地位。《周礼》分六篇,即天、地、春、夏、秋、冬六官。其中秋官为刑官,管理刑狱、司法政务,兼掌礼宾,有关刑官的内容与法制有关,如《周礼·秋官·小司寇》云:"古者取囚要辞,皆对坐"。又云:"五声听狱讼,求民情:一曰辞听(观其出言,不直则烦),二曰色听(观其颜色,不直则赧然),三曰气听(观其气息,不直则喘),四曰耳听(观其听聆,不直则惑),五曰目听(观其眸子,不直则眊然)。"这些内容均为后世所重视。

中国古代法制建立在伦理原则的基础上,礼教构成了国家总的精神,儒家学说的主导地位促成了这一局面的形成。孔子及后世儒家针对诉讼提出一系列主张,对证据法产生了重大影响,证据法的一些内容和司法的一些实际事例直接反映了这种影响,对证据法思想也产生深远影响。如孔子主张"亲亲相隐",《论语》记述:"叶公语孔子曰:'吾党有直躬者,其父攘羊,而子证之。'孔子曰:'吾党之直者异于是:父为子隐,子为父隐。直在其中矣。'"②其父攘羊,而子证之,叶公认为直,孔子则以子为父隐为直。对于孔子的"匪夷所思",钱穆解释说:"直者,由中之谓。称心之谓。其父攘人之羊,在常情其子决不愿其事之外扬,是谓人情。如我中心之情而出之即直也。今乃至证明吾父之攘人羊。是其人非沽名

---

① 田成有:《法学理论的方法回顾与前瞻》,http://www.yn148.com/flrzj/fl/spsj/fxllhgqz.htm,最后访问日期:2007 年 11 月 3 日。
② 《论语》子路第十三。

买直,即无情不仁,父子之情,不敌其个我之私,故至出此。彼不知子为父隐,即是其由中之真情,即是直也。叶公盖以此夸炫于孔子,而未必真有其人,而孔子论直字之真义乃从此而益明。"①显然,孔子是以不违亲情、发乎自然为直,父攘子证,要么是沽名买直,要么是无情不仁,故而不以为直。子为父隐,看起来是"有私无公";父攘子证,则是"大义灭亲"。然而古人对于"一公无私"有着不同的见解,认为:"此一视同仁,爱无差等之教也。其端生于意、必、固、我,而其弊必极于父攘子证,其心则陷于欲博大公之名,天下之人,皆枉己以行其私矣。而此一人也,独能一公而无私,果且无私乎?圣人之所难。若人之所易,果且易人之所难乎?果且得谓之公乎?公也者,亲亲而仁民,仁民而爱物,有自然之施为,自然之等级,自然之界限,行乎不得不行,止乎不得不止,时而子私其父,时而弟私其兄。自人视之,若无不行其私者,事事生分别也,人人生分别也。无他,爱之必不能无差等,而仁之不能一视也。此之谓公也,非'一公无私'之谓也。"②人皆有私,去私并非易事,要求人人大公无私,其结果是使人"枉己",造成的结果往往是双重人格,嘴上说一套,心里想的是另一套;公开做一套,私下做的是另一套。怎么能谓之为公呢?这是古代法律中亲属相为容隐制度的直接理论来源。儒家经典不但给中华法系的法制带来重大影响,而且亲亲相隐制度得以确立,正是由于儒家观点受到广泛认同的结果。"中国的立法既大受儒家的影响,政治上又标榜以孝治天下,宁可为孝而屈法,所以历代的法律都承认亲属相容隐的原则。"③例如,在晋朝立法中,卫展多有建议。《晋书·刑法志》记载:卫展上书云,设子孙犯事将考,祖父逃亡,逃亡是子孙,而父母婴其酷,伤顺破教,如此者众,相隐之道离,则君臣之义废,则犯上之声生矣。这就是依儒家经典为依托提出的立法建议。

  儒家思想的影响最鲜明的体现是汉代董仲舒直接依《春秋》决狱。例如,有如下案件:"时有疑狱,曰:甲无子,拾道旁弃儿乙,养之以为子。及乙长,有罪杀人,以状语甲,甲藏匿之。甲何论?仲舒断曰:'甲无子,振活养乙,虽非所生,谁与易之?《诗》云:'螟蛉有子,蜾蠃负之。'《春秋》之义,父为子隐。甲宜匿子,而不当坐。"④董仲舒以《春秋》一书表达的儒家经义为依据断案决狱,前后处理疑难案件232起。

  在我国传统社会里,邻里之间也存在着信任、敦睦关系,但这种信任关系并没有如亲属关系得到特殊保护,这本无可非议。不过,历史上某些变本加厉的做法却值得深思。战国之秦国和秦代对邻里之间信任和睦关系破坏最甚,令人不可承受的是邻里连坐,马端瑞曾评论说:"秦人所行什伍之法,与成周一也。然

---

① 钱穆:《论语要略》,商务印书馆民国时期发行,第99页。
② 刘宝楠撰:《论语正义》,中华书局1990年版,第537页。
③ 瞿同祖著:《中国法律与中国社会》,中华书局1981年版,第56页。
④ 董仲舒著:《董仲舒集》,学苑出版社2003年版,第412页。

周之法,则欲其出入相友,守望相助,疾病相扶持,是教其相率而为仁厚辑睦之君子也。秦之法,一人有奸,邻里告之,一人犯罪,邻里坐之,是教其相率而为暴戾刻核之小人也"①。

除儒家外,先秦其他诸家也提出了一定的诉讼主张,特别是法家思想,在中国古代的诉讼实践中都有一定的影响,但影响力都不及儒家思想。

中国古代司法,许多制度和做法以经验为来源,证据法学中也有许多经验之谈,例如,对五听制度的认识就是如此。"五听"之法得到认可,不仅缘于儒家经典对这个制度的揭示和肯定,也缘于它与实际经验的契合。根据经验,"夫刑者司理之官,理者就情之机,情者心神之使。心感则情动于中,而形于言,畅于四支,发于事业。是故奸人心愧而面赤,内怖而色夺。论罪者务本其心,审其情,精其事,近取诸身,远取诸物,然后乃可以正刑。仰手似乞,俯手似夺,捧手似谢,拟手似诉,拱臂似自首,攘臂似格斗,矜庄似威,怡悦是福;喜怒忧惧,貌在声色,坚贞猛弱,侯在视息。出口有言当为告,下手有禁当为贼,喜子杀怒子当为喜,怒子杀喜子当为贼;诸如此类,自非至精不能极其理也。"②

在古代的诉讼证据研究中,值得一提的是对于勘验的研究。韩子曰:"无参验而必之者,诬也。"③检验之方,隋唐犹无闻焉,至宋乃有《洗冤集录》,而后又有《平冤录》《无冤录》,到清代又有《洗冤集表》,更为简明。④《洗冤录》为宋朝人宋慈(1186—1249年)所著,是世界最早的较完整的法医学专著,比世界各国这方面的专书早三个半世纪之久。作者宋慈,字惠父,南宋建阳(今属福建)人。宋宁宗嘉定十年(1217年)进士。历任主簿、县令、通判兼摄郡事等职。嘉熙六年(1239年)升任提点广东刑狱,以后移任江西提点刑狱兼知赣州。淳祐年间,提点湖南刑狱并兼大使行府参议官。在任期间,宋慈核定当时的尸伤检验著作,参以自己的经验,完成了这部集宋慈以前外表尸体检验经验之大成的著作。该书主要内容包括:关于检验尸伤的法令;验尸的方法和注意事项;尸体现象;各种机械性窒息死;各种钝器损伤;锐器损伤;交通事故损伤;高温致死;中毒;病死和急死;尸体发掘等等。自南宋以来,《洗冤录》成为历代官府尸伤检验的蓝本,被奉为宋以后各代刑事检验的准则。本书曾被译成多种外国文字,深为各国推崇,在世界法医学史上占有重要地位。该书虽为法医学著作,但亦有证据法学上的意义,书中内容不仅对于证据审查颇有价值,而且宋慈提出了自己的证据法学观点,如在开篇就提出不能轻信口供,认为"一切不可凭一二人口说便以为信,及备三两纸状谓可塞责。况其不识字者告状切不可信,须是详细检验,务要从

---

① 《通考》职役考一。
② 《通典》卷一百六十四。
③ 包世臣著:《齐民四术》,中华书局2001年版,第245页。
④ 同上。

实",对疑难案件尤"须是多方体访,务令参会归一,切不可凭一二人口说,便以为信"。对于检验,他提出检验官必须亲临现场,告诫"临时审查,切勿轻易,差之毫厘,失之千里",他还强调尸格必须由检验官亲自填写等尸体检验原则。这些内容皆有证据法实践价值。

另外,郑兴裔、徐似道都曾建议改革勘验制度,被采纳而颁行。郑兴裔是浙西提刑,上言诸州县检验之弊,遂措置格目,行下所属州县,每一次检验,依立定字号用格目三本,一申所属州县,一付被害之家,一申本司照会,州县受词,差官检官受牌起发,皆注时日于上,关防详密,州县不得为欺。徐似道于嘉定四年(1211年)提出,推鞫大辟之狱,自检验始,其间有因检验官司指轻作重,以有为无,差讹交互,以故奸吏出入人罪,弊倖不一,伏见湖南广西见行刊正背人刑,随格目给下,检验官司令于伤损之处,依样朱红画图,横邪曲直,仍于检验之时,唱喝伤痕,令罪人同共观看所画图本,众无异辞,然后着押,则吏奸难行,愚民易晓。

在我国古代,许多学术见解出现在对法典的注释性著作中,这类著作有《唐律疏议》《唐明律合编》《读例存疑》等,其中都有若干对诉讼证据和证明的解释和观点,惜乎内容不多。有学者认为:"我国7世纪的著名法典注释书《唐律疏议》,无论在结构体系的合理性、概念阐述的科学性、条文注释的完整性、原则内容的系统性等方面,都可以与古代罗马查士丁尼《国法大全》相媲美。"①我们可以《唐律疏议》对"疑罪"的解释管窥一斑。唐律规定:诸疑罪,各依所犯,以赎论。对此条的注的内容是:"疑,谓虚实之证等,是非之理均;或事涉疑似,傍无证见;或傍有闻证,事非疑似之类。即疑狱,法官执见不同者,得为异议,议不得过三。"长孙无忌解释说:"'疑罪',谓事有疑似,处断难明。'各依所犯,以赎论',谓依所疑之罪,用赎法收赎。注云'疑,谓虚实之证等',谓八品以下及庶人,一人证虚,一人证实,二人以上,虚实之证其数各等;或七品以上,各据众证定罪,亦各虚实之数等。'是非之理均',谓有是处,亦有非处,其理各均。'或事涉疑似',谓赃状涉于疑似,傍无证见之人;或傍有闻见之人,其事全非疑似。称'之类'者,或行迹是,状验非;或闻证同,情理异。疑状既广,不可备论,故云'之类'。'即疑狱',谓狱有所疑,法官执见不同,议律论情,各申异见,'得为异议',听作异同。'议不得过三',谓如丞相以下,通判者五人,大理卿以下五人,如此同判者多,不可各为异议,故云'议不得过三'。"②

在古代证据法观点上,历代都有关于废止刑讯或者痛陈刑讯弊害的吁求。刑讯流行于秦汉,前汉路温舒极力反对刑讯。昭帝崩,昌邑王贺废,宣帝初即位。

---

① 何勤华:《法学形态考——"中国古代无法学论"质疑》,http://www.jcrb.com/zyw/n5/ca10814.htm,最后访问日期:2007年12月9日。
② 《唐律疏议》。

路温舒上书言宜尚德缓刑。对刑讯逼供痛下针砭,主张"尚德缓刑",云:"夫狱者,天下之大命也,死者不可复生,绝者不可复属。《书》曰:'与其杀不辜,宁失不经。'今治狱吏则不然,上下相驱,以刻为明,深者获公名,平者多后患。故治狱之吏,皆欲人死。非憎人也,自安之道,在人之死。是以死人之血,流离于市;被刑之徒,比肩而立;大辟之计,岁以万数。此仁圣之所以伤也,太平之未洽,凡以此也。""夫人情安则乐生,痛则思死,棰楚之下,何求而不得?故囚人不胜痛,则饰辞以视之,吏治者利其然,则指道以明之。上奏畏却,则锻练而周内之。盖奏当之成,虽咎繇听之,犹以为死有余辜。何则?成练者众,文致之罪明也。是以狱吏专为深刻,残贼而亡极,愉为一切,不顾国患,此世之大贼也!故俗语曰:'画地为狱议不入,刻木为吏期不对。'此皆疾吏之风,悲痛之辞也。故天下之患,莫深于狱。败法乱正,离亲塞道,莫甚乎治狱之吏。此所谓一尚存者也。"路温舒进而提出:"广箴谏之路,扫亡秦之失,尊文武之德,省法制,宽刑罚,以废治狱;则太平之风,可兴于世。永履和乐,与天亡极,天下幸甚。"宣帝览罢,深为赞同,史书谓"上善其言"。

到了南北朝时期,梁亡陈兴之际,删定律令,针对严酷的"测罚"进行一场大论战,《陈书·沈洙传》记载:"梁代旧律,测囚之法,日一上起自晡鼓尽于二更,及比部郎范泉删定律令,以旧法测立时久,非人所堪,分其刻数日再上,廷尉以为新制过轻,请集八座丞郎并祭酒孔奂行事沈洙五舍人会尚书省详议,时高宗录尚书,集众议之。"在讨论中,周弘正指出:"凡小大之狱,必应以情正言,依准五听,验其虚实,岂可全恣拷掠以判刑罪?且测人时节,本非古制,近代已来,方有此法;起自晡鼓,迄于二更,岂是常人所能堪忍?所以重械之下,危堕之上,无人不服,诬枉者多。""夫'与其杀不辜,宁失不经';'罪疑惟轻,功疑惟重',斯则古之圣王垂此明法,愚谓依范泉著制,于事为允。"表明了支持范泉的立场。舍人盛泉认为:"愚谓染罪之囚,狱宜明加辨析,穷考事理,若罪有可疑,自宜启审分判,幸无滥测;若罪有实验,乃可启测立,此则枉直有分,刑宥斯立。"主张对于是否犯罪尚有怀疑的,不实行"测罚";对于有确实证据表明其有罪的,可以实行"测罚",以示区别。讨论的结果,"众议以为宜依范泉前制"。杨鸿烈先生对此评论说:"按诸人所说,周弘正的言论最为鞭辟入里,在前汉路温舒反对'刑讯'之后,要算他是出来继接几百年的绝响。"[①]

宋代胡大初在其所著《昼锦绪论》中批评刑讯,云:"甚至有狱囚不得一见知县之面者;不知吏逼求贿赂,视多寡为曲直,非法拷打,何罪不招?令合戒约推款,不得自行讯鞫,公事无小大,必令躬自唤上,诘问再三,顽狡不伏,尽情然后量

---

① 转引自杨鸿烈著:《中国法律思想史》,上海书店1984年版,第163—165页。

施笞榜,周官有五听之法,亦以狱情难测,不可专事捶楚也……"①

《金史·刑志》载金世宗谓:"捶楚之下,何求而不得?奈何鞠狱者不以情求之乎?"②虽然如此,刑讯仍未被彻底废止。杨鸿烈感喟:"但历元、明、清,'讯刑'尤为'中国法系'的癌。"③

刑讯既得不到遏制,便成了历久弥新的话题,光绪二十七年(1901年)6月,两江总督刘坤一、两湖总督张之洞《第二次会奏变法事宜疏》里还在说:"……敲扑呼号,血肉横飞,最为伤和害理,有悖民牧之义!地方官相延已久,漠不动心!拟请以后除盗案命案证据已确而不肯供认者,准其刑吓外,凡初次讯供时及牵连人证,断不准轻加刑责。"④

在清末,刑讯终于被明令禁止,玉成此事的,首推沈家本。沈家本(1840—1913年),字子惇,别名寄簃。浙江归安(今浙江湖州)人,是清末司法改革首屈一指的关键人物。他系光绪九年(1883年)进士,留刑部补官,1902年受命主持修订法律。长期莅职刑部,得以浏览历代法典与刑狱档案,谙悉中国法律沿革与得失。在西学东来、新学萌起之际,热心研读西方国家法律,吸收其法律思想,成为当时中国积极引进西方法律第一人。在他主持修订法律期间,既删改了原有的《大清律例》,又制订了近代化的法典法规。著有《沈寄簃先生遗书》甲编、乙编及未刻书目《秋谳须知》《律例偶笺》《律例杂说》等。沈家本指出"中外法制之最不相同者,为刑讯一端。"他主张:"无论各法是否俱备,无论刑事、民事大小各案,均不用刑讯。"按照中国旧例,"徒罪以上仍具有认证。有众证矣,则不得以刑逼取犯供更可知"。因此,禁止刑讯并不违背中国古制,不外是"申明旧章,略为变通"。沈家本还批驳了禁止刑讯则犯人不易招供从而使案件积压的反对派观点,提出刑讯并未使诉讼效率提高,否则为何"各省积压之案有数年数十年不结者,且有拖累无辜瘐毙多命者",因此不能以案件积压为反对禁止刑讯的理由。在沈家本的努力之下,朝廷颁发了禁止刑讯的新章程。针对上海租界内会审公堂不顾新章程规定仍然刑求杖责的行为,沈家本还专门上折请求重申严禁刑讯。在《轻罪禁用刑讯笞杖改为罪金请申明新章程折》中,沈家本指出,"立国之要领,存乎法权,而法权之推暨,在乎严守"。他抨击上海会审公堂的中国官吏"昧于交涉,狃于故常,任情敲扑,视宪典如弃髦,是非从严参办,不足以肃纲纪"。清廷在沈家本等人促请下,谕令全国各地总督巡抚加强监督,"倘有阳奉阴违,仍率用刑求妄行责打者,即令该管上司指名严参,毋许徇隐"⑤。

---

① 转引自杨鸿烈著:《中国法律思想史》,上海书店1984年版,第166页。
② 同上。
③ 同上。
④ 同上书,第165页。
⑤ 杜钢建:《中国近百年人权思想》,http://www.jcrb.com/zyw/n6/ca12161.htm,最后访问日期:2008年3月7日。

在我国,证据法观点还出现在一些官员或者幕宾留下的著作当中,如汪辉祖《学治臆说》提到"五听"的实际功效,云:"书言五听,非身历不知。余苦短视,两造当前,恐记认不真,必先定气凝神,注目以熟察之。情虚者良久即眉动而目瞬,两颊肉颤不已。出其不意,发一语诘之,其真立露,往往以是得要犯。于是堂下人谓余工相法,能辩奸良。越年余,伪者渐息,讼皆易办,盖得力于色听者什五六焉。较口舌争,几事半而功倍也"①。他还提到,"五听"需要法官精力集中,故审理案件宜静——"明由静生,未有不静而能明者……片言折狱,必尽其辞而后折之,非不待其辞之毕也。尝见武健之吏,以矜躁临之,一语不当,辄慑以威,有细故而批颊百余者,有巨案而三木叠加者,谓所得之情皆其真也,吾未之敢信"②。汪辉祖还提出"草供未可全信",他认为:"罪从供定,犯供最关紧要,然五听之法,辞止一端。且录供之吏,难保一无上下其手之弊,据供定罪,尚恐未真。"因此,必须慎重对待,仔细审核,不应轻信。③ 汪辉祖对刑讯持有慎重态度,认为"词讼细务,固可不必加刑矣。或谓命盗重案,犯多狡黠,非刑讯难取确供,此非笃论也。命有伤,盗有赃,不患无据。且重案断不止一人,隔别细鞫,真供以伪供乱之,伪供以真供正之。命有下手情形,盗有攫赃光景,揆之以理,衡之以情,未有不得其实者。特虚心推问,未免烦琐耳。顾犯人既负重罪,其获罪之故,当听其委婉自申,不幸身罹大辟,亦可与我无憾。若欲速而刑求之,且勿论其畏刑自诬,未可信也,纵可信矣,供以刑取,问心其能安乎?"④对于案发之后最初询问,元朝张养浩指出:"狱问初情,人之常言也。盖狱之初发,犯者不暇藻饰,问者不暇锻炼,其情必真而易见,威以临之,虚心以诘之,十得七八矣。少萌姑息,则其劳将有百倍厥初者。"⑤中国司法重经验,有许多经验之谈,颇值得重视。

二、民国时期证据法研究

到了民国时期,中国法制取法德国、日本等国,迅速走向现代化,法学研究也进入全新的局面,当时出版了一些证据法学教材和著作,颇引人注目,主要有:周荣编著《证据法要论》,上海商务印书馆1936年出版,全书分为11章,讲述了证据的定义以及证据法的性质、范围、学说、分类,对举证责任、证据调查、人证、鉴定、书证、勘验、证据保全、证据的评说分别进行了专题研究,该书的特点是以论述本国法为主,略述英美证据法,并认为中国证据法采自由心证主义,英美证据法采法定证据主义。在该书"叙言"中,周荣指出:"迩来法学名著,如雨后春笋,

---

① 汪辉祖:《学治臆说》,辽宁教育出版社1998年版,第52页。
② 同上。
③ 同上书,第25页。
④ 同上书,第53页。
⑤ 张养浩著:《牧民忠告》,辽宁教育出版社1998年版,第11页。

日有出版,唯证据法学,则未见有专书。夫民刑诉讼之胜负,均以证据为断。是证据法于法之实用方面,至为重要,而为治法学者所不可不研究者也。"①该书著述参考了此前盛振为编著的《证据法学讲义》、司法储才馆《证据法》。蒋澧泉编著《民刑诉讼证据法论》,由上海法学院1940年、1941年出版,书中分20章,书中论述了证据的意义以及证据法的意义、性质、编制等问题。东吴大学法学院于1948年编写出版了《证据法学》一书,分为绪论、本论两大部分,绪论介绍了证据法学的定义和证据法各种术语,本论分四编,包括举证责任、免证限度、证据调查等;第二编证之方法,包括人证、大陆法系和英美法系证人制度的比较、鉴定、书证和勘验等;第三编,证据的保护,讲述了民事、刑事诉讼中证据的保护程序、搜索等;第四编,证之辩证。盛振为著有《证据法学论》,由东吴大学法学院出版,为该校讲义,分绪论与本论。绪论概述了证据的定义、性质和证据法的定义。本论分两编,第一编为证之通则,包括证之征免、推定类别、举证责任、法律上关于证责的比较等;第二编证之方法,包括人证、作证之免除、记忆力的比较程度、科学上的测验、鉴定、外国法之鉴定、书证、物证、动机与欲念的关系、反证方面的辩解等。该书后来又出了增订版,增加了证之安全、证之辩证两篇以及情状证一章,该书特点之一是引用资料较为丰富。②

另外,1933年,上海法学编译社还出版了日本法学家松冈义正著、张知本译述的《民事证据论》,书中论述了证据法的本质、意义、种类、目的物以及举证责任、自由心证、证据手续和证据方法等。此外,民国时期还出版了林行规的《英法证据法讲义》,介绍了证据法的一般理论,对英国、法国证据法的关系事实、证明方法、证据的证明力、间接证据等进行了重点介绍和评论。③

民国学者论及自由心证主义,均持肯定态度。例如,徐朝阳云:"法定证据主义,虽可防裁判官之专横,然易受当事人之欺弄。盖诉讼材料之处分,均委之当事人。若当事人未主张之事实,与未提出之证据,法院均不能过问;苟为当事人之所主张或提出,无论是否真实,但有真实之形式,则法院不能舍此他求,其结果就刑事诉讼而言,则有罪者不得科刑,无罪者不能免罚,揆诸情理,岂得谓平?故为贯彻实体真实发现,自以采用自由心证为当。"④又云:"自由心证主义,法院本自由之确信,以定取舍,不受法律之拘束,难易得事实之真相,然难免裁判官徇私偏断之嫌,亦无庸为自由主义讳也。然苟以裁判官之道德学识经验为前提,则自由心证主义,实较法定证据为妥。故我国法官始祖皋陶氏崇倡'九德'"。也有学者认为:"罗马法上便已采用法定证据主义,这是因为罗马古代裁判官自由

---

① 周荣编著:《证据法要论》,商务印书馆1935年版,第1页。
② 北京图书馆编:《民国时期总书目》(法律),书目文献出版社1990年版,第257—258页。
③ 同上。
④ 徐朝阳:《中国诉讼法溯源》,商务印书馆1933年版,第10页。

调查证据,不免渐次发生专横的流弊;所以就用证据法则加以制限。现代立法例多趋重自由心证主义,可是这两种主义各有短长,诉讼法上应当相互采用,那就可以产生良好的效果。"①"本于心证作用,决断证据的价值,有没有非难的余地呢?关于这一个问题,就有学者主张,说是自由心证的结果,每有同一证据,在此人心理上已经认为真确,但在别人仍旧要怀疑;那么,证据的证明成为没有一定的标准了。可是拥护自由心证论者却以为凡事不能超越一定的范围,如果轶出常情之外,那就立可发现偏颇的所在,某种证据该有怎样的证明力,一般具备常识的人都可兴起一种共同的心证作用,并且,人类的直觉本来具有一种判断力,再加以经验和学识,那就对于事物的性情,人事进行的顺序,意志情感的趋向,都有相当的认识,运用心证时,不离归纳或演绎的方法,也就不至于漫无标准。"②

证人制度是证据制度中非常重要的一环,民国法律对此规定颇详,学术研究也颇成熟。关于证人资格,民国学者认为:"证人须非诉讼当事者,故推事、原告、被告及辅佐人、代理人、辩护人皆不能为证人,但此等人脱离诉讼关系时仍可以为证人。特认为无证人能力者,如奴隶、妇女及准死之人[受法律上一定制裁不齿于人类者]皆是。近世法律进步,无绝对认自然人为无证人能力之例"。对于某些证人具结义务的免除,学者们一般认为:对于某些特定之人,各国立法例,本条所列各人,有不得为证言者,然审判官吏有自由取舍证言之权。无能力之证人,可无庸加以限制。惟以其不能理会具结之意义及效果,故应免其具结之义务。③

对于讯问被告人(含"嫌疑人"),民国有学者认为:"讯问被告人,应有正大光明的态度,肉体的拷问固然是不像人类间的理性行为,还有精神的拷问也是违反于人道、胁迫、利诱、诈欺,就是所谓精神的拷问了。不过呢,精神拷问的种类很多,刑诉法上哪能一一列举,如同密行的追查程序中深夜讯问被告人,何尝不是使他精神上受痛苦呢?又像被告人对于过去的事实,不能完全记忆起来,原来也是人情之常;然而陈述上偶尔有了矛盾,本非故意,检察官或推事就利用这种矛盾之点,痛加驳诘,扰乱被告人的神志,这又何尝不是一种精神上的拷问呢?"④对于共同被告的供述,可否作为认定其他人犯罪事实的证据,民国时期学者尚有争议,有学者认为:"余谓共同被告,在他被告案内,虽未经讯问证人之程序,但其所为供述,于自己犯罪尚得为证据;于他被告犯罪,亦无不许为证据之理"⑤。

---

① 朱采真著:《刑事诉讼法新论》,世界书局1929年版,第42页。
② 同上书,第101—102页。
③ 转引自《暂行新刑律汇解》,第十二章第三页。
④ 朱采真著:《刑事诉讼法新论》,世界书局1929年版,第163页。
⑤ 陈瑾昆著:《刑事诉讼法通义》,朝阳大学版,第196页。

民国学者从心证程度角度将证明分为证明与释明,对于某一事物达到推测的程度者,为释明;对于该事物达到确信的程度者,为证明。证明一般用于实体关系的事实,释明则用于诉讼程序的事实。证据的种类分为证据与反证、直接证据与间接证据、人证与物证。证据的客体,通常为事实;当习惯法、自治法、外国法及特别经验法则需要依调查程序加以证明时,法律或经验法则亦可成为证据的客体。事实又分为实体法事实和程序法事实,前者须证明,不能证明则应谕知无罪;后者一般只需释明。不须证据的事实包括:法律上推定的事实,一般通有的事实,公知的事实。民国时刑事诉讼法实行实体真实发现主义,民事诉讼法实行形式真实发现主义,除例外情况外,皆实行直接、言词原则。对这些内容,学者们都进行了或深或浅的阐述。

三、当代中国的证据法研究

到了20世纪50年代,我国法制在历史的重大转折之后转而取法苏联,法学也转而接受苏联法学的影响。新中国成立之初,一场以反对"旧法"观点、旧司法作风和改造各级司法机构为主要内容的司法改革运动得到广泛开展,旧的法学从内容到形式均荡然无存,法学实际上面临着重新创建的问题。这一时期各门法学学科建设主要是通过学习、引进和借鉴苏联法学而进行的。

当时翻译出版了一系列苏联法律制度方面与证据有关的教材和专著,主要有:张君悌译《苏俄刑事诉讼法》,新华书店1949年版;徐步衡译《苏联诉讼法纲要》,大众法学出版社1951年版;切里佐夫著、中国人民大学刑法教研室译《刑事诉讼法》(上、下),中国人民大学出版社1953年初版;安·扬·维辛斯基著、王之相译《苏维埃法律上的诉讼证据理论》,人民出版社1954年版;阿布拉莫夫著、中国人民大学审判法教研室译《苏维埃民事诉讼》(上、下),法律出版社1956年版;克林曼、科瓦列娃编,陈逸云译《苏维埃民事诉讼提纲》(供高等法律学校用),中国人民大学出版社1956年版;克列(林)曼著,王之相、王增润译《苏维埃民事诉讼》,法律出版社1957年版;施夫曼编写,薛秉忠等译《苏维埃刑事诉讼实习教材》,中国人民大学出版社1957年版,等等。其中,安·扬·维辛斯基著、王之相译《苏维埃法律上的诉讼证据理论》曾给我国证据法以较大影响。

无罪推定,是西方法律文化传统的一个重要组成部分,是保障犯罪嫌疑人的合法权益的重要法律措施,自近代西方资产阶级提出后,至现代已经成为各个发达国家刑事诉讼法的核心原则之一。"十月革命"以后,苏联在创建社会主义司法制度时,也将保障被告人的各项权利、特别是在没有确定其罪责的充分根据时,不得检举其刑事责任和判他有罪作为一项重要的法制原则。这一点得到了1936年苏联宪法和在宪法精神之下颁布的苏联刑事诉讼法典以及苏联和各加盟共和国法院组织法的肯定。①

在此基础上,1945年苏联最高法院全体会议用以下方式概括了上述原则:"在被告人罪责未经根据法定的程序加以证明以前,不得认作为犯罪人。"苏联学者认为:"苏联最高法院提出的这一原则就是苏维埃刑事诉讼中无罪推定原则的内容,根据这个无罪推定原则,只要被告人的罪责尚未经证明,他就要被假定为无罪的人。"②

在苏联,无罪推定的原则要求:侦查员及检察长要客观地进行案件的侦查工作,侦查员和检察长只有在有充分的根据时,才检举被告人的刑事责任,并将案件移送法院;预审庭的成员只有当告诉人已为案件的材料所证实的情况下,才对被告人起诉;告诉人应当证明被告人的罪责,被告人不负有证明自己无罪的义务;法院应当根据案件的材料,从有利被告人方面来解释一切怀疑,并仅仅在关于被告人罪责的结论确实可靠的情况下,才作出判定有罪的判决。

社会主义苏联确立的无罪推定原则,迅速影响了新中国的刑事诉讼立法和法学理论研究。陈光中教授于1955年公开发表的第一篇学术论文就是介绍苏联的辩护制度,在这篇文章中,他明确提出我国要建立辩护制度,并以无罪推定原则作为辩护制度的根据。1957年,他又写了一篇关于无罪推定的文章,主张在我国应当实行无罪推定原则,只是在提法上应当更加科学和符合国情。当时,他还撰文对刑事证据理论中的证据概念、证明对象、证明过程、证据分类等问题作了探讨。

1957年,华东政法学院青年教师,当时从事苏联刑事诉讼法教学和研究的黄道,在《法学》第2期上发表了《略论刑事诉讼中的无罪推定原则》一文,这是新中国成立后第一篇发表"无罪推定"原则的文章,文章强调确立无罪推定原则和观念的必要性和现实意义。黄道指出:在我国司法干部中间,强调在搜集证据时树立无罪推定的指导思想是极为重要的。无罪推定原则在中国刑事诉讼法理论上具有指导意义:这个原则能够推动、刺激侦查人员和审判人员积极主动地去搜集证据,以充分可靠的证据来证明被告人有罪或无罪、罪重或罪轻;有了这一原则之后,就能更好地保护被告人的合法权利,因为对于被告人来说,对他合法权利的侵害,莫过于无根据地对他判了罪。黄道对当时理论界对无罪推定的几种错误认识进行了分析和反驳。文章发表后,在学术界产生了一定的反响,有领导加以鼓励,有读者来信加以赞扬,同行予以肯定。不幸的是,由于当时人们的思想观念与之格格不入,政治环境和氛围无法开展真正学术性探讨,无罪推定原

---

① 〔苏〕安·扬·维辛斯基著:《苏维埃法律上的诉讼证据理论》,王之相译,法律出版社1957年版,第92页。

② 同上书,第94页。

则无法被认可。文章发表后的几个月,"反右斗争"开始,"无罪推定"被中央政法领导小组定为是资产阶级"反动观点",认为它不利于无产阶级专政,是阶级立场不稳的表现,因而在全国发动了一场批判运动,黄道本人也被多次批斗,险些被定为"右派分子"。①

黄道回忆:十年"文化大革命","有罪推定"泛滥成灾,多少人被扣上"莫须有"的罪名,屈打成招,搞得家破人亡,妻离子散,上至国家主席,下至淘粪工人,都难逃"有罪推定"带来的厄运。粉碎"四人帮"后,人们深切地感到了"无罪推定"的宝贵价值,因此,20世纪80年代初,当一些同仁重新提出"无罪推定"问题后,马上得到了绝大多数同志的赞同。但在反对"精神污染"和"自由化"之时,"中国法学会的个别领导同志提出无罪推定是资产阶级自由化言论,应予批判,学术界个别学者也著文讨伐。1989年春夏之交的政治风波平息之后,司法行政部门在烟台召开了一次领导干部会议,据说有的同志就明确地把无罪推定列为资产阶级自由化言论,但当即遭到了一些同志的反驳,著名刑诉法专家陈光中教授就为无罪推定作了辩护。"②

我国新时期第一部产生广泛影响的代表性证据法学教材,是巫宇苏主编的法学教材编辑部统编教材《证据学》。陈一云主编的《证据学》于1991年5月出版,2000年推出了修订第二版。宋世杰1998年出版了其著述的《诉讼证据法学》。江伟主编的《证据法学》总结说,此前的证据法学研究存在如下问题:名称和术语不统一;司法实践基础薄弱;研究方法和观念陈旧;内容和体系不完整。我国证据法学的特点是:从司法机关的角度设计和研究证据法;以客观真实作为设计和研究证据法的指导观念;注重对司法机关的约束和规范。③

证据法学研究曾经一度颇为沉寂,20世纪90年代后期直至现在,证据法学研究进入活跃期,一些教材和著作继续问世,教材如何家弘主编的《新编证据学》和卞建林主编的《证据法学》于2000年出版,刘金友主编的《证据法学》和樊崇义主编的《证据法学》于2001年出版。专著如卞建林主编的《刑事证明理论》、毕玉谦所著《民事证据法及其程序功能》等都是这一时期的学术成果。近年来陈光中教授主编的《证据法学》成为证据法学界瞩目的新著,该书于2011年由法律出版社出版,经修订后于2013年推出新版。

在近年的证据法学研究中,证据法的理论基础一度成为讨论的热点。长期以来,我国证据理论将辩证唯物主义认识论定为证据制度的根本指导思想,有学者提出:诉讼活动尽管包含着认识过程,但认识活动在诉讼中并不具有根本的决

---

① 黄道、铁犁:《无罪推定在新中国的命运》,载《法学》1997年第7期。
② 同上。
③ 江伟主编:《证据法学》,法律出版社1999年版,第39—43页。

定性意义，因此应否定辩证唯物主义认识论为证据制度的理论基础，作为证据法理论基础的是价值论而不是认识论。许多学者反对否认认识论在诉讼证明中的作用，指出：认识活动贯穿于诉讼活动的始终，不仅仅存在于刑事诉讼的侦查阶段。从案件事实发生前和发生时，与诉讼有关的认识就已经发生了：犯罪行为人在为犯罪活动进行准备时，就可能被他人所感知；被害人在受害过程中对于自己被侵害的性质、过程和结果以及侵害人的情况一般也存在感知和判断；犯罪人对于犯罪过程、结果和被害人的情况同样存在感知和判断。证人是了解案件事实的第三人，对于案件事实的感知是其陈述具有证据能力的基础；对犯罪嫌疑人的抓捕、扭送，也是将被抓捕、扭送的人确认为有犯罪嫌疑的人的结果，这种确认是建立在一定的感知和判断的基础之上的。鉴定人对所要检验、判别的事物运用专门知识和技能进行检验、判别，更是少不了官能感知和理性判断的参与。此外，公安机关进行立案和侦查活动、检察机关进行审查批准逮捕和审查起诉、法院进行立案、法庭审理等活动，对于立案条件所包含的事实、对于侦查对象事实、逮捕条件、起诉和不起诉条件所包含的事实、法院进行裁决所依据的事实，都必须通过感官感知、理性判断加以认识，然后才能就推进、中止、终结诉讼进程或者进行实体处理等作出决定或者裁判。没有认识活动的参与，诉讼就不能进行。因此，认识论必然是证据法的理论基础之一，否定这一观点的理由是不能成立的。[①]

进入 20 世纪 90 年代中期，我国一些学者开始关注证明标准问题，1996 年龙宗智发表《我国刑事诉讼的证明标准》；1999 年樊崇义教授的《客观真实管见》一文在当年的诉讼法年会上发表并登载于 2000 年《中国法学》第 1 期上，该文提出"法律真实"的概念，引起反响，由此引出迄今聚讼不已的"法律真实"与客观真实的讨论。诉讼法学界明显分为两派观点：一派坚持客观真实说，陈光中教授发表的《刑事证据制度与认识论》是此派的力作，刘金友教授发表的《实践是检验司法证明真理性的唯一标准》和张继成教授发表的《对"法律真实"证明标准的质疑》都是有一定影响的论文；另一派支持法律真实说，认为"客观事实"并不是法院判决的依据，法院定罪量刑依据的永远只能是"法律事实"。锁正杰的《刑事程序法哲学原理》一书抨击客观真实说，有一定理论深度，其他一些中青年学者也都就法律真实说发表了自己的见解，法律真实说一时占据上风。2003 年 12 月，王敏远研究员在《公法》第四卷中发表了《一个谬误、两句废话、三种学说》一文，对客观真实说和法律真实说都表示异议，该文认为所谓"硬邦邦的事实"不过是一个谬误，"认识符合事实""事实胜于雄辩"则是两句废话，他在分析客观真实说和法律真实说之后提出了"科学的证明理论"。王敏远认为，具

[①] 详见沈德咏主编：《刑事证据制度与理论》，法律出版社 2002 年版，第 72—131 页。

有可操作性的证明标准并不存在,"法律真实说"与"客观真实说"根本不可能为这种不存在的证明标准提供正当性的基础。张卫平教授也持有与王敏远教授类似的观点,在《证明标准建构的乌托邦》(载《法学研究》2003 年第 4 期)一文中,他提出:要建构一种抽象的、又依赖于法官主观认识的证明标准不过是乌托邦。2004 年《法学研究》第 6 期发表了何家弘教授的文章《司法证明标准与乌托邦——答刘金友兼与张卫平、王敏远商榷》,关于证明标准的讨论如火如荼地进行。

在证据法研究领域,证据展示制度是另一研究热点。很多学者纷纷发表文章对这一制度进行研究,并提出引入这一制度的建议。有学者特别强调,证据开示的主要目的在于保护被告方的知悉权,至于提高庭审效率、明确庭审焦点应当属于证据开示的副产品。应当紧紧围绕保护防御方知悉权这一主要目的建立我国的证据开示制度。

在近年的证据法学研究中,证据规则成为研究的热点。毕玉谦等人的《诉讼规则研究》是专门研究证据规则的学术著作,杨宇冠的《非法证据排除规则研究》对非法证据排除规则进行了深入研究,刘玫的《传闻证据法则》对传闻证据规则进行深入、系统探讨,其他一些学者也纷纷对证据规则进行研究并发表了不少学术研究成果。这些学术成果涉及传闻证据规则、品格证据规则、非法证据排除规则、补强证据规则等诸多规则,采取的研究方法主要是比较方法,主要是对美国的证据规则进行研究进而提出在我国证据制度当中加以借鉴的具体意见和建议。

为了推动我国证据法律制度的完善,一些学者还深入研究,提出一整套立法建议,其中具有代表性的是陈光中教授主持的刑事证据立法研究,作为这项研究成果的陈光中主编《中华人民共和国刑事证据法专家拟制稿及论证》亦已出版;王利明教授、张卫平教授、何家弘教授等对民事证据法进行了系统研究,也形成了民事证据法专家建议稿这一研究成果。青年学者毕玉谦、郑旭等也推出了他们的《中华人民共和国证据法草案》(建议稿)并细予论证予以出版。中国政法大学证据科学研究院受最高人民法院研究室委托,研究起草司法解释《人民法院统一证据规则》建议稿。2008 年张保生教授主编的《〈人民法院统一证据规定〉司法解释建议稿及论证》出版。这些建议稿体系完整、技术严谨周密,论证翔实,资料准确,颇具说服力。随着时间的推移,相关成果当然还会不断推出。

近年来,一些学者推出证据法学研究力作,例如,何家弘教授将其二十篇证据法论文结集成《短缺证据与模糊事实》一书由法律出版社于 2012 年出版,书中《证据学抑或证据法学》一文,分析了究竟以证据学还是证据法学作为学科名称的问题,试图消除在这个问题上学界的迷思。① 在书中另一篇论文《概念同一和词语规范》中,何家弘教授进一步分析了证据法学领域的语言乱象,指出大量的不无重复的专门术语有些纯粹属于"泡沫"性质的知识增量。《预先假定与推断认定》《自然推定与人造推定》《明确语言和模糊语言》和《证明责任和证明标准》等论文对推定问题进行了全面介绍和深入研究。此外,该书还就证据法学价值理念、证明标准的分层性与多元化以及错案成因等重要问题进行了深入探讨。又如王敏远教授的《一个谬误、两句废话、三种学说——对案件事实及证据的哲学、历史学分析》一书于2013年由中国政法大学出版社出版,该书着重探讨了刑事证明标准和法律中的"真实"以及刑事证据法的发展变化,体现了作者对这些议题的深邃的思考,作者从哲学和历史学角度进行的视角独特的思考,给读者颇多启发。另外,一些学者就错案进行的专项研讨也取得不少的研究成果,坊间以错案为主题的专著引人注目。

　　证据法是一项重要的部门法,与实体法、程序法鼎足而三,是法律的重要一支。从证据的角度看,诉讼是发现证据、运用证据和审查判断证据的活动过程,研究证据法,从证据法理论、古今中外证据法律制度乃至司法实践获取理论支持,进行制度移植,发现和解决司法实践中存在的各种证据法问题,对于司法公正和千百万人的自由、权利等重大问题,其重要性,自不待言。我们期待着证据法学继续繁荣,理论研究继续深入,则中国证据法制之完善也就不是遥遥无期的事了。

---

　　① 在《证据学抑或证据法学》一文中,何家弘教授感喟:"在写下这个题目之后,笔者心中很有几许无奈。"在学科名称问题上,证据学和证据法学本来相通,完全可以和平共处,喜欢用哪个就用哪个,何必较真? 他指出语词是概念的符号,其使用是约定俗成的,这种约定俗成并没有强制约束力;另外,语词是可以发展变化的,往往遵循"追星效应";尤其是"语词的使用具有差异性和并存性,即在不同的时间或地区可以形成不同的语词使用习惯而且这种不同的习惯可以在同一语言体系中并存"。英美法系国家的学者似乎并不像中国学者那样喜欢用"学"来指称一个学科。与中文"证据学"和"证据法学"相对应的不过是 Evidence 和 Evidence Law,毫无"学"的影子,简单明了,不见得有了一字之差(有法无法)就有了天壤之别,存在"质的飞跃",自然也不会名称一改学问就发达了,学科就进步了。针对在区别"证据学"和"证据法学"概念的基础上形成的"大证据学"概念,何家弘教授认为没有必要,"证据学可以'大',但是,作为一个学科来说,它不应超出法学的范畴,不能成为取代哲学的万事通用且包罗万象的学科"。大而化之的证据学,不过是一种虚幻,既无需要也不可能。

本 论

上编 证据通论

> 表述可以表述的一切
> 理解可以理解的一切
> 决定可以决定的一切
> 达到可以达到的一切
> 重复可以重复的一切
> 结束可以结束的一切
>
> ——赫尔穆特·海森毕特尔

第一章 证 据 界 说

　　证据乃裁判之基础。

——边沁

　　一部证据法学,从何说起?答曰证据。

　　证据者,诉讼活动之基本条件也。诉讼过程乃是收集证据、运用证据和审查判断证据的过程。这一过程通常由法律加以规范,由一定的原则加以统摄并由一定的程序和规则加以约束。此法为证据法,此程序为诉讼程序,此规则为证据规则。

　　证据在诉讼中占有重要地位,是用以查明案件事实的手段。诉讼最终要将一定的法律规范适用于一定的事实,适用法律之前,往往需要查明案件事实,诉讼证据的功能在于使案件事实或者当事人的主张得到确认,最终使裁判者得以适用法律,形成一定结论。

　　明了证据,与证据有关的其他概念皆可解,此所谓"触类旁通"。

第一节 证 据 生 成

　　如果不是有必要对已经存在、曾经发生或者将来发生的事实加以确认、披露或者证明,也许不需要证据。易言之,证据不过是确认、披露或者证明事实的手段。这种手段不是凭空产生的,何种材料可以作为证据,这些材料是如何形成的,不能不略述在前。

一、从事例看证据的生成

　　且看武大郎被酖杀的例子:

　　《水浒传》用三回篇幅细致描写了武大郎谋杀案:时在"冬已将残,天色回阳微暖",一天,潘金莲向门前来叉帘子,却好西门庆从帘子边走过。潘金莲手里拿叉竿不牢,"失手滑将倒去,不端不正,却好打在那人头巾上。那人立住了脚,正待要发作;回过脸来看时,是个生得妖娆的妇人,先自酥了半边,那怒气直钻过爪洼国去了,变作笑吟吟的脸儿。这妇人情知不是,叉手深深地道个万福,说道:'奴家一时失手,官人休怪。'那人一头把手整头巾,一面把腰曲着地还礼道:"不妨事。娘子请尊便。"间壁的王婆见了,早已会意。不久西门庆踅入王婆茶坊里来,央求王婆穿针引线,撮合潘金莲这门"好亲事"。潘金莲乃绰号"三寸钉、谷树皮"的武大郎之妻,本非玉洁冰清之人,在王婆巧安排下,很快被西门大官人勾搭上手。那妇人"每日踅过王婆家里来,和西门庆做一处,恩情似漆,心意如胶。自古道:'好事不出门,恶事传千里。'不到半月之间,街坊邻舍,都知得了,只瞒着武大一个不知。"本县有个年方十五六岁的小子,取名叫做郓哥,自来只靠县前这许多酒店里卖些时新果品,时常得西门庆赍发他些盘缠。一天,提着一篮儿雪梨来紫石街上王婆茶房里寻西门庆,想要赚个三五十钱,不料被王婆拦住辱骂,揪住凿上两个爆栗,雪梨篮儿也丢出去,一篮雪梨四分五落,滚了一地。①

　　郓哥一怒,将潘金莲的丑事向武大郎说出去。次日,武大郎去捉奸,却"被西门庆早飞起右脚。武大矮短,正中心窝里,扑地望后便倒了"。待扶起来,已是"口里吐血,面皮蜡查也似黄了";救得苏醒,卧床不起。"次日西门庆打听得没事,依前自来和这妇人做一处,只指望武大自死。""武大一病五日,不能够起。更兼要汤不见,要水不见,每日叫那妇人不应,又见他浓妆艳抹了出去,归来时便面颜红色。武大几遍气得发昏,又没人来睬着。"武大叫老婆来吩咐道:"我的兄弟武二,你须得知他性格。倘或早晚归来,他肯干休?你若肯可怜我,早早服侍我好了,他归来时,我都不提。你若不看觑我时,待他归来,却和你们说话!"一句话提醒了潘金莲、西门庆,二人与王婆商量,先鸩杀了武大郎再说。西门庆从家里包了一包砒霜来交与王婆,王婆教潘金莲下药的法度。潘金莲依计行事,假意给武大郎煮药,将砒霜下到里面,给武大灌下去。那妇人怕他挣扎,还跳上床去,骑在武大身上,把手紧地按住被角,哪里肯放些松宽,只一会工夫,武大郎已是"呜呼哀哉,伏维尚飨"了。"那妇人揭起被来,见了武大咬牙切齿,七窍流血,怕将起来",叫来王婆,"那婆子便把衣袖卷起,舀了一桶汤,把抹布撇在里面,掇上楼来。卷过了被,先把武大嘴边唇上都抹了,却把七窍淤血痕迹拭净,便把衣裳盖在户上。两个从楼上一步一掇,扛将下来,就楼下将扇旧门停了。与他梳了头,戴上巾帻,穿了衣裳,取双鞋袜与他穿了。将片白绢盖了脸,拣床干净被盖在死尸身上;却上楼来,收拾得干净了。"

　　人死要入殓,王婆去请团头何九叔来验尸。何九叔刚到紫石街巷口,被西门庆邀到转角头一个小酒店里吃酒。吃了半个时辰,西门庆从袖子里摸出一锭十两银子递与何九叔,西门庆道:"只是如今殓武大的尸首,凡百事周全,一床锦被遮盖则个,别无多言。"两个下楼,一同出了店门。西门庆道:"九叔记心,不可泄漏,改日别有报效。"到了武大家里,何九叔又见武大的老婆是个不良的人,心里

---

① 详见《水浒传》第二十四回"王婆贪贿说风情,郓哥不忿闹茶肆"。

早有八九分疑忌。① 见那尸体"面皮紫黑,七窍内津津出血,唇口上微露齿痕,定是中毒身死。"本待声张起来,"却怕他没人做主,恶了西门庆,却不是去撩蜂剔蝎?待要胡卢提入了棺殓了,武大有个兄弟,便是景阳冈上打虎的武都头。他是个杀人不眨眼的男子,倘或早晚归来,此事必然要发。"情急之下,假意中恶晕倒,被人使扇板门,一径抬回家里,避开了这事,只使火家自去殓了。何九叔打听得三日出殡,去城外烧化,到那时提着一陌纸钱,来到场里送丧,趁人眼错,把火挟去,拣两块骨头归到家中,把幅纸都写了年月日期,送丧的人名字,和这银子一处包了,做一个布袋儿盛着,放在房里,当做老大证见。

　　武松回来,见没了哥哥,换了丧服,放声大哭。打听得是何九叔将尸体安排入殓,便邀来何九叔到巷口酒店里坐下喝酒,酒已数杯,"武松揭起衣裳,飕地掣出把尖刀来,插在桌子上,问武大死的缘故"。"何九叔便去袖子里取出一个袋儿,放在桌子上道:'都头息怒。这个袋儿,便是一个大证见。'"武松用手打开,看那袋儿里时,两块酥黑骨头,一锭十两银子,便问道:"怎地见得是老大证见?"何九叔一五一十说了,又带着武松找到郓哥问明捉奸的经过。武松听罢,道:"且随我来,正要你们与我证一证。"把两个一直带到县厅上。"知县见了问道:'都头告甚么?'武松告说:'小人亲兄武大,被西门庆与嫂通奸,下毒药谋杀性命。这两个便是证见,要相公做主则个。'"知县先问了何九叔并郓哥口词,但贪图西门庆的贿赂,有意包庇西门庆,道:"武松,你也是个本县都头,不省得法度。自古道:'捉奸见双,捉贼见赃,杀人见伤。'你那哥哥的尸首又没了,你又不曾捉得他奸;如今只凭这两个言语,便问他杀人公事,莫非忒偏向么?你不可造次,须要自己寻思,当行即行。"武松怀里去取出两块酥黑骨头、十两银子、一张纸,告道:"复告相公:这个须不是小人捏合出来的。"知县看了道:"你且起来,待我从长商议。可行时,便与你拿问。"次日早晨,武松在厅上告禀,催逼知县拿人。谁想这官人贪图贿赂,回出骨殖并银子来,说道:"武松,你休听外人挑拨你和西门庆做对头。这件事不明白,难以对理。圣人云:'经目之事,犹恐未真;背后之言,岂能全信?'不可一时造次。"狱吏便道:"都头,但凡人命之事,须要尸、伤、病、物、踪五件事全,方可推问得。"武松道:"既然相公不准所告,且却又理会。"收了银子和骨殖,再付与何九叔收了,自己去寻潘金莲、西门庆报仇。②

　　本案乃武大郎被谋杀的案件,有前因,有结果,过程完整,叙述详明。武大郎已经被害身死,入殓又遭焚化,只留下两块酥黑骨头,含有被害身亡的信息。潘金莲与西门庆勾搭成奸,又直接下手杀人,参与毁尸灭迹。王婆穿针引线,使潘金莲与西门庆"金风玉露"喜相逢,如胶似漆地混在一起;武大死亡,与她撺掇和

---

① 　详见《水浒传》第二十五回 "王婆计啜西门庆 淫妇药鸩武大郎"。
② 　详见《水浒传》第二十六回 "偷骨殖何九叔送丧 供人头武二郎设祭"。

出谋划策密不可分；武大死后，她忙前忙后，极力掩盖，煞费苦心。西门庆见人妻美而动心，发乎情不能止于礼，终于欲念得偿；杀人前从家里取来毒药，杀人后出面安排掩盖罪行，罪恶昭昭，法无可恕。这三人行为，都构成犯罪。对于武大郎被谋杀，他们几人都知底细，潘金莲更是能够提供直接证明案件主要事实的证据。郓哥听闻潘金莲与西门庆奸情，对于前因事实和捉奸经过能够提供证词，他就上述情况进行陈述，可以证明杀人的动机。何九叔显然熟谙世故人情利害得失，明哲保身，经验老到，对于尸体状况和西门庆掩盖谋杀罪行的经过能够提供有价值的证言。此公颇有证据意识(他的老婆在这个方面可谓贤内助，有见识，有办法)，早已留下银两和骨殖并记下名单作为"证见"，不但自己避祸得法，而且为查明案情留下实物证据，值得递佩服书。

二、证据的原生

从这个例子可以了解证据是如何形成的：案件事实一旦发生，犹如信源发出一定的信息，信息必须依附于一定的载体才有可能到达信宿。所谓"案件事实"，包括前因事实、主要犯罪事实、后果事实。前因事实、后果事实也可能构成犯罪，诸如预备犯罪的行为和销赃、包庇犯罪的行为等，亦可构成犯罪；有的则不然，如本案前因事实中的通奸行为，不是在所有时代和地域都构成犯罪，但故意伤害的行为却可能已经构成犯罪。案件事实发生后，有关它的信息将依附于两方载体之上：一方为物，包括各种痕迹物品、作案工具、书证等等，"由于确定犯罪事件、刑事被告人的有罪性质的特点，以及由于其他不可能重现的情况，证据是对过去客观现实中发生的事实进行认识的唯一允许的手段。认识犯罪情节的手段之所以是证据，就是因为任何事物或现象在其他事物和现象作用下发生变化或保留对之发生作用的事物的特点的能力是证据形成的基础。各种不同客体的相互作用是信息传递的前提"[1]。另一方为人，包括证人、被害人、被告人等，这些人是通过自己的感官了解案件事实，通过记忆作用保留有关案件信息，有的还通过思维作用进行犯罪活动，当时的心理状态也沉淀在记忆深处。官府(如今是公安司法机关)通过收集这些证据查明案件事实真相，这些由案件事实直接生成证据的过程，为证据的原生过程。这里负载有关案件信息的人与物，被称为人的证据方法和物的证据方法。

三、证据的衍生

证据不都是原生的，也存在衍生现象，例如，对犯罪现场进行勘验形成勘验

---

[1] 〔俄〕М.А.科瓦廖夫、Л.Т.乌里扬诺娃：《俄罗斯联邦新刑事诉讼法典中的证据法问题》，黄道秀译，中国政法大学刑事证据法国际研讨会论文。此文载于《中国法学》2002年第5期，可以参见。

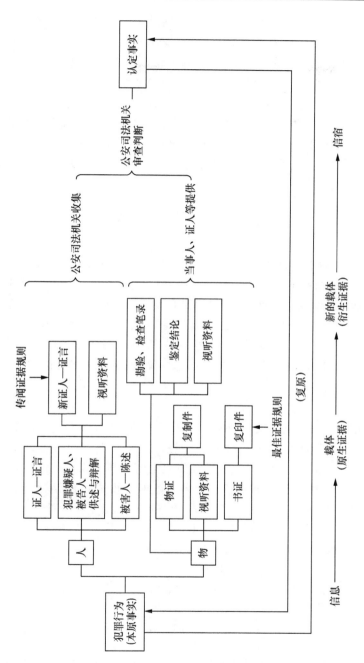

笔录、对物证和书证进行技术鉴定形成鉴定意见等新的证据,证人将自己的见闻告知他人而形成传闻证据等,均属证据的衍生现象。**由于有些证据在衍生过程中并不产生新的有价值的内容,甚至原有的内容还容易发生歪曲,因此对于若干**

衍生出来的证据,一些国家确立了最佳证据规则和传闻法则对采纳这些证据加以限制。最佳证据规则原则上要求:必须提出最佳证据;如果没有,必须加以说明。这一规则中所谓"最佳证据"是指原始证据,通常为书面证据的原件,现在只适用于证明书面情况的内容,如果要证明书面文件已被起草或者与这一事实有关的情况,可以运用辅助证据(如曾看过原件的证人的回忆)来证明,而不必提出书面文件本身。传闻法则原则上要求排除传闻证据,使之不得作为证据使用。这里所说的"传闻证据"(hearsay evidence)是指证人并非自己亲自感知而是转述他人所描述的有关案件的事实或者在法庭外所陈述的有关案件事实的证言。

第二节 证据界说

"证据"一词本是证据法和证据法学的基础概念,表面看来无晦涩难懂之处,但就这一概念所下定义,却众说纷纭,难以统一。在许多年前,我国学者就曾指出:"证据之定义甚多,有仅指证据原因(证据资料)而言者,有指证明及证明结果而言者,有包含证明、证明结果、证明原因而言者,更有指证明结果、证明原因与证据方法而言者,论者纷纷,莫衷一是。"①对于此种观点,外国也不乏赞同者,日本学者田口守一也说:"证据一词是多义词,有各种各样的定义。"②

一、证据的多义性

在一般意义上,证据是"能够证明某事物的真实性的有关事实或材料"③。其中"事实"是指"事情的真实情况"④。在一本发行极广的简明英文辞典中,evidence(证据)一词被解释为"为相信某事或证明某事提供原因的资料"⑤。

作为一个法律术语,"证据"一词早已被解释得面目模糊,解读不易。似乎任何对"证据"所下的定义都会引起异议,例如,给出下面一个简洁的定义——证据就是"在法庭提出的用以确认主张事实的事物⑥"——立即会产生疑问:警察、检察官收集而未向法庭提供的各种证明材料,是否也可以称为证据?如果答案是否定的,它们又应被称为什么呢?

"证据"一词在法律术语中变得暧昧不清,与这个词衍生出过多枝节术语有

---

① 郑竞毅、彭时编著:《法律大辞书》,商务印书馆1940年版,第2198页。
② 〔日〕田口守一著:《刑事诉讼法》,刘迪等译,法律出版社2000年版,第218页。
③ 中国社会科学院语言研究所词典编辑室编:《现代汉语词典》,商务印书馆2005年修订第5版,第1741页。
④ 同上书,第1246页。
⑤ Oxford Advanced Learning Dictionary of Current English, Forth Edition, p.413.
⑥ The Merriam—Webster Dictionary, p.263.

关。汪翰章主编的《法律大辞典》一书对"证据"所下定义是"民刑诉讼上决定系争事实真伪之原因也"。对这个定义的进一步解释是,它包含两方面的意义:"(1)主观之意义。谓证据方法于确认事项之效果也。(2)客观之意义。谓确认案件事实之材料也。又称曰'证据方法',而证据方法又有二义:一谓供给确认事项之资料之人或物,即被告、证人、鉴定人、勘验标的等是也;一谓利用于确认事项之资料,即被告之陈述,证人之证言,鉴定人之鉴定,勘验之结果,证书之内容是也。亦称曰'证据原因',通常所谓'证据'或'证据方法',多指证据方法之第一义,即供给资料之本体。"①其中主观意义上的"证据"实际上即我们通常所说的"证明";客观意义上的"证据"才是我们指称的"证据"。按照《法律大辞典》的解释,证据又被称为"证据方法",而证据方法又有两个含义:一是提供用以确认事项的资料的人或物,通常所谓"证据"或"证据方法"指的就是这样的人或物,如松冈义正云:"证据方法(Beweismittel),即举证者为使审判官确信其所证明之事项而利用之各种方法也。因其仅于供给证据原因时,始有证据之价值。故又可称为审判官在确信上之认识渊源(Erkenntnisquelle)。在形式的证据主义方面,证据方法(形式的证据方法),即系当事人一方要求他方所为之一种宣誓……在实体的证据主义方面,证据方法(实体的证据方法),则在认定事实上所可利用之人或物。"②二是用以确认事项的资料本身,称为"证据原因"。所谓"证据原因",是指"可以断定事实真伪之证据事实也。例如,人证,证人为证据方法之一,其所陈述之证言,因可以断定事实之真伪,故为证据原因"③。松冈义正云:"证据原因(Beweisgrund)者,即审判官对于当事人主张事实之真否,具有确信之原因之元素或事情(Element;Umstand)也。故证据原因,必须有使审判官对于当事人之主张事实,具有确信为无争执之理由。是以在形式证据主义方面,则证据原因,即系允许具备法定要价之当事人履行法定之方式……又在实体的证据主义方面,则证据原因,即为使审判官对于当事人事实上主张之(证据目的物)真否,具有确信之各种原因之元素,基于审判官本人之实验及他人实验之报告而认识之。"④这里的"证据原因"又被称为"证料",有学者解释说"所谓证料,乃指用以证明证题之材料而言,即供证明之事物,通常皆系已知之事实,一名证据原因"⑤。对上述"证据"定义可以列图如下:

---

① 汪翰章主编:《法律大辞典》,上海大东书局1934年版,第1801页。
② 〔日〕松冈义正著:《民事证明论》,张知本译,洪冬英勘校,中国政法大学出版社2004年版,第7—8页。
③ 郑竞毅、彭时编著:《法律大辞书》,商务印书馆1940年版,第2197页。
④ 〔日〕松冈义正著:《民事证明论》,张知本译,洪冬英勘校,中国政法大学出版社2004年版,第7页。
⑤ 汪翰章主编:《法律大辞典》,上海大东书局1934年版,第1803页。

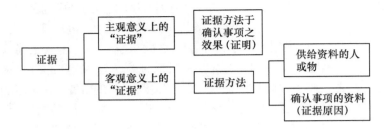

由此可见，从客观意义上说，证据大多是指"提供用以确认事项的资料的人或物"，即被告人、证人、鉴定人、痕迹、物品、文书等；也可以指被告人的陈述、证人证言、鉴定人的鉴定意见、痕迹或者物品的状态、文书的内容等，它们都是"用以确认事项的资料"，被称为"证据原因"。

还需要澄清的是，"证据方法"一词也是多义的。郑竞毅、彭时编著的《法律大辞书》中解释说："所谓证据方法，其义有二，其一乃指发见证据之手段而言，例如，讯问证人或鉴定人，查阅证书及勘验之类是；其一乃指证明证据之材料而言，例如，证人、鉴定人、证书及勘验之标的物是。"①其中第一个含义易之以"证明方法""取证方法"或者"收集证据的方法"更便于理解。

我国台湾学者陈朴生给"证据"所下定义云："证据，乃为证明要证事实，使臻明瞭之原因，亦称证明之手段，即依据已知之资料，以推理其事实之存在或不存在是。"②又云："'证据'一语，本指从其物体调查所得之资料，因而使法院得以确信其事实为真实之义。"③他认为证据的含义有五项：

1. 证据方法。是指可供调查的物体。分为人的证据方法（如被告人、证人、鉴定人等）和物的证据方法（如痕迹、物品、文书等）两种。

2. 证据调查。"从其证据方法而为调查，求其可利用之资料及其心证。"

3. 证据资料。是指可供利用的已知事实，用以推理未知事实的资料，如被告人的陈述、证人证言、鉴定人的鉴定意见、痕迹或者物品的存在或其状态、文书的内容等。

4. 证据价值。某一证据资料有无用以认定事实的价值，对于该价值应依据调查所获得的心证进行判断。

5. 证据原因。是"指依证据使事实臻于明瞭，资以认定"。证据由方法到成为证明的原因，其过程包括：收集过程（包括主张过程及例证过程）、采证过程（包括决定过程及调查过程）和断证过程（包括判断过程及认定过程）。④

---

① 郑竞毅、彭时编著：《法律大辞书》，商务印书馆1940年版，第2199页。
② 陈朴生著：《刑事证据法》，三民书局1979年版，第69页。
③ 同上书，第71—72页。
④ 同上书，第72—75页。

在上述五项中，证据调查乃是外在于证据的一种活动，很难说是证据本身的含义。至于"证据原因"则是运用证据确认案件事实的过程和状态，与上文所引其他各家定义的"证据原因"乃指用以确认事项的资料显然是不同的，后者与陈朴生定义的"证据资料"的含义是相同的。因此，更觉扑朔迷离。

日本学者土本武司云："证据是证明的手段。这里包含着两层意思：其一是作为'证据方法'的意思，其二是作为'证据资料'的意思。证据方法是指成为认定事实资料的场所、物或人；证据资料是指透过证据方法所得到的内容。前者是形式，后者是内容。"①田口守一曾就"证据方法"和"证据资料"的区别进行过一番诠释，他认为："证据方法是作为认定事实素材的人或物。根据两者的区别，可以把证据分为人证（口头证据）、物证（证据物）和书证（证据文书）。这种区别有利于调取证据的方式。"证据资料来自证据方法，"证据资料是通过证据方法获得的内容。根据证据内容的不同，证据可以分为供述证据（人们记忆中留下的事实痕迹，通过语言表述出来）和非供述证据（事实的痕迹以物的形状保留下来）。供述证据容易出现错误，因此这种区分对于适用传闻证据法则很有益处。"也就是说，"证据方法和证据资料的关系是，如果调查证据方法，就能获得证据资料（例如，询问证人就能获得证言）。"②换句话说，证据方法是证据资料的来源，前者是后者的提供者。但无论是证据方法还是证据资料，都可以笼统地称之为"证据"。

在我国证据法学中，"证据资料"与"证据"被小心翼翼地区别使用，凡被法院确认为真实可信、与案件有关联并被采纳为定案依据的，才被称为"证据"。在此之前被用来证明案件事实的资料，称为"证据资料"而非"证据"。有学者指出："在理解刑事证据的概念时，需要注意的是不同的法律条文中使用'证据'一词时，含义并不相同。有时'证据'是指证据资料，即有待查证属实的证据的原始素材。例如，物证、书证、证人证言等各种类型的'证据'，在未经查证属实之前，仅仅是证据资料，这些证据资料可能真实也可能不真实，需要经过审查判断才能确定，因此《刑事诉讼法》第48条第3款规定：'证据必须经过查证属实，才能作为定案的根据。'经过查证属实，符合法律规定的表现形式，具有能够证明案件真实情况的事实内容的，才是真正的证据。"③值得注意的是，这里所谓"证据资料"与前文所述"用以确认事项的资料"意义上的"证据资料"含义有所不同。

此外，还有将"证据"与"证据材料"相区别的观点，如有学者指出："在法学

---

① 〔日〕土本武司著：《日本刑事诉讼法要义》，董璠舆、宋英辉译，五南图书出版公司2007年版，第295页。
② 〔日〕田口守一著：《刑事诉讼法》，刘迪等译，法律出版社2000年版，第218页。
③ 陈光中、徐静村主编：《刑事诉讼法学》（修订二版），中国政法大学出版社2002年版，第129页。

界,多年以来,一直有不少学者主张将证据与证据材料两个概念区分开来:证据,就是指能够证明案件事实情况的一切事实;证据材料,则是指诉讼法律关系主体收集到用以证明案件事实真实情况的事实材料。我们认为,这种区分是有相当道理的。"①显然,这里所谓"证据材料"与"证据资料"又有所不同,阅读或者用以行文时,不加以特别注意,将会大为不便。

不过,无论如何,在司法实践和许多人的学术研究中,"证据资料"与"证据"统统被看做是"证据"。盖因"证据"也者,无非是"证之据"而已,人为复杂化,有害而无益。

二、证据是内容和形式的统一体

"证据"一词本是证据法和证据法学的基础概念,但人们对它的理解却五花八门,颇不一致。

证据的定义,主要有事实说、材料说、原因说和论据说等等,多种多样。

(一) 事实说、信息说、双重含义说和统一说

西方证据法学为"证据"作出的解释,有称"证据"为事项(matter of fact)者。约翰·杰伊·麦凯尔维(John Jay McKelvey)指出:边沁(Bentham)大概是西方法学中最早为"证据"下定义的人。在《司法证据原理》(1827年)第一卷第17页中,边沁指出:证据乃"任何事项,当将它提供给人的心灵时,其效果、趋势或者意图是对于某些其他事项的存在产生说服作用者;对于其存在提供的要么肯定要么否定的说服。"此前的作者似乎认为没有必要为"证据"这个词下定义。② 麦凯尔维本人为"证据"所下的定义是:"'证据'一词意味着得以推断其他事实的任何事实。前面提到的事实为'主要的'(Utlimate、Main 或者 Principal)事实。后面提到的事实为'证据的'事实。"③

在我国证据法学研究中,曾经影响最大、几乎成为通说的证据定义,是将"证据"界定为"事实"。

这里的"事实"(Fact)是指"事情的真实情况"④。事实说的主张者认为,证据即是能够证明案件真实情况的一切事实,其对证据概念具代表性的表述是:刑事诉讼证据是侦查、检察、审判等人员依法收集和查对核实的,同刑事案件有关并能证明案件真实情况的一切事实。在我国民国时期也存在这样的定义,如:

---

① 江伟主编:《证据法学》,法律出版社1999年版,第207页。
② John Jay McKelvey, *Handbook of Evidence Law*, St. Paul. West Publishing Co., 1944, p.6.
③ Ibid., p.5.
④ 中国社会科学院语言研究所词典编辑室编:《现代汉语词典》,商务印书馆2005年修订第5版,第1246页。

"要之证据乃一种根据事实,以证明他种不明事实之用者也。"①将证据等同于事实的证据事实说在我国当代诉讼法学中最具影响力。不少学者都是在"证据是事实"这一基本框架内界定"诉讼证据"的。诸如:"诉讼证据是能够证明案件真实情况的客观事实。"②"我国刑事诉讼证据是侦查、检察、审判人员依照法定程序收集用以确定或否定犯罪事实,证明被告人有罪或无罪,加重或减轻刑事责任的一切客观事实。"③

我国当代证据法一度盛行的事实说受到了来自苏联法学观点的影响,苏联学者贝斯特洛娃为"证据"所下的定义为:"是借某项事实的帮助来证实或确定其他尚未确知的事实。"她还进一步解释说:"苏维埃的证据理论把'事实'一语理解为物质世界存在的一切现象。"④俄罗斯学者 M.A.科瓦廖夫和 Л.Т.乌里扬诺娃指出:"1922 年和 1923 年通过的最早的两部《苏俄刑事诉讼法典》中没有证据的规范性定义。1958 年的《苏联和各加盟共和国刑事诉讼纲要》(第 15 条)和 1960 年的《苏俄刑事诉讼法典》(第 96 条)提出了这样一个证据定义:'刑事案件的证据是调查机关、侦查员和法院据以判明危害社会的行为是否存在和实施该行为的人是否有罪的任何事实材料,以及对正确解决案件具有意义的其他情况。'"⑤这里虽然用了"事实材料"一词,但实际意思仍然是"事实"。

我国《刑事诉讼法》第 48 条第 1 款给"证据"所下的定义,采纳的是材料说。《刑事诉讼法》第 48 条第 1 款为"证据"提供的法定定义为"可以用于证明案件事实的材料,都是证据"。其第 2 款列举了证据的种类:"证据包括:(1)物证;(2)书证;(3)证人证言;(4)被害人陈述;(5)犯罪嫌疑人、被告人供述和辩解;(6)鉴定意见;(7)勘验、检查、辨认、侦查实验等笔录;(8)视听资料、电子数据。"一般认为,从这一规定看,"证据"具有以下含义:其一,从证据内容看,它含有与案件有关的信息;其二,从证据形式上看,表现为法律确认的八种形式;其三,从证明关系上看,它具有能够证明案件真实情况的作用。

2012 年再修正前的《刑事诉讼法》为"证据"所下定义,将证据等同于事实,采取了证据概念上的事实说。这里的"事实"当作何解?《辞源》解释说,事实"犹言事迹",如《史记》谓"率皆虚语,无事迹"。⑥《新辞典》云,事实就是"事情

---

① 郑竞毅、彭时编著:《法律大辞书》,商务印书馆 1940 年版,第 2198 页。
② 江伟主编:《证据法学》,法律出版社 1999 年版,第 206 页。
③ 张子培等著:《刑事证据理论》,群众出版社 1982 年版,第 87 页。
④ 〔苏〕贝斯特洛娃编著:《刑事诉讼》,中国人民大学刑法教研室译,中国人民大学出版社 1952 年版,第 34 页。
⑤ 〔俄〕M.A.科瓦廖夫、Л.Т.乌里扬诺娃:《俄罗斯联邦新刑事诉讼法典中的证据法问题》,黄道秀译,中国政法大学刑事证据法国际研讨会论文。载《中国法学》2002 年第 5 期,第 158 页。
⑥ 陆尔奎主编:《辞源》,商务印书馆 1915 年版,第 108 页。

的真相"。①《四角号码新词典》解释亦同,称事实就是"事情的真实情况"。② 看起来,这些定义都不能清晰地揭示事实究竟是指动态的事情经过,还是指静态的事物,或者两者兼而有之。如果事实就是指动态的事情经过,则证据完全无法等同于它;如果事实是指静态的事物,尚可理解和接受;如果事实既指动态的事情经过也指静态的事物,则指动态的事情经过的部分就大有疑问了。这是因为动态事情经过方生即死,无法成为证据,可以成为证据的,只是对动态事情的描述(如证人证言)或者记录(如录像录音资料中对动态事情的记录)。

有人用"信息"一词来取代"事实"一词,称证据是"信息"。美国著名律师F. 李·贝利云:"证据可以简单地定义为:法官允许陪审团了解的信息。"③这里的"信息"的内容显然比事实要宽泛,尽管如此,将信息与载体割裂开来,也缺乏严密性。

事实说之外,也有学者主张证据具有双重含义,因此持有双重含义说。主张者认为证据一方面指事实,即能够证明案件真实情况的一切事实;也可以指证据的表现形式,即证人证言、物证、书证等各个证据种类。这种观点,虽然是对事实说持有的不同看法,但其观点中仍然保留了证据等同于事实这一基本观点,即认为证据的含义之一是与事实等同。

虽然事实说影响不小,在苏联法学和我国法学中几乎成为通说,但并非没有质疑者。有学者对事实说提出诘难,M. A. 科瓦廖夫和 Л. T. 乌里扬诺娃指出:"在俄罗斯的刑事诉讼理论中,'事实材料'有时被解释为客观现实中的事实。这种意见是与唯物主义的反映论背道而驰的。根据唯物主义的反映论,存在于人的意识中的不是物,而是物的形象,关于物的信息材料(сведения)。客观实际中的事实具有不可辩驳的属性。这样一来,就没有必要再研究证据是否真实可信和是否允许采信了。而实践中,进行刑事诉讼的机关和公职人员却作出巨大的努力去确定证据品质的优劣和是否真实可信。可能受到争议、被推翻的只是关于那些对刑事案件有意义的情节的信息材料,而不是或者可能存在、或者可能不存在的事实材料——这就是据以确定刑事案件情节的信息。审前调查机关、检察长和法院只能在赋予这种信息以诉讼形式之后才能对它加以利用。"④也就是说,证据是证据的内容(事实材料)与证据的形式(证明手段)的统一,代表性的观点为:"从科学的观点来看,在诉讼证据中,形式和内容是辩证的统一。内

---

① 仲文骏等编辑:《新辞典》,新加坡星洲世界书局1957年版,第30页。
② 商务印书馆编辑:《四角号码新词典》,商务印书馆1982年版,第442页。
③ 〔美〕F. 李·贝利著:《舌战手册》,苏德华、林正译,新华出版社2001年版,第3页。
④ 〔俄〕M. A. 科瓦廖夫、Л. T. 乌里扬诺娃:《俄罗斯联邦新刑事诉讼法典中的证据法问题》,黄道秀译,中国政法大学刑事证据法国际研讨会论文,载《中国法学》2002年第5期,第159页。正式发表的译文与研讨会提出的译文有出入。

容,就是事实材料,也就是有关事实的情况;而诉讼证据的形式,则是证明手段。对于诉讼证据来说,必须有这两种要素。证明手段如不包含案情和事实,那就什么也不能证明,相反,如果事实材料不是根据法律规定的证明手段取得的,它们就不能用来作为诉讼证据,也不能成为法院判决的根据"[1]。简言之,"根据认识论的原理,没有物质载体,任何信息的存在都是不可能的"[2]。

对事实说的质疑,产生了证据乃内容(证据所含有的有关案件事实的信息)与形式(表现为各种证据种类的载体)相统一的学术观点。我国一些学者认同统一说,从他们为"证据"所下定义看得出来:证据是以法律规定的形式表现出来的能够证明案件真实情况的一切事实。[3]

笔者认为,证据统一说是正确的。**证据由内容和形式共同构成。证据的内容即事实材料,亦即案件事实的有关情况;证据的形式,又称为证明手段,是证据的种种表现形式。证据是事实与证明手段的统一体**。证据统一说的主张者不同意将证据的内容与形式分割开来或者无视证据形式的观点,对证据的事实说和双重含义说进行了诘难,指出证明手段如不包含案情和事实,就什么都不能证明;反之,如果事实材料不依附于一定的证据形式,就无法存在并进入诉讼轨道成为裁判依据。这一观点是有说服力的。

日本法学家松尾浩也指出:"证据是多种多样的,但所有证据的共同特点是,它们都是反映特定事实的信息媒体。"[4]**犯罪事实一旦发生,有关它的信息将依附于两方载体之上:(1)人。即案件事实为人所感知,转化为信息依附于人这一载体**。作为这一载体的人包括证人、被害人、被告人等,他们都是在案件事实发生过程中或者发生前后感知与案件有关的事实的,这些事实通过人的感觉器官进入人脑并得到记忆。**(2)物。在现场和现场外遗留反映案件事实以及与之相关的事实的痕迹、物品、文字材料,即反映案件事实的信息依附于物这一载体**,这一载体包括各种痕迹物品、作案工具、书证等。人和物这两方载体就是所谓的"证据方法",它们是提供"证据资料"的来源。离开这些载体,反映案件事实的信息就无法被收集和进入诉讼轨道,无法为人所取得。就像摄影机拍摄案发时情况,胶片只有与案件发生、发展的影像结合在一起才能成为证据,不负载这些影像(如镜头盖没有打开),这些胶片就没有用来证明案件事实的证据价值;案件发生、发展的影像若没有胶片加以负载,就失去了,根本无法加以收集、提供,遑论应用于司法证明?所以,离开了证据的形式,单纯的"事实"在诉讼中不可

---

[1] 〔苏〕A. A. 多勃洛沃里斯基主编:《苏维埃民事诉讼》,李衍译,法律出版社1985年版,第198页。
[2] 同上。
[3] 陈光中、徐静村主编:《刑事诉讼法学》(修订二版),中国政法大学出版社2002年版,第129页。
[4] 〔日〕松尾浩也著:《日本刑事诉讼法》(下卷),张凌译,金光旭校,中国人民大学出版社2005年版,第26—27页。

能独立存在,也无法发挥证据的作用。

证据的各种外部表现形式,就是案件事实的各种载体,被称为"证据种类",又称为"证据事实的来源"或者"证据资料"。我国三大诉讼法对各种证据种类加以明确规定,赋予其特定的名称,并确立收集和审查判断证据的程序和规则,以规范诉讼证明活动。这些证据种类的规定具有法律约束力,只有符合证据的法定形式,才能够作为定案的依据。鉴于证据种类的法定性,证据种类又被称为"证据的法定种类"和"证据在法律上的分类"。

如前文所述,证据存在"衍生现象",有关案件的信息可以从一个载体转移到另一个载体上去。正是由于证据是内容与形式的统一体,证据内容作为信息才能够由一个载体转移到另一个载体上。这种转移包括两种情形:一是同一种证据形式之间的转换,例如,某一证人将自己的见闻告知他人而形成传闻证据;二是不同证据形式之间的转化,例如,对犯罪现场进行勘验形成勘验笔录、对物证和书证进行技术鉴定形成鉴定意见。

(二) 材料(资料)说

2012年《刑事诉讼法》为证据所下定义改为采纳材料说,这一定义将证据的内涵表述为材料或者资料。在一般意义上,证据是"能够证明某事物的真实性的有关事实或材料"[①]。在一本发行极广的简明英文辞典中,Evidence(证据)一词被解释为"为相信某事或证明某事提供原因的资料"[②]。或者,"在法庭提出的用以确认主张事实的事物"[③]。俄罗斯刑事诉讼法为证据所下的规范性定义也将证据界定为"材料"。俄罗斯学者指出:"新的《俄罗斯联邦刑事诉讼法典》第74条是这样规定证据概念的:'刑事案件的证据是法院、检察长、侦查员、调查人员依照本法典规定的程序,据以确定在案件办理过程中存在还是不存在应该举证证明的情况的任何信息材料以及对于刑事案件有意义的其他情况。'"[④]

除了将证据本身定义为"材料"或者"资料"外,如前所述,还有将"证据材料""证据资料"与"证据"并列使用者。

(三) 方法(手段)说

这种观点的主张者认为,证据是认定某一特定事实的方法或者手段。例如:英国学者威廉·肖(William Shaw)指出:"从广义上说,'证据'一词是能够使未知或者存在争议的事实变得清楚的一切手段。一般人在就日常生活中的某些事

[①] 中国社会科学院语言研究所词典编辑室编:《现代汉语词典》,商务印书馆2005年修订第5版,第1741页。

[②] *Oxford Advanced Learning Dictionary of Current English*, Fourth Edition, p. 413.

[③] *The Merriam—Webster Dictionary*, p. 263.

[④] 〔俄〕M. A. 科瓦廖夫、Л. T. 乌里扬诺娃:《俄罗斯联邦新刑事诉讼法典中的证据法问题》,黄道秀译,中国政法大学刑事证据法国际研讨会论文。又载《中国法学》2002年第5期,第158页。

项形成某一意见或者得出某一结论时,通常应用的是这种意义上的'证据'。从广泛的来源中获取证据并形成结论,那可能是从他所看到的、听到的、读到的甚至是别人告诉给他的,或者是从这些来源中推导出来的。"[1]英国学者詹姆斯·菲利普给证据下的定义是:"证据即证明事实的方法。"苏联学者克林曼也认为:"证据不是别的东西,而是确定真实情况的一种手段……是借以确认对某一案件有法律意义的事实存在或不存在的一种手段。"[2]

证据本为一种借以揭示、认定事实的方法或者手段,迨无疑义,但这类定义给人一种尚未深入证据实质的感觉,因此在我国证据法学研究中不大流行。

(四) 原因说和结果说

这种观点的主张者认为,证据是确信某种事物存在或者不存在的原因。例如:英国法学家边沁给"证据"下的定义,认为:"在最广泛意义上,把证据假设为一种真实的事物,成为相信另一种事实存在或者不存在的理由的当然事实。"实际上,**这一定义虽可归类于原因说,实际上并未脱离事实说**。[3] 汪翰章主编的《法律大辞典》一书对"证据"所下的定义是"民刑诉讼上决定系争事实真伪之原因"[4]。石志泉、杨建华认为:"证据者,谓使某事项明显之原因,故凡使某事实或某法则(法规或经验定则)明显之原因,皆证据也。"[5]同样,陈朴生给"证据"所下定义,也认为:"证据,乃为证明要证事实,使臻明瞭之原因,亦称证明之手段,即依据已知之资料,以推理其事实之存在或不存在是。"[6]又云:"'证据'一语,本指从其物体调查所得之资料,因而使法院得以确信其事实为真实之义。"[7]

从客观意义上说,证据大多是指"提供用以确认事项的资料的人或物",即被告人、证人、鉴定人、痕迹、物品、文书等,也就是"证据方法";也可以指被告人的陈述、证人证言、鉴定人的鉴定意见、痕迹或者物品的状态、文书的内容等,它们都是"用以确认事项的资料",被称为"证据原因"。[8] 后一种含义与证据定义中的原因说相契合。

除原因说外,也有论者将证据定义为一种结果。如日本学者松冈义正将"证据"定义为:"证据者,举证和证据调查之结果也。"[9]以此观之,证据与证明

---

[1] William Shaw, *Evidence in Criminal Cases*, Butterworth & Co. (Publishers) Ltd. 1954, pp. 2—3.
[2] 崔敏主编:《刑事证据理论研究综述》,中国人民公安大学出版社1990年版,第2页。
[3] 同上。
[4] 郑竞毅、彭时编著:《法律大辞书》,商务印书馆1940年版,第2197页。
[5] 石志泉原著、杨建华修订:《民事诉讼法释义》,三民书局1987年版,第320页。
[6] 陈朴生著:《刑事证据法》,三民书局1979年版,第69页。
[7] 同上书,第71—72页。
[8] 汪翰章主编:《法律大辞典》,上海大东书局1934年版,第1803页。
[9] 石志泉原著、杨建华修订:《民事诉讼法释义》,三民书局1987年版,第320页。

（证之使明）的含义不易分辨，证据成了证之使明这一结果，即英文 proof 一词的含义。

三、证据的简约定义

由前文可知，证据的概念五花八门，让人们莫衷一是。

实际上，在各种证据的定义中，越是简约的定义似乎越可取，诸如这样的定义：证据"指在诉讼上用以认定事实之一般资料。如证人之证言（人证）、证书（指在诉讼上得为证据之文书）之记载（书证）、鉴定人之鉴定（鉴定）或勘验物之状态（勘验），能使某待证事项臻于明显者皆为证据"[①]。有的或者干脆将"诉讼证据"定义为在诉讼中认定某一法律事实的方法或者手段。也就是说，**凡作为在诉讼中认定某一法律事实的方法或者手段提出者，无不可视为证据。**如：

阿尔伯特·H. 帕特尼（Albert H. Putney）撰写的《证据》一书云："证据，就其广义而言，包括所有用于证明所主张事项的手段，以及付诸侦查而得到证实或者反证的真实情况。"[②]

威尔斯（Wills）云：证据乃"主张的事项，亦即付诸调查的事项，得以确认或者被否证的手段"[③]。

欧内斯特·科克尔（Ernest Cockle）亦云："在法律中使用的'证据'，或者'司法证据'，在流行语中有着相同的含义——使事实得以明确或者确认，从而使调查这些事实的人们满意之手段。"[④]

W. H. 威多森（W. H. Widdowson）编辑的《警察指南与规章》一书诠释"证据"的含义，亦云："法律上的证据包括与单纯的辩论不同的所有合法手段，这些手段是用来证明或者反证作为司法调查对象的任何主张的事项。"[⑤]

泰勒（Taylor）曾云："'证据'一词，在法律相关的意义上，包括单纯的辩论以外的所有合法手段，这些手段能够证明或者反证需要依司法调查确认其真实性的事项。"[⑥]

威廉·肖（William Shaw）云："在最广意义上，'证据'一词包括可以使未知或者争议的事实得以明确的（evident）每一手段。"[⑦]至少有两个英文词与汉语

[①] 《大辞典》，三民书局1985年版，第4493页。
[②] Albert H. Putney, *Evidence*, Chicago, Cree Publishing Company, 1910—1912, p. 139.
[③] Ernest Cockle, *Cases and Statutes on the Evidence*, Sweet & Maxwell, Limited, 1932, p. 2.
[④] Ibid., p. 1.
[⑤] W. H. Widdowson, *Police Guide and Regulations*, The Municipal Gaol Printing Department, 1938, p. 171.
[⑥] John Jay McKelvey, *Handbook of the Law of Evidence*, St. Paul. West Publishing Co., 1944, p. 7.
[⑦] William Shaw, *Evidence in Criminal Cases*, Butterworth & Co. (Publishers) Ltd. /Shaw & Sons Ltd., 1954, p. 2.

"证据"一词相对应,一是 evidence,另一是 proof。"evidence 和 proof 往往是作为同义词来使用的,但 proof 更准确地表达了 evidence 达到的效果,只有当 evidence 被相信而被采纳从而发挥作用时才变成 proof。"[1]实际上,proof 更接近汉语"证明"的含义。

与事实说相比,我国《刑事诉讼法》采纳材料说为证据所下定义,符合证据的实际情况,有助于人们正确认识证据的实质,显然是一个进步。

---

[1] William Shaw, *Evidence in Criminal Cases*, Butterworth & Co. (Publishers) Ltd. /Shaw & Sons Ltd., 1954, p. 3.

第二章 证据属性

> 正义的实现极大程度上依赖于证据的可信赖性(trustworthiness)。
> ——《警察指南与规章》

第一节 总 说

证据属性，又称"证据的基本特征""证据的本质特征"。一般指证据之所以为证据，其内在的规定性如何。

属性既为内在规定性，意味着它是自身固有的，不是外在附加的。① 这些内在规定性使它成为它；失去了这些内在规定性，也就不成为我们预期的"它"而成为另一事物。我们把这内在的规定性揭示出来，可以起到将该事物与其他事物区别开来的作用，使我们准确了解该事物。② 在证据法学中，对于证据属性的研究，可以为采择证据确立规则：具有特定属性的材料，具有作为证据的必要条件；不具有特定属性，就没有获得法庭认可的证据资格。

在我国证据法学研究中，对于证据属性的研究有不少成果，但意见并未达成一致，有些问题成为学术研究长期争论的焦点和热点。一般都认为，证据具有客观性和关联性(相关性)。近年来一些论者认为"客观性"具有浓厚的哲学色彩，"真实性"更接近法律表达，应当用"真实性"取代"客观性"。对于法律性(合法性)是否皆为证据属性，长期以来证据法学者聚讼不已，直到现在仍然是一个争论不休的问题。

崔敏教授在其主编的《刑事证据理论研究综述》一书中，对我国证据法学研究中有关证据属性的争论进行了总结，认为有关这一问题的争论大致经历了两个阶段：一是在1966年以前，围绕证据概念和属性曾有过一场学术争论，当时争论的焦点除了证据客观性外，还有证据是否具有阶级性。1964年到1965年间，《政法研究》连续发表文章来讨论这一问题。有人主张证据兼有客观性和阶级

---

① 所谓证据是否具有法律性(合法性)就涉及这一问题。法律性(合法性)恐非证据的内在规定性，而是人为加诸其身的外在规定性。作为法律规范的对象，并不因此产生法律性。原生态的材料并无法律性可言，法律规范它、司法人员搜集它，并不会改变证据的内在规定性，就像法律规范野生动物保护并不会使野生动物具有法律性一样。

② 这样看来，仅有关联性和客观性还不足以将证据与其他事物区别开来。

性两种属性(本质特征);也有人不同意此种观点,认为刑事证据只有客观性,不具有阶级性。当时,"由于受'左'的指导思想的影响,'以阶级斗争为纲'的僵化理论占据了统治地位。因此,这次争论的主导方面是坚持刑事证据具有强烈的阶级性,带有明显的时代印记。"法学的学术讨论在"文化大革命"期间停顿,证据属性问题的争论也就难以为继了。二是1978年以后,关于证据属性的讨论重新开始,出现两性说和三性说之争,双方各执己见,并未形成统一认识。① 持两性说者认为,证据具有客观性与相关性两种属性,它们是证据的本质属性,即证据具有的能够实际发挥证明作用的内在属性;持三性说者认为,证据具有客观性、相关性和法律性三种属性,法律性是将诉讼证据与一般证据区别开来的基本属性,仅有客观性和相关性,不能将诉讼证据的特性突显出来,也不利于促使公安司法机关、当事人及其诉讼代理人、辩护人严格依据法律的要求取得合法有效的证据。无论如何,两性说或者三性说都认为,证据应当具有客观性。也有其他学者,不同意"客观性"的说法,认为证据乃是"客观性与主观性的统一";有的主张以"真实性"取代"客观性"。此外,还有人主张证据还有"多样性""制约性""两面性""真理性"等属性②,但学术影响不大。

　　三性说和两性说之争,焦点在于证据是否具有法律性(或称"合法性")。主张证据具有法律性的学者认为,依如下理由可以认定证据具有法律性:(1)证据的法律性是由诉讼本身的特殊性决定的,不同于一般争议,诉讼法律关系有着极其严肃的意义。诉讼中不允许把随意采取非法手段获得的材料用作证据,必须施以法律约束,由法律授权的人员通过正当程序收集和认定证据。(2)客观性和相关性涉及的是"证据能力"③问题,作为诉讼证据仅具有证据能力是不够的,还必须具备证据效力,后者取决于是否符合法律规定的要求和"规格"。(3)合法性是任何制度下以及各个国家都具备的要素(表现为任何制度下以及各个国家都规定了证据法律制度),并非某个国家或者某个时代的单独要求。(4)客观性、相关性和法律性具有一致性,任何证据只有同时具备"三性"要求,才能纳入诉讼轨道,成为定案根据。(5)坚持证据的法律性,关系办理案件的质量,不单纯是一个理论问题。④

　　主张证据不具有法律性的学者认为,法律性并非证据的本质属性,理由是:(1)法律性不是证据本身的特征,只是认定证据的诉讼程序问题,具有主观性质,承认它等于将主观性的因素带到证据中,影响其客观性。(2)证据先于办案

---

① 崔敏主编:《刑事证据理论研究综述》,中国人民公安大学出版社1990年版,第7—8页。
② 同上书,第8页。
③ 这里的"证据能力"不同于证据法学通常所说的"证据能力",指的是能够用以证明案件争议事实的实际能力(功用),而不是用作证据的资格。
④ 崔敏主编:《刑事证据理论研究综述》,中国人民公安大学出版社1990年版,第24—25页。

人员的收集、运用、判断而存在,认识它,它存在;不认识它,它也存在。否认这一点,就否认了通过诉讼程序认定案件事实的客观基础。(3)作为定案根据的诉讼证据具有法律效力,并不意味着证据本身具有"法律性"特征。这是因为,所谓"法律效力"不过是我们对于证据相关性和客观性的确认而已,不是证据本身的属性。(4)证据具有法定形式和必须依法收集,这是证据形式和收集问题,不能把证据的本质特征与表现形式混为一谈,也不能将证据的本质特征与对证据的审查判断混为一谈。对于收集证据手段是否合法与证据本身的真实性,也不能混为一谈。

在证据法学研究中,两性说者的支持者原本要多一些。近年来,由于非法证据排除规则越来越受到重视,三性说的支持者有所增加,三性说大有取两性说而代之的趋势。

实际上,就证据的本质属性言之,两性说更为可取。有此两性(不过,客观性并非没有商榷余地)则证据便实际具有证明有关案件事实的能力,并不以是否合法为必要条件。例如,非法扣押、搜查获取的证据,只要真实可靠而且相关,并不影响其诉讼证明的实际功效。这就是许多国家或者地区的法庭允许法官自由裁量取舍,不一定加以排除的原因。我国《刑事诉讼法》和相关司法解释,也只规定排除一部分非法证据,对于其他非法证据则照样可以采纳为起诉根据和定案依据。若以法律性衡量,这些证据属于非法(获得的)材料,怎能采纳为证据?因此,**法律性并非证据的本质属性,充其量,它只是证据的人为附加的外在特征,目的往往在于通过排除非法证据来遏止非法取证行为的目的,与证据自身的规定性无涉。**

第二节 关联性(相关性)

证据的关联性是证据法的基本概念。米尔建·R.达马斯卡云:"相关性概念是奠定英美证据法原理大厦的基石之一:它处于证据词典的核心地位,在实际的法律论述中扮演着重要角色"[1]。

证据的关联性与可采性有一定联系,但又有所不同。证据的可采性以证据的关联性为前提,同诉讼中的待证事实没有关联的证据不可采纳为定案的根据。也就是说,具有可采性的证据都具有关联性;不过,具有关联性的证据不都具有可采性。

---

[1] 〔美〕米尔建·R.达马斯卡著:《漂移的证据法》,李学军等译,中国政法大学出版社2003年版,第76页。

一、证据的关联性

证据的关联性,又称"相关性",指的是"证据对其所要求证明的事实具有的必要的最小限度的证明能力"①。

人们就证据的关联性提出了许多定义,其中经典的定义是由斯蒂芬表述的:"关联性被用于说明任何两项彼此存在如下联系的事实,即按照事情的一般过程,一项事实本其自身或者与其他事实的联系,为另一事实过去、现在或者未来的存在或者不存在提供证明或者提供可能性"②。西蒙爵士提出了一个更简洁而实用的定义,云:"如果与需要证明的事项存在逻辑上的证明或者反证关系","能够使需要证明的事项更有可能或者更无可能",那么,该证据就是有关联性的。③ 也就是说,作为证据内容的事实与案件的待证事实之间存在某种联系,才具有对案件事实加以证明的实际能力。用米尔建·R.达马斯卡的话说:"相关性涉及的是某项信息在支持或否定某事实结论(待证事实)的存在方面的证明潜力。相关性概念表达的思想是,一项证据是通过逻辑或经验联系而与待证命题相联结的。不过,相关性概念的任务不是要揭示这种联结的强度——那属于证明力的问题。"④

我国学者一般认为,**对于证据的关联性可以作如下理解:**

首先,**客观性**。证据的关联性是客观存在的而不是主观想象的。司法人员在办理案件的过程中,必须尊重证据与案件待证事实之间的关系,如实评价证据对案件待证事实的证明作用,不能将没有客观联系的证据想当然地认为有或者硬说成有客观联系。

其次,**多样性**。关联性的表现形式多种多样,如因果联系、时间联系和空间联系、偶然联系和必然联系、直接联系和间接联系、肯定联系和否定联系等,不一而足。其中因果联系,指证据事实是案件主要事实的原因或者结果;时间和空间联系指证据事实属于与案件事实有关的时间、地点、环境等事实;偶然联系和必然联系、直接联系和间接联系、肯定联系和否定联系,反映了证据事实与案件事实之间存在偶然的或者必然的、直接的或者间接的、肯定的或者否定的关系。无论存在何种联系,都表明证据反映了与案件有关的事实。

再次,**可知性**。证据事实与案件事实的关联性能够为人们所认识。如果尚未为人们所认识,则不能断定其具有关联性,当然不能作为定案的依据。只有随

---

① 〔日〕我妻荣主编:《新法律学辞典》,董璠舆等译,中国政法大学出版社1991年版,第249页。
② In R. v. Kearley[1992]. Declan McGrath, Evidence, Thomson Round Hall, 2005, p.2.
③ In Dpp v. Kilbourne[1973]. Declan McGrath, Evidence, Thomson Round Hall, 2005, p.2.
④ 〔美〕米尔建·R.达马斯卡著:《漂移的证据法》,李学军等译,中国政法大学出版社2003年版,第76页。

着诉讼活动因自觉应用不断发展的科学技术而水平得到提升时，某些事实与案件事实的关联性才为人们所认识，这些事实方能成为诉讼证据进入诉讼轨道。

如果提出的证据与案件的待证事实之间不存在客观联系，不具有借以判断争议事实的能力，那么这样的证据就是无关联性的证据。无关联性的证据不具有证明有法律意义的事实的作用，当然不能被法庭采纳为定案的依据。

具有关联性的证据，又称"关联性证据"或者"相关证据"，指证据具有某种倾向，使有待裁判加以确认的某项争议事实的存在比没有该项证据时更有可能或更无可能。

关联性侧重的是证据与证明对象（待证事实）之间的形式性关系，即证据相对于证明对象是否具有实质性，以及证据对于证明对象是否具有证明性。

（一）实质性

阿瑟·库恩在谈到证据的关联性时指出："证据应该针对在审查中的事实，并应在调查的目的所需要的范围以内。换句话说，证据应该恰当而重要。拉丁文法谚有云：'Frustra probatur quod probatum non relevant.'——'如恰当而不关重要，仍为无用的证据'"①。这就涉及证据的实质性问题。所谓实质性（materiality）指运用证据将要证明的问题属于依法需要运用证据加以证明的待证事实。如果某一项证据并非指向本案的争点问题（issue in the case），那么该证据在本案中就不具有实质性（immaterial）。J. W. 塞西尔·特纳指出："证据必须限制在有关争议问题的范围内。"按照这一公理，"诉讼一方可以证实所有与争议事实有关的情况，而不能去证实别的东西。这种相关的情况不仅包括主要争议事实本身的各个部分，而且也包括所有为辨明或解释主要争议事实所需要的辅助事实（举证事实）"②。阿瑟·贝斯特（Arthur Best）指出："有时候一个证据可能与诉讼中的某一争点有关联，但却与另一个争点都有关联性。在这种情形下，此一证据仍可通过关联性的考验，因为没有任何单一的证据被期待与一个诉讼中所有的争点都有关联性。"③此外，"有时候一个证据与诉讼的任何争点均无关联性，但可能因为陪审团或法官有其他的资讯而有关联性"④。

---

① 〔美〕阿瑟·库恩著：《英美法原理》，陈朝璧译，法律出版社2002年版，第78页。
② 〔英〕K. S. 肯尼、J. W. 塞西尔·特纳著：《肯尼刑法原理》，王国庆、李启家等译，华夏出版社1989年版，第516页。
③ 不过，有另外一种情况存在，某一证据与案件事实的实质争点之一有关联性，但可能因为涉及另一争点的关系而被禁止考虑。〔美〕Arthur Best著：《证据法入门——美国证据法评释及实例解说》，蔡明秋等译，元照出版公司2002年版，第11页。
④ "假设在一个杀人案中，检方试图提出被告拥有一顶有蓝色羽毛的红帽子。如果目击证人目睹杀人者逃离现场时戴着同样的一顶帽子，则被告帽子的资讯将是有罪与否的重要间接证据（情况证据 circumstantial evidence）。但要注意，帽子所有权的关联性，只有在有目击证人的证词存在时才明显。这就是所谓的'附条件的关联性'。"〔美〕Arthur Best著：《证据法入门——美国证据法评释及实例解说》，蔡明秋等译，元照出版公司2002年版，第12页。

在诉讼中,证据必须限制在有关争议问题的范围内。诉讼一方可以证实所有与争议事实有关的情况,而不能去证实别的东西。一般认为,这种相关情况不仅包括主要争议事实本身的各个部分,也包括所有为辨明或解释主要争议事实所需要的辅助事实。

需要指出的是,实质性问题并非是一成不变的,证据是否具有实质性,关键在于证据是否指向本案的争点问题。为了识别一项证据是否具有实质性,可以通过考察对方提出该项证据用以证明什么,并进一步决定该证明目的是否有助于证明本案的争点问题来决定。

（二）证明性

所谓证明性是指证据依事物间的逻辑或经验关系具有使实质性问题可能更为真实或不真实的能力。证明性是一个逻辑问题,由事物与事物之间的客观联系所决定,即按照事物的通常进程,其中一项事实与另一事实相联系,能大体证明另一事实在过去、现在或将来存在或不存在。对于待证事实有证明能力的证据才有关联性,就此日本学者松尾浩也指出:"所有的证据,只有具有能够证明在诉讼上有某种意义的事实的证明力时(所谓狭义的证明力),才能作为'关联证据'纳入诉讼的范围。"① **在判断证据的关联性(尤其是证明性)时,法官必须依据一般经验法则或逻辑法则进行而不得任意决断。**

证据的关联性是采纳该证据的前提条件,不具有关联性的证据,在法律上不具有可采性。由于关联性这一含义适用于所有所举出的证据,因此,也渗透于诉讼的全部过程。所有具备可采性的证据必须与要证事实具有关联性,至少当对方就证据的关联性提出质疑时,举证方必须首先证实其具有关联性。但是基于当事人主义的理念,在英美国家诉讼实务中,排除没有关联性的证据并非法官的职责,法官没有主动排除不具关联性证据的义务。只有在诉讼一方对证据的可采性提出异议或反对时,法官才会就该证据是否具有可采性作出裁判。另外,对于一项没有关联性的证据,如果对方没有提出异议,或者虽然提出了异议,但是依据的排除理由有误,那么,该项没有关联性的证据也将获得可采性,学理上称之为"治愈的许可性"。

关联性不等于充分性,并不要求一个证据便能充分证明待证事实,"证据要跨过关联性的门槛,只要显示出:法官必须相信一个合理的事实认定者在决定一个事实存在与否时,应该会受到这个资料的影响。强烈的影响并非必要。一个证据只要能够比没有此一证据存在时对事实之认定更有帮助即可。因此,关联

---

① 〔日〕松尾浩也著:《日本刑事诉讼法》(下册),张凌译,中国人民大学出版社2005年版,第9页。

性不同于充分性。就像 McCormick 的名言:'一块砖不等于一面墙。'"①

证据关联性的价值在于节约司法资源,提高诉讼效率,避免诉讼时间浪掷在与案件事实无关的材料的调查上,从而保证诉讼活动恰当而公正进行,防止诉讼不必要延宕和纠缠于无关问题,"关联性的概念可以节省时间,限缩诉讼双方开庭前所需准备的主题。最后,藉由确保诉讼结果系得自多数人认为与争议事实有关之资料,而增加了审判的正当性"②。

二、证据规则之一:关联性规则

关联性(relevancy)规则又称"相关性规则",是一项基础性证据规则。美国学者认为,证据的关联性,是融会于证据规则中带有根本性和一贯性的原则。阿瑟·贝斯特尝谓:"几乎所有证据法中的问题都涉及关联性——要让证据被认许的一方,必须明确指出该证据与何一争点有关,并显示该证据如何能有助于厘清那个争点。"③关联性规则的基础性地位体现于以下两个方面:

1. 关联性规则涉及的是证据的内容或实体,而不是该证据的形式或方式。因而,关联性规则适用于所有证据形式,在适用范围上具有广泛性。

2. 尽管具有关联性的证据不必然具有可采性(容许性),但没有关联性的证据必然没有可采性。

所以,关联性规则是关于证据能力的一般规则或基础规则,即除非证据具有关联性,否则不产生证据能力问题,亦即:关联性是证据能力的先决条件。④

美国学者解释说:证据可以被采纳的首要条件是具有关联性,即以假定证据的真实性为前提,当一个理智健全的调查者能够认为,提出该证据比不提出该证据可以在某种程度上使讼争事实被确认并对事实运用有关实体法的可能性更大或者更小的情况下,这个证据便具有关联性。⑤ 可见,关联性并不涉及证据的真假和证明价值。对证据真假及其证明力大小进行判断,是证据被采纳之后裁判者(法官或者陪审团)的职责。关联性侧重的是证据与证明对象之间的形式性关系,即证据相对于证明对象是否具有实质性以及证据对于证明对象是否具有证明性。

作为一般原则,所有具备关联性的证据都具有证据能力,除非成文法有特殊规定。例如,《美国联邦证据规则》第 402 条规定:"相关证据一般可以采纳,无

---

① 〔美〕Arthur Best 著:《证据法入门——美国证据法评释及实例解说》,蔡明秋等译,元照出版公司 2002 年版,第 5 页。
② 同上书,第 3 页。
③ 同上书,第 2 页。
④ 同上书,第 5 页。
⑤ Paul F. Rothstein, *Evidence—State and Federal Rules*, 2nd Ed. p.2.

相关的证据不能采纳"标题下规定:"所有具有相关性的证据均可采纳,但美国宪法、国会立法、本证据规则以及联邦最高法院根据立法授权确立的其他规则另有规定的除外。没有相关性的证据不能采纳。"即在一般情况下,关联性是证据可采性的充分必要条件;即使在有特殊规定时,关联性也是证据可采的必要条件。

在判断证据的关联性(尤其是证明性)时,法官必须依据一般经验法则或逻辑法则进行而不得任意决断。这一点与大陆法系国家法官在形成自由心证时,应依据一般事物的关联性判断证据相似。但是,应当指出的是,关联性在大陆法系与英美法系证据规则中的地位和作用有所不同。证据之关联性,得分为证据能力关联性与证据价值关联性两种。前者属于调查范围,亦即涉及对证据进行实质调查前之关联性问题;后者属于判断范围,亦即涉及对证据进行实质调查后之关联性问题。在大陆法系,关联性是指证明力评价的关联性,其作用在于要求法官在评价证据、形成心证时遵从事物间的客观联系,防止恣意品评证据。在英美法系,关联性是指证据能力关联性,其作用在于要求法官在采纳证据时遵从事物间的客观联系,以免不适当排除有助于查明案情的相关证据,或者不适当地采纳不具有关联性的证据而使陪审团错误地认定事实。

在英美法系国家,依据其证明方式不同,证据被划分为直接证据和间接证据(或旁证)。直接证据是以直接的方式而非推论的方式证明关于事实的主张,它直接地、一步地达到案件的实质性争议问题。间接证据是指不能直接证明而必须通过推理来确立其所要证明的事实主张的证据。**由于关于实质性事实问题的直接证据总是相关的(并有证明性)**,因而,**关联性问题主要与间接证据相联系**。在判断一项(间接)证据是否具有关联性时,应当依次考察以下三个问题:(1)提出的证据是用来证明什么的?(2)这是否本案中的实质性问题(在刑事案件中,实质问题的范围取决于刑事实体法的规定,在民事案件中则取决于原告的具体主张内容)?(3)提出的证据对该问题是否有证明性吗(能否帮助确认该实质性问题吗)?如果答案全部是肯定的,该证据就具有关联性。[①] 这三个问题可以归纳为两个判断标准:

1. 指向标准。证据在诉讼证明活动中用以证明什么,清楚表明了证据的指向。指向诉讼中的争议事项的,意味着符合关联性的第一个判断标准。

刑事案件之首要待证事项是"被告人是否有罪"的问题,这属于案件最根本的争点,控诉方进行的实体法证明最终是要证明这个命题,因此往往成为控诉方与辩护方进行攻防的重点。刑事诉讼的争议问题不限于刑罚权的有无,还涉及

[①] 〔美〕乔恩·华尔兹著:《刑事证据大全》,何家弘等译,中国人民公安大学出版社1993年版,第64页。

刑罚权的大小，前者属于定罪问题，后者属于量刑问题；并且不限于实体法问题，也包括程序法和证据法问题。刑事诉讼之所谓"争点问题"的范围与"待证事项"的范围相近，最高人民法院发布的《刑事诉讼法》司法解释和最高人民检察院发布的《刑事诉讼规则》所列需要证明的事项，意味着控诉方需要加以解决的诉讼争议事项。易言之，一桩案件形式的争议问题可能很多，实质的争议问题更多。有一些争点可能与被告人是否有罪没有直接关系，涉及的是与案件或者当事人等有关的司法人权、程序合法或者证据合法的问题。证据指向这些问题，意味着它们也具有关联性。

2. 功能标准。证据因与案件有某种关联而具有揭示其事实真相的能力。反过来，如果某一证据具有揭示有关案件事实的功能，使待证事项的存在更有可能或者更无可能，说明它一定与案件存在某种关联。证明功能是外在表现，关联关系是内在原因，两者是表与里关系。因此，证据的证明功能能够成为判断证据有无关联性的依据。

值得注意的是，除非法律另有特殊规定，具有关联性的证据一般都可以采为证据。但是，依据普通法传统，法官在某些情况下亦有权排除某些具有关联性的证据，尽管该证据依据法律具有可采性。例如，《美国联邦证据规则》第403条规定："证据虽然具有相关性，但可能导致不公正的偏见、混淆争议或误导陪审团的危险大于该证据可能具有的价值时，或者考虑到过分拖延、浪费时间或无需出示重复证据时，也可以不采纳。"据此，法官对于是否采纳具有关联性的证据享有一定的裁量权。具有关联性的证据，可能因导致偏见、混淆或浪费时间等原因而被法庭排除，不得出示于法庭。有学者指出："有些排除规则禁止证明某些事实，尽管这些事实是争执中的事实或与一项争执点有关联。有些排除规则是决定的，例如，以公共利益为依据排除某项证据……有些排除规则只是禁止为某些目的证明某些事实，例如，排除相似事实证据规则。"①

英美证据法专门对某些证据的关联性作出限定，防止此类证据被不适当使用。在美国，在联邦法院适用的证据法对下述证据的关联性作出了规定：

1. 太遥远的证据（evidence which is too remote）。**尽管关联性证据具有可采性，但某些证据虽有一定的关联性，却会引起时间的浪费或臆测，这样的证据被称为"关联性不足"的证据，在诉讼中应当予以排除**。这些证据的特点是：

---

① Rupert Cross & Nancy Wilkins, *An Outline of the Law of Evidence*, Butterworths, 1964, pp. 155—156. 沈达明：《英美证据法》，中信出版社1996年版，第88页。

(1) 关联性虽然存在,但这种联系很遥远①,排除此类证据的原因在于避免时间的浪费;(2) 容易产生太多的枝节争执点(side issues);(3) 容易被虚构的。有学者解释说:"法律调查不同于学术探究。经验表明,法律调查需要法庭的注意力尽可能集中于少量事实要点上。基于这一目的,有可能导致臆测或者浪费时间的证据要被排除,尽管有一些薄弱的理由表明这些证据是有关联性的。至于没有多大分量的证据,由于它们被炮制出来是容易的,这样的证据也同样被拒绝采纳。这些规定往往被概括为关联性不足的证据应被排除,或者应区别逻辑上的关联性和法律上的关联性。"②

2. **品格证据**(character evidence)。一般规则是,一个人的品格或者品格特征的证据在证明这个人于特定环境下实施了与此品格相一致的行为问题上不具有关联性。在英美证据法中,"关于被告人的好品行的证据一直被认为是相关的,这虽然不合逻辑,但却有其历史的原因。然而,他的坏品行不被看作是与他是否实施了犯罪行为的问题同样相关的"③。**品格证据规则的例外情况是:(1) 如果被告人首先提出了关于其品格的证据,那么,控诉方提出的反驳被告人的品格证据,具有可采性。**如在刑事案件中,如果被告人提出其品格端正来说明其不可能实施指控的罪行,那么起诉方亦可以提出有关被告品行不良的事实,作为证据反驳被告人。(2) **如果被告人提出了关于被害人品格的证据,那么,控诉方提出的反驳被告人提出的被害人品格证据的反证,具有可采性。**在杀人案件中,为反驳辩护方提出的被害人先动手的证据,控诉方提出的证明被害人一贯性格平和的证据,具有可采性。(3) **对于证人的诚信,可以提出有关证人的名声和评价加以抨击或支持。**"与被告人的品格证据的应用规则恰恰相反,证人的不良品格总是一种具有相关性的证据,而证人的良好品格则不然。传唤证人的一方不能(在初审时)通过证实证人的良好品格或者证明他们在以前的某些场合讲的话与目前讲的内容相同来为其证据提供佐证。但是,与这些证人敌对的一方却可以揭露他们的不良品格,以使陪审员们对证人证言的真实性产生怀疑。"④

3. 类似事实(similar facts)或者类似行为(similar acts)。有学者解释说:"在

---

① 在 Holcombe v. Hewson 案件中,啤酒酿造商以一家酒馆违背从他那里购买啤酒的契约为由要求赔偿损失。被告反驳说原告交付的是质量低劣的啤酒。就此酿造商提供的向其他酒馆交付了质量优良的啤酒的证据被排除,因为"他可能善待一方却不善待他方"。(Rupert Cross & Nancy Wilkins, *An Outline of the Law of Evidence*, Butterworths, 1964, p. 156.)
② 沈达明:《英美证据法》,中信出版社1996年版,第88页。
③ 〔英〕K. S. 肯尼、J. W. 塞西尔·特纳著:《肯尼刑法原理》,王国庆、李启家等译,华夏出版社1989年版,第517页。
④ 同上书,第520—521页。参见《美国联邦刑事诉讼规则和证据规则》,卞建林译,中国政法大学出版社1996年版,第18页。

刑事审判过程中,控诉方可能会寻求以这样的方法来证明自己的案件,即以诱导性证据(leading evidence)试图表明被告人在一系列其他场合犯下了与现在被指控的犯罪相似的罪行。律师们都知道这类证据就是'类似事实'。"①对于这类证据,**总的原则是,关于相似犯罪、错误或行为的证据不能用来证明某人的品格以说明其行为的一贯性。也即"一次为盗,终生为贼"的逻辑是不成立的。**例如,某人15年前曾多次实施强奸犯罪的行为,对目前的强奸指控来说不具有关联性。不过,上述证据可以用来证明动机②、机会、意图③、预备、计划、知识、身份或缺乏过失或意外事件等其他目的。特纳指出:"如果某个有争议的问题是关于一个人在某一时机如何行动的,那么,关于他在一些其他类似场合的行动的证据就不会被当做是充足的相关证据而加以采纳。相应地,在民事法庭上,在由于某一合同中的术语而引起争论时,当事人不能把他的对手与别人签订的关于同一问题的合同中所使用的术语作为证据来支持自己的观点。然而,如果所要争论的不是对方在签订眼前的合同时实际讲了些什么,而是他在签订合同时的心理状态如何,譬如说,他是否出于欺诈的意图使用了模棱两可的术语,那么,上述关于其他合同的证据就是完全可以采纳的了。"④另外,"本规则并不排除相关的事实证据。如果案件中因某些特别的条件而使被告的其他罪行具有了合法的相关性,提出关于被告以前曾实施过其他罪行的证据也并无不可。譬如说,如果一个入室盗窃者在作案现场遗留下了一个雪茄烟盒,而这个烟盒又是他在同一天从别处偷来的,那么,就可以出示这个烟盒,从而对他的入室盗窃罪作出确凿的证明。"⑤

4. 特定的诉讼行为。下列诉讼行为在民事和刑事诉讼中一般不得作为不利于被告的证据采纳:(1) 曾作有罪答辩,后来又撤回;(2) 作不愿辩解又不承认有罪的答辩;(3) 在根据美国联邦刑事诉讼规则第11条或类似的州程序进行的诉讼中作出以上答辩的陈述;(4) 在答辩讨论中对代表控诉方的律师所作的

---

① William Shaw, *Evidence in Criminal Cases*, Butterworth & Co. (Publishers) Ltd. Shaw & Sons Ltd. 1954, p. 54.

② "为了证明某一犯罪的动机,可以把一些其他的犯罪揭露出来。例如,为了解释一桩谋杀案,可以证明死者是被告人在以前的几次犯罪中的同谋,随后又成为一个需要摆脱的人。"(〔英〕K. S. 肯尼、J. W. 塞西尔·特纳著:《肯尼刑法原理》,王国庆、李启家等译,华夏出版社1989年版,第517—518页。)

③ 申言之,"虽然被告人的坏品行本身不能成为他有罪的相关的证据,但是他曾经实施过与目前控罪相似的罪行这一事实对于证明他的犯罪意图或犯罪行为却可能是具有相关性的。特别是当罪行之间紧密联系以至于形成了一个连续性的行动过程时更是这样。在这种情形下,相似的事实证据就是可采纳的。""这里所谓的'相似',指的是各罪行之间具有相同的特点,而且这些特点对于当前正在进行的询问有意义。"(〔英〕K. S. 肯尼、J. W. 塞西尔·特纳著:《肯尼刑法原理》,王国庆、李启家等译,华夏出版社1989年版,第518页。)

④ 〔英〕K. S. 肯尼、J. W. 塞西尔·特纳著:《肯尼刑法原理》,王国庆、李启家等译,华夏出版社1989年版,第517页。

⑤ 同上书,第517—518页。

陈述,该答辩讨论并未产生被告人作有罪答辩的结果,或者被告有罪答辩后又撤回。但是,作为例外,上述行为用于证明被告人作伪证时,或者与其同时产生的其他陈述已被提交法庭时,可以采纳为证据。

5. 特定的事实行为。关于事件发生后某人实施补救措施的事实,关于支付、表示或允诺支付因伤害而引起的医疗、住院或类似费用的事实,关于某人曾经或者没有进行责任保险的事实,和解或要求和解而实施的特定行为,一般情况下不得作为行为人对该事实负有责任的证据加以采用,但符合法定例外情形的除外。不过,在刑事诉讼中,"即使是被告犯罪以后的行为,也有助于把问题弄清楚。例如,一个盗窃犯在被逮捕时向逮捕他的人开枪射击的行为,也可以用于证明他的盗窃罪"①。

6. 被害人过去的行为。在过去很长一段时期里,性犯罪案件中关于被害人过去性行为方面的名声或评价的证据是可以采纳的,因而,被害人在诉讼中往往被迫回答来自辩护律师的令人窘迫的贬低性盘问。随着美国女权运动的开展,国会和各州立法机关开始努力限制在性犯罪案件中使用以前性行为的证据。**1978 年美国国会通过了"强奸盾牌条款",即《美国联邦证据规则》第 412 条规定,不论其他法律有何规定,在某人被指控有强奸或者为强奸而侵害之行为的刑事案件中,有关受害人过去性行为方面的名誉或评价的证据,一律不予采纳**。不论其他法律有何规定,在某人被指控有强奸或者为强奸而侵害之行为的刑事案件中,关于所谓被害人过去性行为方面的证据,尽管不是涉及名声或评价的证据,除以下情况外,同样也不能采用:(1) 有关过去性行为的证据是宪法规定应采用的。这是刑事被告人尽可能提出合法辩护意见的正当程序权利。例如,在一起强奸案中,就控告人是否同意问题,不允许被告方提出证明该控告人为妓女的证据就可能违背了正当程序的观念,阻止被告方证明控告人因过去的不正当行为而具有虚假指控该被告人的特殊动机也可能是宪法所不允许的。(2) 允许使用在侦查或审查过程中发现该被告人不是该精液主人的证据,或者该被告人并没有造成控告人所受伤害的证据。(3) 该被告人可以提出他自己过去与控告人的性关系的证据,尽管该证据不是决定性的,但它会导致发生性行为是双方同意的问题。

7. 证明力易受误解的证据。**某些证据的证明力容易被夸大,采纳这些证据容易导致误认案件事实**。英国学者特纳指出:"与案件事实相关、甚至也很重要,但由于它们本身的特点,往往会使一般人误以为对事实具有比它实际具有的更大的证明力的那些证据。"这类证据亦应在排除之列。"'传闻证据'就是这种

---

① 〔英〕K. S. 肯尼、J. W. 塞西尔·特纳著:《肯尼刑法原理》,王国庆、李启家等译,华夏出版社 1989 年版,第 518 页。

证据的典型例子。"①

8. 产生不利于被告的偏见的证据。特纳指出："在刑事案件中,当关于被告以往的行为或罪行(以致供认)以及其他有损信誉的问题的证据在法官看来可以被采纳的时候,如果法官认为这种证据将会产生的偏见明显地超过它的证明价值以至于对被告人不利,那么,法官正确的做法仍然是将它排除出去。"这体现了使被告人受到公平对待而行使司法处理权的想法。

9. 仅仅证明犯罪倾向的证据。"如果某一证据仅仅证明被告人具有实施与所控罪的性质相似的罪行的一般倾向,那么,这一证据就是不可采纳的。这是一条基本的规则。"②不过,"实践中对这一问题的决定存在着一种倾向,即凡是相关的证据都予以采纳,只要这种证据不是仅仅用于证明被告的不良品行即可"③。

某些证据是否具有关联性,需要加以澄清,由此产生关于证据关联性的辅助规定,这些规定包括:

1. 无生物的反应。机械在特定场合产生某项结果的能力,可用在相似的场合产生相同结果的证据予以证明。

2. 动物的反应。动物在某一场合看见物体或听到一种声音时的直觉反应,可作为在相似环境中对同一类的动物有同样的或者相似的反应的证据。

3. 人的身体的反应。一个人的身体对遭受某种物质或外界状况的反应,可以采纳其他人同样或者相似反应的证据。

4. 相似的意外事故。牵涉到人身伤害的案件,同一地点或机械曾发生的意外事故或人身伤害的证据,是否可采,存在不同做法。

5. 相似的财产。坐落于相似地点的相似地产的出售价,可以用来证明作为争执点的特定地产的出售价。同一规则似乎也应同样适用于动产。

第三节 客观性以及对客观性的质疑

证据的客观性,指的是证据本身以及作为证据内容的事实是客观存在的,即证据事实必须真实可靠,而不是主观想象、猜测和杜撰的,而且作为证据内容的事实与案件待证事实间的联系也是客观的。

一般认为,对于证据的客观性应作如下理解:

首先,证据都表现为客观存在的实体,无论证据的形式表现为人还是物,都

---

① 〔英〕K. S. 肯尼、J. W. 塞西尔·特纳著:《肯尼刑法原理》,王国庆、李启家等译,华夏出版社1989年版,第503页。
② 同上书,第519页。
③ 同上。

是客观存在物。

其次,证据的内容是对与案件有关的事实的反映。与案件有关事实都是客观存在的事实,这种事实不是主观想象、猜测、分析和判断所产生的,也不是卜卦、梦呓和诅咒发誓获得的。特别需要强调的是,不能以主观臆断来代替客观事实。

最后,作为证据内容的事实与案件的待证事实间的联系是客观的,没有此种客观联系,该证据实际上无法履行揭示案件真实情况的功能。以没有客观联系的证据去证明案件的待证事实,往往歪曲案件的真实情况,造成错误的决定和裁判。

一个证据能够发挥证明与案件有关事实的作用,原因在于它含有的信息来源于客观外在的事实,这些信息是对客观事实的反映,也就是说,正是由于证据具有客观性,才具有证明的实际能力,如果没有客观性,则证据本身的存在尚存疑问,当然无法发挥证明与案件有关事实的作用。

就证据的存在形式看,证据无疑都是客观实在物,无论其表现为人还是物。从这个意义说,证据都是客观的,具有客观性。不过,证据的内容是否仅具有客观性而不具有主观性?进一步言之,证据的事实当中含有的主观性内容能否发挥证明案件事实的作用?主观性内容要发挥证明案件事实的作用是否应具备一定的条件?这些问题都需要认真研究。

要认识这些问题,首先应当明确"主观"与"客观"的含义。"主观"与"客观"各自至少有两个含义。客观的含义之一是指:在意识之外,不依赖主观意识而存在的;含义之二是指:按照事物的本来面目去考察,不加个人偏见的。① 主观的含义之一是:属于自我意识方面的;含义之二是:不依据实际情况,单凭自己的偏见的。② 在证据法学中,"主观性"如果是指不依据实际情况而单纯由偏见构成的,则证据当然不应当具有主观性;如果"主观性"是指属于自我意识方面的,则并非所有的证据都绝对地不具有主观性。

按照诉讼中收集或者提供的证据与客观性的关系,可以将证据分为三类:

首先,是**客观性的证据**,如物证、书证等"物的证据"。它们是以其外部特征、存在场所、物质属性证明案件真实情况的一切物品和痕迹(物证)以及能够根据其表达的思想和记载的内容查明案件事实情况的一切物品(书证)。它们的共同特点是,都是客观存在的实物,这些物上承载的有关案件的信息也都是客观的。

---

① 中国社会科学院语言研究所词典编辑室编:《现代汉语词典》,商务印书馆 2005 年修订第 5 版,第 775 页。
② 同上书,第 1779 页。

其次，是**客观性与主观性间杂的证据**。这种证据主要体现为人证，如证人证言中，既含有证人对于自己感知的与案件有关的事实的如实描述，有时也含有证人基于自己的感知而加以判断从而形成的具有主观性的内容。人证的形成受制于人的主观因素，如人的注意力可能因人而异，当案件事实发生时，犯罪行为人、被害人和证人的心理状态和对于同一事实的不同的注意力，往往造成在感知、理解、记忆和表达这一事实时存在显著的个体差异。证人的记忆可能会掺杂主观判断和想象的内容，心理学研究表明，一个人在感知事物时深受该人的注意力和精神状态的影响，在记忆过程中还具有一种"想象的再创造"的过程，使感知的某些事物的片断被其想象联系在一起。在表达过程中，证人常常会将自己的主观判断融合进对事实的叙述中。在其他证据的收集过程中，收集者主观因素也会对证据造成一定的影响，如细致与疏忽、警觉与倦怠等，可能使证据的证明价值得到充分保全或者全部、部分毁损，并且可能融入证据收集者的主观判断，如在现场勘验笔录形成过程中，勘验者在客观记述勘验结果的过程中有时融入自己的主观判断。

再次，是**主观性的证据**。例如，鉴定人对于待证事实单纯提供的专家意见，这种意见有时便是专家个人的自主判断；鉴定意见虽然表现为书面形式，但其实质是鉴定人就需要鉴定的专门性问题表达的个人意见。此外，主观性"证据"还包括纯粹是证人主观想象或者幻听、幻视形成的对于不存在的"事实"的描述。

一些主观性的证据资料具有证据能力。在诉讼中，鉴定人的鉴定意见，通常**具有证据能力**；在英美法中，"专家证人"不仅包括具有高学历的专门人员，还包括在各自的专业领域掌握特定知识和特定技术的人员，如专业汽车修理工、电视修理工、砖瓦工、木工、电工等在各自的工作领域都可以被视为"专家"，可以依据特定的规则被传唤为专家证人出庭作证，他们的意见通常具有证据能力。一般证人通常只能就自己所感知的事实进行叙述，而不能发表自己的判断意见，但对于简易事实基于一般经验的判断，也可能被采纳为证据。如证人就身份、状况、年龄等五花八门的问题提出自己的意见或者看法，就属于这类证据。这样，一个证人可以说他相信这个被告人就是他看到的那个犯罪行为人或者他认为他见到的那个人当时喝醉了等等。也就是说，即使是事实证人，对于一般人所共同认识的事实仍可提出自己的判断(意见)，这种主观判断(意见)具有证据能力，可以被法官采纳作为定案的根据。由此可以得出结论：证据中具有主观性的内容并非绝对没有证据能力，证据既有客观性也有一定限度的主观性。

证据的主观性不是指证据的收集、判断受收集者或者判断者主观因素的影响。我国当代证据法学者谈到证据的客观性时都承认人们在收集、判断证据时带有一定的主观因素，但收集、判断证据的主观性并不能改变证据本身的客观属性。而且需要注意的是，收集、判断证据时的主观因素不能歪曲客观事实，否则

这种主观因素应当加以排除,如若不然,将会造成误判。有学者指出:

> "证据的客观性的根据有二:一是由刑事案件本身的客观性决定的,任何一种犯罪行为都是在一定的时间和空间内发生的,只要有行为的发生,就必然留下各种痕迹和印象,即使行为诡秘,甚至毁灭证据,也还会留下毁灭证据的各种痕迹和印象。这是不以人的意志为转移的客观实在……从刑事证据的来源考察,其客观性是必然存在的。没有客观存在为依据的任何一种陈述,都是理所当然的谎言,不能作为定案的证据使用,从这种意义上讲,客观性就是审查判断证据的一条基本标准。当然,证据经过司法工作人员、当事人及其辩护人、诉讼代理人的收集,必然含有收集主体的主观因素,如要讯问犯罪嫌疑人、被告人,讯问证人并制作笔录,实物证据要加以固定、保存,现场勘验也要制作笔录等。但司法工作人员、当事人及其辩护人、诉讼代理人的主观因素不能歪曲客观,不能因此而改变证据客观性的本质属性。总之,刑事证据是客观存在的事实,客观性是刑事证据最基本的因素和特征,承认和认识刑事证据的客观性,就不能把个人主观的判断,或人们的想象、假设、推理、臆断、虚构等作为定案的证据来使用。有的材料没有准确来源,例如,匿名信、小道消息、马路新闻、道听途说等等,由于无法进行查证,不具备客观真实性,当然不能作为证据使用。"[①]

无论如何,一项证据能否实际发挥其证明作用,取决于其是否具有的正确反映与案件有关的事实的客观性。某些证据虽然具有主观性,但这种主观性并不是主观随意性,主观判断要在实质上发挥证明案件真实情况的作用,应当具备主观判断与客观实际情况相符合的特征。在法庭审判中,主观性证据一般具有证据能力,要判定该证据是否与客观实际相符合,需要遵循一定的规则、采取一定的方法。主要是,应当将该证据与其他证据结合在一起进行综合判断,对人证还要采取质证方法进行检验,以判别这种主观意见是否合理,是否与客观实际相符合。另外,鉴定人和其他专家提供的意见,往往建立在专门知识的基础上,这种知识具有客观性,它们往往来源于实践或者经过实践检验,不是主观臆造的。所以,我们在认为某些证据内容具有主观性并且具有主观性的证据内容具有证据能力时,并不意味着对客观性的贬低或漠视。在诉讼中,应当充分利用科技手段,收集和固定具有客观性的证据,如利用视听手段固定人的行动、各种物体的运动和事态的发展。对于主观性的证据,应当依诉讼程序和规则慎重加以审查判断,不能偏听偏信,特别是不能将具有一定主观性而又未经充分检验的鉴定意见视为"科学"的、"客观"的证据,从而造成采证失误,影响案件的公正处理。

---

① 陈光中主编:《刑事诉讼法学》,北京大学出版社、高等教育出版社2002年版。

第四节 可 采 性

若依证据法判断,证据可以被法庭接受用以证明某一事实,该证据就是容许的或者可接受的,换句话说,该证据具有可采性(admissibility,又称"容许性")。可采性是一个法律问题,"与关联性不同的是,可采性无关乎提交的证据和待证事实之间的证明的或者逻辑的关系"①。一般地说,具有相关性的证据均可采纳。关联性是证据可采性的充分、必要条件;但在有特殊规定时,关联性是证据可采的必要条件,有关联性的证据不一定具有可采性。

英美法系国家按照证据可采性理论对可以采纳为证据的材料的范围加以限制,为此设立严格的规则。当事人申请对证据进行调查,该证据必须具有可采性;如果当事人申请进行调查的证据,依照某一证据规则应当予以排除,则该证据不具有证据的可采性。也就是说,大多数具有关联性的资料可以被采纳为证据,这并不意味着有关联性的证据必然具有可采性,即使具有关联性,如果符合排除规则确认的情形,也必须被排除。

各种证据规则通常都属于排除规则。排除规则是英美证据法中有关不准证明某些事实或者不准以某种方法证明事实的规则。这类规则旨在排除证据价值不大、可能会不公正地对被告人造成偏见以及侵犯宪法保障的公民合法权利的材料。其中防止"可能会不公正地对被控告的人造成偏见"的证据规则包括:传闻证据②、意见证据、品格证据的规则,最佳证据规则等;防止"侵犯由宪法保障的公民合法权利"而获取证据行为的证据规则体现为非法证据排除规则等。

取证主体不合法,也可能导致证据不具有可采性。例如:在俄罗斯,"证据的可采性通常是指它们的诉讼品质。正如俄罗斯联邦最高法院1995年10月31日决议第16条所指出的,如果证据搜集和确认时违反了《俄罗斯联邦宪法》所保障的人和公民的权利或者刑事诉讼立法规定的搜集和确认程序,以及如果搜集证据的不是具有此种权力的人员和机关,或者证据的搜集是通过非诉讼立法规范所规定的行为,证据就被认为是违法搜集的,是不具有良好品质的(不可采的)"③。显然,俄罗斯有关非法证据排除规则的适用范围,除取证行为不合法之外,还包括取证主体不合法。

在我国,虽然法律上没有对证据能力问题作出明确规定,但许多证据法学者认为证据应当具备法律性,不具有法律性的证据不应具有证据能力。这里提到

---

① Peter Murphy, *Murphy on Evidence*, Blackstone Press Limited, 1997, p.18.
② 英国2003年制定通过的《司法法》对此有新的规定,值得注意。
③ 〔俄〕М.А.科瓦廖夫、Л.Т.乌里扬诺娃:《俄罗斯联邦新刑事诉讼法典中的证据法问题》,黄道秀译,中国政法大学刑事证据法国际研讨会论文。又载于《中国法学》2002年第5期,第160页。

的"法律性"又称为"合法性",具体包括四项内容:

1. **证据必须具有合法形式**。我国《刑事诉讼法》第 48 条第 2 款规定的证据种类即为证据的法定形式,一定的事实材料只有符合这些形式才能成为诉讼证据。

2. **提供、收集证据的主体必须合法**。例如没有鉴定资格的人提出的鉴定意见就不能采纳为合法的诉讼证据。

3. **证据的内容必须合法**。例如提出的"证人证言"并不是对与案件有关的事实的陈述,纯粹是进行人身攻击的激愤之词,则不能被采纳为证据。

4. **证据必须依照法定程序收集,违反法律程序收集的证据不具有合法性**。

需要指出的是,"非法证据"一词,在许多国家指的是"非法取得的证据"。**诉讼中强调证据的法律性,主要涉及的是违法获取的证据能否被容许作为裁判依据的问题**。与此有关的"排除规则要求在刑事控诉中排除那些由警察以侵犯一个人宪法权利的方法获取并用以控诉该人的任何证据"[①]。对于非法取得的证据,美国法官比其欧洲同行排除得更为坚决;其他许多国家,对于非法取得的证据,往往允许法官根据取证行为的具体情况加以裁量以决定是否予以排除。

在我国,《刑事诉讼法》第 50 条规定:"审判人员、检察人员、侦查人员必须依照法定程序,收集能够证实犯罪嫌疑人、被告人有罪或者无罪、犯罪情节轻重的各种证据。严禁刑讯逼供和以威胁、引诱、欺骗以及其他非法方法收集证据,不得强迫任何人证实自己有罪……"我国《刑法》还规定,刑讯逼供构成犯罪的,应当追究刑事责任。对于以刑讯等非法方法取得的证据能否作为起诉依据和定案根据,我国《刑事诉讼法》第 54 条第 1 款规定:"采用刑讯逼供等非法方法收集的犯罪嫌疑人、被告人供述和采用暴力、威胁等非法方法收集的证人证言、被害人陈述,应当予以排除。收集物证、书证不符合法定程序,可能严重影响司法公正的,应当予以补正或者作出合理解释;不能补正或者作出合理解释的,对该证据应当予以排除。"值得注意的是,最高人民法院和最高人民检察院在各自的司法解释中都规定了以某些非法方法获取的犯罪嫌疑人、被告人的供述、证人证言、被害人陈述,不得作为定案的根据。这表明,在我国,司法部门通过司法解释确立了非法证据排除规则。

需要指出,某一事实资料,只要具有关联性,并且忠实反映了与案件有关的事实情况,就能够具有证明案件待证事实的实质能力,即使是违法获取的证据,如以刑讯手段收集的证据,也实际具有这样的能力。一些国家确立非法证据排除规则是为了达到保障涉讼公民的人身自由、财产权利的目的,反映出"这样一种观念:可供选择的诸方法——诸如对执法人员进行刑事指控、对执法人员进行

---

① John N. Ferdico, *Criminal Procedure*, West Publishing Co. 1989, p.47.

行政纪律约束或者对执法人员提起民事诉讼——均不是实施宪法第4条修正案的足够有效的方法,只有排除规则才是唯一有效的方法"①。这样的规则体现了诉讼中实质真实与程序合法之间的价值冲突和面对这种冲突作出的宁愿牺牲实质真实也要维护正当程序进而保障公民自由权利的价值选择。这种规则虽然使一些案件付出了牺牲实质真实的代价,但最终可以促使政府人员通过正当程序达到发现案件真实的目的。因此,鉴于证据的法律性特别是其中取证行为的合法性对于保障个人权利和尊严极为重要,现代诉讼中对于证据的法律性极为重视。

第五节 证据能力与证明力

证据能力与证明力是证据法学的两个基本概念,证据能力是某种材料作为证据的资格,证明力是证据价值的大小。有证据能力者,证明力才有诉讼上的意义;有的材料虽有证明力,但不具有证据能力,因而不能产生诉讼上的实际效果。

证据能力与证明力是有关证据性质的两个重要概念,容易混淆,须弄清楚其含义,避免张冠李戴。

一、证据能力

英国学者威廉·肖认为:对作为法律术语的"证据"的理解和规定比一般证据更为严格,"许多被外行人认为对于发现事实真相来说是重要的事物,却被法律基于司法程序的目的加以排除。"因此,"司法意义上的证据可以被认为是指按照证据规则而被允许用于证明或者反驳处于调查中的事项的事实"②。许多证据规则涉及的都是证据能力问题。

证据能力,又称"证据的适格性""证据资格"。指的是"证据的容许性,亦即作为证据,在审判庭上为了用于调查的所谓适格"③。易言之,证据能力是某一材料能够用于严格的证明的能力或者资格,亦即能够被允许作为证据加以调查并得以采纳的资格。

这里所谓"严格的证明",来自德国的证据理论。按照德国学者的观点,证明分为严格的证明和自由的证明。这两个概念都涉及两个基本问题:(1)法院使用的"证据方法"有无限制?(2)经过什么样的调查程序对待证事实进行调查方属合法?**严格的证明主要是针对实体法事实(如刑事诉讼中犯罪事实是否**

---

① John N. Ferdico, *Criminal Procedure*, West Publishing Co. 1989, pp.47—48.
② William Shaw, *Evidence in Criminal Cases*, Butterworth & Co. (Publishers) Ltd. 1954, pp.2—3.
③ 〔日〕我妻荣主编:《新法律学辞典》,董璠舆等译,中国政法大学出版社1991年版,第485页。

存在以及与刑罚权的范围有关的待证事实)严格依据证据法的规定进行的证明,具有"严格的形式性",表现在两个方面:一是法定证据方法的限制,二是法定调查程序的限制,亦即审判程序中关于案件事实的调查与证明,必须在依法律规定所准许的证据方法的范围之内,并且依据法律规定的调查证据程序加以实施,两者必须同时具备,才符合严格的证明的要求。①

自由的证明是针对若干程序事实而进行的非依严格的证据法的规定、主要依靠法官裁量而进行的形式较为灵活的证明。自由的证明并没有法定证据方法的限制和法定调查程序之限制,"法院就调查证据的方法与程序,享有较为充分的选择自由,原则上可以使用所有的证据资料来证明,这也是称其为'自由'的道理。据此,法官甚至于可以查阅卷宗或电话询问的方法来探求证据资料并形成心证,不受直接、言辞及公开审理原则及传闻法则之限制"②。

大陆法系对于证据能力,一般都不作积极的规定,而只是消极地对无证据能力或者限制证据能力的情形作出规定。在德国,依据程序禁止和证据禁止的理论对证据能力加以限制。**程序禁止是对收集和调查核实证据的程序加以限制,如违背搜查、扣押程序而取得的证物和违背勘验程序所形成的勘验笔录,有时不认为具有证据能力。证据禁止是对作为定案依据的证据材料的范围加以限制,如非出于任意性的自白,一般不认为具有证据能力。**日本学者指出:"限制证据能力的理由是证据能力不可靠、有导致误判之虞,或者为了制裁、预防违法的证据收集行为。后者的场合,特别是作为证据禁止,也从狭义的证据能力加以区别。"③

一些国家的立法或者司法判例确立了有关证据能力的规则,如在日本,"关于自白和传闻证据,规定有很大的证据能力的限制。对没有证据能力的证据调查,承认当事人的异议声明。还有,法院发现经过证据调查的证据没有证据能力时,必须作出排除的决定。调查了没有证据能力的证据时,即使在判决中完全没有作为证据提出来,也对判决发挥影响,作为明显的违反法令,成为撤销原判的理由"④。

总的来说,**大陆法系国家为了发挥职权主义的功能,对于证据能力很少加以限制。**相比之下,**英美国家对证据能力的限制较为严格,在英美法系国家,证据的关联性和可采性,是证据能力的两项重要的判明标准,大量的司法判例确定了有关证据关联性与可采性的证据规则。**陈朴生指出:"英美法基于证据价值与实务上政策(practical policy)之要求,按证据容许性(admissibility)之理论加以处

---

① 林钰雄著:《刑事诉讼法》(上册·总论编),中国人民大学出版社2005年版,第348页。
② 同上书,第353页。
③ 〔日〕我妻荣主编:《新法律学辞典》,董璠舆等译,中国政法大学出版社1991年版,第485—486页。
④ 同上。

理。为防止陪审团先入为主,或受社会舆论之影响,或误用推理之经验法则,或迷于被告之社会的地位或经历,或惑于被告之巧辩,致有偏见或涉及感情或专断之弊,乃就可以使用为证据之范围加以限制,即就证据之容许性设其严格的规则,以保障证据之证明力。"①

二、证明力

证明力,在民事诉讼中又称"证据力"(probative force),指的是证据对于案件事实有无证明作用及证明作用如何。郑竞毅、彭时解释"证据力"云:"为判决效力之一种,某项诉讼之判决可供其他诉讼事件证明之用者,曰证据力,换言之,凡证据方法得为证据之力者皆曰证据力,通常皆谓无论何种判决均有证据力,但提出反证者,不在此限耳。"②汪翰章主编《法律大辞典》谓:"法院对于某证据方法,得为供裁判证明之力量,谓之证据力。而证据力乃由于法院自由判断而定,是为现行法采用自由心证主义之结果也,但有时其证据力必依法律而定,因现行法亦采法定证据主义为例外故也。"③证据力也是"证据价值"之谓,石志泉、杨建华指出:"证据方法得为证据之价值,谓之证据力"④。

证据的证明力是由证据本身固有的属性决定的。证据具有客观性并与案件待证事实具有关联性,就具有一定的证明力。但不同的证据,因各自的特性和与案件待证事实的关系不同,对于待证事实具有不同的证明价值,发挥着不同程度的证明作用。

以证据作为判断案件事实存在与否的手段,存在法定证据制度和自由心证制度之分。两者都是围绕证据证明力的判断和法官运用证据确认案件事实的认识方式而确立的制度。

法律预先明文规定各种证据证明力的大小以及对它们的取舍、运用而不允许法官自由判断和取舍的制度,称为"法定证据制度",又称"形式证据制度"。这一制度要求,法官在审理案件中运用证据,只需符合法律规定的各项规则,而且认为这样就能够发现案件真实。这种规定有利于约束法官,防止法官专权,但这种机械的做法只会窒息法官对案件的理性判断,使之难以作出符合案件真实的裁决。

与之相反,法律对证据的证明力预先不作规定,允许法官在审理案件中自由加以判断的证据制度,称为"自由心证制度",亦称"实质证据制度"。自由心证制度是在法定证据制度的废墟上建立起来的。

---

① 陈朴生著:《刑事证据法》,三民书局1979年版,第72—75页。
② 郑竞毅、彭时编著:《法律大辞书》,商务印书馆1940年版,第1198页。
③ 汪翰章主编:《法律大辞典》,上海大东书局1934年版,第1802页。
④ 石志泉原著、杨建华修订:《民事诉讼法释义》,三民书局1987年版,第320页。

法定证据制度之所以遭到反对，乃因"证据的证明力问题极难驾驭，因此绝不能唯立法者的马首是瞻；而且其非常复杂，所以绝不能用一套法律分类标准来一网打尽。在法国大革命时期，革命政治家们继续由启蒙哲学家们发起的对罗马教会证据法的攻击。他们谴责其是旧司法制度那些为数众多的、现实和可以想象的弊端的根源，因为法定证明的思想已经在理论上和政治上都受到了质疑。法国大革命胜利之后，罗马教会法的证据制度被抛弃了，所谓的自由证明原则在新的证据制度中成为主要的驱动力。并且很快在大陆法系被赞扬为开明司法的基石"①。自由判断证据的证明力的制度，顺应了诉讼证据本身的复杂性，可以使法官对证据进行理性的自由判断，所以，成为现代世界各国普遍实行的证据制度。

我国证据法学过去所称的"我国实行实事求是证据制度"，回避了法官如何判断证据的证明力的问题，在逻辑关系上，它也不是与法定证据制度和自由心证制度具有同一性的概念。实际上，只要法律不对各种证据的证明力进行预先规定，法官就应有自由，可以理性地对证据证明力加以判断，诉讼中就贯彻着自由心证的精神。因此，我国法律虽未明确规定自由心证制度，在司法实践中，自由心证却从未消亡。

---

① 〔美〕米尔建·R.达马斯卡著：《漂移的证据法》，李学军等译，中国政法大学出版社2003年版，第27—28页。

第三章 证据种类与分类

> 法律的形式是至关重要的形式。
>
> ——西方法谚

第一节 证据种类

证据种类是指法律规定的证据的不同表现形式。这里所谓"证据种类"不同于"证据分类":"证据种类"是由法律加以规定的,具有法律效力。诉讼中作为起诉依据和定案根据的证据,应当符合法律规定的形式和要求,属于法定证据种类中的一种。"证据分类"指的是根据各类诉讼证据的共性加以学术归类,以便把握不同类别证据的规律。证据分类是学术性的,不具有法律效力。

许多国家的法律并不列举证据种类,在学术研究中也只是对证据进行粗略划分。例如,英国学者认为:"司法证据主要包括法庭能够接受为争议事实之证据的证言、传闻、文件、物品和事实。"这里的"证言"是指证人在法庭上的陈述,传闻指可以被法庭接受的传闻证据,文件是可以用作证据的文书,物品是诸如血迹、斧子等物证,事实是可以用以证明某一未知事实或者争议事实的相关的证据事实。[1] 又如美国学者认为:"证据通常表现为证人的证言或者诸如书面材料和音像记录等物证。"[2] 日本将证据分为人的证据方法和物的证据方法,按照证据的调查方法不同,将证据分为人证、书证、物证。[3]

我国《刑事诉讼法》第48条第2款以列举方式规定刑事证据有8种,依顺序为:物证;书证;证人证言;被害人陈述;被告人的供述和辩解;鉴定意见;勘验、检查、辨认、侦查实验等笔录;视听资料、电子数据。《民事诉讼法》第63条第1款规定,民事证据有以下8种:当事人的陈述;书证;物证;视听资料;证人证言;鉴定意见;勘验笔录。《行政诉讼法》第31条规定,行政诉讼证据有以下7种:书证;物证;视听资料;证人证言;当事人的陈述;鉴定意见;勘验笔录、现场笔录。

---

[1] Rupert Cross & Nancy Wilkins, *An Outline of the Law of Evidence*, Butterworth, 1964, pp.17—20.

[2] 〔美〕彼得·G.伦斯特洛姆编:《美国法律辞典》,贺卫方等译,中国政法大学出版社1998年版,第162页。

[3] 〔日〕土本武司著:《日本刑事诉讼法要义》,董璠舆、宋英辉译,五南图书出版公司2007年版,第293页。

在上述种类中，有的证据究竟属于一种还是两种，不无疑问。如《刑事诉讼法》第 48 条第 2 款列举的第八种证据"视听资料、电子数据"，在《民事诉讼法》第 63 条第 1 款分别列举为"视听资料"和"电子数据"两种证据，法律规定的不统一，为人们留下难解的困惑。

我国法律规定证据种类，是效法苏联的结果。苏联法学将证据种类称为"证据源泉"（或译"证据来源"）或者"证明方法"，将证据分类称为"证据源泉的分类"；由证据种类构成的体系称为"证据源泉的体系"。苏联法学将"证据来源"分为两类：第一类是人的陈述，包括：(1) 证人的证言；(2) 鉴定人的意见；(3) 被告人的辩解和供述。第二类是实物，包括：(1) 物证；(2) 文件及其他书面证据。① 文件及其他书面证据中包含侦查行为以及审判行为笔录以及其他文件。苏联法律对于证据来源的规定是严格的，有学者指出："这个证据来源种类的清单是详尽无遗的，不能根据侦查机关、检察长和法院的裁夺加以扩大。对案件有意义的事实材料，如果不是从法定证据来源中取得的，它就不符合证据相关性的要求，从而也就不能取得证据上的意义。从每一种证据来源中取得事实材料，都要遵守法律规定的发现它的形式，这有助于收集到确实的证据，并有助于在案卷中对它加以保存。在许多情况下，法律都指明为了取得对案件有意义的材料，必须利用哪一种证据来源。"②

不过，毕竟"证据"一词在其广义上包括可以用以揭示未知或者争议事实的任何手段③，在法律上对证据种类加以明确规定，有时也存在问题。因为有的材料具有实质证明意义，但在法定证据种类中难以确切归类，能否使用该材料作为证据就立即成为一个难题。例如，当视听资料、电子数据未被单独列为独立的证据种类之前，该材料究竟是否可以作为证据使用，就令人颇为踌躇。严格按照法律规定的证据种类衡量，视听资料、电子数据就难以归入，自然不能作为诉讼证据使用；若要使用它，只好将其勉强归入物证或者书证，我国在诉讼法将视听资料、电子数据单独列为一项证据种类之前，正是这么做的。同样，在辨认笔录、侦查实验笔录列入法定证据种类之前，这些笔录的合法性也存在疑问。

第二节 证 据 分 类

刑事证据的分类，是指在理论上按照不同的标准将刑事证据划分为不同的类别。

---

① 〔苏〕切里佐夫著：《苏维埃刑事诉讼》，中国人民大学刑法教研室译，法律出版社 1956 年版，第 225—226 页。
② 〔苏〕蒂里切夫著：《苏维埃刑事诉讼》，张仲麟等译，法律出版社 1984 年版，第 157 页。
③ William Shaw, *Evidence in Criminal Cases*, Butterworth & (Publishers) Ltd., 1954, p.2.

尽管证据分类只是理论上的划分，但不意味着它不重要。证据分类的目的在于研究不同类别证据的特点，把握其规律，以便在司法实践中正确运用。

一、原始证据和传来证据

根据证据来源不同，可以把诉讼证据划分为原始证据和传来证据。

原始证据是直接来源于案件事实的证据，即通常所说的第一手材料。例如，证人根据他亲眼看到、亲耳听到的事实所提供的证言，被害人对自己受害经过的陈述，犯罪嫌疑人、被告人对自己实施的行为的供述，文件的原本、物证的原物等等，都属于原始证据。

传来证据又称"派生证据""第二手证据""传替证据"，指不是直接来源于案件的事实，而是通过原始证据派生出来的证据。凡是从原始出处以外的其他来源，即不是从第一来源直接获取的证据，都是传来证据。例如，证人没有亲眼看到、亲耳听到有关案件的事实情况，而是从犯罪嫌疑人、被告人或者其他人的谈话中间接了解到的并就此提供的证言，就是传来证据。另外，文件的副本或者抄件、复印件、勘验、检查笔录的复印件，物证的照片、复制件等等，都是传来证据。"传来证据"一词与"传闻证据"（hearsay evidence）有区别："传闻证据"只限于言词证据，包括记述言词陈述的书面材料等。在一些国家，凡在法庭审判外形成的证人证言（这里的证人证言是广义的），或陈述之内容非本人亲自感知的，都属于传闻证据，其运用通常要受传闻证据规则的限制。传来证据的范围既包括言词证据也包括实物证据。

一般地说，原始证据比传来证据可靠。因为证据经过转述、传抄和复制，往往产生偏差，其真实性和准确性就会降低。经验表明，证据衍生的中间环节越多，就越有可能存在偏差。

将证据划分为原始证据和传来证据，旨在揭示两类不同证据的特性，促使公安、司法人员努力寻找原始证据。不过，需要提醒的是，不能就此认为传来证据完全不可靠，因而懈怠着不去收集。实际上，传来证据自有其诉讼上的作用，不可轻忽：传来证据可以作为线索引导发现和收集原始证据；可以用传来证据来审查原始证据是否完整和真实，并用以判断原始证据的可靠程度；在没有原始证据的情况下，凭借一定数量的切实可靠的传来证据是可以证明有关案件事实的，甚至可以用来确认被告人有罪。

二、言词证据和实物证据

根据证据的表现形式、存在状况、提供方式，可以把证据分为言词证据和实物证据。

（一）言词证据

言词证据，又称为"人证"，是以人和记载人的言词之书面材料为表现形式的证据。它依靠人的陈述来反映有关案件事实，并表现为语言形式。

人们在感知有关案件事实的时候，在头脑中形成某些印记，并储存在记忆中。当事人、证人、鉴定人等对自己感知的有关案件事实情况用言词形式表达出来，就形成了言词证据。所以，言词证据是通过口头或者书面叙述的形式提供，并通常固定在笔录当中的。

言词证据包括：证人证言、被害人陈述、犯罪嫌疑人、被告人供述和辩解、鉴定意见等。需要注意的是，尽管鉴定意见在我国通常表现为鉴定书的形式，但鉴定意见并非书证，而是言词证据。

言词证据的共同特点是：生动、形象、内容丰富、涵盖面大，往往能够直接揭示有关案件事实；受到提供证据的人自身感知能力、判断能力、记忆能力和表达能力的影响，常常客观因素夹杂主观因素，虚假可能性较大。有学者指出："言语跟感官一样，也可能是欺骗人的，而且言语必定是含糊、不确切的。一句话的内容，它所承载的信息，必须由对话者进行判断、理解。"[①]因此，对言词证据的运用，必须仔细审查鉴别，特别要注意以实物加以印证。

（二）实物证据

实物证据是广义的"物证"，又被称为"环境证据""情状证据"[②]，是以痕迹、物品为表现形式的证据，既包括犯罪的工具、赃物等物品和犯罪留下的痕迹，也包括对案情有证明意义的书面文件等。

实物证据依靠各种物品、痕迹的特性、存在的状态和变化以及各种物品之间的联系来揭示有关案件事实。

需要注意的是，勘验、检查笔录是办案人员在勘验、检查过程中对所观察的有关案件的情况所作的记载，也属于实物证据的范围。实物证据是在勘验、搜查中发现和收取的，并以扣押的方法加以妥善保管或者封存。在法庭调查中，实物证据以出示和宣读的方式提出和进行检验。

实物证据的特点是客观性、直观性较强，不像言词证据那样易受人的各种主观因素的影响。但它易被更换和篡改，而且在许多情况下，其证明力需要借助科学技术鉴定来加以判定；另外，实物证据只是呈现，而不能自己通过言词方式表达案情，人们称其为"哑巴证据"。

---

① 〔法〕阿尔贝·雅卡尔、于盖特·普拉内斯著：《献给非哲学家的小哲学》，周冉译，广西师范大学出版社2001年版，第182页。

② 郑竞毅、彭时编著：《法律大辞书》，商务印书馆1940年版，第794页。

三、直接证据和间接证据

根据证据与案件主要事实的证明关系，可以将证据划分为直接证据和间接证据。

在刑事诉讼中，案件主要事实是指：(1) 犯罪事实业已发生；(2) 犯罪嫌疑人、被告人实施了该犯罪行为。两者共同构成"案件的主要事实"。在民事诉讼中，能够引起民事法律关系产生、变更、消灭的事实，为案件的主要事实。

直接证据是能够独立证明案件主要事实的证据。凡是直接证明犯罪事实是否存在，以及犯罪嫌疑人、被告人是否有罪的证据，都是直接证据。 直接证据是案件主要事实的直接反映，证人证言、被害人陈述、犯罪嫌疑人、被告人供述和辩解甚至物证①等，都有可能是直接证据。原则上，一个直接证据经过查证属实后，就可以对案件主要事实作出肯定或者否定的结论。例如，犯罪嫌疑人、被告人所作的有罪供述，经过查证属实，可以据以对案件主要事实得出肯定的结论。不过，任何案件都不能以单独证据来确认案件事实的有无，即使该证据为直接证据。因为任何证据都不能自我证明其真实性，必须依赖其他证据相互印证才能判断其是否真实。司法实践中所谓"孤证不能定案"就是指任何证据都不能成为确认案件事实的唯一根据。直接证据的特点是：证明过程直截了当，无需经过复杂的推理过程。但是，直接证据必须查证属实，才能作为定案的根据，这就需要其他证据来印证。同时，对全案事实的认定，仅靠直接证据，只能查明案件主要事实，只有与全案证据结合起来，才能查明全案事实。

间接证据是指不能单独证明案件的主要事实，而需要与其他证据相结合并经过推理才能证明有关案件事实的证据。 间接证据具有互相依赖的特性，任何一个间接证据都没有单独揭示案件主要事实的证明作用，必须依赖其他证据，并与其他证据结合起来才能发挥这种证明作用。这种结合应当彼此协调一致，不能互相矛盾，互相脱节。另外，间接证据的证明作用，不仅取决于间接证据本身的真实性，而且取决于它和案件之间的关联性。

需要指出的是，尽管间接证据不能单独用来证明案件的主要事实，但在刑事诉讼中仍然具有重要意义。司法实践中，往往将直接证据与间接证据结合起来，共同发挥认定案件事实的作用。有些案件，不能收集到直接证据，只能依靠间接证据定案。例如：北京市第二中级人民法院在审理吴××故意杀人案中，使用间接证据给被告人定了罪。北京市人民检察院二分院指控：2003 年 11 月 21 日 12 时，吴××来到太阳宫医院分诊部，借看病之名，用输液管勒死社区医生，掠走手机、小灵通等物品。被告人不承认自己犯罪，他在法庭上辩解说，自己当时

---

① 例如，在持有型犯罪案件中查获的毒品等违禁品就是证明该罪的直接证据。

是在中关村医院看护人民大学的一位教授,"有几次带那个教授去李医生那儿输过液"。自己手里掌握的被害人手机是在医院外捡来的。尽管吴××始终没有认罪,但人民法院根据现场清晰的掌纹、手机的跟踪信息以及其他人作证,在没有口供和其他直接证据的情况下,根据间接证据判定吴××犯有故意杀人罪,这是运用间接证据给被告人定罪的典型案例。

需要指出的是,由于间接证据揭示的不是案件的主要事实,完全运用间接证据来认定案件事实要比运用直接证据困难、复杂,容易出现偏差甚至铸成大错,因此必须加以严格限制。根据刑事司法实践经验,**完全运用间接证据定案,必须遵守以下规则**:

1. 每个间接证据都应当查证属实;

2. 每个间接证据与案件事实都存在客观联系,能够实质上起到证明有关案件事实的作用;

3. 各个间接证据应当互相衔接,构成完整的证据证明体系,即案件事实都有相应的证据加以证明;

4. 依据所有的间接证据对案件主要事实得出的结论必须是唯一性的,排除其他可能性。

四、本证和反证

根据证据与证明责任承担者的关系,可以将证据分为本证和反证。也有学者认为,本证和反证的划分依据是证据及其对于主张(事实)的证明作用,即根据证据是支持某一主张(事实)还是否认该主张(事实)的作用来划分的。这两项依据看似不同,不过,根据"谁主张,谁证明"的原理,其实并没有实质区别。

本证是证明责任的承担者为证明自己的诉讼主张而提出的证据。本证的作用在于使法官相信本方的主张为真实,揭示该主张依赖的待证事实的存在。这一证据也被称为"主张证据"。

反证是不承担证明责任的一方为证明对方的诉讼主张不成立而提出的证据。反证的作用在于使法官相信诉讼对方的主张不真实,揭示该主张依赖的待证事实不存在或者存在否定该主张的事实。这一证据也被称为"对抗主张的证据"。

显然,**本证和反证与是否由承担证明责任的人提出有关,与诉讼参与人处于原告地位还是被告地位无关**。原告提出的证据若是为证明对方的诉讼主张不成立的,是反证而非本证;被告若是为证明自己的诉讼主张而提出的证据,是本证而非反证。

本证和反证达到的证明程度与诉讼结果的关系有所不同。我国早期证据法研究者曾指出:"通常凡主张者提供证料证明后,对造并无反证,法院应认主张之一造证明为确当,予以有利之裁判。倘对造提出反证,然其证力不若主张者强固,则主张者犹可胜诉。倘对造所提出之证据,其证力与主张者相等,或较为强固,则法院应判主张者败诉。至反证案件中两造证力强弱相差之数,初不限于巨量之分别,稍胜或稍弱即足矣。"①按照我国现行民事诉讼司法解释,承担证明责任的主张者要获得胜诉需要达到"优势盖然性"标准②,即主张事实存在或者不存在的可能性明显大于对方才能获得胜诉判决;反证则不然,如张卫平教授指出的那样:"本证与反证均没有达到证明的效果时,即待证事实处于真伪不明的场合,仍然由提出本证的当事人承担不能证明的相应后果,并不要求反证一定要达到能够使法院确信的程度,只要能够动摇法官对待证事实的确信即可。"③

五、有罪证据和无罪证据

根据证据对案件事实的证明作用,可以将证据分为有罪证据和无罪证据。

有罪证据,是指能够证明犯罪事实存在,并且犯罪嫌疑人、被告人实施了该犯罪事实的证据。有罪证据通常由控诉方收集并在指控犯罪嫌疑人、被告人有罪时向法院提出,有罪证据是法院对被告人作出有罪判决的根据。有的证据虽然对被告人有利并由辩护方提出,但并非无罪证据,例如,揭示犯罪人自首、有悔罪表现的证据就属于有罪证据。

无罪证据,是指能够证明犯罪事实不存在,或者犯罪嫌疑人、被告人没有实施犯罪行为的证据。由于它是对控诉、揭示犯罪起否定作用的证据,因此被称为"无罪证据"。无罪证据通常是由犯罪嫌疑人、被告人及其辩护人向公安、司法机关提出的,也有的是公安司法机关收集的。无罪证据是法院作出无罪判决的根据。当然,并非有无罪证据法院才能作出无罪裁决,如果控诉方不能提供充分证据证明被告人有罪,法院也应依法作出无罪判决。

把证据分为有罪证据和无罪证据的意义,在于使办案人员全面、公允地收集和运用证据,做到对有罪证据与无罪证据一概加以注意,不能只收集有罪证据而罔顾无罪证据。我国《刑事诉讼法》第50条规定,审判人员、检察人员、侦查人员必须依照法定程序,收集能够证实犯罪嫌疑人、被告人有罪或者无罪,犯罪情节轻重的各种证据。这一规定就是对公安司法人员客观义务的规定。

根据证据对案件事实的证明作用,还可以对刑事证据作其他划分,如:按照证据是否有利于犯罪嫌疑人、被告人而将其划分为有利于犯罪嫌疑人、被告人的证据和不利于犯罪嫌疑人、被告人的证据。凡能够证明犯罪嫌疑人、被告人无

---

① 东吴法学丛书:《证据法学》,上海私立东吴大学法学院1948年发行,第178页。
② 从相关规定看,我国民事诉讼中的证明标准要求达到"高度盖然性"程度。
③ 张卫平著:《民事诉讼法》,法律出版社2004年版,第192页。

罪、罪轻及有从轻、减轻、免除处罚情节的证据,都是有利于犯罪嫌疑人、被告人的证据;凡能够证明犯罪嫌疑人、被告人有罪、罪重以及有从重处罚情节的证据,都属于不利于犯罪嫌疑人、被告人的证据。又如按照同样的标准,把证据分为控诉证据和辩护证据:由控诉方提出、用以控诉的证据为控诉证据;由辩护方提出、用以辩护的证据则为辩护证据。

六、主证据和补强证据

根据证据的作用和一方对另一方的担保依赖关系,可以将诉讼证据划分为主证据和补强证据。

补强证据与主证据相对称。主证据,又称"主要证据""实质证据",是指基于证据本身的特殊性质,需要其他证据增强或者担保其证明力方得作为认定案件主要事实的根据的诉讼证据。有学者指出:"主证据(substantive evidence),乃足以证明主要事实存否之证据,或称之为独立证据。"按照这一定义,所谓主证据就是前文所说的"直接证据",只是在这里它相对于补强证据而言,故称为"主证据"[①]。

补强证据(corroborative evidence),又称"佐证",是为了增强或者担保主要证据的证明力而提出的证据。理查德·梅指出:"有这样一种说法,'补强证据'这个词不是文科技术性用语,而是一个字典里的词,有自己的意义。它的含义是指这种证据'肯定'、'支持'或'加强'其他证据。"[②]

补强证据的作用乃在于通过证据的相互印证作用而增强或担保主证据的证明力。由于主证据对于案件主要事实的证明具有决定作用,为了保证发现案件真相,防止该证据为虚假证据,需要借助补强证据来印证主证据的证明力。

我国证据法学关于证据分类的理论中,还有主证与旁证的划分,容易与主证据和补强证据混淆。一般认为,主证与旁证的划分标准不同于主证据和补强证据,前者以案件事实与证据有无因果关系为根据,后者以证据作用和一方对另一方的担保依赖关系为根据。主证乃案件事实与证据存在因果关系之证据,即由案件发生而产生,或者案件发生之信息转移到该证据载体所产生,因此种因果关系,对案件事实发挥证明作用。[③]

与"旁证"对应的"主证"一词,同与"补强证据"相对应的"主证据"一词,都是"主要证据"的略称,也都可以称为"主要证据"。不过,由于语境不同,"主证"与"主证据"的内涵并不相同。主证指可以直接或者间接证明案件主要事实

[①] 陈朴生著:《刑事证据法》,三民书局1979年版,第146页。
[②] 〔英〕理查德·梅著:《刑事证据》,王丽等译,法律出版社,第470页。
[③] 崔敏主编:《刑事证据理论研究综述》,中国人民公安大学出版社1988年版,第200页。

的证据。①

旁证与主证相对称,意思是从旁印证案件情况的证据,故旁证又称为"侧面证据"。② 我国古有旁证的说法,如《唐律疏议》解释"疑罪"云:"疑,谓虚实之证等,是非之理均,傍无见证;或傍有闻证,事非疑似之类。"这里提到的"傍无见证""傍有闻证",指的都是(无或者有)旁证。旁证与案件事实没有因果关系,即该证据不由案件发生而产生,也非案件发生之信息转移到该证据载体所产生,它发生在案件发生之前或者与案件同时发生,与案件发生没有因果关系。不过,旁证同案件存在其他实际联系,具有辅助查明案件真实情况的作用。有论者谓被告人出身、经历、职业、性格、政治态度、道德品质、一贯表现、有无前科、以及案件发生时其身在何处、所为何事等,皆为旁证。它们与案件发生没有直接联系,但与案件实际具有理所当然的或者偶然的联系,有助于查明案件真实情况。这里列举的被告人出身、经历、职业、性格、政治态度、道德品质、一贯表现、有无前科等事项,以关联性规则审视之,证据能力颇为可疑,若不能建立起与案件待证事实的关联性,根本不能作为证据使用,何来"旁证"一说?是故旁证必须经得起关联性规则的检验才能作为证据,这种关联性体现在"由于在社会现象的普遍联系中基于某种原因同某一案件发生了一定的实际联系,故不能仅以旁证来证明任何案件事实。它只是在证明全案的某些事实和情节中具有某种辅助性的'佐证'作用。"③

另外,也有论者提到"旁证在佐证主要证据、从旁印证案情事实上具有十分重要的意义",这里"佐证主要证据",实际起到的是补强证据作用,旁证究竟是否又是补强证据,让人感觉疑惑,实难分辨。

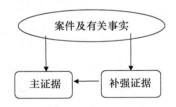

七、弹劾证据和实质证据

根据证据的证明指向不同,可以将证据区别为弹劾证据和实质证据。

用来质疑证人证言等证据证明力的证据,是弹劾证据。弹劾证据的证明指

---

① 崔敏主编:《刑事证据理论研究综述》,中国人民公安大学出版社1988年版,第200页。
② 也有论者将直接证据称为主证,将间接证据称为旁证。见崔敏主编:《刑事证据理论研究综述》,中国人民公安大学出版社1988年版,第200页。
③ 崔敏主编:《刑事证据理论研究综述》,中国人民公安大学出版社1988年版,第200—202页。

向不是案件事实而是证明的证明力,试图消解裁判者对这些证据证明力可能存在的较高的内心评价,因此,这些证据发挥的是对于证据可信性的弹劾作用,对于案件事实的认定来说,具有间接性,即通过弹劾证人的可信度及其证言的可靠性,间接发挥对于认定案件事实的影响力。在刑事诉讼中,与证明和证明的能力有关的事实,称为"补助事实"。证明补助事实的证据,称为"补助证据"。松尾浩也指出:"也有人把这种证据作为弹劾证据的一种。"①

弹劾证据依赖弹劾权而产生,刑事诉讼中的控辩双方和民事诉讼中的当事人双方对于不利于自己的人证有通过诘问和提出证据加以质疑从而使得该人证显得不可靠的诉讼权利为弹劾权。显然,"弹劾的作用通常是为了显示证人故意说谎、对证言主题事实之认知或记忆不可靠、或所作陈述事实上不正确"。弹劾方式有两种,一种是通过诘问(即对证人进行的反询问)揭示其靠不住以及证言不可靠;另一种是提出弹劾证据,有些情况下非提出弹劾证据不足以达到弹劾效果,"以证人故意说谎为由为弹劾时,被举证之一方(opponent,即为弹劾之一方)通常必须提出证据,以证明证人有说谎的习性,或证人有不顾事实而以特定方式作证的偏见存在。以记忆或认知有缺陷为理由的弹劾,则须提出显示证人如何看到或知道他们自认为知道某事的证据。不论证人故意说谎或记忆不佳,为弹劾的一方都可以使用证人在作证前所为,与目前审判中证词不一致之陈述予以证明。被举证之一方也可以举出显示证人所为陈述与事实不符的证据,对证人为驳斥弹劾(impeach by contradiction)"②。为弹劾目的而提出和运用的这些证据,就是弹劾证据。

用来证明案件事实的证据,是实质证据。这些证据的证明直接指向案件事实,揭示这些事实是否存在以及事实情况,对于本案的终局处理来说具有直接性、实质性。诉讼中的证据大多都是实质证据。

---

① 〔日〕松尾浩也著:《日本刑事诉讼法》(下卷),张凌译,中国人民大学出版社2005年版,第26页。
② Arthur Best 著:《证据法入门——美国证据法评释》,蔡明秋、蔡兆诚、郭乃嘉译,元照出版公司2002年版,第186页。

第四章 证据的收集与保全

> 执法官吏的最大事功,是找证据,而不是随便入人以罪,执法界的最大英雄,是具有找证据的天才,而不一定是孔武有力,亦不一定是神枪手。
>
> ——梁厚甫

第一节 总 说

从证据法视角看,诉讼过程是运用证据证明、查明案件事实的过程。现代诉讼实行证据裁判主义,证据成为认定案件事实的基础。诉讼依循大前提(法律)、小前提(事实)和结论(对案件的处理)的演绎方式进行。对案件的实体处理,首先取决于能否运用证据准确地认定案件事实,没有证据,审判机关不能对案件事实加以确认,也不能将法律适用于该案件事实;对于当事人来说,没有证据,诉讼主张可能或者必然得不到支持,自己的实体权利就得不到维护。及时获得确实、充分的证据来证明自己的诉讼主张或者确认案件事实,遂成为司法机关和当事人关心的事。进行证据的收集和保全,原因在此。

一、收集证据界说

为证明自己的诉讼主张或者查明特定的案件事实,国家专门机关、律师、一般公民、法人或者其他组织通过一定的行为、采取必要方法获取和汇集证据,此行为谓之收集证据。

收集证据的活动具有如下特征:

(一)收集证据的主体多元

收集证据的主体既包括国家专门机关,如人民检察院、人民法院等司法机关,以及公安机关和其他行政执法机关;也包括一般公民、法人和其他组织。

在刑事诉讼中,公安机关、人民检察院履行侦查、检察职权,收集证据是这些职权的组成部分。人民法院拥有审判职能,收集证据也往往为审判义务的一部分。

在我国诉讼中,在增强控辩双方的对抗性和注重发挥当事人的积极性的同时,并不免除人民法院收集、调查证据的职责。在刑事诉讼中,法庭调查时如果合议庭对证据有疑问的,可以宣布休庭,进行勘验、检查、扣押、鉴定和查询、冻结等调查证据的活动。在民事诉讼中,按照有关司法解释的规定,由人民法院负责调查收集的证据有:(1)当事人及其诉讼代理人因客观原因不能自行收集的证据;(2)人民法院认为需要鉴定、勘验的;(3)当事人提供的互相有矛盾、无法认定的证据;(4)人民法院认为应当由自己收集的其他证据。《民事诉讼法》第67条第1款规定:"人民法院有权向有关单位和个人调查取证,有关单位和个人不得拒绝。"《行政诉讼法》第34条第2款规定:"人民法院有权向有关行政机关以及其他组织、公民调取证据。"

我国诉讼中的当事人及其诉讼代理人或者辩护人也有权收集证据。我国《民事诉讼法》第61条、第64条第2款规定,当事人及其诉讼代理人有权收集证据。收集证据是法律赋予律师的一项重要权利,我国《律师法》第35条第1款规定:"受委托的律师根据案情的需要,可以申请人民检察院、人民法院收集、调取证据或者申请人民法院通知证人出庭作证。"同时第2款规定:"律师自行调查取证的,凭律师执业证书和律师事务所证明,可以向有关单位或者个人调查与承办法律事务有关的情况。"《刑事诉讼法》第41条、《民事诉讼法》第61条、第64条第2款和《行政诉讼法》第30条对律师收集证据的权利都作了规定。

公安机关和其他行政执法机关进行行政活动、作出某一具体行政行为,必须以一定证据为依据,通常有必要主动收集证据,实践"依法行政"的原则。

(二) 收集证据具有明确目的

对于国家专门机关来说,收集证据的目的在于查明案件事实,作出正确的裁决或者处理决定;对于律师、一般公民、法人或者其他组织来说,是为了揭示案件事实或者证明本方的诉讼主张。

(三) 不同主体收集证据的立足点不尽相同

不同主体收集证据的立足点不尽相同,可以分为以下两种:

其一,基于职权(职责)收集证据。国家专门机关收集证据,基于法律赋予的权力,这项权力本身也是一种职责。对于人民法院来说,收集证据的权力是法律赋予的审判权的组成部分,在符合法律规定的特定情形时,人民法院有权收集证据,也有责任主动依职权收集证据。例如,在民事诉讼中,当事人及其诉讼代理人因客观原因不能自行收集的证据,或者人民法院认为审理案件需要的证据,人民法院应当调查收集。同样,人民检察院和公安机关以及其他行政执法机关收集证据也是基于法律的授权,他们进行的活动也属于职责范围内的活动,在进行这些活动时不允许对自己的职责有所懈怠。

其二,基于权利或者证明责任进行的证据收集。律师、一般公民、法人或者其他组织收集证据是基于法律赋予的权利进行的活动,对于在诉讼中承担证明责任的当事人而言,收集证据的活动不仅体现为一种权利活动,也是履行证明责任必需的活动,如果放弃进行这项活动,就有可能在诉讼中承担败诉的后果。在刑事诉讼中,巨额财产来源不明罪和某些持有型犯罪由被告人承担一定的主张责任和提出证据责任,必要时被告人必须收集证据证明自己的财产来源或者持有特定物品合法。在其他案件中,被告人不承担主张责任和证明责任,他收集证据完全是基于自己的辩护权利进行的,即使他不收集证据,也不一定承担被定罪量刑的后果。在民事诉讼中,当事人对于自己的主张,有责任提供证据。具体地说,原告应就诉讼请求依据的事实承担证明责任;被告应就其答辩及其反诉的诉讼请求依据的事实承担证明责任;有独立诉讼请求的第三人应就其在参加之诉中的诉讼请求所依据的事实承担证明责任;无独立请求权的第三人对自己主张的事实也要承担证明责任。在行政诉讼中,被告需要承担证明责任,在诉讼过程中必须提供证据来证明自己进行的行政活动的合法性。如果承担证明责任的当事人不收集证据以证明自己的诉讼主张,便有可能承担败诉的后果。

(四)收集证据的活动内容是通过一定的行为、采取必要的方法获取和收集证据

获取证据往往要依一定的技术手段——如专门用以采集指纹、足迹和微量物证等的技术手段——对证据进行提取和固定。

二、保全证据界说

对于有些证据来说,收集它是有一定的条件限制的,如有的证据对于时间要求很严,不及时提取和固定,就可能因物理或者化学变化甚至人为原因遭到毁损;还有的证据,如果不及时提取,将来再提取时就会遇到困难,如证人即将出国,如果不在其出国前及时获取证据,将来再获取时将会有很大难度,获取该证据的成本将会过高而使收集证据成为得不偿失的行为。因此,一旦意识到可能存在这些情形时,就需要通过一定的救济手段避免证据的灭失或者保障收集和运用证据的便利。证据保全就是为了这一目的而设置的一项证据制度。

证据保全,就是对于可能灭失或者以后难以取得的证据,人民法院根据当事人的申请或者主动依职权采取一定的措施先行加以固定和保护的诉讼行为。

需要进行证据保全的情形主要有:一是证据有可能灭失,例如,作为证据的物品将要腐烂、变质,证人即将死亡,当事人有毁灭证据的危险等;二是证据将难以取得,例如,证人即将出国,被告人可能转移、隐匿证据等。

适用证据保全措施,必须具备以下条件:第一,要保全的证据必须能够与本案的证明对象具有关联性,也就是说,该证据能够证明本案的待证事实。如果该证据与本案的证明对象不具有关联性,对于本案不具有任何证明作用,那么即使有灭失或者难以取得的情形存在,也没有必要采取保全措施。第二,要保全的证

据必须有灭失或者以后难以取得的可能性。保全证据是一种在紧急情况下采取的特别措施，如果证据没有灭失的危险或者以后难以取得的情形，就没有必要采取这样的措施。

在民事诉讼和行政诉讼中，保全证据既可以由诉讼参加人主动申请，也可以由人民法院主动实施。《民事诉讼法》第81条第1款规定："在证据可能灭失或者以后难以取得的情况下，当事人可以在诉讼过程中向人民法院申请保全证据，人民法院也可以主动采取保全措施。"该条第2款规定："因情况紧急，在证据可能灭失或者以后难以取得的情况下，利害关系人可以在提起诉讼或者申请仲裁前向证据所在地、被申请人住所地或者对案件有管辖权的人民法院申请保全证据。"《行政诉讼法》第36条作出了同样的规定："在证据可能灭失或者以后难以取得的情况下，诉讼参加人可以向人民法院申请保全证据，人民法院也可以主动采取保全措施。"

人民法院采取证据保全措施的动因有两个：一是诉讼参加人的申请，诉讼参加人在发现证据可能灭失或者以后难以取得的情况下，应当及时向人民法院提出申请，说明需要保全的证据和申请的理由；二是人民法院认为有必要时主动依职权保全证据。

证据保全是对证据进行预先审查、固定的诉讼活动，在诉讼开始前一般不能进行证据保全。在司法实践中，如果当事人在起诉前认为有必要对证据采取保全措施的，可以向公证机关提出申请，由公证机关以公证的形式保全证据。特殊情况下，当事人也可以向人民法院提出证据保全的申请，由人民法院决定是否采取证据保全措施。

三、收集与保全证据在诉讼上的意义

证据的收集与保全对于诉讼来说具有如下意义：

（一）证据的收集与保全是认定案件事实的基础

正确处理案件，一般应首先正确认定案件事实，显而易见，没有证据或者证据不足，就不能够正确认定案件事实。在刑事诉讼中，不能得到正确认定犯罪事实，就不能落实国家刑罚权；在民事诉讼中，事实模糊不清，就不能按照实际情况处理纠纷，使权利受到侵害的当事人得到应有救济。在行政执法活动中，没有证据，就不能正确判断是非，作出正确的行政处理决定。是故，欲认定案件事实，不能不认真对待收集证据之需求；特别是，有些证据的获得具有紧迫性，不能及时收集和固定，证据就可能灭失或者难以提取，从而给认定事实带来困难，因此在收集证据时还必须重视对证据的保全，以防证据之湮灭。

（二）证据的收集与保全是保证当事人的实体权益的手段

在现代社会，案件发生以后或者纠纷形成以后，有关当事人为维护自己的权益,无不积极提供证据或者证据线索,在法律允许的前提下,还主动收集证据。向法庭提供证据是承担证明责任的当事人为避免败诉后果的发生而采取的理性行为,不承担证明责任的当事人为维护自己的权益,也往往积极主动提供有利于己的证据或者证据线索。遇有需要保全证据的情形,当事人常常更加积极地发现苗头和掌握情况,主动申请证据保全。证据的收集与保全,可为当事人提供证据创造必要前提,该项活动有利于保护当事人的合法权益,并有利于诉讼活动的顺利进行。

第二节 收集与保全证据的基本要求

诉讼活动的许多内容是围绕证据进行的,收集与保全证据是一些诉讼阶段的主要活动内容。因此,收集与保全证据是一项严肃的法律活动,需要由法律加以规范和调整,收集与保全证据应当符合法律提出的要求,才能取得相应的法律效力。

一、对于所有收集和保全证据的主体的共同要求

对于所有进行证据收集和保全证据活动的主体来说,进行这些活动必须做到:

（一）收集与保全证据应保证证据内容的客观性

无论是国家司法机关、行政执法机关、律师,还是公民个人、法人或者其他组织,在收集证据时都必须尊重证据的客观性,不能破坏证据的客观性。这就要求收集证据的主体不能毁损、伪造、变造证据和引诱、欺骗、胁迫证人做伪证。

（二）收集与保全证据应当具有及时性

及时是在时间效率方面对收集证据所作的要求。收集证据,应当尽可能迅速进行,因为不少证据具有较强的时间性,如果在特定时间内不及时收集,以后再要收集时就会遇到相当大的困难。不仅一些证据由于本身的物理或者化学特性而容易发生变化,如物证、书证便是如此,就是证人证言也是如此——如果相隔时间太长,关于某些事情,证人的记忆可能会变得模糊不清,不能准确地描述案件发生时以及案件发生前后自己所感知的有关案件的情况,因而要据以查明案件事实就必须趁其记忆清晰、鲜活的时候进行询问并以一定的方式加以固定。对于容易灭失的证据或者以后难以取得的证据,加以提取和固定的时间性更强,如果当事人不及时提出证据保全的申请或者司法机关不及时采取证据保全的措施,证据可能就此湮灭而无法再行取得,或者要取得该证据必须付出高昂的诉讼成本。

（三）收集与保全证据应当具有合法性

客观性和相关性是证据的本质属性，一项证据，只要具备了客观性和相关性就具有了实质上证明案件事实的能力，能够起到揭示案件事实的实际作用。但在当代诉讼活动中，案件事实真相并非唯一的诉讼价值，维护公民个人的自由权利也是一项重要的诉讼价值。查明案件事实，必须在禁止损害或者禁止不必要损害公民自由权利的条件下进行，这就需要收集和保全证据活动的主体在进行这项活动时必须遵守法律为保障公民自由权利而设定的程序，不能违反这些程序进行非法的收集和保全证据的活动。违反法律进行的收集和保全证据的活动，往往损害公民的自由权利，如在公民住所非法安装窃听器和进行非法监听就损害了公民的居住安全和隐私权；又如对当事人、证人进行刑讯逼供，就损害了公民的人身权，甚至危及其生命权。因此，国家司法机关和行政执法机关进行证据的收集和保全活动，必须严格遵守法定的权限和程序，律师、一般公民、法人和其他组织进行收集和保全证据的活动，也必须遵守法律作出的相关规定，如果违反法律作出的相关规定，也许会承担相应的程序后果。

对于国家司法机关、行政执法机关和律师收集证据的权限和程序，我国三大诉讼法和相应的司法解释作出了原则性规定，并以一系列具体程序对收集证据的活动加以限制。

《刑事诉讼法》第 50 条规定：审判人员、检察人员、侦查人员必须依照法定程序，收集能够证实犯罪嫌疑人、被告人有罪或者无罪、犯罪情节轻重的各种证据。严禁刑讯逼供和以威胁、利诱、欺骗以及其他非法的方法收集证据，不得强迫任何人证实自己有罪。《民事诉讼法》第 129 条、第 130 条规定，审判人员必须认真审核诉讼材料，调查收集必要的证据。人民法院派出人员进行调查时，应当向被调查人出示证件。调查笔录经被调查人校阅后，由被调查人、调查人签名或者盖章。人民法院在必要时可以委托外地人民法院调查。在司法实践中，人民法院调查收集证据，由审判人员主持，并且由两人以上共同进行。调查材料要写明调查人、被调查人、记录人、调查的时间和地点，并由调查人、被调查人、记录人签名或盖章。人民法院收集证据要做到客观、全面、及时、深入，严禁采用威逼、利诱等非法方法获取证据。

《刑事诉讼法》规定律师有权收集与案件有关的材料，但这项权利有一定限制，该法第 41 条规定，辩护律师经证人或者其他有关单位和个人同意，可以向他们收集与本案有关的材料，也可以申请人民检察院、人民法院收集、调取证据或者申请人民法院通知证人出庭作证。辩护律师经人民检察院或者人民法院许可，并且经被害人或者其近亲属、被害人提供的证人同意，可以向他们收集与本案有关的材料。也就是说，律师向证人或者其他有关单位和个人调查取证，要受到证人或者其他有关单位和个人的同意的限制，如果向被害人或者其近亲属以及控方证人调查取证,要受两方面限制:一是人民检察院或者人民法院许可;二是被害人或者其近亲属、被害人提供的证人同意。

二、对于国家司法机关和行政执法机关的特殊要求

(一) 国家司法机关和行政执法机关收集证据的全面性

全面收集证据是我国法律对司法机关和行政执法机关提出的特殊要求,这项要求的具体内容是,司法机关和行政执法机关在收集证据时必须收集所有与本案有关的证据材料,特别是不能只注意收集某一方面的证据而不注意相反方面的证据。在刑事诉讼中,不能只注意收集证明犯罪嫌疑人、被告人有罪、罪重的证据,还必须注意收集犯罪嫌疑人、被告人罪轻和无罪的证据。在民事诉讼中,应当对有利于和不利于被告或者原告的证据一律加以注意,一视同仁地加以收集,不能有所偏袒或者怠慢。在行政执法活动中,应当全面收集有利于和不利于行政相对人的证据,不能偏听偏信,作出有失公正的决定或者其他不恰当的行政行为。在行政诉讼中,人民法院应当对有利于和不利于被告的证据一律加以注意,不能只注意收集有利于被告的证据而不注意收集不利于被告的证据,也不能只注意收集不利于被告的证据而不注意收集有利于被告的证据。

(二) 行政机关收集证据的时效性

我国《行政诉讼法》对于行政机关在诉讼期间收集证据加以禁止,其第33条规定:"在诉讼过程中,被告不得自行向原告和证人收集证据。"这一规定要求,行政机关在举证时,应当提供最初作出具体行政行为时所依据的证据,而不能在原告起诉后再收集证据为业已作出的具体行政行为寻求依据。这是因为,原告人所不服的,是行政机关在最初作出具体行政行为时所依据的证据和法律依据。法院审理的,正是由此产生的争议。

在行政诉讼中,被告负有证明责任,同时禁止其在诉讼过程中收集证据,体现了行政诉讼的特点。按照这一规定,要求行政机关在作出具体行政行为的时候,必须重视收集证据,不能当行政管理的相对人已经提起诉讼后才收集证据。在诉讼中,如果被告人不能提供充分的证据或者在诉讼开始后自行收集证据,经人民法院查证属实,即使行政管理的相对人确有违法行为,被告也必须承担败诉后果。行政诉讼法的这一规定,对于促成法治具有重大的意义,它将促使行政机关在作出具体行政行为时严格依法办事,本着认真负责的态度进行行政活动,提高行政行为的质量,从而防止行政权力的滥用,为公民个人的人身自由、财产权利提供切实保障。

三、收集与保全证据活动的相对人的义务

人民法院在必要的时候主动收集证据,既是人民法院的职责也是其职权。

《民事诉讼法》第 67 条第 1 款规定:"人民法院有权向有关单位和个人调查取证,有关单位和个人不得拒绝。"人民法院主动收集证据是国家赋予审判机关的一项重要权力,人民法院在行使这项权力而向有关单位或者个人调查取证时,该单位和个人有义务予以协助,提供其所了解的证据材料。

四、对于证据的要求

收集实物证据应当尽可能收集原始证据。我国《民事诉讼法》第 70 条对书证作出了明确规定:"书证应当提交原件。物证应当提交原物。提交原件或者原物确有困难的,可以提交复制品、照片、副本、节录本。提交外文书证,必须附有中文译本。"按照这一规定,收集书证以提交原件为原则,提交复制品、照片、副本、节录本为例外。在诉讼实践中,复印件的应用往往比手抄件更为广泛,这种文件是经过复印机印制而成的。在民事、行政诉讼中,当事人提交副本、节本、复印件的,一般需要附有有关机关的证明,这种证明对该证据的证明力提供的是补强功能。

证人提供证言,应以出庭作证为原则,我国《民事诉讼法》第 72 条第 1 款规定:"凡是知道案件情况的单位和个人,都有义务出庭作证。有关单位的负责人应当支持证人作证。"《刑事诉讼法》第 59 条也规定:证人证言必须在法庭上经过公诉人、被害人和被告人、辩护人双方质证并且查实以后,才能作为定案的根据。按照这些规定,在诉讼之前收集证人证言并制作证人证言笔录,并不能代替证人出庭作证,只有证人出庭确有困难的例外情况下,才允许提供书面证言。我国诉讼中证人很少出庭作证,大量使用书面证言作为定案的根据,实际上违反了法律的这项规定,限制或者剥夺了当事人的质证权。证人出庭作证问题已经成为长期困扰我国诉讼活动的一大难题,深入研究解决之道,特别是对世界各国解决这一问题的经验进行研究和借鉴,提出切实可行的方案,使法律的有关规定得到落实,是我国的法学者、立法者和司法实践部门的不可推卸的责任。

第三节　收集与保全证据的主要方法

收集证据意味着以一定方法提取证据,证据种类不同,提取的方法也往往不同。如对于人证,通常采取询问、讯问和制作询问、讯问笔录的方法,也辅以录音、录像等方法(在刑事诉讼中,符合法律规定的情形时应当进行全程录音录像);对于书证,通常采取复制、拍照的方法;对于物证,通常采取提取、封存的方法,也可以由公安司法机关进行勘验、制作勘验笔录,或者采取拍照、绘图、摄影等方法。总的说来,收集证据应当根据不同证据的特点,有针对性地采取相应的不同方法,以保证证据的证明价值不因提取方法不当而有所减损。

收集与保全证据的主要方法包括：

一、提取原物

提取与案件有关的物品或者文书，主要适用于可以并且便于移动的物证、痕迹载体、书证和视听资料。在可能的情况下，应当尽可能提取原物。这是因为：复制件在复制过程中容易发生歪曲，影响对案件事实的正确判断。原物只要保存方法得当，提取、固定和使用及时，一般能够保持原貌，正确反映与案件有关的事实情况。所以，收集物证和书证，应当以提取原物为原则。

制模提取是指通过制作模型来提取证据材料，主要用于各种立体痕迹物证，常用的方法有石膏制模法、硅胶制模法和硬塑料制模法等。当存在立体感较强的痕迹物证而又无法提取原物时，可以采用这种方法。

粘印提取是通过粘贴、吸附等手段来固定和提取证据的方法，主要用于各种平面痕迹物证。

二、询问、讯问

对当事人、证人、鉴定人进行询问或者讯问，要求其陈述与案件有关的情况，是收集与保全言词证据的常见方法。"询问"与"讯问"本来可以互易，如对证人进行询问，我国台、港、澳地区亦往往使用"讯问"一词来表达。我国诉讼法除了偶尔将"讯问"用于对证人进行的询问外[①]，"询问"与"讯问"似乎是区别使用的。"询问"用于案件中的证人、除犯罪嫌疑人和被告人以外的当事人、鉴定人等；"讯问"则用于刑事诉讼中的犯罪嫌疑人、被告人和一般违法行为人。从语义上推敲，"询问"具有地位平等、气氛和谐的意味，"讯问"则具有上对下、下顺上（必须回答）的意味。不过，讯问者特定为司法机关和行政执法机关，律师向犯罪嫌疑人、被告人提出与案件有关的问题、要求其回答，仍称为"询问"而不称"讯问"。

当事人、证人、鉴定人对于询问、讯问所作出的有关案件事实的回答，具有证据价值，应当予以及时固定。常见的固定方法是制作询问笔录或者讯问笔录。询问、讯问和制作笔录有一定的程序要求，如询问、讯问必须由两个以上侦查人员、检察人员或者审判人员进行，笔录制作后须交被询问人或者被讯问人阅读，后者可以要求补充、更正，记录无误或者补充、更正后，被询问人或者被讯问人应当签名。

---

① 如1979年制定并经1996年修改的《刑事诉讼法》第47条规定：证人证言必须在法庭上经过公诉人、被害人和被告人、辩护人双方讯问、质证，听取各方证人的证言并且经过查实以后，才能作为定案的根据。这里使用了"讯问"一词。不过，2012年再修改的《刑事诉讼法》第59条已经删掉了"讯问"一词。

三、搜查

搜查是侦查人员、检察人员依法对犯罪嫌疑人以及可能隐藏罪犯或者罪证的人的身体、物品、住所和其他有关地方进行搜寻、检查的行为。搜查的目的不仅仅局限于收集犯罪证据，有时也是为了查获犯罪嫌疑人。搜查的对象和范围既包括犯罪嫌疑人，也包括其他可能隐藏犯罪证据的人员；既可以搜查人身，也可以搜查犯罪嫌疑人的住处、物品或者其他有关场所。

世界许多国家实行司法令状制度，在一般情况下，应当首先取得法官签发的搜查令。司法令状是由法官根据行政机关及其人员的申请签发的一种命令，命令要求令状接受者按令状的要求行事。根据司法令状，该行政机关及其人员在办理该刑事案件中被授予某一权力（如进行逮捕、搜查）或者进行某一行为（如根据人身保护令释放被拘禁的人）。司法令状制度体现了司法权对于行政权的控制，是保障公民自由权利的优良制度。该制度的原理在于法院在保障人权方面具有特殊作用。

执法人员进行搜查、扣押等行为，除法律规定的特殊情形外，需要事先取得法官签发的搜查令。例如，美国《宪法》将人身、住所、文件与财产的保护并列规定，给予同等的程序保障，宪法第4条修正案规定："人民保护其人身、住所、文件与财产不受无理搜查与扣押的权利，不可侵犯；亦不得颁发搜查证、拘捕证或扣押证，但有可能的理由，有宣誓或郑重声明确保，并且具体指定了搜查地点、拘捕之人或扣押之物的除外。"美国的法院认为："根据第4条修正案，如果没有法官或者治安法官的预先批准，搜查本身便是无理的，除非为数不多的、可以特别证实的、描述清楚的情况可以例外。"[1] 除了一些例外——如在紧急情况下——要进行搜查，警察必须向治安法官申请搜查令，为此必须宣誓保证有"充分的理由"相信"搜查肯定会获得犯罪证据"。搜查令上必须写明搜查的地点和所要扣押的物品。"不问缘由便签发的许可证是笼统的、违反宪法的。"[2] 这些制度，值得我国诉讼制度和证据制度借鉴。

四、扣押

扣押是侦查人员、检察人员依法强行提取、扣留和封存与案件有关的物品、文件的行为。扣押的目的是为了获取和保全证据。及时进行扣押，可以防止能够作为证据使用的物品、文件被隐匿、毁弃或者丢失，保证它们在法庭上提出并

---

[1] 敏西诉亚利桑那（1978年），《美国判例汇编》律师版第二套第57卷第290页。转引自〔美〕卡尔威因、帕尔德森著：《美国宪法释义》，徐卫东、吴新平译，华夏出版社1989年版，第209—210页。

[2] 〔美〕卡尔威因、帕尔德森著：《美国宪法释义》，徐卫东、吴新平译，华夏出版社1989年版，第213页。

实质发挥证明案件事实的作用。

如前所述，在许多国家，同搜查一样，通常情况下，扣押需要由法官签发扣押令。

在我国，搜查、扣押无须"司法令状"，而由实施这些侦查行为的机关自行签发"令状"。这种做法不利于通过司法权控制行政权以防止行政权被滥用，不利于个人自由权利的保护。因此，有不少学者建议在我国司法制度中增设搜查、扣押的司法令状，要求侦查机关(包括检察机关的侦查部门)进行搜查、扣押，需要事先获得司法机关(包括检察机关的侦查监督部门)签发的批准书或者决定书。只有在执行逮捕、拘留确有必要或者紧急情况下，未取得搜查证、扣押证才可以进行搜查、扣押。

五、勘验、检查

从事侦查、检察、审判等活动的国家专门机关的人员对与案件有关的场所、物品、尸体等进行勘查和检验，以发现、收集和固定能够证明案件事实的各种痕迹和物品的活动，称为勘验。

从事侦查、检察、审判等活动的国家专门机关的人员为了确定被害人、犯罪嫌疑人、被告人的某些特征、伤害情况或者生理状态，依法对人身进行查验的活动，称为检查。

勘验的对象是现场、物品和尸体，包括现场勘验、物证检验、尸体检验；检查的对象是活人的人身。

在诉讼活动中，进行勘验和检查，往往需要拍摄现场照片。拍照，就是使用一定的设备将一定的影像固定到底片和冲洗完成的照片上。拍照的设备为照相机，照相机工作的原理就是通过光化作用或者电子技术将景物人像等影像记录下来。

六、录音、录像

录音、录像是电子、音像证据的主要收集方法。

录音就是用一定的设备将事件发生过程中产生的音响记录下来。作为证据的录音资料既可以产生于案件发生过程中，如录制案件发生时的音响；也可以发生在诉讼过程中，如在诉讼过程中录制当事人与案件有关的陈述。

录像是使用一定设备将特定的活动影像记录下来。与录音资料一样，录像资料作为证据，既可以产生于案件发生过程中，如记录案件发生经过的影像；也可以产生于诉讼过程中，如录制诉讼活动中当事人的陈述形成的影像资料。

七、复制

复制是通过一定的方法或者使用一定的设备,按照原物的各种特征制作仿制品的行为。复制包括摹写、复印、翻拍、转录(电子、音像资料)等方法。复制既是收集证据的主要方法之一,也是保全证据的常用方法,如为了防止音像资料被伪造或者破坏,或者在使用中磨损,往往采取转录复制的方法进行保存。

八、调取

调取是侦查机关、检察机关和审判机关向持有能够证明与案件有关的事实的证据的单位、个人发出通知要求其限期交出或者前往索取要求其立即交出的行为。有关单位和个人必须交出其所持有的证据。

九、鉴定

鉴定是国家专门机关指派或者聘请具有专门知识的人员,就案件中某些专门性问题进行鉴别和判断,提出相应意见的一种活动。鉴定既能够揭示证据的特性(如书证的形成时间),印证证据的真伪,其结论本身也是独立的证据种类。鉴定包括刑事技术鉴定、法医学鉴定、司法精神病学鉴定、司法会计鉴定等,鉴定的对象范围十分广泛,与案件有关的各种物品、文件、痕迹、人身、尸体等都可以进行鉴定,鉴定意见是一种独立的诉讼证据。

十、侦查实验

侦查实验是验证案件证据的方法,也是收集证据的方法。侦查实验就是为了确定和判明与案件有关的某些事实或者行为在特定条件下能否发生或者怎样发生,由侦查人员进行的按照原有条件进行重演的一种活动。侦查实验可以验证案件发生或者证据的某些特定情况,实验的结果和记述实验过程形成的笔录可以作为证据使用。

十一、辨认

辨认同样具有双重性,它可以作为验证案件证据的方法,也可以作为收集证据的方法。前者如在法庭调查过程中,当事人对于出示的物证是否与案件有关进行的辨认,起到的就是验证证据真伪的作用;后者如被害人从许多物品中辨认出与犯罪行为有关的物证,就是将辨认作为收集证据的一种方法来使用的。另外,辨认人的陈述和辨认过程的笔录,属于法定证据种类,可以作为证据使用。

十二、公证

在诉讼中,一方当事人为了证明自己的主张,申请证人出庭作证,如果证人因故不能出庭作证,采取由公证机关对证人证言进行公证的方法进行保全。先看一起案件:

2004年3月,毛某到鲁某处从事驾驶装载机工作。2004年12月1日清晨,毛某在驾驶装载机的过程中不慎跌落受伤,左肱骨下段骨折住院治疗。到2004年12月15日出院时,他已花费医疗费1.3万元。后来,在医院建议下,他又休息了4个月,并进行了第二次手术。2005年2月4日,毛某向海安县人民法院起诉,要求鲁某给付其误工工资3930元并赔偿因伤造成的经济损失。同年3月30日,因证据不足,毛某向法院申请撤回诉讼。同年6月21日,他再次提起诉讼,并在法定期限内向法院申请证人到庭作证。但是,法院开庭审理时,他申请的证人未能到庭。毛某称,鲁某获知其向法院申请证人到庭作证后,威胁并阻止证人到庭作证。鉴于这种情况,他请海安县公证处分别对证人曹某、唐某就该案所作证言进行公证,并向法庭提交了公证书。被告鲁某对毛某提供的公证书提出异议,认为证人应当到庭接受质询,如果证人没有到庭接受质询,其证言不能作为定案的证据。双方围绕着公证书的效力问题进行了激烈的辩论。法院经审理认为,毛某所提供的相关证据足以证明原、被告间存在雇佣关系;毛某身体受到伤害,有病历、证人证言及公安机关调查的材料等予以佐证;同时可以认定毛某身体受到伤害发生于从事雇佣活动期间。证人证言公证书系国家公证机关经过公证的书证,同时,该公证文书证明的内容与其他证据互为印证。被告鲁某虽然对该两份公证文书提出反驳,但未能提供反驳证据,故应对该公证文书的证明效力予以确认。最后,法庭依照相关法律规定判决鲁某赔偿毛某医疗费、误工费、残疾赔偿金、被扶养人生活费、精神抚慰金等合计人民币5.3万元。

有专家提示,该案涉及经过公证的证人证言的效力问题。最高人民法院2001年12月6日通过的《关于民事诉讼证据的若干规定》第77条第2项规定,人民法院就数个证据对同一事实的证明力,可以依照下列原则认定:"物证、档案、鉴定结论、勘验笔录或者经过公证、登记的书证,其证明力一般大于其他书证、视听资料和证人证言。"从这条规定中可以看出,公证证据优于其他证据。2001年《关于民事诉讼证据的若干规定》第69条第(五)项规定,无正当理由未出庭作证的证人证言不能单独作为认定案件事实的依据。同时第9条还规定,已为有效公证文书所证明的事实,当事人无须举证证明。这也就是说,公证证据一般情况下无须质证,除非有足以推翻公证证据的其他证据。但是,证人证言具有特殊性,由于公证机关并不能确认证人证言内容的真实性,因此在诉讼中必须经过质证,才能有效地辨别真假或确认其可信程度。该案法官就是根据原告提供的所有证据综合起来认定案件事实的,并非认定公证之后的证人证言证明力高于其他证据。有专家提示,为了防止证人因各种原因不能出庭作证给诉讼带来困难,民事案件当事人应注意对证人证言进行公证保全,这样,可以在一定程度上提高案件的胜诉率。①

总之,收集证据的方法很多,但必须指出的是,在收集证据过程中,不论采取什么方法,都应该客观、真实地反映证据的情况,最大限度地固定和保全证据的证明力。

---

① 丁培培:《公证保全证人证言让他赢了官司》,载《检察日报》2005年9月23日第1版。

中编　证据各论

那里有七座城市，
是不是确凿无疑？
它们想永久存在，
证据又在哪里？

——希姆博尔斯卡

第一章 物 证

> 亚里士多德只要请太太张开嘴巴，便不会犯下认为女人牙齿比男人少的错误了。
>
> ——罗素

案件一旦发生，事实归于消灭。发生过的事实或者为人所感知或者在物品痕迹上留下反映案件事实的信息，这些信息及其载体构成了认识者（如侦查、起诉或者审判人员）与被认识者（已经发生并且归于消灭的案件事实）之间的媒介物。物证是这种媒介物中十分重要的一种。要查明案件真相和为诉讼证明做准备，不能不重视收集、固定和提取物证。物证的说服力较强，有物证在手，诉讼中的一方获得胜诉的把握一般较大；如果物证灭失，则无论进行诉讼证明还是调查事实真相，势必面临较大困难。全面、细致进行物证的收集、固定和提取，对于办理案件或者赢得胜诉均意义重大。

第一节 总 说

物证有广狭两种含义。狭义的物证是指以其外部特征、存在状态、物质属性等来证明有关案件事实的实物和痕迹。这里的"实物"包括在司法实践中所有可以作为物证之物，如各种物品、动物、植物、人体等有形物和气体等无形物。广义的物证与广义的人证相对称，即以物体为材料的证据，包括狭义的物证和书证等的总和。广义的物证就是我们通常说的"实物证据"（即以物质形态表现出来的证据）。广义的物证不是法律上作为独立形式之一种的证据，我国诉讼法所谓"物证"乃是狭义的物证。

物证乃诉讼常见之证据。《周礼》记载，周朝设"司厉"的官职，专门执掌"盗贼之任器货贿"。所谓任器，就是杀伤人的凶器；货贿就是盗窃所得财物。唐律规定："若赃状露验，理不可疑，虽不承引，即据状断之。"这些是关于物证的较早记载、涉及物证的早期规定。

在刑事诉讼法中，物证列为诸证据之首，运用颇为广泛，也深受倚重。物证范围广泛，包括作案的工具、行为所侵害的客体物、行为过程中所遗留的痕迹和物品，以及能够作为揭露和证明与案件有关事实之用的其他物品和痕迹等等。

诸如：

1. **犯罪使用的工具**。例如，罪犯杀人时所用的凶器、毒药，盗窃时使用的钳子、万能钥匙等。唐末刘崇龟任广州刺史时，有一大宅院里女子被杀，现场留下凶刀一把。刘崇龟见那是一把屠刀，就下令某日大摆宴席，召集全境屠夫前来等待宰杀牲口，随后又命大家把屠刀留下，次日再来。刘崇龟把一屠刀替换为凶刀，次日各屠户取走自己刀时，一屠户说遗留的最后这把不是自己的刀，刘崇龟问是谁的，屠户认出是某人的刀，凶手遂被找到。① 这里现场遗留的刀，就是犯罪使用的工具，案发后成为找出真凶的线索。

2. **犯罪遗留下来的物质痕迹**，即犯罪人在作案过程中留在某些物体上的犯罪痕迹。例如，犯罪人在犯罪现场留下的指纹、足迹、血迹，人的体液（包括唾液、强奸案件中的精斑等），使用犯罪工具留下的犯罪痕迹（如撬锁留下的撬痕）等等。在辛普森案件中，警方声称发现了许多与案件有关的证据，其中一些证据属于"犯罪遗留下来的物质痕迹"，包括在犯罪现场房屋后门所发现的血迹。血迹在门上，四周则相当干净，检方声称该血迹保存得比较完整，DNA 检测反应与辛普森的吻合。在辛普森野马跑车上多处发现血迹：驾驶室旁边的车门（辛普森的）、车内地板（布朗的）及中间置物箱（高德曼、布朗和辛普森的）。在犯罪现场遗留的血脚印是 12 号，与辛普森尺寸相合，属于布鲁明戴尔百货公司里一家布鲁诺•马利鞋店（辛普森经常光顾）所卖的一双 160 美元的休闲鞋子。在犯罪现场被害者身旁的血滴，检方声称该血渍的 DNA 检测反应与辛普森的吻合；采集其中一滴血，经过传统的血清检验证明，与辛普森的吻合。在辛普森罗金汉住处不同地点（车道上，大厅里）多次发现少量血迹，都证明是辛普森的。测试反应揭示：卧室的浴室水槽和莲蓬头有血迹。这些都成为检察官用来指控辛普森犯罪的证据。

3. **犯罪行为侵犯的客体物**。例如，杀人案件的尸体，抢劫获得的财物，盗窃得到的赃款、赃物等等。对这些证据进行检验，能够揭示案件真实情况，如《折狱龟鉴》记载："高防初事周世宗，知蔡州。时部民王义为贼所劫，捕得五人，系狱穷治，赃状已具，将加极典。防疑其枉，取赃阅之。召义问所失衫裤是一端布否，曰然，防令校其幅尺，广狭不同，疏密有异，囚乃称冤。问何故服罪，曰不任捶楚，求速死耳。居五日，获其本赃，而五人得释。"② 这一案件有赃物为证，被告也认罪，但高防细心，得知被偷衣裤裁自同一块布，经过对照却发现当做赃物的衣裤布料门面宽狭不同、编织的疏密也有异，从而确认这是一起冤案，被告是受刑不过才违心承认自己没有犯过的罪的。

---

① （宋）郑克著：《折狱龟鉴》。
② 同上。

4. **犯罪现场留下的物品**。例如,犯罪人留在犯罪现场的衣服、帽子、手绢、纽扣、烟头、火柴棒、票证、纸屑等等。1910年,法国刑事犯罪学家艾德蒙·洛卡德曾言:"任何接触都可以留下痕迹。"如在某些案件中,被害人尸体上的咬痕,就是犯罪人在作案过程中留在人体上的痕迹。在辛普森案件中,警察在辛普森位于罗金汉(Rockingham)的私人住宅里,寻获了一只血手套,据说符合辛普森手掌大小,是他曾经用过的样式,而在布朗邦迪街住宅的犯罪现场找到另一只手套,与之成对。这只手套上,有跟高德曼衬衫一样的纤维,布朗和高德曼的头发、野马跑车上的灰尘,及一个黑人四肢上的毛发。据说,手套上的血迹也与高德曼、布朗和辛普森的相符。在辛普森卧室地板上发现有血渍的袜子,检方声称该血渍的DNA检测反应与辛普森和布朗的吻合。这些证据都属于"犯罪现场留下的物品"。

5. **其他可以用来发现犯罪行为和查获犯罪分子的存在物**。例如,某些动物也可以用来证明案件有关事实。有学者指出:"法庭昆虫学已经在许多案件中证明了它的重要性","掌握各种昆虫的行为以及生命周期的知识,有可能作出较为准确的死后时间的估算,可精确到最接近的日期或星期,但不是小时。这种证据已经在不止一次的案件中证明了犯下谋杀罪的时间段,有时候还能揭示尸体已在后来被移到了另一个地方。"除苍蝇外,"其他昆虫——甲虫、蛾,甚至还有黄蜂——也能向昆虫学家提供有价值的证据。"[①]

第二节 物证的分类

物证五花八门,多种多样。为便于把握其规律或者对其特征加以描述,可以依不同标准,将物证分为若干种类,诸如:

一、有形物和无形物

依物证是否呈现一定形态,可以将物证分为有形物和无形物。有形物是指有一定形状的证物,一般是以外部特征(即证物的外部形态、规格、大小、结构)来发挥证明作用,我们手之所触,目之所见,皆有形之物;无形物是指没有一定形状,以其特殊属性来发挥证明作用的证物,例如,声音、光线、气味、磁场、电等即属此类。

二、有生命(活体)证据和无生命证据

依物证是否有生命,可以将物证分为有生命(活体)证据和无生命证据。有

[①] 〔美〕布瑞恩·英尼斯著:《身体证据》,舒云亮译,辽宁教育出版社2001年版,第105、106、108页。

生命证据,又可称为"活体物证",是指由活者的人、动物等有生命的物体作为物证。无生命物证是指没有生命的物体,如人的尸体或者动物的尸体、植物和岩石、金属、水等。

三、固态证据、液态证据和气态证据

依物证外观形态,可以将物证分为固态证据、液态证据和气态证据。固态证据是指在常温下表现为固体的物证。液态证据是指在常温下表现为液体的物证。气态证据是指在常温下表现为气体的物证。

四、嗅觉物证、视觉物证、触觉物证和听觉物证

依物证与感官的关系,可以将物证分为嗅觉物证、视觉物证、触觉物证和听觉物证。嗅觉物证是凭借人的嗅觉器官加以感知的物证;视觉物证是通过人的眼睛加以观察的物证;触觉物证是凭借人的触觉加以感知的物证;听觉物证是通过人的耳朵加以感知的证据。有学者指出,上述嗅觉、视觉、触觉和听觉并不限于人的感官作用,还包括其他动物的感官作用,以及仪器或者其他材料的仿生感觉。不过,"案件事实和证据事实只能靠人来认识,动物的感觉或者机器的仿生感觉只能是执法人员认识案件事实的工具,他们仅仅是人的感官的延伸。"[①]

五、巨型物证、一般物证和微量物证

依物证体积大小,可以将物证分为巨型物证、一般物证和微量物证。巨型物证是指体积庞大、不能随案移送的物证,如建筑物、火车、汽车、轮船和爆炸、飞机坠毁形成的坑穴等。一般物证是指体积适中、可以随案移送的物证。在司法审判中,法庭出示供人辨认的物证均为一般物证。微量物证是指肉眼看不到、需要借助仪器才能发现的体积微小的物证,如微量粉末、微量痕迹等。

对于物证,还可以按其他标准进行分类,如根据物证是否具有安全性而将物证分为安全品和危险品;将物证在日常环境中是否易于保存而将物证分为易腐烂变质物证和易保存物证等等,不一而足。

对物证进行分类,便于把握不同物证的特点,在收集、固定、提取和应用时,可以根据这些不同物证的特点选择不同的方法,例如,物证体积大小不同、是否易于保存的属性不同。在司法实践中,有的可以直接提取该物证本身,有的只能采取拍照、录像等方法。对某些体积庞大或者具有挥发性等难以移动或易于消失的物品、痕迹,可以采用制作模型的方式加以提取、固定和保全。在运用证据时,可以提出物证,也可以提出这些照片和模型本身,但原则上能提供原物和痕

[①] 江伟主编:《证据法学》,法律出版社1999年版,第315页。

迹的,不宜用照片、复制的模型来替代原物和痕迹。不过,这些照片和模型是在诉讼过程中制作出来的,如果能够正确地反映客观存在的事物,可以起到物证的作用。

第三节 物证的证据能力

物证之证据能力,主要依两大证据规则确认:一是关联性规则,前已述之;二是非法证据排除规则。

非法证据排除规则来源于美国的司法判例,体现了刑事诉讼中犯罪控制和正当程序之间存在的冲突及对这一冲突所作出的选择,它要求排除那些以非法方法获取并用以控诉该人的任何证据,目的在于遏制执法中的违法行为和保持司法体制的完美无瑕。

在美国,排除规则要求在刑事诉讼中排除那些由警察以侵犯一个人宪法权利的方法获取并用以控诉该人的任何证据。本来依普通法,为获取证据而采取非法手段并不影响法庭采纳该证据。任何证据——不管它是如何取得的——只要满足证据可采性的其他标准,诸如证据的相关性和可信性,就能够为法庭所采纳。排除规则改变了这一做法。该规则最早娩出于1914年威克斯诉美国一案[1](Weeks v. United States),当时禁止使用由联邦执法人员非法获取的证据。1949年在沃尔夫诉科罗拉多州(Wolf v. Colorado)案件[2]中,美国最高法院根据宪法第14条修正案中的正当程序条款[3]进一步将宪法第4条修正案适用于各州,裁判宣称:"一个人的住所安全不允许警察的专横进入——这是宪法第4条修正案的核心——对于自由世界来说是基本的。它包含在有秩序的自由的概念

---

[1] 当时警察没有事先取得搜查令而搜查了威克斯的住宅并扣押了他的书信文件。联邦最高法院裁决:警察的行为属于非法搜查,由此获得的证据不能在法庭中使用,警察应将由此取得的书信文件返还被告人。最高法院认为,如果不排除违法搜查或扣押的证据,美国宪法第4条修正案将毫无价值,从而确立了现代意义上的非法证据排除规则。不过,当时威克斯一案所确立的排除规则并不适用于州法院系统,非法搜查、扣押的证据在各州法院仍可以作为证据使用。

[2] 1949年在沃尔夫诉科罗拉多州(Wolf v. Colorado)案件的判决中,美国最高法院才根据美国宪法第14条修正案中的正当程序条款将美国宪法第4条修正案适用于各州。1949年,最高法院通过沃尔夫一案宣布,美国宪法第4条修正案通过第14条修正案对各州法院系统一体适用,但非法所得的证据是否可以采用,仍然由各州法院自行决定。

[3] 美国宪法第14条修正案第1款为"正当程序条款",其内容是:"在合众国出生或归化合众国并受其管辖的人,均为合众国和他们所居住的州的公民。无论何州均不得制定或实施任何剥夺合众国公民的特权或豁免的法律;无论何州未经正当法律程序均不得剥夺任何人的生命、自由或财产;亦不得拒绝给予在其管辖下的任何人以同等的法律保护。"

之中并且通过正当程序条款在也有强制实施于各州。"①当时法院并没有进而要求在法庭上排除由州执法人员扣押的证据以实施第4条修正案。直到1961年,在马普诉俄亥俄州案件②(Mapp v. Ohio)的判决中才作出这种里程碑式的决定。当时最高法院在首席大法官厄尔·沃伦的领导下,将工作重点转向以司法权保护公民自由权方面,刑事被告人的权利保障成为法院主要关心的问题之一。在马普诉俄亥俄州案件的裁决中,法院指出:"由于宪法第4条修正案中的隐私权保护已被宣布通过宪法第14条修正案中正当程序条款实施于各州,如同对联邦政府所采取的那样,它也将排除非法证据的制裁方法施行于各州。假如不是那样,那么正如没有威克斯规则一样,不受联邦政府无理搜查和扣押的保障将形同具文,在永久保障人的极为珍贵的自由的允诺中也将毫无价值和不足挂齿,同样,没有这项规则,则免予各州侵犯隐私权的自由将是短命的,并将完全失去其与免予以野蛮手段强取证据的观念的联系。"③

美国法院在刑事司法中确立排除规则,反映出这样一种观念:对实施了非法取证方法的执法人员进行刑事控诉、进行行政纪律约束或者提起民事诉讼均不是保证取证行为合法性、正当性的足够有效的方法,只有排除规则才能奏效。特别重要的是,这一规则与法律的正当程序的观念密切相关,实施非法的取证行为被认为违反了法律的正当程序。④

在美国,排除规则不限于警察非法行为所直接产生的证据,这项规则还要求排除作为侵犯一个人宪法权利的结果而间接获得的证据。这类证据有时被称为"派生证据"或者"第二手证据"。禁止使用派生证据或者传来证据通常被称为反对采纳"毒树之果"(fruit of the poisonous tree)规则,"树"指的是非法搜查,"果"指的是作为这种搜查的间接结果的证据。这种果实,亦即间接获取的证据,有时被称为"污点"证据。按照"毒树之果"规则,控诉方不能在法庭上使用从违宪搜查中直接或者间接取得的证据。尽管禁止采纳"毒树之果"规则最早

---

① 美国宪法第4条修正案规定:"人民保护其人身、住房、文件和财物不受无理搜查扣押的权利不得侵犯;除非有合理的根据认为有罪,以宣誓或郑重声明保证,并详细开列应予搜查的地点、应予扣押的人或物,不得颁发搜查和扣押证。"这条修正案同前十条修正案中的其他九条于1791年被批准生效。法律并未表明这一条将怎样被付诸实施,这一问题便成为多年来热烈讨论的对象。大多数讨论集中于排除规则的明智性和宪法上的必要性。排除规则在联邦司法制度中已存在八十余年,但各州采行这一规则的历史并非如此悠久,州法院起初拒绝、后来才接受这样的观念;排除规则基于维护宪法的理由而为州法院所需要。

② 案件的起因是:警察根据不确切的情报想搜查马普夫人的家,以搜寻一名逃犯。警察敲开马普夫人的房门,询问是否可以对她的家进行搜查,马普夫人征询律师意见后加以拒绝。几小时后警察再度来到马普夫人家并破门而入,赶到现场的马普夫人的律师被阻挡在门外。马普夫人要求警察出示搜查令,警察掏出一张白纸谎称搜查令却被马普夫人识破。警察搜查后没有发现逃犯,只发现一些淫秽物品,便指控她拥有淫秽物品,于是成讼。俄亥俄州法院采纳了警察违法搜查获得的证据,裁决马普夫人有罪。

③ John N. Ferdico, *Criminal Procedure*, West Publishing Co., 1989, pp. 47—49.

④ Ibid., p. 48.

出现于将排除规则适用于违宪搜查的判决中,它也同等适用于其他违宪行为所间接获取的证据。因此,基于非法逮捕、非法辨认程序或者强迫性自白而间接获取的证据也不能被采纳。①

值得注意的是,排除规则一直是人们批评的对象,人们不断试图改革它。一些人抱怨排除规则在遏制警察违法行为方面缺乏实效。首席法官沃伦·E.伯格曾经批评说:

"排除规则没有将制裁直接施加于那些由于他们的非法行为而导致证据在刑事审判中被排除的官员个人——由于适用这一规则而引起的即时的制裁落到了公诉人头上,他对一个罪犯进行指控的案件是薄弱的或者是受到破坏的。这一排除证据的原则没有给警察以任何真切的感觉;除了纠举违法行为是警察的职责外,警察并不像公诉人或者公众那样与一次成功的控诉有着利害关系。遏制原则模糊地假定执法是统一的政府事业……然而,因警察的违法行为而输掉案件的公诉人并不是警察局的官员;对于警察他几乎不能采取任何强制行为或者行政处罚措施。甚至,他不能控制或者指挥侦查进程或者警察活动,正是这些进程和活动才导致了证据被排除的结果。公诉人参与逮捕、搜查或者扣押而能够指导警察活动是少见的例外现象。执法工作的现实使得排除规则的教育功效在实践中被极大地缩小了。警察们没有时间、意愿或者经由培训去阅览和掌握那些最终成为他们所遵循的行为标准的上诉法院意见在措词上的微妙差别……平心而论,法官也不该忘记这些意见有时缺乏有益的明确性。假想中的法官意见的教育功效也因时间的长期延宕而被削弱——最初的警察行为和最终的司法裁决之间通常相隔数年。给予警察以紧迫的责任却又使他经过这么长时间才知悉最终结果,两相比较不能不令人吃惊。最后,排除规则的遏制功能也因大规模的警察活动并未引起对犯罪进行控诉的事实所冲淡——在这些情形中排除规则实际上没有得到适用,也毫无成效。"②

对排除规则的批评最终导致限制这一规则和拒绝扩大对这一规则的适用,例如,在1971年美国诉卡兰佐(United States v. Calandra)案件中,最高法院裁决:宪法第4条修正案并不禁止大陪审团使用那些非法获取的证据。在1976年美国诉詹尼斯(United States v. Janis)案件中,法院裁决:在美国提起的民事案件的审判中不需要禁止使用非法获取的证据。并且,在1976年斯通诉鲍威尔(Stone v. Powell)案件中,法院裁决"当各州已经为基于宪法第4条修正案提出

---

① John N. Ferdico, *Criminal Procedure*, West Publishing Co., 1989, pp.51—53.
② 参见1971年在毕文斯诉六位不知名的联邦禁毒局官员(Bivens v. Six Unknown Named Agents of the Federal Bureau of Narcotics)案件的异议。

的申诉提供了一个圆满和公正的诉讼机会时,这个州的囚犯不能以对他的审判引入了依违宪方法进行搜查或者扣押而获取的证据为理由得到联邦人身保护令并获得释放"①。另外,排除规则仅仅保护那些权利受到侵犯的人,而不保护其他人。②

如今,"毒树之果"原则有若干已获承认的例外,这些例外允许在某些情况下采纳污点证据。主要有:(1) **独立来源的例外**(independent source exception)。如果一个污点证据能够从与原来的违反宪法行为完全不同的来源获得的话,允许采纳该证据。③ (2) **稀释(attenuation)的例外**。这一例外最初确立于纳多尼诉美国(Nardone v. United States)案件中,被称为"稀释原则"。这项原则的内容是,纵然污点证据只有通过违反宪法的行为才能发现,没有独立的来源,只要取得该证据的手段与原先的违法行为相距甚远和界限分明,那么该证据仍然可被采纳。法院在适用稀释原则时,对实物证据与言词证据作了区分。在1978年美国诉塞可里尼(United States v. Ceccolini)案件中,最高法院裁决,当"毒树之果"是一个活生生的证人的证词而不是一个无生命的物品时,排除规则的适用就更为勉强,因而,法庭将不会排除由于违宪行为而发现的证人提供的证词。(3) **必然发现(inevitable discovery)的例外**。这项例外是独立来源例外的变种。必然发现原则允许采纳依事态的正常发展必然要发现的证据。依这项例外,控诉依证据的如下优势而被接受,尽管证据实际上是作为违宪行为的直接结果而被发现的,该证据最终或者必然要被合法手段,如作为执法机构、若干其他机构或者私人可以预见或者日常的行为而发现。④ (4) 非法证据排除规则还有其他例外,如**"真诚相信"例外(good faith exception)**。⑤ 按照该项例外,只要怀着确实的善意行事的执法人员从独立并中立的法官或者治安法官那里取得了搜查证,并在搜查证确定的权限内进行搜查,依该令状所扣押的证据就不会被排除,即使后来发现治安法官签发该令状依据的证据不足或者存在错误导致该令状无效。

---

① John N. Ferdico, *Criminal Procedure*, West Publishing Co., 1989, pp. 51—53.
② 亚得曼诉合众国(1969年),《美国判例汇编》第394卷第165页。
③ 在适用独立来源原则的案件中,执法人员非法进入一间公寓,并在那里等待了大约十几个小时,直到搜查令被送到才采取搜查行为。尽管这种进入是非法的,美国最高法院还是采纳了搜查过程中获得的证据。由于搜查令所赖以颁发的资料来源有着与非法进入完全不同的来源,而执法人员在进入公寓前清楚地知道这一点,因而法院发现该污点证据有着独立来源。法院裁决:"最初的进入是否合法与争议中的证据的可采性无关,因为扣押该证据所依据的令状有着独立的来源。"(Segura v. United States)
④ John N. Ferdico, *Criminal Procedure*, West Publishing Co., 1989, pp. 53—55.
⑤ 该例外涉及两个主导案例(leading cases):一是1984年的United States v. Leon案件,按照该案件的裁决,警察出于对令状的真诚相信而扣押的证据是可以采纳的,即使后来发现该令状是有缺陷的;另一个是Arizona v. Evans案件,按照该案件的裁决,即使警察依法院雇员的电脑差错造成的错误令状逮捕了一个人,他们在搜查中发现的证据也是可以采纳的(Larry J. Siegel & Joseph J. Senna, Essentials of Criminal Justice, Thomson Wadsworth, 2004. p. 193)。

法庭认为排除这项证据不会促进实现排除规则遏制警察违法行为的目的。①

不过，尽管削减了对排除规则的适用，但马普诉俄亥俄州的裁决的基本内容仍然是有效的，并且排除规则的基本信条也仍然是有效的。排除规则的例外不过揭示了排除规则的如下特性：排除规则的目的不在于阻碍或者遏止控诉，充其量，它引起对所获取作为违反宪法直接或者间接结果的证据的拒绝。如果这个证据对于控诉某一被告人犯罪的案件来说是必不可少的，控诉方可能认识到继续控诉是徒劳的。如果控诉方有着足够的其他证据，包括合法取得的和符合排除规则的例外之一的，在后一种情况中，尽管存在警察的非法行为，控诉仍将畅行无碍。

美国刑事诉讼中的排除规则及其例外，体现了法院在个人权利保障与政府权力运作之间的平衡作用，体现了法官在实质真实发现与正当程序这一对诉讼价值之间进行的利害权衡——这意味着在理想的诉讼状态与现实的诉讼状态间谨慎地调整着距离。

除美国外，其他一些国家也实行非法证据排除规则，但往往比美国要灵活一些。

在英国，英格兰对待不正当取得的证据，1979 年以前是以大法官戈达德代表枢密院所作的阐述为基础的："适用于权衡证据是否可以采证的检验标准是，证据是否与争议中的问题有关。如果是有关系的，则可以采证，法院不干预证据是如何取得的……毫无疑问，在刑事案件中，法官通常可以自由裁量对证据不予采证，如果执行采证的严格规则会不公正地不利于被告人的话。"②这表明，法官有权依自由裁量权决定是否采纳非法取得的证据，而不是一概加以排除。1979 年上议院对英国诉桑案件作出判决，英国法律与美国法律明显大不相同。英国法院系统的职责不在控制警察，迪普洛克勋爵曾指出，非法搜查和没收取得的证据可以不排除，理由是，法官的作用仅仅是为被告人提供公正的审判，"法官的作用以法庭程序为限，他既不能控制警察，也不能控制检察当局"。这种控制应当通过适用民事赔偿和交由执行纪律的机关去实现。在那里，"警察的严重不轨行为（如殴打被告等）要引起警察当局的民事赔偿责任和警察个人的刑事责任。同时，还要受到控诉和公务上的调查"③。在刑事案件审理中，警察行为的合法性并不是法官关切的问题，对于违法取证行为往往是通过提起民事诉讼加以解决的。批评这一做法的人们指出，在由于非法搜查和没收而排除证据方面，

---

① Larry J. Siegel & Joseph J. Senna, Essentials of Criminal Justice, Thomson Wadsworth, 2004. pp. 56—57.
② 库鲁马诉英国案。
③ 〔英〕大卫·巴纳德著：《诉讼中的刑事法庭》，中国人民大学法律系诉讼法教研室 1985 年印制，第 76 页。

控制警察的胡作非为和使被告人得到公正处理必须结合起来。英国学者杰克逊认为:"如果法庭决定某一行为是错误的,警察就会停止这种行为,这可能被认为是理所当然的。"如今,英格兰的"法院都认为,所有的供认,不论是书面的还是口头的,都必须是自愿的,这句话的意思就是说,不能依靠被告对偏见的害怕和对利益的希望或者依靠权威和压力来得到口供。如果供述不是自愿的,就必须在审判时把它从证据中排除出去"。英国"王座庭的法官们已建立了某些规则,要求警察在讯问过程中加以遵守。在这些规则之后,法院被赋予了判断和排除违犯规则后所得到的证据的权力"①。但英国的学者也指出:"在遵守法官规则的问题上,真正的难点在于把握它们被遵守的程度。这些规则被违背的唯一证据通常来自被告,如果警察准备打破这些规则,他们可能也准备好了要对自己的行为说谎话。由于接受供述与否的权力在法官自己手里,而法官又倾向于比陪审团更不怀疑警察的行动,因而被告提出警察违背规则,要求排除讯问得来的证据,很少有成功的时候。"②

在英国的苏格兰,法官行使一种广泛而有主观性的自由裁量权,这种自由裁量权不是对非法证据是否要予以排除的裁量,而是对这类证据是否可以采纳的裁量。也就是说,这些证据原则上是不能采纳的,除非取得证据的"这类不正当行为由于处于紧急状态之下,或者比较微不足道,或者由于其他情况,往往需要被'原宥'或不予追究"③。在刑事审判中,这类证据被提出时就遭遇了可予以排除的推定,警察需要通过指出不正当的取证行为可以原宥和证明采纳该证据是正确的来推翻这一推定。事实上,在错误行为不是故意的情况下,这种行为的不正当性可以很容易被原宥。法官在行使自由裁量权的时候,必须遵循大法官库珀的训诫:"法律必须努力协调相互冲突的两种重要的利益——(1)公民享有受政府当局保护其自由权利免予非法的或不正当的侵犯的利益;(2)政府取得与犯罪行为有关而且能够进行审判必需的证据,不得由法院或任何单纯形式上的或技术上的原因予以拒绝的利益。"④新西兰学者 J.B.道森认为:"苏格兰的处理方法的主要优点是,对警察的实际活动必须不间断地保持司法审查,并把证明发生不正当行为有正当理由的责任转移到警察身上。"

英联邦其他国家基本采取赋予法官自由裁量权、由法官行使这一权力决定是否采纳非法获得的证据的制度,例如,在澳大利亚,虽然用非法手段取得的有关的证据是可以采纳的,但这类证据可以通过法官行使自由裁量权予以

---

① 〔英〕大卫·巴纳德著:《诉讼中的刑事法庭》,中国人民大学法律系诉讼法教研室1985年印制,第76页。
② 同上书,第77页。
③ 1950年麦戈文诉政府律师案。
④ 1950年劳里诉米尔案。

排除,这种自由裁量权是以"坚决要求执法者本身遵守法律的社会权利为基础的"。①

在大陆法系国家,也可以找到非法证据排除规则,正如德国学者赫尔曼所言:"排除规则能够在许多西方刑事司法制度中发现,但还未发展为统一的方法——这是经常被忽略的——它们为不同的目的服务。"同样实行排除规则,美国与德国的目的不尽相同:美国法院设计一种详尽的排除规则体系,主要目的是制约警察。由于在美国警察力量内缺乏等级制的监督和惩戒,因此有必要诉诸排除规则来对警察形成外部制约。惩戒功能被认为是美国法律中影响排除规则发展的主要因素。在德国,由于警察组织以庞大、严格监督的单位组成,因此人们并不认为有必要借助于排除规则来惩戒警察。德国法律中的排除规则的目的,在于保护个人的私利不受严重的侵犯,于是,当证据是以非法的方法获得时,不仅对警察而且对私人的非法获得的证据均予以排除。②

无论在哪个国家,在非法证据排除问题上,人们都面临着实质真实与正当程序的矛盾冲突。实质真实发现是实现刑事诉讼目的的必要条件,刑事诉讼的目的在于确认犯罪事实和犯罪人,并在此基础上适用刑罚权,从伦理学的角度表述,则为实现实体正义。实质真实发现之所以重要,主要原因在于社会秩序在法律价值体系中具有重要性。显而易见,适用国家刑罚权解决犯罪这一特殊社会冲突、维护社会秩序,是刑事诉讼赖以存在的基础。然而,维护社会秩序并非刑事诉讼的唯一价值。在刑事诉讼领域,正当程序的理念产生了前所未有的影响力,手段的正当性得到极大尊重。诉讼手段的公正性及其表现——形成系统的现代诉讼制度和诉讼规则——建立在假定法院最后确定其有罪之前所有被刑事追诉者是无辜的、假定每个人都可能成为犯罪嫌疑人或者被告人的基础之上。刑事诉讼制度的设计是以最有利于诉讼中可能的无辜者为基本考虑的,这也被看做是对社会上所有人提供的保障。在刑事诉讼中,多数案件能够通过正当程序达到实质真实发现的目的,从而实现正当程序与实质真实发现的统一,使刑事诉讼本身几近理想状态;但也有不少案件,正当程序与实质真实发现之间存在矛盾,形成鱼与熊掌不可得兼的局面,需要在两者间进行权衡和作出选择。

排除规则是在正当程序与实质真实出现矛盾的时候,将正当程序置于实质真实发现之上的选择模式的产物。这种舍实质真实就正当程序的做法当然不是刻意贬低实质真实发现的法律价值,而是试图通过消除违法取证行为的

---

① 〔新西兰〕J. B. 道森:《英联邦成员国对非法取得的证据采纳问题的若干法律规定》,载《法学译丛》1983 年第 4 期。
② 〔德〕赫尔曼:《中国刑事审判改革的模式——从德国角度的比较观察》,1994 年北京刑事诉讼法学国际研讨会论文。

利益性达到遏制该行为的目的。司法实践表明,不彻底消除违法行为的利益性,就难以解决违法行为的泛滥问题,就难以实现正当程序与实质真实的和谐状态。也就是说,对于个别案件,取正当程序舍实质真实的选择,会导致实质真实失落;但对于整个司法活动而言,这一选择对于发现案件的实质真实和对犯罪的惩罚的损害只是局部的,而且可以通过提高侦查能力等理性的替代方法在一定程度上弥补这一缺陷。相反的选择,则容易造成正当程序与实质真实双双失落的境况。

值得注意的是,排除规则对于保障被刑事追诉者的权利具有积极的意义,但在具体案件中会对发现案件实质真实具有一定的阻碍作用,如果将这些规则绝对化,社会也将付出许多不必要的代价。因此在规则设计中,还需要在正当程序与实质真实之间寻求恰当的平衡,就是在不损害公民合法权利的前提下适当考虑维护社会秩序的需要。

英美刑事诉讼中的证据规则十分周密也十分复杂,其中不乏对我国刑事诉讼有许多借鉴价值的内容。在我国当前的学术研究中,很多学者主张在诉讼中确立非法证据排除规则。当前,"决定性的问题不是应否,而是在何种程度上将排除规则引进中国刑事司法制度。更重要的问题是排除规则将在中国法律中起何作用"[①]。

在我国诉讼中确立和健全一系列证据规则为大势所趋,多数学者建议将言词证据与实物证据分别作出规定:

1. 绝对排除。以暴力、胁迫、利诱、欺骗以及其他非法方法(诸如施以药物、催眠等)取得的言词证据,应当予以排除。

2. 相对排除。相对排除又可称"裁量排除",包括:(1)以非法搜查、扣押等方法取得的实物证据而言,是否予以排除,由法院自由裁量。但应当设立若干基准,如:非法取证行为强度较大,影响较坏,侵犯公民合法权利较为严重,应当予以排除。(2)非法取得的证据直接引导出的其他证据(即所谓"毒树之果"),可以采纳为定案的依据,但非法行为的强度较大,影响较坏,侵犯公民合法权利较为严重的,基于去除违法行为的利益性考虑,应当予以排除。

我国法律和相关司法解释对于物证、书证等采纳了裁量排除的方法。与美国非法证据排除规则侧重于排除非法手段获得的物证、书证等实物证据不同的是,我国非法证据排除规则侧重于排除某些情形下非法获得的实物证据。《刑事诉讼法》第54条第1款涉及非法获得的实物证据部分的规定是:"……收集物证、书证不符合法定程序,可能严重影响司法公正的,应当予以补正或者作出

[①] 赫尔曼:《中国刑事审判改革的模式——从德国角度的比较观察》,1994年北京刑事诉讼法学国际研讨会论文。

合理解释；不能补正或者作出合理解释的，对该证据应当予以排除。"同时规定："在侦查、审查起诉、审判时发现有应当排除的证据的，应当依法予以排除，不得作为起诉意见、起诉决定和判决的依据。"最高法《解释》第73条和2010年两高三部《关于办理死刑案件审查判断证据的规定》第9条对于物证和书证的证据能力作出规定：在勘验、检查、搜查过程中提取、扣押的物证，未附笔录或者清单，不能证明物证、书证来源的，不得作为定案的依据。同时规定物证、书证的收集程序、方式有下列瑕疵，经补正或者作出合理解释的，可以采用：（1）勘验、检查、搜查、提取笔录或者扣押清单上没有侦查人员、物品持有人、见证人签名，或者对物品的名称、特征、数量、质量等注明不详的；（2）物证的照片、录像、复制品，书证的副本、复制件未注明与原件核对无异，无复制时间，或者无被收集、调取人签名、盖章的；（3）物证的照片、录像、复制品，书证的副本、复制品没有制作人关于制作过程和原物、原件存放地点的说明，或者说明中无签名的；（4）有其他瑕疵的。但是，"对物证、书证的来源、收集程序有疑问，不能作出合理解释的，该物证、书证不得作为定案的根据"。

　　从最高法《解释》规定可以看出，"补正"或者"合理解释"的对象应当是"瑕疵"证据，《规定》中列举的四种情形均属于取证瑕疵，未涵盖非法搜查、扣押等手段取得的"非法"证据。这一解释与《刑事诉讼法》第54条规定可以补正或者合理解释的对象"合法证据"形成耐人寻味的差异。此外，对于"补正"和"合理解释"，最高检《规则》（试行）第65条第3款解释道：补正指"对取证程序上的非实质性瑕疵进行补救"，"合理解释"指"对取证程序的瑕疵作出符合常理及逻辑的解释"。补正和合理解释适用的对象也是"瑕疵证据"，语意推断，取证程序上的瑕疵与《刑事诉讼法》第54条之"非法证据"明显不同，后者"不符合法定程序，可能严重影响司法公正"，其侵犯权利的严重程度显然不能用"瑕疵"轻描淡写。笔者认为，对于不符合法定程序，可能严重影响司法公正的"非法证据"，应决定是否排除，本不应允许以"补正"或者"合理解释"治愈其违法性，"补正"和"合理解释"只能适用于瑕疵证据。《刑事诉讼法》并未区分非法证据和瑕疵证据，竟至"不符合法定程序，可能严重影响司法公正"的非法证据还可以"补正"和"合理解释"，实属立法瑕疵，司法实践中依此执行，非法实物证据排除规则必然成为非法实物证据排除规则。

　　实际上，"瑕疵证据"与"非法证据"有异。"瑕疵证据"和"非法证据"之外，还有无效证据，三者的差异可以列表如下：

非法证据(狭义)	瑕疵证据	无效证据
以违反宪法或司法程序的非法方法取得的证据：(1) 采用刑讯逼供等非法方法收集的犯罪嫌疑人、被告人供述；(2) 采用暴力、威胁等非法方法收集的证人证言、被害人陈述；(3) 收集物证、书证不符合法定程序，可能严重影响司法公正的。	证据本身存在缺陷，如勘验、检查笔录存在明显不符合法律及有关规定的情形；收集调取的物证、书证，在勘验、检查笔录、搜查笔录、提取笔录、扣押清单上没有侦查人员、物品持有人、见证人签名或者物品特征、数量、质量、名称等注明不详的。	在证据生成过程中，因特定原因，证据没有法律上的效力，如作出鉴定意见的鉴定机构不具有法定的资格和条件，或者鉴定事项超出鉴定机构业务范围的；又如犯罪嫌疑人、被告人拒绝签字认可的供述笔录，被害人拒绝签字认可的陈述笔录，证人拒绝签字认可的证言笔录等。
一般不可采(分为绝对不可采和相对不可采)	一般可采(属于相对不可采，缺陷得弥补后可采)	一般不可采(属于绝对不可采)
裁决：排除或不排除	补正或合理解释后裁决：排除或不排除	裁决：排除

在司法实践中，对于裁量排除的证据，要不要排除证据，必须审视获取该证据的手段，并在此基础上结合案件其他因素进行价值选择。对于是否属于非法取证以及是否应当排除证据裁判不当，会不适当地损害有关人的正当权益，需要根据案件具体情况加以确定。正如下述案件所显示的：

2002年7月16日，北京市高级人民法院在一起著作权侵权案的判决中，对被侵权方采用的"陷阱取证"方式不予认可。

本案诉讼的双方分别是一审原告北大方正集团公司（以下简称"北大方正公司"）、北京红楼计算机科学技术研究所（简称"红楼研究所"）和一审被告北京高术天力科技有限公司（简称"高术天力公司"）、北京高术技术公司（简称"高术公司"）。此前，两被告曾为原告进口的激光照排机进行过代理销售，所销售的激光照排机使用的是方正RIP软件和方正文合软件。后来双方发生分歧，代理关系终止，但双方各自仍从事代理销售激光照排机在国内的销售业务。2001年7月，原告员工以个人名义在石景山区临时租了房子并向被告购买了激光照排机，被告方为其进行了安装，并应要求在原告自备的两台计算机内安装了盗版方正的RIP软件和方正文合软件，并提供了刻录有上述软件的光盘。与购买过程同时，应北大方正公司的申请，公证机关对这次购买、安装过程进行了现场公证，并对安装了盗版方正RIP软件、方正文合软件的两台计算机及盗版软件进行了公证证据保全。

北京市中级人民法院在审理本案时认为，北大方正公司和红楼研究所为了获得高术天力公司和高术公司侵权的证据，投入可观的成本，采取的是"陷阱取证"的方式，但该方式并未被法律所禁止，故对该方式予以认可。

据此，法院的判决是：二被告立即停止侵权；公开向北大方正公司和红楼研究所赔礼道歉，共同赔偿北大方正公司和红楼研究所经济损失 60 万元、调查取证费 407250 元；北大方正公司和红楼研究所在高术天力公司和高术公司返还购机款 394250 元后，将激光照排机退还高术天力公司和高术公司。

高术天力公司、高术公司不服原审判决，向北京市高级人民法院提起上诉，请求二审法院依法撤销一审判决。对所称"陷阱取证"方式的认识，北京市高级人民法院与一审法院截然相反：此种取证方式并非获取侵权证据的唯一方式，此种取证方式有违公平原则，一旦被广泛使用，将对正常的市场秩序造成破坏，且有违诚实信用原则和社会公德，对该取证方式不予认可。北京市高级人民法院认为，原审法院认定被告侵犯了原告的软件著作权，应承担相应的侵权损害赔偿责任是正确的。鉴于原告的损失可以查明，即一套软件的正常市场售价 13 万元，故原审法院认为被告销售盗版软件的数量难以查清，从而对被告人应予赔偿的数额予以酌定是错误的。鉴于北京市高级人民法院对被上诉人的取证方式未予认可，且认定了上诉人销售涉案的一套盗版软件的事实，对于原告为本案支出的调查取证费，包括购机款、房租，以及审计费用，应由原告自行负担；公证费及财产保全费由被告负担。北京市高级人民法院当天作出的终审判决是：北京高术天力科技有限公司、北京高术科技公司立即停止复制、销售方正 RIP 软件（内含方正字库）、方正文合软件的侵权行为；公开赔礼道歉。赔偿原告经济损失 13 万元；赔偿原告为本案所支付的公证费 1 万元。

本案宣判后，审判长程永顺在接受记者采访时说："陷阱取证"是刑事诉讼中的概念。但目前，民事诉讼中的适用尚无明确的法律规定。我们认为这种取证方式在民事诉讼中不应提倡，其理由是：第一，民事诉讼中证据的取得方式是以当事人举证为主，法院调查搜集证据为辅。双方当事人诉讼地位平等，当事人不得采用侵犯他人合法权益的手段搜集证据。第二，"陷阱取证"这种方式决定了当事人必然采用欺骗、引诱等方式获得证据，这必然对另一方当事人在正常的经济流转中获得交易机会的权利造成损害，对交易安全和交易秩序带来严重危害。[①]

第四节　物证的证明力：迹证重于人证

证据通常都有两大作用：一是引出作用，即以该证据提供的线索找出其他证

---

① 本案终审判决一经作出，颇受非议，判决之公正性大有可疑。参见 http://www.southcn.com/it/itnews/200207160997.htm. 也可参见 http://gzdaily.dayoo.com/gb/content/2002-07/content_539148.htm，最后访问日期：2014 年 7 月 13 日。

据;二是印证作用,即将该证据与其他证据相互印证,从而甄别其他证据的真伪。物证也是如此。已经发现的物证可以为进一步侦查和调查提供线索、指明方向,也可以与其他证据进行比较,在甄别中显现矛盾之处,为排除矛盾、淘汰虚假证据、建立其证明案件事实的证据体系提供条件。

与其他证据种类相比,**物证具有如下特点:**

一、物证以其外部特征、存在状态、物质属性来证明有关案件事实

以外部特征、存在状态、物质属性等来证明有关案件事实,是物证的本质特征。这里的"外部特征"指物品的外形、颜色、体积、数量、重量、完好或者破损状态等;"存在状态"指固态、气态、液态、摆放位置等;"物质属性"指密度以及坚硬、柔软、尖锐、圆钝、容易破碎、容易折断、有毒、有害等物理或者化学属性。物证能够证明案件事实机理在于这些外部特征、存在状态、物理属性对案件事实有证明性,如犯罪嫌疑身上沾附的血迹,经过 DNA 鉴定,证实是被害人的血,则犯罪嫌疑身上沾附的血迹以其物质属性和存在状态对杀人或者伤害的事实可以起到证明作用。例如,1833 年,伦敦鲍街侦探社(即后来的伦敦市警察局)侦探亨利·戈达德在侦查一起谋杀案时,从死者体内取出一颗子弹,仔细观察,子弹上有一个特殊凹痕。在嫌疑人的住宅里搜查时,这位侦探找到了制作子弹的铸模,经检验发现,在铸模中有一个细小的裂缝,这个裂缝与那颗子弹上的凹痕完全吻合。在证据面前,嫌疑人不得不承认了自己的罪行,戈达德也因此案声名远播。[1]

二、物证更直观,不过常常需要通过鉴定或进一步调查来确认是否含有有关案件的信息

物证皆为客观存在之物品、痕迹,一般物证都可以用肉眼观察,因此具有直观和易于观察、了解的特点。随着司法科学技术的发展,过去一些过于微小、不可肉眼观察的物或痕迹也可以借助仪器观察到,从而在诉讼中也得以应用,例如,有些微量物证,仅凭肉眼不易分辨,但通常都可以借助仪器进行观察;还有些无形物,可以通过一些辅助手段(如化学试剂等)加以显现,从而能够被观察和了解。由于物证多为有形物,即使是同类物,其外在特征也往往有一定差异,这些特征可以用于辨别此物与他物之区别,从而为揭示案件真相提供重要依据。例如《折狱龟鉴》载:"吴太子孙登,尝曾乘马出,有弹丸过,左右求之。适见一人操弹佩丸,咸以为是。辞对不服,从者欲挝之。登不听,使求过丸,比之,非类,乃

---

[1] 〔美〕布劳克·尤金著:《刑事侦察百年奇观》,张鸣等译,群众出版社 1989 年版。

见释。"①此案就是根据同类物的不同特征而确认真相、洗去嫌疑的一例。

对物证,还常常需要通过鉴定或进一步调查来确认物证是否含有有关案件的信息,许多科学技术成果被应用到这一工作中。

三、客观性强、真实性大

物证为"哑巴证据",虽不能言,但一旦形成,具有较强的客观性。物证外在于人,不会有自主意识改变自己负载的有关案件信息。物证在形成后可以独立存在,并为人们所发现、固定、提取和收集。物证形成后,即使有人加以损毁,也会留下新的痕迹,使物证负载的的信息发生变化从而提供新的信息,甚至形成新的物证。

由于物证具有较强的客观性,对当事人、证人等的陈述具有较强的制约作用。在物证面前,当事人、证人等往往无法抵赖或者回避问题而进行如实陈述。例如:

> 2001年4月22日,曾某、李某两人在大街上抢夺他人金耳环时,被公安人员捕获。为逃避罪责,两人竟把抢夺来的金耳环吞入肚中。民警讯问时,两人对自己的犯罪事实矢口否认。公安人员将两人押到医院做透视检查,发现两人肚中均有多颗金属物。在证据面前,两人只好供认其抢夺作案的犯罪事实。为了取得犯罪证据,公安人员按照医生的吩咐定时给两人进食。几天后,九枚金耳环从两人粪便中分别排出。由于证据充分,县检察院仅用一天就依法批捕了这两名犯罪嫌疑人。

不难想象,在没有物证的情况下,对当事人、证人等进行虚假陈述将失去有力制约。一些人(特别是刑事案件中的犯罪嫌疑人、被告人)会因为侦查、起诉或者审判机关没有掌握物证而避重就轻、避实就虚甚至进行虚伪陈述。当当事人、证人等进行虚假陈述时,侦查、起诉或者审判人员可以根据物证判断其陈述真伪,并用物证揭露其虚假陈述,以物证劝服或者迫使其改变态度,进行如实陈述。

这一特点与言词证据相比较更显突出:言词证据是由人提供的,人在提供这类证据之时,由于受到主客观因素的影响,有可能提供虚假或者错误的信息,有时虚假与真实的信息混杂,不容易分辨。有鉴于此,旧时有"迹证重于人证"的说法(案发现场等处留下的痕迹称"迹证"),其原因就在于迹证比人证更具客观性、真实性。由于言词证据可能掺有主观性,甚至虚假不实,一般需要由实物证据来印证。也就是说,言词证据往往需要同实物证据结合起来,才能确认真伪,

---

① 郑克原著,孙一冰、刘承珍译:《白话折狱龟鉴》,警官教育出版社1994年版,第3页。

但物证却可以不依赖于言词证据的印证而独立发挥证明作用。不过，物证的客观性强、真实性大的特征并不意味着所有的物证都是真实的，有些证据是伪造或者变造的，对待物证要仔细甄别，防止将伪造或者变造的物证当做真实证据，导致案件作出误判。

四、物证一般为间接证据

物证与案件事实的关联性往往不是显在的、一目了然的，需要由人加以揭示。另外，每个物证能证明的，往往是有关案件事实的局部事实，通常不能证明案件的主要事实。因此，除少数物证是直接证据（如持有型犯罪中的违禁品本身就是证明该犯罪的直接证据）以外，物证一般为间接证据。例如在1967年，28岁的玛丽娅·多蒙娜奇发现男友帕特里克·德阿瑟是有妇之夫，于是与他发生争吵。她后来去欧洲旅行，想要忘掉德阿瑟，一个持有名为"A. 杨"护照的先生在巴黎加入她的旅行，两人一起从巴黎经由伦敦到了爱尔兰。5月22日早晨4点，在克来尔的墨黑尔崖上，有人看见亮着的车前灯。早晨8点，"A. 杨"来过附近山龙机场宾馆，正午时又离开了，他在都柏林退回了租来的车以后飞回纽约。5月24日，玛丽娅·多蒙娜奇的尸体被海水冲上都柏林沙滩，尸体上只着了一条黑内裤，没有其他可以帮助辨认死者身份的物件。这条黑内裤帮了大忙，由于内裤是纽约制造的，警方向纽约查询，经过比对指纹，证实了死者的身份。纽约警察署探员查询了多蒙娜奇的几个男友，发现帕特里克·德阿瑟竟然是多蒙娜奇太太和女儿玛丽娅的共同情人。警察署探员还发现帕特里克·德阿瑟已经潜逃，在他的办公室里找到了存在问题的"A. 杨"护照，至此案件真相大白。当7月警察找到德阿瑟时，他已经自杀。在这个案件中，认定玛丽娅·多蒙娜奇的身份和帕特里克·德阿瑟是杀害玛丽娅·多蒙娜奇的凶手，没有直接证据，依靠的是死者的黑内裤和名为"A. 杨"护照，它们都属于间接证据。①

五、对物证所含信息的解读有时因人而异

物证都含有有关案件的信息，对于这些信息的解读，一般来说，无论何人都有一定共识，不大会出现见仁见智的状况。但是，物证所含有的信息，不都是眉目清楚、一眼可以望穿的，对这些信息的解读，取决于解读者的经验、知识和洞察力，例如：

> 1966年墨西哥城，人们在一棵树下发现一个圆包袱，打开后里面滚出一个长着棕色毛发的男人人头，离头不远，人们还找到一双用鞋带系在一起的鞋和一件绣着字母"J. D"的运动衫。第二天，离发现人头两百公尺的地

---

① 〔英〕马丁·费多著：《西方犯罪200年》，王守林等译，群众出版社1998年版，第722—723页。

方又发现无头尸体。尸体上有几处文身印痕:一颗被箭穿透的心、一面小旗和旁边纹有"海伦和保罗"的小丘比特。死者大约二十五六岁,是个海员(国际刑警随后查明死者是挪威海员),死去两三天了。侦探获悉这个水手和此前发现的几具无头尸体都是先被绑架后被斩去头颅的,得出结论:凶手肯定是个非常强壮的家伙,因为一个二十五岁的海员不那么容易被降服。此外,凶手肯定有一个隔音良好的房间,因为若不是这样,干这种野蛮的勾当要不被邻居听到实在困难。侦探还估计,凶手在那个房间肯定有自来水,有可能那是类似照相馆或业余摄影爱好者的洗相暗室。①

面对同一物证,普通人和职业侦探能够读取的信息量可能是不同的,有经验的侦探与初出茅庐的侦探也会有所不同。

---

① 〔法〕皮埃尔·贝勒马尔、雅克·安托万著:《国际刑警档案》,滕涛、贾慧明译,群众出版社1986年版,第5页。

第二章 书 证

敬惜字纸。

——中国古语

第一节 总 说

以文字、符号、图画等表达的思想或者记载的内容来证明有关案件事实的书面文件或其他物品，为书证。

书证应当体现为一种书写物，但不限于书写于纸上。英国学者理查德·梅指出："书写物一般被认为是写在一张纸上。然而，重要的是书写下来的东西，不是被书写在上面的物体。Darling法官说，任何可能作为证据的书写物均被恰当地描述为文件，不论它是写在什么材料上的。"[1] 书证的范围十分广泛，包括载有文字、符号、数字、图画、印章或其他具有表情达意功能痕迹的许多实物材料，诸如：出生证、工作证、身份证、护照、营业执照、户口本、账册、账单、票据、收据、经济合同、车船票、飞机票等等。[2] 在英美等国，墓碑、房屋、录音录像带、电影、储存在硬盘上的信息，都被认为包含在"文件"的含义之中，可以作为书证。[3]

我国古时早已使用书证作为证据。《周礼·地官·小司寇》云："地讼以图证之。"注："言地讼争疆界，图谓邦国本图。"疏："言地讼争疆界者，谓民于疆之上横相侵削者也。图谓邦国本图者，凡量地以制邑，初封量之时，即有地图在于官府，于后民有讼者，则以本图证之。"也就是说，调取官署保存的书类为证据。《周礼·秋官·士师》云："凡以财狱讼者，正之以傅别约剂。"郑锷解释说："因争财而有狱讼，必以傅别约剂正之。小宰八成所谓听称责与买卖者是也。称责之财，则传之以约束，别而为两，人执其一；买卖之财，则立为限，约而有剂券以身执，故以财致讼者，操此以为决。"这里规定的内容是以契约为证据。

---

[1] 〔英〕理查德·梅著：《刑事证据》，王丽等译，法律出版社2007年版，第40—41页。
[2] 徐朝阳：《中国诉讼法溯源》，商务印书馆1933年版，第48页。
[3] 〔英〕理查德·梅著：《刑事证据》，王丽等译，法律出版社2007年版，第42页。

第二节 书证的分类

诉讼中使用的书证很多,为了便于识别这些书证的不同特点,可以根据不同的标准给书证分类,诸如:

一、公文书和私文书

根据制作者的身份不同,可以将书证分为公文书和私文书。

公文书,又称"公文书证",是国家公职人员依职权制作的文书。我国机关、企业事业单位、社会团体在其职权范围内制作的文书均属公文书。例如,民政部门制发的结婚证书、离婚证书,法院的出庭通知书、判决书、裁定书;人民检察院不起诉决定书、起诉书;公安机关的不立案通知书、复议决定书等等,均为公文书。

私文书,又称"私文书证",是公民个人制作的文书。一般认为机关、企业事业单位、社会团体在其职权范围以外制作的文书,也是私文书。例如,民事活动的双方当事人签订的合同、私人为借款打的欠条,皆为私文书。

公文书是机关、企业事业单位、社会团体行使职权时的意思表示,其制作程序往往有严格要求,形式一般也比较固定,一旦制作并发出后往往产生一定的法律后果。私文书无论在制作程序还是在形式上都没有那么严格,具有随意性。针对公文书和私文书的不同特点,可以确定不同的证据规则。例如,旧时规定:依其程式及意旨,得以认定为公文书者,推定其真实,如爱德蒙·M.摩根谓:"印文意旨属于公务者,在若干事例内,经法院假定其为真正,而盖有该印文之文书,则充分地被视为真正而予容许为证据。"[1]私文书经过本人签字、按指印、盖章或者画押者,或有法院或公证人之印证者,推定其真实。若有疑问,公文书可以请求制作人或者制作单位陈述其真伪,私文书可以通过核对笔迹、印鉴乃至鉴定等方式核实。

二、处分性文书和报道性文书

根据文书的内容、目的不同,可以将书证分为处分性文书和报道性文书。

处分性文书是记载以设立、变更或终止一定民事法律关系为目的的文书,如合同文本、变更合同的协议书、授权委托书、遗嘱、国家工商行政管理机关颁发的营业执照等。

报道性文书是记载某事实而不以产生一定法律关系为目的,只是记述制作

---

[1] 〔美〕爱德蒙·M.摩根著:《证据法之基本问题》,李学灯译,世界书局1982年印,第384页。

人的见闻、感想的文书,如会议记录、诊断书、日记等。

处分性文书与一定的法律后果相联系,能够引起一定法律关系的产生、变更或消灭,具有相应的法律效力。基于这一特点,处分性文书往往能够证明案件中的关键事实,使案件争点得到证明。报道性文书不能引起一定法律关系的产生、变更或消灭,但有的对于证明与案件有关的事实具有重要意义,如医院的诊断书对于证明案件有关人员的病情有很大价值;也有一些报道性文书对案件有关事实的证明只有参考价值,但人们可以借助该文书对特定事实形成初步判断。

三、普通文书和特别文书

根据制作方式和程序方面有无特殊要求,可以将书证分为普通文书和特别文书。

普通文书是在制作方式和程序方面无特殊要求的文书,如信件、日记、便条、借据、收据等。

特别文书是指必须按照法律规定的特定形式和程序制作的文书,如土地使用权证、房产证、经过公证的合同文书等。

四、原本、正本、副本、誊写本(缮本)、影印本、节(录)本、译本

根据制作方法和相互关系不同,可以将书证分为原本、正本、副本、誊写本(缮本)、影印本、节(录)本、译本等。

原本是制作人最初制作的原始文书。

正本是制作人按照原本制作的正式文书。正本出于原本,其效力亦与原本相同。

副本是制作人按照原本制作的、效力低于正本的文书。制作副本的目的,往往是为了送交有关单位或者个人使其知晓原本的内容。"同一书籍抄出的复本。是对正本而言。过去公私藏书家,得一珍本,依样重写,储作副本。今亦指政府和国际文件的正式签署本的复本,备存查和通知有关方面之用。"①

誊写本(缮本)是誊写、抄录原件全部内容的文书。

影印本是运用影印技术将原本、正本、副本等加以拍照或者复印形成的文书。

节(录)本是摘录原件部分内容的文书。

译本是将原来文书中的文字翻译成另一种文字而形成的文书。在诉讼或者公证等活动中,要求某些文件附有译本。在英国,"如果一份文件是用外文写成,则必须在被采纳为证据之前翻译成英文。译者本人必须发誓保证译文的准

---

① 黄港生编:《商务新词典》,商务印书馆1994年版,第84页。

确性。"①

第三节 书证的证据能力

作为书证提出的材料是否具有证据能力,除关联性规则外,主要受两大证据规则的限制:一是最佳证据规则,二是非法证据排除规则。

一、最佳证据规则

最佳证据规则(Best Evidence Rule),又称为"原始证据规则"(Original Evidence Rule),主要适用但不限于书证。最佳证据规则的适用范围包括书面文件、记录和照片,其中包括文件、X光、电影和录像带②,一般不包括物证。③ 言词证据适用的是传闻法则,通常不适用最佳证据规则。

不过,泛泛而论,许多证据类型都涉及"最佳证据"问题。威廉·肖就曾指出:"如果要用言词证据证明某一事实,知情者就自己亲眼看见、亲耳听见或者其他直接感受到的事实在宣誓后进行陈述,这一陈述明显就是最佳证据。如果需要证明的事实存在于书面证据中,提供该书面证据就明显优于提供它的复制件,也优于以证人的回忆来证明该事实。"④威廉·肖进一步指出:"应用于最佳证据的规则只适用言词证据和书证,并不适用于通常所称的'实物证据'(real evidence),例如,为了法庭检视而提出的物品而不是文书。"⑤物证不包含在最佳证据规则适用范围内,尽管实践中经常直接向法庭提交作为证据的物品,但也允许在不出示实物的情况下将其性质、表面特征和状况等情况提供给法庭。在英国,言词证据涉及最佳证据的判断问题,例如,对于文书上手迹或者签名的真实性产生争议的,不必传召那预想的书写者来作证,让能就他的手迹作证的其他人提供证言就足够了,后者的证言不视为二手证据或者在本质上证明力低下的证据。在指控伪造的案件中,不必传召被人伪造签名的人来证明伪造事实,可以由熟悉他签名的证人提供证言加以证明,该证言不视为二手证据。⑥

与"最佳证据"相对称的,是"第二手证据"(secondary evidence)。就书证来说,"原件"为最佳证据,"复制件"(包含复印件)为第二手证据。

在美国,联邦证据规则中含有**最佳证据规则**。一般规则是:为证明文书、记

---

① 〔英〕理查德·梅著:《刑事证据》,王丽等译,法律出版社2007年版,第41页。
② Steven I. Froedland\Paul Bergman\Andrew E. Taslits, *Evidence: Law and Pactice*, Lexis Publishing. 2000, p.683.
③ 想要包含物证的话,可用"原始证据优先规则",该规则范围很宽,包括所有证据类型。
④ William Shaw, *Evidence in Criminal Cases*, Butterworth & Co. (Publishers) Ltd., 1954, p.150.
⑤ Ibid., p.151.
⑥ Ibid.

录或照片的内容,除国会制定的法律或本规则另有规定外,应当提出该文书、记录或照片的原件。谈到该规则的理由,爱德蒙·M.摩根指出:"其理由至为明显。盖文字或其他符号,如差之毫厘,其意义即可能失之千里;观察时之错误危险甚大,尤以当其在实质上对于视觉有所近似时为然。因此之故,除提出文书之原本以供检阅外,于证明文书之内容时,诈伪及类似错误之机会自必甚多。"①阿瑟·贝斯特(Arthur Best)指出:"从前在抽象的理论上一度禁止任何有关文书内容的证词,除非提出该文书的原本。其政策基础是文书在法庭中实际出现会增加发现伪造或篡改的可能性。同时,文书内容的细节有时不易记得,因此准许有关文书的证词,而没有实际的文书来查验其记忆的正确性是不公平的。"②

在英国,要是能够提供,就应提供最佳证据。最佳证据规则被称为"最早也是最显著的规则",作为最佳证据规则的引申部分,英国实行这样一个规定:如果不提供最佳证据,就要承担一个推定,那就是该证据对于怠于提供它的一方当事人不利。在每个具体案件中,何为"最佳"是一项法律问题,不是事实问题。③最佳证据规则"曾经是证据法的重要部分",但现在的重要性已经减退,理查德·梅指出:"一般的规则是私人文件必须由原始证据来证实。然而,高等法院分庭说,该规则只限于书面文件而且从严格的意义上说,该规则与磁带和电影无关。这种区分的理由看来是文件的副本最初只能用手写出,伴有抄写错误的危险。结果,需要有严格的规则来限制副本的使用,只有特殊情况除外。这种规则在用机械设备制作成绩的副本的案件中是不必要的。"④这类原因使最佳证据规则的适用范围减少,"该规则现存的唯一痕迹是,如果能够取得文件的原件,则必须提供原件……不能提供最佳证据的唯一弊端是可能会降低证据的证明力。该规则在现代案例中也偶尔出现,但不是很典型"。他介绍说:"现在法院会采纳所有证据,而不论其是否为最佳证据。"⑤

对于何为"原件",《美国联邦证据规则》第十章第1001条(3)规定:"文书或记录的'原件'是指文书或记录的本身,或其制作人或签发人有意(使它与原件)具有相同效果的任何对应物。照片的'原件'包括底片或其所冲印出来的任何照片。对于储存在电脑或相似设备中的资料,任何印出物或其他可以视觉阅读的输出物,如果显示正确地反映这些资料,那么它也是'原件'。"

"**复制件**"是指以原件的同一版本、从相同的模体、以照相的方式包括放大

---

① 〔美〕爱德蒙·M. 摩根著:《证据法之基本问题》,李学灯译,世界书局1982年印,第384页。
② 〔美〕阿瑟·柏斯特著:《证据法入门》,蔡秋明、蔡兆诚、郭乃嘉译,元照出版公司2002年版,第289页。
③ Anthony Hawke, *Roscoe's Digest of the Law of Evidence and the Practice in Criminal Cases in England and Wales*, C. F. Roworth Ltd., 1928, p. 3.
④ 〔英〕理查德·梅著:《刑事证据》,王丽等译,法律出版社2007年版,第42页。
⑤ 同上书,第8页。

或缩小、以机械或电子重录的方式、以化学复制的方式或以精确地再制原件的其他相同技术所制作的对应物。一般地说,提供书证应当提供原件,由于复制件存在作伪的危险,最佳证据规则要求排除第二手证据。① 不过,这并不绝对排斥所有的复制件,如果有证据证明书证的原件已经丢失或者毁坏,作为一项规则,在可以提供复制件的情况下允许提供复制件,也就是说,对于某些复制件是承认其证据能力的。②

复制件一经查证属实,与原件具有相同的证据能力和证明力。《美国联邦证据规则》第十章第 1003 条规定:除非具有(1)原件的真实性已引起疑问,或(2)在特定情形下,允许复制件代替原件将是不公平的等情形,复制件与原件具有相同的证据能力。另外,该章第 1004 条还规定:具有下列情形之一的,有关文书、记录或照片内容的其他证据,具有证据能力,毋须提出原件:(1)原件已丢失或毁损,但为提出者恶意丢失或毁损的,不在此限;(2)原件无法得到;(3)原件为对方所占有;(4)附带事项,与(案件)所争控的问题并无密切关系的文书、记录或照片。

同样,在英国也有采纳第二手证据的规定。具有下列情形之一的,可以采纳第二手证据:(1)原件已经丢失或者毁坏;(2)原件掌握在对方手里,虽经告知仍然拒绝提供;(3)原件掌握在当事人以外的某人手中,表明不一定会依法提供该证据(例如,该人利用某种特权拒绝提供该书证,如无合法依据,拒绝提供证据会因藐视法庭罪而遭受处罚),虽命令其提供书证的令状送达后仍然拒绝提供;(4)书证不在本国,存在于不允许转移该书证的国家,或者为某人所掌握,该人在本司法管辖区之外并且拒绝提供该书证;(5)原件具有不易移动的性质。③

需要注意的是,最佳证据规则一般适用于私文书而非公文书。在英国,最佳证据规则并不适用于公文书,公文书通常以提供某一特定种类的复制件的方式来证明。④ 克劳斯指出:普通法允许大量公文书以复制件形式提交给法庭。⑤ 同样,在美国,对于公共记录(公文书)复印件的证据能力,《美国联邦证据规则》第 1005 条作出专门规定:"官方记录的内容,或被授权加以记录或归档并且实际已记录或归档的文件的内容,包括以任何形式编纂的资料的内容,如果依其他规定具有证据能力时,可以复制件加以证明,该复制件可以按本《规则》第 902 条规定(的方式)认证为正确,或证人将该复制件与原件对比后提供证言来证实其

---

① Steven I. Froedland\Paul Bergman\Andrew E. Taslits, *Evidence:Law and Practice*, Lexis Publishing. 2000, p.683.
② William Shaw, *Evidence in Criminal Cases*, Butterworth & Co. (Publishers) Ltd., 1954, p.153.
③ Ibid., p.155.
④ Ibid., p.154.
⑤ Rupert Cross, *An Outline of the Law of Evidence*, Butterworths, 1964, p.133.

正确。如果尽了合理的努力,不能取得前述规定的复制件时,可提出有关该文书内容的其他证据。"这里提到的"本规则902条"是关于无需提出其他证据来证明某一证据真实性的规定,这种证据包括:盖印或者没有盖印但符合其他条件(如有主管人员或雇员在职权范围内的真实签名)的本国文书、外国公文,经过认证的公共记录复印件,官方出版物,报纸与期刊,交易标识(trade inscriptions)及类似物,经过公证的文件、商业文件以及相关文书,依国会制定的法律推定为真实的签名,文书或者其他材料,对于依惯常行为进行活动并且经过认证的国内记录或者外国记录。[①]

  图表、摘要或计算结果可能成为另一种非原始证据。《美国联邦证据规则》第十章第1006条就此规定,对于不便于法院查阅的册数众多的文书、记录或照片,可以向法庭提出图表、摘要或计算结果。在这种情况下,对方当事人应当有合理时间和适当场所来查阅、复制其原件或复制件;另外,法院也可以命令将该原件或复制件提交给法庭。

  在我国,《民事诉讼法》第70条第1款规定了原始证据优先规则,适用于书证和物证:"书证应当提交原件。物证应当提交原物。提交原件或者原物确有困难的,可以提交复制品、照片、副本、节录本。"最高人民法院《关于民事诉讼证据的若干规定》(2001年12月21日公布)第10条也规定了原始证据优先规则:"当事人向人民法院提供证据,应当提供原件或者原物。如需自己保存证据原件、原物或者提供原件、原物确有困难的,可以提供经人民法院核对无异的复制件或者复制品。"最高人民法院《关于行政诉讼证据若干问题的规定》第40条第1款也规定:"对书证、物证和视听资料进行质证时,当事人应当出示证据的原件或者原物。但有下列情况之一的除外:(1)出示原件或者原物确有困难并经法庭准许可以出示复制件或者复制品;(2)原件或者原物已不存在,可以出示证明复制件、复制品与原件、原物一致的其他证据。"第57条第(6)项还规定"当事人无正当理由拒不提供原件、原物,又无其他证据印证,且对方当事人不予认可的证据的复制件或者复制品"不能作为定案依据。同样,最高人民法院《关于适用〈中华人民共和国刑事诉讼法〉的解释》第69条第(一)项规定:对物证、书证应当着重审查的内容之一是"物证、书证是否为原物、原件,是否经过辨认、鉴定;物证的照片、录像、复制品或者书证的副本、复制件是否与原物、原件相符"。该《解释》第70条第1款规定:(1)据以定案的物证应当是原物。原物不便搬运、不易保存,依法应当由有关部门保管、处理,或者依法应当返还的,可以拍摄、制作足以反映原物外形和特征的照片、录像、复制品。(2)物证的照片、录像、复制品,不能反映原物的外形和特征的,不得作为定案的根据。(3)物证的照片、录

---

  ① 详见《美国联邦证据规则》第九章第902条。

像、复制品,经与原物核对无误、经鉴定为真实或者以其他方式确认为真实的,可以作为定案的根据。"第71条还规定:(1)据以定案的书证应当是原件。取得原件确有困难的,可以使用副本、复制件。(2)书证有更改或者更改迹象不能作出合理解释,或者书证的副本、复制件不能反映原件及其内容的,不得作为定案的根据。(3)书证的副本、复制件,经与原件核对无误、经鉴定为真实或者以其他方式确认为真实的,可以作为定案的根据。

这里提到的证据"原件""原物"皆属于原始证据。从该规定看,要求当事人提供原件、原物,显然将原件、原物视为"最佳证据"而要求优先提供,这一规定可以视为我国诉讼证据领域的"最佳证据规则"。这里"原件""原物"不仅适用于书证,还适用于物证、视听资料等实物证据,甚至包括笔录这一类证据(其中证言笔录等被归类为言词证据)。提供原件、原物有两种情况:一是向法院提供证据的原件、原物,由法院接收,当事人不再保留;二是当事人自己保留证据原件、原物,或者提供原件、原物确有困难(诸如原物体积庞大难以移动或者移动后容易毁损之类),可以提供复制件或者复制品,但应当使法院有将原件、原物与该复制件或者复制品进行核对的条件。法院将复制件、复制品与原件核对后,接收复制件、复制品。提供原始证据不仅是关于证据能力的一项要求,也是对方当事人可以主张的一项权利,《关于民事诉讼证据的若干规定》第49条还规定:"对书证、物证、视听资料进行质证时,当事人有权要求出示证据的原件或者原物。"对于该要求,有两项例外:一是出示原件或者原物确有困难并经人民法院准许出示复制件或者复制品的;二是原件或者原物已不存在,但有证据证明复制件、复制品与原件或原物一致的。另外,《关于民事诉讼证据的若干规定》第65条在关于审判人员审核单一证据的规定第(一)项中进一步规定:审判人员对单一证据应当从证据是否原件、原物以及复印件、复制件与原件、原物是否相符进行审核认定。《关于民事诉讼证据的若干规定》第69条第(四)项从反面规定了原始证据优先规则:"无法与原件、原物核对的复印件、复制品"不能单独作为认定案件事实的依据。上述四条,都强调原始证据优先,从不同侧面重申了最佳证据规则。

原始证据优先,并不意味着证据的复制件、复制品没有证据能力,只要证据的复制件、复制品与原件、原物核对一致,或者有其他证据证明复制件、复制品与原件、原物一致,仍然具有证据能力。《关于民事诉讼证据的若干规定》第70条规定:对于一方当事人提出的下列证据,"对方当事人提出异议但没有足以反驳的相反证据的,人民法院应当确认其证明力",包括书证、物证、视听资料的原件和相应的与原件核对无误的复制件、复制品:(1)书证原件或者与书证原件核对无误的复印件、照片、副本、节录本;(2)物证原物或者与物证原物核对无误的复制件、照片、录像资料等;(3)有其他证据佐证并以合法手段取得的、无疑点的视听资料或者与视听资料核对无误的复制件。不过,这里规定的确认其"证明力"实为"证据能力"之误。

需要指出的是,**经过核对与原件、原物一致、经鉴定为真实的复制件、复制品在证明力上与原件、原物无异**。由此以观,《关于民事诉讼证据的若干规定》第77条第(3)项规定的"原始证据的证明力一般大于传来证据",实属蛇足。另外,证明力之判断本应委诸法官依理性和良心、针对案件具体情形自由判断,《关于民事诉讼证据的若干规定》第77条第(3)项之规定,实有法定证据制度之苗头,或者唤起法定证据制度之裁判意识,殊属不当。①

二、非法证据排除规则

每个人都有安全的权利,不受无理搜查和扣押是一项基本人权。联合国《世界人权宣言》第12条和《公民权利和政治权利国际公约》第17条规定"任何人的私生活、家庭、住宅和通信不得任意和非法干涉"。隐私、家庭、住宅和通信都被列入国际人权清单成为国际司法准则保障的对象。

对于个人私生活、家庭、住宅和通信的侵犯,表现之一就是执法人员的无理搜查和扣押。正当的搜查和扣押是执法人员搜寻违法犯罪嫌疑人、获取证据和保全证据的重要途径之一,也是社会对违法犯罪行为实施防御的方法之一。不过,搜查和扣押必须循法定程序正当进行,个人的居住安全和隐私权才能得到切实保障,没有合法手续或者正当理由的搜查、扣押,对于个人安全和隐私都构成严重威胁。对于这种威胁,要加以消除,办法之一就是确立非法证据排除规则。

排除这些证据并不是目的,排除规则的真正目的在于遏制执法人员或者当事人等非法搜查和扣押行为,其原理在于通过排除非法取证行为的结果,来消除违法人员非法搜查和扣押的内心驱动力,进而遏制非法搜查和扣押行为。

非法证据排除规则,不仅适用于物证,也适用于书证,同时适用于其他实物证据。然而,不是所有的非法取得的物证、书证等实物证据都会被排除,也不是所有国家或者地区的所有法庭都会排除非法证据。例如,在美国,有一起案件涉及书证:

> 国内收入署侦查②处人员在一位私家侦探的协助下,以查利的安琪儿的最惯用的手法施展活动,(趁)一名暗探将银行家诱出就餐,闯入佩纳的银行家的旅馆房间。这些侦查人员"借用"了银行家的公文包,将文件拍照

---

① 最高人民法院《关于适用〈中华人民共和国刑事诉讼法〉的解释》第70条第3款规定:"物证的照片、录像、复制品,经与原物核对无误、经鉴定为真实或者以其他方式确认为真实的,可以作为定案的根据。"第71条第3款规定:"书证的副本、复制件,经与原件核对无误、经鉴定为真实或者以其他方式确认为真实的,可以作为定案的根据。"

② 原译为"侦察"。

后仍将原件放回,再把公文包还回。这一套把戏明显的是蓄意侵犯银行家的隐私权,而且是侵犯第4条修正案所规定的权利。①

不过,美国的法院并没有排除这一明显非法取得的证据,原因是这一拍下的文件并不是用来指控那位名叫佩纳的银行家的,而是用于指控别人(银行家的一位顾客),那位顾客——案件被告人并没有被侵犯隐私权,而且,佩纳对于公文包中取出过的文件也没有所有权。②

如同物证一样,以非法方法获取书证不限于执法人员的非法搜查和扣押行为,还包括一般身份的人采取侵害他人合法权益或者违反法律的非法方法获取书证、物证等实物证据的行为。如前文已述,在美国,非法证据排除规则是为了限制执法人员,最初是为了限制联邦执法人员而设立的,一般人以非法方法获取物证、书证,并不在排除范围之内。有论者指出:"采取证据排除规则,主要是为了防止警察的胡作非为。警察很少因进行非法搜查而被起诉,而且经常不能偿付民事损害赔偿费,因此,法官认为排除规则是最好的——也许是唯一的——约束。"③在美国,由于非法证据排除规则重在约束执法人员,一般人的非法取证行为可能会引起其他诉讼或者制裁,但不适用排除规则。在德国,基于对个人自由权利的保护,法庭无论对于执法人员以非法方法获取证据还是一般人非法获取的证据,都可能会一视同仁加以排除。

在我国,对于以非法方法获取的书证,《刑事诉讼法》和司法解释均已作出规定。前已述之,《刑事诉讼法》第54条第1款规定:"收集物证、书证不符合法定程序,可能严重影响司法公正的,应当予以补正或者作出合理解释;不能补正或者作出合理解释的,对该证据应当予以排除。"第2款规定:"在侦查、审查起诉、审判时发现有应当排除的证据的,应当依法予以排除,不得作为起诉意见、起诉决定和判决的依据。"最高人民法院《关于适用〈中华人民共和国刑事诉讼法〉的解释》第69条第(二)项规定:对物证、书证着重审查的内容之一是"物证、书证的收集程序、方式是否符合法律、有关规定;经勘验、检查、搜查提取、扣押的物证、书证,是否附有相关笔录、清单,笔录、清单是否经侦查人员、物品持有人、见证人签名,没有物品持有人签名的,是否注明原因;物品的名称、特征、数量、质量等是否注明清楚"。审查内容有二:一是取证方式的合法性,二是是否存在瑕疵。该《解释》第102条第1款:"经审理,确认或者不能排除存在刑事诉讼法第54条规定的以非法方法收集证据情形的,对有关证据应当排除。"无疑,在最高法

---

① 〔美〕詹姆斯·M. 伯恩斯等著:《美国式民主》,谭君久等译,中国社会科学出版社1993年版,第209页。
② 同上。
③ 同上书,第208页。

《解释》规定的排除非法证据的范围中,包含非法的书证。

这些规定接受了证据法学界的主流观点,对于非法方法获取的书证采取相对排除的政策,这和与其他实物证据的裁量排除的主张是一致的。这种观念虽然有些保守,但要比20年前开明许多,那时的主流观点是:应当将非法取证行为与非法取得的证据切割开来;对于非法取证行为,应依法律和行政纪律进行处理;对于非法取得的证据则应承认其证据能力。当时有论者言:"一些外国的刑事诉讼立法,对证据的不可采性作了很多排除使用的规定。如果像他们那样,使一些真实的证据资料被排除,不得作为定案处理的根据,就势必造成无限期的拖延,放纵了犯罪分子。这种做法是不可取的。"① 不过,实践证明,将非法取证行为与非法取得的证据分来,使非法取证行为和行为人在通常情况下都得不到制裁,"犯罪分子"没有被放纵,执法人员违法行为却被放纵,侵犯人权就难免成为常态。

对于民事诉讼非法取得的证据,我国最高人民法院《关于民事诉讼证据的若干规定》第68条作出排除规定:"以侵害他人合法权益或者违反法律禁止性规定的方法取得的证据,不能作为认定案件事实的依据。"对于行政诉讼非法取得的证据,最高人民法院《关于行政诉讼证据若干问题的规定》第57条也作出排除规定,内容是:"下列证据材料不能作为定案依据:(1) 严重违反法定程序收集的证据材料;(2) 以偷拍、偷录、窃听等手段获取侵害他人合法权益的证据材料;(3) 以利诱、欺诈、胁迫、暴力等不正当手段获取的证据材料;(4) 不具备合法性和真实性的其他证据材料。"这些规定都可适用于书证(当然,不仅仅可以适用于书证,还适用于其他实物证据乃至言词证据)。另外,按此规定,排除的证据的非法获取者为一般主体,包括但不限于国家机关工作人员。值得注意的是,在《关于行政诉讼证据若干问题的规定》第57条中,违反程序收集证据必须达到"严重"程度才予以排除。对于何谓"严重",在没有进一步有权解释的情况下,可由法官自由裁量加以确定。

第四节 外部证据规则

外部证据规则(extrinsic evidence rule),又称"口头证据规则"(parol evidence rule),指的是存在书面契约、遗嘱、契据以及其他正式文书等证据的,不允许再提出口头证据变更、增加或缩减其法律上的效果,尤其不得提出口头证据来表达制作人意思。② 书证既经形成,白纸黑字,已成为客观实物,就应当以文书

---

① 崔敏主编:《刑事证据理论研究综述》,中国人民公安大学出版社1990年版,第29页。
② 〔美〕爱德蒙·M.摩根著:《证据法之基本问题》,李学灯译,世界书局1982年版,第395页。

内容为判断依据,其思想内容可凭其本身文字、符号、图画等来了解,若允许提出口头证据加以变更、增加或缩减,或者表达制作人意思,该书证就失去了客观实在的属性,成为可以任意改变、解释的证据,这是与书证作为实物证据应具备的属性相矛盾的。

该规则主要适用于试图变更增减文书效果的口头证据,但也包括书面证据或者其他证据。由于该口头证据或者书面证据属于某个特定文书以外的证据,故又将其称为"外部证据"(extrinsic evidence)。这里提到的"外部证据"是与某一特定文件相联系的证据,有可能是口头证据,也有可能是书面证据等其他证据,但不是该文件本身,而是该文件的外部证据。[1] 例如,在订立合同以前,双方进行协商,订立书面合同前或者同时达成口头协议,形成书面合同后,有关口头协议的证据就属于外部证据,若与书面合同相抵触或者矛盾,是不具有可采性的。也就是说,"一旦当事人双方已经将他们的协议写成书面文件,无论出于他们的协商一致还是法律要求这样做,该书面文件一般就成为该协议的排他性记录,没有别的证据被允许提出来证明协议的条款,除非该文件本身,或者被允许采纳的与该文件内容相同的复制件。"[2]

对于合同来说,外部证据规则体现了禁止变更完整(integration)合意[3]的原则,考宾(Corbin)在谈到契约时曾指出:"双方当事人间缔结契约,而以文书表示其已双方同意该契约之完整,则前此协商和谅解之证据,无论其为口头之证据及其他,如目的在变更该文书或与该文书相抵触者,均不予容许。此即实际上所谓之口头证据规则。"[4]人们通常认为,证人有再好的记忆也不如白纸黑字来得清楚明白,我国俗语也有"好记性不如烂笔头"的说法,讲的就是这个道理。

外部证据规则的原理是:首先,当事人某一特定行为,因后来出现的行为而失去法律上的效果,其早先的行为,对于以后的文书来说,不能发生增减或变更的作用。[5] 其次,一份文件是双方协议的结论性证据,也是文件条款表达的意思的结论性证据,该证据不仅是结论性的,也是排他性的,文件不仅是协议条款的最强固的证据,而且是仅有的可采纳的证据。[6] 另外,外部证据与该文件被认为没有关联性,爱德蒙·M.摩根指出:该规则属于关联性规则的一种情形,也就是说,提供证据来证明较早行为的,以增减或变更后来的文书的,该证据被认为与

---

[1] D. W. Elliott, ll. b., *Phipson and Elliott Manual of the Law of Evidence*, London, Sweet & Maxwell, 1980, p.327.
[2] 〔美〕爱德蒙·M.摩根著:《证据法之基本问题》,李学灯译,世界书局1982年版,第398页。
[3] 指对于双方协议的完全和最后的表达。
[4] 〔美〕爱德蒙·M.摩根著:《证据法之基本问题》,李学灯译,世界书局1982年版,第396页。
[5] 同上书,第398页。
[6] D. W. Elliott, ll. b., *Phipson and Elliott Manual of the Law of Evidence*, London, Sweet &Maxwell, 1980, p.326.

该文书不具有关联性。①

外部证据规则一般禁止使用外部证据作为文件的替代物，禁止使用外部证据用来改变或者反驳文件、禁止使用外部证据来解释某一文件，不过，这项规则在上述三个方面都有多项例外。例如，完整的合意不容以口头证据加以改变，这是一项基本原则，不过，该原则存在例外，这例外就是：该协议属于无效或可得撤销或视为无效。② 又如遗嘱字面意思清楚，但在适用时发现暧昧不清，或者无法按照其字面意思加以执行，允许法官调查其他证据，以获悉立遗嘱人的真实意思。③

第五节　书证的证明力

约翰·维尔金斯（John Wilkins）讲过一个故事：

"我下面所要讲的这个故事是关于一位印第安仆人的。这位仆人受到主人的吩咐去送一篮无花果和一封信，但在半路上却将篮子里的东西吃掉了一大半，将剩下的送到了那个人的手中；这个人读了信，发现无花果的数目与信上所说的不符，于是就责问这位印第安仆人为何将果子偷吃了，并且告诉了他信上是怎样说的。然而这位印第安仆人却矢口否认有这事（尽管证据确凿），并且不断诅咒那张'纸'，认为这张纸是在说谎。"④

这张纸是书证，而且显然不会如这位印第安仆人所说的那样"撒谎"。

书证同物证一样，一旦形成，就脱离书写人成为客观实在物，而且书证通常是以文字形式来表现的，相对于口语而言，一般具有意思更为清楚、明确，表现的思想更具有逻辑性的特点。因为人们在书写文字材料时，通常比口头表达更讲求准确、清楚，书证作为证据，在揭示案件事实方面常常优于口头表达。正是由于书证的真实性较强，有些国家在法律中确立了书证优先原则。例如，在法国，曾有这样的法律规定，即当争议超过 50 法郎的时候，法律即取消那种在交易中吃了亏的人自己提供人证的权利。也就是说，如果你借给一个人 100 法郎而没有借据，那个人否认债务，拒绝偿还，那么，即使有 10 个最有信誉、最受尊重的人来作证，证实看见你借出了这笔钱，你也不可能得到所希望得到的判决书。这就是法国立法者对于人证曾经持有的态度，可谓之"书证至上"。

---

① 〔美〕爱德蒙·M. 摩根著：《证据法之基本问题》，李学灯译，世界书局 1982 年版，第 398 页。
② 同上书，第 396 页。
③ 同上书，第 420 页。
④ 转引自〔意〕安贝托·艾柯等著：《诠释与过度诠释》，王宇根译，生活·读书·新知三联书店 2005 年版，第 43 页。

不同种类的证据都有其各自特点，这是彼此相互区别的重要依据。书证之特点，主要包括：

一、表现形式和形成方式具有多样性

书证既可表现为文字、图形，也可表现为符号。文字、符号等的载体，既可以是纸张，也可以是金、石、土、木、布帛或其他材料。制作书证的工具，既可以是笔，也可以是刀、印刷机等。制作书证的方法，既可以是书写，也可以是雕刻或印刷等。这表明，无论从表现形式还是从形成方式上看，书证都具有多样性。

二、书证以其表达的思想或者记载的内容来证明有关案件事实

表达的思想或者记载的内容来证明有关案件事实，是书证的本质特征。约翰·杰伊·麦凯尔维指出："书证（writing）通常被认为是一种思想观念的实体表达，而不是纸张和墨水的结合体。但一件书证可以简单地从其物体——可以被触摸到的物件——上看到其内容。因此，除了由一张纸所拥有的内容以外，该物体本身是没有证据力的。"[1]

书证与物证同为实物证据，它们的区别不在表现形式上。**事实上，从载体的外部形态上难以区别物证与书证，因为书证像许多物证一样表现为一定的物体，包括纸张、书本、竹木、石头、墙体、金属物等，有的物体既可以做书证也可以做物证，称为"书证物证同体物"。要区别书证、物证，关键是看它们在诉讼中发挥证明作用靠的是什么**：物证是以其外部特征、存在状态和物质属性证明案件事实的，书证则是以其表达的思想或者记载的内容来证明有关案件事实。对于"书证物证同体物"，即既可以当书证使用也可以当物证使用的证据，在具体案件中究竟属于书证还是物证，需要根据其是以什么（是思想内容还是外在特征、物质属性或者存在状态）来证明与案件有关事实的来加以判断。例如：

> 在唐朝垂拱年间，虚构事实、陷害他人的事件很多。湖州佐使江琛将刺史裴光信上的字割下来，重现组合成文，变成写给徐敬业的谋反的信，以谋反的罪名告裴光。武则天派御史调查这个案件。裴光诚恳地说："字是我的字，内容却不是我写的。"前后派了三个御史，都不能解决这个案件。有人推荐说张楚金能探明案件，武则天就命令他再调查此案，但却未将以前的审问记录移交给她。张楚金忧愁苦闷，仰卧窗边，阳光从窗户射进来；他拿起书信对着太阳观察，发现信是修补而成的。平时看不见，对着太阳就看见了。张楚金召集州官县吏，要了一盆水，命令江琛把信投到水里，字一个个解散、剥落，江琛不得不叩头认罪。

---

[1] John Jay McKelvey, *Handbook of the Law of Evidence*, West Publishing Co., 1944, p.597.

这个案件,确认裴光有犯罪嫌疑,根据的是:(1)信上的字迹为裴光的笔迹,这是依据书信字体的外在特征来证明案件事实的,属于物证作用;(2)信的内容是与徐敬业联络谋反,这是根据书信的内容来证明案件事实的,属于书证作用。最终张楚金当场揭露江琛变造书信诬人谋反,依据的是粘贴的信遇水解散的物理属性,运用的是物证作用。这封信就属于书证物证同体物,由不同的机制发挥不同的证明作用。

三、书证记载的内容和表达的思想,能够为人们所认识和了解

书证是通过表达的思想或者记载的内容来发挥证明作用的。要发挥实质证明作用,书证的思想内容不能不为人们所了解。在阿加莎·克里斯蒂的小说《东方快车谋杀案》中,有这样一段描写:在东方快车上,乘客雷切特在夜里被人谋杀,在勘查尸体时,私人侦探波洛发现了小桌面上有些烧焦的纸片,他叫人借来两个女人用的帽匣:先把那两卷隆起的帽架按平,然后小心翼翼地将那张烧糊的纸片穿到第一个帽架上,再把另一个帽架覆压在上面。接着用钳子把这堆东西夹起来,拿到酒精灯上方。帽架开始发红了。忽然他看到纸上隐隐约约浮现出一些字。字迹一个接一个慢慢出现——由火形成的字。那张纸片很小,上面只有一句不完整的句子:"……记小黛西·阿姆斯特朗。"波洛两眼闪耀着光芒。他轻轻地放下钳子,说道:"现在我知道死者的真实姓名了,我知道他为什么不得不离开美国了"。波洛通过识别烧焦纸片上的字迹,弄清楚被害者真名是"卡塞蒂"(卡塞蒂是美国轰动一时的小黛西·阿姆斯特朗案件的漏网罪犯)。在这个案件中,由于纸片已经烧焦,无法正常读取纸片上的内容,探案者只能小心加热使之显露出字迹,从而了解到书证的内容。如果该书证的内容无法为人所了解,当然也就不能作为证据加以应用了。由这段描写我们还可以看出,书证无论表现为文字、图形还是符号,无论是人们熟知的文字、图形、符号还是不为一般人所了解的密码、暗号、标记,都应当是有意义的,能够表达一定的思想内容,或者反映书写者的情绪、精神状态。纸片上"小黛西·阿姆斯特朗"这几个字是有意义的,对这个名字的解读,成为确定这起谋杀案调查方向的关键一步。如果书写的内容不表达任何思想或者书写的内容与有关案件事实毫无关系,如练习书法时进行描红形成的文字,是不能够作为书证使用的。

四、书证对案件其他证据能够起到引出或者印证作用

有的书证有清楚的文字表述,能够揭示案件事实的来龙去脉,在揭示案情方面有其优势。有的书证能够提供收集其他证据的线索,如书证有签名甚至签名人的住址和联系电话,可以根据签名及相关信息寻找知情人作证。另外,书证的客观性较强,经过查证确认其真实性以后,可以将它与其他证据进行比对,确认

其他证据的真实性,使其他证据得到甄别,进而对案件事实作出正确认定。如2004年9月23日,窃贼程某趁夜深人静,来到沅江市桔园路一居民楼下,撬开车库,盗走摩托车一辆。没有想到的是,其行为慌张,竟将自己的钱包遗落在车库内而未察觉,钱包内有他的电话缴费单。次日早晨,被窃事主发现被盗,立即拿着钱包报警。警方根据电话缴费单上的姓名找到窃贼时,他正在寻找摩托车买主。电话缴费单的记载在侦破此案中发挥了提供重大线索的作用。类似案件,已经出现多起,侦破案件有时竟如探囊取物一般。

第六节 书证之提出

在刑事诉讼中,负责侦查、起诉和审判的机关有权收集、调取书证,掌握书证的当事人及其辩护人或者诉讼代理人有权向上述机关提供有利于本方的书证,或者在其他人或者机关掌握该书证的情况下申请上述机关收集该书证。当事人及其辩护人或者诉讼代理人以外的其他掌握能够证明有关案件证据的人,通常有义务向上述机关提供该书证。

在民事诉讼和行政诉讼当中,证据的提出有以下两种方式:

1. 自行提出。即持有书证的当事人直接向法院提交书证。持有书证的当事人直接向法院提交书证,对于承担证明责任的当事人来说,是履行证明责任的行为;对于非承担证明责任的当事人来说,是行使诉讼权利的行为,目的都在于赢得诉讼,避免败诉后果。

2. 申请法院收集。书证为对方当事人或者第三人所持有,当事人可以申请法院收集该书证。提出申请时可以以"因客观原因不能收集"为理由。在职权主义诉讼模式中,有时无待申请,法院依职权命令当事人提出,或者主动调取。当事人主义诉讼中也偶尔见到这一做法,例如,按前述《美国联邦证据规则》第1006条的规定,当事人将不便于法院查阅的册数众多的文书、记录或照片制成图表、摘要或计算结果的,法院可以命令将该原件或复制件提交给法庭。

如果书证在对方当事人手中,该方当事人拒绝提供的,需要寻找一种智慧而非暴力的办法来解决这个难题,"推定"就是这样的办法。最高人民法院《关于民事诉讼证据的若干规定》第75条规定:"有证据证明一方当事人持有证据无正当理由拒不提供,如果对方当事人主张该证据的内容不利于证据持有人,可以推定该主张成立。"因此,有证据证明书证为对方当事人所持有,该人拒不提供的,可以作不利于该人的推定。

这里需要指出的是,对于书证的存在与不存在,不单单依赖于提出该书证加以证明,还可以用替代方式加以证明。正如约翰·杰伊·麦凯尔维指出的那样:"当书证的存在成为案件的实质争议问题时,其提出将成为该事实的证据(或证明),正如某件物体的提交——例如,一件武器或者一块布——对于证明它的存在和状况来说是令人满意的证明。但要证明某一实物的存在不是必要的,通常也不可能将该物体呈现在陪审团面前,并且言词证据(oral proof)不仅可以采纳并通常应被信赖。因此,对于书证的存在与不存在,可以由言词证据加以证明。"① 这样做,为解决书证的存在与不存在的争议提供了便利。

---

① John Jay McKelvey, *Handbook of the Law of Evidence*, West Publishing Co., 1944, p.597.

第三章 证人证言

人言未必真,听言听三分。

——中国俗语

第一节 总 说

在我国,"证人"指的是对某一事件的全部或者部分事实有所感知并向公安司法机关陈述该事实的当事人以外的第三人。

在一些国家,证人包括两类:一类是事实证人(fact witness),一类是专家证人(expert witness)。前者是就自己感知的有关案件事实进行陈述的证人;后者是根据自己掌握的专业知识就案件涉及的专门性问题提出意见的专业人士,这类证人又称为"意见证人"(opinion witness)。我国诉讼中所谓"证人"指的是事实证人。

证人证言是当事人以外了解有关案件情况的第三人,向公安司法机关所作的有关案件事实情况的陈述。

我国有关人证的规定,历史悠久。《周礼·地官·小司寇》云:"凡民讼,以地比正之。"疏谓:"民讼六乡之民有争讼之事,是非难辨,故以地之比邻知其是非者,共正断其讼。"《周礼·秋官·朝士》云:"凡属责者,以其地传而听其辞。"李嘉会解释说:"地传者当土之事,当时为传别者,若今牙保也,属责于人有地传为之证,则听其词而理之。"这些都是关于人证的记载。[①]

第二节 证 人 资 格

证人资格就是一个人能够作为证人提供证言的资格。

在我国,有资格作为证人的条件是:其一,感知案件事实;其二,具有辨别是非的能力;其三,具有正确表达的能力。以上三个条件必须同时具备,才有资格

---

① 徐朝阳:《中国诉讼法溯源》,商务印书馆1933年版,第48页。

作为证人。① 这里的"辨别是非"是指对事实存在与否、状态如何以及性质怎样能够正确认识和辨别;"正确表达"是指能够对自己认识和辨别的事实存在与否、状态如何以及性质怎样进行正确的描述。需要注意的是,表达的方式既可以是口头方式,也可以是书面方式,还可以是其他人能够理解的方式。不能口头表达的人(如聋哑人)以书写或者打手势等方式进行表达并且能够被人们理解的,该人属于具有正确表达能力的人。

生理上、精神上有缺陷,或者年幼,不能辨别是非和正确表达的人,不得作为证人。这里所谓"生理上有缺陷",是指存在盲、聋、哑或者其他生理方面的缺陷。"精神上有缺陷",是指在智力上或者精神上存在障碍。"年幼"是指年龄幼小,一般指14周岁以下。生理上、精神上有缺陷,或者年幼,在不能辨别是非和正确表达的情况下不得作为证人;但对于能够辨别是非和正确表达的事项,他们是可以作证的。国外学者曾就此指出:"14周岁以下的儿童能否成为证人,取决于法院的自由裁量,并主要依赖于其个人的道德感、智力和理解力。是提供证言的人的智力和理解力而不是年龄,在决定他是否有能力作为证人上起主导作用。如果明显表明一个儿童——即使他只有6岁或者7岁——知道对与错的区别,并且理解宣誓义务的本质,知道他必须讲出真相,这个儿童就可以作证人。至于一个孩子提供的证言的证明力,则就是陪审团裁决的问题了。"② 与此相似,"一名证人心智不健全的事实本身并不构成排除其作为证人的理由。只有当他的病患使他对看过或者听到和需要他提供证言的内容不能保持记忆或者他不能辨别什么是对、什么是错,他的证言才应被排除。他当然应当有足够的心智能力,并且懂得去理解和接受宣誓的义务,对他所听到、看到的,能够给出准确的陈述,能够承受审判程序中发生争议的事项。"③

正处于明显醉酒、麻醉品中毒或者精神药物麻醉状态的人,其辨别是非的能力和正确表达的能力受到酒精、麻醉品或者精神药物的影响,通常都会存在一定障碍,甚至受到幻觉的干扰,其陈述不是在神智清醒的情况下提供的,不应认为这样的陈述有证据能力,因此正处于明显醉酒、麻醉品中毒或者精神药物麻醉状态的人,不得提供证言。

在诉讼活动中,对于证人的身体或精神状况存在一定的问题、有可能影响其作证能力的,人民法院、人民检察院、公安机关认为必要时,应当指定医师进行检

---

① 这一资格限定,移植自《苏俄刑事诉讼法典》之规定,"根据苏俄刑事诉讼法典第61条,由于自己身体上和精神上的缺陷而不能正确地理解对案件有意义的现象,并提出有关这个现象的正确证言的人,不得充任证人。"(最高人民法院学委会编:《学习苏维埃刑事诉讼的笔录(初稿)》,最高人民法院办公厅1956年翻印,第50页。)
② Albert H Putney, *Evidence*, Cree Publishing Company, 1910, p. 195.
③ Ibid.

查，以确定其是否具有作证资格。经检查发现没有作证能力的，不得采纳其陈述作为证据。

我国古代有关于证人资格的规定。《唐律·断狱》规定："年八十以上十岁未满，与笃疾①者，皆不得令其为证，违者减罪人罪三等。"②其理由是这种状况的人"不堪加刑"。《大明律》规定："年八十以上十岁以下，若笃疾，皆不得令其为证，违者笞五十。"③《大清律·刑律·断狱》也有这一规定。

当今许多大陆法系国家在刑事诉讼法中都规定了证人资格。《德国刑事诉讼法典》第52条第2款规定："未成年人因理解力欠成熟，或者未成年人、被监护人因患精神病或者智能上或者心理上的障碍，不能充分认识拒绝作证权的意义，只有在他们愿意作证并经他们的法定代理人同意时，才能对他们予以询问。法定代理人本人是被指控人的，不能决定是否使用拒绝作证权；此规定也适用于父母双方都拥有法定代理权未被指控的一方父母。"《法国刑事诉讼法典》第105条第1款规定："凡是有重要迹象或疑点怀疑其曾参加与预审法官所受理的犯罪行为的人，不得充当证人。"第2款规定："共和国检察官的申请书中指名提到的人，也不得充当证人。"第448条规定："下列人员依照同样的条件可以作证：1. 被告人以及出庭受同案审判的其他被告人的父母或任何其他直系尊亲；2. 儿女或其他任何直系卑亲；3. 兄弟姊妹；4. 与前三项同等级的姻亲；5. 配偶，包括已离婚的在内。"《俄罗斯联邦刑事诉讼法典》第56条第1款规定："证人是可能知悉对刑事案件的调查和解决有意义的情况并被传唤作陈述的人。"《日本刑事诉讼法典》第143条规定："法院，除本法有特别规定的以外，可以将任何人作为证人进行询问。"

英美国家通过判例法、单行法规或者单独制定的证据规则就证人资格加以规定。《美国联邦证据规则》第601条规定："除本证据规则另有规定外，每个人都有资格作为证人。但是，在民事诉讼中，有关构成一项诉讼主张或辩解的内容需适用州法作出决定时，证人能力将按照州法确定。"④

我国《刑事诉讼法》第60条也规定了证人资格，该条第1款规定："凡是知道案件情况的人，都有作证的义务。"第2款规定："生理上、精神上有缺陷或者年幼，不能辨别是非、不能正确表达的人，不能作证人。"这一规定中的"作证义务"存在例外，一是有的知情人（律师）被赋予免予作证的特权，有的知情人（近亲属）享有免于被强迫出庭作证的特权；二是处于明显醉酒、麻醉品中毒或者精神药物麻醉状态的人提供的证言不得作为证据使用。按照最高人民法院《关于

---

① 严重残疾。
② 钱大群：《唐律译注》，江苏古籍出版社1988年版，第378页。
③ 薛允升编：《唐明律合编》中的"断狱上·老幼不考讯"，中国书店2010年版，第301页。
④ 根据1987年3月2日的修改，1987年10月1日生效。

适用〈中华人民共和国刑事诉讼法〉的解释》第 75 条规定,这类人在符合两个条件时不具有作证资格,一是"处于明显醉酒、中毒或者麻醉等状态",二是"不能正常感知或者正确表达"。两个条件具备表明其没有作证能力,其证言不得作为证据使用。

最高人民法院《关于民事诉讼证据的若干规定》也就证人资格作出规定,其第 53 条第 1 款规定:"不能正确表达意志的人,不能作为证人。"同条第 2 款还规定:"待证事实与其年龄、智力状况或者精神健康状况相适应的无民事行为能力人和限制民事行为能力人,可以作为证人。"其第 57 条又规定:证人为聋哑人的,可以其他表达方式作证。这些规定总算是弥补了《民事诉讼法》相关规定的不足。

第三节 证人的作证义务

作证义务是当事人以外了解案件事实的人承担的向国家专门机关提供自己所了解的有关案件情况的义务。除了法律有特别规定的以外,了解案件情况的人都负有作证义务。

案件一旦发生,往往在案发现场留下各种痕迹物品,并且为人所感知。感知了案件事实的人除了犯罪人、被害人等当事人以外,还有当事人以外的第三人。第三人作为知情人,一旦被要求向公安司法机关提供证言,就成为证人。向知情人了解他们所感知的案件情况,是查明案件事实、适用法律实现正义的重要途径。在许多案件中,证人证言是不可或缺的,没有知情人提供证言,案件的真相就会被湮灭,正义就不能得到实现。就一桩具体案件而言,当事人以外的第三人向公安司法机关提供自己所了解的案件情况并不是为了维护自身的利益;从全社会而言,每个知情人都能够如实提供自己感知的案件情况,则社会秩序得以维护,公道得以维系,正义得以实现,最终有利于每一个向公安司法机关提供自己所了解的案件情况的知情人。因此,作证义务,应当被看做是依法应予履行的一种公民责任,它的道义基础是整个社会要实现正义的普遍需要。

在承担作证义务的人员中,较为特殊的是侦查人员。在刑事诉讼活动中,有时需要就侦查过程中甚至立案以前侦查人员感知的有关案件的事实(如到达犯罪现场制止犯罪时所感知的案件情况、抓捕犯罪嫌疑人的情况)或者侦查活动的事实(如搜查、勘验、检查等情况)听取了解情况的侦查人员的陈述,并以该陈述作为证据。法院可以应控诉方或者辩护方的申请或者依据职权主动通知侦查人员到法庭作证。侦查人员接到通知到法庭作证时,其身份应当是"证人"。接到出庭通知的侦查人员负有作证义务,不得拒绝作证。

证人作证义务中含有出庭作证的要求,也就是说,证人履行作证义务的基本

方式之一，是接受法院的通知出庭陈述自己所感知的有关案件的事实，无正当理由拒不出庭作证，是不履行或者不适当履行其作证义务的表现。证人的作证义务不仅包含作证之意，还包含如实陈述自己所感知的有关案件事实的要求，故意作虚假陈述，需要承担相应的法律责任。

为保证证人出庭和履行如实陈述的作证义务，我国法律就不履行作证义务的行为规定司法处分。在诉讼过程中，法院应对拒不履行作证义务的证人进行劝说，讲明利害，经劝说无效的，应分别情况施以司法处分。《刑事诉讼法》第188条规定："经人民法院通知，证人没有正当理由不出庭作证的，人民法院可以强制其到庭，但是被告人的配偶、父母、子女除外。"同时规定："证人没有正当理由拒绝出庭或者出庭后拒绝作证的，予以训诫，情节严重的，经院长批准，处以十日以下的拘留。被处罚人对拘留决定不服的，可以向上一级人民法院申请复议。复议期间不停止执行。"这里的"正当理由"包括患有疾病不能履行作证义务、人在境外不能及时返回履行作证义务等理由，最高人民法院《关于适用〈中华人民共和国刑事诉讼法〉的解释》第206条规定证人具有下列情形之一而无法出庭作证的，人民法院可以准许其不出庭：（1）在庭审期间患有严重疾病或者行动极为不便的；（2）居所远离开庭地点且交通极为不便的；（3）身处国外短期无法回国的；（4）有其他客观原因，确实无法出庭的。对于不出庭作证的证人，法院应当了解其不出庭作证的原因，对于不出庭的理由，正当由法院根据具体情况加以判断其是否正当。对于没有正当理由不出庭作证的，人民法院可以强制其出庭作证，须注意的是，强制出庭作证的前提是"经人民法院通知"，未经通知的不能据以强制到庭。强制证人出庭的，应当由法院院长签发强制证人出庭令。

这里的"强制"是否可以采取拘束证人身体的措施？按照一些国家的做法，对于证人进行司法处分措施包括拘传，必要时还可以处以罚款、拘留。拘传中的强制手段，包含用拘束其身体的方式进行。许多国家的刑事诉讼法对证人不履行作证义务规定了司法处分以及其他相关规定。例如，《德国刑事诉讼法典》第70条第1款规定："证人无法定理由却拒绝作证、宣誓的，要承担因拒绝造成的费用。对他同时还要科处秩序罚款和不能交纳罚款时易处秩序羁押。"第2款规定："为了强制作证，也可以命令羁押，但羁押时间不得超过本诉讼审级的终结时间，也不得超过6个月。"第3款规定："参与侦查程序的法官、受命及受托法官也有权命令这些处分。"第4款规定："处分措施如果用尽时，在同一程序、审理同一行为的其他程序中不能再重复科处这些处分。"又如《日本刑事诉讼法典》第150条第1款规定："受到传唤的证人没有正当理由而不到场时，可以裁定处以10万元以下的罚款，并可以命令其赔偿由于不到场所产生的费用。"第2款规定："对前款的裁定，可以提起随时抗告。"第151条规定："作为证人受到传唤没有正当理由而不到场的，处10万元以下的罚金或者拘留。"第2款规定：

"犯前款罪的,可以根据情节并处罚金和拘留。"该法第 153 条还规定了对证人的传唤和拘提。第 153 条之 2 规定:"在护送受到拘传证执行的证人或者已经将证人带到的场合有必要时,可以暂时将证人留置于附近的警察署或其他适当的场所。"第 160 条第 1 款规定:"证人没有正当理由而拒绝宣誓,或者拒绝提供证言时,可以裁定处以 10 万元以下的罚款,并可以命令赔偿由于拒绝所产生的费用。"第 2 款规定:"对前款的裁定,可以提出随时抗告。"第 161 条第 1 款规定:"证人没有正当理由而拒绝宣誓,或者拒绝提供证言的,处以 10 万元以下的罚金或拘留。"第 2 款规定:"犯前款罪的,可以根据情节并处罚金和拘留。"第 162 条规定:"法院在必要时,可以以裁定命令证人同行到指定的场所。证人没有正当理由而不接受同行时,可以拘传。"

对于无正当理由拒不出庭作证的证人采取的司法处分措施由法院决定并执行,具有惩戒性质,其目的是确保证人出庭并对违反如实作证义务的行为加以处罚。应当注意的是,在我国司法实践中,强制证人出庭,以达到使其出庭为强制限度,经过陈明利害,证人同意出庭,或者办案人员戒护下,证人到庭作证,不必进一步采取强制手段,对于证人应当尽量避免以戒具强制其到庭。

第四节 免证特权

免证特权是指具有特定身份的人依法享有的拒绝提供证言的权利。 我国《刑事诉讼法》第 46 条规定:"辩护律师对在执业活动中知悉的委托人的有关情况和信息,有权予以保密。"这一规定确认辩护律师享有免于作证的特权,这一特权的例外是"辩护律师在执业活动中知悉委托人或者其他人,准备或者正在实施危害国家安全、公共安全以及严重危害他人人身安全的犯罪的,应当及时告知司法机关。"对比可知,许多国家规定了特定身份的人的免证特权,范围比我国要广泛得多:

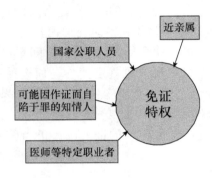

一、任何人

任何人都有权拒绝提供那些可能使自己陷于刑事追诉或者有罪判决的证言的权利,按照联合国《公民权利和政治权利国际公约》第14条第3款(庚)项的规定:任何人不被强迫作不利于他自己的证言或强迫承认犯罪,是一项刑事诉讼国际准则。在刑事诉讼中,当知情人所要进行的陈述含有对自己不利的事实,如果披露这些事实将会遭受刑事追诉或者有罪判决的不利后果时,知情人有权拒绝陈述这样的事实。但是,知情人自愿陈述这些事实并不为法律所禁止,该陈述具有证据能力。

二、亲属

为了保障法律所维护的某些特定价值不因强迫具有某些主体身份的人履行一般公民的作证义务而有所损害,具有特定亲属关系的知情人应被赋予拒绝作证权。这种特定亲属关系指的是具有近亲属关系的知情人,包括两类:

(一)近亲属或者曾经有过近亲属关系的人

在德国,每个证人均可以对如果回答后可能给自己的订婚人、配偶(即使婚姻关系已不再存在)、现在或者曾经是直系亲属或者直系姻亲、现在或者曾经在旁系三亲等内有血缘关系或者在二亲等内有姻亲关系的人造成因为犯罪行为、违反秩序行为而受到追究危险的那些问题,拒绝予以回答。[①] 在日本,"任何人对下列人有受刑事追诉或受到有罪判决之虞的证言,可以拒绝:(1)自己的配偶、三亲等内的血亲或二亲等内的姻亲,或曾与自己有此等亲属关系的人;(2)自己的监护人、监护监督人或保护人;(3)由自己作其监护人、监护监督人或保护人的人。"[②]此条有例外,即:"虽就共犯或共同被告人中的一人或数人有前条关系者,在只与其他共犯或共同被告人有关的事项上,不得拒绝证言。"[③]

我国《刑事诉讼法》第188条规定"被告人的配偶、父母、子女"不被强迫出庭作证。不过,"被告人的配偶、父母、子女虽然不能被强迫出庭作证,但其仍有庭外作证义务。因此,不能将此解读为我国确立了被告人亲属的免证特权。"[④]

另外,按照我国《刑事诉讼法》第九章第106条第6项的规定,"近亲属"指的是夫、妻、父、母、子、女、同胞兄弟姊妹。若论应当享有免证权的人员范围,除近亲属外,还应当包括曾经有过近亲属关系的知情人,如离异后的前夫和前妻,也应当享有这一权利。值得注意的是,未来我国将享有免证特权的"近亲属"的

---

① 《德国刑事诉讼法典》第55条(一)。
② 《日本刑事诉讼法典》第147条。
③ 《日本刑事诉讼法典》第148条。
④ 张军、江必新主编:《新刑事诉讼法及司法解释适用解答》,人民法院出版社2011年版,第226页。

范围依《刑事诉讼法》第106条第6项来确定,未免失之过窄。我国古代确立的同样制度,免证权人的范围值得注意,除夫、妻、父、母、子、女外,还包括祖父母、外祖父母、孙、外孙甚至夫之兄弟及兄弟妻等。我国若要设定近亲属免证特权制度,免证权人的范围也应宽于夫、妻、父、母、子、女、同胞兄弟姊妹这一范围。

(二) 监护人或者被监护人

监护制度是为保护无父母或者父母均不能行使亲权的未成年人,以及没有行为能力或者限制行为能力的人的身体、财产而设立的法律制度。承担监护职责的人为监护人,由监护人保护的人为被监护人。即使监护人与被监护人并无亲属关系,其监护关系的存在,即保护与被保护关系的存在,也将产生类似近亲属之间的恩义、亲情之感,使监护人或者被监护人的关系与近亲属之间的关系相接近。

在中国,亲属之间相为容隐的制度历史悠久。《周礼·秋官·朝士》云:"凡属责者,以其地传而听其辞。"郑锷解释说:"属字当为亲属,以财相贷,盖有不用判书而与之者,及其有责而相讼,不可以其送亲之人为证。何则?彼以亲故,或不能无相容隐之情,证其曲直,或至于伤恩,故于法亲不为证,但以其地相传近之人证之,乃为之听其词。"徐朝阳认为,这表明周代已有亲不为证之制。① 即使在受儒家影响较小的秦代,仍有此类规定。《法律答问》云:"子告父母,臣妾告主,非公室告,勿听。"不过,《法律答问》又有鼓励妻子告丈夫的规定,云:"夫有辠(罪)妻先告,不收,妻媵(媵)臣妾、衣服(器)当收不收?不当收。"

汉代以后,儒家思想占据主导地位,亲亲相隐制度得以巩固。《汉书·宣帝纪》:"地节四年令,子首匿父母,妻匿夫,孙匿大父母,皆勿坐。其父母匿子,夫匿妻,大父母匿孙,罪殊死,皆上请"。汉宣帝曾下诏曰:"父子之亲,夫妇之道,天性也,虽有祸患尤蒙死而存之,诚爱结于心,仁厚之至也,岂能违之哉!自今子首匿父母,妻匿夫,孙匿大父母,皆勿坐。其父母匿子,夫匿妻,大父母匿孙,殊死皆上请。"②《唐律》:"诸同居大功以上亲,及外祖父母、外孙,若孙之妇,夫之兄弟妻,有罪相为隐,部曲奴婢为主隐,皆勿论。即漏露其事,及摘语消息,亦不坐。其小功以下相隐,减凡人三等。若犯谋叛以上罪者,皆不用此律。"《宋刑统·赋解》:"外祖父母,收婚姻之家,部曲奴婢为主隐句,改奴为主隐,不为奴隐,余与唐律同。明律于外孙下,增妻之父母女婿,部曲改雇工人,凡人三等下,增无服之亲减一等。现行律同。"明代洪武元年(公元1368年)有令文规定:"即告人祖

---

① 徐朝阳:《中国诉讼法溯源》,商务印书馆1933年版,第48页。
② 转引自瞿同祖著:《中国法律与中国社会》,中华书局1981年版,第56页。又见(清)刘宝楠撰:《论语正义》,中华书局1990年版,第537页。

父,不得指其子孙为证;告人兄,不得指其弟为证;告人夫,不得指其妻为证;告人本使,不得指其驱奴婢为证,违者治罪。"《大清律例·名例》也规定:"凡同居,若大功以上亲及外祖父母、外孙、妻之父母、女婿,若孙之父、夫之兄弟及兄弟妻,有罪相为容忍。奴婢、雇工人为家长隐者,皆勿论。若泄露其事及通报消息,致令罪人隐匿逃避者,亦不坐。"这表明,在我国古代长期的刑事司法中,亲属之间不承担互相揭发其罪的义务。

这种法律制度的设定不是因为该证言有虚假的极大可能性可能误导裁判者作出错误的裁决,也不是为了限制国家权力使之不被滥用,而是基于维护儒家理想的伦理秩序、培养或鼓励忠孝的品格或行为的理由。按照中国传统观点,亲属关系的和谐和稳定是整个社会和谐和稳定的基础,"中国人在乡村中的社会组织,主要依靠他们的亲属关系,其次才作为人们彼此为邻的团体"[①]。亲属、主奴间的相隐,或因恩重或因义重,所以这种制度的设置所要保障的是恩义忠孝这样的法律价值。不过,亲属相容隐的规定不适用于谋反、谋大逆、谋叛大罪,"于此可见家族与国,忠与孝,在并行不悖或相成时,两皆维持,但在两者互相冲突而不能两全时,则国为重,君为重,而忠重于孝,所以普通的罪许子孙容隐,不许告讦,而危及社稷背叛君国的重罪,则为例外"[②]。

三、特定职业者

特定职业者对履行职务过程中得知的有关他人秘密的事实有拒绝提供证言的权利。蔡墩铭先生指出:"从事一定业务之人因其业务受他人之委托,得知他人之秘密者,就其业务上所知悉有关他人秘密之事项,有拒绝证言权,为大陆法和英美法所共认。"这类规定,"重在保护信赖关系,系以基于一定之职业而知悉之秘密为其基本,免除其为证人之证言义务。且其目的,在保护依赖者与受依赖者间之信赖关系,并非保护医师、律师等职业之地位"。因此,如依赖者本人允许,仍可披露有关事项。这里所谓"特定职业者"范围广泛,在德国,神职人员"对于在作为心灵感化人时被信赖告知或者所知悉的事项";被指控人的辩护人、律师、专利代理人、财会师、宣过誓的查账员、税务顾问和税务全权代表、医生、牙科医生、药剂师和助产士等特定人员,"对于在行使职务时被信赖告知或者所知悉的事项",也有权拒绝作证。又如在日本,"医师、牙科医师、助产士、护士、律师、代办人、公证人、宗教在职人或担任过这些职务的人,对由于受业务上的委托而得知的有关他人秘密的事项,可以拒绝证言。但本人已经承诺时,或拒绝证言可以认为只是为了被告人的利益而滥用权利时以及有法院规则所规定的

---

① 〔美〕费正清著:《美国与中国》,商务印书馆1971年版,第32页。
② 瞿同祖著:《中国法律与中国社会》,中华书局1981年版,第59页。

其他事由时,不在此限。"①

　　律师享有拒绝作证权,这种拒绝权以维护律师与其委托人之间的信任关系为目的。不仅如此,律师的这种权利同时又是必须履行的义务,一个律师有义务不泄露其通过履行职务而获知的不利于其当事人的事实,如果他违反这一义务,法律也不允许法院采纳他违反保密义务而提供的陈述作为证据,这是由现代刑事诉讼职能原理决定的。在刑事诉讼中,律师履行辩护职能,如果他可以随意泄露甚至向追诉机关告发他所了解的有关不利于其当事人的情况,则这种做法是与律师履行的职能相矛盾的,辩护职能与控诉职能界限就会变得模糊不清。因此,允许律师享有拒绝作证的特权,并将这种特权视为他必须履行的一项义务,符合现代刑事诉讼中控诉、辩护、审判分立并相互制约的格局。

　　医师、护士等也享有拒绝作证权,医师、护士与就医者之间均以信任关系作为医疗活动的基础,如果破坏了这一信任关系,就会对医疗制度产生危害。对医师的拒证权,有论者指出:"……医生不能在刑事案件中拒绝在与他的'职业秘密'有关的问题上提供证言。医学秘密是以保护个别公民的重要利益为其目的,可是此种利益是不能提得比审判上的公共利益还高的。"②

　　早在古希腊,医务人员的保密义务,就已经体现在"希波格拉底之誓"中。希波格拉底(Hippocrates, late 5th century B.C.)是 Cos 岛人,著名的希腊医师,被普遍尊奉为"医学之父",希氏与其学派之作品中有一誓词,兹志如下:

　　　　余谨宣誓,医药诸圣及一切神祇实鉴临之,余必就余之能力与判断,履行誓约。余当尊业师如父母;与之同甘苦,通有无;视其家属如昆季,倘彼等愿学医,余当传之以业而不取酬;对于吾子,与吾师之子,及凡宣此誓之生徒,余当尽心训导之,对于未宣此誓之人,余当弗教。余必依余之能力与判断,以救助病人,永不存损害妄为之念。人有求毒药者,余绝不予之,亦决不自提斯议。余永不施行堕胎。余必保持行为与医术之圣洁。余不施刀割,即使对于真患结石者亦然,而只让当地之匠人为之。凡入人家,皆为治病,余决不作任何谬妄损害质企图,尤不冒渎人身,不论其为自由男女或奴隶。行医处世,凡所见闻,又不应宣泄者,余当永守秘密。倘余信守不渝,神其许我声名永著,事业常昌;如背誓言,愿得其反。③

　　其中说道:"行医处世,凡所见闻,又不应宣泄者,余当永守秘密。"这已成为后世医务人员的圭臬。

---

　　①　《日本刑事诉讼法典》第149条。
　　②　最高人民法院学委会编:《学习苏维埃刑事诉讼的笔录(初稿)》,最高人民法院办公厅1956年翻印,第50页。
　　③　李焕燊总编纂:《华欣医学大辞典》,华欣文化事业中心1973年版,第911页。

对于宗教职业者的保密义务,具有同样的考虑,就是将宗教职业者与信徒之间的信任关系作为重要的法律价值加以保护,这不仅被视为一项法律责任,也被视为一项道德责任。宗教职业者与信徒之间以信任关系作为宗教活动的基础,如果破坏了这一信任关系,就会对宗教制度产生危害。因此,神职人员拥有的维护职业秘密的权利,从这一视角看,也是神职人员承担的保守秘密的义务。

律师、医生、神职人员等对于履行职务获知的秘密事项,经秘密所涉及者本人同意,可以作证。为了制止将来发生的危害行为,上述享有拒绝作证权的人也可以作证。秘密所涉及者本人对涉及自己的信息始终拥有自由处分的权利,如果他本人同意披露,律师、医生、神职人员等可以披露这些事项。

四、公职人员

法官对有关评议的内容和在公开诉讼过程外履行职责时获知的情况,应当保守职业保密,不受强迫就这类事项提供证言。

对于披露后确有损害国家重大利益可能的公务事项,公务员或者受委托执行公务的人员不得提供证言,其主管机关或者选举机关同意其作证的除外。

对于披露后确有损害国家重大利益的可能的公务事项,议员不得作证,议会同意其作证的除外。

(一)法官

法官拒绝作证的权利,乃为维护司法权的独立性而设。**联合国有关司法独立的国际准则规定,审判人员对有关评议的内容和在公开诉讼过程以外履行职责时获知的情况,应当保守职业秘密,不得被强迫就这类事项提供证言。**第七届联合国预防犯罪和罪犯待遇大会通过的《关于司法机关独立的基本原则》第15条规定:"法官对其评议和他们在公开诉讼过程外履行职责时获得的情况,应当保守职业秘密,不得被强迫就这类事项作证。"这一规定是没有例外规定的。我们据此就该项权利作出了规定。

(二)公务员或者受委托执行公务的人员、代议机构(立法机关)的代表

公务员或者受委托执行公务的人员、代议机构(立法机关)的代表对于履行公职所获知的公务秘密有拒绝作证的权利,这一权利存在的目的不在于维护国家官员的尊严和体面,而是为了保护国家秘密不致泄露,如果泄露了这一秘密,将会对国家利益造成损害,因此享有这一权力的范围应当是有严格限制的。我国《刑事诉讼法》对于涉及国家秘密的案件的诉讼有若干特别规定,为了保护国家利益不致受到损害,规定对于涉及国家秘密的案件不公开审判,但在诉讼中可能会涉及某些国家秘密,即使不公开审判也不足以保护这一公务秘密所涉及的国家重大利益,则对于这样的秘密,应当赋予有关国家公职人员以拒绝作证的特权。

上述享有拒绝提供证言权利的人员行使该权利,应当说明拒绝提供证言的理由。刑事诉讼以追求实质真实发现为目标,但考虑其他法律价值亦须加以兼顾。上述知情人行使免证特权都是以符合特定身份或者具有法定情形为条件的,要行使免证特权,必须符合这些条件。在刑事诉讼中,知情人须明示拒绝提供证言的理由,供取证机关审查其是否有权行使拒绝提供证言的权利。在不符合法定条件的情况下,知情人不能拒绝履行法定的作证义务,以保障司法活动的顺利进行以及达到发现案件真实情况的目的。

第五节 证人的权利及安全保障

对证人及其近亲属提供保护,维护其合法权利,对于保障证人履行作证义务、查明案件真相、保证诉讼顺利进行来说,必不可少。证人因作证招致自己或者亲属的安全受到威胁乃至损害,公安司法机关有责任事先加以预防,事后加以救济。在我国,有的案件暴露出公安司法机关在这方面工作的捉襟见肘:

肖敬明是贵州人,在浙江省宁波市生活了6年,开过小卖部、台球房,也开过洗头房。2006年7月14日晚,肖敬明在家门口看到三个贵州人在讹诈几个吉林人,那三个贵州人是他认识的,其中一个是同村老乡赵伟,一个是邻村的钟力。肖敬明随后看到有两个人拿着钢管和菜刀赶过来,一起殴打那几个吉林人,其中吉林人赵喜扬被钢管击中几下就倒地了。肖敬明认识拿菜刀的叫钱义,拿钢管的叫龙守莹。当时看见整个过程的有肖敬明和隔壁一个安徽人,但安徽人不认识那几个贵州人。警方闻讯赶到现场后,几个犯罪嫌疑人已经逃散。赵喜扬于第二天凌晨在医院死亡。法医鉴定表明,赵喜扬被人用钝器打击致重型颅脑损伤而死亡。

警方到达现场后,有民警问肖敬明有没有看到是谁干的,当时他有顾虑,没有说。当天后半夜,民警再次找到他,希望他提供线索,还告诉他,会尽量替他保密。肖敬明被说服了,他一五一十地向警方说明了案发经过,也说了龙守莹住的地方,并动员老婆也向警方作证。警方迅速将龙守莹抓获。在肖敬明的协助下,警方在嘉兴海宁将钱义抓获,但没过多久,钱义就被放出来。原来,钱义一直不肯交代具体案情,虽然有其他一些证据,但检察机关没有批捕,公安机关只能放人。钱义出来的当晚,就直接到肖敬明店里,责问为什么要举报他们,还说民警在审讯的时候跟他说,是开洗头房的老乡举报的。虽然肖敬明不承认,钱义还是讹走了他一套音响,此后又有两个人到洗头房闹事,肖敬明只能再掏500元请这些人吃饭赔礼。钱义放出来一个星期后,肖敬明接到一个表亲的电话,让他赶紧离开宁波,说钱义他们又要来报复。肖敬明迅速将当初投资了几万元的洗头房以5000元的价格脱手,趁着天未亮,带着老婆、孩子踏上去异地匿居的火车。到了目的地之后,肖敬明赶紧换了手机卡,除了亲人以外没人知道他逃到哪里。

2006年12月6日,龙守莹被宁波市中级人民法院以故意伤害罪判处死刑,缓期两年执行。证人肖敬明和他老婆的名字以及证词概要都写在判决书上。后来得知,民警曾经与法院沟通,希望在判决书中不要出现肖敬明的名字,但法院认为,肖敬明作为主要证人,不能用化名或者隐去,否则难以体现司法公正。宁波的表亲又给肖敬明打电话说:"千万不要回宁波了,现在这里的老乡都知道是你举报的,一些人扬言要找你算账。"春节前,肖敬明接到丈母娘的电话,说赵伟他们来过了,说是来玩玩的,但神色不对劲。紧接着他又接到老父亲的电话,说钟力、赵伟等人到处在找他。肖敬明一家的匿居生活并不顺利,几年来那点微薄的积蓄没过多久就花光了,等安顿下来后,肖敬明不得不开始找工作,可一直没能如愿。

十个月来,肖敬明不断向宁波市警方求助,却没有得到任何帮助。宁波市江北分局洪塘派出所教导员告诉记者,"现在很多案件发生后,根本找不到证人,给我们破案带来难度。其实我们很想通过积极地保护证人来获取证人的支持,但毕竟受到经费和条件的限制,只能在具体工作中加以注意,比如在向证人调查取证时尽量不开警车、不穿警服,在治安行政处罚决定书上尽量不出现证人的名字"。一旦涉及刑事犯罪,证人的保护就不受警方控制了。即便在检察机关审查起诉阶段不暴露,到了法院庭审质证和判决时,证人的名字和证词的内容是一定要公开的。①

在本案中,犯罪嫌疑人气焰嚣张,证人惶惶不安竟至于像犯了罪的人一样逃亡隐匿,警察束手,这不仅源于法律制度不健全,恐怕还有其他深层原因值得检讨。宁波市江北分局洪塘派出所教导员所谓"现在很多案件发生后,根本找不到证人,给我们破案带来难度",究竟是因耶果耶,也有加以深究的必要。

公安司法机关有义务维护证人的权利及为其提供安全保障,具体措施应包括如下方面:

一、保密

在侦查和审查起诉中,证人不愿公开身份、住址的,应当为其保守秘密。
对证人的询问,涉及证人隐私的,应当为其保密。

证人作证,往往担心自己的身份、住址被披露,为自己的生活、工作带来不便,甚至给自己或者近亲属的人身安全带来危险。还有一些证人,由于作证的内

---

① 余东明、李建平、谢台选:《宁波凶杀案证人举家逃亡 折射法律救济之缺》,载《法制日报》2007年6月7日。

容涉及自己的隐私，他们不愿公开这些隐私，因而不愿作证。取证机关或者人员能够在一定范围内为其保密，有利于解除证人的顾虑，使其愿意提供积极配合，帮助完成证明任务或者查明事实真相。基于这一考虑，应当为证人提供保密措施，包括两项内容：

（一）为证人真实身份保密

在侦查和审查起诉中，许多证人担心自己的安全受到威胁或者工作、生活受到消极影响，不愿公开其身份。事实证明，在一些案件中，正是由于过早披露证人真实身份和地址，给证人带来了不应有的损害。为了保护证人的人身安全和其他利益不因作证受到损害，侦查机关和审查起诉机关应当为其保守秘密，不能泄露可能引致损害的证人真实身份或者其他基本情况。在侦查和审查起诉中，辩护律师通过证据展示活动了解证人基本情况的，经审查起诉部门要求，也应承担保密责任。

（二）为证人隐私保密

隐私是有关个人的信息，通常情况下，一旦披露被认为对该信息所有者会造成损害，如造成名誉损失或者给其工作、生活带来麻烦等。证人作证，其证言的有些内容可能涉及该证人的隐私，如喜欢偷窥的证人，通过偷窥了解了有关案件事实，对于其喜欢偷窥的不良癖好，不愿意被张扬出去，在作证时必然顾虑重重。为此，取证机关或者人员若能够为其保密，就为其积极配合创造了条件。

一些国家的刑事诉讼法典明确规定为证人保密，如《德国刑事诉讼法典》第68条第2款规定："如果告诉住所则有证人、其他人员将受危险之虞的，可以许可证人不回答住所问题，而是告诉他的就业、公务地点或者其他一个可以传唤的地址。在这一前提条件下，在审判中审判长可以许可证人不回答他的住所问题。"该条第3款规定："如果公开了证人的身份、住所或者居所则对证人、其他人员的生命、身体或者自由造成危险之虞的，可以许可证人不对个人情况问题作出回答或者只是告诉以前的身份。但是，在审判中依提出的发问证人应当说明他是以何种身份了解到他现在所提供的事实的。可以确定证人身份的文件要存放在检察院保管。只有当危险消除时，才能将它们纳入案件档案。"又如《俄罗斯联邦刑事诉讼法典》第278条第5款也规定："如果出于保障证人及其近亲属、亲属或亲近的人安全的必需，法庭有权不宣读证人身份的真实材料，而在法庭其他参加人看不见证人的条件下对证人进行询问，对此法庭应作出裁定或裁决。"《日本刑事诉讼法典》第304条之2规定："法院在询问证人时，认为证人在被告人面前会受到压迫而不能充分供述的，以有辩护人在场时为限，可以在听取检察官和辩护人的意见后，在该证人作供述时，使被告人退庭。在此场合，当供述完毕后，应当使被告人入庭，告知其证言的要旨，并向他提供询问该证人的机会。"这些规定和做法，值得我国借鉴。

二、安全保障

证人不愿出庭作证,是长期困扰刑事诉讼的问题。要解决这一问题,除增设维护证人权利和保障其安全的措施、增设对无正当理由拒不作证行为的司法处分措施外,还应针对证人不愿出庭作证的原因采取法律对策。

证人不愿出庭作证的原因之一,是担心其本人及其近亲属遭受打击报复,在司法实践中,存在证人在作证前自己或者其近亲属的人身安全遭受威胁的现象,也存在证人在作证后遭到打击报复,自己或者其近亲属的人身安全遭受损害的事实。在有组织犯罪的侦查、起诉和审判中,这一现象更加严重,证人的顾虑也更深重。丹宁勋爵曾言:"每个法院都必须依靠证人,证人应当自由地、无所顾忌地作证,这对执法者来说是至关重要的。但众所周知,证人可能被指使作伪证(可能会有人威胁证人,如果说出真情,就要自食恶果),他们会因吐露真情而遭到报复。"①事实证明,只有为证人解除后顾之忧,为其自己或者自己的近亲属的人身安全提供切实的保障,才有利于解决证人作证难的问题。如果法律上缺乏切实保障证人及其近亲属安全的有效措施,则是不利于切实保护证人及其近亲属的合法利益,从而难以解决证人不愿出庭作证的问题的。

我国《刑事诉讼法》第61条第1款规定:"人民法院、人民检察院和公安机关应当保障证人及其近亲属的安全。"同时在第2款规定:"对证人及其近亲属进行威胁、侮辱、殴打或者打击报复,构成犯罪的,依法追究刑事责任;尚不够刑事处罚的,依法给予治安管理处罚。"这一规定是针对一般案件作出的,存在着过于笼统、原则而不具体、可操作性不强的缺点,第1款只规定了"保障证人及其近亲属的安全",却没有规定具体采取哪些措施来"保障证人及其近亲属的安全",此种粗陋之规定,容易使对证人及其近亲属许下的安全保障的法律允诺形同具文。不过,立法者既然将"保障证人及其近亲属的安全"的责任明确交由人民法院、人民检察院和公安机关承担,人民法院、人民检察院和公安机关应当寻找落实办法(其实这未尝不是立法者的意图),不可以没有法律具体规定为由推卸自己应负的法律责任,让证人承担不利后果。如前述肖敬明事件,无论如何都是警方之耻,其危害性又不限于羞耻。《刑事诉讼法》第62条就四类案件证人、鉴定人、被害人及其近亲属的人身安全作出具体保障规定:对于危害国家安全犯罪、恐怖活动犯罪、黑社会性质的组织犯罪、毒品犯罪等案件,证人、鉴定人、被害人因在诉讼中作证,本人或者其近亲属的人身安全面临危险的,人民法院、人民检察院和公安机关应当采取以下一项或者多项保护措施:

1. 不公开真实姓名、住址和工作单位等个人信息;

---

① 〔英〕丹宁勋爵著:《法律的正当程序》,李克强、杨百揆、刘庸安译,群众出版社1984年版,第18页。

2. 采取不暴露外貌、真实声音等出庭作证措施；
3. 禁止特定的人员接触证人、鉴定人、被害人及其近亲属；
4. 对人身和住宅采取专门性保护措施；
5. 其他必要的保护措施。

上述措施中第1、2项有可能造成秘密证人(除非犯罪嫌疑人、被告人有辩护人为其辩护,有权查阅案卷材料,了解证人真实信息),不利于犯罪嫌疑人、被告人诉讼权利乃至实体权利的保护,甚至为炮制虚假证人创造条件。一些国家或者地区禁止秘密证人制度,及时在审前对证人的身份信息加以保密,该证人的身份在法庭审判中还是要公开,至于公开后可能造成证人及其近亲属的人身安全存在危险,也是通过其他安全保护措施(如变换证人身份、住址和工作等)加以保障。

此外,《刑事诉讼法》第62条第2款规定："证人、鉴定人、被害人认为因在诉讼中作证,本人或者其近亲属的人身安全面临危险的,可以向人民法院、人民检察院、公安机关请求予以保护。"该条第3款还规定："人民法院、人民检察院、公安机关依法采取保护措施,有关单位和个人应当配合。"

三、经济补偿

依法如实作证是证人承担的义务,履行这一义务,可能给证人带来一定经济损失,包括:证人前往特定场所提供证言要支付交通费,证人因到场作证要承担误工损失,远途证人提前一天到达作证地点要负担住宿费等等。这些费用都属于证人的合理支出。由证人承担这些费用,将会造成义务与权利失衡,其结果是使证人的作证积极性低落。因此,证人履行义务的合理经济损失,国家予以补偿,而不由其本人承担,可以体现义务与权利相结合。

我国《刑事诉讼法》第63条第1款规定："证人因履行作证义务而支出的交通、住宿、就餐等费用,应当予以补助。证人作证的补助列入司法机关业务经费,由同级政府财政予以保障。"第2款规定："有工作单位的证人作证,所在单位不得克扣或者变相克扣其工资、奖金及其他福利待遇。"按照这一规定,证人因作证而支付的交通费、住宿费以及就餐的费用等合理费用,有权得到补偿。笔者认为,给付这些费用,可以采取按实际支付或者按实际损失进行实报实销的方式,也可以采取给付日津贴费的方式。日津贴费的数量应当合理确定。

《刑事诉讼法》第63条中的"司法机关"包含人民法院、人民检察院和公安机关。[①] **证人在侦查、审查起诉或者审判阶段因作证而支付的合理费用,分别由**

---

① 公安机关本来是行政机关而非司法机关,但我国《刑法》《刑事诉讼法》中的"司法机关"包含"公安机关"。

公安机关、人民检察院或者人民法院负责给予经济补偿。也就是说,侦查机关通知证人到侦查机关或者侦查机关指定的场所作证而引起的合理费用,由侦查机关负责给付;检察机关通知证人到检察机关或者检察机关指定的场所作证而引起的合理费用,由检察机关负责给付;人民法院通知证人到庭作证而引起的合理费用,由人民法院负责给付。所给付的费用应由政府财政开支,列入财政预算。证人可以根据在不同诉讼阶段的经济付出而分别向公安机关、检察机关、人民法院请求给付上述费用;其中,经济困难的证人还可以请求预先给付上述费用。

不过,证人到庭后无正当理由拒绝作证或者受司法处分后被迫作证或者虚假陈述的,即没有忠实履行其作证义务,不应给予其经济补偿;已经预先给付的,作出给付的公安机关、人民检察院、人民法院应当予以追回。这一措施对于试图不忠实履行其作证义务的知情人具有督促作用;对于实际不忠实履行其作证义务的知情人,剥夺其经济受偿权,具有一定的"责罚"意味。

许多国家在刑事诉讼法中专门规定了对证人作证的经济补偿问题,值得借鉴,德国还专门通过了《证人、鉴定人补偿法》。《德国刑事诉讼法典》第71条规定:"对证人要依照《证人、鉴定人补偿法》予以补偿。"《俄罗斯联邦刑事诉讼法典》第131条第1款也就证人的经济补偿问题作出了规定:"诉讼费用是因办理刑事案件所发生的开支,这种开支应该由联邦预算资金负担或由刑事诉讼参加人的资金进行补偿。"第2款还规定:"诉讼费用包括:(1)向被害人、证人、他们的代理人、鉴定人、专家、翻译人员、见证人支付的用于补偿他们往返诉讼行为地和居住地的开支的款项;(2)向有工作和有固定工资的被害人、证人、他们的法定代理人、见证人支付的用于补偿他们因被传唤到调查机关、侦查员、检察长或法院耽误时间而未领到的工资的款项;(3)因为使没有固定工资的被害人、证人、他们的代理人、见证人离开平时所从事工作而支付给他们的款项。"《日本刑事诉讼法典》第164条第1款规定:"证人可以请求交通费、日津贴费及住宿费。但没有正当理由而拒绝宣誓或证言的,不在此限。"第2款规定:"已经预先接受交通费、日津贴费或者住宿费的证人,没有正当理由而不到场,或者拒绝宣誓或证言时,应当将所接受的费用返还。"

我国《刑事诉讼法》已经就证人出庭作证的费用问题作出规定,在刑事司法实践中也存在给付证人一定经济补偿的做法。在民事诉讼中也是如此,《民事诉讼法》第74条规定:"证人因履行出庭作证义务而支出的交通、住宿、就餐等必要费用以及误工损失,由败诉一方当事人负担。当事人申请证人作证的,由该当事人先行垫付;当事人没有申请,人民法院通知证人作证的,由人民法院先行垫付。"此前民事证据相关司法解释已经为证人提供经济补偿作出了规定,最高人民法院《关于民事诉讼证据的若干规定》第54条第3款规定:"证人因出庭作证而支出的合理费用,由提供证人的一方当事人先行支付,由败诉一方当事人承担。"

　　学术界也有人认为证人作证乃出于义务,对于履行义务造成的经济损失,不必予以补偿。这种说法对于证人作证义务存在误解。实际上,证人的义务是应通知到场或者到庭作证,这一义务还包括到场或者到庭后如实提供自己所感知的有关案件事实情况的内容。这并不意味着证人因履行上述义务而引致的经济损失就应当自己负担。实际上,证人获得一定经济补偿,是其权利。

第六节　作证方式

　　证人提供证言的方式有两种:一种是以口头形式提供。听取证言的办案人员应当耐心倾听,遇有含糊不清或者自相矛盾之处,应当提出问题,让其回答以便澄清,在听取证人证言的时候,办案人员还需要制作笔录。另一种是以书面形式提供,证人以文字形式将自己感知的与案件有关的事实情况写在书面材料中提供给公安司法机关。在诉讼过程中,证人可以自行请求书写证言;必要时,办案人员也可以要求证人亲笔书写证言。

　　对于两名以上的证人,应当分别询问,称为"隔别询问"。证人作证,只应根据自己感官感知的事实进行如实陈述,不应受他人影响。为避免证人在作证时受他人影响而作出不符合其感知和记忆内容的陈述,对于两名以上的证人,应当隔离开来、分别加以询问,不能以集体回忆、开座谈会等方式取得证人证言。最高人民法院《关于民事诉讼证据的若干规定》第58条规定:"审判人员和当事人可以对证人进行询问。证人不得旁听法庭审理;询问证人时,其他证人不得在场。人民法院认为有必要的,可以让证人进行对质。"这一条就是有关法庭审理中隔别询问的规定:除非对质,证人应当各自单独进行作证,作证时与其他证人相隔离,作证前后还要与法庭审理过程相隔离。

　　证人分别提供证言的做法是符合心理规律的:每一个体都有着从众的倾向,"一个小群体的成员倾向于最后采用符合现实的共同观点来减少对形势的模糊看法。群体成员能使共同观点内在化,甚至在离开这个群体后保留着这一观点。""态度和感觉容易受到小组压力的影响。也就是说,使一个处在小组环境里的人改变态度更容易些。而且,这种小组内的态度变化比在小组以外的环境下所取得的变化更持久些。"[①]证人也是如此,如果在一个小群体中集体作证,则一个证人很容易受到其他人的影响,不顾自己对有关案件事实的切身感受而附和多数人的说法。

　　我国《刑事诉讼法》第270条第5款规定询问未成年证人,应当通知其法定

[①] 〔美〕戴维·波普诺著:《社会学》,辽宁人民出版社1987年版,第297—298页。

代理人到场；无法通知、法定代理人不能到场的，也可以通知未成年证人的其他成年亲属，所在学校、单位、居住地基层组织或者未成年人保护组织的代表到场，并将有关情况记录在案。到场的法定代理人或者其他人员认为办案人员在讯问、审判中侵犯未成年人合法权益的，可以提出意见。询问笔录、法庭笔录应当交给到场的法定代理人或者其他人员阅读或者向他宣读。询问女性未成年证人，应当有女工作人员在场。这一规定，目的在于加强对未满18周岁的未成年证人的程序性保护。未成年人身心发育未臻成熟，对于自身权利难以充分维护。对未成年证人进行询问时，应当把握未成年的心理，针对未成年人的特点进行。这一规定的目的，是为了使未成年证人能够在其信赖的人在场的情况下较为轻松地提供证人证言并保护其合法权利，保证取证行为合法、文明地进行。

第七节 证人证言之证据能力

有关证人证言之证据规则，除关联性规则外，主要有意见证据规则和传闻证据规则，皆为证言证据能力之判断依据。分述如下：

一、意见证据规则

在许多国家，事实证人只能就自己感官所感知的有关案件事实作出陈述，如果陈述的内容仅仅是个人意见、判断或者感想，就不能采纳为定案的依据，这就是意见证据规则。意见证据规则要求：事实证人的个人意见和推测，不得作为证据使用，但根据一般生活经验可以判断的事实除外。易言之，意见证据规则的"一般规则是证人只能就他们感知的事实提供陈述，而不能提供从这些事实得出的推断。但专家证人可以被要求就他们有着特殊知识的艺术或者科学事项提供证言；并且，任何证人都可以被要求对于许多非技术性的事项提出他们的意见，只要他不能以其他方式提供这样的证据"[1]。

证据法理论将事实证人视为一种证据方法，其功能在于将证人亲自体验的事实如实地提出于法庭，而不是依据一定的证据材料作出推断或结论。陈朴生解释说："供述证据[2]，系以人之供述(assertion of human being)提供立证其陈述内容为真实。因其供述内容为不同，又可分为体验供述与意见供述二种。前者，指其人以自己所体验之事实而为供述；后者，则指其人依其特别知识经验，陈述其判断某事项之意见。证人，系将自己知觉所体验之事实，提出报告，作为证据，属于体验供述之一，其特性在所陈述者，系自己知觉所体验之过去事实，并非提

---

[1] Nancy Wilkins, *An outline of the Law of Evidence*, Butterworth & Co., 1964, p.80.
[2] 这里所谓"供述证据"与我们所说的"言词证据"相同。

供由体验分离之单纯意见。与鉴定人或鉴定证人之提供特别知识,系属意见供述有别。"①

依据意见规则,事实证人不得发表依其直接观察所得的推断和意见,但专家证人的意见具有可采性,不在意见规则禁止之列。《美国联邦证据规则》第702条规定:"如果科学、技术或其他专业知识将有助于事实审判者理解证据或认定争议事实,凭其知识、技能、经验、训练或教育有资格作为专家的证人可以用意见或其他方式作证:(1)该证言是基于充分的事实或资料;(2)该证言是根据可靠的原理和方法获得的;(3)该证人将这些原理和方法可靠地应用于本案的事实。"

一般认为,意见证据规则的法理基础是:(1)在事实基础上进行推断、形成意见,是法官的职能,事实证人提出自己的推断、意见,超越了自己作为证人的界限;(2)事实证人提出自己的推断、意见,容易与他们自己感知的事实相混淆,造成偏见或者预断,影响案件事实的正确认定。② 显而易见,意见证据规则具有的功能,也是我国刑事证明活动所需要发挥的。

意见证据规则不是一个封闭规则,许多国家为意见证据规则附加了例外。意见证据规则禁止事实证人提供与其感官体验相分离的单纯意见,但证人在事实陈述中提出的依一般经验作出的推测,可以采纳为判决依据。如在英美国家,一般证人根据自己的体验,就某些事项的同一性或者类似、某种状态(如心理状态)、年龄、相貌、物品的价格、特性、体积、重量和色彩、精神是否正常、物品所有和占有等情况进行的推测,具有证据能力。按照《美国联邦证据规则》第701条规定:证人的意见和推论性质的证言,在同时具备以下三个条件时具有证据能力:(1)合理基于该证人的感知;(2)有助于清楚了解该证人证言或认定争点事实;(3)并非需要专家证人提供的涉及科学、技术或其他专门知识的证言。英国也如此,"在英国普通法中,意见性证据一般是不能采纳的,但这一规则有许多例外。因此,一名非专家证人可对年龄、车辆的行驶速度、笔迹和人的正身作证"③。大陆法系国家一般规定得比较简明。如《日本刑事诉讼法典》第156条第1款规定:"对证人可以令其供述根据实际经历过的事实所推测的事项。"第2款规定:"前款供述,即使属于鉴定的事项,也无妨其作为证言的效力。"

我国诉讼法中的"证人"乃是事实证人,现行《刑事诉讼法》没有规定意见证据规则,一些国家诉讼法或者证据规则确立的意见证据规则值得我国借鉴,我国《刑事诉讼法》应当增加规定:原则上,证人的个人意见和推测,不得作为证据使

---

① 陈朴生著:《刑事证据法》,三民书局1979年版,第296页。
② 同上书,第297页。
③ 〔英〕伊丽莎白·A.马丁编著:《牛津法律词典》,上海翻译出版公司1991年版,第350页。

用;但是根据一般生活经验可以判断的事实除外。按照这一例外规定,诸如"闻起来像火药味""车开得非常快""是他的声音""他醉醺醺的,喝了好多酒""他看上去很紧张"等,均具有证据能力。值得注意的是,最高人民法院《关于适用〈中华人民共和国刑事诉讼法〉的解释》第75条第2款填补了《刑事诉讼法》留下的这一空白,规定:"证人的猜测性、评论性、推断性的证言,不得作为证据使用,但根据一般生活经验判断符合事实的除外。"

实际上,在我国民事诉讼中,已经建立起意见证据规则。最高人民法院《关于民事诉讼证据的若干规定》第57条第2款规定:"证人作证时,不得使用猜测、推断或者评论性的语言。"这一规定试图排斥证人提供意见证据,值得肯定。不过,该规定失之绝对化,没有照顾到依据一般生活经验进行的常识性判断的意见证据应有的证据能力,可谓顾此失彼。

二、传闻证据规则

纪伯伦在《沙与沫》一书中曾言:

> 七百年以前有七只白鸽,从幽谷里飞上高山的雪峰。七个看到鸽子飞翔的人中,有一个说:"我看出第七只鸽子的翅膀上,有一个黑点。"
> 今天这山谷里的人们,就说飞上雪山顶峰的是七只黑鸽。①

这故事里,七百年前看到鸽子飞翔的七个人谈到鸽子飞上雪峰以及鸽子颜色,他们的说法直接来自己眼睛的观察,属于原始陈述;今天山谷里的人们再谈到鸽子飞上雪峰以及鸽子颜色,就属于传闻。传闻容易失实,正如这个故事谈到的,本来是第七只鸽子的翅膀上有一个黑点,口口相传居然变成了七只鸽子是黑色的。从七百年前七只白鸽飞上高山雪峰到今天人们说到飞上雪山顶峰的是七只黑鸽,经过了一个道听途说、以讹传讹使鸽子颜色由白转黑的过程。在司法中,正是为了避免信息在转述过程中失真,才确立传闻证据规则(又称"传闻法则")。

要了解传闻法则,先须了解何为传闻。我国词人赵文素《长相思·赠和州吴采臣》一词中便有"传闻"二字:"听君行,怕君行,来问君家果否行,传闻未必真!"这里的"传闻"与"传言"意思相同,指的是道听途说之言。《简明牛津辞典》解释"传闻(hearsay)"一词,云:"一个人听到的(但不知道是否真实),闲言碎语(通常当做属性词(attrib.)),例如传闻证据。"②《牛津高级英语学习辞典》

---

① 〔黎〕纪伯伦著:《先知》,冰心译,人民文学出版社1987年版,第176—177页。
② H. W. Fowler and F. G, Fowler, *The Concise Oxford Dictionary of Current English*, Oxford at the Clarendon Press, 1952, p.555.

解释道:"一个人听到的(但不知道是否真实),一般的聊天,闲言碎语,谣传。"①**传闻证据,就是非通过自己的五官作用亲自感知而是由别人告诉他而得知并就他人告诉他的话所作的陈述**,在司法实践中,也包括法庭外的书面记录。对于传闻证据,英国学者理查德·梅用简洁的语言解释云:"当 A 向法庭转述 B 告诉给他的事情,这样的证据就被称为传闻证据。"②

传闻法则的一般规则是:传闻并非证据。英国 2003 年《刑事司法法》立法说明中这样解释传闻法则:"普通法上的排除传闻证据的可采性的规则,一般被认为其含义是:'一项由在审判中提供口头证言的人提供的确定性陈述,如果被用来证明其陈述所针对的事实或者意见,不具有可采性。'这意味着作为反映案件事实的证据,只有由证人在法庭上口头提供的证言才具有可采性。该规则的主要含义是,证人必须根据亲身经历在法庭上提供口头证言,而不能重述别人告诉他的话。"③理查德·梅也说:"A 在法庭提供的,以 B 在法庭外口述或书写事项为内容的证据,不能被用作证明 B 口述或书写内容真实的证据。这是一项法律规则,而且法官对接受传闻规则没有自由裁量权。"该规则同等适用于口头陈述(证人不可以重复别人对他说的话)、书面陈述(借助文件记录的事实来证明真实性的一方必须传召文件制作人来证明文件记录的事实之真实性)和行为暗示(一个人的行为——可能隐含某种陈述或者主张——可以被认为是传闻证据而不被采纳)。④ 换句话说,以下均属于传闻法则适用的情形:(1) 书面记录用来证明其记录的内容时不具有可采性;(2) 证人必须提供口头证言,书面的陈述不能代替证人在证人席亲自作证;(3) 证人必须根据亲身经历提供证言,而不能重述别人告诉他的话;(4) 证人在法庭外的先前口头陈述,在用来证明其陈述的内容时不具有可采性。⑤ 而且,该规则对于为有利被告方而提供者或者为控诉而提供者均具有同等效力。⑥

传闻法则的法理基础是:(1) 第二手证据(间接)很可能不可信;(2) 没有经过宣誓和交叉询问提供的证据很有可能不可信;(3) 如果该规则被放宽,存在继续衍生用以证明或否定传闻证据的证据的危险。⑦ 对于第一个原因,德国马

---

① A. S. Hornby, E. V. Gatenby and Wakefifld, *The Advanced Learner's Dictionary of Current English*, Oxford University Press, 1954, p.581.
② [英]理查德·梅著:《刑事证据》,王丽、李贵方等译,法律出版社 2007 年版,第 219 页。
③ 英国内政部:《英国 2003 年刑事司法法立法说明》,郑旭译,载陈光中主编:《21 世纪域外刑事诉讼立法最新发展》,中国政法大学出版社 2004 年版,第 102 页。
④ [英]理查德·梅著:《刑事证据》,王丽、李贵方等译,法律出版社 2007 年版,第 219—220 页。
⑤ 英国内政部:《英国 2003 年刑事司法法立法说明》,郑旭译,载陈光中主编:《21 世纪域外刑事诉讼立法最新发展》,中国政法大学出版社 2004 年版,第 103 页。
⑥ Robert Ernest Ross, Maxwell Turner, *Archbold's Pleading, Evidence & Practice in Criminal Cases*, London, Sweet & Maxwell, Ltd., 1938, p.376.
⑦ [英]理查德·梅著:《刑事证据》,王丽、李贵方等译,法律出版社 2007 年版,第 220 页。

勃(K. Marbe)曾云:"关于直接经验之事实,善意之证言犹未能必与客观的真相相合,则间接的经验之证言,其不足措信也。"马勃曾引史端的实验以为佐证:"史端朗读刑事诉讼案由一小段,令某甲笔录之。既而又令某甲读其所录,令某乙录其所闻。某乙所录者又读令某丙听之。如此辗转传述,若干回之后,卒至案由中重要之点亦已变易,与原文大不相同。"① 不过,理查德·梅指出的第二个原因更有可能是真正的原因。② 罗伯特·恩斯特·罗斯(Robert Ernest Ross)和马克斯韦尔·特恩(Maxwell Turne)认为,传闻法则基于两大理由:(1)他人之所言未经宣誓;(2)受证言影响之一方当事人没有对提供该证言的证人进行交叉询问之机会。③ 这里所提到的,也是理查德·梅提到的第二个原因。

要正确适用传闻证据规则,应区别传闻证据与原始证据之不同,"当该证据的目的是要证明陈述内容真实时,是传闻证据,不得被采纳。当该证据要证明的不是陈述的真实性,而是该陈述曾经发生,则不是传闻证据,可以被采纳"。也就是说,"如果目的是说明这些言词曾说过,而且该事实与本案相关联,则该证据可以被采纳。"④

基于必要性,传闻证据规则亦有若干例外。⑤ 在英国,传闻法则的例外包括:

1. 该陈述构成既存事实的一部分,亦即传闻被当做证实某一明确事实之证明的媒介而提出时,仅作为争议事项实际的一部分,该传闻具有可采性。这种证据通常被描述为 res gestæ(意思"已形成的事实",理查德·梅指出,这个短语乃 gesta pars res gestæ 之误);而且看起来将其归类为传闻不够准确。⑥ 包括三种情形:伴随并解释某一行为(与案件某一争点问题相关)的陈述、由被害者或旁观者发出的惊呼、有关叙述者本人身体状况或心理状态的陈述。⑦

2. 死者(该人应确已死亡)的陈述,包括三种情形:明知违背自身金钱利益或者财产利益而作出的陈述、杀人案中被害人临死时的话可以作为证明死亡原因和情况(环境)的证据⑧、执行职责任务时口头或者书面的陈述⑨。

---

① 〔德〕马勃(K. Marbe)著:《审判心理学大意》,陈大齐译,商务印书馆1922年版,第69—70页。
② 〔英〕理查德·梅著:《刑事证据》,王丽、李贵方等译,法律出版社2007年版,第220页。
③ Robert Ernest Ross、Maxwell Turner, *Archbold's Pleading, Evidence & Practice in Criminal Cases*, London, Sweet & Maxwell, Ltd., 1938, p.376.
④ 〔英〕理查德·梅著:《刑事证据》,王丽、李贵方等译,法律出版社2007年版,第232页。
⑤ Robert Ernest Ross、Maxwell Turner, *Archbold's Pleading, Evidence & Practice in Criminal Cases*, London, Sweet & Maxwell, Ltd., 1938, p.376.
⑥ Ibid., pp.376—377.
⑦ 〔英〕理查德·梅著:《刑事证据》,王丽、李贵方等译,法律出版社2007年版,第239—257页。
⑧ 一般认为,知道自己就要死的人不太可能作出虚假陈述。〔英〕理查德·梅著:《刑事证据》,王丽、李贵方等译,法律出版社2007年版,第250页。
⑨ 条件是:(1)死者对要说或者要写的事实具有个人认知;(2)陈述与所记录的事实同时发生。〔英〕理查德·梅著:《刑事证据》,王丽、李贵方等译,法律出版社2007年版,第252页。

3. **先前审判中的证据**。"如果证人由于死亡或者疾病无法参加再审,那么他在针对同一被告的同一指控在先前审理中提供的证词可以在再审中被采纳。对于该规则,法官有权裁量排除某些他认为对被告不公正的证据。"①

4. **公共文件中的陈述**。由公共官员为公共使用和引用而制作的文件中的陈述,一般可以作为证明其所记载的事实的证据而被采纳。"本规则的原理是,应推定此类文件中的记录内容真实。因此,帕克(Parke)法官指出,为国家或者所有希望了解情况的民众提供信息的公共文件,由公共官员制作的文件的内容应被推定是真实的。"②

5. **具有公共性质的出版物**。具有公共性质的出版物可以作为证明其所记载的具有公共性质的事实的证据而被采纳,如地图被采纳来证明其上标注地点的证据、标准字典被采纳来证明词语的意思、经认可的历史事件被采纳来证明公共性质的事实。③

另外,在英国,下列传闻证据具有可采性:(1) 用于证明航海之人死亡时,传闻具有可采性。(2) 传闻被用于证明一项法规,或者习惯,或者公共权利,不失为良好证据;并且为达此目的,年迈之证人通常被要求去证明他们在年青时从已经死亡的老人那里就该话题听到过什么。(3) 某证人在另外一次被听到说过的话,在被用于使该证人在法庭上提供的证言无效或者增强时,可以作为证据提出。在某证人接受为揭示他所提供的有关实体事项的证据不过是"事后聪明"(Afterthought)进行的交叉询问之场合,该证人以前提供的相同证言可以作为证据提出以便反驳该主张,尽管该证言是传闻。(4) 看起来,犯罪行为受害者的行为,特别是犯罪发生不久他对那些自然接受控告的人们进行控告的事实,具有相关性和可采性。④

在英国,传闻法则不是没有争议的,"无论普通法规则还是那些例外所运行的方式,都招来了相当多的批评。"奥宾·洛尔德爵士建议:"放弃在刑事审判中反对传闻证据可采性的严格规则,而是采用一种灵活的方式,即允许这样的证据进入法庭,而由事实的审理者来衡量证据的证明力。"包括:给予法庭一定的自由裁量权,使之可以在认为符合司法利益的情况下采纳庭外的陈述;在审判中更广泛地采纳证人的先前陈述;某些严重案件的证人可以用陈述的录像资料来代

---

① 〔英〕理查德·梅著:《刑事证据》,王丽、李贵方等译,法律出版社2007年版,第253页。
② 同上书,第254—255页。
③ 例外的情况是,在英国,历书不能被采纳来证明日出与日落的时间,因为如果事件发生地与历书中提到的地点有一些距离的话,就会出现问题。在这种情况下,需要让天文学家来计算相关的时间。〔英〕理查德·梅著:《刑事证据》,王丽、李贵方等译,法律出版社2007年版,第256页。
④ Robert Ernest Ross、Maxwell Turner, *Archbold's Pleading, Evidence & Practice in Criminal Cases*, London, Sweet & Maxwell, Ltd., 1938, pp.376—377.

替其法庭陈述。①

对于证人如实作证义务,我国法律明确加以规定,有关司法解释也作出规定,如最高人民法院《关于民事诉讼证据的若干规定》第55条第1款规定:"证人应当出庭作证②,接受当事人的质询。"第57条还吸收了传闻证据规则的内容,规定:"出庭作证的证人应当客观陈述其亲身感知的事实。"这一规定杜绝出庭作证的证人转述他人告诉他的有关案件的话,显然是传闻证据规则的基本要求;不过,无论是法律还是司法解释,都没有规定审前形成的证人笔录以及其他言词证据的笔录适用传闻证据规则,更没有否定这类笔录的证据能力,在诉讼中、特别是在刑事诉讼中,使用这种庭前笔录的情况是普遍、大量存在的。

我国《刑事诉讼法》为解决证人不出庭作证的问题,作出两方面规定,一是为证人及其近亲属提供人身安全保障,并且为证人提供经济补偿并保障其工资、奖金和待遇不因作证而被克扣和变相克扣;二是对于没有正当理由不出庭作证的证人(除被告人的配偶、父母、子女以外),人民法院可以强制其到庭;对于拒绝出庭或者拒绝作证的证人,予以训诫,情节严重的,经院长批准,处以10日以下的拘留。上述措施,前者可谓"胡萝卜措施",后者可谓"大棒措施"。这两方面措施只是针对证人自己不愿意出庭进行的制度设计,**司法实践中,证人不出庭作证还可归因于法官、检察官因担心证人改变庭前提供的证言而不愿意证人出庭作证,《刑事诉讼法》却没有对此采取对策,反而将证人出庭与否交由法院斟酌。**③ 对于检察官、法官不愿意证人出庭作证的情况,应当确立传闻证据规则,**不确立这一规则,证人不出庭作证的情况不会得到根本改变。**

证人出庭作证是一项原则,但不是所有的证人都有出庭作证的绝对必要,因此可以根据特定情况而设定例外情况。我国《民事诉讼法》第72条第1款规定:"凡是知道案件情况的单位和个人,都有义务出庭作证。有关单位的负责人应当支持证人作证。"该法第73条规定:"经人民法院通知,证人应当出庭作证。有下列情形之一的,经人民法院许可,可以通过书面证言、视听传输技术或者视听资料等方式作证:(1)因健康原因不能出庭的;(2)因路途遥远、交通不便不能出庭的;(3)因自然灾害等不可抗力不能出庭的;(4)其他有正当理由不能出庭。"最高人民法院《关于民事诉讼证据的若干规定》第56条对"证人确有困难不能出庭"作出解释,确定了如下情形:(1)年迈体弱或者行动不便无法出庭

---

① 英国内政部:《英国2003年刑事司法法立法说明》,郑旭译,载陈光中主编:《21世纪域外刑事诉讼立法最新发展》,中国政法大学出版社2004年版,第103页。

② 该条第2款规定:"证人在人民法院组织双方当事人交换证据时出席陈述证言的,可视为出庭作证。"

③ 《刑事诉讼法》第187条第1款规定:"公诉人、当事人或者辩护人、诉讼代理人对证人证言有异议,且该证人证言对案件定罪量刑有重大影响,人民法院认为证人有必要出庭作证的,证人应当出庭作证。"

的;(2)特殊岗位确实无法离开的;(3)路途特别遥远,交通不便难以出庭的;(4)因自然灾害等不可抗力的原因无法出庭的;(5)其他无法出庭的特殊情况。对于具有上述情形之一的,经人民法院许可,证人可以提交书面证言或者视听资料或者通过双向视听传输技术手段作证。这些规定是允当的。

第八节　证人证言的证明力

曾有学者指出:一个证人的证言是没有法律效力的,这是一个著名的准则;现在被抛弃了。一个信誉很好而又与案件没有牵连的人的证言,比两个值得怀疑的人的证言更值得重视。

与案件有关的事实一旦发生,总会为人所感知。感知这些事实的人中有的与案件有利害关系(如加害人、被害人),有的与案件没有直接利害关系,他们并非当事人,向这些人了解与案件有关的情况,对于查明案件事实,证实某种诉讼主张,意义重大。

证人证言的证明价值主要有:

一、证人证言能够直接或者间接证明案件有关事实

有的证人直接目睹了案件主要事实经过,其陈述能够直接揭示案件主要事实;有的证人了解到案件发生前后事实或者案件局部情况,虽非主要事实,但与其他证据结合起来能够揭示案件主要事实,或者为调查、侦查提供线索,为进一步调查取得其他证据有很大帮助,因此在诉讼中两种证人证言都颇受重视。

二、证人证言丰富、生动、具体,更易于通过它了解案件事实的经过和全貌

一般地说,物证、书证的信息含量有限,不像证人证言的内容那么丰富;物证、书证不能向人"描述"事情的经过,不像人的言语表达那样生动、形象;物证、书证不能根据人们的需要进一步详尽表明与案件有关事实的细节,不如证人证言具体。因此,与物证、书证相比,证人证言作为证据有它的优势。如果证人提供的情况是真实的,它更便于人们直接了解案件有关情况,避免调查、侦查或者审判走弯路。

三、证人证言客观性强于当事人所做陈述,证明力较强

证人是了解有关案件事实情况的当事人以外的第三人,多数证人与当事人没有亲仇关系,立场一般较为中立,其对案件事实的陈述比较客观,可靠程度一般优于当事人就有关案件事实所作的陈述。这里所说的证言客观性较强,是在与当事人的陈述相比较的意义上说的;与物证、书证等实物证据比起来,其客观性当然不如后者,证明力也未必优于后者。在言词证据中,证人证言通常比当事人所作的陈述更值得信赖,证明力也一般强于后者,这是公认的事实。

四、证人证言可以与其他证据相互印证,用以甄别其他证据

证人证言是诉讼中常见的证据,该证据可以被用于同案件中其他证据相互对照,从中发现证据间存在的矛盾,促使调查、侦查或者审判人员进一步对证据进行审查、调查、核实,甄别。例如,可以将证人证言与当事人就有关案件事实所作的陈述作比较,揭示当事人所作的陈述中虚假不实的内容,找出案件的真相。

证人证言属于人证(即言词证据)之一种。人证同物证相比,具有生动、形象、具体、丰富的优点,但由于受主观因素的影响较大,容易含有虚假成分。另外,证人往往存在较大的个体差异,对案件事实的感知能力、记忆能力、表达能力各不相同,与案件有关的事实发生时,注意力也往往不尽相同,因此即使一个善意的证人也可能无意间提供虚假不实的情况。因此,对证人证言,不能过分倚重,对其虚假的可能性,需要给予警惕。

有的证人因与被告人有亲情或人情关系,为掩盖不利于被告人的事实而作伪证;有的证人因对作证存在顾虑,不敢或不愿如实陈述案件事实而作虚伪陈述;有的证人因人品不良,为了满足某种卑劣目的而提供伪证;有的证人为了陷害他人,虚构或者夸大事实;有的证人可能被有关人员贿买而作伪证;有的证人迎合公安司法人员、当事人等,按照他们的意愿提供伪证。这里提到的"伪证",是指证人明知其虚假而提供的证言。《印度刑法典》第十一章"虚伪证据和妨害司法罪"第191条就"伪证"所下定义是:"任何人依照誓言或法律的明文规定,依法必须作真实的陈述,或依照法律必须就任何问题作一声明时,作任何虚假的陈述,并且他明知或相信该陈述是虚假的,或不相信是真实的,被认为是作伪证。"这一规定准确概括了"伪证"的特征。

至于无意提供错证,在司法实践中更司空见惯,不足为奇。

虚假的陈述包括证人无意形成的错证与故意提供的伪证,故意提供伪证要承担法律责任,无意形成的错证无须承担法律责任。

第九节　韦蒲尔定律

心理学家韦蒲尔(Whipple)曾指出:无错误的陈述乃属例外。德国马勃亦云:"证人虽具善智,兼具善意,然其所供述者,果能与事实之真相相符合否,实难断言。是故听讼之人有时不得以供述之具有善意,遂贸然信之,必须依据心理学之见解,以检其果有可观性否。"①

人们对证人证言普遍存在着错误认识。一般认为:记忆是完整的、容易获取的、总体上是精确的。事实上,心理学一系列实验表明:言词证据并不像人们通常所想的那么可靠——记忆是不完整的,不总是容易获取的,也不总是精确的。在刑事诉讼中,证人证言存在不真实的成分,多数属于无意形成的。由于受到感知、记忆和表达能力的制约,证人虽然本着良心作证,仍然可能提供虚假的陈述。例如:

"请等一等,小姐。"

"有事吗?"皮尔斯小姐抬起头来。露出一丝不安的神色。

波洛像要泄露什么机密似地俯身向前。

"你看到桌子这儿的这束野花了吗?"

"是的。"皮尔斯小姐边说边盯着波洛。

"你进房间时,注意到我打过一两个喷嚏吧?"

"怎么啦?"

"你注意到在那之前,我闻过这花吗?"

"嗯——实际上——不,我说不上来。"

"但你记得我打过喷嚏吧?"

"哦,是的,这我记得。"

"啊,好的,没事啦。我刚才只是在想这些花是否会引起枯草热。没事啦!"

"枯草热?"皮尔斯小姐叫道,"我的一个表亲就被枯草热害苦了!她总是说,如果每天用硼酸溶液洗鼻子……"

波洛好不容易才打断了皮尔斯小姐的话,把她打发走了。他关上门,双眉紧皱,回到房间里。

"但是,我并没有打喷嚏呀,"他咕哝道,"就这样啦,不,我根本没打喷嚏。"②

正是由于许多因素对证人证言都可能产生影响,马勃云:"听证人之供述而估其所供之价值,则凡对于证言有影响之因子,宜面面顾到,不可轻忽,刑事案件固宜如此,即民事案件又何独不然。"③

影响证人作证的因素主要有:

---

① 〔德〕马勃(K. Marbe)著:《审判心理学大意》,陈大齐译,商务印书馆1922年版,第69页。
② 〔英〕阿加莎·克里斯蒂著:《死亡约会》,郭茜、郭维译,人民文学出版社2006年版,第149页。
③ 〔德〕马勃(K. Marbe)著:《审判心理学大意》,陈大齐译,商务印书馆1922年版,第65页。

一、感知能力

人有视觉、听觉、嗅觉、味觉、触觉等诸感觉,感知能力如何,对于证言准确与否、全面与否干系很大。感觉异常分为无感觉或者幻觉两种情形。幻觉是出现异样的感觉,即没有客观物体作用于人的感官而该人出现的知觉。人不同感官存在的幻觉包括听幻觉(幻听)、视幻觉(幻视)、嗅幻觉(幻嗅)、味幻觉(幻味)、触幻觉(幻触)和本体幻觉①。幻觉虽然是虚幻的感觉,但这种感觉往往很"逼真"而被误以为真实。

二、动机

动机影响证言。出于恶意进行虚假陈述的情形,往往有之,有这样一例:法国塞纳检察厅遇到一起案件,有人出卖一幅画,说那是当代最有名的画家的作品。买主拜访画家,画家却否认。卖画人被控告。后来人们才知道,那幅画实出自那位画家的手笔,只是他与某一代理机构签有合同,画作只能由该代理机构销售,画家私自售画的行为违反合同,为了掩盖这个事实,画家在检察机关调查时撒了谎。②

三、幻想

因想象而生幻觉,即为幻想。芸芸众生中,儿童多幻想,聪明人也多幻想,对于儿童和聪明的成人,应当防止其幻想影响证言③,"愈是聪明的人,幻想力越大",这些幻想一旦融入证言,不实的成分也就加大了。④ 有些人只是目睹了事实的一部分,却又自以为是地讲述了另一部分,这一部分不过是根据他们自己的想象去解释的——这涉及"想象的再创造"的心理过程。在日常生活中,还会发现这样一些人,他们到达现场很晚,却以为自己看到了案件发生的实际情况。关于幻想对于证言之影响,可从下面的公式管窥一斑:

陈述 = 记忆事实 − 遗忘事实 + 幻想(偏见)事实

人的记忆含有幻想成分无足为奇,重要的是,在收集和审查判断证据时要注意这一规律,过滤幻想成分,吹沙见金,找出事实真相。幻想造成的是错证,与伪证不同,"事实加上想象是一件事,但去想象事实又是另外一件事"⑤。

---

① 患者感到自己的肢体或内脏出现异常的运动,如内脏发生异状。
② 〔法〕勒内·弗洛里奥著:《错案》,赵淑美译,法律出版社1984年版,第122页。
③ 对于愚笨者,应当防其受暗示。
④ 冯文尧编著:《刑事警察科学知识全书》,上海1948年版,第122页。
⑤ 〔美〕约翰·布鲁斯语,转引自 Laurence J. Peter 著:《珠玑集》,罗明琦、王梅文译,世界文物出版社1978年版,第579页。

四、情感

情感是人对于周围事物所持态度的相应的内心体验。有论者指出：情感(affection)是"多少可与另一些术语如情绪、情绪性、感情、心境等互换的一个一般性用语"。通常它是"一个个体对某种特定情境的情绪反应……不适当的情感是所有心理障碍或精神障碍的标志"①。至于情感(affection)，"更普遍地指爱的婉转形式"②。亲戚朋友之间或因恩重或因情重，总有一定感情，对于提供不利于自己有一定感情的人的证言，实在要克服一定心理障碍，隐瞒某些事实或者虚构某些事实以袒护自己的亲戚朋友，在诉讼中并非鲜见。审查判断证言是否可靠，不可不了解证人与当事人的关系，防止情感因素作祟。

五、记忆

记忆力是将过去感知的事物存储于头脑中并重新呈现的能力。相隔时间——人感知事实与回忆事实之间相隔的时间距离对记忆有很大影响，故诉讼中有"时间是最好的辩护人"的说法。德国学者马勃曾言："有许多知觉不能保存于记忆之内，此观于日常经验，即可知之。今有人徜徉市上，而心中方筹划③某事，趣味颇浓，则当时虽有见闻，或知觉才成，未及记忆，即已消失，或虽入记忆，不能永保，虽至市上归来，竟不能有所告语。若是者，即其知觉未尝深入记忆也。"④罕斯格洛斯也说："于日常极普通之事，吾人亦动则异其观察，异其记忆。"⑤

人的记忆和遗忘有一定规律。通常，人在20分钟内会遗忘42%，记忆里存留58%；1个小时会遗忘56%，记忆里存留44%；8个小时会遗忘64%，记忆里存留36%；24小时会遗忘66%，记忆里存留34%……在记忆的20分钟之内遗忘的信息量最大，8小时之后，遗忘量逐渐减少。时间延宕久了，人的大脑像沙漏一样，留下的记忆总量就很少了，遗忘将导致诉讼中的一方获益，法谚"时间是最好的辩护人"揭示的就是这个道理。

美国哈佛大学心理学家丹尼尔·夏科特从事记忆研究达二十年之久，他认为记忆的障碍可以分为"遗忘""分心""空白""错认""暗示""偏颇"和"纠缠"。他认为："'健忘''分心'以及'空白'是疏忽的过失：我们时常忘记应该记住的事实、事件以及自己的想法。遗忘是记忆的基本特征，是许多麻烦的罪魁祸

---

① 〔美〕阿瑟·S.伯雷著：《心理学词典》，李伯黍等译，上海译文出版社1996年版，第17页。
② 同上书，第18页。
③ 原文为"画"。
④ 〔德〕马勃(K. Marbe)著：《审判心理学大意》，陈大齐译，商务印书馆1922年版，第48页。
⑤ 〔德〕罕斯格洛斯著：《刑事采证学》，周德仁译，1925年版，第136页。

首。"他举例说,被称为美国"世纪审判"的 O. J. 辛普森案件宣判时,许多人清楚地记得自己听到宣判结果后的反应,以及自己是在什么时间和什么地点听到这一消息的。"陪审团宣判后几天,加利福尼亚的一群大学生,向有关研究人员详尽地叙述他们是如何得知陪审团的无罪判决宣判。15 个月后,当研究人员测试这些学生的记忆时,只有一半学生能确切地回忆起他们得知判决的途径。3 年过后,只有不到 30% 的学生还能准确地记得这件事,将近一半的学生已经错误百出了。"分心是指在记忆和注意之间的交界处出故障,"尤其是当我们全神贯注于某一件事时,常常不能把注意力集中于我们本来应该记住的事上。并不是说应该记住的事情忘记了,而是由于注意力集中在别处,要么是一开始就没有在记忆细胞上编码登记,要么是当需要的那一刻没有进行信息查询"。空白是人们在回忆某些重要信息时出现记忆阻滞现象,比如我们拼命回忆也想不起一个人的名字,过几小时或者几天忽然又想起来。记忆的后四种缺陷"错认""暗示""偏颇"和"纠缠"是指令性缺陷。"错认"是普遍存在的现象,人们经常把虚幻的东西错当成真实的;"暗示"涉及"暗示感受性"这一概念,"暗示感受性是指某些记忆根深蒂固,当你尝试回忆往事时,会产生一些问题、意见或建议,和'错认'一样,当涉及法律问题时,暗示感受性有时也会造成难以挽回的过错。""偏颇"也是记忆的过错,"'偏颇'是指在回忆过去时,思维很大程度上受当前学问和信仰的影响。人们经常有意无意地按照现在的思路和信仰编写或者杜撰以前的经历,对一些特发事件甚至自己的切身经历都是以现在的感受而不是当时的事实来叙述。"至于"纠缠",则是指"对于某些更愿忘却的烦心事或信息,却不时出现在我们心头"①。无疑,记忆的这七种过错,在人证进行陈述或者作证时都会起到干扰陈述可靠性的作用。记忆捉弄人,对于陈述者本人来说烦恼还在其次,一旦陈述出现关键错误,造成案件真实发现的失落,这有时却是令人难以承受的。

在司法实践中,指认、辨认错误是经常发生的,这反映了人的记忆有时真的会捉弄人。这种误认是许多司法错案的最初成因:

1972 年 11 月,劳伦斯·伯森(Lawrence Berson)在纽约的奎恩斯被逮捕,他被指控为多次强奸。这位 17 岁的大学一年级学生被五名妇女指认为袭击她们的罪犯。仅在理查德·卡伯恩(Lichard Kabone)——一个 20 岁的、来自布鲁克斯的"吉卜赛出租车司机"——因相同的指控被捕后,劳伦斯·伯森才被释放。理查德·卡伯恩被定了罪。随后,在 1974 年,乔治·莫拉莱斯(George Morales)因抢劫罪被逮捕,仅到理查德·卡伯恩承认

---

① 〔美〕丹尼尔·夏科特著:《记忆的七宗罪》,李安龙译,中国社会科学出版社、海南出版社 2003 年版,第 8—10 页。

了该项犯罪以后,乔治·莫拉莱斯才被确认为清白无辜。伯森和莫拉莱斯的大不幸来自他们与卡伯恩长得相像而已。①

(图左为乔治·莫拉莱斯,图中为理查德·卡伯恩,图右为劳伦斯·伯森)

这提醒人们,记忆并不像我们想的那么精确,鲁鱼亥豕的事情经常发生,诉讼中不能不对此抱有足够的警惕。

六、情绪

情绪会影响作证,如恐惧就是一种影响证人作证的情绪。在诉讼过程中,恐惧可能来自证人的怕见官心理,证人见识鄙陋,对官心存敬畏,便容易产生恐惧情绪,在民权不发达、官威盛大的社会尤其如此。德国罕斯格洛斯指出:"而精神的过严,亦非所宜。诚如乡下之老百姓,一入官衙,便魂飞魄散,战栗不已。若再对之以过严之态度,则其讯问,难望得有良好之结果也。官人者,须体此民情,方能有济于事。"②另外,意外事件后惊魂未定之证人,其紧张恐惧的情绪,对于作证也会产生负面影响。

七、健康

健康影响心情:身体健康,心情容易好;身体状况不佳,情绪易低落,也影响心理稳定性。**健康还可能影响陈述的真实性**,如头部受伤之人,陈述事前事后情节,往往不足为信。孕妇心事纷乱,精神不定,不甚适于做证人。同样,老人与病人精神萎靡,意志消沉,往往抱着多一事不如少一事的态度,即使作证也往往敷

---

① Elton B McNell & Zick Rubin, *The Psychology of Being Human*, Canfield Press,1977, pp. 188—191.
② 〔德〕罕斯格洛斯著:《刑事采证学》,周德仁译,1925 年版,第 136 页。

衍。如果是精神疾患者,那就更糟,盖此等人多错觉、幻觉,陈述虚假可能性很大,不可不警惕之。①

八、主观臆断(偏见)

一旦有了点专门知识,浅薄的人就容易自以为是,顾盼自雄。不幸的是,这种人并不少见,他们有职业偏见,进入诉讼成为证人,有时会将自以为是的东西当作当然之理,必至之事。有论者提醒,有专门知识的证人有如下特点:判断力强,表达好,但有时主观臆断。裁判者若不加以节制,或者对其证言细加甄别,成事也许不足,败事或者有余。②

九、年龄与性别

年龄与性别是影响证言准确度和真实性的因素,在许多案件中,儿童,尤其是女童的证言准确度不高,若不加以警惕,容易作出错误判断。马勃指出:"年龄之大小、男女之区别亦大有影响于证言之陈述。幼儿之证言极不可信。史端研究之结果,谓七岁儿童之证言,远逊十四岁儿童之所述,又谓七岁儿童之证言不若十四岁者之详尽,更不若十八岁者之详尽。其他学者,或谓少女之证言,其可信之度不及少年男子之证言。若证言涉及男女之事,而证人又在情欲初熟之期,则听者犹宜审慎,不可玩忽。盖情欲初熟之少年中,不免有故持一说,或竟故作虚言,用以自乐者固也。"③

十、询问方法

法庭审判对于目击证人十分重视,"这种重视植根于如下假设的基础之上,即认为人能够精确地看和听——而且,更有甚之,认为他们能够清晰地记住他们看到和听到的,即使该事件发生在审判的一年甚至更长时间以前。"但心理学家指出,这些假设是虚妄的,证人证言并不像人们普遍相信的那样完整和精确,人们经常赋予他们感知的片断事实以结构和意义,这种现象被巴特莱特(Bartlett)称为"想象的再创造"(imaginative reconstruction),在司法实践中,证人证言受提问者措辞的影响很大:

> 目击证人的证言在教室实验中被证明是不可信赖的。在一项研究中,141名学生目睹了对一名教授的表演性攻击。7周以后,学生们被要求从6张照片中辨认出攻击者。尽管事件的发生具有高度的戏剧性,仍然有60%

---

① 冯文尧编著:《刑事警察科学知识全书》,上海1948年版,第122页。
② 同上。
③ 〔德〕马勃(K. Marbe)著:《审判心理学大意》,陈大齐译,商务印书馆1922年版,第59—60页。

的目击者——包括教授本人——认错了人。不仅如此,25%的学生还将"犯罪"现场的一名无辜的旁观者误认为攻击者。

伊丽莎白·洛夫特斯(Elizabeth Loftus)给学生们放映了一部记录一次交通事故的短片。随后,目击这一短片的一部分学生被问道:"当轿车彼此碰撞(hit)的时候,其车速有多高?"对另一些目击者的提问,"碰撞"一词则被换成了"撞毁"(smashed)、"互撞"(collided)、"冲撞"(bumped)、"顶"(contacted)等词。结果显示,目击者的估算受提问者措辞的影响很大。以"顶"这个词被提问的一组估算的车速为平均每小时31.8公里,而以"撞毁"这个词被提问的一组估算的车速为平均每小时40.8公里。在进一步的研究中,洛夫特斯一周以后将这些学生重新带到实验室,向他们提出更多的问题。其中一个苛刻的问题是"是否看到了破碎的玻璃"。尽管实际上在影片中并没有这样的镜头,洛夫特斯估计记得车祸的情况比实际更严重的学生,可能也会"记得"与高速驾车形成的事故相匹配的细节。果然不出所料,30%以上的早先被以"撞毁"这个词提问的学生声称自己看到了并不存在的碎玻璃,与之相比较,被以"碰撞"这个词提问的学生只有16%声称自己看到了。①

显然,在诉讼中,对询问方式、方法不能不细加注意,不当询问会造成陈述虚假。这种陈述的虚假往往是证人无意造成的。使证言变得不可靠的原因,是询问者有意无意使用了导致证人产生"想象"的问语。

询问方法可以分为对话式和问答式两种:

对话式是待证人等就自己感知的有关案件事实进行连贯陈述后再对其进行发问。对话式的优点是,证人等在陈述时可以思路连贯、一气呵成地进行陈述,对于其陈述有矛盾或者遗漏的地方,可以通过连贯陈述后的发问加以弥补;缺点是,如果证人表达能力不足或者不明了何为有法律意义的重点事实,回答拖沓、散漫、繁冗,丢三落四,前言不搭后语,对于倾听者来说,不但累人,而且不能直截了当达到目的。

问答式是向证人等直接提出问题,采取一问一答形式听取陈述。问答式询问又分三种情况,一是询问者对于本方证人等进行询问,称为"主询问"(examination-in-chief),又称"直接询问"(direct examination);二是对于对方证人等进行的询问,称为"反询问",又称"交叉询问"(cross-examination);三是裁判者对于双方或者自己传召的证人等进行的询问,询问者立场是中立的。

选择以什么方法询问证人,主要考虑完整、准确、谨慎三方面效果。马斯顿实验结果表明,比较主询问、反询问和自由陈述三种询问方法:在完整性方面,主

---

① Elton B McNell & Zick Rubin, *The Psychology of Being Human*, Canfield Press, 1977, pp. 188—191.

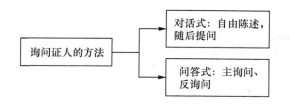

询问优于反询问，反询问又优于自由陈述；在准确性方面，自由陈述优于主询问，主询问又优于反询问；在谨慎性方面，自由陈述优于反询问，反询问又优于主询问。

完整	主询问＞反询问＞自由陈述
准确	自由陈述＞主询问＞反询问
谨慎	自由陈述＞反询问＞主询问

在询问证人等时，需要注意询问方式是否得当。德国学者马勃将审判中的询问分为几种情形，分别分析了各种情形对于陈述的影响。按照马勃的观点，在法庭审理过程中，正当的询问有两种情况：一为完全的选择问，"完全的选择问较少危险。例如，问人曰：'某乙系有领带乎，否乎？'问语中无有含蓄，故少危险"[1]。二为决定问，"决定问较完全的选择问更为有利，决定问之例如下：'某乙之服装如何？'如此设问，则事实之真相可由证人自由决定，而其所答之语最与自发的陈述相近。自发的陈述实答语中之最有利者也"[2]。

与上述没有"危险"的询问方式相对的，是暗设前提的询问和诱导性询问：

（一）暗设前提的询问

暗设前提的询问，又称"假定问"，即问语中隐含未经证实的前提，亦即将未经证实的事实假设为真实的询问，这种询问方式应当被禁止。马勃指出："审问之际，绝对的不可用者为假定问。所谓假定问者，即言已假定某事为实有也。例如，'某乙系何种领带？'即属一假定问。何则？盖已假定某乙之有领带为实事故也。"[3]这种询问中暗设的前提对于被询问者来说也属于一种诱导，只不过与下述诱导情形比较为特殊而已。

（二）诱导性询问

诱导性询问（leading question）是问语中含有发问者期待的答案之询问方式。诱导性询问有时会起到影响陈述可靠性的作用，在诉讼中应当避免可能引

---

[1] ［德］马勃（K. Marbe）著：《审判心理学大意》，陈大齐译，商务印书馆1922年版，第59页。
[2] 同上。
[3] 同上书，第58页。

起陈述不可靠的诱导性询问。诱导性询问有不完全的选择问和期待问两种情况：

1. **不完全的选择问是指问语中虽给被询问人回答问题的选择余地，但范围狭窄，使被询问人的回答受到束缚。**不完全的选择问也属于诱导性询问，容易引致不可靠的回答。马勃指出："不完全的选择问亦不可用。例如，问人曰：'某乙之领带黑乎白乎？'是为不完全的选择问。领带之色容或在黑白之外，今但以黑白为问，不免有束缚答者之虞。"①

2. **期待问是将期待对方提供的答案隐含在问语中，**"期待问亦无益而有害。所谓期待问者，言设问之时，已期待答者之回答或'然'或'否'，不出此二者之外也。'某乙之领带非黑色乎？'此为期待问，亦不克用。"②另外，"亦有问语，其中虽未包含一定答语之期待，然实际上人之答此问者大抵不出'然'、'否'二途，则亦不可用。'某乙之领带黑乎？'即其一例。"③

这里需要指出，**不是所有的诱导性询问都有引发不可靠陈述的负面作用。在诉讼过程中，诱导性询问不可避免；在法庭审理中，诱导性询问更是对人证进行质证的常用方法。**按照英美国家的交叉询问制度，在反询问中，诱导性询问是被允许的，它是弹劾对方证人、从对方证人口中获取有利于己的陈述以及揭示证人先前陈述自相矛盾、不可靠的常用和有力方法；**对于主询问，一般不允许诱导性询问，但有两项例外：一是对于证人身份、职业、住址等非案情问题，可以提出诱导性问题；二是当一方提出诱导性问题而对方并未表示反对时，法官保持克制，不主动加以干预，等于"允许"此次诱导性询问。**英国学者大卫·巴纳德指出："主询问是为了得到对自己的诉讼有利的证据，因此律师的询问要受到两条重要规则的限制：第一条规则是，律师不能在关键问题上提问诱导性的问题；第二条规则是，律师自己的证人之证言与先前的陈述不一致时，律师不能提及先前的证言以进行反驳。这样一来，如果证人所说的内容与律师手中的证据很不相同，律师必须以在法庭上的回答为准，而不许向证人提及以前在向他收集证据时他所说的东西。"与此相反，在反询问中，"理所当然地允许诱导性的发问。律师可以提及证人先前所曾经说过的任何前后不一的陈述，并要求他解释为什么他的证言前后不一致。这样来证明证人证言的不可靠性正是质证中最重要的技巧之一——其理由是，前后矛盾的陈述不可能都是正确的，这种矛盾也意味着证人证言的其他要点也可能同样是不正确的。"④

---

① 〔德〕马勃（K. Marbe）著：《审判心理学大意》，陈大齐译，商务印书馆1922年版，第59页。
② 同上。
③ 同上书，第58—59页。
④ 〔英〕大卫·巴纳德著：《诉讼中的刑事法院》，王国庆译，中国人民大学法律系诉讼法教研室1985年印刷，第136页。

诱导性询问有以下几种情形：一为错误诱导，通过诱导性提问使被询问者作出错误陈述；二是唤醒诱导，对于遗忘了某些事实的人提出诱导性问题，以便唤起其记忆；三是澄清诱导，针于被询问者先前的矛盾、含混的陈述对他进行追问以澄清事实；四是诘难诱导，对提出不利于本方陈述的人提出诱导性问题，加以质疑、诘难，借此显露其先前的陈述不可靠。这里错误诱导是应当被制止的询问方法，唤醒诱导则根据案件具体情况视其是否会诱发被询问者作出不可靠陈述来决定是否应予制止，至于澄清诱导和诘难诱导，则应当允许，不应加以杜绝。①

第十节 五 听

我国古人采取"五听"之法，对陈述者进行察言观色，以便对其提供情况之真伪加以检验。《吕刑》有云："简孚有众，唯貌有稽。"《周礼·秋官·大司寇》云："五声听狱讼，求民情：一曰辞听（观其出言，不直则烦），二曰色听（观其颜色，不直则赧然），三曰气听（观其气息，不直则喘），四曰耳听（观其听聆，不直则惑），五曰目听（观其眸子，不直则眊然）。"亦即：辞听乃根据一个人的言语判断其是否在说谎，言语错乱就是撒谎的征象。色听即观一个人的脸色，脸红就是撒谎的表现。气听乃聆听一个人的气息，如果撒谎则会喘息加重。耳听就是观察一个人的听聆，如果撒谎就会在心里编排瞎话，设法自圆其说，就听不清问官的话。目听，就是看一个人的眼神，如果撒谎就会眼光畏葸，躲躲闪闪，不敢正视。古时要求承办案件的官员"先之以五听，参之以验证，妙睹情状，穷鉴隐状。使奸无所容，罪人必得"②。例如，唐朝"依狱官令，察狱之官，先备五听。"③另外，《吕刑》还说："明清于两辞""两造具备，师听五辞。"这是关于兼听的规定。

五听与兼听是司法经验之总结，也是历代司法活动的准则，为法律和承审法官所诚服认同。五听的原理，如唐代杜预所云：

  夫刑者司理之官，理者求情之机，情者心神之使。心感则情动于中，而形于言，畅于四支，发于事业。是故奸人心愧而面赤，内怖而色夺。论罪者

---

① 最高人民法院《关于适用〈中华人民共和国刑事诉讼法〉的解释》不分情况一律"禁止诱导性询问"的规定，并不合理，在司法实践中也行不通。最高人民检察院《人民检察院刑事诉讼规则》（试行）第438条第1款、第2款规定："讯问被告人、询问证人应当避免可能影响陈述或者证言客观真实的诱导性讯问、询问以及其他不当讯问、询问。辩护人对被告人或者证人进行诱导性询问以及其他不当询问可能影响陈述或者证言的客观真实的，公诉人可以要求审判长制止或者要求对该项陈述或者证言不予采纳。"这一规定区别了可能影响陈述或者证言客观真实的诱导性讯问、询问与不影响陈述或者证言客观真实的诱导性讯问、询问，比最高人民法院规定为优。

② 《周书·苏绰传》。

③ 原载陈光中、沈国峰著：《中国古代证据制度》，群众出版社1984年版。转引自沈德咏主编：《证据制度与理论》，法律出版社2002年版，第7页。

务本其心,审其情,精其事,近取诸身,远取诸物,然后乃可以正刑。仰手似乞,俯手似夺,捧手似谢,拟手似诉,拱臂似自首,攘臂似格斗,矜庄似威,怡悦似福;喜怒忧惧,貌在声色,奸贞猛弱,候在视息。①

有论者认为,五听之中目听最为重要。李笠翁云:

> 面为一身之主,目又为一面之主,相人必先相面,人尽知之,相面必先相目,人亦尽知,而未必尽穷其秘。吾谓相人之法必先相心,心得而后观其形体。形体维何?眉发口齿,耳鼻手足之类是也。心在腹中,何由得见?曰:有目在,无忧也。察心之斜正,莫妙于观眸子,子舆氏笔之于书,业开风鉴之祖。予无事赘陈其说,但言性情之刚柔,心思之愚慧。四者非他,即异日司花执爨之分途,而狮吼堂与温柔乡接壤之地也。目细而长者,秉性亦柔;目粗而大者,居心必悍;目善动而黑白分明者,必多聪慧;目长定而白多黑少,或白少黑多者,必近愚蒙。然初相时,善转者亦未能遽转,不定者亦有时而定。何以试之?曰:有法在,无忧也。其法维何?一曰以静待动,一曰以卑瞩高。②

当然,言语也非不重要。"目为心之窗,五听之中,目听颇为重要,言辞当然也不可忽视。"孟子云:"存乎人者莫良于眸子。眸子不能掩其恶:胸中正则眸子瞭焉;胸中不正则眸子眊焉;听其言也,观其眸子,人焉廋哉。"③杨家骆就此指出:"他既说'眸子不能掩其恶'了,但是又要加一句'听其言也';因为眸子只可见心之形,言却可闻心之声。"④

对于气听,《长短经》有一段话揭示"气"与人格、人性的关系:"夫人有气,气也者,谓诚在其中,必见诸外。故心气粗砺者,其声沉散;心气详慎者,其声和节;心气鄙戾者,其声粗犷;心气宽柔者,其声温润。信气中易,义气时舒,和气简略,勇气壮立。此之谓听气。"原注:"以其声,处其实,气生物,物生有声,声有刚柔清浊,咸发乎声。听其声,察其气,考其所为,皆可知矣。"该书又讲到察色,有这样一段解释:"察色,谓心气内蓄,皆可以色取之。夫诚智必有难尽之色,诚仁必有可尊之色,诚勇必有难慑之色,诚忠必有可观之色,诚洁必有难污之色,诚贞必有可信之色。质色浩然固以安,伪色曼然乱以烦。此之谓察色。"⑤

---

① 杜预著:《通典》卷一百六十四。
② 李渔著:《闲情偶记》,载《李渔全集》第三卷,浙江古籍出版社出版。
③ 《孟子·离娄》。
④ 杨家骆著:《中国文学百科全书》(第二册),中国学典馆复馆筹备处1976年版,第1164页。
⑤ 周斌著:《〈长短经〉校正与研究》,巴蜀书社2003年版,第36—37页。

第四章 被害人陈述

正确而合理的理由和听起来合理的理由差别很大。

——汤姆斯·布兰蒂

第一节 界　　说

被害人陈述,是指受犯罪行为直接侵害的人就其所了解的有关案件的事实向公安司法机关所作的陈述。

被害人是合法权益遭受犯罪行为直接侵害的人,一般是自然人,有的案件中可能是单位。不是所有的案件都有被害人,有的犯罪属于"无被害人的犯罪"。

在英美法系国家,被害人陈述有关案件事实,视同证人(被害人被看做证人)提供证言,对于当事人以外的其他证人适用的证据法律规定,一般也都适用于被害人。在大陆法系国家,有的将被害人陈述单列为证据的一种,如《俄罗斯联邦刑事诉讼法典》第74条第2款第(2)项,将"被害人陈述"与"证人的证言"并列规定,都是法定的证据种类。① 在我国刑事诉讼中,被害人陈述是独立的证据种类。我国《刑事诉讼法》第48条第2款第(3)项单独规定了"被害人陈述"这一证据种类。

第二节 被害人陈述的特点

在犯罪行为发生时,被害人的生命遭受威胁,或者身体遭受损害,经济上、物

---

① 将这两种证据并列,也体现了它们存在很多相似之处,适用的法律规定当然也有不少同样的内容,如《俄罗斯联邦刑事诉讼法典》第42条第2款第(3)项规定:"拒绝作对自己、自己的配偶和本法典第5条第4款所列其他近亲属不利的证明。在被害人同意作陈述时,应事先向他说明他的陈述可能在刑事案件中,包括在他以后放弃这些陈述时被用作证据。"第3款规定:"被害人因犯罪行为而受到的财产损害,以及因参与侦查、出庭的费用,包括聘请代理人的费用被保障依照本法典第131条的要求得到赔偿。"第5款规定:"被害人无权:(1)调查人员、侦查员、检察长和法院传唤时不到场;(2)故意作虚假陈述或拒绝作陈述;(3)证人如果事先依照本法典第161条规定的程序被事先告知不得泄露侦查材料时泄露这种材料。"第6款规定:"被害人无正当理由传唤不到场时可以进行拘传。"第7款规定:"拒绝作陈述或故意作虚假陈述的,被害人应依照《俄罗斯联邦刑法典》第307条和第308条承担刑事责任。泄露侦查材料的,应依照《俄罗斯联邦刑法典》第310条承担刑事责任。"

质上、精神上或者名誉上遭受损失,他们在侵害与被侵害的关系中往往处于劣势,属于弱者。在犯罪行为发生后,他们痛定思痛,一般都强烈要求公安司法机关惩罚犯罪,并获得经济赔偿、保护其本人及其亲属的安全。被害人这些特点在其陈述中往往有所反映,形成其陈述的特点,主要包括:

一、被害人陈述在证明功能上具有直接、具体、真切的特点

被害人陈述在证明功能上具有直接性、具体性和对侵害行为感受的真切性的特点,这是其他证据无法比拟的,诸如在某些案件中,被害人与犯罪人有过直接的、正面的接触,就犯罪事实和犯罪人的陈述更为直接和具体;另外,人身和精神伤害的痛苦,一般只有通过被害人亲自陈述,才能为办案人员和社会所了解,其他人难以有被害人那样真切而深刻的体会。

二、被害人陈述容易夸大或者缩小,虚假的可能性较大

被害人与案件事实、诉讼过程与诉讼结果存在直接利害关系,被害人对被害经过一般能够进行充分陈述,从而揭露有关犯罪事实和犯罪人;但也正因为此种直接利害关系,有一些被害人可能出于各种动机而在陈述时夸大或者缩小犯罪事实,因此被害人陈述虚假的可能性较大。被害人进行不良陈述的情况主要有:

1. 受到犯罪侵害时精神高度紧张,心理状态异常,观察有偏差或者有遗漏,记忆模糊,造成陈述存在差错;

2. 受到犯罪侵害后,出于仇恨犯罪人的心理而夸大犯罪事实;

3. 自身存在一定过错,对案件中某些事实加以掩盖,为此进行虚假陈述;

4. 出于个人私利或某种卑劣目的,虚构事实,企图以虚假陈述诬告陷害他人;

5. 受到犯罪行为侵害后,失去了感知能力或者记忆出现障碍,如因受伤而昏迷、因中毒而出现幻觉,无法对被害经过作出陈述或者作出虚假陈述;

6. 顾虑个人利益,如前途、名誉、家庭关系、子女利益等,没有勇气如实陈述有关犯罪事实;

7. 出于亲情或者人情,或者受他人威胁、恐吓、干扰,作出虚假陈述。

由于上述情形,对于被害人的陈述,应当谨慎对待,仔细审查,以便甄别,作出正确判断。

这些特点,往往是证人在提供证言时不具有的。基于上述特点,将被害人陈述作为独立的证据种类单列出来,对于更准确地把握这类证据的特点,是有积极意义的。

第三节 被害人的心理特点和对被害人的询问

案件发生以后,被害人心理反应往往是:(1) 畏惧。被犯罪行为侵害,受过惊吓,甚至留下一定的精神创伤,被害人对犯罪发生的某些特定情况记忆犹新,反复追忆,甚至产生心悸盗汗、多梦失眠等生理、心理现象,对发生过的事情感到恐惧,对于可能继续存在的危险十分紧张,有的不敢寻求保护,不敢报案和指认罪犯,担心招致进一步侵害。(2) 敏感。被害人对外界针对他被害事实的反应往往十分在意,特别是对公安司法人员以及一般民众的反应,特别敏感。在各类犯罪行为的被害人中,对于涉及个人隐私的被害事实,特别是性犯罪案件中的被害事实,被害人往往感到难以启齿,当他们鼓足勇气将这些事实讲出来的时候,外界的适宜反应会使他们感到安慰,不当反应则容易对他们的心理造成强烈的冲击,使他们的心灵走向封闭。

为了保护被害人,使之信赖公安司法人员,并保证其与上述人员密切配合,顺利推进刑事诉讼进程,进而达到刑事诉讼目的,**公安司法人员应当做到:**

1. 在对被害人进行询问时,应当怀有同情心,充分尊重被害人的人格,不能在侦查、起诉和审判活动中言谈举止不当,贬损被害人的人格。

2. 针对被害人的心理特点,应照顾其心理感受,在其陈述时为其解除压力,提供适宜的条件。在询问被害人时,态度要亲切,尽量创造宽松、融洽的气氛,使其紧张的心态有所缓解。公安司法人员对被害人的询问应当耐心,不能流露急躁、不耐烦的情绪。

3. 在询问有关性犯罪的被害事实时,只能有询问人员、未成年被害人的法定代理人等在场,其他无关人员不得在场,以免使被害人感到"二度被害"。对于性犯罪的被害事实,被害人往往难以启齿,询问者必欲其陈述,被害人口上虽然说了,心里顾虑仍然不能消除。对于这样的事实,被害人不希望广为传播、多方知晓。为照顾这一特定心理,在询问被害人时,除直接办案人员或者法定的可以在场的人员外,其他人应当回避。在侦查实践中,被害人在陈述时其他非办案人员在场倾听的现象并非罕见,这种做法往往给被害人心理投下阴影,使他们感到再次受到伤害,因此应当制止。

第四节 被害人陈述的证据价值

刑事案件一旦发生,在有被害人的案件中,尽早向被害人了解案件情况,对于揭示案件真相,查获犯罪行为人,并对案件起诉和审判具有重要意义。被害人陈述的证据价值主要体现为:

一、被害人陈述往往能够证明案件的主要事实，直接揭示犯罪人

被害人是受到犯罪行为直接侵害的人，在被害过程中往往与犯罪人有过接触，如果其陈述真实、准确，能够揭示有关犯罪事实和破案线索，协助侦查机关发现犯罪事实，确认犯罪人；在起诉和审判过程中，能够证明犯罪事实的存在和犯罪嫌疑人、被告人即犯罪人，从而为控诉和裁决有罪提供有力支持。

二、被害人陈述是维护被害人自身权益和伸张正义的重要手段

案件一旦发生，被害人的合法权益受到侵害，其维护自己权益的主要方式是向公安司法机关报案、举报或者起诉。在报案、举报或者起诉过程中，他应当将自己被害经过原原本本陈述给公安司法机关，以便公安司法机关将这些陈述纳为诉讼证据，运用为侦查线索、起诉根据、定案根据，查明案件真相，抓获犯罪人，挽回或者弥补被害人的损失，为社会伸张正义。

三、被害人陈述可以与其他证据相互印证，用以甄别其他证据

通常情况下，被害人与犯罪人一样了解案件事实经过，特别是前因后果以及鲜为人知的有关案件的细节；被害人一般与犯罪人有过近距离接触，对犯罪人的某些特征有一定了解，因此，他的陈述可以与犯罪嫌疑人、被告人的陈述进行比对，特别是将被害人关于案件中某些细节的陈述与犯罪嫌疑人、被告人的陈述进行对照，当这些细节一致，并且排除了询问、讯问中的违法取证、不当询问或者不当记录的情况下，可以确认陈述的真实性，确认案件事实的存在。当被害人陈述与犯罪嫌疑人、被告人的陈述不一致时，要查明不一致产生的原因，究竟是感知、记忆、表达因素造成的，还是故意虚假陈述形成的，进而排除虚假证据，找出事实真相。另外，被害人陈述可以被用于同案件中的其他证据相互对照，从中发现证据间存在的矛盾，甄别证据真伪。

第五节 被害单位出具的证明材料：证据能力与证据归类

在司法实践中，时常遇有被盗单位出具书面证明材料的情况，这些证明材料的证据能力以及证据归类都存在争议，有的法院干脆拒绝采纳这些证明材料作为证据。例如：

犯罪嫌疑人江某（男，37岁，湖北省襄樊市人）原系汽车驾驶员，曾因盗窃被公安机关劳动教养，并因多次严重违反交通规则被吊销驾驶执照。

1996年，江某被解除劳教后，不思悔改，从1997年6月至1998年9月，连续盗用二十多个企业、事业单位停放在路旁的大小卡车28辆作为犯罪工具，到14家菜场和食品厂等单位盗窃二十余次，共窃得猪肉、冻虾、蔬菜等副食品及食用油、工业用铜、自行车等财物，价值人民币四千三百余元。公安机关在侦查过程中，收集了一些盖有单位公章的被盗单位的证明材料。这些证明材料均是以单位名义出具的，单位有关人员均未署名。第一审人民法院受理此案后认为，单位出具的证明材料不能作为证据使用，因此拒绝采纳这些证据材料。

对被盗单位出具的证明材料的证据归类，曾有两种意见：一种意见认为，根据《刑事诉讼法》第52条第1款规定，单位可以向司法机关出具证明材料，这种证明材料，是一种特殊的证人证言。第二种意见认为，单位出具的证明材料不是证人证言，不能作为证据使用。首先，《刑事诉讼法》第60条第2款规定，生理上、精神上有缺陷或者年幼，不能辨别是非、不能正确表达的人，不能作证人。显然，证人只能是自然人，不能是法人。因为证人是知道案件情况的人，自然人才有感官，才能感受和记忆周围的事物，知道案情，才可以作证；证人还必须达到一定年龄，生理、精神健全，能够辨别是非和正确表达。具备这些条件的，只能是自然人，不可能是法人。其次，在刑事诉讼中，只有自然人才能够依法行使证人的诉讼权利，承担法律义务。例如，证人有权了解自己的证言笔录，提出补充和修改，并签名或盖章。这项诉讼权利，法人就无法行使。再如，《刑事诉讼法》和刑法都有关于证人有意作伪证或者隐匿证据要承担法律责任的规定，如果证人不是自然人，将如何承担伪证罪的刑事责任呢？再次，单位作证不利于审查、判断和核实证据。从实践来看，单位作证一般也是由证人口头提供情况后，以单位名义提供书面证言。这样从材料上看不出证人是谁、证人与当事人的关系和证人有无作证条件等情况，给审查、核实证据带来困难。另外，在法庭上，证人证言要经过公诉人、被害人、被告人、辩护人等控辩双方讯问、质证，调查属实后才能作为定案的证据使用。如果单位作为证人提供证言，无法在法庭上接受质证。

这里需要指出，本案中盖有公章的证明材料，如果可以采纳为证据，那么，这样的证据更接近被害人陈述而不是证人证言，因为这里的单位为被盗单位，它们属于犯罪行为侵害对象，如果将"被害人"扩大理解为包含单位（正如将犯罪嫌疑人、被告人扩大理解为包含单位一样），该证明材料就应是被害人陈述。围绕这些证据进行的争论，显然忽略了这一重要属性。

不过，**仔细斟酌，反对采纳这些材料作为证据的一些意见是有道理的，由于该材料不是以自然人的名义出具的，如果虚构事实或者隐瞒真相将如何追究刑**

事责任，不无疑义。另外，对于单位提供书面材料，难以通过质证方式进行审查、判断。因此，由了解案件情况的个人提供有关单位被盗的情况，是比较妥当的。被害单位证明材料的证据能力不无疑问。

同样，由侦查机关或者侦查部门就取证合法性提供的说明材料，既非诉讼文书，也难以进行证据归类——如果勉强归类的话，公文书证约略近之，这类用于"自证清白"的证明材料的证明价值也大有疑问。

第五章　犯罪嫌疑人、被告人的供述和辩解

他是个老实人，所以没有必要就不撒谎。

——契诃夫

第一节　总　　说

犯罪嫌疑人、被告人的供述和辩解，是指犯罪嫌疑人、被告人就其被指控的犯罪事实和其他有关情况，向公安司法机关所作的陈述。通常包括三种情形：

1. **供述**，又称"口供""自白"，即犯罪嫌疑人、被告人对被指控的犯罪事实表示承认，并如实陈述他实施犯罪的全部事实和情节。在英美法中，confessions（自白）一词指的是就犯罪（通常指刑事犯罪）所作的坦白，相当于我国诉讼中"供述"的含义。

2. **辩解**。即犯罪嫌疑人、被告人否认自己实施了犯罪行为，或者虽然承认犯罪，但辩称依法不应追究刑事责任或者应当从轻、减轻或者免除处罚等。

3. **攀供**。即犯罪嫌疑人、被告人揭发、检举同案其他犯罪嫌疑人、被告人的**犯罪行为**。揭发、检举的内容与该犯罪嫌疑人、被告人自己的犯罪行为有一定联系，可以在本案中当做证据使用，故而属于犯罪嫌疑人、被告人的供述和辩解的一种。犯罪嫌疑人、被告人攀供在刑事司法活动中并不鲜见，其动机多种多样，有确因悔罪、补过而揭发、检举他人的犯罪行为；有为了推卸自己的罪责而揭发、检举他人的犯罪行为；有为了"立功"、得到宽大处理，揭发、检举他人的犯罪行为。**为推卸自己的罪责或者报复陷害他人，故意虚构他人有犯罪行为而进行陈述，称为"攀诬"**。

口供在司法审判中具有重要价值。实际上，我国司法素重口供。戴炎辉云："我国旧制上断罪，重视被告的招认（自白）。惟自白究为证据中的一种，抑或为与证据并立？按法官的定谳，本于其自由心证（但唐制，对特殊身份人，须据众证定罪，即有形式的限制）；此心证乃对判断资料加以内心的判断而来。招认既为判断资料中的一种，应是证据的一种。若是说：招认以外的证据仅是迫使被告招认的方法，则无招认，便不得定谳；可是唐代以来，亦可据招认以外的证据而断罪。唐律：赃状露显，理不可疑，虽不承引，即据状断之；若事已经赦，虽须追究，并不合拷。招认或称为首、首实、承、承引。招认之被重视，该被告对自己的行为

最为清楚,作为判断的基础,亦最有价值;且裁判要使被告心服,而心服宜以被告自招为印证。不过,因旧制裁判,采取申覆制,且下级机关的定拟,必受上级机关的监督,非被告自招,恐在上级审判时被推翻。因而实际上,法官往往迫使被告招认,以图卸其责任。"①按照《吕刑》,非出自诚信的自白,不得为证据。徐朝阳曾指出:"《书·吕刑》'无简不听'之言,则不诚信之自白,仍不得为证据,故'简孚有众,惟貌有稽'。"②

第二节 犯罪嫌疑人、被告人的供述和辩解的特点

犯罪嫌疑人、被告人在刑事诉讼中有着多重地位:既是诉讼主体,受多种诉讼权利的保护,也是可能被定罪量刑的对象,案件的诉讼过程与结果,与他有着切身的利害关系,同时又是证据来源。犯罪嫌疑人、被告人诉讼地位的多重性,决定其供述和辩解有以下特点:

一、犯罪嫌疑人、被告人如实陈述,有可能全面、直接地揭示有关案件事实情况

犯罪嫌疑人、被告人对自己是否犯罪,犯罪经过,特别是犯罪时的主观心理状态,知道得最清楚。一个真正的犯罪人如实作出的有罪供述,能够直接、全面地反映出其犯罪的动机、目的、手段、时间、地点、后果等事实情况;对于一个无辜者来说,他的无罪或罪轻的辩解,也会对公安司法机关发现案件的真相具有特别重要的意义。

二、犯罪嫌疑人、被告人的供述和辩解虚假的可能性较大

犯罪嫌疑人、被告人是刑事诉讼中可能被定罪量刑的对象,案件的诉讼过程、处理结果与其有直接的利害关系。基于趋利避害的普遍心理,真正的犯罪人在诉讼过程中往往千方百计掩盖事实真相,或者编造谎言,企图蒙混过关。子夏曰:"小人之过也必文。"③此语虽嫌武断,但还是可以借用来说明这一规律的。正是由于犯罪嫌疑人、被告人的口供具有极大的虚假可能性,因而对犯罪嫌疑人、被告人供述和辩解进行审查判断是必要和重要的。犯罪嫌疑人、被告人供述和辩解是很复杂的:一方面,它是一种证据,正确地收集、审查和运用口供,对查明案情起着重要作用;另一方面,其虚假的可能性较大。一般地说,犯罪嫌疑人、

---

① 戴炎辉著:《中国法制史》,三民书局2000年版,第169—170页。
② 徐朝阳著:《中国诉讼法溯源》,商务印书馆1933年版,第11页。
③ 《论语·子张第十九》。

被告人期望借助于虚假陈述达到大事化小,小事化无的目的。所以,对待口供要采取特别谨慎的态度,既不能盲目轻信,也不能完全不信。只有经过认真审查判断、查证核实以后,才能作为证据使用。

三、犯罪嫌疑人、被告人若为真正犯罪人,其供述往往不稳定

在司法实践中,犯罪嫌疑人、被告人若为真正犯罪人,其心理活动往往十分激烈,而且波动很大。一般地说,犯罪嫌疑人刚被捕获,通常高度紧张恐惧,一方面有逃避刑罚处罚的欲求与期望,另一方面内心也存在可能无法逃避刑罚处罚的忧虑,因而情绪不稳定①,有时狡辩抵赖,有时欲供又止,有时供后又翻。及至审查起诉阶段、审判阶段,对于面临的前景有明确预测,心理趋于稳定,但仍然存有逃避刑罚处罚的期望,因此容易翻供,不承认原来的有罪供述。

第三节 犯罪嫌疑人、被告人的供述和辩解的证据能力

及时获取犯罪嫌疑人、被告人的供述,对于迅速突破案件、推进诉讼进程具有举足轻重的意义,故而在侦查、起诉和审判活动中,犯罪嫌疑人、被告人的供述都受到重视,审讯者为获取口供往往诉诸暴力。为了保障诉讼文明、公正进行,一些国家在本国宪法、刑事诉讼法中赋予犯罪嫌疑人反对强迫自证其罪的权利并确立自白任意性规则。

一、反对强迫自证其罪的特权

反对强迫自证其罪通常被视为一项权利或者特权,被称为"反对自证其罪的权利(right against self-incrimination)"或者"反对自证其罪的特权(privilege against self-incrimination)"。自证其罪,又称"自我归罪""自陷于罪",是指"在审判中作为证言或者在审前程序中一个人以此表明自己构成犯罪的行为和声明"②。反对强迫自证其罪的特权"要求政府在没有被告人作为反对自己的证人的情况下证明其犯罪,尽管该特权仅仅保护言词证据而不是诸如笔迹和指纹等物证。任何违背其意愿被传唤到证人席的证人都可以求助于这一权利,无论是在审判程序、大陪审团听证程序中,还是在调查前的程序中,但当证人自愿作证时该特权则被放弃。"③

反对强迫自证其罪的特权规则要求不得强迫一个人提供不利于他自己的陈

---

① 蔡墩铭著:《审判心理学》,水牛出版社1981年版,第459页。
② 《布莱克法律大辞典》第5版,第1220页。
③ 同上书,第1078页。

述或者证据并用以指控他,这意味着一个人在执法人员讯问他的时候可以保持沉默或者明确表示拒绝回答。对于反对强迫自证其罪与沉默权的关系,托马斯·奥马雷(Thomas O'Malley)指出:"沉默权也许是反对强迫自证其罪最重要的表现形式"①。林山田先生也曾指出:"自强制自证有罪之禁止原则,亦可得出刑事程序法应赋予被告享有陈述自由之结论,亦即赋予被告对于是否陈述或如何陈述享有其决定自由,且对于法庭探索犯罪事实之工作,被告亦不负有协助义务。从被告之陈述自由,自然得出其享有缄默权之结论,亦即被告接受讯问时,得保持缄默,无须违背自己之意思而为陈述。"②

反对强迫自证其罪,其来源存在三个说法:一是来源于"任何人无义务控告自己"(拉丁语:nemo tenetur seipsum accusare)的古老格言。按照这一格言,如果一个人回答政府机构的提问将会暴露于自证其罪所造成的"真实的和可估计到的危险"之中,他有权拒绝提供证据;二是来源于中世纪教会法审判中被告人主张不被强迫自我归罪的权利的事实;三是1640年英国议会确立不被强迫自证其罪的法律规定。

按照爱德蒙·M.摩根的解释:"不自陷于罪之拒绝权,系起自英国人对于一种程序反抗之奋斗,逐渐演变而来,似可断言……此可回溯其开始于13世纪,当时反对教会职员以所谓职权上当然之宣誓(so-called ex-officio oath)加之于人,以图发现其违反教会法或习惯。然而对于王会(King's Council)所利用之类似程序,亦有相同之抗议。由于抗议所为成功的反抗而达成之结果,即在普通法之法院中,正式被控犯罪之人,有权拒绝答复。"③

1637年,英国王室特设法庭——星法院在审理指控约翰·李尔本印刷出版煽动性书刊的案件中,强迫李尔本宣誓作证,被李尔本拒绝。李尔本在法庭上说:"任何人都不得发誓折磨自己的良心,来回答那些将使自己陷入刑事追诉的提问,哪怕是装模作样也不行。"④星法院对其施以鞭挞和枷刑。1640年,李尔本在英国国会呼吁通过法律确立反对强迫自证其罪的规则,得到国会的支持,英国由此在法律中确立了沉默权。《英国法官规则》第2条和第3条规定讯问嫌疑人前应当告知"除非你自己愿意,否则你可不必作任何陈述,但是你一旦有所陈述,便将录供证据之用。"

1789年,这一规则为美国宪法第5条修正案所吸收,该条规定:"在任何刑事案件中,不得强迫任何人自证其罪。"最初这一规则只适用于审判阶段,在20世纪30年代,美国联邦最高法院通过排除以刑讯等非法方法获取证据的判例使

---

① Thomas O'Malley,The Criminal Process,Thomson Reuters. 2009. p.777.
② 林山田著:《刑事程序法》(增订五版),五南图书公司2004年版,第41页。
③ 〔美〕爱德蒙·M.摩根著:《证据法之基本问题》,李学灯译,世界书局1982年版,第162页。
④ 引自王以真主编:《外国刑事诉讼法学参考资料》,北京大学出版社1995年版,第427页。

之适用于侦查阶段；1966年，在米兰达诉亚里桑那州一案中，最高法院为这一规则在侦查活动中适用提供了进一步的保障。如今，这一规则已扩大解释为任何政府机构(如联邦贸易委员会等)都不得强迫自证其罪。

其他很多国家和地区在本国法律制度中也相继确立了反对强迫自证其罪的权利或者同类权利、规则，如加拿大《权利与自由宪章》第13条规定："在任何诉讼中证人作证，有权不如是给自陷法网的证明以被用来在任何诉讼中构成该证人的罪状，除非在伪证案中或因作过矛盾不合的证据。"《日本国宪法》第38条规定："任何人都不受强迫作不利于自己的供述。"(第1款)"通过强迫、拷问或威胁所得的口供，或经过不适当的长期拘留或拘禁后的口供，均不得作为证据。"(第2款)《法国刑事诉讼法典》第116条规定："预审法官应告知被审查人，未经其本人同意，不得对他进行讯问。"《意大利刑事诉讼法典》第64条第2款规定："不得使用足以影响被讯问者同意能力或者改变其记忆和评价事实的能力的方法或技术进行讯问，即使被讯问者表示同意。"第3款规定："在开始讯问前除第66条第1款①的规定外，还应当告知被讯问者，他有权不回答提问，并且即使他不回答提问诉讼也将继续进行。"《德国刑事诉讼法典》第136条规定："初次讯问开始时，要告诉被指控人所被指控行为和可能适用的处罚规定，接着应当告诉他，依法他有就指控进行陈述和对案件不予陈述的权利，并有权随时地，包括在讯问之前，与由他自己选任的辩护人商议。"等等。反对强迫自证其罪的权利还被确立为一项刑事司法国际准则，联合国《公民权利和政治权利国际公约》等世界人权公约和《美洲人权公约》等区域性人权公约就此作出了规定。

反对强迫自证其罪的权利包含如下具体要求：

（一）适用的主体范围

反对强迫自证其罪的权利适用的主体范围包括犯罪嫌疑人、被告人和证人等自然人，法人、非法人团体和合伙组织不享有这一权利。

（二）适用的事实范围

反对强迫自证其罪的权利适用的事实范围是可能导致刑罚或者更重刑罚的事实，既包括直接证明犯罪的事实和间接证明犯罪的事实，在有些国家里（如美国）也包括能够成为导致发现犯罪的线索的事实。如果仅是对财产（如承担民事赔偿责任等）或者名誉不利的事实不适用这一规则，至于被询问的人的姓名、居住地是否受这一规则保护，各国做法不一。有些国家和地区不将其纳入保护范围，理由是姓名和居住地等事实并非不利事实，如在日本，"对被告人的姓名

---

① 该款规定："司法人员在第一次同被告人接触时，要求他说明自己的一般情况和一切有助于辨别其身份的情况，并告诉他拒绝说明自己的一般情况或者作虚假陈述将面临怎样的后果。"

等原则上不作为不利的事项"①。又如在英国,按照交通法例,警察可以强迫醉酒驾车的人说出自己的名字,"有人认为她违反了《欧洲人权公约》关于不得自证其罪的规定,但也有人认为沉默权在《欧洲人权公约》中并非绝对权利,公约也未要求成员国规定绝对的沉默权,公约对个人权利和社区权利要有所平衡,不能只重视保护个人权利而不顾及社区权利和社会权利"②。

(三) 适用的证据范围

反对强迫自证其罪的证据范围既包括口头陈述,也包括实物证据,但提取被询问者的指纹、足迹、血样、笔迹、声纹、摄取被询问者的照片、测量和检查被询问者的身体等不受这一规则的限制。

(四) 禁止的行为范围

反对强迫自证其罪的规则所禁止的,是以暴力、胁迫等方法强行违背其自由意志获取有罪供述和其他证据的行为。所谓"强迫自证其罪"是指"致使非自愿地作出关于犯罪的自白或者承认的任何形式的强制行为,既包括身体上的也包括精神上的"③。反对强迫自证其罪的国际准则所禁止的行为不限于酷刑,广泛指妨害自由意志决定的一切行为。

(五) 自愿陈述的证据能力

陈述为被告人的一项权利。被告人出于自由意志的陈述(无论对其有利抑或不利)可以成为被法庭采纳的证据。这种陈述必须是被告人自愿选择的结果,否则将被法庭排除。因此,被告人可以出于辩护目的宣誓作证,提供有利于自己的陈述,这是其在诉讼中拥有的权利。反对强迫自证其罪的特权并不排斥非强迫性自证其罪,非强迫性自证其罪源于真实推定(presumption of truth),即被告人的自白可以按照同在民事诉讼中的自认一样的原则加以接受,该推定的内容即一个人不会作出不真实的陈述来反对他自己。

(六) 权利之保障性规定

被询问者不会因沉默、拒绝提供陈述而遭受惩罚或者法律上的不利推测。"就沉默权的效果来说,不仅不受直接、间接的强制,而且还具有不能由于沉默不语会被得出于自己不利的心证的效果。"④不过,1994 年,北爱尔兰限制沉默权,随后整个英国都接受了这一做法,但对沉默权的限制遭到日内瓦人权委员会的批评。"欧洲人权法院对一个关于沉默权案件的裁决也不同意英国的做法。一英国毒贩者向邻居提供毒品,后被逮捕。该贩毒者在警察局接受询问时毒瘾

---

① 〔日〕宫泽俊义著:《日本国宪法精义》,中国民主法制出版社 1990 年版,第 280 页。
② 中国政法大学刑事法律研究中心、英国大使馆文化教育处(英国文化委员会)编:《英国〈1998 年人权法案〉及考察报告》,中国政法大学刑事法律研究中心 2002 年印第,第 95—96 页。
③ 《布莱克法律大辞典》第 5 版,第 261 页。
④ 〔日〕我妻荣等:《新法律学辞典》,董璠舆等译,中国政法大学出版社 1997 年版,第 932 页。

发作,没有回答警察的提问。英国法官告诉陪审团,根据新法律,嫌疑人没有义务回答问题,但如果他不回答,陪审团可以得出对他不利的推论。但欧洲人权法院认为,该做法是在给嫌疑人施加压力让他们回答问题,违反了《欧洲人权公约》第6条关于保证嫌疑人有沉默权的规定。"①

（七）虚假陈述之法律责任

刑事被告人故意虚假陈述一般不负法律责任。与具有如实作证义务的证人不同,被告人不承担如实陈述义务,被告人虚伪陈述包括攀诬他人,不受刑事追究(其作为提供有利于自己的陈述的经过宣誓的证人容有例外)。

我国《刑事诉讼法》第50条赋予犯罪嫌疑人、被告人反对强迫自证其罪的权利,而同时保留已有的犯罪嫌疑人供述义务,另外,我国签署加入的《联合国少年司法最低限度标准规则》中明确规定了少年刑事被告人享有保持沉默的权利。联合国大会1985年11月29日通过的《联合国少年司法最低限度标准规则》("北京规则")宣告:根据正当法律程序,保持沉默的权利是"公平合理审判"所应包括的基本保障之一。我国业已签署但尚未交付全国人大常委会批准的《公民权利和政治权利国际公约》也确立了此项原则,联合国《公民权利和政治权利国际公约》第14条第3款g项确认:"不被强迫作不利于他自己的证言或强迫承认犯罪"是在判定对他提出的任何刑事指控时人人完全平等地有资格享有的最低限度的保证,即在刑事诉讼中被指控的人享有反对自证其罪的权利或特权。在侵犯这一权利或特权的行为中,刑讯最为常见而且危害也最大,联合国人权事务委员会于1984—1988年递交联合国大会的年度报告中对提交给它的第52/1979号和第73/1980号案确认为违反了第14条第3款g项的规定,"因为其中运用了逼供的手段以对被指控人定罪"。因而如何对该原则进行价值评估以及我国《刑事诉讼法》如何通过司法解释的具体化规定与之相协调,值得认真加以探讨。

在我国,《刑事诉讼法》第50条规定了"不得强迫任何人证实自己有罪"的规定要得到落实,需要将该权利具体化为一系列司法解释规定,但无论最高法《解释》、最高检《规则》还是公安部《规定》都没有就不得强迫自证其罪作出具体规定。英国法学家P.S.阿蒂亚曾言:"尽管英国法对权利少有兴趣,但它的确一直以其强有力的救济措施而引以为傲。"没有救济就没有权利,"一个独立的司法和有权发布实际命令的司法,要比任何数目的对于人权的庄严理论宣誓更为重要。"②没有司法机关将法律上的权利一一加以落实,写在纸面上的法律就

---

① 中国政法大学刑事法律研究中心、英国大使馆文化教育处(英国文化委员会)编:《英国〈1998年人权法案〉及考察报告》,中国政法大学刑事法律研究中心2002年印制,第94—95页。

② 〔英〕P.S.阿蒂亚著:《英国法中的实用主义与理论》,刘承韪、刘毅译,清华大学出版社2008年版,第44页。

难以成为实践中的法律而被闲置了。

二、自白任意性规则

自白任意性规则的内容是：出于自愿（voluntary）的自白才能采纳为定案的根据，亦即出于暴力、胁迫、利诱、违法羁押或者其他不正当方法获取的自白不得采纳为定案的根据。该规则娩出于英国，英国于18世纪后半期即已适用这一规则。该规则与源于17世纪英国的反对强迫自证其罪的规则近似，尽管如此，两者实为两项规则。这两项规则均具有禁止强制被讯问人作不利于自己的陈述进而保障其陈述自由权的功能，但适用原则并不完全相同。① 自白任意性规则，认为自白可以作为案件的证据，但该自白必须出自自愿，且不得将其作为给被告人定罪的唯一证据。

作为案件证据的自白必须出诸自愿，其法理基础在于："无任意性之自白，不仅其取得不难，且其真实性大有可疑，矧如以此作为被告有罪之证据，不啻奖励司法人员以不当之方法取得自白，违反民主国家拥护人权之原则。惟是为保障人权起见，在陈述自由受侵害下所为被告之陈述，无论其为有利于被告抑或不利于被告，法官在原则上皆不得予以引用，方为妥当。"② 也就是说，排除非任意性的自白的根据，一是为了保障案件的真实发现，由于非任意性自白被认为有较大的虚假可能性，因此予以排除有利于发现案件实质真实，避免受不实的证据误导；一是为了保障人权，违背被讯问人自由意志强行获取自白的行为，是对人权的粗暴侵犯，基于保障人权的考虑，通过排除非任意性的自白来遏制非法取证的行为。

什么自白属于任意性自白，不容易作出清晰的正面解释，各国法律一般都从反面，即什么行为属于违反自白任意性的取证行为来加以诠释。违反自白任意性的取证行为主要包括：

（一）暴力

布罗诺斯基《文明的跃升》记述莱斯格罗医生在1620年受到教会用刑拷讯的情形，云：

> 我被带到刑架，绑在上面。我的双腿穿过三板架的两边之间，脚踝系着绳索。将把手向前推，我的双膝的主力顶着两板，把大腿上的腱肉顶得爆裂似的粉碎，膝盖被压破。我的双目直瞪，口吐白沫而呻吟着，牙齿颤抖如鼓手的锤子。我的嘴唇颤栗，没命地喊叫，鲜血自手臂与断裂的腿、膝上溅出。自这痛苦的尖端放下来，我被绑着两手，丢在地板上，我不停地大声喊叫着：

---

① 参见蔡墩铭著：《刑事证据法》，三民书局1979年版，第267页。
② 蔡墩铭、朱石炎著：《刑事诉讼法》，五南图书出版公司1980年版，第112页。

"我招供,我招供!"①

对肉体施加作用力使其产生痛楚的行为,即暴力行为,是最常见的非法取证行为。国际社会明确反对以酷刑方式取证:在联合国1975年12月9日通过的《保护人人不受酷刑和其他残忍、不人道或有辱人格待遇或处罚宣言》中将酷刑取证定义为"政府官员或在他怂恿之下,对一个人故意施加的任何使他在肉体上或精神上极度痛苦或苦难,以从他或者第三者谋取情报或供状……的行为"。联合国1984年12月10日通过的《禁止酷刑和其他残忍、不人道或有辱人格的待遇或处罚公约》第1条也有类似的定义。

在我国古代,刑讯曾是法定的调查取证的方法。"刑讯者,讯问狱囚,在昔并不重视证据,而惟取于口供,于是法官对于狱囚,遂得以榜掠之,而为法之所许;尤其关乎盗命重案,为录口供,视为当然有刑讯之必要,但其结果,善良者或因刑逼,而为诬服,凶恶者或玩刑无供,终得免罪,则又失其平矣。历代对此亦尝有改革,惜皆除恶未尽,过时复张,不可谓非中国法制史上之一污点也。"②刑讯始于何时,已难考定。根据《礼记》的有关记载可以看出,在周朝的诉讼活动中已经存在刑讯。《礼记·月令》中有在仲春之月"毋肆掠,止狱讼"的话。陈顾远先生谓:"此实有近于后世停刑日期,非仲春之月,得以掠治也可知,则刑讯之事,或亦兴于周代乎?惟其详,不可知也。"③

陈顾远指出:"秦汉刑讯不见于法令;或为法官一种淫威,如秦之榜掠是也;或为默认之事实,如贾谊所谓'司寇小吏,詈骂而榜笞之'是也。"④《史记·李斯列传》载李斯及其子李由被诬谋反,赵高一伙对李斯"榜掠千余,不胜痛,自诬服"。值得注意的是,在秦朝,并非禁止刑讯,但以刑讯为下策。秦代《封诊式》中《治狱》和《讯狱》乃是与诉讼有关的内容,内容是对官吏审理案件作出要求,以"毋笞掠"为治狱的上策,意思是不得拷打逼供。具体内容是:"治狱,能以书从迹其言,毋治(笞)谅(掠)⑤而得人请(情)⑥为上;治(笞)谅(掠)为下;有恐为败。""凡讯狱,必先尽听其言而书之,各展其辞,虽智(知)其訑,勿庸辄诘。其辞已尽书而毋(无)解,乃以诘者诘之。诘之有(又)尽听其书其辞解,有(又)视其他毋(无)解者以复诘之。诘之极而数訑,更言不服,其律当治(笞)谅(掠)者,乃治(笞)谅(掠)。治(笞)谅(掠)之必书曰:爰书:以某数更言,毋(无)解

---

① 转引自柏杨:《我们需要沉思》,载柏杨著:《牛仔裤和长头发》,花城出版社1989年版,第6页。
② 陈顾远著:《中国法制史》,转引自北京政法学院诉讼法教研室编辑:《刑事诉讼法参考资料》(第一辑下册),北京政法学院诉讼法教研室1980年印制,第362页。
③ 同上书,第353页。
④ 同上书,第366页。
⑤ 意思是"问"。
⑥ 意思是"情实"。

辞,治(笞)讯某。①

汉代刑讯也颇普遍和严重,《后汉书·章帝本纪》有"钻鑽之属,惨苦无极"的记载。汉景帝中六年(公元144年)发布诏令规定,笞长五尺,其本大一寸,其竹也末薄本寸,皆平其节。② 陈顾远认为:"至于汉景帝箠令之设,原为笞罪之刑具,非为拷问之设;吏滥用之,非本意也。"③

到了南北朝以后,刑讯进一步制度化了,法律中不但明确确认了这种方法,而且明确规定了刑讯的对象、条件、工具、规则等。拷问的对象通常为被告人,但对原告人、证人也允许拷问。刑讯的条件一般是,存在一定的证据而被告人不供或者所犯罪行比较严重。

在南北朝,"梁首立测罚之制,测罚者,测度其情节以施之罚,使之据实招供;故囚人之不服罪者,断其食,三日听家人进粥二升,一百五十刻乃与粥,满千刻止,逼之使招。陈,凡赃验昭然而不款服者,则加以立测之罚,容囚于垛,鞭笞械杻兼施,最终不承者免死。北魏,理官鞫囚,杖限五十,然有司欲免之则以细捶,欲陷之则先大杖,民多不胜而诬引,或绝命于杖下;献文帝为之立制,捶用荆,平其节,讯囚者其本大三分,杖背者二分,挞胫者一分,拷悉依令,皆从轻简。至于枷之为用,原本掌囚,而法吏亦多为重枷,刑讯囚人。甚以缰石系于囚颈,伤肉至骨,勒以诬服,太武帝尝下令禁止之"。北齐、北周等也都各有严酷的刑讯之制,如"北周之末,拷问益严,捶楚之外,并有霹雳车,以威妇人"④。

隋朝仍然大施刑讯,"楚毒备至,多所诬服;虽文致于法,而每有枉滥,莫能自理,遂尽除苛惨之法。但仍以常刑讯囚,数不过二百,且不许易人行刑"⑤。

根据《唐律》规定,审判官认为需要进行刑讯时,需要经过"立案",由所在长官共同审讯。刑讯的工具通常是杖,其规格有固定的要求。拷打的部位一般限于腿、臀和背。南北朝和隋朝以后,刑讯形成了一些特定规则,如《唐律》规定:"诸应讯囚者,必先以情审察辞理,反复参验,犹未能决,事须讯问者,立案同判,然后拷讯。违者杖六十"。又规定:"诸拷囚不得过三度,数总不得过二百。杖罪以下不得过所犯之数。拷满不承,取保放之。"即拷讯不得超过三次,每次相隔20天;总数不得超过200。如果属于依法拷讯而造成意外死亡的,审判官不承担责任。拷讯已达法定数限仍不承认的,取保释放。不仅如此,"诸拷囚限满不首者,反拷告人。其被杀被盗及家人亲属告者,不反拷。被水火损败者亦同。

---

① 北京政法学院诉讼法教研室编辑:《刑事诉讼法参考资料》(第一辑下册),北京政法学院诉讼法教研室1980年印制,第238—239页。
② 引自《汉书·刑法志》。
③ 陈顾远著:《中国法制史》,转引自北京政法学院诉讼法教研室编辑:《刑事诉讼法参考资料》(第一辑下册),北京政法学院诉讼法教研室1980年印制,第367页。
④ 同上。
⑤ 同上。

拷满不首，取保并放。违者以故失论"。即拷打被告人满了法定数额后，反过来拷打原告人，但被杀被盗案件以及被水决火烧案件中的家人及亲属例外。另外，《唐律》规定："诸应议、请、减，若年七十以上，十五以下，及废疾者，并不合拷讯，借据众证定罪。"对于上述这些人也不能进行刑讯。"然既重口供，不废刑讯，酷吏遂不免毳弁法律，求其速决，恶风既长，亦莫由禁止矣。"①及至高宗，特别是武后称帝，任用酷吏，滥施酷刑，更变本加厉。

宋太宗时几废讯刑，如《文献通考·刑考》谓："太平兴国六年诏：自今系囚如证左明白而捍拒不伏合讯掠者，集官署同讯问之，勿令胥吏拷次。"②但后世并未继续奉行，刑讯遂得以延续，直至明清，仍在板起杖落进行刑讯。

刑讯是一种野蛮、落后的审判方式，无论合法还是非法的刑讯，都会造成严重后果，古代刑讯是大量冤错案件的来源，再加上法外用刑，造成了无数人间惨剧。

清末变法，才将刑讯废止，并规定只有死罪仍须取得输服供词，其他案件一律依证据定谳，不必获取口供。

我国现行《刑事诉讼法》既未规定自白任意性规则，也无反对强迫自证其罪特权。尽管法律明文规定"严禁刑讯逼供"，但在程序性保障不健全的情况下，这样的规定有时成为一纸空文：

> 1991年春节，河南省周口市鹿邑县杨湖口乡发生了十多起入室抢劫案。由于歹徒均为乘夜色蒙面作案，被害人提供不了有价值的线索。侦破工作陷入僵局，警方压力很大。1992年3月，本乡小桥村村民卫某在同阎胥庄农民胥敬祥喝酒时，偶尔发现他穿着一件绿色毛背心。毛背心左肩上有一处编织错了的树叶。卫某也有一件绿色的毛背心，左肩上也有一处织错了的树叶。因为嫌窄，他已还给了为他纺织背心的妻妹梁某。梁某恰恰就是这十多起抢劫案的受害者之一。当时，几名蒙面歹徒持械闯入梁家，抢走现金560元、自行车一辆、绿毛背心一件。接到报案后，鹿邑县公安局刑警队于4月1日将胥敬祥刑事拘留。对于抢劫案，胥敬祥断言自己毫不知情。有绿色毛背心在案，警方当然不相信他的辩解。在刑警队里关了几天几夜后，胥敬祥招供了。他承认与梁小龙及梁小龙带来的青龙、黑龙、绿龙等人，先后8次蒙面入室实施了抢劫。而且，从讯问笔录上看，他对每个人的长相特征，都说得一清二楚。胥敬祥后来揭露说："我被抓的第二天晚上，公安局的几个人将我捆绑住，先用棍子把我的脚打烂，后来用穿着皮鞋的脚踩我

---

① 陈顾远著：《中国法制史》，转引自北京政法学院诉讼法教研室编辑：《刑事诉讼法参考资料》（第一辑下册），北京政法学院诉讼法教研室1980年印制，第368页。

② 转引自杨鸿烈著：《中国法律思想史》，上海书店1984年版，第166—167页。

的脚踝骨,我疼得昏死过去。他们折磨我三天三夜,还用烧化的塑料布往我的身上滴,滴到我的背上、屁股上,疼得钻心……"13年后胥敬祥右脚踝骨仍然畸形,留下残疾。"最后,我被打得开始胡说了。我以前跟梁小龙的哥哥做过生意,知道他抢劫过人家,批捕在逃。他(民警)说我跟梁小龙合伙抢劫的,我俩都5年没见过面了,怎么会呢?他们开始残忍地折磨我,于是我不得不承认了。"经胥敬祥辨认,在十几份讯问笔录中,只有一个是他的签字。他还说,"指印是他们拿着我的手按的,他拉着我的手,你不按也得按。"

1992年4月13日,胥敬祥被鹿邑县检察院批准逮捕。胥敬祥招供后,案件交由鹿邑县公安局预审股审理。很快,警方将此案移送县检察院审查起诉。8月16日,检察院审查后认为,认定胥敬祥抢劫李素贞的证据不足,退回补充侦查。1992年年底,警方从山东抓获了胥敬祥供出的同案犯梁小龙。但他否认与胥敬祥一起抢劫,更不知道所谓的青龙、黑龙和绿龙是何等人物,称案发时自己在山东济宁打工。梁的辩解经查证属实,揭示胥敬祥的供述存在漏洞。但1996年12月鹿邑县检察院仍以胥敬祥涉嫌抢劫罪、盗窃罪,向县法院提起公诉。

1997年正月初一,胥敬祥在狱中给审判长写了一封长达数千言的自诉答辩书,哭诉自己的经历:"我是被冤枉的,口供是在严刑拷打下编造的,指纹是被人按着手按上去的。1991年春节后,我与同村两个人一起在山东打工,到6月份才回到鹿邑,根本没有作案的时间。而且,家里搜出来的旧衣服是在集会上买的,同村人胥祖国可以作证。"

1997年2月28日,鹿邑县法院庭审时,胥敬祥再次鸣冤,胥的辩护律师也当庭指出案件的司法程序严重违法,超期羁押被告人近5年时间,可至今犯罪同伙不能确认。7天后,法院一审判决认定胥敬祥构成抢劫罪、盗窃罪,判处其有期徒刑16年。对这个结果,胥敬祥没有上诉。随后他被送到河南省第一监狱服刑。

1997年10月,河南省人民检察院对胥敬祥一案的全部卷宗材料进行审查。审查结果让人备感震惊!主办此案的河南省人民检察院公诉处检察官发现,所有指控胥敬祥犯罪的证据均不成立。指控其8起入室抢劫的事实,绝大多数存在时间错误、对象错误、事实错误、供证互相矛盾、无作案凶器、无犯罪同伙、无人证物证、无赃物等种种离奇情况。

胥敬祥被捕之后多次申辩,称那件绿毛背心是与同乡胥祖国在集市上买的,有其同村村民胥祖国作证,但未见胥祖国的证词在卷。此外,从胥敬祥家搜出的五十多件衣物中,经过被害人辨认并归还被害人的只有一件女上衣、一双手套、两条毛巾、两枝圆珠笔、三块手绢,这些东西随处可以买到。

在辨认这些赃物的时候,警方采取的是直面辨认的方法,不符合辨认程序。

2001年3月,河南省人民检察院指令周口市人民检察院对胥敬祥案向周口中级人民法院提出抗诉。5月27日,周口市人民检察院向周口市中级人民法院提出抗诉,认为有关证据自相矛盾,胥敬祥案一审判决实属错判。周口市中级人民法院指令鹿邑县人民法院重新审理。2002年4月16日,鹿邑县人民法院审理后裁定,维持原判决。胥敬祥随即提起了上诉。河南省人民检察院也迅速通知周口市人民检察院再次抗诉。2003年3月25日,周口市中级人民法院对此案作出二审裁定,维持原判决。2003年5月12日,河南省人民检察院依法向河南省高级人民法院提起抗诉。2004年6月16日,河南省高级人民法院对胥敬祥一案公开开庭审理。2005年3月15日,被关押13年后,胥敬祥最终获得释放。

我国学者一般认为,要彻底遏制刑讯逼供,需要建立起一整套程序性保障规定。由于自白任意性规则与反对强迫自证其罪规则在保障人权和发现事实真相方面的重要功能,许多人建议在我国刑事诉讼法律制度中引进、确立这两项重要的保障人权的诉讼制度。

(二) 胁迫

胁迫是施加于精神上的暴力,其方式是以一定的不利益相威胁,使其产生恐惧感,如令其看别人受刑甚至将其带往刑场看别人被处决,造成心理恐惧,进而获取口供。实施精神上暴力的方法很多,有些做法像肉体暴力一样令人发指,甚至尤有过之,如苏联内务人民委员部人员在审讯C.柯秀尔时所做的那样:"C.柯秀尔的妻子告诉阿里哈诺娃,柯秀尔坚决拒绝做假交待,他的刽子手们把柯秀尔的十六岁的女儿带到审讯室,当着父亲的面把他的女儿强奸了。此后柯秀尔就在所有'交待'上签了字,可是他的女儿被放出来以后卧轨自杀了。"① 这种发生在20世纪"文明社会"的野蛮行径是留给后人的什么样的精神遗产?

(三) 利诱

许诺给予一定利益,诱其进行特定行为,谓之"利诱"。以法律不允许的利益相许诺,换取被讯问者以自白进行交换,是典型的非法取供行为。也有学者认为,凡以一定利益诱使被告为不利于己之陈述皆属于"利诱","至其方法及利益之内容暨曾否给予,利诱者是否有权给予,均非所问。"②

(四) 欺骗

以虚构事实或者隐瞒真相的方式套取被讯问者的自白。欺骗导致自白不可采的条件是该欺骗行为使被讯问人误信为真实。虽然采取了欺骗方法,但已为

---

① 〔苏〕罗·亚·麦德维杰夫著:《让历史来审判》,赵洵林译,人民出版社1980年版,第422页。
② 陈朴生著:《刑事证据法》,三民书局1979年版,第269页。

被讯问者洞察,在此种情况下被讯问者进行不利于己之陈述,该陈述仍可以被认为"任意性"自白而被采纳。欺骗的不当取证行为与合法的讯问谋略,有时颇难划清界限,如对于嫌疑人称已获得证明其有罪的有力证据、对于共同犯罪的嫌疑人诈称其同伙已经招供,一般不被认为影响自白的任意性。因此,对于何为损害自白任意性的欺骗,需要仔细斟酌,以确定是否允许采纳该行为所取得的自白。

(五) 违法羁押

违反刑事诉讼法有关羁押的规定,并在此种羁押中获取被讯问者的自白。"违法羁押"包括:无羁押的合法理由而进行的羁押;没有合法手续(如拘留证、逮捕证等)进行的羁押;未经讯问进行的羁押;未办理延长手续而继续进行的羁押;超过法定期限的羁押等等。对于违法羁押缘何影响自白的证据能力,有学者解释说:"违法羁押既已侵害被告身体自由,有违人权保障之道,是在违法羁押存在之情况下,其所为之自白,不应认为其具有证据能力"①。

(六) 其他不正当方法

麻醉、冻饿、日晒、干渴、强光照射、困倦疲劳等,均属不正当的方法。上述具有"拷问"性质的强迫方法,有论者认为应归入"强暴"一类,如台湾蔡墩铭教授认为,"拷问"属于"强暴之一种","故如令其长时间立正不动,剥去其全身衣服,疲劳讯问、不眠讯问,以强烈光线直射其面部,均属强暴,并不以使用暴力为必要"②。对于麻醉讯问法,有学者认为,为尊重被告人的权利,使其内心维持不受干扰的状态,侦查机关不能对于被讯问人轻易实行麻醉方法,以松懈其意志,使其在失去自控力的情况下进行陈述,因此,尽管麻醉分析讯问法在刑事侦查中具有不可忽视的价值,使用这一方法取得的自白将被认为不具有证据能力。不过,如果被讯问人事先同意接受这一讯问方法,由此取得不利于被讯问人的自白,可以被认为有证据能力。③

上述不正当行为获取的自白,被认为是非任意性自白而不能作为证据使用。需要注意的是,该规则的适用条件是,不正当行为的讯问行为应与自白的取得具有因果关系。另外,自白的任意性并不意味着该自白出于被讯问人自动提供,在讯问者的劝说下被讯问人进行的陈述,仍然属于任意性自白。

在19世纪以后,受到法兰西大革命保障人权思想的影响,人们对自白的证据价值大为怀疑,任意性为自白可采性的基本条件这一认识,成为英美国家和大陆国家的共识。在刑事诉讼中要有效遏制刑讯逼供行为,保障犯罪嫌疑人、被告人的基本人权,需要在刑事诉讼法中确立自白任意性规则。许多国家的刑事诉

---

① 蔡墩铭、朱石炎著:《刑事诉讼法》,五南图书出版公司1980年版,第114页。
② 陈朴生著:《刑事证据法》,三民书局1979年版,第269页。
③ 蔡墩铭、朱石炎著:《刑事诉讼法》,五南图书出版公司1980年版,第121页。

讼法确立了这一规则,例如:

《日本刑事诉讼法典》第319条第1款规定:"出于强制、拷问或胁迫的自白,经过不适当的长期扣留或拘禁后的自白,及其他可以怀疑为并非出于自由意志的自白,不得作为证据。"

《德国刑事诉讼法典》第136条a[禁止的讯问方法]规定:"(一)对被指控人决定和确认自己意志自由,不允许用虐待、疲劳战术、伤害身体、服用药物、折磨、欺诈或者催眠等方法予以侵犯。只允许在刑事诉讼法准许的范围内实施强制。禁止以刑事诉讼法的不准许的措施相威胁,禁止以法律没有的利益相许诺。""(二)有损被指控人记忆力、理解力的措施,禁止使用。""(三)第一、二款的禁止规定,不顾及被指控人承诺[①],必须适用。对违反这些禁令所获得的陈述,即使被指控同意,也不允许使用。"

自白任意性规则与反对强迫自证其罪规则本来历史沿革、原理、功效、内容不尽相同,但近年来,由于自白任意性规则与反对强迫自证其罪的规则强调的重点相接近,自白任意性规则被许多人视为反对强迫自证其罪的保障性规则。正如台湾学者田正恒所言,"惟近年来,由于自白法则已向'证据禁止'之范围发展(从虚伪自白之排除至违法自白之排除),两者间原理上差异逐渐趋于消失。在此状况下,从实际效果方面而言,沉默权与自白法则,已益行接近,毋宁说两者有迈向合一化之趋势。"[②]

三、补强证据规则

用证据来加强或者支持其他证据也曾揭示的某些事实,谓之"补强"(corroboration)。如果甲证据证明事实A,乙证据也证明事实A,两项都可以被采纳,"补强"就产生了。[③] 显然,这种补强的效果,是通过不同证据所含证据内容之相互印证来达到的。补强证据规则涉及两种证据之间的关系:一是主证据;二是用以增强或者担保主要证据的证明力之证据,为补强证据。

补强证据规则是为了防止误认案件事实,要求以其他证据证实某一证明力薄弱的证据,否则不可将该证据作为定案根据的规则。陈朴生指出:"补强规则,为数量规则之一。数量规则,乃认某种证据,存有弱点须与他证据合并提出之规则,如主要之待证事实,须有二人以上之证人或某种供述证据,须依其他证据补强之,藉以担保其真实性。"[④]

---

① 指被指控人同意甚至要求采用禁止使用的方法。
② 田正恒:《刑事被告人之沉默权》,载台湾《法令月刊》第39卷第2期,第39—41页。
③ Simon Cooper, Peter Murphy, John Beaumont, *Cases and Materials on Evidence*, Blackstone Press Limited, 1997, p.214.
④ 陈朴生著:《刑事证据法》,三民书局1979年版,第534页。

补强证据的一般规则是：

1. **补强证据应有独立来源**，即补强证据应当有与主证据不同的来源，能够与主证据做实质性分离，不能由主证据产生，否则无法起到增强或者担保主证据证明力的作用，例如，"自白不能由提供该自白的同一个人的先前或者后来的承认（admission）加以补强，即使那是完全分离和独立的"①；

2. **补强证据与主证据应有共同的证明对象**，如被害人报案时所做的陈述与被告人的供述都具有证明案件实体法事实的作用；

3. **补强证据应当能够与主证据相互印证**，如无法印证，当然不能具有增强或者担保主要证据的证明力的功能。

　　按照一些国家补强证据规则的规定，需要予以补强的主证据一般为言词证据，特别是被告人口供，在美国，"许多司法辖区都不允许仅凭被告人自白来给他定罪，需要由其他证据加以'补强'"②。乔恩·R.华尔兹指出："作为证明有罪之供述的可信性总是法院正常怀疑的对象。这已经引起一些保护程序，从犯罪调查者的立场出发，最重要的保障措施是要构成对被告人供述的某种助证。"③在我国刑事诉讼法中，人们通常认为如下规定即为有关补强证据的规定：只有被告人口供而没有其他证据的，不得认定被告人有罪。认定被告人有罪，需要具备其他证据（补强证据）。也就是说，即使存在着具有任意性和证明力的证据，如果没有补强证据，仍然不能认定被告人有罪。显然，补强证据规则适用于补强被告人口供，因此，"补强规则具有避免偏重于自白、防止误判、间接防止强制自白等的意义"④。

　　除被告人口供外，尚有其他言词证据有必要补强，主要有两种情形：一是证明力薄弱的证据，这类证据包括不经宣誓的儿童证言、共犯的供述、性犯罪中女性被害人的陈述等，后者如有论者指出的，"对于某些或者所有的性犯罪都不能基于没有补强的控告人（被害人）的证言而被裁判有罪"⑤；**二是重大犯罪或特殊犯罪案件中的主证据。**⑥ 在英国，制定法规定某些案件在判决有罪之前需要有补强证据，如按照1911年《伪证法》第13条的规定，仅一名证人作证说某一证词是谎言，不能认定伪证罪或者收买证人作伪证罪，需要其他证据加以补强；又

---

① Paul F. Rothstein，*Fvidence in a Nutshell：State and Federal Rules*，West Publishing Co.，1981，p.293.

② Ibid.，p.292.

③ 〔美〕乔恩·R.华尔兹著：《刑事证据大全》，何家弘等译，中国人民公安大学出版社1993年版，第280页。

④ 〔日〕石井一正著：《日本实用刑事证据法》，陈浩然译，五南出版公司1990年版，第310页。

⑤ Paul F. Rothstein，*Evidence in a Nutshell：State and Federal Rules*，West Publishing Co.，1981，p.293.

⑥ 陈朴生著：《刑事证据法》，三民书局1979年版，第534页。

如1984年《公路行驶管理法》第89(2)条规定:仅依靠一名证人认为被告人超速,不能判被告人有罪。另外,"其他案件中,作为一个实践惯例,法官要提醒陪审团,仅依靠某一个证人的证据来判有罪是危险的,除非得到补强。"这类提醒也曾经适用于儿童、同伙以及性犯罪中被害人作为证人的案件。①

对于补强证据规则,存在批评的声音。理查德·梅指出:在英国,"补强证据的规则过去导致了有关法律的高度复杂和给陪审团指示的复杂、难懂。它被描述为'古旧、技术性、难于运用'。因此,这些规则后来被废除"。废除补强证据规则分几步来完成:一是废除了警告陪审团对于儿童证据需要补强的要求,二是通过1988年《刑事审判法》(修正)第34(2)条进一步废除补强证据规则的法律规定,1991年法律委员会在"刑事审判中的补强证据"报告里以死板、复杂、导致不正常为理由建议取消警告陪审团关于补强证据的做法,1994年《刑事审判与公共秩序法》废除了在同伙以及性犯罪中被害人作为证人的案件就补强证据进行提醒的做法,此后,由法官根据案件具体情况决定是否发出警告以及发出什么警告,发出警告前应有证据表明证人的证言不可靠的说法。废除补强证据规则的效果是,儿童、同伙、性犯罪中被害人将被当做一般证人对待。例如,一个同伙可能没有撒谎的动机,这就没有发出警告的必要;在性犯罪案件中是否发出警告,属于法官自由裁量的范围。但是,并非对于所有的证据来说补强证据规则都是多余的,例如,对于儿童的证言,英国上诉法院就认为,如果幼童在证人席上表现出健忘的特征、不可靠或者确实可能受到其他影响,警告也许就是必要的。理查德·梅也说:"正确的警告可以是请陪审团小心看待儿童的证言;在决定是否接受它时,要考虑它是否与案件里其他证据吻合,及是否有其他证据支持。不过,警告的性质取决于案件具体情况。"②

由此可见,英美法中证据规则不但复杂,而且不是一成不变的。有人称证据法是变动不居的,补强证据规则在英国的变化印证了这一说法。

第四节 供述义务

我国现行《刑事诉讼法》第50条以明确清晰、不容置疑的语言规定"严禁刑讯逼供和以威胁、引诱、欺骗以及其他非法的方法收集证据",同时规定"不得强迫任何人证实自己有罪"。但没有确立自白任意性规则,也没有从反对强迫自证其罪的规定中引申赋予犯罪嫌疑人、被告人沉默权,相反,在第118条第1款中规定犯罪嫌疑人对与案件有关的问题承担供述义务,该条规定:"侦查人员在

---

① 〔英〕理查德·梅著:《刑事证据》,王丽、李贵方等译,法律出版社2007年版,第471页。
② 同上书,第470页。

讯问犯罪嫌疑人的时候应当首先讯问犯罪嫌疑人是否有犯罪行为，让他陈述有罪的情节或者无罪的辩解，然后向他提出问题。犯罪嫌疑人对侦查人员的提问，应当如实回答。但对与本案无关的问题，有拒绝回答的权利。"不仅如此，尽管法律并没有规定对于检察人员、审判人员的提问要如实回答，但实践中毫无疑问，"在起诉、审判阶段，被告人对检察、审判人员的讯问，也应当如实回答"①。

《刑事诉讼法》第 118 条第 1 款就是**供述义务的规定**，其含义是犯罪嫌疑人、被告人对于侦查人员、检察人员、审判人员的讯问应当如实供认罪行，提供自己能提供的证据或者证据线索。法律规定供述义务的理由在于：

供述义务的规定体现了我国刑事诉讼注重发现案件的客观真实。犯罪嫌疑人、被告人的陈述有其客观的价值，"被告人有无犯罪，事实之经过如何，本人最为清楚"②，因此犯罪嫌疑人、被告人如实陈述，对于查清案件事实，尤其是犯罪预备、犯罪过程中的细节、行为人的主观心理状态等不易为外界知晓的事实，以及尚未为追诉、审判机关所掌握的其他事实和证据，有着不可取代的作用。在法律中规定如实陈述义务，体现了对犯罪嫌疑人、被告人供述在查明案件事实方面具有的证据价值的重视，体现了秩序、安全、控制犯罪至上的价值取向。

供述义务的规定与我国惩罚、改造犯罪人的刑事政策相贯通。犯罪人的改造首先是主观方面的改造，即先要有悔改之意，如实供述即其表现，它也是教育、改造犯罪人的第一步，"坦白从宽，抗拒从严"的刑事政策表明我国在诉讼结构设计中不强调诉讼的对抗性，它培植的是被追诉的人对追诉方的驯顺气氛。

供述义务的规定体现了对诉讼效率的追求。犯罪嫌疑人如实陈述，对于破积案、查隐案、迅速推进诉讼进程意义重大，得到这样的证据远比收集口供以外的证据节省人力、物力和财力，其效果往往也颇佳，因此在实践中诉讼的重心工作常常被置于收集口供上。

总之，供述义务建立在如下认识之上："对有罪者要求他如实供认罪行，提供自己能提供的证据，既有利于司法机关及时、准确地查明案情，正确处理案件，也使罪犯本人能获得从宽处理，并在认罪的基础上加速改造；对无罪者，要求他如实陈述无罪的事实，有利于司法机关迅速查明案情，查获真正的犯罪分子，也可使他从刑事追诉中尽早解脱。因此，这一规定既有利于与犯罪作斗争，也有利于保护被告人（无论他有罪或无罪）的合法权益，亦即有利于刑事诉讼直接目的的实现。"③这一认识长期主导我们对于供述义务的看法。

一般认为，我国法律中关于供述义务的规定显然与反对自证其罪的国际准

---

① 严端：《论被告人口供》，载蔡墩铭主编：《两岸比较刑事诉讼法学》，五南图书出版公司 1996 年版，第 101 页。
② 蔡墩铭主编：《两岸比较刑事诉讼法学》，五南图书出版公司 1996 年版，第 58 页。
③ 同上书，第 101—102 页。

则存在冲突,这一义务要求犯罪嫌疑人、被告人对于与案件有关的事实,只能如实陈述,不能诉诸自由意志的选择,从而否定了自白的任意性,也与沉默权、拒绝供述权相拒斥。如今我国《刑事诉讼法》已经确立反对强迫自证其罪的规则,承认犯罪嫌疑人、被告人得以依自己的自由意志选择供述或者拒绝供述,却仍然保留了供述义务的规定,对此许多学者认为有自相矛盾之嫌。就此全国人大常委会法制工作委员会副主任郎胜解释说:不得强迫任何人证实自己有罪"对司法机关是一个刚性的、严格的要求","至于规定犯罪嫌疑人应当如实回答是从另外一个层面,从另外一个角度规定的。就是说,我们的《刑法》规定,如果犯罪嫌疑人如实回答了问题,交代了自己的罪行,可以得到从宽处理。《刑事诉讼法》作为一部程序法,要落实这样一个规定,它要求犯罪嫌疑人如果你要回答问题的话,你就应当如实回答,如果你如实回答,你就会得到从宽处理。这是从两个角度来规定的,并不矛盾。"①此种说法逻辑上存在疑问,既然是为了鼓励犯罪嫌疑人如实交代自己的罪行,完全不必以义务的形式强制其如实供述,只要规定犯罪嫌疑人如实供述自己的罪行可以得到从宽处理即可,《刑事诉讼法》第118条第1款是一种无可选择的强制规定,怎么也不像落实《刑法》规定而作出的相应程序性规定。

实际上,一些国家确实存在一方面给予被告人选择沉默或者陈述的权利,另一方面在被告人选择陈述的时候要求其如实陈述(如在法庭上被告人以辩方证人作证时被要求宣誓)。国外有不少论者不承认被告人在刑事诉讼中有虚伪陈述的权利。但是,论者所持理由有所不同:一种观点认为各诉讼主体参与刑事诉讼应当负有真实义务,被告人有拒绝陈述的权利,但是,一旦选择陈述,就应当据实陈述不得说谎,当然,司法机关不能以强制手段迫使其履行真实陈述义务。另一种观点认为,被告人并没有真实陈述的法定义务,诉讼中难免发生依说谎而进行防御的行为,只是法律上不承认其享有说谎的权利而已。

因此,**对于我国《刑事诉讼法》中既规定不被强迫自证其罪又规定供述义务,可以理解为犯罪嫌疑人、被告人可以凭自由意志决定是否陈述,对于其选择的陈述,法律上不承认其拥有虚伪陈述的权利,但犯罪嫌疑人、被告人进行虚伪陈述,只不过可能失去从宽处理的机会而已,法律并无因其虚伪陈述而对其处罚的规定。**

第五节 犯罪嫌疑人、被告人的供述和辩解的证据价值

犯罪嫌疑人、被告人可以分为两类:一是有证据足以确定其犯罪者;一是仅

---

① 国际在线专稿:《郎胜:不得强迫自证其罪和要求如实供述不矛盾》,2012年3月8日,gb.cri.cn,访问时间2014年4月23日。

有犯罪嫌疑,其罪行尚未得到确定者。犯罪嫌疑人、被告人的供述和辩解有以下功能:

一、印证功能

犯罪嫌疑人、被告人的供述和辩解可以与案件中的其他证据相互印证,从而得以确认案件事实。对于第一类犯罪嫌疑人、被告人——当其被抓获时,已经收集到证明其犯罪的较为充足的证据,其供述起到的是印证作用;此外,被告人已被起诉并在法庭上作出陈述时,其供述起到的也是印证作用。犯罪嫌疑人、被告人的供述和辩解可以被用于与同案其他犯罪嫌疑人、被告人的供述和辩解相对照,以确定这些供述和辩解之间是否存在矛盾,寻找矛盾产生的原因,必要时还应当进一步收集证据,排除矛盾。犯罪嫌疑人、被告人的供述和辩解还可以被用于与案件中证人证言、物证、书证、鉴定意见等证据相互印证,达到甄别真伪,确认案件事实真相的目的。

二、引导功能

犯罪嫌疑人、被告人的供述和辩解引导出为侦诉机关和审判机关尚未掌握的新事实和新证据——当犯罪嫌疑人被抓获时或者被告人被起诉后尚未收集到证明其犯罪的充分证据或者需要借犯罪嫌疑人、被告人的供述侦破积案、发现隐案时,犯罪嫌疑人、被告人的供述便通常发挥着引导作用。这一作用的发挥,有利于公安司法机关迅速查明案件事实,收集必要证据,推进诉讼进程,提高办案效率。犯罪嫌疑人、被告人的检举、揭发,有利于公安司法机关及时掌握其他犯罪嫌疑人、被告人的犯罪事实和有关证据,对于全面查明案件情况,掌握各犯罪人在犯罪过程中的地位、实际作用和各自罪行起到促进作用。

三、兼听功能

兼听则明,偏信则暗。**公安司法人员在办案中听取被害方(或者控诉方)意见、收集被害人陈述作为意见的同时,还应当听取犯罪嫌疑人、被告人的辩解,以便全面了解案情,及时发现和纠正办案中出现的偏差。**公安机关和人民检察院应当坚持客观立场,对不利于和有利于犯罪嫌疑人的证据一律加以注意,不能只收集不利于犯罪嫌疑人、被告人的证据,而对于其无罪或者罪轻的辩解视而不见。只有这样才能对案件作出公正的处理。人民法院作为中立的裁判机关,更应认真听取被告人的辩解,在确认其辩解为真实的情况下,作出公允的裁决。在诉讼过程中,犯罪嫌疑人、被告人的辩解有利于消除公安司法人员的主观臆断,有利于其公正处理案件。

第六章 鉴定意见

> 我坚持的原则是,刑事科学是不能被金钱收买的。
>
> ——李昌钰

第一节 总 说

公安司法机关或者当事人就案件中的专门性问题,指派或聘请具有专门知识的人进行鉴定后提出的结论性意见,谓之"鉴定意见"。"鉴定意见"旧称"鉴定结论",由于称"结论"容易误导人们以为这是最后一种权威判断,忽略它不过是证据的一种,是否采纳为定案的依据还需要经过检验确认,因此,为将"鉴定结论"拉下"神坛",如今改称"鉴定意见"。

这里所谓"专门性问题"是指:(1) 属于案件证明对象范围内的事实;(2) 需要专门知识和技能或者借助特定技术设备才能认识或说明的问题;(3) 不是公安司法人员可以直接作出肯定或否定回答的常识性问题或一般性法律问题;(4) 该问题的正式说明和认定权限被赋予特定机构或者个人。这些问题主要包括:属于科学、技术或者艺术领域的专门问题;涉及国家或者行业标准的专门问题;国家授权给某些机构使之有排他性认定资格的专门问题。①

所谓"有专门知识的人"原本指的是鉴定人,公安司法机关要解决案件中的专门性问题,或者指派本机关内的鉴定人员进行鉴定,或者聘请本机关以外的有专门知识的人员进行鉴定。在司法实践中,也存在当事人就案件中的专门性问题聘请鉴定人进行鉴定的情况,由此形成的意见经过审查核实也可以用作定案的根据。不过,2012年《刑事诉讼法》将"有专门知识的人"单列出来,成为诉讼中具有独立诉讼地位的主体。《刑事诉讼法》第192条第2款规定:"公诉人、当事人和辩护人、诉讼代理人可以申请法庭通知有专门知识的人出庭,就鉴定人作出的鉴定意见提出意见。"该条第4款规定:"第2款规定的有专门知识的人出庭,适用鉴定人的有关规定。"最高人民法院《解释》、最高人民检察院《规则》也就有专门知识的人作出了相应规定。

同样,我国民事诉讼中也存在鉴定人以外其他"有专门知识的人"参与诉

---

① 陈光中主编:《中华人民共和国刑事证据法专家拟制稿》,中国法制出版社2004年版,第277页。

讼,他们既非证人也非鉴定人,其角色类似于一些国家诉讼中的专家辅助人。《民事诉讼法》第79条规定:"当事人可以申请人民法院通知有专门知识的人出庭,就鉴定人作出的鉴定意见或者专业问题提出意见。"此前最高人民法院《关于民事诉讼证据的若干规定》第61条对于这些专家辅助人的产生和在诉讼中的作用作出了规定:

1. 专家辅助人的产生:当事人向法院提出申请,法院准许该申请后,专家辅助人可以参与庭审活动。每一个当事人申请的专家辅助人的人数不得超过2人。专家辅助人的费用,由提出申请的当事人承担。

2. 专家辅助人的作用:"有专门知识的人"经法院准许申请后出庭,就案件的专门性问题进行说明。审判人员和当事人可以对出庭的具有专门知识的人员进行询问。经人民法院准许,可以由当事人各自申请的具有专门知识的人员就有关案件中的问题进行对质。具有专门知识的人员可以对鉴定人进行询问。

从上述规定看,"有专门知识的人"在审判中承担的功能与一些国家"专家证人"(expert witness)的角色相似,不过,无论《刑事诉讼法》《民事诉讼法》,还是最高人民法院、最高人民检察院的司法解释都没有厘清专家证人与专家辅助人应有的差异,"有专门知识的人"究竟归属于什么诉讼角色也显得模糊不清。专家辅助人扮演的角色主要是辅助性质的,如帮助当事人对涉及专门知识的问题进行分析、判断,解读对方提出的书面鉴定意见并指出存在的问题,倾听鉴定人(或者专家证人)的口头陈述并发现疑点和漏洞,协助本方当事人进行质证。如果"有专门知识的人"就某一特定问题提出自己的意见证据,他实际上扮演的就是专家证人而不仅仅是专家辅助人了。

鉴定意见和证人证言同属于言词证据。在一些国家,根据专门知识进行鉴定的人属于证人的一种,即属于专家证人中的一部分①,其专家意见属于"意见证据"(opinion evidence)。在我国,鉴定意见和证人证言属于各自不同的证据种类,界限分明。

鉴定意见是独立的诉讼种类,有着自身特点,主要包括:

一、鉴定意见是一种运用专门知识和技能进行的判断,属于意见证据

鉴定意见是一种意见证据,即鉴定人就有关专门性问题进行检验、鉴别形成的一种判断意见。在一些国家,鉴定人等就专门性问题提出意见的专家被称为"专家证人","专家证人"又称为"意见证人",其原因就在于此。这一特点使鉴定意见与证人证言被区别开来,后者是证人就其所知道的案件事实情况所作的陈述,属于对事实的描述,而不是根据一定的专业知识、技能进行的专门判断。

---

① "专家证人"的范围远大于我国所谓"鉴定人"的范围。

二、鉴定人由公安司法机关或者当事人指派或聘请产生

鉴定人的产生方式有两种：一是公安司法机关或者当事人指派或者聘请，公安司法机关既可以主动指派或者聘请鉴定人，也可以基于当事人的申请而指派或者聘请鉴定人；二是当事人自行聘请鉴定人。公安司法机关或者当事人指派或者聘请何人进行鉴定，具有可选择性，即鉴定人员具有人身的可代替性。这与证人不同，尽管在对同一事实存在大量知情人的情况下，公安司法机关或者当事人也可以选择提出谁作为证人，但选择范围只能是感知了有关案件事实而不必进行专门判断的人，从这个意义上看，证人具有人身不可替代性。

三、鉴定意见是在案件发生后形成的

鉴定意见是在案件发生后形成的，案件发生后，基于决定是否启动诉讼程序或者确定在诉讼过程中新发现问题的需要，而指派或者聘请鉴定人对涉及的专门性问题进行鉴定而形成鉴定意见。这一特点使该证据与证人证言有所区别：证人通常是在犯罪事实发生过程中或者发生前后了解有关事实情况的，对于某些程序事实则是在诉讼过程中了解的，因此证言内容的获得大多在案件进入诉讼程序之前，而鉴定意见形成于案件发生之后。

四、鉴定意见的可靠性较大

由于鉴定是由专业人士依据自己的专门知识、经验或者技能并常常借助科学仪器进行鉴定、得出结论，一般可靠性较大。然而，鉴定毕竟是由人作出的，鉴定人存在个体差异，再加上某些客观原因，存在偏差、错误的可能性是难免的。必须注意的是，鉴定只是对有关专门性问题作出判断，而不是对有关事实问题作出法律评价。因此，鉴定意见中的意见只是证据的一种，既不是法律判断，也不是科学判决。对鉴定意见应当和对其他证据一样，必须经过办案人员的审查判断，确定其可以采信以后，才能作为处理案件或者作出裁判的根据。

第二节 鉴定意见的证据价值

鉴定的历史可以追溯到古远年代。在西方，"有关鉴定制度的历史是悠久的。早在古希腊文献中就有医生进行死因检查的记录，随后在罗马时代，也发现可以看做是现在鉴定制度原型的制度。罗马人不愧为法律的天才，在《查士丁

尼法典》中可以找到许多类似鉴定的规定"①。

在诉讼过程中,往往需要就案件涉及的专门问题进行检验、鉴别并加以判断,要作出正确的判断需要专门知识、经验和技能,有的还需要借助专门仪器和技术手段,一般人不具有相应的条件,需要指派或者聘请具备相应条件的鉴定人从事这方面的工作,由此产生鉴定和鉴定人制度。这表明,在许多案件中,将专门性问题交付鉴定是诉讼中不可或缺的环节,鉴定意见有其独特的诉讼价值,主要体现在:

一、鉴定意见对确定案件性质和查明案件事实具有重要作用

案件究竟属于什么性质,往往需要专业人士依据专门知识、技能或者专用仪器设备作出鉴定。在许多案件中,鉴定还具有揭示某些隐而不显的事实的作用,可以用以确认与案件有关的物品、痕迹、人身和尸体等证据材料的真伪和特性。进行这些鉴定,形成的鉴定意见就成为处理案件的重要证据。一些案件正是通过鉴定来确认犯罪事实存在的,例如,1982年5月,埃塞克斯郡的迈克尔死在医院,看起来像是死于慢性肺炎,据说死亡原因是一种罕见但并非不正常的类似感冒的病菌感染,只有病理学家大卫·伊文思医生认为迈克尔尸体上有除草剂的痕迹。他从死者消化道里取样,送往国家毒品中心分析化验,却没有发现异常之处。这令伊文思大为不解,经过一番追查,终于搞清楚原来第一批送往化验室的样品丢失了,因此得到的化验结果呈阴性。经过再次化验,真相终于大白,原来迈克尔发现其妻苏珊·巴博红杏出墙,苏珊·巴博并不想断绝与她的情人往来,就掺入含有剧毒药物百草枯的除草剂做成可口的馅饼,慢慢毒死了迈克尔。②没有毒物鉴定,或者毒物鉴定不谨慎不细致,苏珊·巴博就将逍遥法外。司法鉴定对于确定案件性质和查明案件事实之重要,由此可见一斑。

二、鉴定可以弥补公安司法人员对专门性问题判断能力的不足

在诉讼过程中,不是所有的事项都可以仅凭常识作出准确判断。诉讼涉及的问题很多,包括法医学、司法精神病学、毒物检验学、会计学、笔迹学、刑事技术(如指纹、脚印、弹痕、文件检验等)等专门领域问题以及涉及银行、工业、运输、建筑、农林等专业技术问题,无法要求公安司法人员凭一般知识加以判断,需要交由专业人士进行检验、鉴别,得出结论,以便对案件事实作出正确认定:

1996年9月,湖北省京山县人民法院受理了村民郭某状告王某伤害一

---

① 〔日〕上野正吉等编著:《刑事鉴定的理论和实践——以情况鉴定的科学化为目标》,徐益初、肖贤富译,群众出版社1986年版,第5页。
② 〔英〕马丁·费多著:《西方犯罪200年》,王守林等译,群众出版社1998年版,第722—723页。

案,经该院技术部门鉴定:郭某之妻黄某的伤情为"轻伤"。法院对案件中民事部分进行调解,但王某称只打了黄某一棍子,不可能造成肋骨被打断的后果,拒绝调解。法院对王某下达了逮捕决定书,王某被捕关押。10月24日,王某向法院递交申请,提出黄某的伤情鉴定不实,要求重新复核。11月13日,法院再次对黄某的伤情进行复查,作出的仍是"轻伤"鉴定意见。12月9日,王某被迫接受调解处理,赔偿黄某医药费等经济损失。1997年3月,王某向检察机关提出申诉,检察机关技术人员接受伤情鉴定的文证审查。通过阅卷和分析案情,没有找出问题,于是技术人员决定下乡到黄某家去看一看,结果发现:一个自称"肋骨被打断的人"却轻松地在田间挑草。检察院技术人员立即到乡卫生院查找黄某的初始病例记载档案,走访黄某同病室的病友,了解到黄某的"轻伤"根本不存在。检察机关法纪部门立即询问黄某,黄某无法掩饰,交代了自己的丈夫郭某伙同医生丁某制造假病例、偷取他人的右胸X光片,欺骗办案人员、愚弄司法机关的全过程。

三、鉴定是审查其他证据的手段

鉴定是运用专门领域的知识对某些证据进行检验、鉴别得出结论,比单纯运用一般经验和一般感官对证据进行审查判断具有更好的甄别能力。在诉讼中,许多证据需要交付鉴定以确认其特征、性质和真伪,如对于收缴来的白色粉末是否是毒品,需要进行司法化学鉴定;对于某一与案件待证事实有关的书面材料,需要交付笔迹学专家进行鉴定,以确定笔迹是否为某人所书写等等。由此可见,鉴定可以用来审查其他证据的真伪,揭示其他证据包含的有关案件的信息。

第三节 鉴定意见的证据能力

在美国,1923年弗莱伊诉美国(Frye v. United States)确立了弗莱伊规则(Frye Rule),该规则确立了弗莱伊检验(Frye Test)标准,这是关于专家证人的可采性的标准。该标准的内容是:"关于某个特定领域中的原理或者证据的公认标准,应当决定专家证人的可采性。"美国的大多数法庭都接受弗莱伊检验(Frye Test)标准。按照这个标准,作为专家证言依据的,应当是业已发表,并且受到其他科学家评价,或者经过同行审查(peer review)的。也就是说,应当被有关科学界普遍认可。1975年,美国《联邦证据规则》确立了另外的指导原则:"如果科学的、技术的或其他专门的知识能够帮助审判者理解证据,或者帮助审判者决定争议的某种事实",合格的专家就可以作证。劳伦斯·S.赖茨曼指出:"《联邦证据规则》强调了普遍接受的重要性,但是并没有据此限制可采性,它所限制的是'关联性'。"1993年,美国联邦最高法院以7票对2票在道伯特案件中作出裁决,认为弗莱伊检验标准过于严格,《联邦证据规则》可以取而代之。该裁决确立了一项经研究可以被采纳的道伯特检验标准:(1) 是否经过同行审查;(2) 是否具有可检验性,或者是否具有"可证伪性"(falsiability)或者"可否定性"(refutability);(3) 是否有公认的误差率(rate of error);(4) 是否遵循了使用技术方面的专业标准。对于道伯特标准,不是没有疑虑的,但它在美国联邦法院被大量应用,美国一些观察者对它的讨论以及法院依据这个标准裁决的案件,仍然是全面认识道伯特标准不可忽视的。①

在我国,对于证据的采纳标准,尚缺乏类似的精密研究。司法实践中,对于鉴定意见的证据能力,首先要从关联性上加以审查,不具有关联性就不具有证据资格。另外,还要从以下几个方面进行审查:

1. 鉴定机构和鉴定人有无鉴定资格,无鉴定资格者作出的鉴定意见没有证据资格。

2. 鉴定所需的送鉴材料是否充分、真实,送鉴材料不充分、不真实的,没有证据能力。

3. 审查鉴定的设备、方法是否先进、科学。设备不先进、方法不科学的,鉴定意见没有证据能力。

4. 得出鉴定意见所依赖的依据——如作为鉴定依据的特别经验法则——是否可靠。鉴定意见的依据不可靠的,鉴定意见没有证据能力。鉴定意见的依据没有得到相关领域普遍承认的,鉴定意见同样没有证据能力。在审查证据能力中,前述美国的道伯特标准可供我国司法实践参考。

5. 鉴定程序是否规范、鉴定过程是否完善,遇有鉴定人应当回避而没有回避,鉴定人受到威胁、利诱、收受不当利益等情形,鉴定意见应不具有证据能力。

如果仅属于鉴定书记载错误,可以由鉴定人补正,诉讼中应承认补正过的鉴定书的证据能力;但鉴定书记载错误有鉴定造假嫌疑的,应不承认其证据能力。

第四节 鉴定意见的种类

在诉讼中,需要鉴定的问题很多,根据鉴定对象的不同可以罗列为以下几种:

一、法医学鉴定

法医学鉴定是根据法医学专门知识和技术手段,对尸体或者人身、血液、精

---

① 〔美〕劳伦斯·S. 赖茨曼著:《司法心理学》,吴宗宪、林遐译,中国轻工业出版社 2004 年版,第 38—42 页。

液、唾液等进行的医学鉴定,目的在于确定死亡原因和时间、伤害程度、损伤部位和造成损伤的凶器种类、血型和遗传基因是否同一,等等。

法医或者受委托的其他有资格鉴定的医师从事法医学鉴定工作,可借助如下评价予以认识:"医学实践可以被认为是人类为缓解痛苦和阻止死亡的不可避免性而采取的有组织的努力行为。病理学家站在这一斗争的前沿,他们直接面对和接触死亡,并探索其隐晦难求的奥秘。法医病理学家类似于敌人阵营中的间谍,他们想尽力获得死者不为人知的某些事情,从而使活着的人能够发现或明白其死亡的方式并因此采取相应的恰当措施"[①]。

二、司法精神病学鉴定

司法精神病鉴定(forensic psychiatry)是根据精神病学专门知识,对人的精神健康状况、智力发育情况进行的鉴定,目的在于确定犯罪嫌疑人、被告人、被害人、证人的精神状态是否正常,进而判断其有无行为能力和责任能力。有学者解释说:司法精神病鉴定有两个含义,"狭义的,仅用于对精神异常违法者的鉴定和处理的精神病学分支学科;广义的,用于精神病学所有法律方面的问题,包括民法和规范精神病学业务的法律,以及关于精神异常违法者得亚专业。司法精神病学都涉及这两类问题。此外,它们还对那些当时在法律上并不违法犯罪,单具有暴力行为的人进行危险性评定和治疗。在受害者的评定和治疗中,它们也发挥出越来越大的作用"[②]。

司法精神病学鉴定是对人的精神状态的判断,需要较高水准的专业知识和技能,对鉴定机构的资质和鉴定人员的业务水平有特定要求,"精神病学家不但需要具有法律方面的知识,而且还需要具有特殊犯罪类型与特殊精神疾病之间关系的知识"[③]。

三、法齿学鉴定

法齿学鉴定是根据牙齿生长规律和特征,为确定人的年龄、嫌疑人与犯罪人留下的牙痕是否同一或者进行身份识别,对牙齿或者牙痕进行的鉴定。

牙齿是人体保存时间最长的器官,当然,到一定年龄牙齿也会脱离人体,故韩愈有《落齿》诗云:"去年落一牙,今年落一齿。俄然落六七,落势殊未已。余存皆动摇,尽落应始止……"在牙齿没有脱落的状态下,人们都承认牙齿的稳定性,这使对它的鉴定成为司法鉴定的重要方法。牙齿还具有独特性,完全相同的

---

① 〔美〕迈克尔·克兰著:《怎样破解一桩谋杀案》,李兆隆译,群众出版社2006年版,第54页。
② Michael Gelder、Richard Mayou、Philp Comen 合著:《牛津精神病学教科书》,刘协和主译,四川大学出版社2004年版,第889页。
③ 同上。

两个人是不存在的。牙齿使用、磨损而出现的局部缺损特征，更使牙齿具有了独一无二的特定性。因此，通过单个牙齿进行身份识别是可行的。

司法实践中，牙齿特征能够帮助确定尸骸谁属。犯罪人在现场留有牙痕时，对这些牙痕进行鉴定，可以起到确定犯罪人身份的作用。例如，1967年8月17日，15岁的琳达被人强奸后掐死，她的尸体被人在苏格兰贝咯的一个墓地里发现，死者的右胸遭到撕咬，留下明显而特别的虎牙印和补牙脱落的痕迹，正是由于这些痕迹，17岁的男孩戈尔登·黑被查获，牙印证明他正是凶手。①

另外，牙齿在确定年龄方面也有重要作用，对牙齿或者牙痕进行鉴别，可以得到一个近似的年龄，有较高的准确率，和实际年龄相差不远。牙齿在确定年龄方面的作用，对25岁以下的人更为明显。牙齿组织每天可以生长将近1微米，这可以通过牙齿上的细纹记录看出来，这使得对青年人年龄的估算差错小于20天。人在25岁以后，牙齿发生了细微变化：咬合面逐渐磨损，齿龈退化，牙髓腔减少，牙根开始消融，牙根的顶端开始变薄。所以准确率和实际年龄上下可能相差42个月。②

四、物证技术鉴定

案件一旦发生，犯罪者想天衣无缝，消除一切与犯罪有关的痕迹、物品，是几乎不可能的事情。不过，在许多案件发生后，要寻找到反映有关案件信息的痕迹、物品，需要全面仔细谨慎地搜寻。有些物证，即使发现了，也需要借助一定专业判断揭示其中包含的与案件有关的信息。物证技术鉴定就是要通过一定技术手段或者专业知识对有关物证进行判断，揭示其与案件的关联性和包含的有用信息。也就是说，**物证技术鉴定是对指纹、掌纹、脚印、工具、枪弹、轮胎等物品及痕迹等物证进行鉴定，以确定是否与怀疑对象具有同一性**。物证技术鉴定包括痕迹鉴定、物品鉴定等项目。

五、司法化学鉴定

司法化学鉴定是指运用化学知识、设备及相关材料对司法活动中涉及的毒物等进行鉴定，以确定毒物等的化学性质和剂量，从而判断其对人体或其他物体的危险性或损害程度、伤害性质等。有学者指出："当今，毒物学和化学在侦破犯罪及其与犯罪做斗争的活动中所起的作用愈来愈大，对喝过酒的司机的醉酒

---

① 〔英〕马丁·费多著：《西方犯罪200年》，王守林等译，群众出版社1998年版，第722页。
② 1986年，美国牙齿科学协会编制了一套程序，使牙齿鉴定发挥了更大作用。该程序利用牙医资料编制带编码的微型磁盘，磁盘仅有大头针大小，把它放在上臼齿上，可以记录用12位数的编码显示的详细个人特征，然后通过计算机阅读和比对进行识别鉴定。这样做的目的在于使美国公民在很年轻时就对牙齿进行编码，以后需要就可以依此进行鉴定。（参见《科学探案》一书。）

程度进行化学试验可将他与糖尿病症状、一氧化碳中毒或头部受伤症状的无辜人士区别开来;法庭血清学家能利用在现场发现的血液将某一嫌疑人与犯罪联系在一起,而利用其他生物在化学方法可鉴别唾液、精斑、粪便、呕吐物甚至汗液;法庭毒理学家能鉴别中毒(有毒)物质并介绍他们的作用机制,其他毒物学专家可分析被依法没收的物质以判明它们是否非法药品。"① 司法化学鉴定的作用由此可见一斑。

六、司法会计鉴定

司法会计鉴定是指运用会计学知识和技能对有关账目表册、单据等进行鉴定,以确定账目表册是否符合规范以及是否真实等。在司法实践中,常有账目表册、单据等作出证据提出,没有一定的会计学知识和技能,对于这些账册、单据包含的与案件有关的信息很难了解,司法会计鉴定可以解决这一难题。司法会计鉴定是运用会计学知识来审核案件线索、揭示账册、单据隐藏的违法甚至犯罪行为的信息,揭示账册、单据的内容的法律意义,为司法提供证据,为办案人员进行判断提供依据。

七、笔迹鉴定

笔迹鉴定,又称"笔相学鉴定",是指对笔迹的特征进行鉴定,以确定文件的是否伪造或用以比较的文字材料是否具有同一性。在一些案件中,笔迹鉴定结果直接影响案件的最终判决:

> 2004年7月26日,北京市海淀区人民法院公开审理了饶颖诉赵忠祥欠款案,在法庭上,赵忠祥的诉讼代理人称赵根本不认识饶颖,不可能欠饶颖的钱。饶颖在法庭上出示了一件书证,称那是赵忠祥亲笔书写的欠条,赵忠祥的诉讼代理人当庭对该欠条的真实性表示怀疑,认为是伪造的,自己的当事人不可能写下这张欠条。赵忠祥于7月28日向海淀法院申请进行笔迹鉴定。海淀法院同意了赵忠祥的申请,笔迹鉴定由北京市法庭科学技术鉴定研究所进行并作出最后的鉴定意见。不管是对饶颖还是对赵忠祥来说,笔迹鉴定结果直接决定本案审判结果。北京市法庭科学技术研究所对饶颖所持据称是赵忠祥所写的欠条作出"鉴定意见书",该意见书称在现有条件下,无法对欠条真伪作出结论。饶颖和赵忠祥双方对笔迹鉴定意见书都不认同。饶颖认为:第一,鉴定意见中提到"样本笔迹与鉴材笔迹相似的数量较少",但赵忠祥已经提交了14份签字样本,数量足够。第二,赵忠祥

---

① 〔美〕乔恩·R. 华尔兹著:《刑事证据大全》,何家弘等译,中国人民公安大学出版社1993年版,第378页。

提供了从 1995 年一直到今年的样本,而欠条是 2002 年写的。怎么能说缺乏与鉴材笔迹同期的样本呢？第三,鉴定意见书中提到,鉴材笔迹与样本笔迹既有差异点,又有符合点。"我要求将相同和差异的多少进行百分比量化。"赵忠祥的诉讼代理人表示鉴定意见称样本不充足是不成立的。此案因笔迹鉴定未得出肯定结论,原告未能实现胜诉预期。

八、测谎鉴定

利用测谎设备(测谎仪)和测谎技术对被测试人在回答测谎人员提出问题时的生理变化进行记录和分析,判断被测试人的陈述是否真实,称为测谎鉴定。

在我国司法实践中,测谎仪已经有所应用,当事人提出测谎请求的并不罕见。例如,2005 年 12 月 4 日,贵阳铁路运输法院审理成都火车站派出所"警贼勾结案",法庭对被告人之一警察彭某的检举进行法庭调查。公诉方称,彭某检举揭发的内容没有材料证明,相关证人未得到证实,部分检举内容属于公安已掌握事实,因此不属于法定从轻的范围。彭某对此提出异议,他辩称,自己于 2004 年 3 月向派出所领导汇报情况,提供的名单上有多人,现在没查出来不能代表没有,应该重新调查。彭某还请求在调查过程中使用测谎仪。[1]

不过,测谎技术是否可靠,不无疑问;测谎结果应否作为证据使用,最高人民检察院已经作出否定解释,如何看待测谎鉴定及其结果应当是值得探讨的问题。

测谎器"是一种以人在说谎时因精神性动摇而引起的生理反应为基础,透过同时记录呼吸波运动、皮肤电反射及血压和脉搏的变化来判断有无说谎的设备"[2]。测谎仪的发明,至今已有一百余年。在有些国家被大量使用,如日本最高法院于 1968 年 2 月 8 日以判决认定测谎结果具有证据能力,原则上对测谎结果的证据能力持肯定态度;但由于该判例属于个别性的判示,一般认为,测谎结果作为证据并没有得到广泛的认可。日本学者承认:"测谎器测得的结果,其可靠性至今在科学上没有得到充分的确认,在不同的条件下,其适合率会有很大的差异,并且可因操作者技术的熟练程度而产生不同的结果。"不过,日本在犯罪侦查中每年约实施四千件以上的测谎检查,这样做的前提是"将测谎检查作为一种侦查手段也应征得被测人的同意,否则不应当允许实施"[3]。

有的国家对测谎器的证据能力加以否定。1923 年,美国哥伦比亚特区巡回法院在弗赖依诉合众国一案中作出裁决,"生理学和心理学专家未获得符合标准的科学认同,因此无法使法院接受该专家证据",因而拒绝采纳对有关被告人

---

[1] 何云江:《成都警贼勾结案一名被告请求使用测谎仪》,载《新京报》2005 年 12 月 6 日。
[2] 〔日〕石头一正著:《日本实用刑事证据法》,陈浩然译,五南图书出版公司 2000 年版,第 29 页。
[3] 同上书,第 29—30 页。

的测谎试验的专家证据,对被告人在陪审团前提出的测谎要求也予以驳回。这一判例,确立了对测谎仪的测谎结果不可采纳的一般规则,即不管当事人如何要求参与测谎试验,都不能随意得到允许;作为证据的测谎实验结果将禁止在审判程序中使用。作为这一规则的例外,有的州裁决被告人和州政府共同协议同意的情况下,可以将测谎结果采纳为证据;但其他州则拒绝这样做,它们通常认为这样的协议无法提高测谎结果的可信度。**在美国,一般认为不宜采纳测谎结果作为证据的原因在于:**

1. 测谎技术的基本前提没有得到生理学家和心理学家的普遍承认。这些前提是:说谎与清晰的情绪反应之间有直接而牢固的联系;情绪反应与生理反应之间有一定的关联作用。

2. 测谎仪测谎结果的准确性,很大程度上取决于人的主观因素。首先,取决于测验人员基于专业培训和实践经验的测谎水平。其次,取决于测试人员在试验准备阶段和在实际反应的时间里对被测验人的观察。例如,测试人员在实际反应的时间里发现被测验人咳嗽或者用力吸气,如果试验准备阶段他没有这样的行为,表明被测验人可能试图破坏测谎结果的准确性。因此,测试人员的观察力、注意力、理解力具有重要作用。再次,测试人员分析、判断测试结果的能力,解读测试图表的水平,对测试结论具有重大影响。另外,被测试人的心理素质、智力程度、身体状况也都对测谎结果有一定的影响。因此,测谎结果不能视为"客观证据"或者"科学证据"。

3. 测谎结果容易被误认为"客观证据"或者"科学证据",造成迷信、盲从这些测谎结果,造成错误判定。[①]

对于测谎仪,国外也有很多赞同者,成功测谎的事例也不胜枚举,例如,美国测谎协会认为,测谎的准确率可以高达98%,当然,这需要满足对测谎的严格要求,这些要求包括测谎人员熟谙案情、测前与被测谎人晤谈、上机测谎、测后晤谈、分析测谎仪提供的测谎记录资料。美国联邦调查局曾声言:测谎仪可以迅速地提高定罪率。随着测谎技术的进一步发展和应用,测谎中的不可靠性和不准确性如能得以消除,测谎结果最终成为各国法院普遍采纳的证据不是没有可能。丹麦一位刑事侦查技术专家亦谓:丹麦并不承认测谎结果的证据能力,但测谎器在侦查中是有其作用的,如将被盗赃物与其他物品逐一出示于盗窃犯罪嫌疑人面前,当赃物现于嫌疑人眼前时,嫌疑人心旌摇荡,为测谎器捕捉到,对于判断嫌疑人是否真的犯罪,当然大有帮助。

测谎技术应用于我国当代诉讼活动中却还是近年来的事。对于测谎仪,乐

[①] 〔美〕乔恩·R. 华尔兹著:《刑事证据大全》,何家弘等译,中国人民大学出版社1993年版,第450页。

观的说法很多。普遍的观点是说,它的成功率高达95%以上。与大多数人乐观的说法不同的是,有学者认为,测谎仪的准确率在64%至98%之间,比率的大小取决于经过筛选的受试人员中有罪者的百分比。如果这个百分比比较小,那么测谎仪就会把许多人错误地定为说谎者。由于作为测谎仪的准确性仍然存在疑问,将测谎结果作为证据使用颇具危险性。

最高人民检察院于1999年9月10日公布了《关于CPS多道心理测试鉴定结论能否作为诉讼证据使用问题的批复》,规定测谎结果不能作为诉讼证据使用,只能作为检验证据的手段使用。这个规定也不是没有问题,因为用测谎结果去检验供述、陈述或者证言,由于这个检验手段不能保证可靠,用它作为检验证据的手段就会造成错误判断,其效果与直接使用它作为证据并无实质区别。没有任何一个测谎结果是单独作为诉讼证据使用的,测谎结果总是与被测谎人的陈述结合在一起的,如果将被测谎人在测谎过程中的陈述作为证据,并将测谎的结果作为判断这一陈述是否真实、可靠的依据,其结果仍然是测谎结果在证据的认定和事实的判定中发挥着举足轻重的作用。

对待测谎结果,稳妥的办法是:

1. 不允许将测谎结果作为诉讼证据使用。

2. 在侦查阶段和审查起诉阶段,可以对犯罪嫌疑人进行测谎,但测谎结果只能用来排除犯罪嫌疑人有罪,但不能用来认定其有罪。

3. 法院在审判阶段不应当使用测谎仪作为检验证据的手段,也不允许在决定是否采信某一证据时将测谎结果作为考虑的因素对法官判断证据产生影响,造成预断和错认,失去审判过程中的中立立场。

4. 基于前述理由,不允许检察官在起诉时或者审判过程中提出被告人在审前曾经被测谎的情况和结果,以避免对法官产生不良影响。

九、DNA鉴定

DNA鉴定技术,又称"**DNA指纹术**"。**DNA**乃是脱氧核糖核酸(deoxyribonucleic acid)的简称。脱氧核糖核酸是1911年由生物化学家菲奥布什·荣文在人体细胞里发现的。人体细胞有一个包含核酸的细胞核。核酸有两种,一是核糖核酸(RNA),一是脱氧核糖核酸(DNA)。每个细胞核有成对的、由DNA组成的染色体,每一对染色体中有一条来自父亲的精子,另一条来自母亲的卵子。到了20世纪40年代,科学家发现DNA是构造生命的基本结构,这种物质在人身体的每一部分都可以找到。在1953年,克里克(Francis Crick)和沃森(James Watson)发现了DNA双螺旋结构,科学家将组成DNA的四种化学物质(碱基)分离出来,即腺嘌呤(A)、鸟嘌呤(G)、胞嘧啶(C)、胸腺嘧啶(T)。含有这四种碱基的脱氧核劳酸分别连接成两条长链,这两条长键盘旋成规则的双螺旋结构。

通过对多形态的DNA的部分进行研究,科学家可以确定一个特定的DNA片段是否来自于一个特定的个体。① J.沃森指出:DNA是其分子的组织方式"直接揭示了两个最古老的生物之谜:遗传信息的储存与复制"②。同因这一贡献,克里克、沃森和莫里斯·威尔金斯获得了1962年诺贝尔生理医学奖。③

由于DNA已经可以从生物检材中提取出来,而且DNA在同一个人的任何细胞核中均相同,不同的人因DNA碱基组合不同而不同,除非属于同卵孪生子,每个人碱基配列不同④,两个个体有DNA相同的几率只有十亿分之一,通过比较从不同样品中提取的DNA片段,就可以确定检材中DNA哪些相匹配,因而可作为进行个人识别的依据。在检验鉴定中,检材往往是受害者的血液、嫌疑人或者被告人的血液和其他犯罪现场的生物检材,例如,头发、沾有血迹的衣服、在强奸案中留下的精液。⑤ 1984年9月,亚历克·杰弗里斯爵士通过实验获得了第一张DNA应用图谱。此后DNA技术被认为是个人识别方面无可争议的技术。与传统指纹识别技术不同的是,指纹识别需要相当大的可识别面积,DNA识别只需要几个人体细胞就可解决问题。⑥ 这被人称为"人类司法的科学奇迹",它将无可反驳的真相之光洒向裁判者。⑦

个人人身识别在许多案件中具有举足轻重的作用。中国古代进行个人身份鉴别依靠滴血验子的老法子,这种方法并不是靠得住的方法,但在科技不发达的中国古代,却成为司法中进行人身识别的常用方法。纪昀云:"按陈业滴血,见《汝南先贤传》,则自汉已有此说。"其《阅微草堂笔记》一书记载:

> 晋人有以资产托其弟而行商于外者,客中纳妇,生一子。越十余年,妇病卒,乃携子归。弟恐其索还资产也,诬其子抱养异性,不得承父业。纠纷不决,竟鸣于官。官故愦愦,不牒其商所问真赝,而依古法滴血试;幸血相合,乃笞逐其弟。弟殊不信滴血事,自有一子,刺血验之,果不合。遂执以上诉,谓县令所断不足据。乡人恶其贪媚无人理,签曰:"其妇素与某私昵,子非其子,血宜不合"。众口分明,具有征验,卒证实奸状。拘妇所欢鞠之,亦俯首引伏。弟愧不自容,竟出妇逐子,窜身逃去,资产反尽归其兄。⑧

---

① 《科学探案》电子版。
② 转引自北京华大方瑞司法物证鉴定中心、中国科学院北京基因组研究所:《DNA和法医学基本知识和技术》,北京"国际法庭DNA证据研讨会"资料。
③ 亚瑟·汤普金斯:《法庭DNA》,见北京华大方瑞司法物证鉴定中心、中国科学院北京基因组研究所:《DNA和法医学基本知识和技术》,北京"国际法庭DNA证据研讨会"资料。
④ 蔡墩铭著:《刑事证据法论》,五南图书出版公司1999年版,第12页。
⑤ 《科学探案》电子版。
⑥ 〔美〕布瑞恩·英尼斯著:《身体证据》,舒云亮译,辽宁教育出版社2001年版,第147页。
⑦ Gaines & Miller, *Criminal Justice in Action: The Core*, Thomson Learning, Inc., 2004, p.136.
⑧ 纪昀叹道:"然此令不刺血,则商之弟不上诉,则其妇之野合生子亦无从而败。此殆若成使之,未可全咎此令之泥古矣。"(纪昀:《阅微草堂笔记》,吉林文史出版社1997年版,第271—272页。)

即使在古时,亦已认识到滴血之法不是可靠的办法。纪昀转述诸老吏的说法曰:"骨肉滴血必相合,论其常也。或冬月以器置冰雪上,冻使极冷;或夏月以盐醋拭器,使有酸咸之味:则所滴之血,入器即凝,虽至亲亦不合。故滴血不足为信谳。"①

不同的是,DNA 技术在确认真正的罪犯和发现无辜者方面发挥了令人叹为观止的作用,许多成功的案例对人们运用这一技术起到了鼓舞作用。DNA 第一次被用于案件是在 1985 年的英国,当时一名移民儿童的身世受到怀疑,借助 DNA 技术确认了他的身份。② 在英格兰,DNA 技术的应用曾使一个供认有罪的男子被发现是无辜的,并使真凶浮出水面:1983 年 12 月 22 日早晨七时二十分③,15 岁的琳达·曼宁的尸体被人在通往一家精神病院的路边草丛里发现。她腰部以下身体裸露,据了解是前天晚上去看朋友的路上被扼死的,死后还被人强暴过。从尸体里提取的精液表明凶手分泌遗传基因是 A 型带有高浓度磷酸葡萄糖变位酶(ICM)的 H 酶,这样的人在成人男子中只占 10%。调查首先在附近一家精神病机构卡顿·海斯医院展开,但排查以失败告终,后来警察才发现他们实际上询问过那个凶手,但当时并没有意识到他就是凶手。1986 年 7 月 5 日下午,另一个受害者道恩·阿什沃思失踪了,她也是十五岁,是恩德比学校的学生。两天之后④,在发现琳达·曼宁尸体的地方发现了阿什沃思的尸体,她被人撕成碎片,现场令人毛骨悚然。精液检验的结果表明,琳达·曼宁和道恩·阿什沃思死于同一人之手。道恩·阿什沃思遇害后,卡顿·海斯医院的一个厨房勤杂工理查德·巴克兰受到怀疑,他 17 岁,理查德·巴克兰头脑简单,身体早熟,样子有点呆傻,有时躲在黑暗处突然跳出来吓唬妇女,因此名声很坏,当时警察排除了对他的怀疑。1986 年夏天,警方将其带到警署,对他进行讯问。经过两天杂乱无章和自相矛盾的供述,最终他在供词上签了字,承认自己杀了道恩·阿什沃思。不过,经过血液检验,他不是属于携带磷酸葡萄糖变位酶 H 酶分泌基因为 A 型的人。1986 年 11 月 21 日,莱斯特机构的研究人员阿里·杰弗雷博士,从凶手的精液里提取 DNA,然后将它与那个厨房勤杂工的血液样品相比照。他得出结论:理查德·巴克兰是无辜的。沮丧的警方随后想到一个大海捞针的办法,打算对当地的男人进行一次大规模的测试。1987 年初,警察决定请该地区 16 岁到 34 岁的年轻男子献出血样和唾液,经过化验,属于 A/PGM1 +分泌者血型的样本则被送往内政部法庭技术室进行 DNA 检测。从 1987 年 1 月到 9

---

① 纪昀:《阅微草堂笔记》,吉林文史出版社 1997 年版,第 271—272 页。
② 亚瑟·汤普金斯:《法庭 DNA》,见北京华大方瑞司法物证鉴定中心、中国科学院北京基因组研究所:《DNA 和法医学基本知识和技术》,北京"国际法庭 DNA 证据研讨会"资料。
③ 一说是 11 月 3 日。
④ 一说是 8 月 2 日。

月,有 4583 名男子接受了检测,但警方没有获得成功。1987 年 8 月 1 日那天,四个面包店的工人聚集在莱斯特酒吧喝酒,其中一个人谈到一个名叫科林·皮奇福克(Colin Pitchfork)的雇员曾经威胁他去做血液测试,生性害羞、性格软弱的他用伪造的证件,以科林·皮奇福克的名义抽取了血液样品;另一个男子也提到,皮奇福克曾经答应给他 200 英镑(合 300 美元),如果他愿意做替身去接受测试,但他拒绝了。皮奇福克解释说,他因为曾被指控有不体面的暴露害怕去做测试,担心警方跟他过不去。有一个女人坐在一张桌子旁听到这个消息,后来到警方报案。1987 年 9 月 19 日,27 岁的科林·皮奇福克在小托伦被捕。警方的计算机资料显示皮奇福克有"露阴癖",而且曾经去过那家精神病院看过门诊。警方拘捕皮奇福克后检测了他的血样,他的血样被送到杰弗雷的实验室,DNA 检测结果表明,他正是强奸并谋杀琳达·曼和道恩·阿什沃思的凶手。1988 年 1 月 22 日,科林·皮奇福克被裁决有罪并被判终身监禁。①

显然,在这一案件的侦查过程中,DNA 技术的应用在案件的真实发现中发挥了决定性作用。DNA 技术洗刷了一个人的犯罪嫌疑,特别是当这个人的犯罪嫌疑由其有罪的供述而得到强化时,它的意义就更加显著了。一个被告人可能因为各种各样的原因而违心承认自己的犯罪(如本案中的巴克兰,他明显是一个怯懦者),如果没有 DNA 技术帮忙,很有可能被错误定罪。所以,执法人员和司法人员对于自己的认识能力应当抱有足够的警惕。科学技术能够在相当程度上弥补我们认识能力的不足,在刑事诉讼中,应当重视最新科技成果给诉讼证明提供的新可能性,应当将新的科学技术成果及时应用于刑事司法领域。

据 2003 年国际刑警组织调查,有 76 个国家拥有或者计划建立法医 DNA 数据库,其中 60 个国家已经有或者计划建立 DNA 数据库的相关法律法规。欧洲国际刑警组织的 46 名成员国有 36 个国家使用法医 DNA 鉴定手段,24 个国家批准可以进行 DNS 信息的国际交流。哪些罪犯 DNA 信息应当录入,各国标准不尽相同:(1) 对于罪犯信息,英国对任何有犯罪记录者的 DNA 信息皆录入,比利时对犯有经法院判决的相应罪行者的 DNA 信息加以录入,法国对犯有指定罪行者的 DNA 信息进行录入,德国对经法院判决有危险性罪行者的 DNA 信息进行录入;(2) 对于犯罪嫌疑人信息,法国对犯有被地方法官或公诉人认定有罪的指定罪行者的 DNA 信息进行录入,德国对犯有可被判处有期徒刑 1 年以上并被认为有危险的指定罪行者的 DNA 信息进行录入,丹麦对于犯有可被判处有期徒刑 1 年半以上并被认为有危险的指定罪行者的 DNA 信息进行录入,芬兰对犯有可被判处有期徒刑半年以上并被认为有危险的指定罪行者的 DNA 信息进行录入,匈牙利对犯有任何指定罪行者的 DNA 信息进行录入,瑞士对任何可疑人的

---

① 〔美〕布瑞恩·英尼斯著:《身体证据》,舒云亮译,辽宁教育出版社 2001 年版,第 147 页。

DNA信息均进行录入,英国、奥地利和斯洛文尼亚对于因任何可记录罪行而被怀疑或者逮捕者的DNA信息均进行录入。一经录入,各国删除信息的标准也不完全相同:(1)对于罪犯信息,英国、奥地利和北爱尔兰将予以永久保留,芬兰在被信息录入者死后1年予以删除,挪威在被信息录入者死后2年予以删除,德国、比利时、丹麦、匈牙利、荷兰、瑞典、瑞士等国在被信息录入者死后5—20年予以删除,斯洛文尼亚视罪行的严重性在信息被录入者死后5—20年予以删除。(2)对于犯罪嫌疑人信息,英国予以永久保留,法国、德国、丹麦、奥地利、匈牙利、瑞士等国在宣告无罪或控诉方撤诉后予以删除。另外,对于保留原始样本还是检测后必须销毁原始样本,各国的做法也不一致。由于国际互联共享DNA数据库,"边境已经不是刑事案件追踪的障碍"[①]。

由于隐私权被认为是一项基本权利,采集DNA有可能侵犯这一权利,因此对于采集DNA样本,不是没有怀疑和异议的。一名被定罪的性犯罪者提起诉讼反对康涅狄格州的这一做法,这场诉讼的核心问题是隐私权争议,争论的内容是该州没有合理的理由在资料库中储存他的DNA,因为不能确定他会再次犯罪,他辩称收集DNA的做法等于非法搜查。美国第二巡回区上诉法院拒绝了他的意见,裁决说康涅狄格州在保护公民不受性犯罪侵害方面的利益大于保护个体的被定罪者不使他的血被检验的利益。[②]

我国侦查和司法审判中已经应用DNA技术进行个人识别,不难想见,这项技术在司法实践中的应用将会越来越广泛。

十、视听资料鉴定

视听资料鉴定是依据声像资料自身特性、形成机理及其他相关知识,对录音带、录像带、磁盘、光盘、图片等载体上记录的声音、图像信息的真实性、完整性及其所反映的情况过程进行的鉴定和对记录的声音、图像中的语言、人体、物体作出种类或者同一认定。

人的声音具有进行个人识别的价值。声音具有的可识别性,使人们日常生活中就应用声音的特征进行个人识别。1941年,贝尔实验室发明了声纹图谱,为准确进行声音识别提供了技术条件。到了20世纪60年代,美国联邦调查局在贝尔实验室的帮助下,把声音进行分类,工程师劳伦斯·科斯塔意识到声音图谱或声纹(他命名的)能够提供一种有效的个人识别方法。科斯塔认为,人在讲话时使用的器官——舌、牙齿、喉头、肺、鼻腔——在尺寸和形态方面个体差异很

[①] 例如,一名生活在法国的西班牙人曾经在德国犯罪并在法国杀死一名英国女孩,其身份在美国得到鉴别确认。本段资料皆引自克里斯多佛:《有关DNA数据库的国际观点》,北京"国际法庭DNA证据研讨会"资料。

[②] Gaines & Miller, *Criminal Justice in Action:The Core*, Thomson Learning, Inc., 2004, p.136.

大,因此任何两人的声纹图谱都不相同。他甚至认为每个人的声音终身不变。但这后一说法引起争议,其他专家指出每个人的声音随年龄变化;迁移到一个不同地方,说话方式也会改变,还能学会其他人的口音。声纹在美国法庭的使用率很低。但是警方已把它作为初始证据,并利用这种技术成功抓获了若干名刑事罪犯。①

十一、其他鉴定

对上述专门性问题以外的其他专门问题进行鉴定,作出诉讼需要的专业判断,包括价格鉴定、伪钞鉴定、交通事故鉴定、产品质量鉴定等。

在各种不同鉴定种类中,**法医病理鉴定、法医临床鉴定、法医精神病鉴定、法医物证鉴定和法医毒物鉴定,统称为法医类鉴定。文书鉴定、痕迹鉴定和微量鉴定,统称为物证类鉴定。**

第五节 鉴定人之选任

在美国,专家证人可以由当事人自行聘请,也可以由法院指定。《美国联邦证据规则》第706条规定了专家证人指定和聘请的方式:

1. 法院指定。法院可依自己的职权或基于当事人的申请裁示专家证人不能被聘请的原因,并可以要求当事人提出专家证人人选。法院可以在双方当事人同意的专家中指派证人,也可以根据自己的选择来指定专家证人。除非专家同意担当证人,否则不应被指定。② 依据自由裁量权,法庭可以准许向陪审团披露法庭指定专家证人的事实。③

2. 当事人自行聘请专家证人。法院指定专家证人的规定并不限制当事人传召自己聘请的专家证人。

对于两种选任方法之优劣,日本学者齐藤丰治进行了分析,指出:

> 如果在当事人主义下,专家一旦被作为当事人的证人,那么在很多情况下专家就扮演起"具有专门知识的辩护人"的角色,从而表现出明显的倾向性。尤其是在专家证人出席法庭时,通常是要接收申请他作为证人的一方的报酬的。在这种情况下,即使是无意识的,也会被指为有作出有利于这一方当事人的证言的倾向。对方为了反驳这个证言,就也邀请可以作出对自己有利证言的专家,其结果就成了"专家的斗争"。在这种情况下,审判官、

---

① 《科学探案》电子版。
② 第706条(a)法院指定。
③ 第706条(c)指派原因的披露。

陪审员们谁也没有能力作出哪一方是正确的判断。并且专家证人由于其偏袒性往往不为人们所信任,或者受到不利的批判。尤为重要的是,如果一方当事人对另一方当事人邀请的专家的能力、资格、性格、偏袒性进行激烈的攻击,那么有能力作专家证人的就会踯躅不决,以致不能达到协助审判的目的。而那些不是最优秀的科学家和专家反而成了最优秀的"专家证人"。①

当事人自行聘请专家证人存在明显缺点,"由于这种情况,那种认为有必要建立一个选任无利害关系的、公平的专家证人制度,以确保公正地进行鉴定的意见,就愈来愈占优势。在这一点上改革的课题是,法院依职权选任公平的专家证人,并由公共机关对这个专家证人给予补偿"②。这就是由法官指定专家证人这一做法的理由。当然,美国的司法改革并没有取消当事人自行聘请专家证人的制度。法院指定专家证人,不是没有争议,"对于法院选任专家证人的实际成绩,有截然相反的评价。其中有这样一种严厉的批评,说法院所选任的鉴定人本来并不应该博得那种'没有谬误性'的虚名。但是,把法院选任专家证人加以制度化的倾向正在不断扩大。根据运用的经验,实际上法院选任专家证人的情况似乎还是比较少的,不过,一般认为,允许采取这种选任方式的本身,就使它减少了实际利用的必要性。因为审判官对于所管辖的案件有继续保持选任专家证人的可能,这对由当事人邀请的专家证人和利用它的人来说,就具有使之采取认真态度的效果,这种评价是有说服力的"③。

在我国,鉴定人进行鉴定并提供鉴定意见,有两种发生形式:一是接受指派,公安机关和检察机关基于侦查活动的需要拥有自己的鉴定机构和鉴定人员,这些人员接受本机关的指派从事鉴定活动;二是接受聘请,即接受单位或者个人的聘请、委托进行鉴定活动和提出鉴定意见。除鉴定人外,还可能存在"有专门知识的人"参与诉讼的活动,"有专门知识的人"参与诉讼也是要么由指派、要么以聘请的方式发生。

第六节 鉴定人的权利义务和对鉴定的基本要求

鉴定形成的意见要正确,靠得住,需要多项条件加以配合。其中,一项重要的条件是鉴定人必须与案件没有利害关系,只有这样,才有可能持中立、客观态度进行鉴定,得出正确结论。为使鉴定不人为产生偏差,鉴定人在符合《刑事诉

---

① 〔日〕上野正吉等编著:《刑事鉴定的理论和实践——以情况鉴定的科学化为目标》,徐益初、肖贤富译,群众出版社 1986 年版,第 30 页。
② 同上。
③ 同上书,第 31—32 页。

讼法》第28条规定情形之一时,应当自行回避;当事人及其法定代理人也有权要求他们回避。《关于司法鉴定管理问题的决定》也规定:鉴定人应当依照诉讼法的规定实行回避。

在诉讼中,鉴定人有权了解与鉴定有关的案情材料,但鉴定人对所知悉的案件情况,要承担保密义务;公安司法机关指派或者聘请鉴定人后,应当为鉴定提供必要的条件,及时送交有关检材和对比样本等鉴定材料,介绍与鉴定有关的情况,明确提出鉴定要解决的问题,但不得暗示或者强迫鉴定人提供某一意见,鉴定人有权要求有关机关提供足够的鉴定材料;在不具备鉴定条件时有权拒绝进行鉴定;有权收取鉴定费用和取得相应的经济补偿。

司法鉴定实行鉴定人负责制度。鉴定人应当独立进行鉴定,对鉴定意见负责并在鉴定书上签名或者盖章。鉴定人应当按照有关鉴定工作的规范、标准进行鉴定,出具鉴定意见并签名或盖章。多人参加的鉴定,对鉴定意见有不同意见的,应当注明。

《关于司法鉴定管理问题的决定》规定:在诉讼中,当事人对鉴定意见有异议的,经人民法院依法通知,鉴定人应当出庭作证。《刑事诉讼法》第187、188条和《民事诉讼法》第78条以及最高人民法院《关于适用〈中华人民共和国刑事诉讼法〉的解释》等法律、司法解释就证人、鉴定人出庭作证作出规定,按照《刑事诉讼法》和相关司法解释规定:公诉人、当事人或者辩护人、诉讼代理人对证人证言有异议,且该证人证言对定罪量刑有重大影响,或者对鉴定意见有异议,申请法庭通知证人、鉴定人出庭作证,人民法院认为有必要的,应当通知证人、鉴定人出庭。人民警察就其执行职务时目击的犯罪情况作为证人出庭作证,适用前款规定。无法通知或者证人、鉴定人拒绝出庭的,应当及时告知申请人。强制证人出庭的,应当由院长签发强制证人出庭令。公诉人、当事人或者辩护人、诉讼代理人对鉴定意见有异议,人民法院认为鉴定人有必要出庭的,鉴定人应当出庭作证。经人民法院通知,鉴定人拒不出庭作证的,鉴定意见不得作为定案的根据。同样,《民事诉讼法》第78条规定:"当事人对鉴定意见有异议或者人民法院认为鉴定人有必要出庭的,鉴定人应当出庭作证。经人民法院通知,鉴定人拒不出庭作证的,鉴定意见不得作为认定事实的根据;支付鉴定费用的当事人可以要求返还鉴定费用。"另外,按照最高人民法院《关于民事诉讼证据的若干规定》规定:"鉴定人应当出庭接受当事人质询。"同时规定鉴定人不出庭的例外:"鉴定人确因特殊原因无法出庭的,经人民法院准许,可以书面答复当事人的质询。"也就是说,鉴定人以出庭为原则,因特殊情况不出庭为例外。

鉴定人和鉴定机构从事司法鉴定业务,应当遵守法律、法规,遵守职业道德和职业纪律,尊重科学,遵守技术操作规范。《关于司法鉴定管理问题的决定》第13条规定:鉴定人或者鉴定机构有违反本决定规定行为的,由省级人民政府司法行政部门予以警告,责令改正。鉴定人或者鉴定机构有下列情形之一的,由省级人民政府司法行政部门给予停止从事司法鉴定业务3个月以上1年以下的处罚;情节严重的,撤销登记:

1. 因严重不负责任给当事人合法权益造成重大损失的;
2. 提供虚假证明文件或者采取其他欺诈手段,骗取登记的;
3. 经人民法院依法通知,拒绝出庭作证的;
4. 法律、行政法规规定的其他情形。

鉴定人故意作虚假鉴定,构成犯罪的,依法追究刑事责任;尚不构成犯罪的,依照前述规定处罚。

其他国家也有类似规定,如《美国联邦证据规则》第706条规定了专家证人的权利和义务。其权利为:(1)法庭指派某一专家为证人以后,应当以书面形式告知其义务,其复本应交由书记官登记备案;或者,双方当事人共同在场的情况下告知其义务。① (2)法庭指派的专家证人,有权在法院许可的数额范围内,获得合理的报酬。其义务为:(1)被法庭指派的专家证人若得出任何判断(findings),应当告知双方当事人;任何一方当事人都有权得到专家证人的书面意见;(2)法庭或者任何一方当事人都可以传召专家证人出庭作证。专家证人应当接受任何一方(包括提出该证人的一方)的交叉询问。

第七节 司法鉴定体制

在许多案件中,司法鉴定是对案件作出处理的重要一环,司法鉴定制度如何改革,与司法鉴定的形成和运用乃至公正办理案件干系重大。近年来,我国的司法鉴定在诉讼中暴露出如下一些问题:一是在许多案件中,对于同一事项有时存在不同人员进行鉴定的情况,这些鉴定形成的意见不一致,司法机关在起诉和审判中难以取舍。二是我国司法鉴定体制不规范,公、检、法机关各自拥有自己的鉴定机构、设备和人员,一旦提供不一致的鉴定意见很难处理;尤其是法院作为终局处理机构,通过判决来否认本单位、本系统的鉴定更为困难。

为了解决司法鉴定体制的问题,2005年2月28日,第十届全国人民代表大会常务委员会第十四次会议通过了《关于司法鉴定管理问题的决定》,该决定的目的在于"加强对鉴定人和鉴定机构的管理,适应司法机关和公民、组织进行诉讼的需要,保障诉讼活动的顺利进行"。

按照这一规定,国家对从事下列司法鉴定业务的鉴定人和鉴定机构实行登记管理制度:法医类鉴定、物证类鉴定、声像资料鉴定以及根据诉讼需要由国务

---

① 第706条(a)。

院司法行政部门商最高人民法院、最高人民检察院确定的其他应当对鉴定人和鉴定机构实行登记管理的鉴定事项。同时规定:法律对前述规定事项的鉴定人和鉴定机构的管理另有规定的,从其规定。登记管理的管理体制是:国务院司法行政部门主管全国鉴定人和鉴定机构的登记管理工作。省级人民政府司法行政部门依照本决定的规定,负责对鉴定人和鉴定机构的登记、名册编制和公告。

从事司法鉴定业务的个人、法人或者其他组织须具备法定条件并经过登记。个人具备下列条件之一的人员,可以申请登记:(1) 具有与所申请从事的司法鉴定业务相关的高级专业技术职称;(2) 具有与所申请从事的司法鉴定业务相关的专业执业资格或者高等院校相关专业本科以上学历,从事相关工作5年以上;(3) 具有与所申请从事的司法鉴定业务相关工作10年以上经历,具有较强的专业技能。因故意犯罪或者职务过失犯罪受过刑事处罚的,受过开除公职处分的,以及被撤销鉴定人登记的人员,不得从事司法鉴定业务。法人或者其他组织申请从事司法鉴定业务的,应当具备下列条件:(1) 有明确的业务范围;(2) 有在业务范围内进行司法鉴定所必需的仪器、设备;(3) 有在业务范围内进行司法鉴定所必需的依法通过计量认证或者实验室认可的检测实验室;(4) 每项司法鉴定业务有3名以上鉴定人。申请从事司法鉴定业务的个人、法人或者其他组织,由省级人民政府司法行政部门审核,对符合条件的予以登记,编入鉴定人和鉴定机构名册并公告。省级人民政府司法行政部门应当根据鉴定人或者鉴定机构的增加和撤销登记情况,定期更新所编制的鉴定人和鉴定机构名册并公告。司法行政部门在鉴定人和鉴定机构的登记管理工作中,应当严格依法办事,积极推进司法鉴定的规范化、法制化。对于滥用职权、玩忽职守,造成严重后果的直接责任人员,应当追究相应的法律责任。对鉴定人和鉴定机构进行登记、名册编制和公告的具体办法,由国务院司法行政部门制定,报国务院批准。

司法鉴定管理体制的调整中的一个重大变化是:侦查机关根据侦查工作的需要设立的鉴定机构,不得面向社会接受委托从事司法鉴定业务。人民法院和司法行政部门不得设立鉴定机构。鉴定人和鉴定机构应当在鉴定人和鉴定机构名册注明的业务范围内从事司法鉴定业务。

在诉讼中,对法医类鉴定、物证类鉴定、声像资料鉴定以及根据诉讼需要由国务院司法行政部门商最高人民法院、最高人民检察院确定的其他应当对鉴定人和鉴定机构实行登记管理的鉴定事项的鉴定事项发生争议,需要鉴定的,应当委托列入鉴定人名册的鉴定人进行鉴定。鉴定人从事司法鉴定业务,由所在的鉴定机构统一接受委托。

由司法行政部门统一管理鉴定机构和人员的改革措施,有利于解决司法鉴定体制混乱局面,很多论者表示赞成。但需要指出,这种由某一行政机关统管的做法,如果意味着比照管理律师、会计师那样的模式对有专门鉴定资格的人员进行管理,是值得讨论的。这种统一管理主要应体现为由司法行政机构授予、核准司法鉴定人员的资格,审查、批准司法鉴定机关的设置,而不是将鉴定机构通通归属司法行政机关设置,形成依司法行政机关级别设置的鉴定机构。司法行政部门统一管理鉴定机构必须解决好两大问题,一是不能出现"知识等级制",即不能将鉴定机构分为部属、省属、地市级,司法机关以级别高低决定采纳哪一结论;二是侦查机关、检察机关根据侦查活动的需要可以设置内部的鉴定机构(只是鉴定人员的资格可以由司法行政部门统一考核、授予),这是符合侦查活动的特殊需要的。

《关于司法鉴定管理问题的决定》还规定:司法鉴定的收费项目和收费标准由国务院司法行政部门商国务院价格主管部门确定。

第七章　勘验、检查、辨认、侦查实验等笔录

任何甘愿背弃事实真相的警官都是完全不适合从事警务工作的。
——老上海《警察指南与规章》

第一节　总　　说

勘验、检查、辨认、侦查实验等笔录是公安司法人员对与案件有关的场所、物品、人身、尸体进行勘查、检验时就其所观察、测量的情况以及对于辨认、侦查实验过程和结果所作的实况记载。这一证据种类是若干笔录的统称,可以分为勘验笔录、检查笔录、辨认笔录和侦查实验笔录等。记载的方式包括文字记录、现场绘图和现场照相、摄像等。

勘验笔录和检查笔录记录的是勘验和检查活动中之所见。其中,勘验针对的是同案件有关的场所、物品、尸体,目的是为直接了解案件的有关场所、物品、尸体的情况,并发现和获取证据。检查针对的是人身(指活体),目的是确定犯罪嫌疑人、被害人等的外部特征、伤害情况或者生理状态。

勘验笔录、检查笔录规定在我国《刑事诉讼法》之中,《民事诉讼法》第 63 条第(8)项规定的仅是"勘验笔录",《行政诉讼法》第 31 条第(7)项列举的是"勘验笔录、现场笔录"。本章重点介绍勘验、检查笔录,民事诉讼中的"勘验笔录"和行政诉讼中的"勘验笔录、现场笔录"与之原理相通,不作赘述。

在证据法学中,侦查实验笔录曾因无所归依被归入勘验、检查笔录这一类证据中,原因是"侦查实验的目的、方式和参加人员基本近似,而且常常与勘验、检查同时进行"[①]。不过,侦查实验笔录毕竟不同于勘验、检查笔录,将其归类为勘验、检查笔录,正是我国证据种类划分的捉襟见肘之处。2012 年《刑事诉讼法》再修正,将侦查实验笔录同勘验、检查笔录并列规定,算是将其证据地位加以明确,同时增加的还有辨认笔录作为证据的一种。侦查实验笔录、勘验笔录、检查笔录和辨认笔录等,皆为侦查过程中形成的记录某些特定侦查行为的笔录,如以往苏联和现今俄罗斯刑事诉讼法典在证据种类中有一项"侦查活动中的笔录",正可以总括所有这些笔录。斟酌起来,"侦查活动中的笔录"范围其实颇宽,侦

---

① 崔敏主编:《刑事证据法理论研究综述》,中国人民公安大学出版社 1988 年版,第 154 页。

查人员制作的证人证言笔录、被害人陈述笔录、犯罪嫌疑人陈述笔录也都属于侦查活动中的笔录,而且构成我国刑事案卷的大部分内容。在我国,证人证言笔录、被害人陈述笔录、犯罪嫌疑人陈述笔录虽然表现为书证形态,但各自归类为证人证言、被害人陈述、犯罪嫌疑人供述和辩解等证据种类,这种归类与证据自身的表现形态存在明显差异,而且容易模糊证人证言笔录、被害人陈述笔录等笔录的传闻证据性质,若将"侦查活动中的笔录"作为证据种类的一种,这些笔录通通可以纳入其中,上述问题可迎刃而解了。

第二节 古代中国之勘验制度

我国勘验制度历史悠久。一般情况下,州县初审案件中涉及盗案等现场,以及赃证起获凡有必要者,州县官应去勘验。人命案件,州县官必须亲去勘验。即使"单骑减从、星夜前往",有两个人也必不可少,一定随同前往,一个是仵作,另一个是刑书,仵作负责验尸,刑书登录尸格。①

我国先秦时期典籍已有关于勘验的记载,不可谓不早。《礼·月令》云:"孟秋之月,命理瞻伤查创视折审断",这就是勘验。

秦汉以后至唐朝,都有勘验法规。我国出土的《封诊式》有98支竹简,简文分二十五节。每节第一支简简首写有小题目。其中之一为"疠(疠)",记载某里的里典送来该里士伍丙,报告说:"怀疑是麻风病,将他送到"。讯问丙,丙供称:"在三岁时患有疮疡,眉毛脱落,不知是何病症,没有其他过犯。"令医生丁诊断,丁报告说:"丙没有眉毛,鼻梁断绝,鼻腔已坏。刺探他的鼻孔,不打喷嚏。臂肘和膝部……两脚不能正常行走,有溃烂一处。手上没有汗毛。令他呼喊,其声音嘶哑。他得的是麻风病。"可见那时已经有医生进行的人身检查。又有"贼死""经死"诸则,"经死"的内容是:"某里的里典甲说:'本里人士伍丙在家里吊死,不知何故,前来报告。'当即命令史某前去检验。令史某爰书:本人和牢隶臣某随甲同丙的妻和女儿对丙进行检验。丙的尸体悬挂在其家东侧卧室北墙的房椽上,面向南,用拇指粗的麻绳做成绳套,束在颈上,绳套系住的地方在颈后部,绳索向上系在房椽上,绕椽两周打结,留下的绳头长二尺。尸体头顶到房椽的距离为二尺,脚离地面有二寸,头与背贴墙,舌吐出与嘴唇齐,屎溺流出,沾染两脚。揭开绳索,尸体口鼻有气排出,如叹息一般。绳索在尸体上留下淤血痕迹,差颈后两寸不到一圈,其他部位经检查没有兵刃、木棒、绳索的痕迹。房椽粗一围,长三尺,西距离地上土台二尺,土台上面可以系挂绳索。地面坚硬,不能发现人的痕迹。绳长一尺。死者身穿络知的短衣和裙各一件,赤足。"勘察完毕,立即命

---

① 内乡县衙博物馆编、刘鹏九主编:《内乡县衙与衙门文化》,中州古籍出版社1999年版,第175页。

令甲和丙的女儿将尸体运送县廷。这段对勘验尸体及吊死现场的记述可谓详尽,令人不禁赞叹。《封诊式》在该则中还介绍勘验尸体的方法、要求,原文云:"诊必先审视其迹,当独抵死(尸)所,即视索终,终所党有通迹,乃视舌出不出,头足去终所及地各几可(何),遗矢弱(溺)不殹(也)?乃解索,视口鼻渭(喟)然不殹(也)?及视索迹郁之状。道索终所试脱头;能脱,乃□其衣,尽视其身、头发中及篡。舌不出,口鼻不渭(喟)然,索迹不郁,索终急不能脱,□死难审殹(也)。节(即)死久,口鼻不能渭(喟)然者。自杀者必先有故,问其同居,以合(答)其故。"①

宋代对于勘验,颇有兴改。② 宋代孝宗淳熙元年(公元1174年)采纳郑兴裔的建议,颁行郑兴裔创制的检验格目,后来又颁行徐似道设计的检验正背人刑图。明代法律规定了勘验的程序,规定:"凡刑部遇有应检尸伤,该司付行照磨所取到部印尸图一幅,先时止行顺天府大兴宛平二县委官如法检验填图,各取结状缴报。今多行委五城兵马,如尸伤不一,及仍行检验;若尊长殴死卑幼,据律不应报者,亦止相验不检,并各省直府州县检验"。(《明会典》)清法规定:"遇告讼人命,除内有自缢自残及病死而妄称身死不明,意在图赖挟财者,究问明确,不得一概发检,以启弊窦外,其果系斗杀故杀谋杀等项当检验者,在京初发五城兵马,覆检则委京城知事,在外初委州县正,覆检则委推官。务求于未检之先,即详鞫尸亲证左凶犯人等,令其实招,以何物伤,何致命之处,立为一案。随即亲诣尸所督令仵作,如法检报,定执要害致命去处。细检其圆长邪正青赤分寸,果否系某物所伤,公同一干人众,质对明白,各情输服,然后成招,中间或有尸久发变青赤颜色,亦须详辨,不许听凭仵作混报殴伤,辄拟抵偿。"(《大清律·刑律·断狱》)

免检规定。清代法律规定:"诸人自缢溺水身死,别无他故,亲属情愿安葬,官司详审明白准告免检。若事主被强盗杀死,若主自告免检者,官与相视伤损,将尸体给亲埋葬。其狱囚患病责保看治死者情无可疑,亦许亲属告免检覆外,据杀伤而死者,亲属虽告不听免检。"(《大清律·刑律·断狱》)

检验不实之处罚。《大元通制·职制》云:诸检尸有司故迁延及覆检牒到不受,正官笞三十七,首领官司各四十七。其不亲临,或使人代之,致增减不实,移易轻重,及初检检官相符同者,正官随事轻重论罪黜降,首领官司各笞五十七罢之,仵作行之杖七十七,受财者以枉法论。《大明律·刑律·断狱》规定:凡检验尸伤,若牒到托故不即检验,致令尸变,及不亲临监视,转委吏卒,若初复检官吏

---

① 北京政法学院诉讼法教研室编辑:《刑事诉讼法参考资料》(第一辑下册),北京政法学院诉讼法教研室1980年印制,第254—258页。
② 徐朝阳著:《中国诉讼法溯源》,商务印书馆1933年版,第48页。

相见符同尸状,及不为用心检验,移易轻重增减尸伤不实,定执致死根因不明者,正官杖六十,首领官司杖七十,吏典杖八十。仵作行人检验不实符同尸状者,罪亦如之。因而罪有增减者,以失出入人罪论,若受财,故检验不以实者,以故出入人罪论。赃重者,计赃以枉法各从重论。在我国清代也有相同规定。①

第三节 勘验、检查、辨认、侦查实验等笔录的种类

勘验、检查、辨认、侦查实验等笔录主要有以下几种:

一、现场勘验笔录

对案件发生的现场进行勘察、检验的专门活动,称为"现场勘验",又称"现场鉴识",是常见而重要的勘验形式。有论者言:"犯罪现场在收集为控诉所必需的证据方面发挥着重要作用,犯罪现场的清晰图片能够向法庭和陪审团清楚显示证据的事实情况。现场的外在情况应当以证人、检察官、律师、陪审团和法官能够看得清楚的形式加以呈现和记录。刑事侦查的历史表明那些起诉失败的案件之所以不成功,原因在于犯罪现场没有被立即准确记录下来。因此,在任何物品被改变、移动或者损坏之前进行准确、客观记录十分关键。"②

现场勘验笔录是在对现场进行勘验活动中形成的对于犯罪现场所作的实况记录,一般由现场文字记录、现场绘图和现场照片三部分组成。内容包括对现场人员、现场保护情况、勘验起始时间、现场提取物证书证等情况的记录,勘验人员和见证人应在笔录上签名或者盖章。现场勘验笔录并不是记述越详细越繁琐为好,突出与案件有关的情况即可,记述太芜杂反而使现场与案件有关的重要情况被湮没了,现场中的细节可以借助照片、录像等加以呈现。

二、尸体检验笔录

尸体检验是对尸体进行尸表检验或解剖的专门活动,目的在于确定死因和死亡时间、致死工具、固定和提取有关证据。在涉及他杀的案件中,尸体检验十分重要,宋慈曾言:"狱事莫重于大辟,大辟莫重于初情,初情莫重于检验。盖死生出入之权舆,幽枉屈伸之机括,于是乎决。"③**尸体检验笔录**是对尸体进行检验而形成的对于尸体所作的实况记录,内容主要有:检验时间、地点,死者衣着情况,无名死者的体貌特征和随身物品的情况,尸体的外表,伤痕的大小、形状、位

---

① 徐朝阳著:《中国诉讼法溯源》,商务印书馆1933年版,第52—57页。
② Harry Söderman & John J. O'Connell, *Modern Criminal Investigation*, Funk & Wagnalls Company, 1952, p.110.
③ 宋慈著,高随捷、祝林森译注:《洗冤集录译注》,上海古籍出版社2008年版,第1页。

置,提取血、尿、胃肠内物质或者内脏情况等。检验人员(如侦查人员、法医或者医师)和见证人应在笔录上签名或者盖章。

三、物证检验笔录

物证检验是对收集到的物品和痕迹进行检查和验证,以确定该物证的外在特征、存在状态和物质属性以及与有关案件事实存在的关系的专门活动。物证检验笔录是对物证进行检验从而形成的对物证的性质、特征、存在状态等的实况记录,内容包括物证的来源、检验的时间地点、物品特征;必要时还应绘图或者拍照并附于卷中;检验人员和见证人应在笔录上签名或者盖章。

四、人身检查笔录

人身检查是对犯罪嫌疑人、被告人、被害人的人身进行检验、观察,以确定其人身特征、生理状态或伤害情况的专门活动。人身检查笔录是对被害人、犯罪嫌疑人等的人身进行检查从而形成的对人身某些特征、伤害情况、生理状态等的实况记录。

五、辨认笔录

辨认笔录是公安司法人员安排并主持,由被害人、犯罪嫌疑人或者证人对犯罪嫌疑人、被告人或者与犯罪有关的其他人以及物品、文件、尸体、场所进行识别所作的实况记录。辨认笔录记载的是辨认时间、地点、辨认活动的主持者和参与者(包括辨认人等)以及辨认经过和辨认结果,辨认的结果可以作为证据使用,该结果的证据能力取决于辨认活动是否依法和依辨认规则进行。

六、侦查实验笔录

侦查实验是为了验证在某种条件下某一事件或现象是否发生、过程及后果如何,在与案件相同的条件下实验性地重演该事件的专门活动。**侦查实验笔录是对在与案件相同的条件下实验性地重演该事件的专门活动以及结果作出的实况记录**。古时已有类似当今侦查实验的做法,例如,《折狱龟鉴》有一则故事:"张举,吴人也。为句章令。有妻杀夫,因放火烧舍,称火烧夫死。夫家疑之,乃取猪二口,一杀之,一活之而积薪烧之。活者口中有灰,杀者口中无灰。因验尸口,果无灰也。鞫之服罪。"[①]为查明死后焚尸还是生而焚死,不可以人实验,遂想到以猪相验。此法的确清楚揭示生死火焚之征象不同,张举可谓善于鞫狱者也。

---

① (宋)郑克著:《折狱龟鉴》卷八,商务印书馆 1937 年,第 94 页。

第四节　勘验、检查、辨认、侦查实验等笔录的特征

勘验、检查、辨认、侦查实验等笔录是一种独立的诉讼证据，它与物证、书证和鉴定意见有明显的区别：

一、勘验、检查、辨认、侦查实验等的主体和对象具有特定性

勘验、检查、辨认、侦查实验等活动的主体只能是公安司法人员，主要是侦查人员。检察人员和审判人员只有在必要的情况下才进行勘验、检查。其他机关或者个人无权进行勘验、检查。勘验、检查的对象是场所、物品、尸体、人身等，对象是特定的。辨认的对象是与案件有关的人或者物，包括对犯罪嫌疑人、被告人或者与犯罪有关的其他人以及物品、文件、尸体、场所等，这决定了辨认是有特定诉讼法律意义的活动。侦查实验的内容具有特定性，是在与案件相同的条件下实验性地重演某一事件的专门活动，这决定了该项活动笔录内容的特定性。

二、勘验、检查、辨认、侦查实验等笔录通常被认为客观性较强

由于勘验、检查、辨认、侦查实验等活动是公安司法机关的一项专门活动，公安司法机关不像诉讼当事人那样与案件有直接利害关系（检察机关虽处于诉讼原告地位，但毕竟不同于被害人及其亲属），有条件本着法制原则和公益原则进行诉讼活动，恪守客观义务（侦查人员和检察人员）或者中立立场（审判人员），他们进行的勘验、检查、辨认、侦查实验等活动往往较为客观、公正，形成的笔录一般也具有较强的客观性和证明力。当然，如果勘验、检查工作不细致，记录粗糙，也会存在不少问题，需要认真进行审查判断，不能盲目采信。

三、勘验、检查、辨认、侦查实验等笔录有别于物证

勘验、检查、辨认、侦查实验等笔录属于广义的"物证"即实物证据，但不同于狭义的物证。勘验、检查、辨认、侦查实验等笔录可能记载有关物证的情况，但它并非物证本身，只是反映物证的情况和保全物证的一种方法。它不是在案发中形成的，而是在案件发生后由公安、司法工作人员制作的。物证则是在案件发生过程中使用或者形成的各种物品、痕迹。

四、勘验、检查、辨认、侦查实验等笔录有别于书证

勘验、检查、辨认、侦查实验等笔录虽然以其内容来证明有关案件事实，似乎与书证的证明机理相同，但它与书证存在本质的差别。书证一般形成于案件发生之前或发生过程中，收集、提供者具有多元化特征，既包含公安司法人员，也包

含当事人、证人等。勘验、检查、辨认、侦查实验等笔录则形成于案件发生之后，其制作者具有特定性，是公安司法人员。

五、勘验、检查、辨认、侦查实验等笔录有别于鉴定意见

勘验、检查、辨认、侦查实验等笔录与鉴定意见制作者不同：勘验、检查、辨认、侦查实验等笔录制作者是公安司法人员，而鉴定意见的制作者是鉴定人。勘验、检查、辨认、侦查实验等活动和鉴定活动运用的方法也不同：勘验、检查、辨认、侦查实验等活动是运用感官或器材直接观察和测量，只是一种观察和记录；鉴定意见是运用鉴定人的专门知识对某种特定事物进行鉴别、分析后所得出的一种判断，属于"意见证据"。

第五节 勘验、检查、辨认、侦查实验等笔录的证据价值

在诉讼活动中，勘验、检查、辨认、侦查实验等笔录值得重视，不仅因为它们是公安司法人员制作并通常具有类似物证、书证的客观性，而且因为它们在诉讼中有着如下价值：

一、勘验、检查、辨认、侦查实验等笔录是对现场、证据等情况或者辨认、侦查实验等活动过程与结果进行实况记述，发挥着获得案件信息固定证据和确定某些事实的作用

勘验、检查笔录是由案件最初形成的证据衍生出来的新证据，它通过对公安司法人员对与案件有关的场所、物品、人身、尸体进行勘验、检查情况的实况记录，起到客观记录现场、物品、人身、尸体等情况的作用，对有关情况以文字描述、摄影或者绘图等方式进行固定，通过这些记录发挥证明作用，对于证明案件中物证等的来源、揭示案件某些事实发挥着重要作用。辨认笔录、侦查实验笔录是对辨认、侦查实验活动的实况记录，确认某人或者某物是否是与案件有关的特定人或者特定物，需要借助于辨认活动，辨认结果具有揭示待确认的人或物是否与案件事实有关进而确认案件事实的作用。侦查实验笔录是确认某一过程、特定状态及其产生结果是否符合案件特定情况而形成的，侦查实验活动可以通过对照某一过程、状态和由这一结果产生的结果进而确认案件事实，在侦查中具有重要而独特的作用。

二、勘验、检查、辨认、侦查实验等笔录揭示某些证据所含有关案件的信息

案件发生以后，案件发生时呈现的事实虽然消逝，但与案件有关的场所、物品、人身、尸体却可以附载有关案件的信息，对于这些信息载体不但要通过现场

勘验进行收集、固定和提取,而且对获取的物品和发现的尸体也有必要进行勘查、检验和辨认甚至侦查实验活动揭示其是否属于与案件有关特定人或者物或者如何造成死亡、受伤以及损害等特定结果,对某些案件的犯罪嫌疑人、被告人、被害人的人身进行检查、测量,这些活动能够揭示某些证据所含有的有关案件的信息并通过笔录的形式运用于诉讼当中,有时对于正确处理案件发挥着不可取代的作用。

三、勘验、检查、辨认、侦查实验等笔录是确认勘验、检查、辨认、侦查实验等活动合法性的重要手段

勘验、检查、辨认、侦查实验等活动是一项严肃的侦查活动或者司法活动,关系到案件事实的发现和证据的收集、固定、提取、认定,与案件的诉讼过程的推进或者终结以及最终的处理结果干系很大,勘验、检查、辨认、侦查实验等权力行使不当也会损害个人自由权利或者败坏社会善良风俗乃至造成社会危险性(如侦查实验不当就有这样的危险),在这个过程中必须严格遵守法律、司法解释和有关规定,做到合法、客观公正地进行。对于进行过的勘验、检查、辨认、侦查实验等活动的基本情况和参与勘验、检查、辨认、侦查实验等活动的人员,都要清楚准确地加以记录,形成的记录一方面起到证明案件事实的作用,另一方面也对勘验、检查、辨认、侦查实验等活动的合法性起到制约作用,使有关机关、没有参与进行勘验、检查、辨认、侦查实验等活动的其他人(如律师)通过这些笔录了解勘验、检查、辨认、侦查实验等活动的情况,确认这些活动的合法性。

第八章 视听资料、电子数据

任何事物都不会发生两次……

——希姆博尔斯卡

第一节 总　　说

　　一定的音响、活动影像和图形可以依技术设备和载体加以记录和储存。其中,录音机和录像磁带可以记录和储存一定的图形、活动影像和音响,电子计算机和电子磁盘可以记录和储存一定文字、图形、活动影像和音响。录音磁带、录像带、电影胶片、电子计算机或者电子磁盘存储的资料,通过使用录像设备、录音设备、电影放映机予以播放或者解读,可以使记录和储存的作为证明案件事实的音响、活动影像、图像得以重现,从而使待征事实得到证明。上述**以录音磁盘、录像带、电影胶片、电子计算机或者电子磁盘存储的内容作为证明案件事实的音响、活动影像和图形**,统称为"**视听资料、电子数据**"。在三大诉讼法中,"视听资料"的称谓有待斟酌。有论者认为,这个命名并不妥当,因为其他证据种类皆根据证据的性质、特征命名,"视听资料"却从人的感觉角度命名,与其他证据的定名标准不一致,不如称这类证据为"音像资料"来得恰当。

　　从载体上看,电子、音像资料中的声音、图像、数据、信息是以声、光、电、磁及其粒子形式存在的,这种声、光、电、磁及其粒子必须通过音像技术设备还原成可以视、听的资料。**视听资料、电子数据主要包括录音资料、录像资料、电影资料和电子计算机储存的资料。**

一、录音资料

　　通过录音设备记录的、储存一定音响并用以证明案件事实的录音磁带,为录音资料。录音设备是运用声学、电学、化学、机械学等方面的科学原理制成的专用设备,通过它可以把各种声音如实记录下来,然后经过播放使记录下来的声音得以再现。

　　司法中之录音资料,包括法庭外形成之录音资料与法庭内形成之录音资料两大类。法庭外形成之录音资料包括:

　　1. 由公安司法机关录制形成之录音资料,如公安机关或者检察机关进行监听录制的录音资料，讯问犯罪嫌疑人以及询问被害人或者证人录制的录音资料。

2. 私人或者公安司法机关以外单位录制形成之录音资料，如订立合同双方将谈判过程中的谈话录制下来形成录音资料等。

法庭内形成之录音资料，是指用录音设备将法庭审判活动录制下来形成之录音资料。对于法庭活动过程，传统上采取笔录形式加以记录，法庭录音是记录法庭活动采取的较新的方法。

二、录像资料

录像设备摄录的储存各种影像并用以证明案件事实的录像磁带，为录像资料。录像设备是运用光电效应和电磁转换原理制成的。通过它可以将一定的活动影像如实记录下来。人们可以用录像机等播放设备将录像资料还原成像，看到生动逼真、连续活动的过程及其背景，从而了解与案件有关的事实。"由于近来摄影机之普及，利用录影机拍摄录影带之情形，益见普遍。民间之录影，多具有纪念性，如为结婚、祝寿或旅游而为之录影，但亦有非纪念性者，此多为准备作为证据之用者"，例如，嫌疑人之现场行为或银行、超级市场安装的监控设备录制的录影带。① 近年来智能手机和多功能电子产品在大众日常生活中普遍应用，使得可用于诉讼证明的录像资料越来越多，"随手拍"成为社会中的常见现象和录影存像的一句口号，诉讼证明的新手段应用的空间得到拓展。

司法中之录像资料，包括法庭外形成之录像资料与法庭内形成之录像资料两大类。法庭外形成之录像资料包括：

1. 由公安司法机关录制形成之录像资料，如公安机关或者检察机关进行监视录制的录音资料，讯问犯罪嫌疑人以及询问被害人或者证人录制的录像资料等。

2. 公安司法机关以外单位或者私人录制形成之录像资料，如商家在营业场所安装监控设备将一般营业活动和突发事件等录制下来形成录像资料等。

法庭内形成之录像资料，一般是指用录像设备将法庭审判活动录制下来形成之录像资料。对于法庭活动过程，传统上采取笔录形式加以记录，法庭录像为记录法庭活动提供了新的方法。

三、电影资料

通过电影摄影机摄录的储存各种影像和声音的电影胶片或者电子载体，为电影资料。电影的制作和播放主要根据的是视觉存留原理，当使用照相和录音手段把外界事物的影像以及声音摄录在胶片或者电子载体上后，人们可以通过

---

① 蔡墩铭著：《刑事证据法论》，五南图书出版公司1999年版，第195页。

放映和还音,在银幕上造成活动影像并发出声音。

电影资料在如今司法活动中应用已属罕见。我国电影制作单位以外的机关单位和私人有电影摄制设备的(包括家庭电影摄制设备),未曾闻之,一般人谈到电子、音像资料时忽略电影资料,不无原因。

四、电子计算机或者电子磁盘储存的资料

电子计算机或者电子磁盘作为载体,储存在其中,并用以证明案件事实的各种信息,即为电子计算机或者电子磁盘储存的资料。运用计算机的储存功能,可以将需要保存的信息编制成一定的程序,通过输入装置输入到主科学系统的中间处理机,对信号进行识别分类处理,将电能转变为磁能固定在软盘中。需要时人们可以通过输出系统指令计算机从储存的数据系列中检索所需要资料,使终端显示器显示出文字或者图像。对于电子计算机或者电子磁盘储存的资料,有学者将其区分,分别称之为"电脑软体证据"(computer data)和"网路网页证据",后者包括一般网页、广告网页、电子邮件、电子广告栏等。①

总之,视听资料、电子数据表现为含有一定科技成分的载体。证据都是由一定的证据内容(与案件存在关联性的事实)和一定的证据形式构成的。与其他证据种类相比,除鉴定意见含有较高的科技成分外,视听资料含有其他证据一般不具有的极高的科学技术成分。鉴定意见的科技成分主要体现在鉴定过程中和鉴定意见上;视听资料、电子数据体现在记录信息的设备上,如录像设备、电影摄影设备和计算机程序等,都具有高度的科学技术成分,而且记录、储存和播放的过程也是使用高科技设备进行的带有明显科学技术运用性质的过程。同时,作为证据内容的载体,如电子计算机、电子磁盘也是科学技术的产物。

第二节 视听资料、电子数据的起源和司法应用

视听资料、电子数据是现代科学技术的产物。对所处的外部世界和人类自身的奥秘的发现,使人类逐渐对自己的命运有所把握,并创造一切条件改善自身的生存。视听资料、电子数据,就是在这个过程中产生出来的。

在17世纪,牛顿首次发现在人的视网膜上的形象不会立即消失这一现象,这一发现打开某些音像、电子资料发明之门。1822年,法国的约瑟夫·尼埃浦斯拍出第一张原始照片。1824年,英国的彼得·马特·罗格特在伦敦公布了视觉暂留理论。1839年,照相和洗印方法得到发明。1888年,美国的乔治·伊斯曼发明了胶卷,并于1894年与爱迪生一起合作制成"活动电影视镜"。1895年,

---

① 蔡墩铭著:《刑事证据法论》,五南图书出版公司1999年版,第209、213—215页。

法国的卢米埃尔兄弟制造出能将影像放映在白色幕布上的电影机,电影发明遂告完成。1884 年,德国的保罗·尼普科夫发明了电视机械扫描盘,为电视技术的发明奠定了基础。1956 年,美国的安培(Ampex)公司推出第一代磁带录像机,是重达数百磅的庞然大物。同年,日本的索尼(Sony)公司推出了"小格式"录像机,开始了"视频革命"。1971 年,索尼公司推出 3/4 英寸盒式磁带录像机,1974 年又开发出便携式 3/4 英寸盒式磁带录像机。便携式录像机更轻、更小、更通用,个人用户极大增加,录像技术走入千家万户,这也为音像资料在诉讼中的广泛应用创造了条件。由这个过程可以知道,电影的发明早于电视,电影是最先发明出来的音像资料。录音技术的发明也晚于电影。20 世纪 30 年代,光学录音方法得到大量应用。40 年代以后,磁性录音技术才大行于世。

  电影摄制放映设备、录音技术和录像技术得到发明以后,人们将原来"方生即死"、不能保存的音响、活动影像完整记录和储存下来,再利用这些设备加以重现。在诉讼中,记录和储存下来的与案件有关的音响、活动影像能够发挥出确认案件事实的功能,发挥为其他证据无可取代的独特作用。

  当代科学技术的进步,当得起"突飞猛进"四个字。人类跨进了数字时代,电脑和电脑网络技术的发展和普及令人目不暇给,电子证据也随之成为诉讼中常见的证据种类。如今以电子计算机和电子磁盘记录、储存、分析和传送与案件有关的事实信息,成为常见的保全和运用证据的手段。

  在诉讼中,视听资料、电子数据虽属新的证据种类,但在诉讼中的应用仍可追溯到几十年前。例如,早在 1946 年 5 月 3 日开始举行的正式、公开庭讯的远东国际军事法庭审判活动中,检察官方面为了证明日本为进行侵略战争进行准备,提出了一部名为《非常时之日本》的影片作为证据。法庭接受了这一证据并在审判大厅当众播放。在审理日军暴行的时候,检察官方面还提出一部名为《明朗生活之俘虏》的影片,用以证明日本的虚伪欺骗宣传。1946 年 6 月 22 日《申报》报道云:

> 远东国际法庭今天上午应日籍辩护人清濑之请求,上演画片戏《日本在战斗中》,由画片戏协会长佐佐木加以说明。所谓画片戏仅属大型连环图画,各国代表均热情观看。演毕,清濑即起立猛诘该戏是否以英美为敌。次由日本电影公司职员中井宣读其口供录,谓该公司曾陆军者命令,制作许多宣传影片,尤其是《圣战》一片,强调中国之贫困不安,表示拯救中国乃日本之义务。此外许多影片,宣传九·一八事变后日本在中国东北之立场系属正当,表示统治亚洲以致统治全世界乃日本之使命,其代表作品为《非常时日本》。下午放映《非常时日本》一片,被告荒木一见八字须之本人,以日旗为背景,放大出现于银幕上,即转移视线偷窥审判长魏勃之表情,旋即

仰视天花板。该片音影模糊,兼因英译不完全,改明日再放。①

在德国举行的纽伦堡审判中,同样使用了记录德国纳粹集中营惨状的电影作为证据。

视听资料、电子数据是当今许多国家广泛采用的证据,但外国立法鲜有将电子、音像资料规定为独立的证据种类者,一般将该类证据归入某一传统证据种类,如将电子、音像资料纳入实物证据(physical evidence)、非文书类证据(non-documentary evidence)等。例如,《俄罗斯联邦刑事诉讼法典》第69条虽然细致列举了证据的种类,包括证人证言、被害人的陈述、犯罪嫌疑人的陈述、刑事被告人的陈述、鉴定人的意见、物证、侦查行为和审判行为的笔录及其他文件,却没有将视听资料、电子数据单列为一项独立的证据种类。所以,有关实物证据或者非文件类证据的收集、审查判断和采纳的规定,一般都适用于视听资料、电子数据。

看一些国家关于电子、音像资料的立法与理论,以下几个方面的内容值得注意:

将视听资料、电子数据的制作与监听结合在一起加以规定。在一些大陆法系国家的刑事诉讼法中,有专门条款对视听资料、电子数据的制作作出规定。从法律规定的内容看,视听资料、电子数据的制作往往与有关监听的规定合而不分。

在法国,预审法官有权作出监听与录制电话谈话的决定,为了实施这一决定,预审法官和由预审法官指派的司法警察官员,可以请求任何属于电讯部长监督的部门或机构的有资格的工作人员提供帮助,或者要求任何经营电讯网的经营者的工作人员提供帮助,以安装必要的监听与录制设备。《法国刑事诉讼法典》第1004条第2款规定:每一次监听与录制活动,都要制作笔录,写明监听日期、起始时间。笔录要归入诉讼案卷。录制的全部材料都应当封存。笔录与记录件应交给受审查人的辅佐人审核,诉讼辅佐人可以在通常交换证据材料时进行这种审核,尤其可以在讯问受审查人时进行核对。如果有必要,特别是当有关当事人提出要求时,如当事人否认录制的电话交谈是其本人的声音,则打开这些封存件,进行审核。该法第97条第4款规定了开启封存件的条件。如果当事人进而受到追究,经录制的谈话可以作为证据,以证明犯罪事实以及所采取的措施是正确的。法国学者卡斯东·斯特法尼等人认为:"经录制的谈话不得作为证明并不包括在法官受理之案件范围内的轻罪的证据。"如果预审法官确信当事人没有犯罪行为,或者从录制的谈话看,不可能对当事人进行任何审查,那么,就有一个录制件的问题。该法第1006条规定,由共和国检察官负责,在公诉时效

---

① 原载1946年6月22日《申报》,转引自曹群主编:《东京审判——庭审旧闻》,上海书店出版社2007年版,第123页。

期限届满时,将录制件销毁。销毁录制件应制作笔录。①

  意大利的做法与法国相似。《意大利刑事诉讼法典》第三章"收集证据的方法"中专门规定了"谈话或通讯窃听"一节,其中规定:在涉及武器和爆炸物等一系列犯罪中,允许对谈话、电话和其他形式的电讯联系进行窃听,窃听由法官决定,当存在重大犯罪嫌疑并且为进行侦查活动必须实行窃听时,需要采取附理由命令的形式给予批准。在保存在公诉人办公室窃听工作的各项命令,并注明每次开始和结束的时间。公诉人亲自进行窃听工作或者通过一名司法警察进行窃听。该法第 268 条规定:"1. 对被窃听的通话应当录音,并将有关工作记入笔录。""7. 法官决定完整地整理需调取的录音,遵循为开展鉴定工作而规定的程序、方式和保证。整理出的材料并入为法庭审理而准备的卷宗之中。""8. 辩护人可以得到上述材料的副本,并且要求转录磁带上的录音。"该法第 269 条还规定:"笔录和录音完整地保存在作出窃听决定的公诉人那里。"一般情况下,录音保存到判决不再可能受到上诉之时。但当诉讼不需要有关材料时,关系人可以为维护其隐私权要求曾经批准或者认可窃听工作的法官将其销毁。销毁工作经法官决定后在法官的监督下进行,销毁工作的情况要记入笔录。如果窃听是在法律允许的情况以外进行的或者未遵守法律所作的限制性规定,产生于上述窃听活动的材料不得加以使用。

  德国刑事诉讼法典在第八章"扣押、监视电信通讯、扫描侦查、使用技术手段、派遣秘密侦查员、搜查"中,对视听资料作了更为广泛的规定。该法规定:(1)对于具有拒绝作证权的人员或者机构(编辑部、出版社、印刷厂、广播电台)、所保管的文书、录音载体、录像载体、数据载体、图片载体以及其他资料,不准扣押。当有权拒绝作证的人具有共犯或者包庇、藏匿犯人、赃物罪嫌疑,或者物品是以犯罪行为获得的、施行犯罪时使用的、计划用来施行犯罪行为的或者来源于某犯罪行为的时候,不适用这一限制,但必须由法官决定。(2)在侦查重大犯罪行为时,一般允许对有犯罪嫌疑的人的个人情况与其他数据进行排查,以便排除无犯罪嫌疑的人,确定需要进一步侦查的对象。为了这一目的,数据存储部门应当从数据库中分调出排查所需数据,向追诉机关传送。对于排查、传送数据,只允许由法官决定,在延误就有危险时也可以由检察院决定。检察院决定后,应当毫不迟疑地提请法官确认。(4)在采取其他方法进行侦查将成果甚微或者难以取得成果的情形下,不经当事人知晓,允许录像。对于实施某些犯罪的特定人员,在以其他方式不能或者难以查明案情、侦查被指控人居所的情况下,允许实施窃听和录制非公开的言论。

---

① 〔法〕卡斯东·斯特法尼等著:《法国刑事诉讼法精义》,罗结珍译,中国政法大学出版社 1999 年版,第 583—584 页。

在我国，视听资料、电子数据虽然被诉讼法列为新的证据种类，并不意味着它们都是近年来才应用的诉讼证据。早在1981年，我国最高人民法院在审判林彪、"四人帮"案件中就曾使用音像资料，给旁听人士留下深刻印象的是在特别法庭审判过程中使用江青进行煽动性演说的现场录音作为控诉证据。只是在那个时候，诉讼法尚未将这类证据列为独立的证据种类，人们根据它与物证和书证有某些类似之处，将其视为物证或者书证。

视听资料、电子数据究竟应归为物证、书证、人证还是独立证据？蔡墩铭在谈到录音带的证据归类时指出：录音带"可能被认为是物证（录音带本身），但亦有可能被认为是书证（录音内容之译文），但亦有可能被认为是人证（证人或被告供述之录音），实难以判断。因录音或录音带兼有数种传统证据方法之特征，是以将其作为……独立证据方法，较为妥当"①。随着音像、电子设备的广泛应用，特别是家用音像设备、电脑在社会的普及，诉讼中使用视听资料、电子数据作为证据成为司空见惯之事。当前，许多案件已经广泛使用音像、电子设备和视听资料、电子数据进行诉讼；在某些特定案件中，如制造、贩卖、传播淫秽物品案件的审判中，涉及银行取款事实的案件中，音像资料更是关键证据。由于视听资料、电子数据有着自身特点，在诉讼中的应用也越来越频繁，因此我国现行之三大诉讼法先后将其列为独立的诉讼种类。

第三节 视听资料、电子数据的应用前景

作为法律上一种新的证据种类，视听资料、电子数据在诉讼活动中得到广泛运用，这是由该类证据具有的不同于其他证据种类的自身优点决定的：

一、准确性和逼真性

电子、音像资料在形成过程中一般不受录制人、操纵者或者其他人主观因素的影响，从而避免了对案件事实的歪曲。只要收集的对象本身没有差错，录制设备没有故障，录制的方法得当，录制的音响、图像、储存的数据和其他信息资料就能够准确地反映与案件有关的事实，失真的可能性很小。视听设备能够直接记录现实世界的人和事物的空间面貌和各种音响，可以逼真地反映人和事物的各种状态、运动和发展，再现人和事物的声音和色彩。对于已经发生的事实来说，视听资料、电子数据能够予以"还原"，而且这种还原生动逼真，这是其他种类的证据难以企及的。

---

① 蔡墩铭著：《刑事证据法论》，五南图书出版公司1999年版，第193页。

二、动态直观性

视听资料、电子数据为查明案件事实提供了直观的、动态的证明手段。视听资料、电子数据是在一定持续时间内对音像、活动影像进行的录制。它记录和储存的,一般是动态过程;当这个过程得到重现时,它既能够提供一定时间内的声音内容以及声音的变化情况,也能够提供有一定空间感的活动或者静止的影像。在缺乏相应的技术手段的情况下,事实正如音乐一样,是"方生即死"的。人们只能用语言将其重现出来,但这种重现不可能像实际发生的案件事实那样生动、具体和直观。一旦有了专门技术手段将案件发生过程的声音和影像记录下来,就为案件事实的生动再现提供了难得的载体,进而为准确揭示案件事实,迫使案件当事人进行如实陈述,提供了有力手段。

书证和物证也是直观的,但这种直观只是静态的直观,不具有动态性。视听资料、电子数据对人的声音进行录制,获得的电子、音像资料,既能反映说话人表达的思想内容,也能够反映说话人声音的语调、语速等的抑扬顿挫、刚柔急缓等特征。对人的行为进行的录像和拍摄,播放时通过不断变换的画面表现运动着的人或事物的特性,也可以将一个人活动的内容和过程直观地呈现在眼前。与传统证据相比,视听资料、电子数据具有明显优势,"无论物证或书证,对于案件之了解只属于静态性与片断性,但录音却不然,亦即在播放录音带时,可连续反映全部案件情况,显然具有连续性与整体性,对于案件之了解,颇有帮助,并有利于查明案情"①。录音带如此,录像带更是如此。

三、某些情况下的无可取代性

一些案件事实借助电子计算机而发生,需要以电子资料加以证明。例如,利用互联网进行诈骗、赌博、销赃、恐吓、诽谤,网上买卖枪支、毒品、淫秽物品,诸如此类借助电子计算机进行的犯罪,证据往往储存在电子计算机中,没有附载这些信息的电子资料,往往难以获得其他有力证据证实犯罪。经济活动也越来越多地借助互联网订立合同或者直接进行交易,**一旦发生纠纷,电子资料往往是举证不可或缺的"武器"**,重要性自不待言。

四、实现司法公正的新手段

对侦查、检察活动的主要或者重要内容以及审判过程进行录音、录像,不仅具有证明价值,而且也能够如实反映侦查、检察和审判活动是否依法进行。特别是在刑事侦查中,由于侦查活动通常实行密行原则,透明度不高,容易发生以刑

---

① 蔡墩铭著:《刑事证据法论》,五南图书出版公司1999年版,第192页。

讯、威胁、利诱或者欺骗等非法方法获取犯罪嫌疑人、被告人口供的行为，**在讯问犯罪嫌疑人、被告人的过程中进行全程的录音、录像，可以使侦查人员等的非法取证行为大为收敛**，进而保障侦查活动在遵守法律程序和规则的前提下进行。同样，对于审判活动的录音、录像，不但能够弥补庭审笔录记载的不足，而且也能够使审判活动的情况得到忠实记录，从而有利于防止司法专横，提高司法机关的公信力。

五、收集证据和法庭举证新方式

视听资料、电子数据应用于诉讼活动，对于多媒体等技术手段的普遍应用具有促进作用。**视听资料作为证据广泛应用，将促进证据收集手段的革新**，促使人们利用计算机、摄录机设备、电视监控系统、远程信号传输系统等科技手段，侦查犯罪和收集、储存、记录指纹、声纹、唇纹和与案件有关的人的活动等资料和情况。**视听资料、电子数据的应用，能够促进法庭举证方式的改革**，包括运用音像、电视、计算机等技术设备，播放记录与案件有关活动的电子、音像证据，使传统的举证方式发生变化，并实现远程作证。例如：

2001年5月10日，由河南省浚县人民检察院提起公诉的一起交通肇事案经过3次庭审后闭庭。这起交通事故发生在1999年3月4日，造成一辆两轮摩托车报废、驾乘人员一死一伤。案发后，涉嫌肇事的一辆绿色三轮摩托和一辆红色桑塔纳轿车均已离开现场。在事故勘验处理过程中，交通警察拍摄了几幅现场及实物照片，但因技术原因，照片图像有些模糊。交通警察部门依据现场文字记录认定肇事车辆为三轮摩托而不是桑塔纳轿车，但文字记录与照片不能相互印证。在浚县人民法院就此进行的前两次庭审中，三轮摩托车车主否认撞翻二轮摩托车的指控，辩称二轮摩托车保险杠、车把、前泥瓦上的绿漆是事后伪造的。他还以自己三轮摩托车左轮泥瓦上侧有红色漆痕为根据，称肇事车辆应是桑塔纳轿车。由于案件事实不清，法院经两次审理仍然不能作出判决。鉴于本案证据薄弱，检察机关决定利用计算机多媒体示证系统对现场和实物照片进行扫描和技术处理，对重点部位进行了放大。在第三次庭审中，公诉人以计算机多媒体示证系统进行了举证，通过大屏幕对现场和物证照片从整体到局部进行了展示，清晰直观地再现了案发现场及三轮摩托车撞击二轮摩托车时留下的绿色漆痕，并根据交通部门提供的现场勘查图和文字记录，用三维动画模拟出事故发生的全过程。面对高科技音像资料的逼真展示，三轮摩托车车主由起初的否认变得慌乱和惊愕，最后不得不如实陈述肇事经过。

视听资料、电子数据的制作、检验和播放，需要相应的技术人员、技术手段、技术培训加以配合,这就需要国家专门机关提高技术装备水平和对有关人员进行专门的技术培训,促使他们培养与视听资料、电子数据的制作、鉴别和播放有关的技术能力。我国目前多媒体技术在审判实践中的应用和推广已经具有一定的广泛性,这种现象与视听资料、电子数据在诉讼中得到越来越普遍、频繁的应用密不可分。

不过,也应看到:视听资料、电子数据是科学技术发展的产物,科学技术的进步为视听资料、电子数据的广泛应用和发挥证明作用提供了条件,同时视听资料、电子数据的收集和审查判断也需要依赖相应的科学技术。视听资料、电子数据容易被伪造、篡改,如录音带、录像带容易被消磁、剪辑,电子计算机容易感染病毒或者输出、输入数据被改变。视听资料、电子数据一旦被篡改、伪造,不借助科学技术手段往往难以甄别,因此,对于视听资料、电子数据的收集和审查判断,必须加大科技投入,提高科技水平。

录像证据在诉讼中的大量应用是新兴之事,围绕录像证据存在着一定的价值冲突,这种冲突往往不易解决。尽管如此,这并不意味着录像证据永远不能用于法庭审判,实际上录像是保存证言的最可靠的和精确的手段。对于录像证据存在的缺陷,一些判例进行了分析。在康贝尔·司道斯诉阿拉斯加州(Compare Stores v. State)一案中,使用录像证言被裁决为可补救的错误。理由是:以录像提供证言与同陪审团面对面提供证言存在明显的区别。录像带可能影响陪审团对于证人的行为举止和可信性的印象,这种印象对于陪审团裁决来说有时颇为重要。特别是,使用录像证据代替证人出庭,交叉询问制度难以应用,剥夺了诉讼当事人质证的权利,有损诉讼程序的公正性。基于这样的理由,对于录像证据的使用是有节制的。

在美国,对于某些案件(如儿童为被害人的性犯罪案件)和某些人(如年幼的被害人),录像资料可以被视为原始证据。1985 年美国诉宾德(the United States v. Binder)一案的裁决认为:录像证词"基本等同于真正的证人",而且这种证据与可以被重复播放的录音证词不相类似。该裁决还建议,如果陪审团要求对录像证据进行审查,需要准备一份文字的稿本并且该证词应当向陪审团宣读。1987 年南卡罗来纳州诉库坡(the State v. Cooper)一案中,该州提出一项审前动议请求依据南卡罗来纳州法律中指示法庭"慎重对待'特殊的'证人,必要时可以不公开或者使用录制音像进行审理"的规定给被害人录像。特殊的证人包括"被害人和年幼的证人"。法官随即同被害的孩子及其母亲进行谈话,那个孩子表示害怕见到被告人,她的母亲也认为她的孩子感到害怕,于是法官裁决该证词可以被录像并作为控方提出的原始证据在法庭上播放。

美国至少 22 个州制定了准许采纳性犯罪中被害儿童在庭审前的录像证言的成文法,在一些方面,这些成文法存在一定差异。一些州的法律要求在录像之前或者录像资料被使用之前应预先由法官作出裁决。例如,《加利福尼亚州陪审法》第 1346 条规定,对 15 岁或者 15 岁以下儿童的证言的初步审查可以被录像,如果在审判过程中法庭发现被害人进一步作证将会引起精神上的创伤,可以提出将该录像带作为证据。另有一些州,对于使用录像资料的一些程序上的细节作了详细规定,例如,哪些人必须出席录像活动,或者被告人须得到安排,使之能够看到和听到那个儿童作证。一些州的法律则规定,被告人及其辩护人有权对该儿童进行交叉询问。

由于英美国家实行判例法,不少判例或者涉及视听资料的这一问题或者涉及那一问题,英美证据法有关论述含有许多有价值的理论观点,内容丰富,难以备述。

第四节 讯问中的录音录像

刑事诉讼中人权保障问题深受瞩目,录音录像技术的发展和录音录像设备的普遍使用,为加强人权保障提供了新的方法。

在英国,内政部于 1991 年颁布了《录音实施法》,该法要求警察在讯问犯罪嫌疑人时必须同时制作两盘录音带。开始录音时,要说明被讯问人的姓名、讯问人和在场人的姓名和身份等情况。讯问结束,当即将其中一盘封存,封存标签上要注明录音的时间和地点,并由被讯问人签名;另一盘提供诉讼使用。如果当事人对于使用中的录音带提出异议,在法官的主持下,将封存的录音带调出,当庭拆封公开播放,以便与争议中的那盘进行比对。英国《录音实施法修正案》补充规定,除制作两盘录音带外,还要制作两盘录像带。录音带两盘,必须由同一录音机同时录制,均不允许拷贝。

《俄罗斯联邦刑事诉讼法典》第 141 条第 1 款对讯问时使用录音作了规定:讯问刑事被告人、犯罪嫌疑人、证人或者被害人时,根据侦查员的决定可以使用录音。经刑事被告人、犯罪嫌疑人、证人或者被害人的请求,也可以使用录音。侦查员使用录音,应在讯问开始以前通知被讯问人。录音应记录讯问的全部过程,不允许进行片断录音或者为了录取同一讯问过程中所作的陈述而故意重复录音。讯问终结后,应当向被讯问人完整播放录音。被讯问人对其陈述的录音的补充,也应录入录音带。录音结束,应由被讯问人声明确认其正确性。使用录音所得陈述应记入笔录。录音带应存入案卷,并在侦查终结后予以封存。在进行另外的侦查行为时,遇有播放陈述的录音的情形,侦查员应在这项侦查活动的笔录中进行记载。在法庭审理中,受审人的当庭陈述与侦查阶段的陈述存在重大矛盾、受审人拒绝在法庭上陈述或者受审人缺席的,可以播放此前所作陈述的录音,但应先宣读陈述的笔录。播放录音,应记入审判庭笔录。

这些措施,为合法取得嫌疑人的有罪供述提供了程序保障。

我国《刑事诉讼法》第121条规定:侦查人员在讯问犯罪嫌疑人的时候,可以对讯问过程进行录音或录像;对于可能判处无期徒刑、死刑的案件或者其他重大犯罪案件,应当对讯问过程进行录音或者录像。另外,录音或者录像应当全程进行,保持完整性。这里将案件分不同情况,分别使用了"可以"和"应当"来表明录音录像分别任意性录音录像和强制性录音录像两种。法条中使用"可以"一词,基于侦查机关提出并非所有案件办案人员都携带录音录像设备,一律要求录音录像不具备实施条件,故有此任意性录音录像规定。事实上,只要具备条件,都应当进行录音或者录像,方符合立法本意,只不过有条件录音录像而没有录音录像并不构成违法。另外,录音录像没有地点限制,只要进行讯问,就应当按照要求进行录音或者录像。不仅如此,录音或者录像要全程进行,即从讯问开始到结束必须不间断录制,不能从讯问过程中间开始录制也不能中断。录音或者录像的完整性要求录音或者录像不能剪辑、拼接、修改,保持原貌。

在我国,2012年《刑事诉讼法》再修改之前,一些公安司法机关为了规范办案行为,遏制侦查中侵犯人权的现象,或者为了防止翻供,对讯问犯罪嫌疑人的活动进行录音录像,甚至全面实行对讯问犯罪嫌疑人的活动进行录音录像制度。

实行录音录像制度,全国检察机关走在前列。最高人民检察院在2005年专门下发通知,决定在全国检察机关公诉部门逐步实行讯问犯罪嫌疑人录音录像制度。按照最高人民检察院的要求,对于职务犯罪案件和其他重大、疑难、复杂的案件以及敏感案件、社会关注的案件,侦查机关(部门)讯问犯罪嫌疑人未进行录音录像的,公诉部门讯问犯罪嫌疑人时,应当进行录音录像;侦查机关(部门)已进行录音录像的,公诉部门如认为必要,也可以进行录音录像。2012年最高人民检察院制定、颁布实施的《人民检察院刑事诉讼规则》(试行)对于检察机关实行录音录像制度进行了程序规范。

最高人民检察院《规则》(试行)对于检察机关自侦案件录音录像的要求高于《刑事诉讼法》的规定:"人民检察院立案侦查职务犯罪案件,在每次讯问犯罪嫌疑人的时候,应当对讯问过程实行全程录音、录像,并在讯问笔录中注明。"录音、录像由检察技术人员负责,特殊情况下经过检察长批准也可以由讯问人员以外的其他检察人员负责。按照最高人民检察院通知要求,录音录像应当全程、同步、连续进行;制作录音录像资料,应当经公诉部门负责人审批后,由检察技术人员、监管场所工作人员或公诉人员进行;录音录像时应当同步制作讯问笔录,使讯问笔录与录音录像内容一致;录音录像资料应显示讯问时间、讯问场景、讯问地点的温度和湿度,以及讯问人、录制人的姓名和法律职务等内容。最高人民检察院还以通知要求,录制开始时,公诉人员应当告知被讯问人;讯问犯罪嫌疑人过程中,需要出示书证、物证等证据的,应当场出示让犯罪嫌疑人辨认,并对辨认过程进行录音录像；讯问中止或结束，录制人员应当及时制作录音录像的相关说明，当场对录音录像资料施封，经被讯问人确认后，由讯问人员和被讯问人签名。

按照规定，检察机关办理自侦案件，制作录音录像资料要一式两份，一份存公诉部门作为诉讼备用，另一份交本院档案部门保存。录音录像资料的保存期限与案件卷宗保存期限一致，公诉部门对于所存录音录像资料应当逐件登记，由内勤人员统一保管。非办案部门或人员需要查阅讯问犯罪嫌疑人录音录像资料或录音录像资料需要公开使用的，须报请检察长决定。

对于随案移送的讯问犯罪嫌疑人录音录像或者人民检察院调取的录音录像，人民检察院应当审查相关的录音录像；对于重大、疑难、复杂的案件，必要时可以审查全部录音录像。

此外，最高人民检察院还对录音录像资料在庭审过程中的使用作出了详细规定：提起公诉时，录音录像资料应当在证据目录中注明，在法庭审理中，由公诉人根据具体情况决定是否出示；公诉人向法庭出示录音录像资料，应当概括说明录音录像资料所要证明的主要内容、制作情况；录音录像资料播放完毕，应当由被讯问人对播放内容进行确认。最高人民检察院《规则》（试行）第75条第2款规定在法庭对庭前讯问活动合法性调查中，"需要播放的讯问录音、录像中涉及国家秘密、商业秘密、个人隐私或者含有其他不宜公开的内容的，公诉人应当建议在法庭组成人员、公诉人、侦查人员、被告人及其辩护人范围内播放。因涉及国家秘密、商业秘密、个人隐私或者其他犯罪线索等内容，人民检察院对讯问录音、录像的相关内容作技术处理的，公诉人应当向法庭作出说明。"

公安部《规定》第203条复述了《刑事诉讼法》第121条规定，同时规定：对于"可能判处无期徒刑、死刑的案件"，应当理解为"应当适用的法定刑或者量刑档次包含无期徒刑、死刑的案件"。对于"其他重大犯罪案件"，应当理解为"致人重伤、死亡的严重危害公共安全犯罪、严重侵犯公民人身权利犯罪，以及黑社会性质犯罪组织、严重毒品犯罪等重大故意犯罪案件"。该条还要求"对讯问过程录音或者录像的，应当对每一次讯问过程不间断进行，保持完整性。不得选择性地录制，不得剪接、删改"。由于"可能判处无期徒刑、死刑的案件或者其他重大犯罪案件"以外的案件不属于强制性录音录像范围，"重大犯罪案件"又几乎被解释成"特别重大犯罪案件"，将其他案件付诸任意性录音录像，录音录像制度的实际应用取决于侦查人员的权力限制意识、人权保障意识和程序公正意识，在当前的执法状态和心态下，其应用范围有不免过窄之虞。

第九章　各种证据的收集与保全

事实并不因为被人们忽略就不存在。

——阿道斯·赫胥黎

第一节　物证、书证、视听资料、电子数据的收集与保全

物证、书证、视听资料、电子数据的表现形式都是实物,收集这类证据的主要方法是勘验、检查、搜查、扣押、复制、截取等。

一、通过勘验的方法收集与保全证据

在刑事诉讼中,勘验是一项重要的侦查活动。案件发生后,侦查人员赶赴现场,对与犯罪有关的场所、物品等进行勘验,以寻找、发现犯罪嫌疑人留下的痕迹、物品(包括物证、书证、电子资料、音像资料),并根据现场的情况作出判断。

现场是案件主要事实发生或者遗留有犯罪活动的主要证据的场所。任何人实施某一行为,一般都会在客观外界留下新的痕迹、物品,即使行为人事后对现场进行破坏和伪装,也往往会留下新的痕迹和物品。因此,对现场进行勘验,通常能够取得证明有关案件事实的证据,取得对调查案件有价值的线索。

进行现场勘验时,发现能够证明或者可能能够证明案件真实情况的证据的,应当采取相应的措施提取、固定;勘验人员应及时向现场可能了解有关案件情况的人进行调查访问,必要时制作证言笔录。新的科学技术方法有助于发现更多的线索和证据,例如,"英国有个刑事侦查学实验室发明了一种勘查现场的新方法,用这种方法甚至可以发现在地毯上留下的脚印。由于采用了激光仪器,能够测出许多小时以前游人走过的地毯上绒毛最细微的颤动。从仪器测得的图像上可以很清楚地看到脚印,这是因为受压的绒毛要经过很长时间才能挺直"[①]。

对于经现场勘验或者其他途径获取的物品、痕迹,一般需要进行检查和验证,以便确定该物品或者痕迹与案件事实是否存在关系、存在怎样的关系。进行物证检验一般需要由专门技术人员进行,因此需要指派或者聘请鉴定人进行鉴

---

① 〔苏联〕拉·别尔金著:《世界奇案新探》,李瑞勤译,外语教学与研究出版社1981年版,第172页。

定。物证检验的结果需要制成笔录,由参加检验的国家专门机关的人员、鉴定人和见证人签名或者盖章。

对文件的物理性质进行检验,属于物证检验的范畴。这项检验的目的在于确定文件纸张的质地、老化破损程度等,从而确定它与案件事实是否存在关系、存在怎样的关系。如通过纸张的物理变化或者油墨的化学变化,判断书写的时间等与案件有关的事实以及证据的真伪。如古时司法中的一例:"江某郎中知陵州仁寿县,由洪氏尝为里胥,利邻人田,绐之曰:'我为若税,免若役'。邻人喜,划其税归之,名于公上逾二十年。具伪券茶染纸类远年者,以讼。某取纸伸之,曰:'若远年纸,里当白。今表里一色,伪也。'讯之果服。"[1]当然,文件的检验并不限于这些,文件检验的一项重要内容是笔迹鉴定,通过比对,得出该文件是否为某人书写的结论。这些检验的结果若作为证据使用,往往需要由有鉴定资格的人进行专门鉴定。

对于非正常死亡者的尸体,需要进行尸表检验或尸体解剖,以确定死亡原因和时间,判明致死的工具、手段和方法。这项工作由有关单位、个人指派或者聘请法医或者医师进行。尸体检验的结果需要制成笔录,由参加检验的国家专门机关的人员、鉴定人和见证人签名或者盖章。

在刑事诉讼中,解剖尸体和开棺验尸,须经县级以上公安机关负责人批准,并须通知死者家属到场,让其在"解剖尸体通知书"上签名或者盖章。死者家属没有正当理由拒不到场或者拒绝签字、盖章的,不影响解剖尸体和开棺检验,但应当在通知书上注明。对于已经查明死因、没有继续保留必要的尸体,应当通知家属领回处理,对于无法通知或者通知后拒绝领回的,经县级以上公安机关负责人批准,可以及时处理。

二、通过检查的方法收集与保全物证、书证、视听资料、电子数据

在刑事诉讼中,检查的目的主要是为了确定被害人、犯罪嫌疑人或者被告人的某些特征、伤害情况或通过人身检查发现与犯罪有关的物证、书证、视听资料、电子数据。对被害人、犯罪嫌疑人或者被告人进行人身检查,必须由侦查人员进行。必要时也可以在侦查人员的主持下,聘请法医或者医师进行。对于犯罪嫌疑人或者被告人进行人身检查,应征求其本人的意见,不得强制实施。检查妇女的身体,应由女工作人员或者医师进行。人身检查的情况,应当制作笔录,由侦查人员和进行检查的法医或医师签名或盖章。

---

[1] 郑克原著,孙一冰、刘承珍译:《白话折狱龟鉴》,警官教育出版社1994年版,第297页。

三、通过搜查的方法收集与保全物证、书证、视听资料、电子数据

搜查行为关系到公民人身权利、财产权利和居住安全，只能由公安司法人员实施，其他任何机关、团体和个人都无权进行搜查。任何单位和个人，都有义务按照公安司法机关的要求，交出可以证明犯罪嫌疑人有罪或者无罪的证据（既包括物证，也包括书证、视听资料、电子数据），拒绝交出的，侦查机关可以依法强制提取。搜查必须严格遵守法律程序和要求：

1. 除侦查人员在执行逮捕、拘留同时或者遇有紧急情况外，搜查必须出示搜查证，否则被搜查人可以拒绝搜查。这里的"紧急情况"是指下列情况之一：（1）可能随身携带凶器的；（2）可能隐藏爆炸、剧毒等危险物品的；（3）可能隐匿、毁弃、转移犯罪证据的；（4）可能隐匿其他犯罪嫌疑人的；（5）其他突然发生的紧急情况。遇有上述情形之一时，不用搜查证也可以进行搜查。

2. 搜查时，应当有被搜查人或者他的家属、邻居或者其他见证人在场。

3. 搜查妇女的身体，应当由女工作人员进行。

4. 搜查情况应当制作笔录，由侦查人员和被搜查人或者他的家属、邻居或者其他见证人签名或者盖章。被搜查人在逃或者他的家属拒绝签名、盖章的，侦查人员应当记明笔录。

四、通过扣押收集与保全物证、书证、视听资料、电子数据

在扣押、截取、复制等活动中，扣押发生侵犯公民权利的可能性和严重性较大，因此必须遵守下列法律程序和要求：

1. 扣押物证、书证、视听资料、电子数据必须由法律授权的人（如侦查人员、检察人员、审判人员）实施，扣押如果不是在与勘验、搜查等活动同时进行的，进行扣押的人员应当出示有效证件，表明身份。

2. 扣押的范围仅限于查明与案件有关的具有证据意义的物证、书证、视听资料、电子数据，对于与案件无关的物品、文件，不得扣押。

3. 对于扣押的物证、书证、视听资料、电子数据，应当会同在场的见证人查点清楚，当场开列清单，写明物品或者文件的名称、编号、规格、数量、重量、特征等，由有关人员签名或者盖章，持有人及其家属在逃或者拒绝签名、盖章的，扣押人应当在扣押清单上注明。

4. 需要扣押邮件、电报时，应经过公安机关或者检察机关批准通知邮电部门检交扣押。

5. 公安机关、人民检察院必要时可以依照规定查询、冻结犯罪嫌疑人的存款、汇款，但不得予以划拨，也不能重复冻结。

6. 对于扣押的物品、文件必须妥善保管或者封存，不得使用、毁损或者

丢弃。

《刑事诉讼法》对于查封、扣押、冻结的当事人的财物及其孳息的保管和处理作出了专门规定。按照这一规定，公安机关、人民检察院和人民法院对于扣押、冻结的犯罪嫌疑人、被告人的财物及其孳息，应当妥善保管，以供查核。任何单位和个人不得挪用或者自行处理。对被害人的合法财产，应当及时返还。对违禁品或者不宜长期保存的物品，应当按照国家有关规定处理。对作为证据使用的实物应当随案移送，对不宜移送的，应当将其清单、照片或者其他证明文件随案移送。人民法院作出的判决生效以后，对被扣押、冻结的赃款、赃物及其孳息，除依法返还被害人的以外，一律没收，上缴国库。司法工作人员贪污、挪用或者私自处理被扣押、冻结的赃款、赃物及其孳息的，依法追究刑事责任；不构成犯罪的，给予处分。

五、当事人或者其他人主动提交

在诉讼活动中，当事人或者其他人主动向有关机关提交自己所掌握、收集或者发现的证据，是普遍的现象。当事人主动提交证据，是因为案件的诉讼过程与处理结果和自己有切身的利害关系，所以积极提交有利于自己的证据。提交这些证据固然是当事人的权利，但在民事诉讼中，当事人往往基于证明责任，为避免败诉后果的发生而提交证据。一般公民主动提交证据，原因多种多样，有的是基于公民的责任感提交证据，有的是基于与案件当事人存在亲情、友情或者好恶关系等原因提交证据。

刑事诉讼实行国家干预原则，证据由公安机关、人民检察院主动收集与保全。被告人不承担证明自己无罪的责任，但被告人基于辩护权，在掌握有利于己的证据的时候，会主动提出证据，辩护人为了维护当事人的利益，也会主动收集证据并提交给法庭。被害人与案件有着利害关系，往往积极地向公安机关、人民检察院、人民法院提供有利于己的证据。被害人的诉讼代理人为了维护被代理人的利益，也会主动收集并提供证据。一般公民、机关、团体、企事业单位对于自己发现和掌握的能够证明犯罪或者洗刷冤屈的证据，常常主动向公安机关、人民检察院和人民法院提供，这是履行公民或者单位对于国家、社会的义务的行为。

在民事诉讼中，当事人承担证明责任，如果承担证明责任的一方当事人不能主动履行提出证据的责任或者提出的证据不能达到法定的证明标准要求，就可能承担败诉后果。在败诉风险形成的压力下，有关当事人必须积极主动地收集和提交证据。当事人履行证明责任的方式，既包括主动提交证据，也包括提交证据线索——当事人举证有困难的时候，可以提供证据线索，请求法院依职权调取证据。法院在审理过程中发现公民或者单位掌握有关证据的，可以不待当事人申请，主动依职权调取。

在行政诉讼中,作出具体行政行为的行政机关承担证明责任,如果不履行证明责任或者提出的证据不符合法定的证明标准,就会招致败诉风险。因此,要获得胜诉,该行政机关应当主动提出证据。人民法院在审理案件的过程中,有权要求当事人提出或补充证据,并有权向有关行政机关以及其他组织、个人调取证据。原告不承担证明责任,但对于自己掌握的有利于己的证据会主动提出,以维护自己的权益。

当然,当事人和当事人以外的其他人收集、提交的证据不限于物证、书证和视听资料,也包括证人证言等其他证据。

六、制作

进行录音、录像等制作活动,是获得视听资料、电子数据证据的常见方法。制作视听资料、电子数据是应用电子、录音、录像设备等发出指令、输入信息、对声音或者影像进行录制,从而形成可供法庭审判或者侦查、起诉活动使用的证据。制作视听资料、电子数据,有时是专门就特定陈述或者活动过程进行录音、录像或者记录,如对进行某一犯罪活动的人在犯罪场所进行活动的过程进行录像,对某一证人提供证言的陈述进行录音、录像或者记录;有时将有关设备固定安置在某一地方,对不特定的人和活动进行了连续录音、录像,以便发生与案件有关的事实或者出现某些特定的人时取得他们的声音或者影像,以便以后在确认有关案件事实时,提供证据。

第二节 当事人陈述与证人证言的收集与保全

在刑事诉讼中,当事人陈述包括犯罪嫌疑人、被告人的供述与辩解、被害人陈述;在民事诉讼中,当事人陈述包括原告、被告所作的陈述,也包括第三人所作的陈述;在行政诉讼中,当事人陈述为原告与被告所作的陈述。当事人陈述与证人证言都属于言词证据,收集方法有许多共同之处,但由于不同当事人以及证人在案件中的角色不同、与案件诉讼过程和诉讼结果的利害关系不同,在收集与保全上述各种证据时也各有其自身特点。

一、收集当事人陈述与证人证言的共同要求和方法

收集当事人陈述与证人证言,有如下要求和方法:

1. 隔别询问。无论讯问犯罪嫌疑人、被告人,还是询问被害人、证人,除对质或者法庭调查时当事人当场陈述外,一般都要求隔离开来、个别进行,不允许以类似座谈会的形式进行集体回忆、集体陈述或者作证。这是因为当事人陈述和证人证言的内容是当事人或者证人自己了解、感知的事实,从这个意义上说,

是高度个性化的，如果当事人陈述和证人作证不是隔别进行的，往往互相"启发"、影响，从众心理会使正确感知了案件事实的人违背自己的记忆作出陈述，造成发现案件真实情况的困难，降低当事人陈述与证人证言的证明力。

2. 获取当事人陈述与证人证言之前，尽量熟悉案情，有案卷材料的，应当认真阅读案卷材料，以便在询问或者讯问时及时发现陈述和证言之间存在的矛盾之处或者与已经发现的事实的矛盾之处，做到把握全局、突出重点地进行询问和讯问，提高询问与讯问的质量和效率。

3. 初步获取当事人陈述与证人证言时，应当让当事人和证人连贯地、充分地进行陈述，然后向其提出问题，保证询问和讯问的客观性和公正性，防止先入为主。特别是在刑事诉讼中，在第一时间讯问犯罪嫌疑人时应允许其进行充分的陈述或者辩解，不能以"有罪推定"的习惯粗暴地打断其不合己意的陈述，使犯罪嫌疑人的辩解权被剥夺，这正是造成侦查工作失误、酿成冤错案件的原因。

4. 讯问、询问当事人或者证人，应当制作笔录。笔录应当如实记载提问、回答的内容和在场人员。讯问或者询问完毕后，应当将笔录交给被讯问者或者被询问者阅读；没有阅读能力的，应当向他宣读。被讯问者或者被询问者认为记录有遗漏或者有差错，有权提出补充或者改正。被讯问者或者被询问者认为记录没有错误的，应当签名或者盖章。进行询问或者讯问的人也应在笔录上签字。

5. 询问或者讯问应当依法进行，禁止使用暴力、胁迫、利诱、欺骗等非法方法进行询问或者讯问，也不允许唆使提供虚假陈述或者证言。按照联合国制订的国际刑事司法准则，不被强迫自证其罪是被刑事追诉者的一项重要权利，属于人权的一部分。享有不被强迫自证其罪的特权就意味着，以暴力或者公开的威胁获取任何自白的行为都是被禁止的。另据自白任意性规则，使用暴力、胁迫、利诱、欺骗等非法方法获取的自白因不具有任意性而应被法庭排除，不能用作定案的根据。证人没有义务陈述可能导致自己有被定罪量刑危险的事实或者出示这样的文件，但他必须向法庭起誓说明他的回答具有这样的效果，并由法庭加以确认；一旦法庭确认证言确实具有可能导致该证人有定罪量刑危险之虞时，证人就实际享有拒绝自证其罪的特权。按照我国法律规定，对于国家专门机关的人员侵犯当事人或者证人诉讼权利的，当事人或者证人有权提出控告；刑讯逼供和唆使提供虚假陈述和证言构成犯罪的，应当依法追究其刑事责任。

6. 不得进行诱导性询问或者讯问。诱导性询问或者讯问就是在问题中含有期待对方回答的内容、可以使对方接受暗示提供询问者或者讯问者期望得到的答案。由于诱导性询问或者讯问有时具有影响证言或者陈述的客观性的不良作用，在诉讼中遇有此种情形应加以禁止。不过，不是所有的诱导性询问或者讯问都有这种不良作用，对于不影响证言客观性，如被询问者或者被讯问者的年龄、职业、住址等事实，不一定禁止针对这些事实进行诱导性询问或者讯问。另外,诱导性询问或者讯问是对提供言词证据的人进行质证的常用方法,在法庭上,诉讼一方对另一方当事人或者证人等进行质证时,允许进行诱导性询问或者讯问,但对于本方当事人和证人,则一般不允许进行诱导性询问或者讯问。因此,是否允许进行诱导性询问或者讯问,还要看这种诱导是否有害于陈述或者证言的真实性,对于有害于陈述或者证言真实性的诱导性询问或者讯问,应当严格加以禁止。

7. 询问或者讯问聋哑当事人或者证人,应当有通晓聋、哑手势的人在场翻译,并将这种情况在笔录上注明;对于不通晓当地通用语言文字的,询问或者讯问时,应当有翻译人员参加。

二、收集当事人陈述与证人证言的特别要求和方法

因当事人或者证人的角色不同、与案件利害关系不同,又因当事人陈述和证人证言具有不同特点,因此询问或者讯问当事人及证人也有一些特殊要求,包括:

(一) 讯问犯罪嫌疑人、被告人

在侦查和审查起诉阶段,讯问犯罪嫌疑人,必须由公安机关、人民检察院的侦查人员负责进行,法律规定以外的其他任何机关、人员都无权行使这项职权。

讯问的时候,侦查人员不得少于两人。

对于不需要拘留、逮捕的犯罪嫌疑人,可以传唤到犯罪嫌疑人所在市、县内的指定地点或者他的住处进行讯问,但是应当出示公安机关或者人民检察院的证明文件。

对于已拘留、逮捕的犯罪嫌疑人,必须在拘留、逮捕后的24小时以内进行讯问。犯罪嫌疑人被送交看守所羁押以后,侦查人员对其进行讯问,应当在看守所内进行。也就是说,侦查人员提讯在押的犯罪嫌疑人,应当填写提讯证,在看守所进行讯问,看守所外进行讯问取得的供述属于非法证据,按照最高人民法院的司法解释规定,这种供述不具有证据能力。

讯问未成年的犯罪嫌疑人,应当通知其法定代理人到场。《刑事诉讼法》第270条第1款规定:"对于未成年人的刑事案件,在讯问和审判的时候,应当通知未成年犯罪嫌疑人、被告人的法定代理人到场。无法通知、法定代理人不能到场或者法定代理人不能到场或者法定代理人是共犯的,也可以通知未成年犯罪嫌疑人、被告人的其他成年亲属,所在学校、单位、居住地基层组织或者未成年人保护组织的代表到场,并将有关情况记录在案。到场的法定代理人可以代为行使未成年犯罪嫌疑人、被告人的诉讼权利。"

在审判阶段,对被告人进行讯问主要在法庭调查阶段,被告人就起诉书指控的事实发表意见后,由公诉人讯问被告人。被告人已经承认或者部分承认起诉

书指控的犯罪的,公诉人应当首先让他供述实施犯罪的全部事实和过程,然后就犯罪的时间、地点、过程、结果等事实要素一一讯问。被告人否认指控的犯罪事实的,或者其陈述与侦查、审查起诉时的陈述不一致的,公诉人应当有针对性地提出问题。公诉人讯问后,被害人、附带民事诉讼的原告人、控方诉讼代理人、辩护人,经审判长许可可以向被告人发问,或者请求审判长向被告人发问。在公诉人讯问被告人以及其他诉讼参与人对被告人发问之后,审判人员可以根据需要讯问被告人。

(二) 询问证人

询问证人,应当告知对方必须如实提供证据和有意作伪证、隐匿罪证要负的法律责任,同时也应当告知证人依法享有的诉讼权利,保证证人及其近亲属的安全。对于保证证人及其近亲属的安全,《刑事诉讼法》作了概括性规定。

侦查人员、检察人员对证人进行询问,应当出示公安机关、人民检察院的证明文件。

询问证人,应当为证人提供如实、充分提供证据的条件。询问证人,可以到证人所在单位或者住处进行,也可以通知证人到公安机关、人民检察院作证。询问证人地点的选择,应当有利于获取证言、方便证人作证。证人在侦查阶段不愿公开自己的姓名和作证行为的,应当为其保守秘密。

为使未成年人如实提供证言,询问未成年的证人,应当通知其法定代理人到场,询问地点也可以选在未成年人熟悉和习惯的环境。

在民事诉讼中,单位了解有关案件情况的,应当由单位的法定代表人、负责人代表单位作证。这种做法,刑事诉讼和行政诉讼中也可以借鉴。如果单位作伪证,有关责任人应承担法律责任。至于单位是否应承担责任以及如何承担责任,需要进一步研究。

(三) 询问被害人

询问被害人适用询问证人的方法和程序。

此外,由于被害人是刑事诉讼的当事人,与案件的处理结果有直接的利害关系,询问时应当注意被害人的特点。既要考虑他可能与犯罪人有直接的接触,能够提供具体详细的受犯罪侵害的过程和犯罪人的情况的证言;也要考虑他与案件的处理结果有直接利害关系,对犯罪痛恨的个人情感因素和追求对犯罪人严厉处罚结果的心态,可能导致其证言有夸大不实的成分。因此,既要认真听取其证言,也要注意其陈述是否忠实于案件实际情况。

对于询问中了解的被害人隐私,应当为其保守秘密。

(四) 询问民事诉讼和行政诉讼中的当事人

当事人通常是发生争议的法律关系的主体,亲身经历了发生纠纷的法律事实,对这些事实了解得最清楚。因此,符合客观实际的陈述具有较高的证明价值。由于当事人与案件诉讼过程和诉讼结果都有利害关系,趋利避害的理性使其愿意披露甚至夸大有利于己的事实,隐瞒或者缩小不利于己的事实,因此陈述虚伪的可能性很大,收集此类证据时必须加以认真鉴别。因此,人民法院对当事人的陈述,应当结合本案的其他证据,审查确定能否作为认定案件事实的根据。

第三节 鉴定意见的形成

鉴定意见证据的收集与保全需要通过指派或者聘请鉴定人并由鉴定人进行鉴定、提供鉴定意见来实现。

鉴定人必须是对所需鉴定的问题具有专门的科学技术知识的人。在刑事诉讼中,公安机关、人民检察院和人民法院指派或者聘请鉴定人。当事人可以申请公安机关、人民检察院或者人民法院指派或者聘请鉴定人,也可以自行委托有鉴定资格的人员进行鉴定。在民事诉讼、行政诉讼中,人民法院有权指派或者聘请鉴定人。当事人可以申请法院指派或者聘请鉴定人进行鉴定,也可以自行委托有鉴定资格的人员进行鉴定。《民事诉讼法》第76条规定:"当事人可以就查明事实的专门性问题向人民法院申请鉴定。当事人申请鉴定的,由双方当事人协商确定具备资格的鉴定人;协商不成的,由人民法院指定。当事人未申请鉴定,人民法院对专门性问题认为需要鉴定的,应当委托具备资格的鉴定人进行鉴定。"该条确立了当事人申请鉴定的先行协商制度,协商不成再由人民法院指定,这一规定目的在于减少鉴定引起的争议。

指派或者聘请鉴定人的机关应当为鉴定人提供必要的条件,包括及时向鉴定人送交检材和对比样本,明确提出需要鉴定解决的问题,介绍与鉴定有关的情况。

指派或者聘请鉴定人进行鉴定的机关,不得暗示或者强迫鉴定人提供某一预定的鉴定意见,鉴定人也不应趋奉这种暗示或者屈从这种压力。

在我国刑事诉讼中,虽然司法过程隐含着理智清醒的推定,但并没有规定由辩护方承担证明被告人患有精神病的责任。遇有怀疑犯罪嫌疑人、被告人患有精神病的案件,公安司法机关主动交付司法精神病学鉴定,体现了查明有关案件事实的职权作用。例如,"12·28南海特大杀人案"发生后,南海公安局警员对犯罪嫌疑人黄文义进行讯问,发现黄文义的精神状态很不稳定。警方在询问时,问一句话,黄文义很长时间都没有反应,后来的情况是"今天承认是我杀人,明天又说不是我杀的",说话反复无常,有点啰唆。警方怀疑黄文义有精神障碍,遂邀请专家对黄文义进行了精神病学鉴定。2月6日,警方曾带四五个专家来找黄文义亲属,向他们询问关于黄文义的一些情况,以及案发前黄文义的精神状况,比如案发前黄文义的行为方式是否表现异常;专家还详细询问黄文义的家属有没有精神病史,得知黄文义父辈祖辈没有精神病史。2月26日,警方聘请的鉴定专家提供的鉴定意见为:"被鉴定人黄文义案发时,处于待分类的精神障碍疾病期,对此次危害行为评为限制责任能力。"由于《刑法》第18条规定:精神病人在不能辨认或者不能控制自己行为的时候造成危害结果,经法定程序鉴定确认的,不负刑事责任。这一鉴定意见经审查判断被认可后将意味着,对黄文义这样不能辨认和控制自己行为的人是不用负法律责任的。[①]

第四节　勘验、检查、辨认、侦查实验等笔录的形成

在刑事诉讼中,勘验、检查、辨认、侦查实验等是重要的侦查措施,勘验、检查、辨认、侦查实验等笔录通常为侦查人员和检察人员制作;在法庭审理过程中,合议庭对证据有疑问的,可以宣布休庭,通过勘验、检查等方法调查核实证据。在民事诉讼、行政诉讼中,勘验笔录的制作包含两种情形:一是人民法院根据当事人的申请而制作;二是人民法院在认为必要时主动依职权制作。

勘验的条件和要求包括:

1. 保护现场。由于现场容易因人为或者自然的原因遭受破坏,及时保护现场是取得良好勘验效果的基本条件。

我国《刑事诉讼法》规定,任何单位和个人都有义务保护犯罪现场,并且立即通知公安机关派员勘验。这为侦查人员收集能够证明案件情况的痕迹、物品,发现破案线索,进而查获犯罪嫌疑人、查明案件事实,提供了便利。

在民事诉讼、行政诉讼中,有关单位和个人接到人民法院的通知后,有义务保护现场和协助勘验,以免现场因自然或者人为原因被破坏而造成证据灭失或者情况变化。

2. 及时到场勘验。发现现场,有关机关应当立即派员到场进行勘验。勘验时,应当持有有关机关的证明文件,如在刑事诉讼中,公安机关进行现场勘验时,应当持有"刑事犯罪现场勘查证"。

3. 指派或者聘请具有专门知识的人进行勘验。勘查除由有勘查权的机关派出的人员进行外,必要时还可以指派或者聘请具有专门知识的人在指派或者聘请机关的人员的主持下进行。

4. 邀请见证人到场。为了保证勘验依法进行,应当邀请与案件没有利害关系的人在场,见证人一般为两个。又如在民事诉讼、行政诉讼中,人民法院对同民事、行政纠纷、争议有关的场所进行实地查看、检验时,应当邀请当地基层组织

[①] 广东佛山灭门案疑凶被鉴定为精神障碍疾病,载 http://www.sina.com.cn,最后访问日期:2007年3月4日。

或者当事人所在单位派人参加。当事人或者当事人的成年亲属应当到场,拒不到场或者中途退场的,不影响勘验的进行。

5. 勘验情况应制成笔录。从事侦查、检察、审判等活动的国家专门机关的人员、法医或者医师等参加勘验的其他人员和见证人都应当在笔录上签名或者盖章。勘验笔录的制作,以文字记载方式为主,以拍照、摄影、测绘、绘图等方式为辅。在刑事诉讼中,侦查人员进行现场勘验,应当按照现场勘查规则的要求制作"现场勘验笔录"和现场图。

辨认以列队辨认和照片辨认较为常见,列队辨认的"目的就是看一看证人能否从一群人中挑出他所说的在先前特定的场所见过的人(如果这个人在其中的话)"。照片辨认是向当事人、证人出示一组照片,"目的是要看看证人能否从中挑选出他所说的在先前某一特定的机会所见到的人的照片"进行辨认,关键是"应采取一切预防措施防止任何不公正的怀疑和错误的辨认",对于列队辨认来说,要求"应当是并且看上去也是公正的,为此应采取一切预防性措施,特别是要避免不公正之嫌和错认之嫌,一定要平等地对待受辨认的全体人员而不能有意地把证人的注意力特别引到嫌疑犯身上"。① 在我国,辨认需要遵守如下程序和要求:

1. 侦查阶段的辨认应当由侦查人员主持进行。对犯罪嫌疑人进行辨认,应由侦查机关或其部门的负责人批准。

2. 辨认前,侦查人员应当告知辨认人有意作假辨认应负的法律责任,并向辨认人详细询问辨认对象的具体特征,但应当防止辨认人见到辨认对象,以免使辨认人先入为主,影响辨认结果的可靠性。

3. 辨认时,侦查人员应当聘请见证人在场。

4. 几名辨认人对同一辨认对象进行辨认时,应当由个别进行,以避免辨认人互相影响,保证辩解结果是辨认人各自独立识别的结果。

5. 辨认时,侦查人员应当将辨认对象混杂在其他对象中让辨认人辨认,而且不得给予辨认人任何暗示。辨认犯罪嫌疑人时,被辨认的人数不少于7人(公安机关)或者5人(人民检察院);对犯罪嫌疑人照片进行辨认时,所提供的照片,不得少于10张(公安机关)或者5张(人民检察院)。

6. 对犯罪嫌疑人的辨认,辨认人不愿意公开进行时,可以在不暴露辨认人的情况下进行,侦查人员应当为其保守秘密。

7. 注意辨认中可能的错误。辨认中的错误也是经常发生的。对于人的感知能力、记忆能力和表达能力不能抱有过分夸大的态度。对于辨认结果的真实性,应当抱有理性的怀疑。

---

① 〔英〕大卫·巴纳德著:《诉讼中的刑事法庭》,王国庆译,中国人民大学法律系诉讼法教研室1985年印,第93页。

辨认的过程和结果,应当记入笔录,由侦查人员、辨认人、见证人签名或盖章,并注明时间。

侦查实验是一种特定的侦查行为,要求遵守一定的程序和要求,包括:

1. 侦查实验应当经县级以上侦查机关负责人批准,并由侦查人员负责进行;在进行侦查实验时,应当邀请见证人在场;如果需要某种专门知识,应当聘请有关专业人员参加。必要时,也可以要求犯罪嫌疑人、被害人、证人参加。公安机关进行侦查实验,可以商请人民检察院派员参加。

2. 侦查实验既可以在现场勘验过程中进行,也可以单独进行。

3. 侦查实验的条件应与原来的条件相同或相似,并且尽可能对同一情况重复实验,以保证侦查实验的科学性和准确性。

4. 进行侦查实验,应禁止一切足以造成危害、侮辱人格或者有伤风化的行为。

侦查实验应当制作笔录,写明实验的目的、实验的时间和地点、实验的条件、实验的经过和结果、实验的人员和见证人。侦查实验笔录应由进行实验的侦查人员、其他参加人员和见证人签名或者盖章。侦查实验中拍摄的照片、绘图应附入侦查实验笔录。

附录　主要证据规则一览表

规则名称（别称）	引申规则	主要内容	适用范围	补注	索引
关联性规则（相关性规则）		具备关联性的证据才具有证据能力，不具备关联性的证据不具有证据能力	所有的证据	摩根称该规则为证据规则中唯一无例外的规则	
	品格证据规则	一个人的品格或者品格特征的证据在证明这个人于特定环境下实施了与此品格相一致的行为问题上不具有关联性	关于被告人品行好坏的证据；被害人、证人等的品格好坏的证据	这一规则存在例外	
非法证据排除规则（合法性法则）		以非法搜查、扣押等手段获得的实物证据不具有证据能力	物证、书证等实物证据	这一规则存在多项例外	
	"毒树之果"规则	以非法搜查、扣押等手段间接获得的证据不具有证据能力	非取证手段间接获得的证据		
原始证据优先规则（原始证据规则）			所有的证据		
	最佳证据规则		书面文件、记录和照片，其中包括文件、X光、电影和录像带。一般不包括物证	也有人称该规则为"原始证据规则"。这一规则存在多项例外	

（续表）

规则名称（别称）	引申规则	主要内容	适用范围	补注	索引
	传闻证据规则（传闻法则）		证人证言等言词证据	这一规则存在多项例外	
外部证据规则（口头证据规则）		存在书面契约、遗嘱、契据以及其他正式文书的，不允许提出口头证据变更、增加或缩减其法律上的效果，尤其不得提出口头证据来表达制作人意思	适用于试图变更增减文书效果的口头证据和书面证据（属于书证以外的证据，属于书证的外部证据）	这一规则存在多项例外	
意见证据规则		事实证人只能就他们感知的事实提供陈述，而不能提供从这些事实得出的推断，但专家证人可以被要求就他们有着特殊知识的艺术或者科学事项提供证言	适用于事实证人提供的证言	这一规则存在例外：任何证人都可以被要求对于许多非技术性的事项提出他们的意见，只要他不能以其他方式提供这样的证据	
自白任意性规则（自白法则）		嫌疑人、被告人自愿作出的自白才具有证据能力	自白		
补强证据规则		某些证据被认为存在弱点，必须与其他证据合并提出	一般为言词证据，包括被告人口供、不经宣誓的儿童证言、性犯罪中女性被害人的陈述等		

下编　诉讼证明

主人把牛喂了个饱
喂的东西嘛

都是
草

我们把牛放倒
我操起七寸尖刀
扑哧一声扎进去
那么大的牛肚被翻开
里面的东西嘛

真是
草

——南人:《宰牛》

第一章 证 明

> 任何一门学科的主要存在理由便在于其解决实践问题的能力。与这个能力越是疏远,这样的学科便越会丧失其存在理由,便越具有"文字游戏"的色彩。①
>
> ——张国清

第一节 证明定义与两种证明观

在证据法学中,"证明"是一个基础概念,也是有着特定法律含义的概念。我国通行的证明定义与外国及我国民国时期、现在的港澳台通行的证明定义存在较大差异,反映出两种不同的证明观。要不要更新我国诉讼中证明的概念,是一个需要斟酌的问题。

一、我国通行的证明定义

我国证据法学有若干淆乱不堪的概念,即便最基本的概念也不可免,"证明"便是其一。在这里,不妨节取若干证明定义来选样观察:

1. 证明乃司法机关之诉讼行为。有学者认为:"诉讼证明是指司法机关在当事人、诉讼参与人参加下,依据查证属实的证据资料,按照法定程序,查明案件事实和有关事实的诉讼活动。"②

2. 证明乃司法机关或当事人之诉讼行为。有学者认为:"刑事证明是指司法机关或当事人依法运用证据阐明或确定案件事实的诉讼活动。"③还有学者认为:"刑事诉讼证明是指司法人员或当事人依法收集、审查判断和运用证据,确认犯罪是否发生、谁是犯罪分子、罪责轻重以及其他有关案件事实的活动。"④按上述定义,证明是一种诉讼活动,其内容是"依法运用证据阐明或确定案件事实",或者"依法收集、审查判断和运用证据,确认犯罪是否发生、谁是犯罪分子、

---

① 张国清:《希望的哲学和哲学的希望》,载〔美〕理查德·罗蒂著:《后形而上学希望》,黄勇编,张国清译,上海译文出版社 2003 年版,第 5 页。
② 裴苍龄:《证据法学新论》,法律出版社 1989 年版。
③ 巫宇苏主编:《证据学》,群众出版社 1987 年版,第 77 页。
④ 崔敏、张文清主编:《刑事证据的理论与实践》,中国人民公安大学出版社 1992 年版,第 70 页。

罪责轻重以及其他有关案件事实",证明的主体既包含司法机关也包含当事人,亦即司法机关运用证据确定案件事实的诉讼活动,也同当事人依法运用证据阐明案件事实的诉讼活动一样,都属于证明。

3. 证明乃认识过程的本质部分。这类定义乃前述定义的一种变体,有学者给"证明"下定义云:"诉讼中的主体凭藉某种手段或方法,认识案件事实,认识应予适用的法律规范,从而作出有约束力的判断,这便是诉讼的全部内容,而这个过程的本质部分就是证明"①。这个定义将证明看做是认识以及在认识的基础上作出的判断(这个判断是否也是认识的一部分?)的"本质部分",但"本质部分"究竟何意,含糊不清,让人看了,还是难以把握证明到底是什么。

4. 诉讼证明是根据已知的真实事实来确定未知事实的活动。

二、国际通行的证明定义

许多国家也将"证明"用作法律术语,但它的通行含义却与我国通行者有异。试看下面选样:

1. Y. A. 马丁如此解释"证明"(proof):"以使法院满意的方式证实一件事实的存在或不存在的手段,包括证词、书面证据、事实的推定和司法认知的事实。"②这里的"证明"与"证据"同义,前文已述,姑且不论。

2. 奥斯本(Osborn)这样解释"证明"(proof):"当法院满意地认为某一事实为真实,则可以说该事实得到了证明。得到这一结果所依靠的证据被称为证明。"③

3. 日本松冈义正诠释"证明"云:"证明(beweis)者,即使审判官对于某种事实之真否具有完全确信之作用也。"④我妻荣等解释"证明"一词说:"一般地说,指明确某种情况和命题是准确无误的。诉讼上,以使审判官确信争执事实之有无的当事人努力(举证),并且据此,审判官得到确信的状态,谓之证明。"⑤兼子一、竹下守夫在《民事诉讼法》中亦云:"要作出裁判,法官必须对认定为判决基础的事项取得确信,这是一个原则。而达到这种确信状态时,就叫做该事项已被证明。当事人为了得到证明而提出证据的努力叫做举证或立证。"⑥

当然,在有些国家也有从其他角度为"证明"作出诠释者,如日本学者土本武司云:"根据过去事实的痕迹的证据,我们按照经验法则,以既然留有此痕迹

---

① 江伟主编:《证据法学》,法律出版社1999年版,第44页。
② 〔英〕Y. A. 马丁:《牛津法律词典》,蒋一平等译,上海翻译出版社1991年版,第391页。
③ Osborn, *Concise Law Dictionary*, 1937, 251.
④ 〔日〕松冈义正著:《民事证据论》,张知本译,洪冬英勘校,中国政法大学出版社2004年版,第13页。
⑤ 〔日〕我妻荣等著:《新法律学辞典》,董璠舆等译,中国政法大学出版社1991年版,第501页。
⑥ 〔日〕兼子一、竹下守夫著:《民事诉讼法》,白绿铉译,法律出版社1995年版,第101页。

就一定存在过此事实的形式,推论出现在不能直接感知的过去的历史事实。即是以'如果有 A 痕迹,那么一定发生过 B 事实'的形式来推论的。……在此意义上,当该推论为社会一般人所认同时,透过该推论而确认的事实便被作为曾存在过的事实。这种经由表现为痕迹的证据来推论某事实存在的活动,就是'证明'"①。这里的"证明"并非严格法律术语意义上的"证明",它与"发现""查明""认定"的区别显然是很模糊的。

三、我国民国时期和目前台湾地区通行的证明定义

我国民国时期也有类似定义,如:

郑竞毅、彭时《法律大辞书》云:"当事人提出证据方法使法院得生强固心证之行为,谓之证明。换言之,即凡使法院得极强之心证,信为确系如此者,曰证明。"②

吴学义《民事诉讼法要论》云:"为就某事实之真实与否,使法院得确信为目的。法律如无特别规定,当事人应举证之事实,应依证明之方法为之。""应遵守诉讼法规定之形式。"③

私立东吴大学《证据法学》云:"证明系指当事人提出关于实体法上系争事物之证据方法,使法院生强固心证之行为,而确认其事物为真实者。"④

目前我国台湾地区学者为"证明"所下定义与大陆民国时期所下定义并无二致,如林山田云:"乃使法院确信犯罪事实存在与否之过程,包括经由调查证据,并作证据评价,而获得心证,以作为判决依据之整个过程"⑤。

四、两种不同的证明观:当事人式证明和职权式证明

由上面列举的形形色色证明的定义,可以看到,**在证据法学中存在两种不同证明观,可以大别为当事人式证明观和职权式证明观(全景式证明观)两种**。这两种证明观主要区别在于:

(一) 前提不同

当事人式证明观内的"证明",以主张为前提,即古罗马法谚云:"谁主张,谁证明",主张者一般需要对自己的主张提出证据加以证明。**职权式证明观则将"证明"的前提设定为法律赋予的职权职责(司法机关)和诉讼主张(当事人)**,

---

① 〔日〕土本武司著:《日本刑事诉讼法要义》,董璠舆、宋英辉译,五南图书出版公司 2007 年版,第 293 页。
② 郑竞毅、彭时:《法律大辞书》,商务印书馆 1940 年版,第 2197 页。
③ 吴学义:《民事诉讼法要论》,正中书局 1947 年版,第 162 页。
④ 东吴法学丛书:《证据法学》,上海私立东吴大学法学院 1948 年发行,第 3 页。
⑤ 林山田:《刑事程序法》,五南图书出版公司 1990 年版,第 372—373 页。

除非当事人进行证明的部分,并不以诉讼主张为前提。

(二) 主体不同

证明涉及的一个问题是:谁来证明? 向谁证明? 当事人式证明观和职权式证明观就此作出的回答是不同的。前者认为由当事人(许多国家检察机关也是当事人)来证明,向法院证明;后者则由公安司法机关以及当事人来证明,当事人(以及在公诉案件的法庭审判中的检察院)是向法院进行证明(此所谓"他向证明"),公安司法机关收集、审查判断证据并在此基础上确认案件事实,则是证明给自己看的活动(此所谓"自向证明")。当事人式证明观无所谓"自向证明"。

(三) 内容不同

当事人式证明乃是提出证据证明自己的诉讼主张的诉讼活动;职权式证明有两方面内容:一是公安司法机关收集证据、审查判断证据以发现或者确认案件事实,二是当事人(以及在公诉案件的法庭审判中的检察院)提出证据证明自己的诉讼主张。国家专门机关收集证据和审查判断证据并非当事人式证明观下的证明内容。

(四) 后果不同

当事人式证明与胜诉或者败诉的后果相联系,证明是为了避免败诉后果、达成胜诉目的。职权式证明并不必然与胜诉或者败诉的后果相联系,公安机关和法院收集证据和审查判断证据的活动都无所谓胜诉或者败诉。

五、我国通行证明定义的成因

有论者指出,我国通行的证明定义之成因有二:一是"**与我国传统证据制度将证明活动完全等同于认识活动有关**",亦即:"把刑事证明等同于认识活动的结果,是将所有在发现案件客观真实过程中发挥作用的专门机关和诉讼参与人都纳入证明主体的范畴,从而得出公安司法机关及其办案人员、当事人以及诉讼参与人都承担证明责任的结论,并且认为刑事证明贯穿于侦查、起诉和审判各个阶段,证明目的是查明案件的客观真实,证明要求是'犯罪事实清楚,证据确实、充分',理论上概括为'客观真实'。可见,对刑事证明本质理解的片面性以及由此导致的证据制度理论基础的单一性,是刑事证明概念建构不合理的直接原因"。**二是与我国传统的诉讼结构有关**,"证据理论与诉讼结构之间是相互影响、相互依存的关系。我国传统诉讼结构是典型的线型诉讼结构,或者叫超职权主义诉讼模式,公、检、法三机关在刑事诉讼中分别是侦查阶段、审查起诉阶段和审判阶段的主导机关,查明案件的客观真实是三机关的共同任务,起诉和审判只是对侦查阶段、审查起诉阶段和审判阶段的主导机关,查明案件的客观真实是三机关的共同任务,起诉和审判只是对侦查阶段所查明的案件事实的核查和认定。

在这种诉讼模式下,诉讼呈现出典型的流水作业的特征。传统的刑事证明概念,与此种超职权主义的线型诉讼模式和公、检、法三机关分工负责、互相配合、互相制约的办案机制是相符合、相适应的"①。

事实上,我国通行的证明定义的成因,实为取法苏联法学之结果。且看苏联刑事诉讼法学教材为证明下的定义:

1. 贝斯特洛娃在《刑事诉讼》中谓:"为了要利用刑事案件的证据,法院及其协助机关应收集证据,研究证据并予以判断。法院与其协助机关这种对证据的收集、研究以及判断的活动,都称之为证明。"②

2. 蒂里切夫等在《苏维埃刑事诉讼》中亦云:"为了判明犯罪事件、犯罪人和案件的其他情况而进行的收集、审查和评定证据的活动叫做证明。"③

再对照我国诉讼法学通行的证明界说,便知其有所本了。

六、要不要更新证明的定义

有学者提出有必要重塑证明概念,云:"在证据法学领域,刑事证明的概念问题,堪称证据理论研究的重中之重。这是因为,刑事证明的概念如何界定,不仅直接涉及证明主体和证明客体的确定,而且与证明责任、证明标准等一系列重大证据理论问题均有着密不可分的联系。甚至毫不夸张地说,刑事证明的概念不但能够提纲挈领地勾画出某种证据制度的总体框架,而且可以折射出该种证据制度所体现的深层次价值理念。"然而,在我国,"奉为正统的刑事证明概念在理论上却存在着自身固有的不足与缺陷,从而制约了我国证据理论的深入与发展,并对我国诉讼制度特别是刑事诉讼制度产生了消极影响"④。

有学者进一步指出,**应基于以下理由更新我国证据法学关于证明的定义**:

1. **我国通行的证明定义与证据和诉讼的基本原理不协调**,"传统证据制度对于证明主体、证明对象、证明过程等基本要素的界定与现代证据理论及诉讼基本原理的要求不相协调,致使许多重要理论问题的研究因无法突破刑事证明概念所框定的藩篱而陷入难以自圆其说的尴尬境地,举证责任与证明责任这两个概念及其相互关系问题就是一个明显的例证"⑤。

2. **我国通行的证明定义不利于凸显审判与侦控职能的不同,也不利于厘清诉讼中不同角色及其作用**,"传统刑事证明概念中所体现的指导思想与价值理

---

① 卞建林主编:《刑事证明理论》,中国人民公安大学出版社2004年版,第5—6页。
② 〔苏〕贝斯特洛娃著:《刑事诉讼》,中国人民大学刑法教研室译,中国人民大学出版社1952年版,第40页。
③ 〔苏〕蒂里切夫等著:《苏维埃刑事诉讼》,张仲麟等译,法律出版社1984年版,第118页。
④ 卞建林主编:《刑事证明理论》,中国人民公安大学出版社2004年版,第2页。
⑤ 同上。

念,不可避免对诉讼制度产生直接或间接的影响,我国刑事诉讼的结构设计便充分体现了这一点……正是因为公、检、法三机关同为证明责任的承担主体,代表国家进行刑事诉讼,又是为了实现一个共同的诉讼目的,查明案件事实真相,将犯罪人绳之以法,才形成目前这种警检分工不分家、诉审关系密切化的线型诉讼结构。众所周知,现代诉讼构造的一个基本特征就是要求控、辩、审职能分离并由不同机构行使,而且行使不同诉讼职能的机构之间要形成相互制约的机制。我国刑事诉讼的现实模式显然与这一要求尚有很大距离"①。在我国,法院与侦控机关没有保持一种应有的疏离关系,原因是多方面的,不适当的证明观起到的是增强法院与侦控机关更加亲近的作用。

我国当前通行的证明概念混淆了"证明"作为一个特定的法律术语与"查明""探明"的区别,将侦查机关查明案件事实和法院依据职权对案件进行调查都归类为证明,造成诉讼证明概念的钝化、模糊化。在"证明"基础上形成的一系列概念——诸如证明责任、证明对象、证明主体等,也因"证明"一词的特定含义被模糊化而产生了混沌现象。以证明责任为例,"证明责任"本为解决审判过程中遇到事实真伪不明情况下解决谁提出证据、当不能提出证据或者不能提出充分证据的情况下解决谁承担败诉后果而提出的概念,将"查明""探明"也都纳入"证明"的含义,就使证明责任这一特定的含义和特定的制度功能变得模糊不清了。重新厘清"证明"的概念,复归源于古罗马司法传统的证明观,更新我国证据法学为诉讼证明下的定义,是必要的。

第二节 临近或者易混淆的概念

诉讼证明是具有特定内涵的法律术语,其内涵的特定性在其与另外一些临近或者易混淆的概念比较时更见得清楚。本节列举了几组临近或者易混淆的概念,略加分析,以期将鲁鱼亥豕稍加厘清。

一、一般证明、经验证明、逻辑证明和诉讼证明

证明的含义因不同语境而存在差异,诉讼证明与一般证明、经验证明、逻辑证明的含义有一定差异。列举如下:

凡是根据已知的真实判断来确定未知现象的活动,都叫做证明。这里的"证明"即一般证明。

人们凭借感官认识事实,再就这些事实作出证明,谓之经验证明。

根据已知真实的判断来确定某一判断真实性的思维活动,是逻辑证明。逻

---

① 卞建林主编:《刑事证明理论》,中国人民公安大学出版社2004年版,第2页。

辑证明由论题、论据、论证（推理等方法）三要素构成。

诉讼证明是当事人或者特定国家专门机关（检察院）提出证据证明自己的诉讼主张和事实并说服法院作出有利于己的判决的诉讼行为。

要深入认识诉讼证明概念，不能不认识诉讼证明之属性。诉讼证明的属性可以从以下几个方面来审视：

（一）主观性与客观性

诉讼证明既是主观认识活动，也是客观的诉讼行为。

诉讼证明是提出证据证明自己的诉讼主张以求获得胜诉的活动，这个活动离不开主观认识活动的参与，如在为证明进行准备的过程中，对于收集什么证据和向法庭提出哪些证据，已经收集的证据是否具有关联性、真实性、充分性，都需要进行判断，并在此基础上形成一定认识；在法庭调查和辩论阶段，对于举证实际产生的效果（例如是否发生说服裁判者的效果）、举证是否充分、对方对本方证据提出的异议（可能引起本方在原有认识基础上的再认识）是否合理、要不要调整举证策略，都离不开主观认识活动。

诉讼证明要通过一系列举证活动来完成，证据在法庭提出前、提出后，举证方有时要对证据来源、特征、证明作用等作出说明，法院要听取有关诉讼参与人的意见，诉讼对方有时会对法庭提出的不利于本方的证据提出异议，要求排除该证据或者对证人等进行弹劾，都体现为客观的诉讼行为。

我们可以得出这样一个结论：诉讼证明既有主观性也有客观性，两者结合在一起，一表现在外，一蕴涵于内。

（二）法律性

诉讼证明是在法律规范下进行的活动，带有明确的法律烙印，这是诉讼证明异于其他类型证明的显著特征。诉讼证明的法律性主要体现为以下两个方面：

1. **法律对证明主体、证明责任、证明对象、证明手段、证明要求都有所规范**

由哪些人进行证明，并不是无章可循的，诉讼法、证据法乃至法律解释、判例等对证明主体划定范围，不能随意指定、也非人尽可为。同样，由谁承担证明责任、哪些事项需要提出证据加以证明、允许以何手段进行证明、证明要达到什么标准，也都由相应立法例加以规范，并非率性而为、无所限制。

2. **证明活动和过程受到法律程序和诉讼时限的约束**

诉讼证明是在诉讼过程中进行的活动，必然要遵循特定的诉讼程序，如在法庭上出示、宣读物证、书证和调查人证等，一般都要在法庭调查环节完成，整个活动都要服从法官的指挥，按法定程序有序进行。诉讼证明受制于诉讼时限，不能久拖不决，妨碍诉讼顺利进行。

（三）局限性

诉讼证明是在办理案件的诉讼过程中进行的活动，无论就主观方面还是客

观方面来说,都有明显的局限性:

1. 主观局限性

诉讼证明是由人进行的活动,人的主观因素对诉讼证明有着无可避免的影响。证据的选择、举证顺序的安排、对证据作出的说明、对于诉讼对方的证据提出意见、法官对有关证据的动议和异议,都会受到参与诉讼证明活动的人的法律素养、法庭经验乃至一般生活经验的影响。诉讼证明的成败利钝,除证据之外,有时也取决于当事人、律师、检察官法官等的内在素质。

2. 客观局限性

诉讼证明是在诉讼特定时空内进行的,必然受到时间因素、空间因素的限制,不可能像历史研究或者自然科学研究那样以愚公移山之势对事实真相进行长期探明;诉讼证明也受与司法审判有关的技术水平等的限制,当然,随着技术水平的提高,这种局限性会有所突破,如微型物证的发现和运用便是法庭科学技术水平有所提高的结果,但可以断言,诉讼证明的技术局限性将很长时间伴随人类,至少人类在可预见的未来不可能穷尽一切技术樊篱,达到随心所欲的完美境界。

(四) 参与性

诉讼证明不是孤绝的个人关门闭户孤灯下人不知鬼不觉进行的,即使有人真这样做也没有任何法律意义,无法产生特定的法律效果。诉讼证明必定要将证据提出、展现给裁判者的,也要暴露于对方当事人、律师甚至旁听者面前,在这个过程中,法官还要听取有关当事人或者其他有关诉讼参与人的意见。诉讼证明正是在司法机关主持下,由当事人和其他诉讼参与人共同参加下展开的。多方参与性是诉讼活动的一大特征,也是诉讼证明的一大特征,这是显而易见的。

二、证明与释明

证明与释明是证据法和证据法学中两个常用术语。**广义的证明包含狭义的证明(严格的证明)和释明(自由的证明、疏明、稀明、陈明)两种。狭义的证明则为释明以外之"证明",亦即等同于严格的证明。**

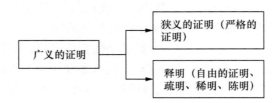

松冈义正云:"释明(Glaubhaftmachung)者,即使审判官依据即时能行之证据调查,对于某事实之真否,具有低度确信之证据也。故释明乃为内部的不完

之证据,其目的不在惹起审判官完全之确信,而在惹起低度之或然(大半为应然)。原来裁判在某种特定之场合,本有仅以释明为已足者,若在释明已足时,必欲再为证明,即与诉讼经济之原则相违背,此其所以承认释明之制度,而法律上特将可为释明之情形而明白规定也。"①又云:"其能为释明者,多系法院得由当事人一方之申请,不必审讯对方而为裁判者。即令不然,在法律上所规定,必须审讯对方或必须经言词辩论后而为裁判者,亦系单纯的诉讼法上之问题,而与诉讼之实体无关(关于诉讼之实体,其性质上,非有证明不能裁判;否则不能完成权利之保护)。盖以在此等情形下,虽依释明而为裁判,亦无损于对方,且于诉讼上有简便之利益故也。"②

释明一般适用于"在终局性地确定实体权利关系的判决之前,暂且作出的保全处分或在诉讼程序进行中所提出的其他申请是否许可的决定"③(一般是非关本案即诉讼标的的事实,且属于应即时调查者④;一般仅为程序法上特定事实⑤)。主要包括:(1)申请法官回避的原因;(2)非因过失耽误期间的原因;(3)证人拒绝作证的原因;(4)拒绝鉴定人的原因,等等。⑥ 松冈义正云:"释明必为需要证据时而为之,因之对于当事人无争执之事实,尤其对于自认之事实,显著之事实,法律上推定之事实,认为已可释明者,无须再为释明。"⑦另外,"释明不必限于审讯当事人一方之场合,即在必要的言词辩论之场合,均得为之。此种场合,申请人之对方,只须为推翻申请人之释明以及证明自己的异议起见,与申请人为同样之释明。其超越释明以外之证据,不但不必要,亦且不能允许。故法院常于证明存在时,亦得仅就释明而下裁判"⑧。

释明程度不同于证明程度。对于释明来说,"提出足以使法官推测大体上确实程度的证据就可以"⑨。"使得大致真实之心证已足,即属于轻微之证据。"⑩"审判官虽能凭其自由之见解,评定释明之价值;然而对于释明,仅以具有低度之确信为已足。故释明比之证明,在审判官主观的裁量上,可谓为较有高度

---

① 〔日〕松冈义正著:《民事证明论》,张知本译,洪冬英勘校,中国政法大学出版社2004年版,第14页。
② 同上书,第14—15页。
③ 〔日〕兼子一、竹下守夫著:《民事诉讼法》,白绿铉译,法律出版社1995年版,第101页。
④ 吴学义著:《民事诉讼法要论》,正中书局1947年版,第162页。
⑤ 陈朴生著:《刑事证据法》,三民书局1979年版,第156页。
⑥ 林山田著:《刑事程序法》,五南图书出版公司1990年版,第373页。
⑦ 〔日〕松冈义正著:《民事证明论》,张知本译,洪冬英勘校,中国政法大学出版社2004年版,第15页。
⑧ 同上书,第16页。
⑨ 〔日〕兼子一、竹下守夫著:《民事诉讼法》,白绿铉译,法律出版社1995年版,第101页。
⑩ 吴学义著:《民事诉讼法要论》,正中书局1947年版,第162页。

之裁量。"①

释明方式主要有提供能够立即进行调查的证据方法、寄存保证金、宣誓等。须注意者,"释明虽得使用一切证据方法;但非即时能为证据调查之证据方法,则不许用作释明方法。"②

适用释明的限制:须有法律特别规定。

三、证明的其他临近概念

若干与证明相临近的概念,需要加以辨析。这些概念包括:

推论:用语言的形式进行推理。

推理:由一个或几个已知的判断(前提)推导出新判断(结论)的过程,亦即"以既知之判断,或二以上之判断,作为根据,而由是推得他一判断,谓之推理。其既知者,谓之前提;其新得者,谓之结论。但结论之意义,不可预含于前提者,必于二概念之间,更发现其关系,方可云推理也"③。在逻辑学上指思维的基本形式之一。

发现:经过研究、探索等,看到或找到前人没有看到的事物或规律。④

查明:通过调查了解真相,调查清楚的意思。

认识:认识一词主要有两个含义,一是能够确认某一人或事物是这个人或事物而不是别的;二是指人的头脑对客观世界的反映。⑤

证题:对于系争所主张的命题,在诉讼中即为系争事实。

证料:证据。

诉讼主张:在诉讼中为维护自己的利益而作出的意思表示。诉讼主张 = 诉讼请求(对于诉讼事项请求如何判决的意思表示) + 作为诉讼请求依据而有待证明的事实陈述。

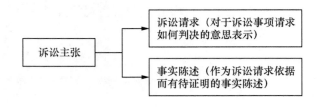

---

① 〔日〕松冈义正著:《民事证明论》,张知本译,洪冬英勘校,中国政法大学出版社 2004 年版,第 15 页。
② 同上书,第 15—16 页。
③ 樊炳清编:《哲学辞典》,商务印书馆 1926 年版,第 601 页。
④ 中国社会科学院语言研究所词典编辑室编:《现代汉语词典》,商务印书馆 2005 年修订第 5 版,第 368 页。
⑤ 同上书,第 1150 页。

第二章 证明主体

每一个人都可以有自己的意见,但绝不可曲解事实。

——帕纳德·M.巴鲁区

第一节 谁 证 明

证明主体范围,取决于对"证明"一词含义的理解。以我国泛化的证明定义观之,公安机关、检察机关、审判机关、双方当事人皆为证明主体;若依具有特定诉讼法(证据法)内涵的证明定义观之,证明主体仅为双方当事人(刑事诉讼中包含检察机关)。本书采用后一种证明观,故不认为法院和公安机关为证明主体,主张所谓证明主体仅为双方当事人以及在我国《刑事诉讼法》中没有列入当事人范围的检察机关。

一、双方当事人

就形式言之,当事人乃是提起或者参与诉讼,请求国家专门机关——法院——行使裁判权以确定、维护私权,或者判定被告人有罪、判处刑罚之单位或者个人。就实质言之,**当事人是参与诉讼过程并享有相应诉讼权利、承担特定诉讼义务而且诉讼结果与其有直接利害关系之人**。当者,担当、承当也;事者,诉讼过程与结果,尤指诉讼之结果也。

由于诉讼结果与当事人有直接利害关系,对于这一结果,当事人有各自的预期。为了实现自己的预期,当事人无不努力寻求法院作出有利于自己裁判的机会,行使诉讼权利,履行诉讼义务,积极进行某些诉讼行为。提出证据来证明自己的主张或者反驳对方的主张,就属于积极进行特定诉讼行为。诉讼行为都是有目的、有意义的,当事人进行证明活动,都有明确的目的性,也有特定的法律意义。当事人进行证明,无非是为了赢得胜诉和避免败诉。当今诉讼实行证据裁判主义,裁判机关适用法律须以一定事实为基础,认定事实一般又须依赖证据,当事人若怠于举证,必然或者可能引起不利于己的诉讼后果。

在不同审判模式下,当事人败诉风险有所不同,这取决于法官发挥其功能的形式。在英美法系国家,由于法官消极,诉讼中的真实需要依靠当事人双方举证加以呈现,承担证明责任的一方当事人若证明不力或者证明不能,在司法克制的情况下,必然招致不利于己的败诉后果。在大陆法系国家,由于法官主动依职权调查取证,承担证明责任的一方当事人若证明不力或者证明不能不一定会招致自己败诉,只有当法院依据职权也收集不到相应证据时,这种败诉风险才能转化为现实。无论哪一法系,不承担证明责任的一方当事人是否败诉,主要取决于对方当事人是否通过举证成功卸去了证明责任,以及证明责任转移到自己这一方之后,本方举证是否达到赢得胜诉的证明要求。

在民事诉讼中,一般双方当事人都要承担证明责任;刑事诉讼则不然,被告人受无罪推定之保护,除法定特殊情形外,一般不承担证明责任。**在刑事诉讼中,被告人及其辩护人举证证明被告人无罪、罪轻或者可以减轻、免除处罚,通常属于行使举证权利的行为,不可视为承担举证责任。**

在我国刑事公诉案件中,被害人虽为当事人,与检察机关同样承担控诉职能,但其诉讼能力显然无法与检察机关相提并论,故证明被告人有罪的责任主要由检察机关承担,检察机关不可将自己的证明责任推诿给被害人。

二、检察机关

检察机关在许多国家或地区的刑事诉讼中,都被列为当事人,并与对方当事人地位平等、权利对等。因检察机关乃代表国家或者政府(如美国检察官代表联邦政府或者州政府进行诉讼活动),检察机关作为当事人,其实质是国家或者政府作为当事人。这体现了刑事诉讼乃是在法庭里由国家或者政府与个人(或者被指控犯了罪的单位)打的一场官司而由法官加以裁判的实质。

在刑事诉讼中,检察机关作为控诉方,主要目的在于追诉犯罪,请求法院在控诉证据的基础上认定被告人有罪,依法追究其刑事责任。指控犯罪并证明被告人有罪的责任主要由它承担。显然,检察机关也具有较强的收集证据、审查判断证据和运用证据的能力,何况由警察机构辅佐,非一般当事人所能匹敌。

具体履行检察机关证明责任的、是该机关指派进行控诉活动的检察官。**检察官乃公共利益之维护者,非褊狭之一方当事人,对于所谓"败诉",检察官之体认与一般当事人不同,只要合法合理,检察官应当本着公共利益坦然接受,此所谓"胜固欣然,败亦可喜"。**松冈义正云:"在刑事诉讼法上,国家对于应加处罚之行为而行处罚者,虽有其利益;但代表国家之检察官,非居当事一方之地方,一方面除汇集被告有罪之材料外,尚须汇集无罪之材料,提出于法院,保护被告;一方面负有不令法院误判之职责,且得主张被告方面作为当然利益之无罪材料,并提出其事实之证据,如犯罪事实为不确定者,须对被告为无罪之裁判。"[①]此道理甚明,不必赘述。

---

① 〔日〕松冈义正著:《民事证明论》,张知本译,洪冬英勘校,中国政法大学出版社2004年版,第36页。

第二节 法院、公安机关是否证明主体

有论者将证明责任分为形式的证明责任和实质的证明责任两种。实行国家干预主义和职权进行主义的法院被认为承担实质的证明责任,如私立东吴大学《证据法学》教材曾谓:"刑事诉讼,采取国家干涉主义及法院职权进行主义,故法院须以职权调查事实真情,负实体上举证之责任"[①]。松冈义正亦云:"学者有分举证责任为实体上之举证责任(Materielle Beweislast)及形式上之举证责任(Formelle Beweislast)之二种,在采取干涉审理主义之刑事诉讼及人事诉讼上,当事人亦有举证之必要者,此即所谓实体上之举证责任;惟在此种场合,当事人之举证行为,系由法院之证据调查而补充者,故其举证非为胜诉之条件,因而亦无使其分担举证责任之必要。反之,在采取不干涉审理主义之民事诉讼上,法院无以职权汇集诉讼材料之权限,仅能就当事人于诉讼上所提出之证据方法,供其判断之资助者,此即所谓形式上之举证责任,既然当事人之举证,可为胜诉之条件,因而有使当事人分担举证责任之必要。"[②]此种观点,与认为对有利于被告一方的证据加以公平注意的检察院和法院承担实质的辩护职能类似。[③]

严格地讲,这里所谓"实质的证明责任"并非证明责任,只是通过法院自身收集证据和主动依职权调查实质达到履行证明责任的效果而已。

也有论者将证明分为自向证明与他向证明两种。证明给自己者,谓之"自向证明",法院收集证据、审查判断证据便是自向证明,法官这样做,显然不是为了证明给别人看。证明给他人者,谓之"他向证明",如当事人向法官证明。这里的"自向证明"是含义泛化的"证明",非有特定法律含义的"证明",前已述之,乃我国较为通行之证明概念。按此概念,既然收集证据、审查判断证据皆为证明活动,法院也是证明主体无疑;不但法院为证明主体,公安机关亦收集证据和审查判断证据,还要在审查批准逮捕、审查起诉环节向检察机关提交审查逮捕、审查起诉所需要之证据,当然也是证明主体。

我国证据法学受苏联法学影响,苏联法学通常认为法院承担证明义务。不过,苏联学者切里佐夫等人虽然强调法院的职权作用,然而未提出法院承担证明责任。切里佐夫云:"证明责任是被了解为双方当事人对于自己所提出的各种主张有诉讼形式上的证明义务,而在不履行这种义务时,则有遭受法院不利裁判的危险。"由这个定义看,切里佐夫对于证明责任的理解与西方诸国并无二致,

---

① 东吴法学丛书:《证据法学》,上海私立东吴大学法学院1948年发行,第14页。
② 〔日〕松冈义正著:《民事证明论》,张知本译,洪冬英勘校,中国政法大学出版社2004年版,第36页。
③ 辩护人的辩护则被认为是形式的辩护。

然而他紧接着说:"从这个定义就可以看出,上述意义上的证明责任在苏维埃刑事诉讼中是不存在的。"①他提到,在苏联,法院主动依职权收集、调查证据,控辩双方有义务协助其查明真相;另外,检察长提出证据证明被告人有罪的义务和被告人提出证据证明自己无罪的义务,均不能称为"证明责任"。另一位苏联学者蒂里切夫在谈到证明责任时说:"检察长、侦查员和调查人员负有证明刑事被告人有罪的责任;不能让刑事被告人负担证明自己无罪的责任,同样不能让辩护人担负证明的责任。"②也没有明确提到法院应当承担证明责任。不过,他倒是明确谈到"侦查员和调查人员负有证明刑事被告人有罪的责任",显然认为侦查员和调查人员负有"证明责任"。贝斯特洛娃认为:"对一切与正确解决刑事案件有关的重要性的问题,作全面的和充分的侦查时调查、侦查机关与法院底③义务。"④不过,在谈到证明责任时,她这样说:

> 与无罪假定问题有关的,就是所谓证明责任问题。换言之,就是阐明有关被告是否有罪的情况之证明底义务。
>
> 根据苏维埃证据法,一切证明责任,由告诉人承担之。辩护人和被告人本人有权提出有利于被告人无罪底证据,但法院无权强制被告证明其自己无罪。
>
> 苏维埃证据法底特质,就是法院有积极弄清真实情况底义务,苏维埃法院不仅要审核各当事人所提出底一切证据,如遇必要时,苏维埃法院有权调取新的证据,即法院本身得收集证据。⑤

对照之下,我国当代证据法学,通常不但认为法院、公安机关进行的收集、审查判断证据为证明活动,而且它们也承担证明责任。这种关于证明责任的观点与前引苏联法学者的观点看起来并不一致。

认为法院、公安机关进行的收集、审查判断证据为证明活动,这种观点实际上混淆了证明与查明、探明的区别,也忽略了"证明"实为法庭适用的术语,对侦查、审查起诉阶段虽发挥影响作用,但侦查、审查起诉阶段收集证据、审查判断证据不过是证明的准备活动,并非证明活动本身。实则按具有特定法律内涵的证明定义观之,法院、公安机关皆非证明主体,不存在所谓"自向证明"的问题。

或问:法院、公安机关若不是证明主体,不承担证明责任,则法院、公安机关

---

① 〔苏〕切里佐夫:《苏维埃刑事诉讼》,中国人民大学刑法教研室译,法律出版社1956年版,第205页。
② 同上书,第124—125页。
③ 原文如此,同"的",下同。
④ 〔苏〕贝斯特洛娃著:《刑事诉讼》,中国人民大学刑法教研室译,中国人民大学出版社1952年版,第40—41页。
⑤ 同上书,第49页。

收集、审查判断证据的活动又当如何定性？答曰：法院、公安机关进行的收集、审查判断证据的活动，属于承担审理义务、侦查职责的行为，并非履行证明责任的行为。

一、审理义务

确定某一诉讼主体是否证明主体以及是否承担证明责任，有两个标准：一是**该诉讼主体在诉讼中是否提出诉讼主张，主张者证明之，无主张亦无证明**；二是**该诉讼主体是否有败诉之风险，无败诉风险者亦无证明之负担**。证明、证明责任与诉讼主张和败诉风险的关系如图示：

依此衡量，法院乃裁判机关，在诉讼中保持中立，在审理案件的过程中祛除对诉讼任何一方的偏见、成见①，并应避免由裁判员变成运动员角色。对于其他诉讼两方提出的诉讼主张以及证据加以裁决，**法院自身无诉讼主张，对案件之诉讼标的，不会提出权利要求，当然无须证明**。法院与诉讼结果亦无利害关系，没有败诉风险，未闻有所谓"当事人皆无败诉，审理本案的法院败诉了"之说，故法院不进行证明、不承担证明责任亦明矣。

法院在诉讼过程中调查证据，甚至如大陆法系国家的法院主动依职权调查取证，并不是为了证明自己的诉讼主张以赢得胜诉，只是为了调查事实，形成特定心证②，以便作出裁判。调查证据，不过是裁判职责所在，此职责亦可称为"**审理义务**"，与证明负担无关。陈朴生指出："法院之审理义务，则指法院在诉讼程序进行中所负担之调查证据义务。此项审理义务，本有形式审理义务与实质审理义务二种。前者，重在证据之收集，后者，重在证明力之调查。在采职权主义之立法例，法院之审理义务重，兼形式与实质的审理义务，故当事人仅负立证旨趣之说明与提出证据责任，每因法院之审理未尽，致负担不利益之危险。"③至于当事人主义之诉讼，法院审理义务远较职权主义为轻，法官不主动收集证据，证据依赖当事人提供。我国诉讼本实行职权主义，近十几年审判方式吸收当事人主义诉讼因素，强调当事人或者检察机关的证明责任，法院由积极调查取证逐渐

---

① 这里所谓"成见"，和"偏见"的意思相近。"字典告诉我们，成见可说是一种反感，就是在未得到证据或事实真相以前的一种不公平的判断，它是由一种情感或想象或联想所构成的，在原则上讲，除非有一种相反的意见能明白地提出，成见常常是不怀好意的。"(哈利特·阿本德(Hallet Abend)著：《太平洋宪章》，金永祚、朱光庭译，中华书局1927年版，第1页。)

② "法院本于证据致某事项明显，谓之心证。"(石志泉原著、杨建华修订：《民事诉讼法释义》，三民书局1987年版，第320页。)

③ 陈朴生著：《刑事证据法》，三民书局1979年版，第309页。

转变为较为克制，其审理义务也随之减轻。

二、侦查职责

证明责任乃法庭用语，亦即审判阶段之术语，并非侦查阶段用语。侦查机关收集证据、调查案情，乃是"查明"案件而非"证明"行为，此行为系履行侦查职责或者侦查义务的性质，并非承担证明责任。

除侦查人员有可能被传召为证人就侦查活动出庭作证外，侦查机关及其人员并不进入审判阶段，在审判中亦无诉讼主张；至于检察机关败诉，诉讼结果亦非由侦查机关及其人员直接承受，侦查机关显然没有败诉风险；在审判中该机关及其人员既无提出证据责任（它收集的证据由公诉人提出），亦无说服法院接受自己的诉讼主张并作出有利于己之裁决的责任，当然不负证明责任。

证明责任本为法庭审判中确定事实真伪不明时由谁提出证据以及证明不能、证明不力时由谁承担败诉后果而引出的概念，并为此目的设定起相应的制度。将法院和公安机关都纳入到证明主体范围，认为他们都承担证明责任，就使这个特定法律概念以及该制度的特定功能被弄得模糊不清了，这除了造成认识上的混乱，吾未见其有何益处也。

第三章 证明责任

　　证明责任规范的本质和价值就在于,在重要的事实主张的真实性不能被认定的情况下,它告诉法官应当作出判决的内容。

——莱奥·罗森贝克

第一节 证明责任缘起

　　日本法学者高桥宏志先生谓:证明责任乃"民事诉讼的脊梁骨"。① 在现代刑事诉讼中,证明责任也不可轻忽。证明责任何以这么重要,可以从法律适用过程一窥端倪。

　　任何诉讼都包含一个将法律适用于具体事实的过程,法律要得到适用,必须具备适用该法应当具备的事实条件,法律条文往往是将事实要素加以抽象而规定的,这些事实要素构成了判断某一具体事实能否施用该法律条文的条件,正如刑法构成要件与具体案件事实的关系。罗森贝克在解释"证明责任"时首先提到:"在任何诉讼中,法官的任务均是如何将客观的法律适用于具体的案件。"② 至于客观的法律与具体的案件的关系,罗森贝克认为:

　　　　客观的法律作为人们彼此之间外在联系的制度,将其规范与外在的假定已经发生的事件相联系。也就是说,法律以一个假定的在其规范中抽象表述的要件为出发点,但是,只有当此等抽象的要件变成了具体的事实之后,易言之,只有当法秩序(Rechttsordnung)规定的作为其法律命令的前提条件的外在事实已经发生,与此相关的命令才能被执行。在其适用于具体的案件时,是否考虑一法律命令 Rechtsbefehl 已执行了,及是否产生了一法律后果——不管该效果何时发生,针对谁发生——的问题,均必须根据被法律规定为前提条件的事实情况(Tstumsnäde)的存在或不存在来决定。③

　　对于已经发生的案件,需要弄清楚案件事实,然后适用与该事实相对应的法

---

① 〔日〕高桥宏志著:《民事诉讼法》,林剑锋译,法律出版社2003年版,第421页。
② 〔德〕莱奥·罗森贝克著:《证明责任论——以德国民法典和民事诉讼法典为基础撰写》,庄敬华译,中国法制出版社2002年版,第1页。
③ 同上。

律。**如何弄清楚真相，借助谁的力量搞清楚事实，便成为一个问题。**罗森贝克就此认为："鉴于我们认识手段的不足及我们的认识能力的局限性"，当事人对于案件事实的阐述不能达到使法官获得特定心证的程度，"常常会出现这样的情况，即作为争讼基础的事件不可能在每一个细节上均能得到澄清，对于法官的裁决具有重要意义的事实，既不能被查明已经发生，也不能被查明没有发生"。在这种情况下，法官如何进行裁决便成为一个疑问，"法官对事实问题怀有疑问而使有关的法律问题不予裁决(non liquet)的可能性是不存在的"。① **证明责任制度即为解决这个问题而设**，"证明责任规范的本质和价值就在于，在重要的事实主张的真实性不能被认定的情况下，它告诉法官应当作出判决的内容。也就是说对不确定的事实主张承担证明责任的当事人将承受对其不利的判决……证明责任规范是对每一部法律和法律规范的必要补充。这些法律和法律规范被审判之法官适用于具体的诉案中。因为，法官有可能对在现实事件中的法适用的前提条件是否存在疑问，在此种情况下有必要指导法官，如何作出判决"②。

第二节 证明责任界说

证明责任制度是一项重要的证据制度，"证明责任"也是证据法学的重要概念。尽管如此，在我国证据法学中，"证明责任"却是模糊概念，这影响到人们对证明责任制度的功能的认识，若不加以澄清，该制度的运作也会因此存在疑惑甚至偏差。

一、证明责任与举证责任的关系

我国证据法学曾使用过"立证责任""举证责任"和"证明责任"诸术语，如今用"立证责任"者已经不多，"证明责任"与"举证责任"仍在频繁使用。"证明责任"与"举证责任"属于何种关系，其说不一，大致有如下诸家之说：

(一) 同一说

此说认为，"证明责任"与"举证责任"本属同一概念，并无二致。如有的法学者谓："证明责任也叫举证责任，是指谁负有提出证据证明案件有关事实的责任。"民事诉讼法学者亦谓："证明责任也称举证责任。"③此说"是多数学者的意见"④。

---

① 〔德〕莱奥·罗森贝克著：《证明责任论——以德国民法典和民事诉讼法典为基础撰写》，庄敬华译，中国法制出版社2002年版，第1—2页。
② 同上书，第3—4页。
③ 江伟主编：《证据法学》，法律出版社1999年版，第77页。
④ 樊崇义主编：《刑事诉讼法研究综述与评价》，中国政法大学出版社1991年版，第261页。

（二）大小说

此说认为证明责任包含举证责任。有人指出，举证责任指对一定的诉讼主张应负的证明义务，与一定的诉讼主张以及诉讼中一方或者双方相联系；证明责任指在诉讼证明中具有某种义务的人承担的一切责任，不以诉讼主张和诉讼双方为限，包括诉讼双方的举证责任、公诉机关的公诉责任、法院的审判责任甚至被害人的申诉责任。① 如谓："证明责任是指司法机关或某些当事人应当收集或提供证据证明案件事实或有利于自己主张的责任，不尽证明责任将承担其认定或主张不能成立的后果。举证责任仅指当事人提供证据证明有利于自己主张的责任。"② 又谓："举证责任只是证明责任的一种形式，一个组成部分，二者是部分与整体的关系。"具体言之，"证明责任指的是诉讼证明中的一切责任。它不以证明利己的主张为限，责任的承担者也不以诉讼中双方为限，只要是在诉讼证明中具有某种义务的人所承担的责任，都可以叫做证明责任。证明责任包括诉讼双方的举证责任、公诉机关的责任、刑事被害人的责任、人民法院的责任"③。称举证责任是证明责任的一种形式或者组成部分的，还有另一种观点：证明责任包含提出证据责任和说服责任，提出证据责任即为"举证责任"。

（三）目的结果说

此说认为举证目的在于证明，证明是举证的结果，故举证责任与证明责任为目的与结果的关系。

（四）并立说

此说认为证明责任与举证责任为互无隶属关系，属于各自独立的概念。如谓："刑事诉讼中的证明责任专指公、检、法三机关承担的收集运用证据确定被告人是否有罪的法律义务，被告人及其他当事人、诉讼参与人不承担证明责任。举证责任是指当事人向司法机关提供证据的责任。"④

（五）先后说

此说同样认为证明责任与举证责任为互无隶属关系，属于各自独立的概念，然而两者存在递进关系。如谓："举证责任主要是指收集和提供证据，证明责任主要是指判断和使用证据。从认识论的角度讲，前者属于感性认识，后者则属于理性认识。"⑤

由此可见，在我国，"证明责任"一词已经成为含混不清的概念。有论者认为："由于我国刑事诉讼制度的性质及诉讼形式不同于历史上和当今世界各国

---

① 崔敏主编：《刑事证据理论研究综述》，中国人民公安大学出版社1990年版，第90页。
② 樊崇义主编：《刑事诉讼法研究综述与评价》，中国政法大学出版社1991年版，第263页。
③ 同上书，第261—262页。
④ 同上书，第263页。
⑤ 同上。

的任何一种刑事诉讼制度的性质及诉讼形式,因此不可盲目套用证明责任这个'模糊不清'的概念。"①理由如下:

1. 古罗马之证明责任概念并不存在于我国刑事诉讼证明活动中;

2. 我国公安司法机关在刑事诉讼中的证明活动是职权活动,行使这些权力是积极主动的,不能把这种国家权力理解为传统意义上的证明责任。"因为对公、检、法来讲不存在遭受不利裁判的问题,更不存在三机关同当事人在证明活动中的分工问题。"②

3. 政治与刑事政策的考量。"我国的刑事诉讼形式充分体现民主集中制的原则,这就决定了不能套用证明责任。如果借用'证明责任'这个概念,把它简单地说成谁有证明责任、谁无证明责任,不利于调动一切积极因素同犯罪作斗争。"③

实际上,举证责任和证明责任乃舶来之品,非我国传统诉讼制度固有者也。要弄清楚举证责任和证明责任之关系究竟为何,追溯其来源乃必要途径。

无论"立证责任""举证责任"还是"证明责任",皆来自对外文法律术语的翻译,其含义一如高桥宏志所言"法律预先规定的,当某一事实真伪不明时,一方当事人所承受的不利负担就是证明责任"④。实则"立证责任""举证责任"以及"证明责任"相对应的都是:

拉丁文 *Onus probandi*

英文 Burden of proof,另一种写法是 Onus of proof。

Onus 与 burden 一样,皆负担之意。probandi、proof 皆证明之意。Onus probandi、Burden of proof 或者 Onus of proof 的汉文直译为"证明负担",通常的译名为"立证责任""举证责任""证明责任"或者"证责"。换句话说,"立证责任""举证责任""证明责任""证责"都是同一外文词的汉译,本来就是一回事。我国台湾学者李学灯先生即认为,Burden of proof 即"举证责任"一词,实以译为"证明负担"为适当。⑤ "举证责任"与"证明责任"应当二中择一使用,不宜并用,其中"举证责任"易被人望文生义理解,"证明责任"一词较不易生歧义。

二、证明责任的性质

证明责任究竟属于什么性质,众说纷纭,大致有以下诸家之说:

---

① 樊崇义主编:《刑事诉讼法研究综述与评价》,中国政法大学出版社1991年版,第262页。
② 同上。
③ 同上书,第262—263页。
④ 〔日〕高桥宏志著:《民事诉讼法:制度与理论的深层分析》,林剑锋译,法律出版社2003年版,第420页。
⑤ 〔美〕爱德蒙·M.摩根著:《证据法之基本问题》,李学灯译,世界书局1982年版,第45页。

(一) 权利说

此说认为证明责任为一造独有的权利或者双方当事人拥有的权利。我国民国时期即有学者指出：主张权利说者，谓举证为允许举证之当事人，对于不许举证之当事人之权利。在形式（法定）证据制度中，举证属于一方当事人的权利，允许一方当事人为之而不允许另一方当事人为之；在实体（自由心证）证据制度中，为双方当事人的权利。[①] 松冈义正曾言："在德国古代诉讼法采取形式的证据主义时，所谓当事人之宣誓及神裁等，即为举证之方法，因对于举证有允许当事人一方为之不许他方为之之规定。故举证为被允许举证之当事人对于不许举证之当事人之权利。有此权利之当事人不行使其权利时，即因此而败诉者。又在罗马法采取实体的证据主义时，因当事人双方均得自由提出其主张真否之材料，故举证为双方当事人之权利，非一方之权利。"[②]

(二) 义务说

此说认为：责任者，义务也。既称"责任"，当然就是义务，当事人不履行此义务将承担败诉后果。松冈义正云："在德日两国民事诉讼法中，因有举证义务或证据义务之文句，亦有视举证责任为举证义务者；此种法律文句之不适当，原为学者所批判。又举证责任，系对自己之义务，非对他人之义务，当事人不证其应证之事实时，不过因此受不利益之影响，非对他人不履行义务，而负赔偿之责。"[③] 李学灯亦有几乎一模一样之叙述，云："德国古代诉讼法采取形式的证据主义时，所谓当事人之宣誓及神意裁判等，即为举证之方法，因而对于举证有允许当事人一方为之之规定。故举证为被允许举证之当事人对于对造所得行使之权利。有此权利之当事人，如不行使其权利时，即因此而败诉。又在罗马法采取实体的证据主义时，因当事人双方均得自由提出其主张真实与否之资料，故举证为双方当事人之权利。"[④]

(三) 效果说

此说认为，不为证明则发生不利益之效果。此效果说又称"风险负担说"。如摩根指出的那样："以'危险'一词说明此一法则，似更属明确，因其足以强调下一事实，即当必要之证据业已提供，或当事人之说服业已完成时，则危险即告消灭，或负担即告解除。此无论证据由于何造当事人所提供，由于法官所提示；抑或对于陪审团之说服，是否即由于证据之本身，或由于双方律师之辩论，或由

[①] 东吴法学丛书：《证据法学》，上海私立东吴大学法学院1948年版，第9页。
[②] 〔日〕松冈义正著：《民事证明论》，张知本译，洪冬英勘校，中国政法大学出版社2004年版，第33页。
[③] 同上。
[④] 李学灯著：《证据法比较研究》，五南图书出版公司1992年版，第352页。

于法官之指示,均无不可。"①石井一正亦云:"对于要证事实未形成上述心证程度(指确信、证据优先、陈明)的证明,最终因其事实未能被明确判断而对某一方造成不利的负担。"②

(四) 必要行为说

此说认为,证明责任乃诉讼当事人为获得有利于己的裁判结果,为证明特定事物而进行的必要行为。私立东吴大学《证据法学》谓:"举证责任者,即诉讼当事人,为求有利于己之裁判,或避免受败诉之结果,既非诉讼一造之义务,亦非法院或者他造得以要求之权利。乃为证明特定事物之必要行为也。"③日本松冈义正也指出:"举证责任者,即当事人为避免败诉之结果或蒙受不利于自己之裁判起见,有就其主张之特定事实加以证明之必要也。"④又云:"举证责任,原为举证之必要;并非举证之权利,且非举证之义务。"⑤他认为:"在民事诉讼法上,审判官对于当事人主张之事实,不得以不确信是否真实为理由,拒绝实体裁判。故当事人各种主张之事实必须证明者,须由当事人证明之。若无证明时,则以此种主张之事实为不真实者处理之,而此当事人遂受不利益之影响。当事人此种证明之必要,即称为举证责任。故谓举证责任者,即当事人为避免败诉起见,而有证明其主张事实之必要也。"⑥

需要指出的是,证明是可以作为权利而存在的,"权利概念的要义是资格",说你对某物享有权利,是说你有资格享有它……如果你有资格享有某物,那么因他人的作为或不作为而否认你享有它,就是不正当的。⑦ **当事人或者检察机关有资格提出证据进行证明时,妨碍或者阻止其证明是不正当的。证明是一种行为权,行为权是与接受权对称的概念,前者指"有资格去做某事或用某种方式去做某事的权利",后者是指"有资格接受某物或用某种方式受到对待的权利"。⑧但证明责任实际上并非权利,这并不是说证明责任的承担者不具有进行证明的资格,也不是说承担证明责任者没有不受阻碍进行证明之权,只是"责任"一词,已清楚表明这个概念强调的并非证明的权利性。**

证明责任也非义务,"自由权的相对者是义务。如果你有义务做某事,你就没有权利——即没有自由——不去做。你也没有自由去做——即没有权利去

---

① 〔美〕爱德蒙·M.摩根著:《证据法之基本问题》,李学灯译,世界书局1982年版,第46页。
② 〔日〕石井一正著:《日本实用刑事证据法》,五南图书出版公司2000年版,第325页。
③ 东吴法学丛书:《证据法学》,上海私立东吴大学法学院1948年发行,第8页。
④ 〔日〕松冈义正著:《民事证明论》,张知本译,洪冬英勘校,中国政法大学出版社2004年版,第32页。
⑤ 同上。
⑥ 同上书,第33—34页。
⑦ 〔英〕A.J.M.米尔恩著:《人的权利与人的多样性》,夏勇、张志铭译,中国大百科全书出版社1995年版,第89页。
⑧ 同上书,第90页。

做——与你的义务不相符合的任何事情"①。如果证明责任意味着一种法律义务,那么作为法律义务的一项必然要求就是:无正当理由拒不履行义务应当受到法律的制裁。②但证明责任制度中并没有相应的处罚措施,不履行证明责任获得的,并非法律的处罚。

证明责任实际上就是一种风险负担,就是说如果有关当事人、检察机关该履行而不履行证明责任,就面临着获得于己不利的裁决的风险,也就是发生不利益之败诉后果。正是因为存在这样一种风险前景,有关机关和人员才会提出证据进行证明。效果说与风险负担说,实际上说的都是一回事。同样,必要行为说也不过是效果说与风险负担说的换个角度的说法。正是由于存在败诉风险,为了避免这种不利后果发生,履行证明责任才成为一种必要;若无败诉风险,何必多此一举?

第三节 证明责任制度之必要

证明责任制度并非无源之水,乃因特定需要而产生。松冈义正云:"举证责任法则之施行,系以不干涉审理主义(Offrzralverfahren)为前提要件。盖在采取不干涉审理主义之诉讼上,必须当事人提出诉讼材料于法院,法院无以职权汇集证据之职责。故认定有主张责任及举证责任之必要;但在采取干涉审理主义(Verhandlangsmax Rhe)之诉讼上,法院负有汇集证据材料之职责,当事人不负提出诉讼材料之义务,故不认定当事人有主张责任及举证责任之必要。"③具体言之,证明责任的产生而存续来源于以下两方面的需要:

一、法律事实必要而真伪不明,确定由何方加以证明

由于适用法律需要以特定事实为基础,确定事实的存在遂成为必要。事实并非明摆着的,需要由一定的人提出证据加以揭示、进行证明,正如摩根所言:"法院于审理之阶段,固知系争事实各种争点之所在,但对各种争点之孰真孰伪,则初无所知。法院并无调查之独立方法,故当事人必须提供有关事实之资料"④。确定由谁提出证据加以证明,乃成为法庭审判需要解决的问题,证明责

---

① 〔英〕A. J. M. 米尔恩著:《人的权利与人的多样性》,夏勇、张志铭译,中国大百科全书出版社1995年版,第119页。

② 在我国,有的法定义务被无理拒绝履行也没有法律制裁措施,如证人拒绝作证便是如此,这种无制裁之义务使我国有些法律规定具有稻草人法律的特征,但这是法律制度不周密的问题,并不意味着法定义务可以脱离法律制裁措施的保障而单独存在。

③ 〔日〕松冈义正著:《民事证明论》,张知本译,洪冬英勘校,中国政法大学出版社2004年版,第38页。

④ 〔美〕爱德蒙·M. 摩根著:《证据法之基本问题》,李学灯译,世界书局1982年版,第45页。

任制度即为此而设。没有证明责任制度确定的举证准则,法庭调查事实就会陷入盲目,混乱无序、效率低下的现象也会发生,故松冈义正云:"可知举证责任原则之效用,即在终局裁判前,当事人须就其主张之事实,以尽量举证为准则;法院亦须以避免无益之证据调查为目标也明矣"①。

二、证明不能或者证明不力,法院确定哪一方承担败诉后果

裁判乃法院之职权,也是职责。对于此项义务,法院不可放弃。松冈义正指出:"当事人对于性质上可以争论之主张事实,在争论中而不立证者,法院得认为不真实或不存在之事实处理之。惟对于此种事实之斟酌,因使有利益之当事人归于不利益之故,所以诉讼要件一经存在,则须行使实体裁判,不得以不确信当事人主张之事实是否真实为理由而拒绝实体裁判。"又云:"又民事诉讼法,有与刑事诉讼法受同一原则之支配者,即于行使实体裁判上,必要之诉讼要件一经存在时,皆须以原告之请求为正当,或以被告之主张为正当,而行其实体之判决。以故法院不得以事件关系不明确而拒绝裁判,一如不得以法则不明确而拒绝裁判者,显然系同一之理由。此种仅属于法院之事件,其所以必须行使实体的终局而终结之者,亦无他故,实即出于司法上最高利益之政策,纵有不适于真实之裁判,亦须牺牲之,而以实体裁判作事件之终结。"②

法院要作出裁判,当然要确定诉讼哪一方胜诉、哪一方败诉,确定胜诉与败诉的依据之一,就是证明责任,亦即承担证明责任者未能卸去自己的证明负担就可能或者必然败诉,"可知主张责任及举证责任,系为对于不明确之事件关系尚得行使实体裁判而设也……举证责任之效用,即在当事人之一方就其应当争执之事实而无证明者,法院得认为不真实之事实而处理之,因对此种事实之斟酌,致有利益之当事人,不得不受不利益之裁判"③。对此,摩根亦云:"依吾人之制度,亦即自18世纪中叶以来既已存在之制度,若证据达于为有理性的审理事实者据以对于事实之特定命题,无不可以认定其为真实时,该项命题必当为陪审团采信为真实,亦必当考虑引为裁判之基础。是以从事审判之法官,对于每一系争之命题,必须决定:(1)若在证据之质与量的方面,如未克充分提供使足以发现该命题为真实时,何造当事人将告败诉。(2)若于举证程序终结时,陪审团犹无法决定该命题是否真实,则何造当事人将告败诉。易言之,法官必须决定何造当事人应负担未提供(non-production)充分证据,足使陪审团为特定发现之危险,

---

① 〔日〕松冈义正著:《民事证明论》,张知本译,洪冬英勘校,中国政法大学出版社2004年版,第38页。
② 同上书,第35页。
③ 同上书,第36页。

以及何造当事人应负担未说服(non-persuation)陪审团认定之危险。"①

第四节 证明责任与诉讼主张

证明责任的一般原则是：对法律事实有所应用者,先需证明或者查明该事实之存在。法律、事实和裁判存在如下关系(见图示)：

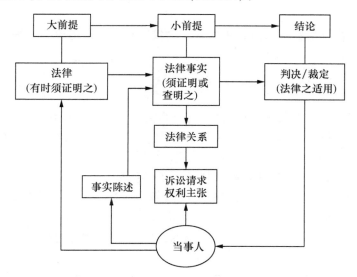

在这个图示中,我们可以看到诉讼主张与法律关系、事实以及法律的关系,也就是与证明、证明责任的关系。

松冈义正认为,诉讼主张是用证据加以证明或者确认的对象,指出证据的目的物是当事人对某种事实真否提出的主张而非事实的本体；"证据之目的物,乃系事实之主张(Behanqstund),或系主张之事实；而非事实之本体,原来某种事实之真否,虽有客观的确定,毫无争执之余地；但在诉讼上,则系当事人就某种事实之真否而为主张,再由审判官就事实真否之事实上的判断,予以审酌后而为裁判,其证据,是以审判官对此判断认为正当之心证为目的也。故证据之目的物,为当事人对某种事实真实与否之主张,而非事实之本体"②。也就是说,当事人需要证明的,他们提出的诉讼主张,其中含有当事人主张的事实,诉讼主张与证明之间的关系,如此可见一斑。

诉讼主张有两种,一为事实主张,一为权利主张。在诉讼中,当事人不单为

---
① 〔美〕爱德蒙·M.摩根著：《证据法之基本问题》,李学灯译,世界书局1982年版,第45页。
② 〔日〕松冈义正著：《民事证据论》,张知本译,洪冬英勘校,中国政法大学出版社2004年版,第17页。

事实主张,也为**权利主张**,松冈义正曾就此指出:"各当事人须先为权利之主张。原来各当事人所请求之法律上之效力,系由当事人间所成立之法律关系而发生,故当事人须主张此种具体的法律关系(如某种权利成立或不成立之旨意)之权利。在民事诉讼上,当事人单为事实上之主张者,自系失当之见解"。分述如下:

一、权利主张

权利主张是对实体法或者程序法上的权利存在与否提出的主张。双方当事人都可提出权利主张,因此,"权利之主张,可分为原告之主张与被告之主张二种"①。

(一) 原告

原告提出主张涉及的权利为两种,一为实体权利,一为程序权利。对于实体权利,当事人应依请求判决的方式来提出;对于程序权利,当事人应依提出一定申请的方式来提出。处于原告地位的当事人"须于诉状上表示其所据为请求之一定目的物及其一定之原因,请求判决。在刑事诉讼上,法院可不斟酌当事人之申请,而能确定法律之效力,故向法院仅以表示应加判断之具体的事实为已足。反之,在民事诉讼上,因法院须受申请之拘束,故原告须于应受判决事项之申请中,表示其欲主张之法律上特定之效力,系发生于某种特定之事实"②。

(二) 被告

在民事诉讼中,被告对于原告的诉讼请求,可以承认或者否认。对于承认对方主张的实体上权利及由此所主张的诉讼权利有理由的,这种意思表示意味着被告对于对方提出的权利主张并无自己相反的权利主张。反之,当被告否认对方的请求时,意味着被告对于原告权利之主张,有所争执,存在自己与对方不同的权利主张,也就是"争执旨意之主张"。松冈义正指出:"被告反对权之主张中,有对于原告所主张之实体上之权利者,与对其诉讼上之权利者。前者即所谓民事上之抗辩或抗辩权(Einrederecht),对于给付之请求而主张之;且其主张,有对于给付之请求完全不得举行者,或一时不得举行者,或于一定之限度内得举行者等等之效力。又后者即所谓诉讼上之抗辩或抗辩权(Processualen gegnrechte),其主张,有使原告要求判决之权利不得举行之效力。"③这在行政诉讼中亦然。同样,在刑事诉讼中,被告人对于起诉者(公诉人或者自诉人)的主张,也有承认与否认两种情形,承认意味着当事人未提出自己的主张,否认则意味当事

---

① 〔日〕松冈义正著:《民事证明论》,张知本译,洪冬英勘校,中国政法大学出版社2004年版,第41页。
② 同上书,第41—42页。
③ 同上书,第42—43页。

人提出了与对方相反的、具有争执性质的主张；但刑事诉讼若无法律特别规定，被告人对于自己否定对方指控的主张，并无证明责任，其提出证据属于他拥有的证明权利。

二、事实主张

事实主张是对具有法律适用意义的事实提出其存在或者不存在的主张。当事人或者检察机关提出权利主张，往往还需要就这些权利主张涉及的法律关系存在与否作出说明乃至证明，这些法律关系存在于一定事实之中，当事人或者检察机关还要进一步就特定事实的存在与否作出说明乃至证明。在民事诉讼中，"原来当事人所请求之法律上效力，系发生于当事人间所成立之法律关系，即为结合法律上之效力于某种事实上之法律上之形成物。当事人一方权利之主张为他方否认者，法院惟依形成其请求原因之法律关系之事实，认为其实在后，始能认识其请求之当否。法院如已确定此种事实为真实时，即足承认当事人之请求，否则即须否认之。以故当事人权利之主张一经对方否认后，为使其成为正当起见，即须主张一切必要之事实，且于必要时证明之"①。刑事诉讼、行政诉讼也不外乎如此。

第五节 证明责任的构造

证明责任可以区分为两项责任，即提出证据责任和说服责任。不过，也有学者认为，这两项责任之一为提出证据责任，另一项责任是"证明责任"（等同于"说服责任"），两者乃并列关系。不过，这后一种说法难以避免"证明责任"再度成为含糊不清的证据法术语，为避免歧义，最好还是将证明责任项下的两项责任称为"提出证据责任"和"说服责任"。

对于证明责任之构造，有不同学术称谓，下文将予以分述。

一、证明责任之基本构造

证明责任的基本构造，是包含两项责任，一是提供证据的责任（the burden of producing evidence; the burden of adducing evidence），又称"举证之负担""证据的证明责任"（evidential burden of proof）。二是说服责任（the burden of persuasion; persuasive burden），又称"说服之负担""法定责任"（legal burden）、"基于主张的证明责任"（burden of proof on the pleadings）。前者意指当

---

① 〔日〕松冈义正著：《民事证明论》，张知本译，洪冬英勘校，中国政法大学出版社2004年版，第44页。

事人(或者刑事诉讼中的控诉双方)根据诉讼进行的状态就其主张或者反驳的事实提供证据进行证明;后者意指当事人(或者刑事诉讼中的控诉双方)提供证据进行证明的结果,能够说服裁判者。

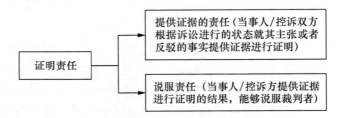

拉伯特·克劳斯曾经指出:"须将证明责任与提出证据责任(the burden of adducing evidence)加以区别。"①对于区分这两种责任的重要性,他解释说:

> 区分证明责任和提供证据责任这两种责任是重要的。提供证据的责任是在初级阶段承担的责任,并且是提供充分证据使法官有正当理由将争议问题交由陪审团裁判或者在没有陪审团的审判中有正当理由使法庭调查继续进行下去的活动的一部分。这可以看做是第一个需要跨越的障碍——原告或者控诉方必须提供足够数量的证据以防止法官拒绝将该争议问题提交陪审团作出裁判,无论是出于他自己的动议还是基于对于"没有可答辩的案件"(no case to answer)的判定。如果原告或者控诉方克服了这一障碍,在下一个阶段他仍然有可能失败。
>
> 第二个障碍是证明责任。这一责任是由一方当事人承担的,如果审查核实所有案件后陪审团或者案件事实的其他裁判者仍然抱有一定程度的怀疑,该方当事人就在这个问题上输掉了。例如,在谋杀案件中,如果陪审团对被告人杀害死者抱有合理怀疑的话,控诉方就输掉了案件;原告将输掉官司,如果法官或者陪审团对于被告有过失的盖然性平衡感到不能满意的话,原告在关于过失的主张上就输掉了案件。控诉方或者原告因此承担"未能说服的风险"。当所有的证据都包含其中时,证明责任是至关重要的。与提供证据责任相比,证明责任乃后来的阶段涉及的责任。②

这里提到的"证明责任"实际上等同于"说服责任"。拉伯特·克劳斯指出,对于这两种责任("证明责任"和"说服责任"),人们往往不加区别地都称为"证明责任"。③

---

① Rupert Cross,*An Outline of the Law of Evidence*,Butterworths,1964,p.26.
② Ibid.,p.27.
③ Ibid.

二、实质性证明责任和形式性举证责任

1883年德国诉讼法学者尤利乌斯·格尔查在其所著论文集《刑事诉讼手册》中作出"实质上的证明责任"(Materielle Beweislast)和"诉讼上的证明责任"(Prozessuale Beweislast)的划分。现在一般称"实质性证明责任"和"形式性证明责任"。

实质性举证责任有两个含义:(1) 当事人应当对待证事实提供证据,法官在此基础上作出判断;(2) 法律事实存在与否不明而产生不利后果的责任。

形式性举证责任,又称"举证必要",指的是当事人/控辩双方在诉讼中都需要提供一定证据。

实质性举证责任的分配,具有确定性(固定于诉讼一造),与案件涉及的事项有关,与诉讼进程无关,与诉讼模式(无论职权主义还是当事人主义)也无关——当事实最终真伪不明时,总须判决一方败诉。形式性举证责任随着诉讼进程,在双方之间发生转移。承担实质性举证责任者,原则上承担第一次形式性举证责任。

在职权主义诉讼模式中,法院承担收集证据的义务,形式性举证责任的存在无多大意义。在当事人主义诉讼模式中,当事人承担举证义务,形式性举证责任在当事人之间转移。

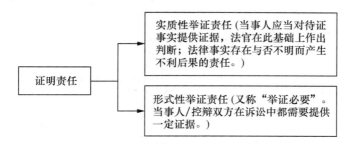

三、行为意义上的证明责任和结果意义上的证明责任

行为意义上的证明责任,简称"行为责任",谓当事人对于主张的事实承担提供证据加以证明的责任。

结果意义上的证明责任,简称"结果责任",谓在事实处于真伪不明状态时,主张该事实的一方当事人承担的不利诉讼后果。

行为责任取决于诉讼法。在当事人、控辩双方之间转移。结果责任是根本的、本质的责任,取决于实体法。一个要件事实,只会产生一个结果责任。结果责任依其分配原则,不是由原告承担就是由被告承担,固定于诉讼一造,不会出现双方共同承担的情况。

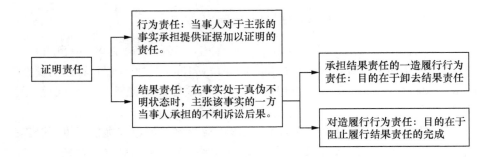

四、主观的证明责任和客观的证明责任

1926年莱昂哈特在其所著《证明责任论》一书中将证明责任区分为"主观的证明责任"(Die Subjective Beweislast)与"客观的证明责任"(Die Objective Beweislast)。①

在诉讼过程中,当事人为避免败诉向法院提供证据的责任,为主观的证明责任。

在案件事实存在与否真伪不明时,由一方当事人承担的受到不利裁判的后果,为客观的证明责任。

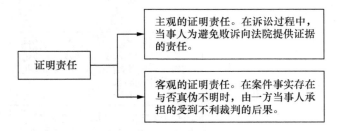

第六节 证明责任分担

证明责任的分担,又称"证明责任的分配",在诉讼中不可小觑,因为证明责任分担往往影响诉讼结果,证明责任的分担,实际上是诉讼不利后果的分担。

分担证明责任的基准是:公平,以及其他法律、政策上的考虑。

---

① 陈荣宗著:《举证责任分配与民事程序法》,三民书局有限公司1984年版,第22页。

一、分配证明责任的依据[①]

分配证明责任的依据有两个：

(一) 法律

有法律(包括关于该法律的有权解释)，则依法律。这里需要指出，有法律当然应依法律，然则法律本身亦须依一定标准或者原则设定证明责任，法律内容应当具有合理性、正当性，不可随意规定之。

(二) 一定标准或者原则

无法律，须依一定标准或者原则确定证明责任的分配。分配证明责任的一般标准或者原则是：提出主张者，原则上负证明该主张的责任。不过，依公平正义原则，这一标准存在例外。如最高人民法院《关于民事诉讼证据的若干规定》第7条规定："在法律没有具体规定，依本规定及其他司法解释无法确定举证责任承担时，人民法院可以根据公平原则和诚实信用原则，综合当事人举证能力等因素确定举证责任的承担。"这一规定同时明确了这一标准的例外情形由谁决定即决定权归属问题，亦即法院(法官)是否有决定权。在我国民事诉讼中，人民法院有权根据公平原则和诚实信用原则确定"谁主张，谁证明"的例外。

或问：当事人是否可以约定举证责任？对于这个问题，松冈义正曾经作过解答："当事人对举证责任之合意，不能认为有效，如认为有效，势必侵害审判官之判断权。然以举证责任之约定形式，就实体上之权利所定之契约，则不能认为无效。此种契约是否有效，须从一般之法则规定之"[②]。显然，对于这个问题，答案是：当事人不可以约定证明责任，约定了也不会发生该当事人约定时预期的法律效力。

二、分配证明责任的通用原则

分配证明责任，是证据法学中重要而又繁难复杂的问题。我国台湾学者李学灯云："至其如何分配，依各地之法律、及各家之学说，至为复杂纷纭。权威学者如韦格穆尔等人，亦谓并无统一不变之标准，亦不能执一简单之法则以解决一切之案件。"[③]

要了解证明责任之分担原则，不妨从古罗马、英美法系国家和大陆法系若干分配证明责任的通用原则逐一加以考察。

[①] 这里的"证明责任"指其中的说服责任。
[②] 〔日〕松冈义正著：《民事证明论》，张知本译，洪冬英勘校，中国政法大学出版社2004年版，第32页。
[③] 李学灯著：《证据法比较研究》，五南图书出版公司1992年版。转引自沈德咏主编：《刑事证据制度与理论》，法律出版社2002年版，第814页。

（一）古罗马之法谚

古罗马时有若干法谚,流传至今,体现了古罗马诉讼中证明责任分配的一般原则:

1. **谁主张,谁举证;证明责任伴随于主张责任不离**。对此原则的解读是:有主张责任者,原则上有证明责任,主张者一般应提出证据支持其主张,否则法院不予采信。除非有例外情形。证明责任与主张责任之关系是,"有举证责任之事实,即系当事人之主张事实,原来可以适用之法则,系以法院职权调查之者,故毋庸证之于当事人。且在采用不干涉审理主义之民事诉讼中,法院非就当事人所主张之事实,则于审判上不加斟酌,以故非当事人主张之事实,即无证明之必要"①。反过来说,当事人对于自己主张的事实,通常有证明的必要。

2. **证明责任存于主张之人而不存于否定之人**。

3. **凡事应为否认人之利益推定之**。李学灯认为该法谚与另一法谚"证明责任存于主张之人而不存于否定之人"有关,他指出:"诉讼之特征,在于有当事人之两造。遇有两造各有请求和主张时,则需各自举证以支持其主张,因而发生举证责任分配之问题。此一问题,可以远溯于罗马时代之法谚,'凡事应为否认人之利益推定之',经解释为'举证责任存于肯定主张之人而不存于否定之人'。此可谓为分配论之开端"②。

4. **被告于抗辩乃是原告**。一方当事人提出主张,该主张与对方当事人主张的事实或法律关系不同,以此来达到排斥对方当事人权利请求的目的,这一诉讼行为称为"抗辩"。亦即:抗辩为当事人就请求权提出的一种防御方法。抗辩分为实体法抗辩与程序法抗辩两种:前者指一方当事人主张与对方当事人主张不同的实体法律要件事实来排斥对方当事人的权利请求;后者指一方当事人主张程序法上的事由来排斥对方当事人的权利请求。③

5. **原告不能充分履行其证明责任时,被告当可胜诉**。④

（二）英美法

英美法国家有着丰富的证据法资源,法律规定细密繁琐。英美法国家诉讼中也实行"谁主张,谁证明"(he who affirms must prove⑤)的原则。

在英国,"证明责任之产生(例如由哪一方当事人承担的问题)依赖于实体

---

① 〔日〕松冈义正著:《民事证明论》,张知本译,洪冬英勘校,中国政法大学出版社2004年版,第34页。
② 李学灯著:《证据法比较研究》,五南图书出版公司1992年版。转引自沈德咏主编:《刑事证据制度与理论》,法律出版社2002年版,第352页。
③ 肖建华主编:《民事证据法理念与实践》,法律出版社2005年版,第113页。
④ 李学灯著:《证据法比较研究》,五南图书出版公司1992年版。转引自沈德咏主编:《刑事证据制度与理论》,法律出版社2002年版,第814页。
⑤ 直译为"提出断言者,须证明之"。

法的规定。在民事诉讼中,由原告承担的证明责任取决于他主张而被告不予承认的事实。在刑事审判中,由控诉方就精神失常和依据制定法规定由被告方承担证明责任的其他所有事实承担证明责任"。**总的来说,"提出证据的责任一般由承担证明责任的一方承担,但是,在刑事诉讼中,被告人承担提供证据的责任在于支持其辩护理由,允许被告人以此强化其无罪答辩"**①。不过,实行"谁主张,谁证明",并不意味着证明责任不能由提出否定主张(negative allegation)的一方当事人承担,实际上有原告或者控诉方承担证明其否定主张的责任的各种各样例子,"**当一方当事人提出否定主张并且对于知晓该事实有特别手段时,提出肯定主张的提出证据责任就转由该方当事人承担**"②。例如,公诉方③指控犯有盗窃、强奸或者暴力伤害犯罪,需要承担证明没有被害人同意的责任。④

在美国,也实行类似的证明责任分担原则。这些原则是:

1. **凡在形式上为正面主张(affirmative)的,承担证明责任**。亦即以肯定的主张为决定证明责任之标准。例如,债务人对于债权人未履行债务之主张,证明已履行之。摩根指出:一般认为,负担属于系争之点有肯定主张之当事人。不过,对于肯定主张,如今的通说认为"应包括任何否定的命题而为该当事人所需表明者"。⑤ 所谓"肯定的主张",通常"应包括任何否定的命题而为该当事人所需表明者"。李学灯认为,这里所说的"所需表明"意味着该当事人负有主张责任。肯定应当是法律性肯定,无论其用语出于肯定、否定,或为中性,只要法院认为有肯定的意义就是肯定。⑥ 当事人对于案件中属于要素的事实(即构成案件重要因素的事实)有证明责任。遇到具体案件时,这个原则将涉及:何种事实属于要素的事实?⑦

2. **案情侧重(inclinable)⑧于一造,该造对于侧重之事实承担证明责任**。例如,侵权案件中,主张有过失的一方承担证明责任。

3. **诉讼事务为一造特别知晓,该造承担证明责任**。李学灯引述摩根的观点认为:如事实属于一造当事人之特殊知识,唯一公正方法,是命其陈述该事实使之明了。⑨ 这个原则的例外是,刑事诉讼中之被告人除非法定特殊情形外,不负证明责任。⑩

---

① Rupert Cross, *An Outline of the Law of Evidence*, Butterworths, 1964, p. 26.
② Ibid., p. 30.
③ 原文为 the Crown,意思是皇家。
④ Rupert Cross, *An Outline of the Law of Evidence*, Butterworths, 1964, p. 28.
⑤ [美]爱德蒙·M.摩根著:《证据法之基本问题》,李学灯译,世界书局1982年版,第51页。
⑥ 同上书,第52页。
⑦ 同上。
⑧ Inclinable:倾向的、偏向的。
⑨ [美]爱德蒙·M.摩根著:《证据法之基本问题》,李学灯译,世界书局1982年版,第52页。
⑩ 同上。

不过，虽有这些一般原则，对于证明责任的分配，不能拘泥于教条而不顾公正。摩根曾提醒说：关于证明责任的分配那真正可采之说，应在考虑公正、便利及政策性等各要素的基础上加以决定。①

（三）大陆法

大陆法系关于证明责任制度之研究颇为发达，成果迭出。如今民事诉讼证明责任分配中广泛应用的学说，是1900年罗森贝克提出的特别要件说。对于罗森贝克证明责任分配学说，后文会有进一步阐述。

三、刑事诉讼证明责任分配的一般原则

依不同诉讼类型研究证明责任分配也有必要，因为刑事诉讼、民事诉讼和行政诉讼中证明责任的分配虽有共同原则，因诉讼不同特性也有所不同。

刑事诉讼极为重要和简单的法则，是证明责任常在追诉方，此法则与无罪推定相契合，其本源即无罪推定，有英国法官将其称为"刑网上之金线"。

对于该原则，存在不同观点：

一说：一切证明责任均由追诉方承担，被告人不负证明责任。

另一说：说服责任常在追诉方，特殊情形（如不在犯罪现场、心神丧失以及实体法规定被告方承担证明责任的其他事实）由被告人一方负提出证据的责任。

在英国，辩护方负提出证据的责任情形有：

1. 桑基爵士在伍尔明顿案件（Woolmington v. Director of Public Prosecutions）的裁决中，**针对刑事指控提出精神失常的辩护理由，确定证明该理由的责任由被告方承担。**② 威廉·肖和米切尔·李（William Shaw & Michael Lee）指出："当提出被告人神智失常，即他处于这样一种精神状况——在作出被指控的行为时不能分辨他的行为是对的还是错的，证明责任明确而相当引人注目地由辩护一方承担，由其确立该辩护理由是成立的。在这样的案件中，被告人承担该责任的证明标准并不高于原告在民事程序中所应达到的证明程度。"（M'Naghten's Case, 1843）③

2. **某些实体法对证明责任承担作出由被告方承担的特殊规定**，例如：在英国，1916年《反腐败法》（the Prevention of Corruption Act）第2条（s.2）和1916年《盗窃法》（the Larceny Act）第28条是这类规定中的典型。按照④1916年《反腐

---

① 〔美〕爱德蒙·M.摩根著：《证据法之基本问题》，李学灯译，世界书局1982年版，第52页。
② Rupert Cross, *An Outline of the Law of Evidence*, Butterworths, 1964, p. 3.
③ William Shaw & Michael Lee, *Evidence in Criminal Cases*, London, Butterworth & Co. (Publishers) Ltd. Shaw & Sons Ltd., 1964, pp. 164—165.
④ Rupert Cross, *An Outline of the Law of Evidence*, Butterworths, 1964, p. 31.

败法》第2条,对于依据①1906年《反腐败法》提出的指控中提到的酬金应当被视为贿赂,除非相反事实得到证明。国王诉埃文斯-琼斯和詹肯斯(R. v. Evans-Jones and Jenkins)案件的裁决确认:如果陪审团对于是否接受被告人关于送给国家官员的礼物的辩解有疑问,它有责任给被告人定罪。这个裁决也被刑事上诉法院在审理国王诉卡尔-布赖恩特(R. v. Carr-Briant)案件中接受。② 被告方承担证明责任并不需要达到与控诉方"排除合理的怀疑"同样高的证明责任,汉弗莱斯(Humphreys)曾指出:"在某些情况下,依据制定法或者普通法,某些事项被'推定'为存在,除非相反的事实得到'证明'。陪审团应当得到这样的指导,应当由他们裁决相反的事实是否得到证明,该证明责任低于对于控诉方要求的那种将事实证明到排除合理怀疑的程度,当证据使陪审团认定被告方达到其证明应达到的那种盖然程度时,该责任就应当被卸除。"③按照1916年《盗窃法》第28条的规定,没有合法理由夜间携带撬门工具是一种犯罪行为,而证明该合法理由的责任由被告人承担;如果控诉方证明被告人夜间携带撬门工具,除非被告方能够将其合法理由证明到盖然性均衡(the balance of probabilities)的程度才可以卸除责任。④

3. 辩护方以被告人受到胁迫(duress)而实施犯罪作为辩护理由时,控诉方应当首先将被告人有起诉书记述的犯罪意图证明到使陪审团满意的程度。一旦这一证明完成,证明被告人受到胁迫而实施犯罪行为的责任由辩护方承担。⑤

另外,在英国刑事诉讼中,还有两项证明责任分配方法值得借鉴:

1. 与自白任意性规则有关,"在刑事案件中,对于作为证据提出的被告人(prisoner)的自白是自由、自愿并且没有在不适当诱引之下作出的,证明到使法庭满意程度的责任由检控方承担"(R. v. Thompson,[1893]2Q. B. 12;57J. p. 312)⑥。

2. 与最佳证据规则有关,"当有特定原因导致原始书证不能提供,而同一内容的传来证据(secondary evidence)需要被提供时,证明采纳该证据的必要性(conditions necessary)的责任由提供该证据的一方承担"⑦。

在我国,《刑事诉讼法》明确了控诉方证明有罪的责任,该法第49条规定:

---

① Rupert Cross,*An Outline of the Law of Evidence*,Butterworths,1964, p.31.
② 不过,该案件的定罪后来被推翻,因为陪审团在有关证明责任问题上受到了错误的指导。见 Rupert Cross,*An Outline of the Law of Evidence*,Butterworths,1964, p.31。
③ Ibid.
④ Ibid.
⑤ William Shaw & Michael Lee, *Evidence in Criminal Cases*, London, Butterworth & Co. (Publishers) Ltd. Shaw & Sons Ltd., 1964, p.164.
⑥ Ibid., pp.163—164.
⑦ Ibid., p.164.

"公诉案件中被告人有罪的举证责任由人民检察院承担,自诉案件中被告人有罪的举证责任由自诉人承担。"对于辩护方提出的证据合法性争议,《刑事诉讼法》第57条第1款规定:"在对证据收集的合法性进行法庭调查的过程中,人民检察院应当对证据收集的合法性加以证明。"虽然《刑法》与《刑事诉讼法》并未规定被告方承担证明责任,但巨额财产来源不明罪和非法持有罪的实体法规定对刑事诉讼中证明责任承担产生明显影响,实际上起到了改变证明责任的分配原则的作用:被告方在控诉方和裁判机关不能依被告人的说明收集到否定被告人有罪的证据时,辩护方实际上应履行提出证据的义务以获得无罪判决,否则将承担败诉的不利后果。这种情形就意味着辩护方承担主张责任和证明责任。

四、民事诉讼证明责任分配的一般原则

因民事诉讼自身特性,民事诉讼证明责任分配问题颇为复杂,与刑事诉讼差异较大。

我国《民事诉讼法》第64条第1款规定:"当事人对自己提出的主张,有责任提供证据。"最高人民法院《关于民事诉讼证据的若干规定》第2条提出了分配证明责任的一般规定:"当事人对自己提出的诉讼请求所依据的事实或者反驳对方诉讼请求所依据的事实有责任提供证据加以证明。"这一规定只是基本准则,并不能解决所有证明责任分配问题。

民事诉讼证明责任分配学说纷纭,令人目迷五色,诸如:

(一) 待证事实说(两类理论学说)

按照证明对象的性质确定证明责任的分配,存在两类理论学说,消极事实说和外界事实说。

1. 消极事实说

待证事实分为积极、肯定的事实和消极、否定的事实。主张积极、肯定的事实的人承担证明责任,主张消极、否定的事实的人不承担证明责任。这种责任分配,原因在于前者易为而后者难为。消极事实说的基本观点是主张积极事实(即主张事实存在、事实已发生)的当事人应负举证责任,主张消极事实(即主张事实不存在、事实未发生)的当事人不负举证责任。[1]

2. 外界事实说

待证事实分为内界事实、外界事实。按照该学说,主张外界事实(人的五官可以感知的事实,如行为之实际发生)的人负证明责任,主张内界事实(人之心理状态,如行为之故意或过失)的人不负证明责任。原因同样是前者易为、后者难为。有论者指出:"以事实能否通过人的五官从外部加以观察、把握,将待证

---

[1] 江伟主编:《民事诉讼法学原理》,中国人民法学出版社1999年版,第501—502页。

事实分为外界事实和内界事实,认为外界事实易于证明,故主张的人应负举证责任,内界事实无法从外部直接感知,极难证明,故主张的人不负举证责任。"① 不过,该学说是有缺陷的,内在事实虽然难于直接证明,却可以间接证明,"人的内心是可以通过一些间接的途径得以证明的;而且,在双方都主张内心事实的时候,证明责任又该如何分配呢？这种学说并没有给出一个答案"②。我国台湾学者陈计男教授指出:"此说谓主张外界事实之人,有举证责任;而主张内界事实之人,不负举证责任。因内界事实不能证明之故。例如,法律行为中,意思表示为外界事实,故主张之人有举证之责,而当事人之效果意思、行为能力等则为内界事实,故不负举证之责。惟内界事实不难依间接事实推知之,且在适用上亦有举证之必要,例如,关于善意与恶意,两造主张不同时,即必须确定其举证之分配(……),否则何造应受败诉判决之危险负担,即漫无标准,难期裁判之公平。"③

(二) 法律要件分类说

法律要件分类说即按照法律构成要件的事实,依据不同价值标准确定证明责任的分配。包括:因果关系说;通常(发生)事实说;最低限度事实说;特别要件说;规范说。

我国目前采用法律要件分类说作为证明责任分类的原则。

民事诉讼中通常采用德国民事诉讼法学家罗森贝克的法律要件分类说,**罗森贝克的证明责任分配原则是:"各当事人应对有利自己的规范要件加以主张和举证"。**该说主要内容是,将民事实体法条文分为三个类型,即权利发生规范、权利妨害规范和权利消灭规范。凡主张权利的当事人,应就权利发生的法律要件存在的事实负担举证责任,否认权利存在的当事人,应就权利发生妨害法律要件或权利消灭法律要件的存在事实负担举证责任。④

此原则建立在实体法结构分析的基础之上。实体规范分为四大类:

1. 能够产生某种权利的规范(即基本规范、请求权规范、主要规范、通常规范)。例如,订立合同。

2. 妨碍权利产生的规范(即权利妨碍规范),例如,无民事行为能力。

3. 使已经产生的权利归于消灭的规范(即权利消灭规范、权利受制规范)。例如,债务的履行。

4. 遏制或者排除权利作用的规范(即权利受制规范)。例如,时效已过。

---

① 江伟主编:《民事诉讼法学原理》,中国人民法学出版社1999年版,第501—502页。
② 黄雪坚:《证明责任分配的理论评述》,http://blog.sina.com.cn/u/4928d7b60100034i,最后访问日期:2014年7月13日。
③ 陈计男著:《民事诉讼法论(上)》,三民书局1993年版,第405—406页。
④ 例如,在借贷法律关系诉讼中,原告请求返还借贷合同标的物,主张取回权,仅就双方订立了借贷合同及交付标的物这一事实负担证明责任即可;对订立合同时不存在欺诈、胁迫等导致合同无效从而妨碍取回权产生的事实,应由被告负担证明责任。

由此形成证明责任的分担：

1. 主张权利存在的人，由于要求的是适用权利产生的规范，应就权利产生的法律要件事实承担证明责任；

2. 否认权利存在的人，应就妨碍该权利产生的法律要件事实承担证明责任；

3. 主张权利消灭的人，应就权利已经消灭的法律要件事实承担证明责任；

4. 主张权利受制的人，应就权利受制的法律要件事实承担证明责任。

对罗森贝克学说，有学者提出诘难，乃谓：(1) 权利产生规范与权利妨碍规范在实际上无法加以区分；(2) 与法律上的事实推定相矛盾；(3) 对间接反证的事实也应适用客观证明责任分配的观点，混淆了主观证明责任和客观证明责任的区别；(4) 功能缺陷：完全不考虑举证难易、对权利救济的社会保护，影响证明责任分配的实质公平与公正。

此处提到的"反证"，即负证明责任的当事人的对方提出的证据或者该对方当事人的证明行为。"间接反证"与"直接反证"对称，亦与"间接本证"有密切联系：

1. **直接反证**：对主要事实 A 负举证责任的原告，证明能够推定 A 存在的 a、b、c 三个间接事实，根据这些间接事实推定主要事实 A 使之得到证明时，被告对 a、b、c 的存在直接提出争议，并提供证据证明 a、b、c 不存在（把 a、b、c 带到真伪不明的状态即可），以阻碍推定 A 的存在。

2. **间接反证**。要了解何为间接反证，需要先看间接本证。对待证事实负有举证责任的当事人，因无法提出直接证据加以证明，转而提出间接证据对间接事实进行证明，从而依据经验法则进行事实上的推定，由得到证明的间接事实推定待证的主要事实存在，此种举证方式为间接本证。为避免或防止主要事实被推认导致本方败诉的不利结果，对方当事人提出反证以证明另外某种间接事实，基于经验法则，由得到证明的间接事实推定待证主要事实不存在，此种举证就是间接反证。[①] 中村英朗指出："担负立证责任的当事人如果证明了间接事实 A，由此可以推断直接事实（主要事实）的存在时，对方可以提出另外的间接事实 B，

---

① 举例言之，"负举证责任的当事人如果证明了间接事实 A，由此可以推定直接事实（主要事实）的存在。在这种情况下，对方当事人可以采用两种证明方法：一种是提出证明间接事实 A 不存在或者真伪不明的证据，这种证据成为直接反证。另一种方法是对方可以提出另外的间接事实 B 来推定待证主要事实不存在或真伪不明。有关间接事实 B 的证明就成为间接反证。间接反证是对方就间接事实 B 进行的本证，必须让法官确信其事实的真实性，间接本证和间接反证旨在缓解双方当事人举证的困难。双方当事人对其提出的间接事实的证明均须达到让法官确信其为真实的程度"。江伟主编：《民事诉讼法》，中国人民大学出版社 2004 年版，第 165 页。

来阻挠根据间接事实进行推断,有关间接事实 B 的证明就成为'间接反证'。"①我国学者对间接反证进行诠释,指出对待证事实应负证明责任的一方当事人提出间接证据证明间接事实,因证据的当事人负有举证责任,故称为间接本证;对方当事人无法提出直接证据否定负证明责任的一方当事人提出的主张,就提出其间接证据以证明自己主张的间接事实,由于该方当事人不负举证责任,故称间接反证。"两者的共同之处是均系各自利用其间接事实及分别运用其经验法则以推认主要事实的存在或不存在。"②另外,需要指出的是,直接反证产生证明责任转换的问题,间接反证不生证明责任转换的问题。

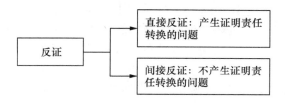

(三) 法规分类说

实体法规范可以区分为原则规定与例外规定,实体法中的但书即为例外规定。法规分类说认为,凡要求适用原则规定的当事人,应就原则要件事实的存在负证明责任,不必证明例外规定的要件事实的不存在;主张适用但书的,就要对例外规定的要件事实的存在,承担证明责任。

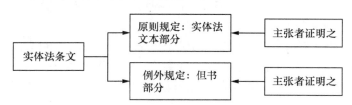

(四) 实质公平证明责任分配理论

实质公平证明责任分配理论有着明显的特征,那就是反形式主义,注重新问题,如环境污染、交通事故、产品责任等。按照该理论,证明责任应以下述分担方式确定之:

1. 待证事实属于一造控制的危险领域,该造承担证明责任(危险领域说);

2. 主张盖然性高的一造不承担证明责任,否定的一造承担证明责任(盖然性说);

3. 根据实体法立法意图,某具体案件的类型化责任归属于哪一造,由哪一

---

① 〔日〕中村英朗著:《新民事诉讼法讲义》,陈刚、林剑锋、郭美松译,法律出版社 2001 年版,第 198 页。
② 张卫平主编:《民事诉讼法》,高等教育出版社 2006 年版,第 166—167 页。

造承担证明责任(损害归属说——根据实体法确定的责任归属或者损害归属确定证明责任的分配);

4. 根据当事人与证据距离的远近、举证难易、诚实信用原则,经利益权衡确定哪一造承担证明责任(利益权衡说)。

为了保证实现实质公平,有时需要借助证明责任倒置来完成,设定证明责任倒置要考虑的因素有两项:一是举证难易,由某方当事人举证容易而另一方举证困难的,由易于举证的一方当事人进行证明;二是保护弱者。

证明责任的倒置不是由法院可以自主确定的,必须以法律明文规定为依据。最高人民法院《关于适用〈中华人民共和国民事诉讼法〉若干问题的意见》以司法解释的形式就证明责任倒置作出了规定。即:在下列侵权诉讼中,对原告提出的侵权事实,被告否认的,由被告负责举证:(1)因产品制造方法发明专利引起的专利侵权诉讼;(2)高度危险作业致人损害的侵权诉讼;(3)因环境污染引起的损害赔偿诉讼;(4)建筑物或者其他设施以及建筑物上的搁置物、悬挂物发生倒塌、脱落、坠落致人损害的侵权诉讼;(5)饲养动物致人损害的侵权诉讼;(6)有关法律规定由被告承担举证责任的。这些规定被吸收进最高人民法院后来发布的《关于民事诉讼证据的若干规定》之中。

我国最高人民法院《关于民事诉讼证据的若干规定》以实质公平证明责任分配理论为依据,设定了若干诉讼新领域内的证明责任分配标准,有的还涉及证明责任倒置。《关于民事诉讼证据的若干规定》第4条规定侵权诉讼案件的证明责任分配,列举如下:

1. 因新产品制造方法发明专利引起的专利侵权诉讼,由制造同样产品的单位或者个人对其产品制造方法不同于专利方法承担证明责任;

2. 高度危险作业致人损害的侵权诉讼,由加害人就受害人故意造成损害的事实承担举证责任;

3. 因环境污染引起的损害赔偿诉讼,由加害人就法律规定的免责事由及其行为与损害结果之间不存在因果关系承担举证责任;

4. 建筑物或者其他设施以及建筑物上的搁置物、悬挂物发生倒塌、脱落、坠落致人损害的侵权诉讼,由所有人或者管理人对其无过错承担举证责任;

5. 饲养动物致人损害的侵权诉讼,由动物饲养人或者管理人就受害人有过错或者第三人有过错承担举证责任;

6. 因缺陷产品致人损害的侵权诉讼,由产品的生产者就法律规定的免责事由承担举证责任;

7. 因共同危险行为致人损害的侵权诉讼,由实施危险行为的人就其行为与损害结果之间并不存在因果关系承担举证责任;

8. 因医疗行为引起的侵权诉讼,由医疗机构就医疗行为与损害结果之间不存在因果关系及不存在医疗过错承担举证责任。

另外,该条还规定,有关法律对侵权诉讼的举证责任有特殊规定的,从其规定。

最高人民法院《关于民事诉讼证据的若干规定》第5条规定了合同纠纷案件证明责任之分配,具体内容为:在合同纠纷案件中,主张合同关系成立并生效的一方当事人对合同订立和生效的事实承担举证责任;主张合同关系变更、解除、终止、撤销的一方当事人对引起合同变动的事实承担举证责任。对合同是否履行发生争议的,由负有履行义务的当事人承担举证责任。对代理权发生争议的,由主张有代理权一方当事人承担举证责任。

最高人民法院《关于民事诉讼证据的若干规定》第6条规定的是劳动争议纠纷案件证明责任分配:在劳动争议纠纷案件中,因用人单位作出开除、除名、辞退、解除劳动合同、减少劳动报酬、计算劳动者工作年限等决定而发生劳动争议的,由用人单位负举证责任。

五、行政诉讼证明责任分配的一般原则

我国《行政诉讼法》第32条规定:"被告对作出的具体行政行为负有举证责任,应当提供作出该具体行政行为的证据和所依据的规范性文件。"这一规定,确定了行政诉讼由被告承担证明责任的一般原则,是证明责任倒置的制度安排。这一证明责任分配,体现了对政府权力的限制,有利于促成"依法行政"口号的落实。政府实施具体行政行为时必须具有合法性、正当性,一旦成诉,政府必须能够证明其业已实施的具体行政行为是合法的、正当的。事实上,政府举证证明其具体行政行为合法、正当比原告证明政府具体行政行为不合法、不正当要容易得多。不仅如此,在"民告官"的行政诉讼中,官比民处于强势,从实质公平的保护弱者角度考虑,这种制度安排也是合理的。

《行政诉讼法》第33条还规定:在诉讼过程中,被告不得自行向原告和证人收集证据。本条清楚地表明,政府实施具体行政行为必须有法可依,以事实为据,这些事实应当有足够的证据加以支持。在行政诉讼中,法院要审查的,是政府实施具体行政行为之时是否符合法律法规要求,是否有事实和证据为根据,不能事后补救,即使事后收集的证据能够证明政府已经实施过的具体行政行为是合法、正当的,也不能"治愈"具体行政行为实施当时不具有合法性、正当性的事实。

最高人民法院《关于行政诉讼证据若干问题的规定》就行政诉讼案件证明责任分配作出了具体规定,其第4条、第5条规定原告应承担的证明责任:公民、法人或者其他组织向人民法院起诉时,应当提供其符合起诉条件的相应的证据材料。在起诉被告人不作为的案件中,原告应当提供其在行政程序中曾经提出申请的证据材料。但有下列情形的除外:(1)被告应当依职权主动履行法定职责的;(2)原告因被告受理申请的登记制度不完备等正当事由不能提供相关证据材料并能够作出合理说明的。① 在行政赔偿诉讼中,原告应当对被诉具体行政行为造成损害的事实提供证据。②

第4条还规定了被告承担的证明责任:被告认为原告起诉超过法定期限的,由被告承担举证责任。

最高人民法院《关于行政诉讼证据若干问题的规定》第6条规定原告有权提出证据进行证明:原告可以提供证明被诉具体行政行为违法的证据。原告提供的证据不成立的,不免除被告对被诉具体行政行为合法性的举证责任。

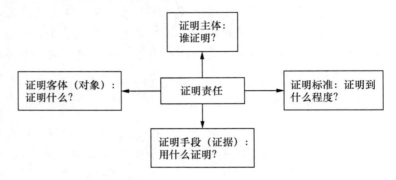

---

① 最高人民法院《关于行政诉讼证据若干问题的规定》第4条。
② 最高人民法院《关于行政诉讼证据若干问题的规定》第5条。

第四章　证明客体与免证事实

一件事实是没有性别的真理。

——纪伯伦

第一节　证 明 客 体

证明客体，又称"证明对象""证明标的"或者"待证事实"，意指当事人（刑事诉讼中为控辩双方）提出诉讼主张后，为使法院以裁判支持该主张而需要提出证据加以证明的事实。虽曰事实，实际上证明客体还包括法则。不过，有人将法则也视为一种事实，如摩根指出的那样："外国法或他州之判例法及制定法，除制定法另有规定外，法院仅视为一种事实，亦如其他事实须以证据证明之"①。

松冈义正以"证据之目的物"表达类似概念，但这个概念与证明客体的含义也有不同。松冈氏云："证据之目的物（Thema Prol Andun；Beweissatz，Der Gegenstund Des Beweis）有三。一、系当事人主张之事实；二、系法院可依职权调查之事实；三、系法则及实验之法则。"②显然，按照松冈义正的这一说法，"证据之目的物"虽与"证明客体"有重合之处，但作为"证据之目的物"之一的"法院可依职权调查之事实"又显然不是"证明"之客体而只是职权调查之客体，"证据之目的物"虽与"证明客体"有重合，但并非完全同一的概念。

证明客体有以下诸项：

一、事实

对事实的证明，在诉讼证明中最为常见。**事实指的是事情的真实情况，包含两个含义：一是指动态情况，即事之情况；二是静态情况，即物之情况**。所谓"事

---

① 摩根还指出："惟新汉普夏（New Hampshire）州最高法院曾宣称，所争执者如为他州之法律时，从事审判之法官必须切实予以查询，最高法院亦得为进一步之调查，以补不足。实体方面之制定法，如《涉外法律统一认知法》（Uniform Judicial Notice of Forein Law Act）已为多数州所采用，要求法官认知他州之法律，然外国法律则不属于认知之范围。仅极少数州，要求或允许认知外国法。"〔美〕爱德蒙·M. 摩根著：《证据法之基本问题》，李学灯译，世界书局1982年版，第31页。

② 〔日〕松冈义正著：《民事证据论》，张知本译，洪冬英勘校，中国政法大学出版社2004年版，第17页。

实胜于雄辩"中的"事实"①指的当然不是已经发生过的事的情况,而是负载有关动态事的信息之物的情况。如嫌疑人辩称没到过犯罪现场,公安司法人员向他出示现场提取的他的足迹,便可责之以"事实胜于雄辩"。

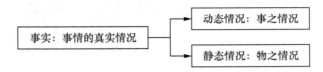

作为证明客体的事实,不同于负载在一定证据形式上起证明手段作用的事实,包括争议事实和与争议事实相关的事实。

首先,需要证明的是争议事实。所谓"争议事实",就是对于该事实存在与否或者情况究竟如何,诉讼双方各执一词,说法不一。既然事实存在争议,就需要用证据加以澄清,主张者就有责任进行证明。克劳斯(Rupert Cross)解释说:"争议事实包括民事诉讼中的原告或者刑事诉讼中的控诉方为了胜诉必须加以证明的全部事实,也包括被告人或者原告为了进行成功防御而必须加以证明的其他事实。"民事案件的争议事实,根据实体法和诉讼主张来加以确定;刑事案件的争议事实,应当首先根据对指控犯罪的界定来确定,其次根据辩护方提出的辩护要点来确定。② 威廉·肖指出:"争议事实是关键(essential)事实,在给被告人定所指控的罪之前,这些事实必须予以证明;这些事实也可以成为诸如合法构成针对指控的辩护事实。③ 在特定案件中,这些事实是什么,取决于被指控犯罪的性质。"④

其次,与争议事实相关联的事实也需要进行证明。与争议事实相关联的事实是指那些虽然不构成争议事实,但能够为争议事实存在或不存在表明可能性的情况事实,如表明存在动机的事实、进行准备活动的事实等等,都属于这类事实。有论者指出:"与争议事实相关的事实是那些单独或者与其他事实结合在一起证明或者为争议事实的存在或者不存在表明可能性的事实。"它们构成情况事实一部分,"尽管这些事实自身不是争议事实,但与争议事实有直接关联或者能够引导出并且解释那些争议事实"⑤。"这类事实包括被告人有某一犯罪动

---

① 金岳霖曾谈到"事实的硬性",云:"事实之有硬性,是大多数人所承认的。事实是我们拿了没有办法的。事实是没有法子更改的。所谓修改现实,只是使将来与现在或以往异趣而已。事实总是既成或正在的,正在或既成的事实,只是如此如彼的现实而已。……事实之如此如彼,是理所固然,数所当然,几所适然;只要一'然',它就从此'然'了,我们只有承认与接受,除此之外,毫无别的办法。"金岳霖著:《知识论》,商务印书馆2004年版,第784页。
② Rupert Cross, *An Outline of the Law of Evidence*, Butterworths, 1964, p.17.
③ 如果辩护方能够证明与指控事实相反的事实存在,则这些相反事实将构成针对指控的辩护事实。
④ William Shaw, *Evidence in Criminal Cases*, Butterworth & Co. (Pubishers) Ltd., 1954, p.8.
⑤ Ibid., p.9.

机或者为犯罪进行准备,或者犯罪事实发生后被告人自由而自愿地进行了有罪供述①,都属于与争议事实有关的事实。Alibi②事实,易言之,当犯罪发生时被告人在其他地方而不在犯罪现场的事实,则是需要由被告人进行证明的与争议事实相关的事实。"③

松冈义正在《民事证据论》一书中对于民事诉讼中所要用证据证明的对象言之甚详,他指出:"当事人主张之事实,而能为证据之目的物者,即当事人主张之事实,系关于具体的法律关系之发生、变更或消灭,而在法律上最关重要,且以证据为必要者也"④。又云:"属于证据目的物之当事人主张之事实,须为关于具体的法律关系之发生与变更或消灭之事实,盖以非系此种事实,即与裁判上不生关系故也。然此种事实,不必为过去之事实,即现存之事实,亦足为证据之目的物。以故法律行为之事实(过去之事实),固然可为证据之目的物;即具体的法律关系,必须效力继续之现在事实……皆足为证据之目的物。又此种事实,不必为外部的事实,即内部的事实⑤,亦足为证据之目的物……他如某种事变到来之积极的事实,固然得为证据之目的物,即某种事变未到来之消极的事实,亦得为证据之目的物。"⑥

不过,作为证明客体的事实,并非案件全部事实,而是具有法律意义的事实。诉讼中并不要求将所有案件事实一五一十都查个水落石出,"属于证据目的物之当事人主张之事实,须为法律上重要之事实。此无他,因法律上重要之事实,其真否足以影响于裁判也。如非此种主张之事实,即无立证之必要"⑦。另外,**这些事实还必须是应当以证据加以确认的才能成为证明客体,不需要运用证据加以证明的,也不能成为证明客体**,"证据目的物之当事人主张之事实,应以证据为必要。所谓以证据为必要之事实者,即当事人间争执之事实,在法院尚未显著之事实,且不能由法律上推定为不许举出反证而为抗辩之事实等,均不以证据为必要之故也"⑧。

作为证明客体的事实可以分为实体法事实、程序法事实、证据法事实三类。分述如下:

---

① 这里指这种自由与自愿认罪的行为本身。
② 不在犯罪现场。
③ William Shaw, *Evidence in Criminal Cases*, Butterworth & Co. (Pubishers)Ltd., 1954, p.9.
④ 〔日〕松冈义正著:《民事证据论》,张知本译,洪冬英勘校,中国政法大学出版社2004年版,第17页。
⑤ "内部的事实"指"对于某种事实之明知或不知,以及故意或过失,善意或恶意之事实等"。
⑥ 〔日〕松冈义正著:《民事证据论》,张知本译,洪冬英勘校,中国政法大学出版社2004年版,第17—18页。
⑦ 同上书,第18页。
⑧ 同上书,第18—19页。

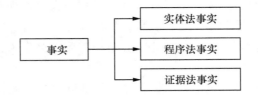

(一) 实体法事实

实体法事实为证明客体。这些事实属于明确特定法律关系的法律事实,为实体法之适用所必需者,因此要运用证据或者其他证明手段揭示他们的存在。

在刑事诉讼中,实体法事实包含以下几个层面:

1. 所有与案件有关的事实,包括犯罪事实以及与案件有关的非犯罪事实(如起因事实),这些事实都属于侦查范围内的事实。我们可以提出如下公式:

    所有与案件有关的事实 = 犯罪事实 + 与案件有关的非犯罪事实(如起因事实)

2. 犯罪事实,即基本犯罪事实再加上其他犯罪事实。我们将其列为公式:

    犯罪事实 = 基本犯罪事实 + 其他犯罪事实

3. 主要事实。在民事诉讼中,"主要事实"指的是产生、变更、消灭民事法律关系之事实。在刑事诉讼中,"主要事实"指为定罪不可或缺的事实,包括犯罪构成要件事实以及其他为定罪所不可或缺的事实,它们构成了判决定罪和提起公诉起码要予以证明的事实,可以称为底线事实。主要犯罪事实包括:(1) 犯罪事实确已发生;(2) 被指控者犯有该罪。

"主要犯罪事实"与"基本犯罪事实"①概念相近,有论者解释"基本犯罪事实"云:"从语言上讲,'基本'确实是一个模糊概念。但是,它并不是没有任何范围,可任意解释或自由伸缩的。据一般人理解,基本就是足以决定或规定事物性质的最低极限。而在司法实践中,使用"基本"一词应具备两个条件:一是数量上已超过70%;一是在性质上的规定已十分明显"②。语气上推测:"基本犯罪事实"略宽于"主要犯罪事实"。

  主要犯罪事实 = 定罪不可或缺的事实 = 犯罪构成要件事实 + 其他为定罪所不可或缺的事实

---

  ① 彭真在"全国五大城市治安座谈会"上讲话提出:"只要有确实的基本的证据,基本的情节清楚,就可以判。"人们将这句话概括为"两个基本"。有论者指出:"'两个基本'是要求把基本的犯罪事实和情节搞清楚,把基本的证据搞确实,而非把事实、情节搞得基本清楚,把证据搞得基本确实,更不是只要搞清某些事实和情节,就称之为基本事实清楚,有某些证据就称之为基本证据确实、充分。"(崔敏主编:《刑事证据理论研究综述》,中国人民公安大学出版社1990年版,第83页。)

  ② 崔敏主编:《刑事证据理论研究综述》,中国人民公安大学出版社1990年版,第84—85页。

民事诉讼主要事实＝产生、变更、消灭民事法律关系之事实

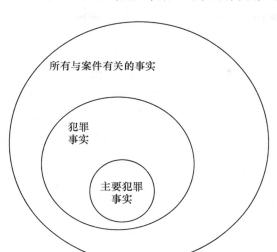

（二）程序法事实

为程序法所规范，产生程序法上效果的事实，为程序法事实。如构成回避事由的事实，就属于程序法事实，这些事实是程序法规定的回避事由，它们的存在会导致应予回避的程序法效果。

（三）证据法事实

为证据法所规范，产生证据法上效力的事实，为证据法事实。如非法取证的行为，可能构成排除以该行为获得的证据的法定事由，该事实存在并得到证明，可能会产生排除非法证据的证据法效果。证据法事实，通常被纳入程序法事实范围内，这是因为按照大陆法系传统，证据法属于诉讼法的一部分，诉讼法事实含有证据法事实。不过，为突出证据法的存在（无论独立存在还是附着在诉讼法中存在），将证据法单列不失为一个好的办法。

证据法事实与证据事实不同，后者指的是证据载体含有的有关案件的信息，这些信息是证明手段而不是证明客体，这是因为证明手段一旦成为证明客体，则该证明手段需要由其他证明手段来证明，其他证明手段又需要别的证明手段来证明，循环往复，将永无终期。

二、法规

松尾浩也指出："证明的对象是'事实'，而不是证明刑罚法规本身（刑事法院必须知道自己所适用的刑罚法规）。但是，'事实'中经常包含规范性要素，为了认识该要素的性质，有关法规的内容也可能成为证明的对象（例如，认定盗窃

罪是否成立时涉及确认财物所有权归属,而有必要根据习惯法或者外国法规定确认)。"①因此,**除前述事实需要证明外,某些外国法、地方性法规、习惯可能成为证明客体。**

法律、法规、习惯都属于法则。法院对于本国法应有职务上的认知,当事人等无须提出证据加以证明,不过,某些外国法、地方性法规、习惯却非法官履行职务所应知,许多也确非法官所知,这就需要当事人提出证据加以证明。松冈义正认为法则属于"法院可依职权调查之事实":"对于当事人主张之事实所欲适用之法则(Rechtssatze),审判官不可不知之,故法则当然非狭义之证据目的物。然而民事诉讼法基于事实上之关系,在此当然之原则中,亦设有界限,审判官对于本国现引之制定法(不论是否为国际条约)固须当然知之;但地方习惯法、规约及外国现行法,则无须当然知之。②虽事实上为审判官所未知之法则,因得为证据之目的物,应使审判官认知,以适用于当事人主张之事实;然审判官就此种法则,得有正当之认知者,乃其绝对之职权及职务,而当事人之自认,则不能拘束法院也。"③

三、专门知识领域之经验法则

经验法则,又称"经验规则",属于法则的一种,是人们从日常生活体验、各种科学实验等获得的规律性认识的总称。经验法则具有高度盖然性,并得到社会或者特定专业领域普遍承认。日本学者庭山英雄指出:"所谓经验法则,是指在社会生活中得到普遍承认高度盖然性的法则而言。"④

---

① 〔日〕松尾浩也著:《日本刑事诉讼法》(下册),张凌译,中国人民大学出版社2005年版,第14页。
② 法则有的属于法官应当然认知者,"受诉法院所属国现地之本国制定法,审判官负有当然认知之职责,故此种制定法,不论是否为法律为命令,或基于条约之命令,审判官认为必要时,须以职权调查之职权审理主义"。有的法则为法官不须当然认知者,"不须审判官当然认知之法则,其存在成为问题时,自勿须当事人特定之主张,且勿须为法定之证据调查。法院基于某种原因,将此种法则时,能以职权审酌之,故勿须当事人特别作为证据,且对当事人之提出,有驳斥之权限"。〔日〕松冈义正著:《民事证据论》,张知本译,洪冬英勘校,中国政法大学出版社2004年版,第26—28页。
③ 〔日〕松冈义正著:《民事证据论》,张知本译,洪冬英勘校,中国政法大学出版社2004年版,第17页。对于诉讼涉及的法则,法官的探知方法是:(1)"法院对于此种法则之调查,亦无异于事实之调查,不必拘于证据之界限及证据之手续,得利用其各种认识之方法(特别是利用参考书),如对于官署或公署,得请其提出报告或记录,调取在他种诉讼中之陈述书或参考资料,其关于外国法者,亦得证其官署之意见,在言词辩论之终结后,为此种法则之调查。且由证据之决定,得对于主张外国法存在之当事人,令其提出必要之证据以证明之;然此种命令,仅在使当事人得有辅助审判官职权行动之机会,非令其负立证之责任,因之当事人亦无申请调查证据之必要。"(2)"不须审判官当然知之法则,其存否成为问题时,对此法则之证据方法,则从一般之规定,故关于公布法令并规约之事实,以及构成习惯法要素之惯行之事实,得依人证以证明之。关于法则之内容,得依鉴定以证明之。"(3)"就法则之解释及适用言之:此系审判官专属之职务,应以其职权为之,不受当事人行动之拘束。以故就此而讯问鉴定人,则为法律所不许也。"(前引书,第28—29页。)
④ 〔日〕上野正吉等编著:《刑事鉴定的理论和实践——以情况鉴定的科学化为目标》,徐益初、肖贤富译,群众出版社1986年版,第82页。

经验法则在诉讼中具有以简捷方式确认有关案件事实的作用,是认定案件事实之重要助力。人类多年来对各种事物的规律经过反复体验、实验获得认识,形成对同一事物依循这些规律存在或者发生的预期。这些认识构成了人们对有关案件事实的**前提性知识**。这些前提性知识为人们认识事物提供了便利。在诉讼中,运用经验法则认识与案件有关的事物是不可避免的,"当审判官从事审判时,除法则外,尚须以实验规则为大前提。盖法则虽规定权利上之发生与消灭及变更等事实,但不能包揽无遗,于是前提上,乃不得不借助于吾人经验所得之结果(即生活上之规则 Leb n regcln),以为其补充"①。

经验法则可以分为两种,一是一般经验法则,二是特别(特殊)经验法则。**一般经验法则通常是从人们日常生活经验中获得的规律性认识**,如"月晕而风,础润而雨"就属于这一类;有些经验法则原为特别经验法则,但随着知识的普及,这些法则逐渐为一般民众所共知,自亦转为一般经验法则。**特别经验法则,或谓"特殊经验法则",是一定专业人士群体共同拥有的对特定专业领域内某些事物的规律性认识**。曾有论者将特别经验法则称为"科学的经验法则",这里"科学"的范围并不限于自然科学,庭山英雄就此评论说:"现在'科学'的概念扩展得相当大,甚至使用'社会科学'或者'作为科学的法律学'这样用语的例子。所以出现了这样一种批判性意见,认为即使科学的经验法则,也不一定能和一般的经验法则明确地加以区别。着眼于这一点的凯撒博士提倡分为'生活上的经验法则'和'通过实验有可能查证的经验法则'两种。这种不是以其内容,而是根据做法的不同来区别的分法,现在认为是合理的"②。

对于一般经验法则,法官自有认知,不必假手于人加以证明,也不受当事人自认之拘束;但对于特别经验法则,法官未必知晓和理解,这就需要由当事人提供证据加以证明或者延请专业人士加以证实,有时甚至需要以实验或者鉴定方式加以确认,却不能依当事人自认径行认定。松冈义正曾云:"审判官正当认识实验规则时,亦与认识法则相同,以其绝对之职权及职务为之,不受当事人自认之拘束。又审判官于事实上所不知之实验规则(尤其是非有特别知识不能认识之实验规则),亦得依鉴定认识之。故实验规则为鉴定之目的物,亦即证据之目的物。盖认识一切之实验规则,终不能以此期诸审判官一人之身也。"③也就是说,不为一般人知晓的属于专门知识领域的经验法则,可能成为证明客体。

---

① 〔日〕松冈义正著:《民事证据论》,张知本译,洪冬英勘校,中国政法大学出版社2004年版,第29页。
② 〔日〕上野正吉等编著:《刑事鉴定的理论和实践——以情况鉴定的科学化为目标》,徐益初、肖贤富译,群众出版社1986年版,第82页。
③ 〔日〕松冈义正著:《民事证据论》,张知本译,洪冬英勘校,中国政法大学出版社2004年版,第29页。

第二节 免证事实

并非诉讼中遇到的所有事项都需要证明,有些事项在诉讼中是不必提出证据加以证明的。① 英国学者拉伯特·克劳斯指出:"法院将采取司法认知的事实、推定的事实、或者在民事诉讼中自认的事实,皆无需证据加以证实。"②美国学者乔恩·R. 华尔兹云:"存在一类事实,它们是无证自明的,以致在审判期间不必正式加以举证证明。"③查尔斯·M. 卡恩(Charles M. Cahn)谓:"在考虑需要证明的事项以及证明它们的模式前,有必要了解那些不需要证明或者不允许证明的事项。前者包括:属于司法认知的事项;推定的事项;自认的事项(matters admitted);后者包括一方当事人不得就其主张提出反悔的事项(matters which a party is estoped from alleging)、'不带偏见'陈述的事项(matters stated 'without prejudice')、与争点无关的事项。"④这些不必提出证据加以证明的事实(包括法则),就是免证事实。

免证事实涉及这样一种状况:当事人(刑事诉讼中为控辩双方)就某一事实提出主张但不必就该主张承担提出证据的行为责任。

这里提到的"司法认知"(judicial notice; judicial cognizance),是英美法系国家证据法运用中颇为常见术语。在传统上,司法认知的事项可以分为两类:一是事实如此显著和众所周知以致不存在合理的争议的;二是能够立即和准确地

---

① 例如,在民事诉讼中,最高人民法院《关于适用〈中华人民共和国民事诉讼法〉若干问题的意见》规定:"下列事实,当事人无需举证:(一) 一方当事人对另一方当事人陈述的案件事实和提出的诉讼请求,明示承认的;(二) 众所周知的事实和自然规律及定理;(三) 根据法律规定或已知事实,能推定出的另一事实;(四) 已为人民法院发生法律效力的裁判所确定的事实;(五) 已为有效公证书所证明的事实。"最高人民法院《关于民事诉讼证据的若干规定》第9条也规定了当事人无需举证的事实,包括:(1) 众所周知的事实;(2) 自然规律及定理;(3) 根据法律规定或者已知事实和日常生活经验法则,能推定出的另一事实;(4) 已为人民法院发生法律效力的裁判所确认的事实;(5) 已为仲裁机构的生效裁决所确认的事实;(6) 已为有效公证文书所证明的事实。除自然规律及定理外,对其他事项,对方当事人有相反证据的,可以提出相反证据加以推翻。又如在刑事诉讼中,最高人民检察院《人民检察院刑事诉讼规则》(试行)第437条规定:"在法庭审理中,下列事实不必提出证据进行证明:(1) 为一般人共同知晓的常识性事项;(2) 人民法院生效裁判所确认的并且未依审判监督程序重新审理的事实;(3) 法律、法规的内容以及适用等属于审判人员履行职务所应当知晓的事实;(4) 在法庭审理中不存在异议的程序事实;(5) 法律规定的推定事实;(6) 自然规律或者定律。"再如最高人民法院《关于行政诉讼证据若干问题的规定》第68条:"下列事实法庭可以直接认定:(1) 众所周知的事实;(2) 自然规律及定理;(3) 按照法律规定推定的事实;(4) 已经依法证明的事实;(5) 根据日常生活经验法则推定的事实。前款(1)、(3)、(4)、(5)项,当事人有相反证据足以推翻的除外。"

② Rupert Cross, *An Outline Law of Evidence*, Londond, Butter Worths, 1964, p. 37.

③ 〔美〕乔恩·R. 华尔兹著:《刑事证据大全》,何家弘等译,中国人民公安大学出版社2004年版,第404页。

④ Charles M. Cahn, *Cases and Statutes on the Law of Evidence*, Sweet & Maxwell, Limited, 1932, p. 13.

通过容易获得的准确资料而得到证实的。① 司法认知包含：本国法、众所周知的事实和其他某些事实（如可以容易地在标准参考书上核对、并可合理地认为是无可争议的事实）。这些事实属于无须由当事人提出证据加以证明的事实。大陆法系证据法也认可"司法认知"一词，认为本国法、众所周知的事实（显著事实）等属于司法认知的事项和其他一些特定事项属于无须证明的免证事项。

一、本国法

知晓本国法是一个法官从事审判工作应当具备的基本条件，法官要获得裁判资格，不能不通晓裁判适用的法律，这是一个基本道理，"从事审判之法官，应认知其管辖区内之本国法……所谓从事审判之法官，必须认知本国法律，亦即谓其面临讼争，对于所应适用之国内法，为适当完成法官职责之必要者，应予认知。此非谓法官对其所应适用之法规实已尽知，不过谓其应具备此种知识，或应自行探求此种知识而已。在任何情形下，法官必须执行职务，一如其已有所知，当其决定如何处断时，必须予以适用。倘适用有误，其裁判得由其上级法院予以纠正"②。本国法既为法官所当然知晓，自然无须诉讼两造提出证据加以证明。

然则国际法与海事法是否为免证事项？在我国，法律并没有给出答案，其他一些国家的做法可供我国司法借鉴。如在美国，"联邦最高法院法官葛莱（Gray）曾于郝班那（Paquete Habana）一案中，代表多数意见声称，'国际法为吾人法律之一部，法院于其管辖之所及，须予调查并执行之'。赫胥思审判长（Chief Justice Hughes）于其所受理之案件（Skiriotes v. Florida）亦宣称国际法为'吾人法律之一部，一如联邦中各州之法律然'。是以联邦及各州之法院均须予以认知。若干海事规则，如已经国际间普遍公认，一似已形成普遍海事法之一部者，自属于认知之范围。至若外国之海事规则，尚未经普遍公认者，则属于待证之事项"③。

二、众所周知的事实

法谚云："明显的事实无需证明。"（Manifesta probatione non indigent）又云："对法庭认为显而易见的，法律并不要求加以证明或证实。"（Lex non requirt verificari quod apparet curiae）④

众所周知的事实（well-known facts），通常与"显著事实"（notorious facts）或者"常识性知识"（common knowledge）并用，统称"无合理争议的事实"

---

① Declan McGrath, *Evidence*, Thomson Round Hall, 2005, p. 704.
② 〔美〕爱德蒙·M.摩根著：《证据法之基本问题》，李学灯译，世界书局1982年版，第32页。
③ 同上书，第31—32页。
④ 孙笑侠编译：《西方法谚精选》，法律出版社2005年版，第113页。

(Facts which are not reasonably disputable)。这些事实,"人所共知,莫之或疑",无须以证据加以证明,就是想要证明,也难以用通常方法进行证明,如德克兰·麦克格拉思所言:"如果法庭拒绝承认这些事实,它可能会使司法运作产生争议。另外,这类事实的性质使它很可能难以通过通常途径得出结论性证明或者反证"①。松尾浩也指出:"众所周知的事实不需要证明的理由是,我们的日常生活本身正是在这种一般知识基础上积累起来的,只要不存在特别情况就没有怀疑的余地。"②对这些事实的司法认知,建立在"常识、经验和便利的基础"之上;而且,显而易见,对于没有多大争议的事实进行证明只会造成时间和资源的浪费。③

显著真实的事实,与显著不真实的事实,皆不必提出证据加以证明,对于众所周知的事实,当事人即有争议亦属无效,但持有异议的当事人可以提出反证来证明该"显著事实"不存在。"至于已显著之事实,如显著系真实者,固然不须何等证据,可作为真实者处理之;即令显著系不真实者或系显然不能者,亦可毋庸立证,直认为不真实者处理之。而对方是否在法律上自认其真实,抑在法律上应当视同自认其真实,均所弗问也。"④

对于"众所周知的事实",对方可以提出反证证明其不真实,法官应当允许这种反证。⑤

这里"众所周知的事实"应为一般人所共同知晓,或者为法官共同知晓,不应是法官的个人经验获得的私见,也就是说,"从事审判之法官,对于一般通俗知识上之问题,及特定事实,其显著至于无可为理性之争执者应予认知。此所谓显著者,系指众所周知而认为真实之谓。法官个人之私知,与其职务上对于某一事实所得知者有别,可无待言。法官如以其个人之私知作为系争事实之证据,自属违误"⑥。

至于判定何者为显著之事实,究竟以何者为标准,可以分为两说:一为**法官标准说**,即以**法官之认知为标准**,即法院依职权认定某一事实是否显著,"法院为一般人之部分,若法院不知悉该项事实,则该事实不能成为一般显著之事

---

① Declan McGrath,*Evidence*,Thomson Round Hall,2005, p. 704.
② 〔日〕松尾浩也著:《日本刑事诉讼法》(下卷),张凌译,中国人民大学出版社2005年版,第17页。
③ Declan McGrath,*Evidence*,Thomson Round Hall,2005, p. 704.
④ 〔日〕松冈义正著:《民事证据论》,张知本译,洪冬英勘校,中国政法大学出版社2004年版,第20页。松冈义正还指出:"在法院已显著之事实,即令当事人间尚有争执,亦不须何等证据,而判定其为真实或不真实。因已显著之事实,原与审判官依调查证据之结果所认识者相同,均系根据职务上之实验或各人所得使用之方法而认识之周知事实。"(前引书,同页。)
⑤ 〔日〕松冈义正著:《民事证据论》,张知本译,洪冬英勘校,中国政法大学出版社2004年版,第20页。
⑥ 〔美〕爱德蒙·M.摩根著:《证据法之基本问题》,李学灯译,世界书局1982年版,第29—30页。

实"①,这一标准属于主观标准,故又称"法院主观说";一为**一般人标准说**,即以**社会一般人的认知为标准**,即"凡事为一般人所知悉者,法院亦为一般人之部份,亦必知悉之无疑"②,这一标准属于客观标准,故又称"法院客观说"。对于这个问题,摩根曾经指出:"如使审判成为一种有理性之程序,则法官对于一般通俗化之知识及特定事实之知识,至少应与社会上一般通达事理之人(Reasonably well-informed men)所可得知者同"③。

显著事实包括审判上显著的事实和一般显著的事实:

1. 审判上显著的事实

"审判上显著之事实"属于"法院显著之事实",它是法官履行审判职务上所认识的事实,来源于法官履行职务的体验。只要属于法官执行职务获得成为显著事实,即使不为一般人所认识,或者仅为利害关系人所知晓,仍不失为审判上显著的事实。④

2. 一般显著的事实

这种事实属于一般人共同知晓的事实,当然,这种共同知晓指的是一定合理范围内的共同知晓,并不意味着每一个人都知晓,也不意味着普天之下几乎人所共知。对于一般显著事实的理解是:"此种事实,能在审判外,为多数不定之人所认识,而审判官因为亦能认识,于是法院内认识之而成为显著之事实,此即所谓一般显著之事实或显然周知之事实是也。此种周知之事实,不必人人皆知之,而以多数不定之人知之为已足,凡于世界上,或某一集团(属于某一国民某一阶级之人,或营某一职业之人),某一地方,所知之事实,皆为周知之事实(例如,世界伟人之生死,或某一地方某年之丰凶等)。而且不必为多数人实验之事实,仅以随时得能实验百无疑惑者,或虽无从实验,然依官报及新闻并其他历史上之传说,传布成为真实,而无严格之异议者为已足(例如,年月日、地理、路程或历史上之事实等)。"⑤

对于"**众所周知的事实**",**是否仍需当事人主张之后法官才能加以审酌**,有不同观点,一种观点认为,"法院审酌显著之事实,只须不要证据,并非不要当事人之主张也"⑥。不过,也有德国学者史丁、赫尔比西等人认为:"发生权利之显著事实,虽依不干涉审理主义之原则,要有当事人之主张;然阻碍权利,或消灭权利之显著事实,其与自认不实或不能之事实相同,而不拘束审判官者,审判官得

---

① 刁荣华主编:《比较刑事证据法各论》,汉林出版社1984年版,第11页。
② 同上。
③ [美]爱德蒙·M.摩根著:《证据法之基本问题》,李学灯译,世界书局1982年版,第32页。
④ [日]松冈义正著:《民事证据论》,张知本译,洪冬英勘校,中国政法大学出版社2004年版,第22页。
⑤ 同上书,第23页。
⑥ 同上书,第24页。

毋须当事人之主张而审酌之。"①松冈义正也认为:"显著与否,当然系于法院之认识,固无用当事人之主张也。"②另外,摩根还指出:"美国法学会模范法典(American Law Institute Model Code)第 801 条规定,法官应自动认知为普通所知之显著事项。"另外,需要注意的一点是,"在某一社会中,可能认为众所周知而无可争执,但在另一社会中,则可能鲜为人知,而以要求证明为合理"③。也就是说,**"众所周知"并不要求举国皆知甚或"地球人都知道"**,实际上,"'众所周知'的事实,必须是被大多数普通人广泛知道的事实,但不一定是全国人都知道的,只要在审判的地域为众人所知即可"④。

三、立可说明的事实

立可说明的事实,是那些虽然不是法官已经知道的事实,但却是无争议的并且能够依适合法官参考的资料得到确认的事实⑤,因此这类事实也属于司法认知范围内的事实,这些事实被称为"确证"(certain verfication)事实。摩根云:"法官对于特殊事实及普通知识上之问题,依易于接受,且正确而无可争执之资料,可即时而为正确之说明者,得自动认知,如经正当之请求,则必须予以认知。此种说明,或如韦格穆尔(Wigmore)所言,'可为及时而无可疑问之说明,足使一造在聪明的对造之前,不致萌有欺蒙法院之想。'"⑥此类事实,诸如:"关于过去之日期,合于一周内之星期几,天象事实如某日某地太阳升降之时刻,及法院为政府机构之一,有关该政府之事实等,均是其例"⑦。

立可说明的事实包括历史知识、自然规律、定理以及概念的含义(如"DNA""银行理财产品"等)、符号的意义等,其中有些还属于众所周知的范围。这里所谓"定理"是指"命题或公式既经证明,或可得证明,而足以一原理、一规则目之者"⑧。这种命题或公式既经证明,当然就不劳法庭再予证明。乔恩·R. 华尔兹云:对于某些事实,"虽然不为所有的人知晓,但在原始材料的准确性不容质疑的情况下,可以借助原始材料来确认和迅速认定该事实(换言之即确证)"⑨。这类事实包括经过测试和操作过的用于确定摩托车速的雷达装置的基本原理和可

---

① 〔日〕松冈义正著:《民事证据论》,张知本译,洪冬英勘校,中国政法大学出版社 2004 年版,第 24 页。
② 同上。
③ 〔美〕爱德蒙·M. 摩根著:《证据法之基本问题》,李学灯译,世界书局 1982 年版,第 32 页。
④ 〔日〕松尾浩也著:《日本刑事诉讼法》(下卷),张凌译,中国人民大学出版社 2005 年版,第 17 页。
⑤ Declan McGrath, *Evidence*, Thomson Round Hall, 2005, p.704.
⑥ 〔美〕爱德蒙·M. 摩根著:《证据法之基本问题》,李学灯译,世界书局 1982 年版,第 33 页。
⑦ 同上。
⑧ 樊炳清编:《哲学辞典》,商务印书馆 1926 年版,第 315 页。
⑨ 〔美〕乔恩·R. 华尔兹著:《刑事证据大全》,何家弘等译,中国人民公安大学出版社 2004 年版,第 407—408 页。

靠性、利用血液检验证明亲子关系和醉酒是正当的科学原理,诸如此类。《美国联邦证据规则》(2004)第 201 条规定,属于司法认知范围内的事实包括:(1) 审判法院辖区内众所周知的事实;(2) 能够依据准确性不容置疑的资料加以准确和即时确认。

不过,应当注意的是,有些科学结论、科学规律和定理,要为行业所公认乃至成为社会一般有良好教育经历的人所理解,有时需要一定时间,"科学真实之说明资料,如尚未为具理解力而受有良好教育之门外汉所知悉时,可能不易为其所接受,或易于接受之资料,亦可能不易为门外汉所理解。凡此种种,正常方法,唯有仍须当事人依通常举证程序使审理事实之人得知而已"①。也就是说,对于此种情况,当事人仍然需要依证明程序提出证据加以证明。

四、推定事实

推定(presumptions)为诉讼中所常见,然则何谓推定?需要作出诠释。英国学者斯蒂芬(Stephen J.)解释说:"总的说来,推定既不同于法律也不同于事实。"②推定实际上是从某些事实出发得出的结论。摩根云:"戴尧、韦格穆尔、美国法学会以及其他论者,一般均主张推定一词,应仅用以表示若甲事实于诉讼中一经确立,除非或直至另有特殊之条件构成,即必须假定乙事实之存在。此说为甚多法院所同意。"③此推定为"较狭义之推定"。威廉·肖和米切尔·李(William Shaw & Michael Lee)认为:"推定是一个或者多个事实得到证明后,另一事实不需要用直接证据加以证明,在没有进一步提出证据的情况下直接加以合理推论。"尽管推论出来的事实是"想当然的",但没有相反的证据足以推翻时,它被认为是"真实的"。"当控诉方已经证明了某些特定事实,产生法律上可以反驳的推定,提供证据的权利反驳该推定的责任就落在被告方身上。推论出来的事实即为推定的事实。这类事实是'想当然的'(taken for granted)",直到相反事实得到对方当事人的证明,stabit praesumptio donec probetur in contrarium(一个推定将屹立不倒,除非相反事实得到证明)。④

推定也是一种证明手段,不过与用证据直接证明待证事实不同的是,它往往是证明不能的一种救济方式,推定出的事实存在的盖然性很高,但要想用证据加

---

① 〔美〕爱德蒙·M. 摩根著:《证据法之基本问题》,李学灯译,世界书局 1982 年版,第 34 页。

② Anthony Hawke, *Roscoe's Digest of the Law of Evidence and the Practice in Criminal Cases in England and Wales*. London. Stevens and Sons, Ltd., 1928, p. 18.

③ 〔美〕爱德蒙·M. 摩根著:《证据法之基本问题》,李学灯译,世界书局 1982 年版,第 58 页。摩根又云:"所有法院均同意所谓'推定',应用于此种情形为正当,惟对于所谓条件一词,则有不同之见解。"(前引书,同页)

④ William Shaw & Michael Lee, *Evidence in Criminal Cases*, London, Butterworth & Co. (Publishers) Ltd. Shaw & Sons Ltd., 1964, p. 165.

以证明却非常困难,于是借助于推定解决这一难题。英国人斯蒂芬在谈到推定的功能时曾说:"当不能作出完整的证明之时,它可以为得出一个法律结论提供合法的手段。当事实真相为已知时,就没有推定存在的必要和空间了。在进一步提出证据来证明与推定相反之事实的场合,除非很少的例外……推定是可以被推翻的并代之以证明。"①推定并非完全不需要证明,作为推定基础的前提事实,通常需要证据加以证明。

诉讼中的一方因推定的存在而受益——推定免除了他们对某些特定事项的证明责任。推定的证据法上的效果,在于使一方的证明责任得以卸去,并使其对方承担起证明责任。"推定在证据法中所占的位置是在'证明'(proof)之题目下的,受益于可推翻的推定的一方当事人的证明责任得以免除,该责任转移给他的对手。"②

（一）推定的结构

美国证据法学者华尔兹指出:"推定是关于某事实存在与否的推断,而这推断又是根据其他基础或基本事实来完成的。"③**典型的推定包含作为前提条件的基础事实(the basic facts)和建立在基础事实之上的推定事实(the presumed fact)**。摩根曾说:"在司法判例及教科书论著中,关于推定、法律之推定、事实之推定、推定性之证据、决定性之推定,颇多混淆及杂乱之用语。概括言之,使用此种术语时,即在描写某一事实或若干事实与另一事实之关系。某一事实,即基础之事实(甲),另一事实,则为推定之事实(乙)。"④

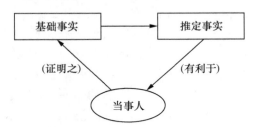

对于基础事实,除非存在司法认知和自认,受益于该推定的当事人需要加以证明。罗森贝克曾言:"受益于推定的当事人应当承担推定规范的前提条件的

---

① Anthony Hawke, *Roscoe's Digest of the Law of Evidence and the Practice in Criminal Cases in England and Wales*. London. Stevens and Sons, Ltd. , 1928, p. 17.
② Ernest Cockle & Charles M. Cahn, *Cases and Statutes on the Law of Evidence*, London, Sweet Maxwell. , Limited, p. 24.
③ 〔美〕乔恩·R. 华尔兹著:《刑事证据大全》,何家弘等译,中国人民公安大学出版社 2004 年版,第 395 页。
④ 〔美〕爱德蒙·M. 摩根著:《证据法之基本问题》,李学灯译,世界书局 1982 年版,第 57 页。

证明责任,因为如果不加以确认,推定是不能直接适用的。"①一般情况下,推定并没有完全免除受益于推定的当事人的举证责任,尽管他无须对推定的事实提出证据加以证明,但他必须对推定的前提条件——基础事实提出证据加以证明。

(二) 推定的分类

有人将推定分为三种,即事实推定、结论性的或者不可推翻的法律推定以及可以推翻的法律推定。② 不过,更普遍的是,人们将推定区别为事实推定和法律推定两类,再将法律推定区分为可以推翻的法律推定和不可推翻的法律推定。

首先,推定可以区分为事实推定与法律推定:

1. **事实推定(presumptions of fact)**

又称"人为的推定""裁判上的推定""诉讼上推定","事实推定产生于下面这种思维过程,即根据已知的基础事实的证明来推断出一个未知的事实,因为常识和经验表明该已知的基础事实通常会与该未知事实并存"③。亦即**事实推定是根据经验法则、逻辑规则作出的推定,而非法律规定而作出的推定**。对于此种推定,有学者认为它只是一种"推论"。如摩根曾云:"若法院意谓当甲事实于诉讼中已经确立时,则乙事实之存在,得以通常推理之法则演绎得之。有时即谓为审理事实之人,如认定甲时,即得推定乙之存在。所谓推定,乃事实之一,故谨慎之法官与学者均主张适当之术语应为'推论'(inference) 而非'推定'。"④

2. **法律推定**

乃是根据法律规定所做的推定,亦即"以法律渊源(法律、习惯) 为基础"⑤的推定。华尔兹云:"法律推定即法律要求事实认定者在特定的基础事实被证实时就必须作出的推断,当然其前提是没有该特定事项的直接证据。"⑥罗森贝克也认为:法律推定"不是法律从推定的原始事实(Ausgangstat sachen) 中得出被推定的事实的结论,而是法律这么做的;不是法官,而是法律推定这一事实。如

---

① 〔德〕莱奥·罗森贝克著:《证明责任论——以德国民法典和民事诉讼法典为基础撰写》,庄敬华译,中国法制出版社 2002 年版,第 224 页。
② Ernest Cockle & Charles M. Cahn, *Cases and Statutes on the Law of Evidence*, London, Sweet Maxwell. , Limited, p.23.
③ 〔美〕乔恩·R. 华尔兹著:《刑事证据大全》,何家弘等译,中国人民公安大学出版社 2004 年版,第 396 页。
④ 摩根又云:"若法院意谓如甲事实业经确立,即许审理事实之人得认定乙事实,但非强其必为如此之认定。甚至如按照人类经验,使用普通之推理法则,依法院之意见,甲事实不足以演绎乙之存在时亦然。显然审理之人业经许以赋予甲事实以拟制之效果(artificial effect) 。论者有谓此乃'事实推定法则'主义(doctrine of res ipsa loquitur) 以之为基础之学说。"(〔美〕爱德蒙·M. 摩根著:《证据法之基本问题》,李学灯译,世界书局 1982 年版,第 57 页。)
⑤ 〔德〕莱奥·罗森贝克著:《证明责任论——以德国民法典和民事诉讼法典为基础撰写》,庄敬华译,中国法制出版社 2002 年版,第 230 页。
⑥ 〔美〕乔恩·R. 华尔兹著:《刑事证据大全》,何家弘等译,中国人民公安大学出版社 2004 年版,第 396 页。

果法官根据法律推定考虑被推定的事实,涉及的不是对事实的确认,而是法律的适用"①。

法律推定又可区别为法律上的事实推定和法律上的权利推定两种:前者是根据法律就某些事实的存在与否作出的推定,后者是根据法律就某些权利的存在与否和权利的内容作出的推定。

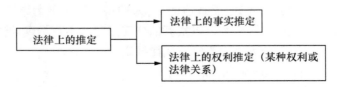

法律推定还可以区别为可推翻的推定和不可推翻的推定两种。"此法律上之推定,有得举反证与不得反证之二种,前者所谓简易之法律上推定(Proes Juris),后者则为不得非难之法律上之推定(Proes Juris et de jure; Presomption Legale irrefragable)。"②

不可推翻的推定(irrebuttable presumptions of law),又称"结论性推定"(conclusive presumptions)、"不可反驳的推定""不许举出反证之法律上推定""确定性推定"或者"法律上确推定",是不允许提出反证加以推翻的推定。"不许举出反证之法律上推定(praes umtiones jures et de jure)者,即视某种有疑惑之事实为无疑惑之事实,不许举出反证之法律上之推定也。"③摩根对于此种情形,举例言之,云:"若法院意谓甲事实业经确立,在案件中一切适用方面,法律上即等于乙事实时,通常即称乙之存在系决定性之推定。例如,某人之年龄未满7岁之事实业已确立,则某人即无犯重罪之能力,自为决定性之推定。此仅系对于实体法一种法则说明之方法,即未满7岁之人依法不能论以重罪而已。"④拉伯特·克劳斯认为:"严格地说,不可反驳的推定根本就不是推定,而是法律的规则。"诸如10岁以下的儿童没有犯罪能力这一类推定,往往被称为是"结论性的"(conclusive)。⑤

可以推翻的推定(rebuttable presumptions of law),又称"可反驳的推定",或者"法律上假推定",即允许提出反证加以推翻的推定,换句话说,是不存在相反证据情况下允许作出的推定。威廉·肖和米切尔·李指出:可推翻的推定是

---

① 〔德〕莱奥·罗森贝克著:《证明责任论——以德国民法典和民事诉讼法典为基础撰写》,庄敬华译,中国法制出版社2002年版,第226页。
② 〔日〕松冈义正著:《民事证据论》,张知本译,洪冬英勘校,中国政法大学出版社2004年版,第26页。
③ 同上书,第25页。
④ 〔美〕爱德蒙·M.摩根著:《证据法之基本问题》,李学灯译,世界书局1982年版,第57页。
⑤ Rupert Cross, *An Outline of Law of Evidence*, London, Butterworths, 1964, p.43.

"对事实作出的推论(inferences of fact),它们本可屹立不倒,除非提出了反驳它们的证据;如此,它们对于被推定的事实仅仅提供了 *prima facie* 的事实,证明责任转移给另一方当事人,该方应当提出否定这些推定的证据或者提出更强的推定来形成相反的推论。可推翻的法律上的推定取决于承担证明责任的一方当事人,要始终记住在刑事案件中证明有罪的最终责任不会从控诉方那里转移走的"①。

在上述推定中,**一般认为,只有可推翻的法律推定才是真正意义上的推定**。恩斯特·科克尔和查尔斯·M.卡恩(Ernest Cockle & Charles M. Cahn)认为:为了证据法之目的,事实推定与不可推翻的法律推定可以被忽略,"实践中,一个律师在谈到推定的时候,通常指的是可以推翻的推定"。这是因为,事实推定是从一些事实的紧密结合的关系中得出的推论,这种事实的结合很明显是多种多样和不确定的,不可能把它们条理化并从中总结出若干规则,它们是存在于证据法之外的;不可推翻的法律推定,不过是实体法规则,根本就不是推定,例如,7岁以下的儿童不具有犯罪能力,这与其被认为是不可推翻的推定,其实不如说是一项该年龄以下的儿童不具有犯罪能力的实体法规则。他们还引述 J. 斯蒂芬的话说:"我使用的'推定'这个词,意思是可以推翻的法律推定。事实推定就是一种简单的推论(argument),我将结论性的推定称为结论性的证明(conclusive proof)。"②拉伯特·克劳斯(Rupert Cross)也认为:"可推翻的推定是唯一真正的推定。"③

用证据反驳对于可推翻的法律推定,称为"推定效果的排除",如罗森贝克所言:"可对已经被证明的主张提出反证,如果法官对该主张的真实性重新产生怀疑,那么,该反证已获得成功。还可对被认为已证明的推定的原始事实提出反证;但对已经推定的事实本身只能由对方当事人提出反面证明,由于反面证明是本证,它必须说明理由,使得法官对推定的事实的不真实性完全地确信"④。对于可推翻的推定,一般而言,"可以通过对推定的前提条件证明提出反证来使推定不能适用",还可以"通过提出反面证明,易言之,通过证明法律所推定的事实不存在,使推定不能适用。此等反面证明是本证,它可借助于经验规则(情况证据)和所有的证明材料,只要存在其他的前提条件,还可以通过讯问当事人来进行……还有一点需要强调,如果推定要求法律效果的数个前提条件具备,只要证

---

① William Shaw & Michael Lee, *Evidence in Criminal Cases*, London, Butterworth & Co. (Publishers) Ltd. Shaw & Sons Ltd. , 1964, p.167.

② Ernest Cockle & Charles M. Cahn, *Cases and Statutes on the Law of Evidence*, London, Sweet Maxwell. , Limited, pp.23—24.

③ Rupert Cross, *An Outline of Law of Evidence*, London, Butterworths, 1964, p.41.

④ [德]莱奥·罗森贝克著:《证明责任论——以德国民法典和民事诉讼法典为基础撰写》,庄敬华译,中国法制出版社2002年版,第227页。

明此等前提条件之一不具备即可"①。

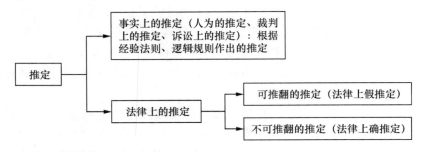

(三) 几种常见推定

1. 无罪推定(presumption of innocence)

威廉·肖和米切尔·李指出:"在刑事案件中,最重要的推定为被告人应当被推定为无辜。这是格言 semper praesumitur pro negante(凡推定皆有利于否定之人),或者易言之,证明责任总是由肯定的一方承担。无罪推定之效果,是迫使控诉方在被告人被传召去作出答辩之前要将案件证明——至少——到 prima facie 的程度。prima facie 的案件就是有证据(如果对方不予抗辩)产生有罪的推定从而可以定罪。"②早在 1904 年,斯蒂芬曾指出:"没有刑事法的主题比推定证据更经常被讨论,也没有什么主题比推定更为重要。在刑事案件中适用的'无罪'推定的本质,乃是英国法律有别于所有大陆法律制度最显著的特征。"③爱德蒙·M. 摩根曾云:"刑事诉讼中,被告无辜之推定(the presumption of innocence),曾为甚多司法方面讨论之主题。若干著名之法官曾解释其意义,仅指控方须证明被告有罪至无可合理怀疑之负担,决不因被告之被诉,及立于正式被控犯罪嫌疑之地位而告减轻或缓和。对于控方之负担亦无增加。此颇能代表通行之学说。"④在英美国家,要反驳无罪推定,需要运用证据达到"排除合理怀疑"(beyond reasonable doubt)的程度。⑤ "证明有罪的证据的充分性是另一个问题。霍尔罗伊德(Holroyd. J.)在 1823 年英王诉霍布森(R. v. Hobson)案中,犯罪越重大,为定罪所需要的证明就要越强。总的说来,定罪需要比对相同情况的民事裁决更多的证据。在刑事案件中,要作出有罪判决,应以证据证明到使陪审团排

---

① 〔德〕莱奥·罗森贝克著:《证明责任论——以德国民法典和民事诉讼法典为基础撰写》,庄敬华译,中国法制出版社 2002 年版,第 229 页。
② 〔美〕爱德蒙·M. 摩根著:《证据法之基本问题》,李学灯译,世界书局 1982 年版,第 66 页。
③ Anthony Hawke, *Roscoe's Digest of the Law of Evidence and the Practice in Criminal Cases in England and Wales*, London, Stevens and Sons. Ltd., 1928, p.17.
④ 〔美〕爱德蒙·M. 摩根著:《证据法之基本问题》,李学灯译,世界书局 1982 年版,第 66 页。
⑤ Rupert Cross, *An Outline of Law of Evidence*, London, Butterworths, 1964, p.41.

除了合理的怀疑的程度,如果只有一个可能性的印象,那就应该释放被告人①。"②由此可见,"无罪推定不过是证明责任的反映,在某种范围上,也是刑事案件证明标准的反映"。③

无罪推定的适用范围不仅是刑事诉讼,有学者指出:"存在着无罪推定,该推定不仅针对刑事指控,也包含所有提出刑事犯罪主张的所有案件"④。

2. 合法性推定

合法性推定(presumption of legality)的内容是:每件事都被推定是合法作出的,除非提出了相反的证据。"合法性推定通常用拉丁文格言 omnia praesumuntur rite esse acta 来表达。对于每一部门法来说,这个推定都是重要的,因为它节约了传召证人去证明一系列事实的花费并阻止对不能成立的案件(no case to answer)进行无谓的调查。"⑤

3. 嫡出推定

嫡出推定(生育合法性推定 presumption of legitimacy)的内容是:"如果配偶在妊娠期间没有合法地分离,所生子女或者怀孕的婴儿被推定为婚生的,除非有证据将相反的事实证明到排除合理怀疑的程度。"⑥从该推定的构成看,"该推定的基础事实是孩子母亲已经结婚,在婚姻存续期间孩子出生或者怀孕;推定事实是子女是配偶交媾而生育的。按照该推定,即使母亲与任何数量的其他男人通奸的事实得到了证明,也不能推翻这个推定,因为在这期间她也与其丈夫性交过。"⑦也就是说,以夫妻名义同居,是存在婚姻关系的证据,由此同居引出的生育被推定为合法。"该推定适用于结婚前怀孕的场合以及孩子出生前婚姻因死亡和离异而终止的场合。"⑧嫡出推定是可推翻的推定,不过,要推翻这个推定,证明标准要求很高,"子女出生于婚姻关系存续者,为婚生之推定,赋予反对者以说服之负担,陪审团常经指示,如为非婚生之认定,须有明白及有确信力之证据,或须达于无合理怀疑之证明"⑨。亦即:该推定是不能被仅仅有盖然性均衡(mere balance of probability)打破或者动摇的,要推翻该推定,提供的证据的证明力必须是强固的,证据必须是明确的、令人满意的和决定性的,也就是说,必须达

---

① 英王诉怀特(R. v. White),1865 年。
② William Shaw & Michael Lee, *Evidence in Criminal Cases*, London, Butterworth & Co. (Publishers) Ltd. Shaw & Sons Ltd. , 1964, p. 168.
③ Andrew Bruce & Gerard McCoy, *Criminal Evidence in Hong Kong*, Butterworths, 1987, p. 38.
④ Ernest Cockle & Charles M. Cahn, *Cases and Statutes on the Law of Evidence*, London, Sweet Maxwell. , Limited, p. 27.
⑤ Rupert Cross, *An Outline of Law of Evidence*, London, Butterworths, 1964, p. 44.
⑥ Rupert Cross, *An Outline of Law of Evidence*, London, Butterworths, 1964, pp. 44—45.
⑦ Ibid.
⑧ Ibid. , p. 45.
⑨ 〔美〕爱德蒙·M. 摩根著:《证据法之基本问题》,李学灯译,世界书局 1982 年版,第 66 页。

到排除合理怀疑的程度。①

4. 婚姻推定

婚姻推定(presumption of validity of marriaqe)的内容是当一对配偶举办过结婚仪式并持续生活在一起得到证明时,他们之间的婚姻就推定为有效。这一推定包含的内容有:(1)"有证明举行过婚姻仪式,除非有相反证据应推定婚姻关系是合法有效的"。(2)"如果有证据证明一男一女以夫妻名义共同生活,法律将推定,他们是在合法有效的婚姻仪式后生活在一起的,除非有相反的事实得到清楚的证明。"②

5. 连续性推定

连续性推定(presumption of continuance)作为一种事实推定,内容是:事物(things)、情况(circumstances)或者位置(postions)一旦被证明在一定时期内依某种状态或者情形而存在,被推定为在合理时间里仍然依该状态或者情形而继续存在。③ 亦即:"某一事务在过去的存在状态能够正当地推论出在法庭调查之时仍然存在。"④该推定适用于生命的延续、婚姻的存续、保持神智清醒状态、定居处所、合伙关系或代理关系的存在、车速等⑤,又称为"保持现状的推定"。⑥ 欧内斯特·科克尔和查尔斯·M.卡恩指出:"连续性推定是实践中明显最重要的推定之一。经常是,不可能证明诸如某一特定事物在发生争议的特定时刻依某种状态或者情形而存在。总的说来,有了这一推定的帮助,足以证明以前的存在和状态,依其性质,可以全然推定为持续存在到有争议的时刻。"⑦

6. 生存推定/死亡推定

这是连续性推定中的法律推定的情形,按照该推定,"在连续 7 年以及更长时间期间没有可接受的肯定证据证明一个人还活着,如果首先有证据证明有些人在这期间应该有可能在获得有关他还活着的消息,其次这些人却没有得到他的消息,并且第三,所有针对有关情况的适当调查活动都曾经展开过,该人应被推定在这一期间内已经死亡"。该推定有三项基础事实,但由于第二、三项基础事实难以证明,该推定常常难以适用。由于推定难以适用,在特定的时期内一个人是活着还是死去就只能依推论来认定了。⑧

---

① Rupert Cross, *An Outline of Law of Evidence*, London, Butterworths, 1964, p. 45.
② Ibid., p. 46.
③ Ernest Cockle & Charles M. Cahn, *Cases and Statutes on the Law of Evidence*, London, Sweet Maxwell., Limited, p. 29.
④ Rupert Cross, *An Outline of Law of Evidence*, London, Butterworths, 1964, p. 42.
⑤ Ernest Cockle & Charles M. Cahn, *Cases and Statutes on the Law of Evidence*, London, Sweet Maxwell., Limited, p. 29.
⑥ Ibid.
⑦ Ibid., p. 30.
⑧ Rupert Cross, *An Outline of Law of Evidence*, London, Butterworths, 1964, pp. 47—48.

7. 习惯性推定

这是连续性推定中的一种情况,如定期去教堂礼拜者,推定其仍然维持此一生活习惯,除非有相反的证据加以推翻。

8. 行为方式恰当性推定

所有的事皆被推定为以恰当和惯常的方式进行。行为方式恰当性推定(presumption of regularity,又称"合乎规矩的推定")是这样一种推定:公职的和官方的举动和责任被认为是按照规定而适当地履行的,并且以公职人员身份进行行为的人,或以公职资格采取行动的人,被认为通常是按照规定而适当地任命的。① 该推定建立在一个法律格言之上,即"所有的事情都被推定为是正当作出的"(omnia praesumuntur rite esse acta)。② 这一推定特别适用于(但不限于)公职的和官方的行为。是可反驳的推定,并应证明到排除合理怀疑的程度才能推翻这一推定。

9. 起始合法性推定(presumption of regularity)

该推定的内容是:一方声称的权利没有被打扰地行使较长时间,有相当理由认为其有合法的初始权,则推定其最初行使该权利就是合法的。③

10. 所有权推定

该推定的内容是:对于动产和不动产来说,拥有者被推定为所有人或者无条件继承人。

11. 精神健全的推定(the presumption of insanity)

每个人都被推定为神智清醒,亦即每一个达到成熟年龄都被推定理智健全,拥有足够的理智程度,应当对他的行为负责,除非相反的事实得到证明。"例如,某管辖区内之刑事诉讼,控方原须证明某人之精神健全而无可为合理之怀疑者,现则推定某人之精神健全是"。此种推定即"可使诉辩中之系证,其非属于严重争执之主题者,无庸为不必要之举证"④。在英国,该推定可以追溯到南顿(M'Naghten)案件,该案确认:每个人都被推定为是神智清醒的,除非相反的事实得到证明。⑤ 要反驳精神健全的推定,只须证明到优势盖然性(a preponderance of probability)即可。⑥

---

① Ernest Cockle & Charles M. Cahn, *Cases and Statutes on the Law of Evidence*, London, Sweet Maxwell. , Limited, p. 33.
② William Shaw & Michael Lee, *Evidence in Criminal Cases*, London, Butterworth & Co. (Publishers) Ltd. Shaw & Sons Ltd. , 1964, p. 172.
③ Ernest Cockle & Charles M. Cahn, *Cases and Statutes on the Law of Evidence*, London, Sweet Maxwell. , Limited, p. 34.
④ 〔美〕爱德蒙·M. 摩根著:《证据法之基本问题》,李学灯译,世界书局1982年版,第66页。
⑤ Rupert Cross, *An Outline of Law of Evidence*, London, Butterworths, 1964, p. 31.
⑥ Ibid. , p. 41.

12. 行为自愿性推定

一个人的行为被推定为自愿做出。行为自愿性推定(the presumption that the accused was acting voluntarily)"意味着被告人要承担提供证据的责任去表明他并非出于自由意志,而是因为诸如突然生病了之类原因造成的;在第一审程序中,提出被告人行为自愿性的问题并非控诉方的责任,但一旦被告人以充足的证据引出对这个问题的争议,证明被告人的行为是自愿的责任就落到了控诉方身上。"① 在英美国家,要反驳这个争议,只须以足够证据引出争议(to raise the issue)即可。

13. 意图推定

意图推定,又称"心理状态推定",根据一个人的行为推定其意图,即推定其希望该行为的后果发生。在普通法中,存在这样一种推定:一个人期待出现他的行为自然和可能的结果。在国王诉斯特恩案件(1947)中,戈达德爵士裁判:"无疑,如果控方证明某一行为自然的结果——即应是一种确定的结果,并且没有提出证据或者作出解释,陪审团可以依据恰当的指引,裁决被告人犯下了带有指控的意图的罪行。但是,如果根据证据的总体情况,被告人的意图有不止一种解释的余地,陪审团应当被指引:控方有责任去证明被告人的意图并达到说服陪审团的程度,并且,如果审查判断全部证据,他们得出的结论要么是该意图不存在,要么对该意图存有疑问,被告人就应当被无罪释放。"② 这一推定是可以反驳的推定。对于该推定的意义,罗伯特·克劳斯指出:"从一个人所作所为中推定他期望产生那个行为的自然结果,对于实施刑事法律来说是非常重要的,因为 mens rea 通常只能通过推论来加以确认。如果有证据证明 A 向 B 射击或者向 B 的茶水里下毒,可能没有进一步提出证据证明他做这些事就是出于杀死 B 的意图,但这一意图的推定在任何审判程序中都被认为是合理的。"③

14. 知悉犯罪的推定

拥有新近被盗物品而不能做出合理解释,被推定为对盗窃该物品的行为知情,谓之"知悉犯罪的推定"(guilty knowledge)。"仅有证据证明被告人拥有新近被盗物品,陪审团可以推定他对犯罪是知情的,他们被准许但不是被要求必须要定罪。该推定在物主拥有新近被盗的物品而又不能作出拥有该物品的合理解释的时候被认为是正当合理的。"④ 也就是说,拥有新近被盗的物品,可以推定拥有者犯有偷盗或者收赃的罪行。

---

① Rupert Cross, *An Outline of Law of Evidence*, London, Butterworths, 1964, p.31.
② Andrew Bruce & Gerard McCoy, *Criminal Evidence in Hong Kong*, Butterworth, 1987, p.38.
③ Rupert Cross, *An Outline of Law of Evidence*, London, Butterworths, 1964, p.43.
④ Ibid.

15. 知晓法律的推定

每个人被推定为知晓法律,对法律无知不能成为辩护理由,此即"知晓法律的推定"(presumption of knowledge of law),"有这样一个格言,'对法律无知不能成为免责的理由'(ignorantia juris non excusat),对于该格言的解释是,每个人都被推定为知晓法律。该规则并非是假想每个人都知晓法律,而是不允许一个人在法庭中说他对法律无所知,或者,换句话说,不知晓法律并非辩护理由[①]。"[②]

(四) 推定的理由

根据爱德蒙·M.摩根的见解,采用推定,基于如下理由:

1. 对于诉辩系争中之并非严重争执的事实,可以借助推定加以认定,毋庸进行不必要的举证。

2. 避免因证据缺乏而使一些事实的认定产生程序上的困难,如对于失踪人满一定年份的,可以借助推定认定其死亡,否则极难处理。

3. 避免因无从获得合法适格的证据而使对于事实的认定发生困难,如数人同时罹难——例如飞机坠毁、船舶失事或撞车,谁先死谁后死,可以借助推定加以认定。

4. 推定可以产生一种结论,这种结论能够与优势或然性相符合。所谓"通常经验表示业经普遍认为真实之事实,法院得认知其为真实"[③]。

5. 可以使有独特方法接触事实及事实证据的一方当事人,向法院披露、出示这些事实或证据。

6. 以某种事实存在为基础,达成一般社会所企望的结果,如长期继续占有不动产,占有人似乎是所有者,可以依推定加以认定。

7. 实现兼有前述数种理由所企望的结果。[④]

这些见解,有助于我们认识推定的证据法价值。

(五) 拟制与推定

拟制与法律上不可反驳的推定容易混淆,这是因为,"因法律上之拟制,系以不是现存而无疑之事实,视为现存之一种法律上之规定故也;但与法律上之推定,却具有同一之效力"[⑤]。

拟制通常是将无做有,法律条文中用"视为"来表达,至于将此事物视为彼事物,两事物实质上是否一致,在没有相反证据的情况下,在所不问;有时即使有

---

① Lord Atkin in Evans v. Bartlam,1937.
② William Shaw & Michael Lee, *Evidence in Criminal Cases*, London, Butterworth & Co. (Publishers) Ltd. Shaw & Sons Ltd., 1964, p.172.
③ 〔美〕爱德蒙·M.摩根著:《证据法之基本问题》,李学灯译,世界书局1982年版,第58—59页。
④ 同上。
⑤ 〔日〕松冈义正著:《民事证据论》,张知本译,洪冬英勘校,中国政法大学出版社2004年版,第25页。

相反证据,也不能动摇某些法律拟制。推定一般建立在高度盖然性的基础上,当存在基础事实,推定事实存在的可能性很大。罗森贝克指出拟制与推定的区别,他认为:"拟制与推定毫不相干。拟制是法律规范,由于拟制将要件 b 等同于要件 a,它将为要件 a 所规定的法律后果转移至要件 b,它将要件 b 等同于要件 a,所采取的方式是,要件 b 被视为要件 a。也就是说,拟制是简单化的立法技术的一个方法。拟制的形式是:如果具备要件 b(所谓的拟制基础),则 a 被拟制,类似于推定的形式:如果具备 b,则可推定 a。但是,拟制的目的和内容是完全不同于推定的目的和内容的。因此,不能通过反面的证明来反驳拟制。由此可得出结论,所谓的不可反驳的法律推定(praesumtiones iuris et de iure)与拟制并无两样;它具有推定的形式,但具有拟制的实质,因为反面的证明在它那儿是不会被允许的。"①

(六) 推定的冲突

在诉讼过程中,可能会出现有若干推定彼此之间存在冲突的现象,这一现象构成了一个事实问题。在美国,在存在相互冲突的推定的场合,应当按照对待相互冲突的证据那样去处理,例如,应当将其交给陪审团去作决定。② 柯尔律治爵士(Lord Coleridge)也指出:"推定的冲突足以引出一个应由陪审团裁决的事实问题。"③

在我国,如遇若干推定彼此冲突,可由法官加以决定。

五、自认事实

"自认"是指在民事诉讼中一方当事人向法院对于另一方当事人提出的事实主张加以承认,通常是指对不利于自己的案件事实的承认。这里的自认指的是裁判上的自认,兼子一、竹下守夫认为:"裁判上的自认是指在口头辩论或准备程序中,当事人做同对方当事人的主张相一致的、对自己不利的陈述"④。自认应满足下列条件方能成立:

1. 审判上的自认必须来自当事人对案件事实的陈述;
2. 审判上的自认必须发生在诉讼过程中;
3. 自认的内容必须与对方当事人的事实陈述一致;
4. 审判上自认的表示应当是明确的。

---

① 〔德〕莱奥·罗森贝克著:《证明责任论——以德国民法典和民事诉讼法典为基础撰写》,庄敬华译,中国法制出版社 2002 年版,第 220 页。
② Ernest Cockle & Charles M. Cahn, *Cases and Statutes on the Law of Evidence*, London, Sweet Maxwell., Limited, p.36.
③ Ibid.
④ 〔日〕兼子一、竹下守夫著:《民事诉讼法》,白绿铉译,法律出版社 1995 年版,第 103 页。

在民事诉讼中，自认具有免除对方证明责任的效果，德克兰·麦格拉斯（Declan McGrath）云："自认（即正式承认 formal admission）不同于非正式承认（informal admissions）之处在于，自认是在诉讼程序开始之后基于对诉讼花费或者其他策略上的考虑作出的，产生缩小争议的诉讼效果，而非正式的承认仅仅被采纳为所承认的事实的证据而已。进一步言之，除非自认被撤回，对于不利于作出自认的当事人来说，它是结论性的；相反，对于非正式承认来说，当事人可以加以否定或者通过加以澄清。"①有论者指出，一方当事人能够作出自认，以致他或者她的对手从不得不证明该事实中解脱出来，这种情况也存在于在刑事程序中。②

（一）自认与拟制自认

在民事诉讼中，对于当事人无争执的事实，无须以证据加以证明，即"无争执之事实，自不以证据为必要"。③ 不争执有两种情况：一种是明确表示对方主张事实的存在，此为自认；另一种是无争执而被认为是自认，此为拟制自认。自认包括自认与拟制自认两种情况。

"拟制自认"是指"显然无争执之事实，原告或被告不以他之陈述表示其欲争之意思者，当视为自认"，该事实"视为自认之事实也"。④ 在自认中，"当事人间显然无争执之事实，既⑤不以他之陈述示其欲争之意思者，自当视为自认之事实矣"⑥。此种自认，可称为"准自认"或云"拟制自认"，一般出现在被要求陈述而不争执的场合。松冈义正在《民事证据论》将此一自认称为"推定上之自认"，并指出："此种推定上之自认，却与裁判上之自认不同，以后仍得随时追述其未经陈述之事实，消灭以前推定之效力。反之，在裁判上已为自认之当事人，则非证明其出于错误而取消之，不得失其效力"⑦。我国最高人民法院《关于民事诉讼证据的若干规定》第 8 条第 2 款规定："对一方当事人陈述的事实，另一方当事人既未表示承认也未否认，经审判人员充分说明并询问后，其仍不明确表示肯定或者否认的，视为对该项事实的承认。"这里规定的就是拟制自认。

（二）自认与认诺

诉讼一方对于对方主张的承认，分为两种情况，一是对于事实主张之承认，

---

① Declan McGrath, Evidence, Dublin, Thomson Round Hall, 2005, pp. 701—702.
② Ibid.
③ 〔日〕松冈义正著：《民事证据论》，张知本译，洪冬英勘校，中国政法大学出版社 2004 年版，第 19 页。
④ 同上。
⑤ 似为"即"之误。
⑥ 〔日〕松冈义正著：《民事证据论》，张知本译，洪冬英勘校，中国政法大学出版社 2004 年版，第 19 页。
⑦ 同上。

二是对于权利主张之承认,两者之诉讼效果并不相同:

1. 对于事实主张之承认,乃是自认,具有免证之诉讼效果

我国最高人民法院《关于民事诉讼证据的若干规定》第 8 条规定:"诉讼过程中,一方当事人对另一方当事人陈述的案件事实明确表示承认的,另一方当事人无需举证。但涉及身份关系的除外。"不过,该规定第 8 条第 4 款云:"当事人在法庭辩论终结前撤回承认并经对方当事人同意,或者有充分证据证明其承认行为是在受胁迫或者重大误解情况下作出且与事实不符的,不能免除对方当事人的举证责任。"

2. 对于权利主张之承认,为认诺(亦称"承诺",即对于诉讼标的之认诺,亦即对诉讼请求的承认),认诺可以作为判决之基础

日本学者兼子一、竹下守夫曾指出:"承诺是指被告承认原告所请求的全部或一部分属于正确的诉讼上的一种陈述,承诺必须是无须法院进行判断、直接无条件地肯定请求的陈述。承诺在诉讼法上是指直接产生效力的诉讼行为。承诺与自认相比,自认是针对对方当事人所主张的事实,而承诺则是针对审判上的终局目的的请求。"①

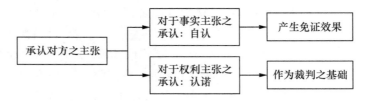

对于自认之事实主张或者认诺之权利主张,主张者被免除证明责任,或者法院以之为裁判之基础,其理论基础为不干涉主义,即国家对于当事人在诉讼中自行处分自己的权利,不加以干预。自认是对诉讼对手提出的事实的承认,这种承认可能导致自认者失去某一权利的效果,当事人自愿进行承认,属于他自己处分自己权利的行为,国家予以尊重而不进行干预。

(三) 自认之类别

自认有若干种类,分述如下:

1. 审判上自认和非审判上自认

审判上自认,是法庭审判中或者在法官面前进行的自认。"此种自认之事实,即系当事人于言词辩论上或于受命推事或受托推事前自认之事实,可以无须对方同意,而认为无争执之事实。"②非审判上自认,又称为"非讼自认""审判外

---

① 〔日〕兼子一、竹下守夫著:《民事诉讼法》,白绿铉译,法律出版社 1995 年版,第 103 页。
② 〔日〕松冈义正著:《民事证据论》,张知本译,洪冬英勘校,中国政法大学出版社 2004 年版,第 19 页。

自认",指在法庭审判以外以及非在法官面前进行自认。非审判上自认之事实,不能认为是无争执的事实,"只于审判外自认之事实,即令记之于准备书面,亦不得谓为无争执之事实"①。诉讼外的自认,无诉讼上自认的效力,但可为证据的一种。

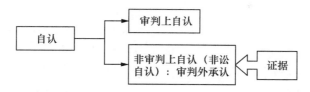

2. 完全自认和限制自认

完全自认是无条件对诉讼对方主张的事实加以承认;限制自认是有条件地承认对方主张的事实,如不具备该条件,就不予以承认。

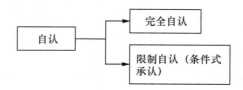

3. 明示的自认与默示的自认(拟制的自认)

当事人自认的意思表示明确的,即对一方当事人陈述的事实,另一方当事人明确表示承认的,为明示的自认;当事人自认的意思表示不明确,即对一方当事人陈述的事实,另一方当事人既未表示承认也未否认,经审判人员充分说明并询问后,仍不明确表示肯定或者否认的,为默示的自认,对这种自认的意思表示不明确的视为自认,又可称为"拟制自认"。哪些可以视为自认,需要仔细斟酌,如为息事宁人请求和解,是否可视为自认?答曰不可。

4. 本人自认和代理人自认

一方当事人自己对对方当事人陈述的事实表示承认的,为本人承认;一方当事人的代理人在授权范围内代替当事人本人对诉讼对方当事人陈述的事实表示承认的,为代理人承认。我国最高人民法院《关于民事诉讼证据的若干规定》第8条第3款规定:"当事人委托代理人参加诉讼的,代理人的承认视为当事人的承认。但未经特别授权的代理人对事实的承认直接导致承认对方诉讼请求的除外;当事人在场但对其代理人的承认不作否认表示的,视为当事人的承认。"②

---

① 〔日〕松冈义正著:《民事证据论》,张知本译,洪冬英勘校,中国政法大学出版社2004年版,第19页。
② 代理人也可以代为认诺,但必须有当事人特别授权。我国《民事诉讼法》第59条第2款规定:诉讼代理人代为承认、放弃、变更诉讼请求,进行和解,提起反诉或者上诉,必须有委托人的特别授权。

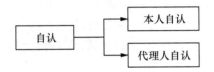

当事人的承认存在一种特殊情形,即共同诉讼中一人或者一部分人的自认。或问:共同诉讼当事人中一人或者一部分人的自认效力是否及于共同诉讼中的其他当事人?对此问题的回答是:根据我国《民事诉讼法》第 52 条第 2 款规定:"共同诉讼的一方当事人对诉讼标的有共同权利义务的,其中一人的诉讼行为经其他共同诉讼人承认,对其他共同诉讼人发生效力;对诉讼标的没有共同权利义务的,其中一人的诉讼行为对其他共同诉讼人不发生效力。"自认属于诉讼行为之一,必要共同诉讼当事人中一人或者一部分人的自认行为经其他当事人认可,可以对其他人发生自认效力;其他人不认可的,对其他人不发生自认效力;在普通共同诉讼当事人中一人或者一部分人的自认,对其他人不产生自认效力。

(四)自认之撤回

当事人作出自认后,当事人和法院皆受该自认的拘束。

自认的拘束力在法院方面的表现是,法院对于符合成立条件的自认应当予以认可,不再对自认的事实再行判断,并以此作为断案的依据,在裁判中加以确认。不过,如果当事人自认的事实与显著事实存在矛盾,法院应当如何取舍,也就是说,此种情形下的自认对法院有无拘束力?对此有论者认为:"法院解决民事纠纷应依当事人的意愿进行,当事人对该事实既然存在相一致的认识,就表明当事人双方不希望法院对该事实的真实性等再作判定,因此,即便该自认的事实与众所周知的事实相违背,也应对法院产生拘束力。"①笔者认为此议不妥,这是因为显著的事实除非有相反证据加以推翻否则应认定其存在,自认并非可以推翻显著事实的证据,自认的事实与显著的事实有矛盾,显著事实仍属无须证据加以证明而可认定其存在的事实,也就是说显著事实不因当事人作相反自认而不存在,法院如果违背显著事实而认可自认事实,必然形成对健全理性的一种挑战,实在过于反理性,恐怕难免"白痴法院"之讥。对于当事人自认,法院在事实本来只有一方主张而尚未证实时予以尊重,事实本来显著,法院也不能完全不顾显著事实予以盲从,否则当事人主义就有走火入魔之嫌了。是故松冈义正指出:"就自认与显著之关系言之,当事者所主张之事实,虽系对方所认之事实,但其不实已显著于法院者不得供作裁判之资料。盖以自认显著事实之事实为无

---

① 孟令辉:《民事诉讼中的自认及其效力》,http://blog.sina.com.cn/s/blog_4b842358010006zj.html,最后访问日期:2014 年 7 月 13 日。

效也。"①

自认的拘束力在当事人方面的表现是,依禁止反言规则,当事人不得随意撤回自认或者另提出相反的主张。这是因为自认具有免除对方当事人证明责任的作用,并对法院裁决产生效力,如果允许当事人随意撤回自认,将使诉讼对方遭受干扰,也妨碍审判顺利、稳定、有序推进。这里提到的禁止反言规则,也称"禁反言原则",指在民事诉讼中,当事人不得自食其言,提出与先前主张的内容相反的事实主张。② 同样,对代理人的自认行为,若依代理人自认的效力和自认撤回条件及禁止反言原则,当事人也不得随意撤回。当然,在符合特定条件时,自认是可以撤回的,我国最高人民法院《关于民事诉讼证据的若干规定》第74条规定:"诉讼过程中,当事人在起诉状、答辩状、陈述及其委托代理人的代理词中承认的对己方不利的事实和认可的证据,人民法院应当予以确认,但当事人反悔并有相反证据足以推翻的除外。"这里确定的撤回自认的条件是:当事人反悔并有相反证据足以推翻自认的,允许撤回。

除此以外,一般认为,可以撤回自认的情形还包括:

1. 一方当事人在法庭辩论终结前撤回自认而对方当事人同意的。

2. 有证据证明自认是在受胁迫或者重大误解的情况下作出且与事实不符的。后者如松冈义正云:"在审判上已为自认之当事人,证明其自认系出于错误而取消时,其效力,自当回复其自认之事实而认为有争执之事实。"③

六、预决的事实

在免证事项中,还包括预决的事实,即在诉讼中对案件某些事实,有关机构

---

① 〔日〕松冈义正著:《民事证据论》,张知本译,洪冬英勘校,中国政法大学出版社2004年版,第24页。

② 例如,2007年3月14日,浙江省永康市人民法院收到何某起诉状,起诉状声称永康某实业公司拖欠其货款共计人民币68938元。何某表示,自己一直从事电动工具配件的生产,与被告有生意上的来往,被告多次向自己购买各种机壳。何某提供了结账单作为证据。永康市人民法院于2007年4月13日进行第一次开庭。被告某实业公司承认自己的确拖欠了何某货款,但并不是何某所说的68398元,而是41815.1元。法院经过审理后认为,何某在计算货款时,存在被告所说的重复计算问题,何某也承认自己在价格的计算上是不准确的。法院决定在第二次开庭时确定拖欠货款的具体数额。2007年6月29日第二次开庭时,被告某实业公司改口,声称只拖欠何某5281元货款,第一次开庭时所说的41815.1元是自己算错了,同时提供了应付账款清单予以证明。法院审理后认为,本案被告某实业公司在第一次庭审中,先承认自己确实拖欠了何某货款,但不是六万多,而是四万多,然后说明了理由,并提供了证据,法院和原告何某对此也予以认可。在第二次庭审中,被告又矢口否认了第一次的行为,说自己只拖欠何某五千多货款,然后又提供了证据,这种情况可以运用"禁反言"规则进行处理,法院有权作出否定被告第二次答辩的认定。2007年7月27日,法院作出一审判决,被告某实业公司应在10日内支付原告何某货款58756元(童超、徐廉球:《我市人民法院首次运用〈禁反言〉规则》,http://yk.zjol.com.cn/06yk/system/2007/07/31/008652417.shtml,2007年7月31日访问)。

③ 〔日〕松冈义正著:《民事证据论》,张知本译,洪冬英勘校,中国政法大学出版社2004年版,第19页。

已经预先作出确认,若无相反的证据加以推翻,审理本案的法院应予以认定,不需要提出证据再加以证明。预决的事实主要包括已为法院生效裁判确认的事实、已为仲裁机构生效裁判确认的事实和已为有效公证文书证明的事实。

(一) 已为法院生效裁判确认的事实(事实为法院已知者)

此事实为法院依法作出的确定判决所认定,由于该事实在原来的程序活动中依据证据或者法律规定得到了认定,无须在另一案件的诉讼过程中重复用证据加以证明,以符合诉讼经济之要求,并对其他案件裁决的既判力加以尊重。但此种事实若有相反证据加以推翻者,也容许当事人依证据加以推翻。大陆法系国家大多没有规定预决的事实为当事人免予作证的事实,当其主张诉讼中某一事实属于预决的事实时,应向法院提交裁判文书,法律赋予生效之裁判文书具有很强的证明力。[1]

(二) 已为仲裁机构生效裁判确认的事实

作为一项法律制度,仲裁是指双方当事人,根据争议发生前或者发生后所达成的协议,自愿将该争议提交非司法机关的第三方进行裁判,并由其作出具有裁决,双方当事人对裁决负有执行义务的一种纠纷解决方式。

当事人依据合意而将经济贸易活动中的争议提交仲裁机构加以解决,仲裁机构组成仲裁庭或者安排仲裁员遵照仲裁规则进行审理,依据认定的事实和采纳的证据,作出书面决定对当事人提交仲裁的有关争议的请求事项加以支持、反驳或者部分支持、部分反驳。该书面决定称为"裁决书",经仲裁委员会盖章后得以确定,产生与法院确定判决相同的效力。裁决书有"确定力",一经作出,对仲裁庭或仲裁员具有拘束力,不得随意变更、撤销,此为"形式确定力";裁决书生效后,仲裁庭或者法院不得作出与之相反的决定,当事人也不能提出与之相反的主张和答辩,此为"实质确定力"。在诉讼中,对于仲裁书认定的事实,当事人无须举证证明。在大陆法系许多国家,仲裁书被看做具有较高证明力的文书,并非将仲裁机构生效裁判确认的事实列为免证事实。[2]

(三) 已为有效公证文书证明的事实

公证是国家专门设立的公证机构根据公民、法人或者其他组织的申请,对其法律行为、或者有法律意义的文书、事实,证明其真实性、合法性和可行性的活动。

公证机构为具有公信权限的机构,其应当事人之申请出具公证文书进行的证明,具有特殊的证据力,同时为国际社会普遍认可和接受。在诉讼中,由公证文书确认的事实,当事人无须举证证明。不过,并非所有的国家都将已为有效公

---

[1] 肖建华主编:《民事证据法理念与实践》,法律出版社2005年版,第145页。
[2] 同上书,第146页。

证文书证明的事实当作免证事实,如在法国等大陆法系国家,公证文书被当做一种书证并被赋予较高的证明力,并非将有效公证文书证明的事实列为当事人无须举证的事项。①

七、某些无争议的事实

诉讼中某些无争议的事实无须证明,例如,在刑事诉讼中,"检察官只要证明起诉书记载的公诉事实和争论的事实即可,而不需要证明没有争论的事实。公诉事实是犯罪构成要件该当性的内容,如时间、地点、方法等特别记载的事实,通常以违法和有责的事实为前提。即使被告人承认这种事实,检察官也必须证明公诉事实的存在,当然适用简易公诉程序的情况另当别论。但在不存在违法阻却事由(正当防卫、被害人承诺等)和责任阻却事由(无责任能力、错误等)的情况下,实际上并没有形成争点,因此不需要证明。刑罚减免事由(自首、亲属隐匿犯人等)和特别法规定的'法定的除外事由'也是如此"②。不过,在我国刑事诉讼中,如果存在自首、立功情节,因涉及对被告人量刑,检察机关在此情况下会提出证据加以证明,以便为法院确认自首、立功事实的存在并为减免刑罚提供依据。

---

① 肖建华主编:《民事证据法理念与实践》,法律出版社 2005 年版,第 148 页。
② 〔日〕松尾浩也著:《日本刑事诉讼法》(下卷),张凌译,中国人民大学出版社 2005 年版,第 17 页。

第五章 证明标准

> 热爱真理最正确的态度便是对任何见解的信心绝不超过其证据所显示的程度。
>
> ——约翰·洛克

第一节 证明标准的设定是否可能

在诉讼中,当事人或者检察机关要获得有利于自己的裁决,需要提出证据证明到特定的法官心证程度或者特定的事实、证据状况,该程度或状况称为"证明标准",又称"证明程度"或者"证明度"①,我国证据法学也曾称之为"证明要求"。一般认为,证明标准与证明责任相联系,使证明责任的承担者要卸去自己的证明责任而提出证据应当达到的标准,英国高级律师罗纳德·沃克曾指出:"举证责任一经确定由谁担负,便随之产生这样的问题:为了履行证明责任,当事人必须达到什么证明标准"②。

标准,乃是"衡量事物的准则"。③ 近年来谈到证明标准,国内有学者提出疑问:为证明设定标准是否可能? 他们提出自己的见解,认为试图建构证明标准是没有意义的,因为建构起抽象而具有可操作性的证明标准是不可能的。如张卫平教授曾撰文提出:"所谓标准,必须具有统一性、外在性、可识别性。要求标准具有可识别性,就是要求作为标准的尺度必须是具体的、明确的。"实践证明,建立这样的标准的努力——包括细化和客观化——还没有成功的先例,因此"作为一种确定的、统一的、具有可操作性的证明标准的建构只能是乌托邦",这是因为"事实认定不可能离开法官的主观自由判断"。④ 王敏远教授也认为:具有可操作性的证明标准并不存在,"法律真实说"与"客观真实说"根本不可能为这

---

① 〔日〕小林秀之著:《证据法》,弘文堂 1996 年版,第 66 页。转引自张卫平:《证明标准建构的乌托邦》,载《法学研究》2003 年第 4 期。

② 〔英〕罗纳德·沃克著:《英国证据法概述》,王莹文、李浩译,西南政法学院诉讼法教研室 1983 年印制,第 77 页。

③ 中国社会科学院语言研究所词典编辑室编:《现代汉语词典》,商务印书馆 2005 年修订第 5 版,第 89 页。

④ 张卫平:《证明标准建构的乌托邦》,载《法学研究》2003 年第 4 期。

种不存在的证明标准提供正当性的基础。①

这种质疑不是没有道理的,要确立精密的证明标准是不可能的。**证明标准实际上分为两种情况:一为法官心证标准,即提出证据证明使法官达到的一定主观心理状态;另外一种情况是提出证据证明要达到的事实与证据状况**,如我国《刑事诉讼法》设定的证明标准(认定有罪的标准)为"犯罪事实清楚、证据确实充分",这里就是以通过证据确立的事实状况(清楚)、证据状况(确实、充分)来设定证明标准的。从法官心证方面设定精密标准,完全不可能,人的内心状况无法精确地量化,任何这方面的努力都将是白费工夫;从证明所要达到的事实与证据状况设定证明标准也几乎是不可能的,案件虽可分类,但同类案件也情况各异,绝不可以靠一种精密尺度加以衡量,世上没有两片完全相同的树叶,大概也没有两件完全相同的案件,要建立起精密的证明标准无异缘木求鱼。

当然,确立精密的证明标准实属不可能,但不意味着建立任何证明标准都是不可能的。证明标准可以是多层次的,要建立一种较为抽象、概括、粗放的标准还是可能的,将这一标准再具体化一些也并非不可能:

1. 较为粗放的标准

当今世界各国实行的证明标准都较为抽象和概括,如大陆法系诸国实行的"内心确信"与英美法系诸国实行的"排除合理怀疑",以及世界各国民事诉讼中都实行的"优势盖然性"标准,乃至我国实行的"事实清楚、证据确实充分"和"高度盖然性",都有相当大的模糊度,司法实践中运用多年,对于诉讼证明活动还是起到了指南作用,至今仍然发挥着这样的作用。

2. 较为具体的标准

"内心确信""排除合理怀疑""事实清楚、证据确实充分"之类粗放的证明标准,对于初识者来说不能不加以诠释,否则雾里看花,难以拿捏。在英美诸国的法庭上,法官在陪审团评议前往往要向这十二名"门外汉"解释何谓"排除合理怀疑"或者"优势盖然性",这种诠释是将这些粗放的标准变为可理解和可操作。我国1979年制定的《刑事诉讼法》颁布实施后,公安司法人员对于"犯罪事实清楚,证据确实充分"无法把握,中国政法大学严端教授到司法机关阅读了几十本案卷,总结归纳出**理解和掌握"犯罪事实清楚,证据确实充分"的四项具体标准,即(1)每一定案的证据都应当查证属实;(2)每一认定的事实、情节都应当有证据加以证明;(3)证据与证据之间、证据与案件事实之间不存在矛盾或者矛盾得以合理排除;(4)由证据得出的结论是唯一的,排除其他可能性**。这四项标准业已成为我国证据法学界的共识,在司法实践中的应用也予以认可,至今奉为圭臬。**2012年新修正的《刑事诉讼法》采纳了这些标准,该法第53条第2款**

---

① 王敏远:《一个谬误、两句废话、三种学说》,载王敏远编:《公法》第四卷,法律出版社2003年版。

将这四项具体标准归纳为三项:(1)定罪量刑的事实都有证据证明;(2)据以定案的证据均经法定程序查证属实;(3)综合全案证据,对所认定事实已排除合理怀疑。

3. 精密标准

我国法院和有的学者试图将证明标准精密化,尝试为具体案件创立一整套证据规格。实际上这种努力无法真正将司法实践中具体案件的证明标准一一精密到游标卡尺的程度,过分追求证明标准精密化还会产生一种危险:使形式证据主义回潮,未免得不偿失。

第二节 证明诸标准

证明标准可以分为两类:主观证明标准与客观证明标准。

在刑事诉讼中,主观证明标准又可分为积极标准和消极标准两类:积极标准即"内心确信",是从正面、肯定(即获得什么)的角度设定证明标准的,主要在大陆法系国家实行;消极标准即"排除合理怀疑"(beyond reasonable doubt),是从反面、否定(即排除什么)的角度设定证明标准的,主要在英美法系国家实行。

民事诉讼中,各国一般都实行"优势盖然性"证明标准,我国目前实行的是"高度盖然性"标准。

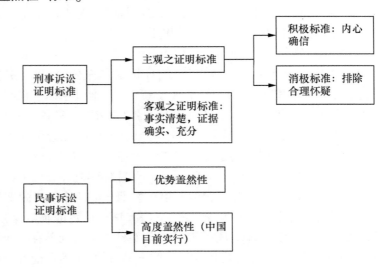

一、内心确信

内心确信是一种主观心理状态,作为证据法术语,指的是裁判者通过对证据的审查判断形成的确实相信的心证状态,即"对证据良好品质和根据证据所作出结论准确性的信心"。①

内心确信是一种强固的心证，相信确实如此、必定如此。这种确信建立在证据等法定证明手段之上，而不是主观臆测、刚愎自用式的"信心"；它建立在法定证明手段总和之上，不是偏听偏信、只根据部分证据形成的"信心"。这种确信应当是一般理智健全的人都可以形成的信心，不是个别人进行判断才能获得的信心。这种内心确信依赖于理性和良心，缺乏理性的人无法形成符合理性原则的判断，缺乏良心的人也没有内心确信标准要求的责任感和道德勇气。

内心确信与排除合理怀疑不过是一枚硬币的两面。威廉·肖和米切尔·李指出："在对陪审团作出指导时，法官应当避免使用'合理的怀疑'一词，在陪审团决定定罪前应当告诉其应当考虑证据，看是否使其确信控诉方已经切实证明到被告人是有罪的。"②英国高级律师罗纳德·沃克也指出："人们曾进行了许多尝试，以改变'无合理怀疑'这一空洞公式。格达德法官在英国诉萨玛斯一案中，不赞成使用这些用语，并建议：对陪审团的适当指示应该是，他们是否'确实感到'被告有罪。在英国诉赫普沃斯和费利恩一案中，格达德法官重申的变通说法是'被彻底说服'。"③由此可见，排除合理怀疑其实不过是内心确信的另一种表达而已。我国常用的"确信无疑"一词结合了"内心确信"和"排除合理怀疑"两个方面，正说明内心确信与排除合理怀疑是对同一心证状态的不同角度的描述。

二、排除合理的怀疑

刑事诉讼证明有罪的标准远远高于民事诉讼通常的证明标准，原因在于："在民事案件里，判错任何一边的风险是平等的，我们在任何一种可能的错误中并不偏好哪一种。但在刑事诉讼中，我们宁可错判让可能有罪的被告被释放，也不愿一个无辜的被告被监禁或被处死"④。在英美国家，这一标准即为"排除合理的怀疑"。排除合理怀疑通常用于刑事诉讼证明，但部分民事诉讼证明事项也适用这一标准。

在英美等国的刑事诉讼中，正式审判确定一个人有罪的证明标准乃是"排除合理的怀疑"。"排除合理的怀疑"要排除的，是对具体案件中被告人构成犯

---

① 〔俄〕К.Ф.古岑科著：《俄罗斯刑事诉讼教程》，黄道秀等译，中国人民公安大学出版社2007年版，第117页。
② William Shaw & Michael Lee, *Evidence in Criminal Cases*, London, Butterworth & Co. (Publishers) Ltd. Shaw & Sons Ltd., 1964, p.168.
③ 〔英〕罗纳德·沃克著：《英国证据法概述》，王莹文、李浩译，西南政法学院诉讼法教研室1983年印制，第80页。
④ 〔美〕德肖维茨著：《合理的怀疑——从辛普森案批判美国司法体制》，高忠义、侯荷婷译，商周出版社2001年版，第60页。

罪所抱有的合理的怀疑。要找到"排除合理的怀疑"的中国式的表达是不容易的,"确信无疑"一词似乎略为接近,但"排除合理的怀疑"并不要求达到绝对确定的程度。在这里,强调"合理"一词是必要的。因为怀疑"只能是有理由的怀疑,而不是随便怀疑;因为任何与人为的事务有关并且依赖于人为的证据的东西都容易存在可能的或想象中的怀疑"①。J. W. 塞西尔·特纳解释说:

> 所谓合理的怀疑,指的是陪审员在对控告的事实缺乏道德上的确信、对有罪判决的可靠性没有把握时所存在的心理状态。因为,控诉一方只证明一种有罪的可能性(即使是根据或然性的原则提出的一种很强的可能性)是不够的,而必须将事实证明到道德上的确信程度——能够使人信服、具有充分理由、可以据以作出判断的确信程度。但是,如果法律要求更进一步,即如果要求达到绝对的确实性,那就会将所有的情况证据一并排除出去。正如一个伟大的爱尔兰法官所说的,"据以作出无罪判决的合理的怀疑不能太微弱或太不确定,这种怀疑必须是一个正直的人在冷静地分析全部证据之后所出现的有理性的怀疑,必须是不受诉讼双方影响、不存先入之见、不受恐惧干扰的一种良心上的怀疑。"②

在米勒诉年金及国民保险大臣③一案中,丹宁勋爵谈到,刑事案件被告人被定罪前,证据应当达到的使人信服的程度。他说:

> 必须妥善地达到该证明程度。它不需要达到确定(certainty)的程度,但必须达到高度的可能性。排除合理怀疑的证明并不意味着泯去所有怀疑的阴影的证明。如果允许臆测妄想的可能性使审判过程走向歧途,法律将不能为社会提供保护。如果指控一个人的证据如此强固,以至于有利于他的事实存在的可能性是遥不可及的(a remote possibility),足以作出"当然是可能的而不是微小的可能"的判决,该案件就被证明到了排除合理怀疑的程度;达不到这一点,案件的证明就得不到满足。④

除无罪推定外,诉讼中还有一些法律上的推定也必须证明到排除合理怀疑的程度。

---

① 〔英〕K. S. 肯尼、J. W. 塞西尔·特纳著:《肯尼刑法原理》,王国庆、李启家等译,华夏出版社1989年版,第549页。
② 同上。
③ 英国政府首长中有"年金及国民保险大臣"(Minister of Pensions and National Insurance),又被译为"国家保险与恤金部部长"。
④ Rupert Cross, D. C. L. & Nancy Wilkins, *An Outline of the Law of Evidence*, Butterworths & Co. (Publishers) Ltd., 1964, p. 33.

在英国的民事诉讼中,一些由婚姻事由(matrimonial causes)引起的案件,诉请者(petitioner)必须证明到排除合理怀疑的程度。在某一时期,通奸必须被证明到排除合理怀疑的程度,因为通奸被认为是准犯罪(quasi-criminal offence)。现在当它成为离婚的理由时,仍然需要被证明到排除合理怀疑的程度。不仅仅是通奸,还有其他一些事由也需要达到同样的证明程度。①

排除合理的怀疑是接近最高标准的证明要求,要是比这个标准还高的话,大概就数排除任何怀疑(beyond any doubt)了。这种接近最高要求的证明责任是由控诉方、特别是公诉方承担的。 在许多国家,公诉方代表的是政府。美国学者指出:"在本质上,《权利法案》要求政府将其指控被告人的案件证明到排除一切合理怀疑的程度。"②

值得注意的是,有论者认为英美国家的证明标准比大陆法系、社会主义法系的还要严格,弗伦·纳琪认为,排除合理怀疑的要求比大陆法系国家的证明标准还要严格一些,原因在于法官在证据调查中采取消极的立场,几乎不主动调查取证,因此控诉方的负担较重。他指出:"在英美法系举证责任和罗马法系、社会主义法系举证责任之间的区别:在理论上,至少英美法系'超出有理的怀疑'举证责任,看来比罗马法系举证责任更严格一些。从而使两种举证责任的区别在实践中较易表现出来。由于英美法系证据制度是抗衡性的,因此法庭调查很少超出起诉人和辩护人所提供的证据范围。"③显然,英美国家的证明标准严于大陆法系、社会主义法系的证明标准,并非这一标准本身更为严格,而是诉讼模式不同,证明的实际负担也会有所不同。由于英美国家的诉讼模式以法官消极中立、不主动调查取证为特征之一,证明负担全部压在控诉方肩上,证明标准的实际运作效果就严于大陆法系和社会主义法系;大陆法系和社会主义法系的法官主动依职权调查取证,控诉方即使证明不力,也不必然会败诉,法庭调查取证可能会弥补控辩双方举证的不足,从这个角度言之,其证明标准的实际运作效果要宽于英美法系。

三、优势盖然性或者高度盖然性

优势盖然性(preponderance of probalility)通常为各国民事诉讼之证明标准,刑事诉讼部分事项的证明也适用这一标准。

这里提到的"盖然性"(probability)即可能性,《现代汉语词典》对盖然性的解释是:有可能但又不是必然的性质。学者刘福增指出:"在英文,'possible'

---

① Rupert Cross, D. C. L. & Nancy Wilkins, *An Outline of the Law of Evidence*, Butterworths & Co. (Publishers) Ltd., 1964, p. 34.
② *Vital problems for American society*, edited by J. Alan Winter, Random house, 1968, p. 183.
③ 即"排除合理的怀疑"。

(可能)和'probable'(概然)两字的意义是不一样的。possible(可能)和impossible(不可能)是两极的概念。它们两者分别指事情有和没有发生的机会。在有和没有发生机会之间,就有发生机会的大小问题。probable(概然)是用来表示这种机会的大小的。机会大的用 probable(概然,大概)来表示,小的则用 improbable(概然不,大概不)。但是 probable(大概)和 improbable(大概不)不是两极的,而是程度的大小。在中文里,我们常把'probable'说成'可能','improbable'说成'不可能'。这样就把'probable'和'possible'混在一起了。为了把概念讲得更清楚,我们最好分清使用。"①

在一般情况下,民事证明标准是"优势盖然性"。 在米勒诉年金及国民保险大臣一案中,丹宁勋爵表明了民事诉讼证明标准与刑事诉讼证明标准的区别。在谈到民事案件的证明标准时,丹宁指出:

> 在可能性上,它必须达到合理的程度,这不像刑事案件所要求达到的那么高。如果证据能够使法庭裁决说:"我们认为它存在的可能性大于它不存在的可能性",该证明负担也就卸去了,但如果两种可能性的大小一样,证明负担就没有得到卸除。②

一般地说,刑事案件证明被告人有罪的标准明显比民事案件的要高,但在某些事项的证明上却适用优势盖然性的标准。对于刑事案件的被告人来说,在承担对某些事项的证明责任的场合,只需达到"优势盖然性"或曰"或然性占优势"(**a preponderance of probability**)的证明程度。这一原则是由英国国王诉卡尔·布莱恩案件(R v. Carr-Briant)的裁决确立的。在该案中,被告人被指控违反了1906年③《反腐败法》(the Prevention of Corruption Act)。根据该法,如果某个人为得到一项政府合同而付钱给一位公务官员,这被认为是贿赂,除非相反的事实得到证明。该案的被告人正是为得到一项政府合同而付钱给一位公务官员的。在法官总结说被告人负有证明其没有行贿达到使陪审团排除合理怀疑的程度后,他被裁决有罪。刑事上诉法院取消了这一定罪,理由是,陪审团在考虑证明的标准时受到了误导。他们应该被告知如果被告人没有行贿的可能性与相反的可能性相平衡则应当将被告人无罪释放。同样的证明标准适用于关于被告人精神不健全和减轻责任的证明,根据普通法对于被告人精神不健全的事实被告人一方需要承担证明责任;根据1957年《杀人法》第2(2)条,被告人一方需要

---

① 〔英〕罗素:《哲学问题》,刘福增译注解,心理出版社1997年版,第22页。
② Rupert Cross, D. C. L. & Nancy Wilkins, *An Outline of the Law of Evidence*, Butterworths & Co. (Publishers) Ltd., 1964, p. 33.
③ 1916年也制定有《反腐败法》。

承担减轻责任的证明责任。①

在民事案件中,关于当事人之一是否犯有某一罪行的事实的证明也适用这一标准。在民事案件中,可能会提出当事人之一犯有某项罪行的主张。在 Hornal v. Neuberger Products, Ltd. 案件中,上诉法院认为,在民事诉讼中,当所犯罪行被提出后,该事实的证明需要达到优势盖然性。②

值得注意的是,"优势盖然性"证明标准可能随案件性质或者证明对象不同而存在量的变化,如罗纳德·沃克指出的:"实际上,现代的观点认为:该两条证明标准可能并不像人们通常说的存在根本的区别。例如,人们说,无论是民事还是刑事案件,法官和陪审团所关心的是:所证明的情况是否使之信服。如果所述主张性质严重,要使法官信服,自然要求更高的证明程度"③。机械、刻板地理解和运用这一证明标准是不足取的。

在我国,民事诉讼曾实行过事实清楚、证据确实充分的证明标准,对于民事诉讼来说,这个标准未免过高,最高人民法院《关于民事诉讼证据的若干规定》第 73 条将这个标准降低为"高度盖然性"(a strong probability)标准,该条的内容是"双方当事人对同一事实分别举出相反的证据,但都没有足够的依据否定对方证据的,人民法院应当结合案件情况,判断一方提供证据的证明力是否明显大于另一方提供证据的证明力,并对证明力较大的证据予以确认。"其第 2 款云:"因证据的证明力无法判断导致争议事实难以认定的,人民法院应当依据举证责任分配的规则作出裁判。"

从措辞上看,"一方提供证据的证明力是否明显大于另一方提供证据的证明力",关键在于"明显大于"一词,明显不同于"大于",也就是说,既称高度盖然性,就不同于优势盖然性(大于 50% 即属优势),比优势盖然性的要求来得更高。对于高度盖然性,有人称之为"高度盖然性占优势",将"高度盖然性"和"优势盖然性"杂糅在一起,实在令人啼笑皆非。

第三节 以主观的证明标准取代客观的证明标准?

所谓"真实"与否,离不开人的判断。我国的客观证明标准,只是从客观方面(事实、证据)来设定证明所要达到的程度(事实、证据在诉讼证明中的状态——清楚、确实、充分),在诉讼实践中,清楚、确实、充分都是主观对于客观的

---

① Rupert Cross, D. C. L. & Nancy Wilkins, *An Outline of the Law of Evidence*, Butterworths & Co. (Publishers) Ltd., 1964, p. 34.

② Ibid.

③ 〔英〕罗纳德·沃克著:《英国证据法概述》,王莹文、李浩译,西南政法学院诉讼法教研室 1983 年印制,第 77 页。

一种判断。诉讼证明过程既是一个提出证据、审查判断证据的客观活动过程,也是一个主观认识过程,事实、证据在诉讼证明中的状态在人的认识中必然会形成清楚与否、确实与否、充分与否等的认识。我国证据法学曾有的一大缺陷,是极力避免诉讼证明的主观认识活动的性质,"唯物"得有点偏执。实际上,对于证明标准,既可以在客观方面设定(如"犯罪事实清楚,证据确实充分"),也可以都在主观方面设定(如"内心确信""排除合理的怀疑")。在客观方面设定的证明标准与主观上相信的程度是相对应的,如"事实清楚、证据确实充分"相对应的主观认识程度应当是"确信无疑"。

我们不妨借用维辛斯基转述的葛拉泽尔的观点来认识这一问题:

> 法官所确定的(承认或确认)那个东西,应当符合于真实。但是为了做到这一点,就必须使法官本人确信案件情况的真实。法官在研究案件情况的时候,要得出对于事件的盖然性或确实性的程度的一种看法;这样法官才能认定这个情况是真实的(法官确信其真实),或是不真实的(法官确信其不真实)或是半信半疑的(法官怀疑)。①

正因为如此,大陆法系诸国的刑事诉讼虽然以实质真实作为基本主张,但并不排斥在主观方面设定证明标准——根据良心和理性达到的"内心确信"。

尽管维辛斯基措辞尖刻地批判"内心确信"证明标准及作为其基础的盖然性理论,强调客观真实的苏联证据法学仍然"把根据建立在综合考虑案件一切情况的基础上的内心确信规定为唯一的根据"。内心确信原则在"苏维埃法律上占支配地位"②,只不过,苏联的证据法学用"社会主义法律意识"置换了其他欧陆国家诉讼中的"良心"和"理性"——

> 判明实质真实内心确信这一过程是苏维埃审判程序的基本任务之一,是复杂的心理和理智活动的总结。这种活动形成了审判员确信其对于本案所作出的裁判是正确的,即形成所谓审判员的内心确信。③

维辛斯基对此的解释是:"把审判员主观主义与证据的客观主义对立起来,是不正确的,因为证据的客观属性只是借助审判员的主观领会,才可能认识。"④他还诠释说:"审判员,像领会周围事物、领会外界的每一个人一样,是依靠自己的体验来判断周围事物和外界,这种体验影响他的意志,决定他所作出的裁判,

---

① 〔苏〕安·扬·维辛斯基著:《苏维埃法律上的诉讼证据理论》,王之相译,法律出版社1957年版,第171页。
② 同上书,第196—197页。
③ 同上书,第211页。
④ 同上书,第253页。

决定他的确信('内心确信')的内容。"①

　　这至少给我们一个启发,坚持客观真实的基本主张,与确立"内心确信"或者"排除合理的怀疑"的主观证明标准并非两者不可得兼的关系;坚持客观真实的基本主张,不妨碍确立"内心确信"或者"排除合理的怀疑"的主观证明标准。换句话说,确立"内心确信"或者"排除合理的怀疑"的主观证明标准与"法律真实"与否并没有必然的联系。

　　值得玩味的是,我国诉讼法学者或者坚持"犯罪事实清楚,证据确实充分"这一客观标准,或者扬言以"排除合理的怀疑"作为我国刑事诉讼法定证明程度的要求,同样为主观标准的"内心确信"却受到冷落。其实"内心确信"无非是"排除合理的怀疑"的字眼更为乐观积极的说法而已。

　　笔者并不认为绝不能用"排除合理的怀疑"作为我国刑事诉讼的证明标准,也并不反对用"内心确信"作为我国刑事诉讼的证明标准。不过,有一些担心却不能不表达出来,那就是:要以"排除合理的怀疑"("内心确信"也是如此)取代"犯罪事实清楚,证据确实充分"这一在司法实践中应用多年、事实证明其行之有效的证明标准,不能不考虑到"排除合理的怀疑"标准本身的暧昧性("内心确信"也是如此)。

　　排除合理怀疑这类标准,很难量化,这一标准是否达到,需要由法官或陪审团在办理案件时根据自己"严肃而慎重的思考"加以确认。戈达德(Goddard)爵士在国王诉萨默斯(Summers)案中指出,陪审团应当被简单地告知,他们必须明白,证据应当使他们"在作出有罪判决时感到确信(sure)";必须清楚地告诉陪审团,尽管他们可能会想被告人可能是有罪的,只要对这一点抱有合理的怀疑,他们无论如何必须无罪开释他。"要求检察方面的证据达到这么高的证明标准是保护诉讼主体的人权所必需的。必须小心谨慎不去给一个无辜的人定罪。"②

　　我国一些学者,主张以"排除合理的怀疑"取代"犯罪事实清楚,证据确实充分"的理由是后者缺乏可操作性。事实上,"排除合理怀疑"是一个含义更为模糊的标准,英美国家的学者和法官都不能给出一个清晰的界定,因为排除合理的怀疑不过是一种心理状态,这一标准是否达到需要由法官或陪审团在办理案件时根据自己"严肃而慎重的思考"加以确认。这实际上是在一些概括的原则下,将对案件判定的标准交给陪审团去实际把握。值得注意的是,陪审团受到告诫,他们应当认识到自己肩负的责任,忠实地履行自己的义务,既包括对于公众的责

---

① 〔苏〕安·扬·维辛斯基著:《苏维埃法律上的诉讼证据理论》,王之相译,法律出版社1957年版,第255页。
② Rupert Cross, D. C. L. & Nancy Wilkins, *An Outline of the Law of Evidence*, Butterworths & Co. (Publishers) Ltd., 1964, p.33.

任,也包括对于被告人的责任,这可以说是陪审团对案件进行正确判断的心理前提。我国《刑事诉讼法》第53条第2款将第(3)项规定"证据确实、充分"应当符合的条件之一是"综合全案证据,对所认定事实已排除合理怀疑"。这里引人注目地将"排除合理怀疑"纳入我国刑事证据制度。这一规定并不意味着用"排除合理怀疑"的主观证明标准取代"犯罪事实清楚,证据确实、充分"的客观证明标准,也就是说,我国刑事证明标准仍然是"犯罪事实清楚,证据确实、充分","排除合理怀疑"只是判断是否达到"犯罪事实清楚,证据确实、充分"的心理指标。

第四节 "客观真实"与"法律真实"

法律真实论与客观真实论的学术争议,使证据法学研究长期忽视的认识论重新受到关注,各执一说的学者从认识论纷繁复杂的学说中寻找各自持以为论的依据,人们由此深化了对于诉讼认识的理解,这无疑是这场争议的积极效果。但证据法学是如此切近实践的学科,它的研究上的每一个进展,都不可避免对司法实践产生显著的影响。令人忧虑的是,**法律真实论对司法者追求案件真相的内在动力产生了一定的消解作用**,这也许是法律真实的主张者也不愿看到的。

一、"法律真实"的模糊性及其与客观真实的真正分歧

客观真实、实质真实都是对事实真相的表述。[①] 事实上,这一提法与实质真实(或者客观真实)并用,它与实质真实的指向是共同的,都指称案件的真相。葛拉泽尔在其所著的《刑事诉讼手册》中说得明白:

> 法官论证自己裁判所根据的情况必须是真实的。这种真实不应当是形式的(formell),就是说一方面这种真实不应基于双方面当事人实际上所作的任意承认,或者法律本身根据一定行为所假定的(直接或间接,积极或消极意义的)任意承认,另一方面这种真实的意义不应限于这一刑事案件的任务(主客的真实[②]),而这种真实应当是客观的、实质的、具有普遍意义的。[③]

客观真实强调的是,"事实真相"不以人的意志为转移的客观实在的性质;**实质真实强调的是实质意义上的"事实真相"而不是形式意义上的"事实真相"**

[①] 在大陆法系国家的诉讼证据制度中,刑事诉讼实行实质真实发现主义,民事诉讼实行形式真实发现主义。苏联和受苏联证据法学影响的东欧和中国等社会主义国家则往往使用"客观真实"以取代"主观真实",以彰显其唯物主义的立场。

[②] 原译文如此。

[③] 转引自〔苏〕安·扬·维辛斯基著:《苏维埃法律上的诉讼证据理论》,王之相译,法律出版社1957年版,第171页。

(形式上是"真实"的,不意味着实质上也是真实的)。虽然两者的文字表述各有侧重,但指向并无区别,同是案件发生的本原事实。

与客观真实相对立的应当是主观真实,与实质真实相对立的应当是形式真实。值得注意的是,与客观真实展开论战的,并非主观真实,也不是形式真实,而是"法律真实"。这种捉对厮杀多少令人有点关公战秦琼的感觉。

不过,法律真实与客观真实(或者实质真实)之争可谓历史悠久,早在1905年一位俄国法学家米哈依洛夫斯基就曾提出:"任何审判包括刑事审判的任务,应当不是追求发现绝对的实质的真实,而是追求法律上的真实"①。这位法学家受到赫利(Hélie)等人的影响,赫利曾提出:刑事诉讼的目的就是判明作为基本诉讼保障的法律上的真实。②

细心的解读者不难发现,**法律真实的主张从它娩出之日起,其含义就是暧昧的**。有人说,法律真实就是达到法律所规定的那种真实的程度——"所谓法律真实是指公检法机关在刑事诉讼证明的过程中,运用证据对案件事实的认定应当符合刑事实体法和程序法的规定,应当达到从法律上的角度认为是真实的程度"③。或者,"所谓'法律真实',是说司法活动中人们对案件事实的认识符合法律所规定或认可的真实,是法律意义上的真实,是在具体案件中达到法律标准的真实。"④早有论者提出,若按此种观点,法律真实就是法律规定的真实,这"使'法律真实'这个概念显得极为模糊,应是不争的事实"⑤。按照"法律真实"的界说,"古代的'神明裁判'是一种真实;曾经在中世纪欧洲大陆国家盛行的'法定证据'也是一种法律真实;在当今西方国家占主导地位的'自由心证'仍然是一种法律真实"⑥。同样,"犯罪事实清楚,证据确实充分"也是一种法律真实,举凡法定的真实标准就无一不意味着"法律真实"了。有人甚至将"犯罪事实清楚,证据确实充分"这一证明标准的具体指标也看成了"法律真实":

> "客观真实"的标准如果是指"犯罪事实清楚,证据确实充分",而这实际又是指"据以定案的证据均已查证属实;案件事实均有必要的证据予以

---

① 〔俄〕米哈依洛夫斯基著:《刑事法院组织的基本原则》,托姆斯克1905年版,第93页。转引自〔苏〕安·扬·维辛斯基著:《苏维埃法律上的诉讼证据理论》,王之相译,法律出版社1957年版,第253页。
② 转引自〔苏〕安·扬·维辛斯基著:《苏维埃法律上的诉讼证据理论》,王之相译,法律出版社1957年版,第253页。
③ 樊崇义:《客观真实管见》,载《中国法学》2000年第1期。
④ 何家弘:《论司法证明的目的和标准——兼论司法证明的基本概念和范畴》,载《法学研究》2001年第6期。
⑤ 王敏远:《一个谬误、两句废话、三种学说》,载王敏远编:《公法》第四卷,法律出版社2003年版,第222页。
⑥ 何家弘:《论司法证明的目的和标准——兼论司法证明的基本概念和范畴》,载《法学研究》2001年第6期。

证实;证据之间、证据与案件事实之间的矛盾得到合理排除;得出的结论是唯一的,排除了其他可能性",那么,这就不再是客观真实的标准了。①

然而,"犯罪事实清楚,证据确实充分"明明是被称为"客观真实"的标准,这项标准明明又是指"据以定案的证据均已查证属实;案件事实均有必要的证据予以证实;证据之间、证据与案件事实之间的矛盾得到合理排除;得出的结论是唯一的,排除了其他可能性",这久已经被认为"客观真实"的标准,怎么"就不再是客观真实的标准了"呢?那么,客观真实又是什么标准呢?在我国刑事诉讼法实行过不是"犯罪事实清楚,证据确实充分"的"客观真实"标准吗?如果"犯罪事实清楚,证据确实充分"不是"客观真实"标准而是"法律真实"标准,则我国已经在实行"法律真实"标准,法律真实论者还争什么呢?这种观点会引发一系列的疑问。

这说明,不但"法律真实"没有得到明晰的界定,而且一些学者看"客观真实"时也是视线模糊的。同样,它也说明,法律真实要想有自己的清晰主张,有必要亮出易于识别的旗号,表明自己与客观真实的真正分野在哪里。

在对客观真实展开攻击时,法律真实的主张者抓住十几年前乃至更早期的客观真实论者受当时认识水平以及学术风气影响而形成的某些极端化的表述②,并充满想象地将客观真实论没有的主张加于其上进而加以攻击,强调两者的分歧。事实上,**从法律真实论者的诸多论说的内容看,在如下事项中,两者并不存在真正的分歧:**

1. **法律真实论与客观真实论均承认在诉讼认识中存在一个前提,即作为裁判对象的案件本原事实,也都承认案件本原事实是外在于裁判者、不以其意志为转移的客观存在**(也就是说,案件事实确已发生,曾经实际存在,不是人们主观臆想、面壁虚构的);

2. **法律真实论与客观真实论都属于认识的客观主义流派**。认识的客观主义,主张认识的真实性是被超越理智以外的对象自身所规定;判断的真实即是判断与它以外的事物的相合性。**法律真实论与客观真实论都承认自己所主张的真实乃是由判断的对象所规定的**,只不过,客观真实论主张的真实被认为是由案件的本原事实决定的,所谓"真实"是指裁判认定的事实与案件本原事实的相合性。法律真实论认为自己主张的真实是由诉讼证据所规定的,所谓"真实"是指裁判认定的事实与诉讼证据展示的事实的相合性。不过,这种区别是表面的,客观真实也需要以诉讼证据加以判断,在这一点上两者也不存在分歧。

---

① 王敏远:《一个谬误、两句废话、三种学说》,载王敏远编:《公法》第四卷,法律出版社2003年版,第222页。

② 主要见于巫宇苏、陈一云等主编的早期证据学教材。

3. 法律真实论与客观真实论均主张证据裁判主义。客观真实论认为这些证据既要与案件事实相关,也要如实反映案件事实情况。法律真实论者虽然注重证据,却往往回避证据的确实性问题,不知道在法律真实论者那里证据还要不要确实,如果要的话,这种确实是"法律"意义上的确实还是客观意义的确实。是否只要在法律形式上是"确实"的,就对该证据加以采信,而不顾及这种确实是否具有实质性? 如果答案是否定的,法律真实论与客观真实论在这个问题上又有何区别呢?

4. 裁判者认定的事实并不是案件的全部事实,只是由法律剪裁过的有裁判意义的事实,在刑事诉讼中主要表现为定罪量刑所必需的事实。法律真实论者攻击客观真实论的一大理由是客观真实论追求的是案件事无巨细全部事实都要一一查清。实际上,客观真实论者并没有主张案件本原事实的细枝末节都要一一查清,这并不是在法律真实论的挑战之下将自己的观点修正的结果,事实上,早在法律真实说尚未有人主张之时,客观真实论者就指出,案件事实的所有细节都一一查清楚既无必要亦无可能,其代表人物严端教授曾以一人捅了另一人37刀为例,认为不需要将这37刀逐一查到精确程度。

5. 客观真实论者并不是程序虚无主义者,也从未主张要不择手段地追求案件真相的发现。1979年的《刑事诉讼法》强调遵守诉讼程序的程序合法性原则,明确规定"严禁刑讯逼供",这些原则、规定以及相应的程序设计虽然很粗陋,但清楚地表明客观真实论者同样是程序合法性的积极主张者。至于此后对诉讼程序加以完善的努力中,客观真实论者也多有大力推动程序正义的实现者,也不乏为维护正当程序而不惜牺牲客观真实的主张者。至于在刑事司法实践中公安司法人员不择手段地寻找案件真相的行为,其原因之一固然是存在着急切寻求事实真相的动机,然而更主要的原因却在于保障严格遵守诉讼程序的程序性制裁制度的缺失和执法理念的落后,后一原因倘若不予以消除,则法律真实大行其市之时,公安司法人员违法取证等不遵守诉讼程序的现象仍将存在,而且同样难以遏制,除非他们懈怠着不努力收集用以定案的证据。法律真实论过分夸大了程序合法性在判决可接受性上的重要性,将这种重要性绝对化,其结果是难以理解有些国家在决定取舍非法证据上的斟酌态度,以非法方法取得的证据不是绝对排除于诉讼之外,也有可能成为认定案件事实的依据(我国不是也有包括法律真实论者在内的许多人主张对于非法取得的实物证据要相对排除而不是绝对排除吗?)。

6. 客观真实论并不否认裁判错误的可能性,这一点与法律真实论也没有差异。客观真实是一项标准,如果达到了这一标准,当然不存在裁判错误的可能性,问题在于,裁判者对于自己作出的裁判所依据的证明程度是否达到了"犯罪事实清楚,证据确实充分"的标准,有时却不免存在认识上的错误,裁判者自以为达到了这一标准,事实上可能没有达到这一标准,所以在"犯罪事实清楚,证据确实充分"的标准下当然存在裁判错误的可能性。**法律真实论者抨击客观真实论者不承认所谓"可错性"(又称"可谬性",其含义是"发生错误的可能性"①),乃出于一种误解或者曲解。**试想:若客观真实论者不承认存在裁判错误的可能性,何以当初赋予人民检察院在认为"确有错误"的情况下提起抗诉的权力,何以建立审级制度和审判监督程序以实现"有错必纠"的司法理想? 如果说,在裁判错误的可能性上,客观真实论者认为只要符合自己提出的实现正确裁判的若干条件,应当能够避免裁判错误,这不免显得有些浪漫主义的色彩的话,更值得警惕的倒是法律真实论者夸大裁判错误的可能性,认为所有裁判都可能是错误的,裁判者即使作出裁判也不能知道自己的裁判是否符合案件的真相,这就无所谓实体正义了。实体正义被虚化的结果,是为实质上的不正义找到遁词。还需要指出:"在调查真实情况中可能存在的错误,并不等于说没有可能在真实的真正意义上去认识真实。"②

7. 法律真实论与客观真实论均认为发现案件的真相是诉讼的终极目标,他们的区别仅在于法律真实论认为客观真实只是理想的目标,难以实现;客观真实论则认为这个目标乃现实目标,只要按照一定的规律和规则行动,一般是能够达成这一目标。

上述诸项并非法律真实论与客观真实论的真正分野,实际上,从法律真实论者充满兴奋、激情的不断言说中,我们看到**法律真实论与客观真实论真正的分歧在以下几个方面:**

1. 案件的本原事实(真相)能否被发现? 客观真实论者是乐观主义者,认为符合一定条件(诸如证据得以及时、全面收集,证据是确实的并达到充分的程度,裁判者有着健全的判断力并且耐心、细致、负责地进行判断,等等),案件的客观真实(即本原事实或曰真相)是能够被发现的。法律真实论者是悲观主义者,往往倾向于认为案件的客观真实不能被发现或者难以被发现,裁判中能保证的只是法律上的真实(有论者含糊其辞地宣称裁判中是能够发现高度真实的,此种高度真实不知是客观意义上的高度真实,还是"法律"意义上的高度真实呢)。实际情况是,不是所有的案件都能够发现案件的真相,否则就不必进行破案率的统计了,也不必承认错案的存在了;但也不是所有的案件都不能发现案件的真相,否则还有必要进行所谓深入调查、揭示真相吗? 全称的肯定或者否定的

---

① 本人颇不喜欢"可错性"或者"可谬性"的提法,因为这个词容易产生歧义,似乎它的意思是"可以发生错误",仿佛错得理直气壮。实际上,发生错误是否"可以",要看裁判者是否存在懈怠、疏忽之类过错。

② 〔苏〕安·扬·维辛斯基著:《苏维埃法律上的诉讼证据理论》,王之相译,法律出版社 1957 年版,第 237 页。

判断都是错误的,一部分案件(多部分也好,少部分也好)能够(或者不能够)发现真相不能用来推导出所有的案件都能够(或者不能够)发现真相的结论,这才是一种客观的态度。

2. **裁判者能否知道自己的裁判是否符合案件的本原事实(真相)?** 客观真实论者强调,裁判者对于非亲历的案件事实,一般情况下能够知道自己裁判的正确性;但有些案件,法官尽管作出裁判时确信自己裁判是正确的,后来发现当初的确信是错误的,这种正确与错误是能够得到客观验证的(如以新发现的事实和证据加以验证),因此一旦发现是错案,裁判者一般总能认识到错在哪里。相反,法律真实论者强调,裁判者对于非亲历的案件事实即使作出正确的判断,也无从知道自己裁判的正确性,这就造成了一种自相矛盾的观点:既然我们不知道一桩案件的一个裁判是正确的,也就无从知道该案件的另一个判决是错误的,那么怎能作出某一案件是错案的判断呢?又怎么能用后一个同样不知道是否符合真相的判决去推翻前一个不知道是否符合真相的判决呢?

3. **是否应当以主观证明标准去取代客观证明标准?** 如前文所述,当代各国刑事诉讼,其证明标准可以区分为主观标准和客观标准两类。主观标准又分为积极的、肯定的主观标准,如法国的"内心确信";消极的、否定的证明标准,如英美国家的"排除合理怀疑"。客观标准如我国的"犯罪事实清楚,证据确实充分"。法律真实论者主张以主观标准"排除合理怀疑"取代客观标准,理由是:客观标准太高,不具有可操作性。

4. **证明程度上的区别。**一般认为,客观真实的标准高于法律真实的标准。

这些分歧,是客观真实论与法律真实论的本质上的差异,要在这场证明标准讨论中解纷止争,不深入剖析上述四个问题,显然是不行的。

诉讼追求的理想状态,是发现案件真实并在此基础上正确适用法律作出公正的裁判,但在证明标准的设定者、解释者、执行者中,对于能否发现案件真实和是否应当务必发现案件真实的看法并不一致,直接影响到证明标准的设定、解释、执行。

二、客观真实、法律真实:主义之争,非标准之争

尽管客观真实、法律真实被当做证明标准讨论的两个标签,事实上,**客观真实、法律真实与其说是一项证明标准,不如说是刑事诉讼的一种基本主张**,即旧时诉讼法学者所称的"主义"。

陆尔奎等人称"主义"为"所主张学说上之根本标准,而以之为宗旨者"[①]。在当代,"主义"一词的意思是"对客观世界、社会生活以及学术问题等所持有的

[①] 陆尔奎等编著:《辞源》,商务印书馆1915年版,第83页。

系统的理论和主张"①。还有学者认为,主义乃是"对于事物或原理的基本主张。尤其指对政治组织、经济问题、社会目标、道德价值、学术研究等等的基本理论与根本宗旨"②。法学所称之"主义",意思是对于立法和司法的"基本主张",或曰"根本宗旨"。

在诉讼法和证据法领域,有实质真实发现主义和形式真实发现主义之分。实质真实、形式真实都不是具体的证明标准,而是两种关于诉讼的基本主张(即"主义")。那就是:作为诉讼的一个总体思路,是"务期发现实质上之真实"还是仅以发现形式上的真实为满足。

客观真实、法律真实同样也不是具体的证明标准。就客观真实来说,在我国刑事诉讼法中,体现这一基本主张的具体证明标准是"犯罪事实清楚,证据确实充分",客观真实本身是做不得标准的。有人认为,客观真实作为证明标准就是将客观真实(案件的本原事实)作为标准来检验判断(认识)的正确与否的依据,就像实践作为检验真理的标准一样。但案件本原事实一旦发生就归于消灭,怎么能够用业已消灭了的事实来检验时过境迁之后对原来发生过的事实的判断呢?事实上,客观真实的证明标准所要求的裁判者的认识应符合案件实际情况,并不意味着用案件的本原事实(它是方生即死的,正如音乐一样)作为尺度来检验裁判者的判断是否正确。客观真实的标准是"犯罪事实清楚,证据确实、充分",应从四个方面把握这一标准,即(1)每一定案的证据都应当查证属实;(2)每一认定的事实、情节都应当有证据加以证明;(3)证据与证据之间、证据与案件事实之间不存在矛盾或者矛盾得以合理排除;(4)由证据得出的结论是唯一的,排除其他可能性。分析判断是否符合事实,根据的乃是这四项具体标准,而不是已经过去的"客观事实"。应当指出,案件本原事实在诉讼中一般是通过裁判者与判断对象(案件真相)之间的媒介物——证据——加以呈现的。证据为真,则事实为真。人类为确保发现案件真相、排除虚伪证据积累了不少经验(有的还体现为诉讼程序要求和诉讼技术方法),尽管这些经验不足以使所有的案件都水落石出,但至少能够使一部分案件被查明真相,使犯罪人无所遁形。法律真实论者将"客观真实"误解或者曲解为一种"检验标准"或者"对比物",并且抓住案件本原事实已经消灭这一事实,得出结论说"客观真实"作为证明的标准是不中用的。这实际上是把一种对于诉讼的基本主张当做具体的证明标准了。这里有必要强调,要考察客观真实的证明标准是否可行,用来审视的只能是"犯罪事实清楚,证据确实充分"这一具体标准。

---

① 中国社会科学院语言研究所词典编辑室编:《现代汉语词典》,商务印书馆 2005 年修订第 5 版,第 1780 页。
② 大辞典编纂委员会编:《大辞典》(上册),三民书局 1985 年版,第 118 页。

法律真实的论者起初并没有提出明确的证明标准,随着学术讨论的展开,有论者提出以"排除合理怀疑"来取代"犯罪事实清楚,证据确实充分"的标准,但"排除合理怀疑"怎么就成了法律真实的证明标准,却令人感到困惑。

事实上,客观真实、法律真实是所谓"主义"而非证明标准。**客观真实、法律真实之争,最终应归结到刑事诉讼中要不要力求真相的基本主张,这是宏观的、总领诉讼全局的基本立足点**。在这些主张中,注重发现案件真相的,并且认为这种真实乃是客观的而非主观臆造的,就是客观真实主义。反对客观真实,似乎就应当拥护主观真实,但由于主观真实的名声不佳,并且主张者强调法律形式的完善性,认为只要满足了形式上的要求(例如,证据具有可采性、诉讼程序合法、证据规则得到了恰当遵守等),无论得出什么结论,都视为真实,主张者遂将这种真实称为"法律真实"。显然,法律真实并不意味着在实质上是真实的,法律真实论者引以为豪的正是"法律真实的概念本身就隐含着误差的可能性",更明白点说,"法律真实是法律认可的真实,其中既包含有符合客观实际情况的内容,也可能包含有不符合客观实际情况的内容。众所周知,法官认定案件事实离不开证据,但证据中存储的与案件事实有关的信息并不等于客观存在的案件事实。……法律真实就是建立在这种证据基础之上的真实"①。所以,它实际上就是形式真实,尽管法律真实论者既不承认自己主张的是形式真实,也不承认是主观真实。

第五节 证明标准涉及的两大基本问题

安·比尔斯讲过这样一个笑话:

> 一个有钱的寡妇要一个画家为她已故的丈夫画一幅肖像。
> "好的",画家说,"您有他的照片吗?"
> "唉,没有。我正是因为没有照片才请您画一幅肖像的。"
> "那么,太太,我没有照片怎么画肖像呢?"
> "你怎么去画与我不相干,这是你的事。至于我,我只能告诉你:他的眼睛是灰色的,头发是黑色的,嘴上有一撮小胡子,而且整天微笑着。"
> "好吧!"画家说。
> 一个月后,他来到这个寡妇家,把画成的肖像拿出来放在壁龛上。这个寡妇注视了片刻之后惊叫道:"哦,他的变化可真大啊!"②

---

① 何家弘:《论司法证明的目的和标准——兼论司法证明的基本概念和范畴》,载《法学研究》2001年第6期。
② 安·比尔斯著:《魔鬼幽默》,莫非编译,中国盲文出版社2002年版,第31页。

对于一位画家来说，他没有亲眼见过这位有钱的寡妇已故的丈夫，只能根据她简单的语言描述来画她丈夫的肖像，画得自然走形。这位画家类似于法官，有钱寡妇就像诉讼当事人，她对已故丈夫的描述就像对过去发生的案件事实的证明，法官对案件事实的判决就是那幅肖像。法官既然是将判断建立在当事人提供的证据上的，对事实的认定有所偏差也就不值得大惊小怪了。

不过，不少当事人、证人是目击案发经过的，法官对案件事实作出判断，当事人也对法官作出判断，如果法官认定的案件事实使当事人惊讶"它的变化可真大啊！"或者甚至于南辕北辙，这种法官可能就会受到来自当事人的"藐视"，也许还不止这些。

对于这样一个幽默故事，不同的人也许有不同的解读，例如，有人会这样理解：案件发生时，法官没有亲临现场，他的判断只能建立在证据的基础上，无法真正发现案件的客观真实；即使他对事实的认定符合客观真实，作为法官来说，也无从知道，只有上帝才知道。有论者更进一步阐发：既然客观真实不能发现，就让程序来得公正些，由公正的程序得出什么结论都应当被认为是合理的、正当的，具有"合理的可接受性"。

这就引出了有关证据法的两大基本问题：人们（包括法官）能够发现客观真实吗？是否应当务必发现案件客观真实？要回答这个问题，我们最好把"客观真实"这个带有哲学色彩的词替换为我们更容易理解的"真相"。"客观真实"不过是"真相"的另一种说法，但却成了理解上述两个问题的语言障碍。

一、诉讼中能否发现案件真相

案件本原事实一旦发生，即归于消灭，并不意味着发生过了的事实如春梦秋云般寻索无迹。事实发生后或者为人所感知，或者在痕迹物品上留下发生了什么的信息，收集这些信息，并通过人的理性判断，"复原"已经发生并归于消灭的事实并非不可能。

法官是通过证据这一媒介来认识案件本原事实的，要判断认识者通过证据建立起来的事实是否符合案件本原事实，人们并不是用本原事实来判断法官认定事实是否与之符合，即使目击了案件本原事实的人也只是将法官认定的事实与自己头脑中对案件的记忆加以对比作出判断的。

要认定案件事实，对于证据是可以有标准的，对于认定事实也是有标准的。为证据设定的标准是"确实、充分"，为事实设定的标准是"清楚"（涉及"五何"或曰"五 W"的事实要素清楚）。**我们判断认定事实是否符合事实真相，实际依靠的是对证据和事实的确实性、充分性以及是否清楚作为标准。证据如果是确实的，是有可能"复原"案件本原事实的，即使法官认定的事实符合案件的本原事实，达到所发现的是案件的"客观真实"。**为达到此一目的，重要的是，要将虚假证据排除在外,避免这些证据上的虚假信息误导法官作出错误判断。

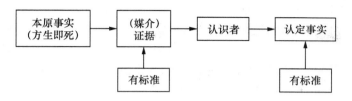

　　人们要处理案件,重要的是要对已经发生过的外界事物作出正确的认定。一项证明标准的设定不能回避的一个问题是,人们对于案件事实的认识能否达到确实的程度?换句话说,我们对于案件事实的判断能否达到与案件真相即客观实际情况(客观真实或曰实质真实)相符合的程度?

　　激进的怀疑论者认为"任何事物都是不可认识的,因此应该避免任何的判断,这样我们才能在任何情况下保持心境的平和状态"①。这是彼鲁(Pyrrho,公元前270年)等人的主张。近代思想家休谟也是怀疑论者,他认为"人类的认识根本不外是感觉影像,而思想不过是些渺茫的、复杂的影像而已"。人类原本没有什么客观的认识。②

　　在英美国家,不列颠经验主义的观点影响深远,它对事物所抱有的怀疑论的观点对于诉讼证明的影响也显而易见。经验主义与理性主义相对称,曾几乎皆为英美学者所主张。培根、洛克、柏克莱、休谟、密尔、詹姆士等都是这一派的重要人物。其中,詹姆士自称其认识论观点为"彻底的经验论"(或曰"极端的经验论")。③ 有学者指出,不可知论是经验论的别称。④

　　对于经验主义和怀疑论,我们不妨以洛克、柏克莱、休谟、斯宾塞、罗素等人的认识论观点来管窥一斑。

　　洛克等人的认识论是与理性主义相对的。理性主义者对于人终将获得完整的知识抱有乐观的设想,洛克对于这一设想不以为然,他认为,心灵和我们所能进行的那种探索,都有局限性。在认识问题上,他强调感觉—经验的因素,严格地把知识放在经验的基础上。"心灵起初犹如一张白纸,使它具有思想内容的是经验。"⑤坎宁亨指出:"一切观念的来源都由于经验;经验的本质一方面是感觉(即今人所谓知觉);一方面是反省(即现今所谓内省),故一切观念皆由于感觉,或由于反省,或由于双方拼合而来。这便是洛克对于观念起源的问题的解

---

① 宋熙著:《认识论》,商务印书馆1948年版,第146页。
② 同上。
③ 瞿世英著:《西洋哲学的发展》,神州国光社1930年版,第262页。
④ 葛名中著:《科学的哲学》,生活书店1948年版,第49页。
⑤ [英]罗素著:《西方的智慧》,马家驹等译,世界知识出版社1992年版,第285页。

答。"①洛克认为："因为人心一切的思维，一切的推理，都以观念为唯一直接的对象，我们的知识显然亦必只能往来于观念之中。所以知识似乎便只在于知觉这些观念的调协或不调协，适合或不适合的关系。这种知觉便是知识。有了这种知觉，便有了知识；没有这种知觉，就任我们怎样会幻想、猜测或信仰，也仍然不会有知识可言的。"②坎宁亨提醒说："我们须注意这里洛克所谓知觉，与今人所谓辨别或判断同义，不明乎此，则不能了解洛克知识的定义。"③

洛克之后，柏克莱继续发展了这样的认识论观点，柏克莱并不否认外界事物的存在，他指出："我用我的眼睛所看见的和用我的手所接触的事物是存在的，关于这一点我绝不怀疑"④。罗素指出："柏克莱哲学的基本论点是，说某些事物存在，等于说它被感知。"⑤他认为事物的存在是我们的经验或认识构成的，我们的经验与认识的来源则归结于不可知的上帝。⑥ 当初洛克把观念与"所对"或客体区别开来，观念只不过是象征、符号。柏克莱强调的是我们所能知道的，只是观念。"假如我们将这种分别推到极处，不但我们不能分别真伪，更永久不能对于客体有真的了解。"⑦

休谟的出发点与柏克莱相同，他认为，一切经验，无论是在感觉中还是在想象中的，都称为感知。经验是由一串感知所组成的。理念是印象的暗淡拷贝，不管我们在思维中能给自己勾画出什么东西，它就是一种可能的经验对象，不能被想象的同样是不能被经验的。不仅如此，休谟还否认事物存在内部联系。"理性主义者认为事物之间有着紧密的联系，并且坚持说这些联系是可知的。反之，休谟否认这样的联系，甚至说，即使有，我们也永远无从认知他们。我们能够认知的一切，不过是成串的印象或理念，因此去考虑是否有别的更深的联系，都是枉费心机。"⑧理性主义者认为，原因与结果之间存在的联系是事物本性中的某种内在属性。"一切现象一定是其所以是，虽然人们常常认为只有上帝才能达

---

① G. Watts Cunningham:《哲学大纲》,庆泽彭译,世界书局1933年版,第68页。
② 〔英〕洛克著：《人类理智论》第四卷第一章第一至二节。转引自 G. Watts Cunningham,《哲学大纲》,庆泽彭译,世界书局1933年版,第69页。
③ G. Watts Cunningham:《哲学大纲》,庆泽彭译,世界书局1933年版,第69页。
④ 〔英〕柏克莱(旧译"贝克莱")著：《论人类知识之原理》,远志明译,转引自葛名中著：《科学的哲学》,生活书店1948年版,第49页。我国学者葛名中反驳不可知论,曾指出："正因为我们不但能正确地认识物自体的现象,而且能把握他们的本质,所以我们不但能知道蛋白质的结构,我们还能在实验室中去制造它。我们并不为煤油焦油黑丑污浊的形象所欺骗,我们还能从它们里面提出许多有用的物质,做成无数美丽的染料和其他物品。海王星、冥王星在它们没有直接给我们认识以前,科学家便早预见了它们的存在。门得莱夫(Mendelejef)根据周期律,预言了许多未知的元素,并且指明他们的性状,结果都一一实现"。
⑤ 〔英〕罗素著：《西方的智慧》,马家驹等译,世界知识出版社1992年版,第292页。
⑥ 葛名中著：《科学的哲学》,生活书店1948年版,第49页。
⑦ 瞿世英著：《西洋哲学的发展》,神州国光社1930年版,第263—264页。
⑧ 〔英〕罗素著：《西方的智慧》,马家驹等译,世界知识出版社1992年版,第299页。

到这样的想象力。"①休谟则认为,这样一些因果关系,是不可知的。因果关系只是两个已知种类的对象在感性知觉中的经常衔接形成的心灵的一个习惯。

斯宾塞断言,宇宙是一个难以想象的事物。按照斯宾塞的观点:"……一切宇宙起原(源)说无不驱迫我们入种种不可思议。无神论者试想起一个自存的世界,无来因也无原始;但无始无因的东西我们不能设想的。有神论者仅仅把这重困难退后一步;神学家说'神造世界',小孩子就会对他提出这个难答的问题,'谁造神呢?'一切宗教上究竟的观念在逻辑上总是不可思议的。"同样,"一切科学上究竟的观念也同等的超出合理的设想。"例如,物质可以分为原子,原子还可以继续分下去,于是人们被逼到一个两难论上去——物质具有无限可分性,这是不可思议的;物质的可分性是有限的,这同样是不可思议的。另外,心理学中的心与意识,疑团更大。所以,斯宾塞得出结论说:"科学上终极的观念都是指种种不可思议的东西……科学家的探究在任何方面总碰到一个不可解的哑谜;并且他越到后来越明白这个哑谜是不可解的,他马上悟到人类理知大到怎样,小到怎样——它有力处理经验范围以内的一切,对超越经验的一切就无能为力了。他比别人格外真'知道'任何事物在其究竟的本性上是不可知的。"是故,威尔·杜兰提到:"唯一老实的哲学,用贺胥黎的话头来说,就是不可知论(agnosticism)。"②要找到之所以不可知的原因,也许一句话就足够了,那就是:"这些障蔽的共同原因就在一切知识的相对性"③。

威尔·杜兰在评论斯宾塞的不可知论观点时指出:"我们可以诚心地承认也许人类的认识是有限制的;我们不能够完全测度实有之大海,那个大海呀,我们仅为上面一个转瞬即逝的微波而已。然而我们决不宜在这个题目上加以独断,因为照严格的逻辑,肯定什么事物是不可知的,这句话意中早含对该事物有所知了。"④

罗素在评论休谟认识论观点的时候说:"尽管我们所面临的各种经常而有规律的衔接如此之多,我们从来不能说必然性的印象已经在一连串印象之外意外地发生。因此,应该有一个必然性的理念是不可能……我们习惯于凭经验发觉结果是由其各种原因产生的,以致终于误以为一定如此。"⑤他进而指出,显

---

① 〔英〕罗素著:《西方的智慧》,马家驹等译,世界知识出版社1992年版,第301—302页。
② 〔美〕威尔·杜兰著:《古今大哲学家之生活与思想》,杨荫鸿、杨荫渭译,1930年上海出版,第558—559页。
③ 同上书,第559页。
④ 同上书,第598页。
⑤ 尽管如此,罗素承认:"……把理性主义学说一笔抹杀,也许多少有些过分。理性主义更好地描述了科学家事实上的确在做的事,正如我们谈论斯宾诺莎时看到的那样。科学的目的是要用演绎的体系来展示因果关系,在这体系里原因引出了结果,犹如一个正确论证的结论导致它的前提,这样的事是有其必然性的。"同时他又说:"休谟的批判就其本身前提而言,仍然正确。对待这些,我们应该保持一种探索的或怀疑的态度。"(〔英〕罗素著:《西方的智慧》,马家驹等译,世界知识出版社1992年版,第305页。)

然,"休谟认识论的结果是一种怀疑论的立场……怀疑论者一词一定不要按照迄今已有的通俗意义来理解,这个意义意味着某种长期的犹豫不决。希腊文原意只是指一个谨慎地从事探索的人。体系创造者认为已经取得答案的地方,怀疑论者则不那么肯定并且继续留心着。随着时间的推移,使他们出名的是他们缺乏信心,而不是使他们的名字增光添彩的继续研究。休谟的哲学是在这个意义上称为怀疑论的。因为他像怀疑论者那样,得出了这个结论:在日常生活中我们认为当然的某些事物,无论如何不能予以辨明。"不过,这并不意味着"怀疑论者对他日常生活中面临的现实问题是不能拿定主意的",休谟本人否认他是"那种怀疑论者中的一员——那些怀疑论者认为一切都不确定,我们的判断反正都不具有任何一点真实性或虚假性"。①

罗素曾经指出,罗织锻炼、入人于罪的人,"通常总要费尽一切的可能的努力来文饰掩盖,以期不致把这个冤狱的真相暴露于人世;倘若这些文饰掩盖的努力竟然失败了,这法庭便一定不免受尽人民的诟骂。这种文饰掩盖的努力就足以证明连那些警察也深信在一件审理罪案的事例中,确然有客观的真理存在着"②。如果案件真相是不能发现的,这些心怀鬼胎的人又何必费尽心机地努力来文饰掩盖呢?这种文饰掩盖又怎么可能暴露于人世呢?罗素还曾指出:

"我们绝不能够真确判断我们没有亲知的东西存在。"这决不是一个自明真理,相反的,是一个明显的假话。我没有荣幸亲知中国的皇帝,但是我真确判断他存在。也许可以说,当然,我判断这是因为别人的亲知他。然而,这会是一个不相干的反驳,因为,如果这原理是真的,则我无法知道任何别人亲知他。但是再说:没有理由我不会知道一些没有人知道的东西的存在。

如果我们亲知一个存在的东西,我的亲知提供我它存在的知识。但是反之,并不真的,每当我能够知道一个某种类的东西存在时,我或某一别人必定亲知该东西。在我没有亲知而有真判断的场合,发生的是,该东西由描述(description)为我所知道,而且藉某种一般原理,一个满足这个东西的存在,可以从一些我亲知的东西的存在推得。为充分了解这点,最好先处理亲知得的知识(knowledge by acquaintance)与由描述得的知识(knowledge by description)的不同,然后讨论,如果有一般性原理的知识的话,那些这种知识具有和我们对我们自身经验的存在的知识,相同种的确定性。③

尽管罗素是怀疑论者(详见下文),但却是理性的怀疑论者。英国哲学家

---

① 〔英〕罗素著:《西方的智慧》,马家驹等译,世界知识出版社1992年版,第304页。
② 〔英〕罗素著:《怀疑论集》,严既澄译,商务印书馆1933年版,第60—61页。
③ 〔英〕罗素:《哲学问题》,刘福增译注解,心理出版社1997年版,第43页。

A. J. 艾耶尔指出:"罗素的知识论的出发点与洛克知识论的出发点非常相似。他认为,我们对世界的一切知识都是从感性知觉得到的这一点是理所当然的,而且他假定:'我们的感觉中所直接知道的事物'不是直截了当与我们普通认为我们知觉到的物质客体相等同的。"罗素从穆尔那里借用了"感觉材料"一词(后来又将它"断然抛弃"了),并在《哲学问题》中第一次加以使用。他把感觉与感觉材料区别开来,感觉是与直接观察到感觉材料的经验相等同的,感觉材料包括"如颜色、气味、硬度、粗细等等","只要我们看见一种颜色,我们就有一种对于颜色的感觉,但是,颜色本身是一种感觉材料,而不是一种感觉。颜色是我们所直接察觉到的东西,但是察觉本身是感觉"①。

罗素认为,没有逻辑的理由足以说明为什么感觉材料不应该独立于感觉而存在。但人们在感觉时,由于感觉者的不同对同一事物的感觉也不完全相同,例如,两个不同的人能够同时观察到同样数量的感觉材料,尽管这些感觉材料是从同一个物质客体发射出来的,但在性质上它们总不可能是相同的,这是因为两个观察者不能同时站在同一个空间地位上,因此这些感觉材料的"观相"存在差异。罗素举桌子为例:"如果我们要认识桌子,就必然凭借感觉材料——棕色、长方形、平滑等等,我们是把这些感觉材料和桌子联系在一起。"一张桌子可能对于不同的观察者呈现出不同的现象,这是因为这些观察者从不同的角度,在不同的物质条件下观察桌子的,而他们自身也有着各不相同的身体状况和心理状况。"虽然,我相信这张桌子'实际上'是清一色的,但是反光的部分却比其余部分明亮得多,而且由于反光的缘故,某些部分看来是白色的。我知道,假如我挪动身子的话,反光的部分就便不同。于是,桌子的表面颜色的分布也会有所改变。可见,假如几个人同时看这张桌子的话,便不会有两个人所看到的颜色分布恰好是同样的,因为没有两个人能恰恰从同一个观点看见桌子。"②罗素随即得出了怀疑论或者我们称之为"不可知论"的观点:"当我们在日常生活中说到桌子的那种颜色时,我们只是指:这是在通常的光线条件下,对于一个从普通观点出发的正常观察者来说,它所似乎具有的那种颜色。但是在其他条件下所显示出来的其他颜色,也都有同样的权利可以认为是真实的;所以,为了避免偏好,我们就不得不否认桌子本身具有任何特定的颜色了。"③罗素认为,同样的论证可作必要的改变之后运用于桌子的可见的结构与形状。结论是:"实在的桌子假定确实存在的话,也是不为我们所直接认知的,而必须从我们直接认知的东西中

---

① 〔英〕罗素著:《哲学问题》,第12页。转引自〔英〕A. J. 艾耶尔著:《贝特兰·罗素》,尹大贻译,上海译文出版社1982年版,第61页。
② 同上。
③ 同上书,第64页。

得出的一种推论。"①罗素还举了另外一个有趣的例子来说明自己的观点：当我们在观察一颗很遥远的星球时，我们所看见的实际并不是它当前存在的状态，最多只是它几分钟以前存在的状态。换句话说，在我们自认为看见它的时候，那颗星也许已经不存在了。②

不过，罗素虽然赞赏怀疑主义，但他所看重的怀疑是理性的怀疑。罗素对人是有理性的这一点是深表赞同的。罗素在谈到理性的时候曾言："我们很不容易弄清楚一个人所说的理性是指什么意义；或者，就是它的意义弄明白了，我们也还不容易知道这是否人类所能达到的一种东西。"实用主义侧重于意见的非理性，心理分析派侧重于行为的非理性。这两派学说引导许多人得出如下结论："世界上实在没有一种理性的理想模型，使一切的意见和行为都可以依循着它而得到好结果。"罗素认为，这种观点几乎就要引出下面的看法："假使你和我各自主张着一种不同的见解，我们用不着诉诸辩驳，也用不着去请求一个公正的第三者的公断；我们所要做的，只有用着种种的方法来打个明白，按照我们自己的财力和武力所能及的程度，或用修辞学的文饰，或用宣传的功夫，或简直求助于战争，总要使对方屈服就算了。"罗素指出："我相信这样的一种眼光是非常危险的；并且在长久的时间的进程里，这实在是足以制文化的死命的。"罗素表示相信：理性"还依旧保留着那种作人生及思想的向导的重要意义——这种重要意义，本来是往日人们相信为它所具有的"③。

关于意见中的理性，罗素指出：

> 在达到一个信仰时，一定计论到一切的适当的证据的那种习惯。倘若遇到了明确的判断不能得到之时，则一个有理性的人便要特别注重那个或然性最大的意见，而保留着其他的只具有一种可见的或然性的意见于他的心里，视为暂时的假设，预备将来也许会继续获得一些新的证据，去证明它们是较可取的。这种办法当然是先行假定：在许多事情里我们可以凭着一种客观的方法去确定什么是事实，什么是或然性；所谓客观的方法者，就是一种能够引导着两个仔细研究的人去得到同一的结果的方法。④

罗素尖锐地批评说："我们很可以广泛地立定一条原则说，反理性主义——就是不相信有客观的事实的见解——差不多永远是从那种要证实一些并无确据的事物的企望，或从那种要否认一些已有明了的事物的企望生出来。可是当人

---

① 〔英〕罗素著：《哲学问题》，第12页。转引自〔英〕A. J. 艾耶尔著：《贝特兰·罗素》，尹大贻译，上海译文出版社1982年版，第61页。
② 〔英〕A. J. 艾耶尔著：《贝特兰·罗素》，尹大贻译，上海译文出版社1982年版，第65页。
③ 〔英〕罗素著：《怀疑论集》，严既澄译，商务印书馆1933年版，第57页。
④ 同上书，第58页。

们去应付一些特殊的实际上的问题……之时,这种对于客观的事实的信念总要坚持地黏附着,随时随地要暴露出来。"①

我们还可以引用奥地利哲学家路德维希·维特根斯坦的话来解读"客观真实",维特根斯坦在《论确实性》一书中特别提到:"'我对自己的确信有着令人信服的理由。'这些理由使得这种确信客观化。"因为,"确信某件事情的充分理由并不是由我决定的"。换句话说,由独立于人的主观之外的充分理由使得人对事物的确信具有客观性,而无须借助上帝的眼光或者启示。当人们说某件事情是确实的,他的意思是说"某件事情在客观上是确实的"。那么,作为一个人来说,如何知道某件事情在客观上是确实的呢?维特根斯坦回答说:"有无数个我们认为是确实的普遍性经验命题。"举例言之,"一个这样的命题是,如果某个人的胳膊被割下就永远不会再长出来。另一个命题是,如果某个人的头被割下,他就会死去而永远不会复活。"②还有,"我们知道地球是圆的。我们确切无疑地相信地球是圆的"。"'水在 100 摄氏度沸腾'这个句子也是一样。"③我们如何知道这些命题在客观上是确实的?维特根斯坦进一步指出:

> 人们可以说是经验教给了我们这些命题。然而经验并非孤立地教给我们这些命题,而是作为大量相互依赖的命题教给我们这些命题的。如果这些命题是孤立的,我也许可以怀疑它们,因为我没有与之相关的经验。④

这里所说的"经验",当然是过去的经验。人们取得知识的来源并不仅仅是每个人的个人经验,也包括别人的经验。"这就是我们获得确信的方式,人们把它称作'有理由的确信'。"⑤维特根斯坦还举例说:

> 我(L.W.)相信、确信我的朋友在身体或头脑内没有锯末,尽管我没有感官上的直接证据。我相信这一点是根据别人对我讲过的话、我读过的东西和我的经验。对此抱有怀疑在我看来就像失去理智一样,当然这也同别人的意见一致,但是我同意他们的意见。⑥

从维特根斯坦对确实性的论证中可以看到,充分的独立于人的主观以外的理由使我们对某一事物的确信具有客观性,而我们能够获得在客观上是确实的命题的原因在于经验积累。许多经验得出的命题是经过反复实验并且经得起再

---

① 〔英〕罗素著:《怀疑论集》,严既澄译,商务印书馆 1933 年版,第 61 页。
② 〔奥〕路德维希·维特根斯坦著:《论确实性》,张金言译,广西师范大学出版社 2002 年版,第 43 页。
③ 同上书,第 46 页。
④ 同上书,第 43 页。
⑤ 同上书,第 46 页。
⑥ 同上书,第 44 页。

次实验的,它们为我们对某些事物作出判断提供了"有确定用处的工具"。

  刑事司法活动中发现和确认案件事实也是建立在经验基础之上的,我们在刑事诉讼领域同样掌握着"有确定用处的工具",并能够以此为条件得出与客观情况相符的一系列判断,近现代科学技术的及时应用,还为我们发现案件的真相提供了更为可靠的手段。案件尽管纷繁复杂,但同类事实的重复性使得人们在办理案件中的经验积累大有可为,《洗冤录》一类的书就是人们长期摸索获得经验的总结,诸如在"辨四时尸变"中,该书记述:"春三月,尸经两三日,口鼻肚皮两肋胸前肉色微轻。经十日,则口鼻耳内有恶汗流出膨胀浮皮。起肥人如此;久病及瘦人,半月后方有此形状"①。在"验火焚辨生前死后"中,又云:"凡生前被火焚死者,其尸口鼻内有烟灰,两手脚皆拳缩。若死后烧者,其尸虽手脚拳缩,口内无烟灰。若不烧着两肘骨,手脚亦不拳缩"②。这些经验为判断具体案件被害人的死亡时间、死因都提供了条件。至于现代医学的发展,更为确认案件的某些事实提供了更新、也更精密的手段。

  在当前的理论争议中,有论者强调刑事司法运作的时效性,认为在一定时空内是无法查明案件真实情况的。此一观点只注意到一个个具体案件是在相当有限的时空内进行侦查、起诉和审判的,却没有虑及在确认案件事实方面人们长期探索和经验积累所具有的跨越时空限制的连续性,忽视了人们不断积累的经验在确认案件客观真实方面所发挥的作用,忽视了独立于人的主观以外的充分的理由(司法经验、刑事科学技术和证据)使我们对案件事实的确信具有客观性,以及人们确认案件中在法律上有意义的事实的实际能力。

  有论者强调在刑事程序中认识案件事实,只能是一个在特定情况下的认识活动,这种认识不可能无休无止,因而不可能永无止境地不断向客观真实推进,这样的认识就是有限而非无限的,因此不能发现案件真相。这种强调,忽视了在刑事程序中发现的对象具有更加明确的限定性——包括待查证的事实在时间上通常并不是年代久远而容易导致事实湮灭的;查证的事实在空间上也不是难以驾驭的,案件事实发生的空间实际上是有限的,即使是跨国犯罪,发生法律意义的事实的所在地的范围也不是漫无限制的;待查证的事实是在法律上有实际意义、特别是在认定案件性质方面有不可或缺作用的实体法上的构成要件事实而不是所有的、全部的事实,也就是说,法院"只断定处理诉讼所要求的那些起作用的事实",用波兰尼的话说,"司法事实的体系被认为是由相应的法律框架造就的社会生活的一部分"③。实际上,历史传承和仍然积累中的查明案件事实

---

① 《补注洗冤录集证》,上海锦章图书局印行,第一卷第8页。
② (宋)宋慈著:《补注洗冤录集证》,第二卷第17页。
③ 〔英〕迈克尔·波兰尼著:《个人知识》,许泽民译,贵州人民出版社2000年版,第429页。

的经验以及发展迅速的现代刑事科学技术都为查明案件的客观真实提供了越来越强有力的支持,这虽然可以被认为只是提高了查明案件真相的可能性而不是必然性,但完全无视这种可能性在许多案件中向必然性的实际转化,正是将认识的相对性绝对化的明显症候之一。实际上,正像美国地区法官乔治·L.哈特辛辣地描述的那样:"我们知道被告人是有罪的,但我们既瞎又聋且哑,而且还不承认我们知道。"①

对待人的认识能力,应当采取公允的态度。我们须得承认由于主客观条件的限制,不是所有的案件都能够发现真相,也不是所有的事实都能够获知实情。在刑事司法中,不是所有的案件都能够侦破,因此有所谓"完美的犯罪"(perfect crime)的说法,这个短语所表达的是这样一种意思:"一个被称为'完美的犯罪'的案件,需要满足两个基本条件,一是必须完全达到了犯罪目的,一是犯罪人甚至没有被怀疑过。也许,人们还可以进一步说,案件发生后没有人怀疑到该犯罪已经发生;被害人表面上看去是自然死亡;珠宝似乎是遗失而不是被偷走了。如果是这样的话,则完美的犯罪应当从来没有被记录过——除非犯罪人在自己死后留了一份署名的自白"②。**在已经侦破的案件中也不是所有的事实都能够被查清,有的事实,如精神领域的事实、赃款赃物的去向和犯罪发生时的精确时间等,往往难以查清。人的认识能力具有相对性,就是指类似这样的困窘状态。**

怀疑论的观点显然给英美国家的法官们以很大影响,像在他们生前以及同时代的许多哲学家不认为一个人能够真正获知一张桌子的颜色或者一颗星的位置一样,他们也不认为在诉讼中能够发现案件的绝对真实,而认为充其量只能极大地接近发现案件的这一真实。英美国家的法官们宁愿用"排除合理的怀疑"的模糊说法来确定给一个人定罪的标准,也不愿使用"事实清楚"或者"发现案件的实质真实"这样看起来更为乐观的字眼。

既然无法用确定性的观点来订立证明标准,那么实际上就只能用或然性的观点来订立这一标准了。

在我国的证明标准研究中,一些论者受到怀疑论的影响,不承认在诉讼中人们对于不少案件事实的认识能够达到确实的程度,就是对于案件事实的判断在许多案件中能够达到与客观实际情况相符合的程度表示怀疑,加以否定。他们同样也不愿使用"事实清楚"或者"发现案件的实质真实"这样看起来较为乐观的字眼,而想要以"排除合理的怀疑"的调子较为低沉的标准取而代之。

---

① *Vital Problems for American Society*, edited by J. Alan Winter, Random house, 1968, p. 186.
② Edward Hale Bierstadt, *Curious Trial and Criminal Cases*, Garden City Publishing Company, 1928, p. vii.

二、确定一个判断是确实的还是错误的标准

坎宁亨在谈到知识的确实性的时候说过:"每一判断都是对于一个环境现象的解释。例如,一个人说:'彼处一人在作信号',这个判断便指着一个外界的确定的东西,远处所见的一个对象。判断必有其所判断之物,一切判断都不能外于这个原则。这里所谓'真实',便是一个判断与其所解释的环境现象相符之意;而所谓'错误',就是一个判断与其所要说明的相关对象不符之意。换句话说,一个判断合于它的对象就是真实的,而不合于它的对象便是错误的。"此种"真实",实为客观之真实。不过,"真实"还可以是与之大相径庭的另一种意思,即"我们所谓真实,往往便是一种心理作用,一个人相信他的判断不错的时候所具有的一种真实感情。我们时常说,一个人所承认为实在的东西,在他便是实在的东西,这里面'真实'这个名词,便是这种意义。例如,沙漠中旅行者见幻景而以为绿地在前,奔走赴之,至死不悟,在这个意味里,他的判断也可以说是真实的。这个'真实'的意义,与上面所说的大相径庭,只不过是一种心理的真实感,可以完全不需要客观的根据。在这种意义中,一个疯人的幻觉也未尝不可以称之为真实的"①。此种"真实",为主观之真实无疑。

关于客观真实②,有一个最为重要的问题需要考虑,那就是:我们根据什么标准来确定一个判断是确实的还是错误的?"假如我们不能决定判断与其所判断的客观境况怎样才是符合,怎样便是不符合,那么,我们便仍然不能够把真伪的问题得到一个满意的解决的。"对于这一问题,坎宁亨指出,存在三个标准:

其一,为自明说,代表人物为笛卡儿、洛克等,"这一派理论认为判断的确实的标准,便在于自己明显,不可疑问。有许多判断可以一望而知其真确无疑,这种判断自必承认是实在的"。自明说存在的问题是,"许多公认为实在的判断并不是显然自明的……许多判断在某一时候好像显然真实,到后却又证出是错误"③。

其二,为实用说,代表人物为詹姆士等,"这一派理论以为一个判断在经验

---

① G. Watts Cunningham 著:《哲学大纲》,庆泽彭译,世界书局1933年版,第90—91页。我国诉讼法学者围绕"客观真实"与"法律真实"打了好几年的笔墨官司。所谓"客观真实",实际上是追求人对案件事实的认识、判断符合实际发生的案件情况,因该情况是客观存在的,故称之为"客观真实"。这种真实被一些人认为是无法达到的;或者,就是达到了,也无从知道。所谓"法律真实"是指基于诉讼证据而形成的"真实"。这实际上是将人对案件事实的认识、判断本身视为"真实",则"法律真实"之所谓"真实"已经不再是"一个判断与其所解释的环境现象相符"意义上的"真实"。也就是说,在诉讼证据的基础上"一个判断与其所解释的环境现象不符"不再被直截了当地看做是"错误",反而也是"真实"。

② 认识的客观主义(Objectivismus, *Objectivism*)主张"认识的真实性是被超越理智以外的对象自身所规定;判断的真实即是判断与它以外的事物之相合性。"(宋熙著:《认识论》,商务印书馆1948年版,第174页。)

③ G. Watts Cunningham 著:《哲学大纲》,庆泽彭译,世界书局1933年版,第90—91页。

里面行之有效,就是,在智识上和实际上双方都证明满意,便是真确的判断……所以实地效用便为真理之标准……第一,这种理论承认真确的判断就是经验中实施起来有圆满效果的判断,效用便为真理的唯一的证据。第二,这种理论把所谓真实看为判断的一种际遇,一切判断都由验证而始成为真确,离开了验证而谈真理和错误,便是不可理解的。"[1]简单地说,就是凡判断使我们在经验上得到满意的结果的,该判断是真的;否则就是假的。真理的标准在于它的有用性。这里关键是一个"用"字,"真理的标准是满意的效用,所谓满意的效用,便是合式的结果",所以这一派的格言是"看结果"。[2] 坎宁亨批评说,以效用为真理的标准,这一观点是很暧昧的。真确的判断就是在经验中行之有效的判断,那么,"所谓行之有效是什么意思,所谓经验是什么人的经验?假如所谓行之有效的意义,不外乎产生适合的结果,那么,显而易明许多错误的判断反可以行之有效,而许多真确的判断却未必行之有效。其次,如果所谓经验便指个人的经验而言,那么,照实用主义的标准,同一判断便可以是完全真确而又是完全错误,因为同一判断在此一个人的经验中可以行之有效,而在彼一个人的经验中却不必行之有效。"实用主义者提出,这里所谓经验乃是指社会化了的经验,历久的经验;行之有效的意思就是产生一种结果,使实际与理智两个方面都得到满意。如果是这样的话,"实用说的标准便与一致说的标准名异而实同了"[3]。

其三,为符合说(Correspondance Theory),又被称为复见说(Repusentantion Theory)或者"仿本说"(Copy Theory)。该说认为,凡真实的观念一定是实在的好仿本,如果不是实在的好仿本,就不是真实的观念。也就是说,与实在相符合的观念、判断、印象就是真实的,反之就是错误的。[4] 有人指出:"假如说观念都是实在的仿本,在这一句话里就有问题,实在与观念分为两界。你所知道的既仅是仿本,便不能知道实在,如何能说是实在的仿本……因为假如我们不能与实在有相当的接触,便不能说我们所知的是真的还是伪的……譬如要抄书,你要知道原书才能抄,现在不知道原书,说不上你的抄本准确不准确。"也就是说,"假如我们没有直接的亲知,则我们没有方法可以知道我们所谓仿本,所谓事物与关系之符号可以能完全代表此外假定有的诸多独立的实在,更不知道我们的观念是否是实在的好仿本或好符号,或准确到什么程度"[5]。有学者指出:"供给我们认识以最坚固的妥当性的,是事物自身,它把自己摆在我目前,或是藉一种媒介物而呈现出自己,使我能发觉到它,并且加以判断,由此可知是事物自身来保障思

---

[1] G. Watts Cunningham 著:《哲学大纲》,庆泽彭译,世界书局1933年版,第90—91页。
[2] 瞿世英著:《西洋哲学的发展》,神州国光社1930年版,第284页。
[3] G. Watts Cunningham 著:《哲学大纲》,庆泽彭译,世界书局1933年版,第90—91页。
[4] 瞿世英著:《西洋哲学的发展》,神州国光社1930年版,第276页。
[5] 同上书,第276—277页。

想与自己的相合性。我们只要把判断追源到它,便不会有破坏确实性之任何合理的疑惑了。"①

其四,为贯通说,又被称为一致说,它是以系统性作为认识的标准的。该说认为,凡一判断与其他判断相容,一切判断都可以成为一个相互贯通的系统的,就是真实的知识。②"这一派主张判断的真确性的标准必求之于所要考究的判断和其他相关的判断之间的协调的关系。所谓真确的判断,必与我们的整个知识相一致,存于我们的整个知识之中,这种一致便为判断的真确性之指标。例如,'一切物体皆具引力作用'这个判断之所以为真确,便因其与我们对于外物的一般知识相合无间;而'人人皆可信任'之所以为错误,便因为和我们所得于人的其余知识不能一致。"总的说来,"一个判断如为知识的内涵,或由知识而推得,便为一真确的判断。简单说,一个判断如根据其他判断的结果,由内涵或引申而达到,便是一个真确的判断。与已知吻合一致,便是真理的表记;而缺乏这种一致,便为错误或虚空的凭证。"③用雷登教授的话说,"真理的贯通说以为真理的最后标准是许多判断的相互贯通或者说是许多判断的和谐的组织,成为一系统"。贯通说所说的判断的一致,可以分为两类,一类是逻辑上的一致,这种一致在形式逻辑和数理逻辑上最为显著;一类是事实判断上的一致,即观察事实的结果与判断相符合时该判断就是真实的。④ 不过,有诘难者指出,错误的判断往往也可以构成一个一致的体系,不过,那是指其自身含有内在的论理的一致;而其所以终为错误,乃是因为不能与我们从现实世界得出的判断相契合,缺乏事实的一致的缘故。⑤

哲学是一门复杂的学问,而认识论大概是这门复杂学问中最复杂的部分。哲学的认识论不仅仅是对已经发生的事实的认识,因此简单将哲学的认识论上的诸多学说套用到诉讼认识论之中往往会造成认识上的混乱。不过,在诉讼中,上面诸说都有一定的意义,这也是不能不承认的。在诉讼证明过程,某些事实是不需要证明的,这些事实即免证事实,而设定免证事实的原因就在于这些事实的存在的真确性是显而易见的。刑事诉讼与民事诉讼的证明标准不同,前者一般遵循着实质真实发现原则,以符合论和一致论作为自己的理论基础,追求的是裁判者对案件事实的判断与案件实际发生的情况相一致,当不能达到诉讼中所追求的这一理想结果时,考虑的是作出怎样的判断"实施起来有圆满效果",则效能论便可以补一致论之不足;在民事诉讼中,裁判者对案件事实的判断能够与案

---

① 宋熙著:《认识论》,商务印书馆1948年版,第294页。
② 瞿世英著:《西洋哲学的发展》,神州国光社1930年版,第279页。
③ G. Watts Cunningham 著:《哲学大纲》,庆泽彭译,世界书局1933年版,第95—96页。
④ 瞿世英著:《西洋哲学的发展》,神州国光社1930年版,第279页。
⑤ G. Watts Cunningham 著:《哲学大纲》,庆泽彭译,世界书局1933年版,第96—104页。

件实际发生的情况相一致固佳,不能一致,只要某一判断"实施起来有圆满效果"——能够解纷止争、稳定已经紊乱了的社会关系——这种判断便被"视为真理",所以当事人自认后,自认的事实便被接受无须以其他证据加以证实;民事证明标准也低于刑事诉讼,案件的裁判结果的形成更加容易。民事裁判者不必积极追求自己的判断与案件实际发生的情况相一致,更为注重的是判断的效用而不完全是事实的真伪。在以辩诉交易处理的刑事案件中,显然也含有效能论的意味。

一般地讲,刑事诉讼注重的是发现案件的真相,对抗制的初衷本来是试图通过控辩双方的作用与反作用来达到更好发现案件真实的目的,而所谓一个符合实质正义的判决,就是法官的判断与案件实际情况相符合,这就是符合说。但符合说作为一种标准失之空泛,需要由更有具体性的标准加以弥补。**法官的判断与案件实际情况的符合,并不意味着用已经发生过并且已经消亡了的案件本原事实来验证法官就案件事实的判断,已经发生过了的事实本身是"方生即死"的,当然无法用来验证法官事后所进行的判断,事实上,人们所说的"法官的判断与案件实际情况的符合"需要以一致性作为标志,也就是说,这种符合应当表现为判断与已知事实、经验法则、科学验证(如侦查实验、DNA 检测等)相一致、证据与证据之间总体上不存在矛盾或者矛盾得到了合理的消除、事实环环相扣、由证据得出的结论具有唯一性(不存在其他可能性)、判断在逻辑上具有一致性。达到了这样的标准,通常可以放逐了我们内心对于被告人犯罪的合理的怀疑。**

曾有学者将排除了合理怀疑的判断称为确实的判断。如我国学者柴熙说过:"我的判断的内容与事物相合,我就知道这判断毕竟是真的,毫无疑惑;因此我就能确实地承认这个判断。""像这种排斥任何合理疑惑的判断,我们便称呼它是确实的(certum certain)。"①

当然,有些案件最终被证明是错案,但在审视当初的判断的时候,我们会发现,从形式上说,错误案件的判决所依据的也是一致性(证据在表面上形成一个完整的证据锁链且不存在矛盾等),如昆明杜培武案件就是如此。因此,显而易见,这项标准(符合说、一致说)不是 100% 达到准确判断的保障,实际上到现在为止也还不能找到这样的保障,这就是罗尔斯称诉讼程序之"程序正义"为"不完善的程序正义"的原因。不过,这不意味着符合论和一致性的标准要不得,它们的功效需要由诉讼程序和证据规则加以保障,诉讼程序和证据规则的设置需要力求实质上的一致的实现。形式上的一致和不一致往往是由不真实的证据造成的,这就要求诉讼程序和证据规则的设置能够尽可能排除不真实的证据,防止

---

① 宋熙著:《认识论》,商务印书馆 1948 年版,第 35 页。

其流入诉讼程序,从而误导裁判者作出错误的裁判。

三、是否应当务必发现案件真相

要回答这个问题,必须区分民事诉讼与刑事诉讼。有学者指出:"毫无疑问,在历史上,刑事程序是从民事程序演化而来的。最初,犯罪通常被视为某种侵权行为(delieta),也视为造成私人损害的行为。直至出现了一种新的学说——无主观学说(doctrine of non subjective),许多针对个人的犯罪,才从民事违法行为中分离出来。比如,在16世纪以前,对未遂是不予以惩罚的。在历史上以致在当今,犯罪是邪恶与侵权行为的混血儿。从而,刑事程序便是民事程序的变异。"民事程序和刑事程序各自有着其自身的特点,例如:

> 在民事程序中,"查明真相"有什么作用和目的?在一个民事案件中,双方对一头奶牛或者对一块土地的所有权存在争执时,只有当事双方各持己见的情况下,查明所有权归属这一真相才有意义。若一旦双方妥协和解,这一争讼也就此了结了,而查清所有权到底属于何方也就没有必要了。但是,如果双方各持己见,并要求诉诸法院予以决断,那么,法院才对所有权的真相进行判断(即使这样,也是由双方当事人对等地提供证据)。由此,我们可以说,在民事诉讼当中,"发现实质真实"并非诉讼追求的目的,它只不过是解决争议的工具而已。在和解息讼的场合,"事实真相"则变得无关紧要了。①

不过,在大陆法系,与民事程序相反,刑事程序将刑事案件的"实质真实"视为最终目的,必须查明与犯罪构成有关的事实。英美法系则不尽然,卜思天·M.儒攀基奇曾指出:"在'冲突—解决'的诉讼模式中,对抗的双方当庭所争议的主要事实,只不过是冲突解决的手段,而不是目的。因而这种'真实'是否被查明、被揭示和被合法论证,并不那么紧要。在美国法律中,定罪是相对的事情,当事人对抗程序使得这种相对性充分表现出来,即当事的双方(国家与被告人),均可以充分表达他们各自对'真实'的理解。'"②这就无怪乎哈佛大学的德肖维茨教授有如下的观点,即:寻求真相不是刑事审判的唯一目的,由于受到诉讼时间和空间条件的制约和某些诉讼程序和规则——如禁止双重危险——的限制,真正发现案件的客观真实是困难的。德肖维茨还指出:"刑事案件中,通常我们得在情况还不明朗时就作出决定。我们永远无法十分肯定赛可(Sacco)与范昔特(Vanzett)是否杀了在鞋子工厂的出纳员和守卫;也没法确定布鲁

---

① 〔斯〕卜思天·M.儒攀基奇:《关于比较刑事法的若干法哲学思考》,载《比较法研究》1995年第1期,第68页。
② 同上书,第69—70页。

诺·豪特曼（Bruno Hauptmann）是否绑架并杀害了林白（Lindbergh）的小孩；也不清楚杰瑞·麦唐纳（Jeffrey MacDonald）到底有没有用棍棒殴打妻子与小孩致死。这些争议的案子，司法部门每一件都相当确信地加以定罪——其中两个并且执行了死刑，但怀疑仍然存在，甚至十几年后还是存在。"①

英美学者的这种观点对我国学者影响巨大，我国一些学者对这个问题的看法和措辞都与之十分相似。

实际上，在诉讼中，某些诉讼主体并不担负发现案件事实真相的责任，对于处于被告地位的当事人来说，便是如此。除非发现案件事实真相对其有利，该当事人不必为发现案件真实提供积极的条件。然而，对于侦查机关、检察机关而言，对于案件真实不能如此懈怠更不能着意掩盖。对于实行职权主义的审判机关而言，也不能在发现案件真相上表现得消极、怠惰。它们应当本着职责，在法律程序的约束下，努力发现案件真相，以期对案件作出正确的处理或者判决。当不能达到法定的证明标准的时候，在存在一定的疑问的情况下，应当毫不犹豫地作出无罪判断。德肖维茨教授所举的几个例子，表明判决后仍然抱有疑问。如果是不合理的，也罢；然而如果是合理的呢？后者恰恰表明案件没有达到清楚无误的程度，如果一个人遭到处决时尚处于这样一种裁决状态，则表明所设定的证明标准不能极大限度地阻却错案的发生，或者这一标准在执行中存在难以捉摸的问题，问题在证明标准而不是发现事实真相的努力。

作为刑事诉讼的基本主张（主义），客观真实（或曰实质真实）强调的是务必发现案件的真相，它要唤起的是人们寻求事实真相的内心驱动力，想要祛除的是在寻求事实真相中的懈怠情绪，避免案件"含糊了结"。当然，这里的"务必"不能理解为为了达到这个目的可以不择手段，寻求真相是由法律原则、证据规则和诉讼程序加以限制的，它要求的，是在程序法、证据法的限制下尽可能地揭示案件真实，达到不枉不纵的理想诉讼状态。

---

① 〔美〕德肖维茨著：《合理的怀疑——从辛普森案批判美国司法体制》，高忠义、侯荷婷译，商周出版社2001年版，第55—56页。

结　　论

证据法重在求真,它试图通过确立一系列规则和标准,建立理性求真规范,达到发现真实之目的。① 有论者指出:"夫证据法学者,即证据法中之学理与规矩,用以为审判上裁判真确之准据。凡研究此类事物证明之方法,既宜合于科学之原理,又须不背于公道之实施。美国 Thyer 教授曰:'证据法学,乃审判合于理性化之结晶,为鉴衡一切证据之科学,经悠久之经验蜕化而成。其构成之元素,非仅藉诸逻辑也。'"② 就求真而言,证据法仅逊色于刑事侦查学或者法庭鉴识科学,前者重在各种规则、标准,以各种规则规范取证、举证、采证等活动,以特定标准规范建立在各种证明手段上的判断;后者重在各种技术方法,以各种技术方法探明案件真相。

人类寻找已经消逝的案件事实的求真过程,经历了从反理性到理性的历程。神裁法是人类智识未开、理性不足情况下寻求案件真相的方法,这虽然也是解纷止争的有效方法,但即使真能借此发现案件真相,也往往出于偶然。中世纪欧洲诸国实行法定证据制度,人类在证据法方面的理性程度得到提高,一些规则也建立在经验基础之上,这套制度祛除了神裁法的反理性因素,发展了理性,但也窒碍理性在发现案件真相方面的作用。法国大革命不但使人们获得了自由,也使司法进一步理性化,在杜波尔大声呼吁解放法官的理性之后,让裁判者本着自己的良心和理性自由判断证据的证明力很快成为法国司法的现实,随后影响到其他大陆法系国家。时至今日,随着科学技术的发展和在司法领域的应用,人们对各种证据的特性和规律有了更多更深的了解和把握。人类探知案件真相的理性至此如虎添翼。

不过,证据法发展至今,经悠久经验化蛹成蝶,求真并非其唯一追求,价值之多元化已经成为当代证据法的一大特征。如今实行的某些证据规则并不利于求真,如非法证据排除规则起到的,恰是将某些真实可靠、具有关联性的证据排除,从而造成一些案件的真相从此湮灭。这类规则的存在,更有发现真实以外的价

---

① 摩根对此有不同观点,摩根云:吾人所应注意者,诉讼并非即为发现真实之科学调查,不过就当事人间发生之争执,决定判断之基础及达于判断之一种程序而已。([美]爱德蒙·M.摩根著:《证据法之基本问题》,李学灯译,世界书局 1982 年版,第 34 页。)

② 东吴法学丛书:《证据法学》,上海私立东吴大学法学院 1948 年发行,第 3 页。

值追求。对于民事诉讼来说,解决纠纷不一定都要找出案件的实质真实,求真的程度也不必与刑事诉讼并驾齐驱。

追求真实与追求真实以外的价值,成为证据法的矛盾。美国学者威廉·M.伊万曾言:"我们面临一个两难的处境。一方面,如果增加审判程序的理性以解决价值冲突,则若干对抗国家的公民权以及社会价值即受威胁;另一方面,如果往传统审判程序方向解决价值冲突,以保护社会主要价值规范的价值,则不但会阻挠理性追求真相,并会降低司法的可预期性,从而损及社会控制的功能。"他指出:"如果往理性审判程序的方向解决价值冲突,我们会付出很大的社会代价。事实问题的理性调查会干扰若干证据规则,而这些规则却是用以保障公民对抗国家独占的强制力,并保障广泛有益的社会价值。"[①]人们遇到一些存在价值冲突的案件,不免要大费周章,进行权衡,有所取舍。美国的马普案件、米兰达案件便是在这样的价值选择中作出裁决的。这种价值冲突在以后的司法审判中还会经常性地出现,价值选择也会在这种冲突的推动下经常发生。

我国当代证据制度的价值取向曾经很单一,几乎固着在求真之上。[②] 我国诉讼程序的设计,也存在片面追求真实发现而对其他法律价值保护不够的问题,特别是刑事诉讼程序的设计,例如,犯罪嫌疑人供述义务就与联合国《公民权利与政治权利国际公约》所确立的反对强迫自证其罪不协调甚至直接冲突。近十几年来星移斗转,学界的眼光大为不同,对于其他价值,已不再视若无物。证据法学研究对于过去备受冷落的一些证据规则,如非法证据排除规则,转而重视,研究者所下心力不少,成果也大为可观。虽然立法的老牛破车总不能及时将这些成果拉到目的地,成为法律条文,但理论的培土毕竟已经有了几分丰腴的模样。

不过,理论研究也并非都如仙人指路,有时想到那里找到证据法问题的适当答案竟如问道于盲。一些论者矫枉过正,又带出新的问题,如贬低证据法的求真功能,几乎把程序公正看做证据法唯一的追求,在证据法理性化发展的今天,这种观点有消解人们对真实发现的内心驱力作用。

一些论者认为所有的案件无一例外地无法发现其真相,就是发现了真相也无从知道。从这一观点出发,他们的司法正义观也发生了变化:实体正义被认为是看不见、摸不着的,人们难以把握,往往不能给出确定的评价,正如《女起解》中崇公道所谓:

> 你说你公道,
> 我说我公道。

---

① William M. Evan:《证据法的价值冲突》,郭雨岚编译,载《万国法律》1992 年 2 月 1 日,第 17 页。
② 有论者似乎认为我国过去证据法无价值论,其实单一的价值取向何尝不属于一种价值论?

> 公道不公道，
> 只有天知道。

既然如此，只有程序正义——也就是所谓"看得见的正义"——才是人们能够把握的，那么顺乎自然的结论似乎就是：只有程序正义才是值得在诉讼中努力实现和维护的。只要是程序正义得到了实现，案件的结果——无论是什么结果——都应当以其具有程序上的"正当性"而被合理地接受。在一个案件中，如果司法正义的两个方面产生冲突而必须舍弃一个，那么实体正义应当被舍弃，程序正义就此取得至上地位。

还有论者认为，既然绝对真实是不能获得的，对于事实的判定就应当以其具有某种"正当性"而被接受。这种"正当性"表现为：认定的"真实"是在合法的程序中得来的，具有（程序的）正当性和合理性，这就具备了"合理的可接受性"。① 有学者引述凯尔森的话，称"法律程序创造了事实"。

这里必须指出，在民事诉讼中无疑是可以甚或应当接受这样的观点的，民事诉讼本来实行形式真实发现主义，法院判决要受当事人意志的约束，不需要务必发现案件的真相。然而，刑事诉讼是否也可以如此呢？

我们还可以进一步思考：这样的"真实"能够被谁合理地接受呢？我们能够看到：法院可以认为其合理而予以接受，因为这一"认定"本来是它作出的；胜诉的一方当然也乐于接受，这一"认定"对于他来说总是有利的；败诉的一方也有可能接受，如果这一"认定"恰巧符合实际情况，或者虽然不符合实际情况但倘若真要符合实际情况则自己的境况将会更加糟糕；不了解案件真实情况的一般民众也会接受，他们本来是看客，诉讼结果与他们没有利害关系，谁胜谁负"干卿底事"，大不了作为一段谈资而已；立法机关也可能接受，调整社会关系的目的可以依赖这一"合理的可接受性"而达到。于是皆大欢喜，各个面露喜色。

---

① "合理的可接受性"是美国学者希拉里·普特南在《理性、真理与历史》一书中率先提出的概念，按照普特南的观点，"在真理概念和合理性概念之间有着极其密切的联系。粗略地说来，用以判断什么是事实的唯一标准就是什么能合理地加以接受"。普特南注意到，合理的可接受性和真理之间的关系是两个不同概念之间的关系，不过，他又认为事实（或真理）和合理性是互相依赖的概念，一项事实就是可合理地相信的东西，或更确切地说，事实的概念是对于能合理地相信的陈述的概念加以理想化的结果。"合理的可接受性"和"真的"是两个相互在对方身上显露真相的概念。（〔美〕希拉里·普特南著：《理性、真理与历史》，童世骏、李光程译，上海译文出版社1997年版，第2页。）值得注意的是，普特南所指的"合理的可接受性"，是指"一个陈述"（关于事实的描述）被人们认为是合理的。（前引书，第212—213页。）注意到这一点也许很重要，为了说明"合理的可接受性"的问题，普特南提出的例子便是一个对事实的描述——"猫在草垫上"。对于这个事实描述——"猫""草垫""在……上"是合理的可接受的。应当看到，所谓"合理的可接受性"不是针对事实本身，而是针对关于事实的描述，也就是说，对于某一事实的描述（使用什么样的语句）可以多种多样，但我们共同接受"猫""草垫""在……上"这些词句进行表达，是因为它们是被合理的接受的，例如，我们使用"猫"这个概念，这是因为我们认定动物和非动物的分类是有意义的，并且我们对一只动物的种属是有兴趣的。所谓不合理、不具有合理的可接受性，意味着我们无意将这些东西认定为恰当的范畴。

不过,如果这一"认定"依赖的是充分而不确实的证据并且"合理"推断出的不符合实际情况的"真实",败诉的一方得不到预期的司法救济,他是否会认同法院认定的"真实"具有合理性而予以接受呢?如果当事人举证不利遭受败诉的后果,只好自认晦气。但如果情况并非如此,而是由于证据的确实性被摈除于法院的视野之外,法院不再对自己认定的"真实"是否符合事实真相承担责任,就形成了法院怎么判都"有理",怎么判都"正当"的状态,败诉者由此失去了寻求司法公正的机会,他是否会忍气吞声、自认倒霉呢?

如果"合理"一词可以理解为可以不必是实质真实的话,那么,一个无辜者为他人的犯罪受到处罚——如阿Q为赵家遭抢一案负责——似乎也具有"合理的"可接受性。不是曾有学者提出这样的观点吗?——一个案件发生以后,真正的罪犯是谁以及他是否被抓获,并不重要,重要的是,是否有人为此犯罪承担刑事责任。如果在案件发生后找不到真凶,就找个替罪羊。做到了这一点,不了解真相的社会就会予以接受,如果经过了法律的正当程序之后,就更无话可说。

此外,据说能够被合理地接受的"真实",其具有的正当性还表现为"认定的真实是在合法的程序之中得出来的",即使某一"真实"在事实上是真实的,只要不是经由合法的程序得来的"真实",就不具有"正当性",因而就不能被合理地接受。这话在解释非法证据排除规则之类程序设置时是有一定道理的,但却失之绝对化,因为在不少国家的诉讼活动中,不是所有的违反正当程序获得的证据都要无条件地排除,也就是说,不是所有的认定的"真实"都要出自合法的程序,有些认定的"真实"就并非来自合法的程序——它们不具有程序上的正当性不也被"接受"了吗?

这一类观点实际上取消了在实体裁判上的不正义,因为没有亲历过案件事实发生过程的法官只能在提供给他的证据的基础上对案件作出判决,至于他对该案件的认定是否与事实相符合,无从得知。因此,只要法官根据的是本案所有的证据,并且遵守了法定的正当程序,判决所确认的事实就被认为是"真实"。即使后来发现这一"真实"实为"虚假",只要法官是在遵守正当程序的前提下进行的判决,他就永远是正确的,始终立于不败之地。既然没有了不正义,也就无所谓正义,正如赫拉克利特(Heraclitus)所言:"如果没有不正义,人们就不知道什么是正义了"。

于是,人们开始坐拥一种纯竞赛的观念。

诉讼本有游戏的痕迹,有人直到现在仍然将其看做是一场颇为严肃的"游戏"。

荷兰学者约翰·赫伊津哈在《游戏的人》一书中提到:早在古希腊时期,诉讼就被看成是一场法律规则约束的竞赛,"在希腊,诉讼案被认为是受固定的规则约束的一场比赛、竞赛,而且形式庄重。对阵双方最终求助于仲裁人的裁决决出胜负"。"……法律诉讼是从竞赛的形式开始的。它的这种性质直到今天仍然存在。"①我们常常可以看到,诉讼的过程本来具有一定的游戏的性质,"法律上的争讼总是服从于一套由限定性的规定所组成的系统。这些规定除了包括时间和地点的限制以外,还把诉讼案牢牢地、坚实地置于游戏的领域之内,对阵双方是按照规则来进行游戏的。我们可以从三点来看待法律和游戏之间,尤其是在古代文化中的积极联系。诉讼案可以看成是一种碰运气的游戏,一次比赛或一场舌战"②。"一桩现代诉讼案中的法庭辩论的风格和语言常常会暴露出一种热衷于争论和反驳的运动员般的激情。"③

约翰·赫伊津哈进一步指出:

> 脱离了抽象的正义观念,我们现代人是无法想象什么是公正的,尽管我们对它的理解是那么苍白无力。诉讼对我们来说首先是一种对错之争,输赢只占次要的地位。而现在如果要理解古代的正义观的话,我们需要摈弃的恰恰正是这种价值观上的成见。把目光从高度发达文明中的执法状况转移到文化发展较为落后阶段中的同类情况,我们会看到,输赢的观念,也就是纯竞赛的观念开始比正义与不义这对伦理—法律的概念显得重要起来。在古代人的观念中,输赢的观念,也就是纯竞赛的观念开始比正义与不义这对伦理—法律的概念显得重要起来。在古代人的观念中更受关注的是输赢这个具体问题而非正义与不义的抽象问题。一旦接受了这种淡薄的伦理标准,我们再向后追溯,竞赛的因素将会大幅度地增长。而且偶然的因素也会随之增长。结果我们就会发现自己处在了游戏的领域之内……人们使正义,而且是极其真诚地,服从于游戏的规则。④

当诉讼沦为输赢之争而不是是非对错之争的时候,各种形式上的要素、而不是实质上的要素就取得了在诉讼中的支配地位,诉讼就被高度地游戏化了。

这里指称的"诉讼的游戏化",是过分注重诉讼的形式而忽视诉讼的实质的倾向。在高度游戏化的诉讼中,裁判者只关心形式规则是否被恰当地遵守,而不必关心事实的真相。对于他们来说,全部职责就是根据一套形式规则来裁决谁胜谁负。裁判者决定胜负却又无须为发现案件真相负责,法官就取得了超然的地位,成为诉讼中既有权威又不必负重的角色。他所要回答的是谁胜谁负并且加以解释,至于他的判决是否符合事实真相,他不知道,当然也不必关心。他泰然处之的境遇乃是一个纯竞赛的世界。

---

① 〔荷〕约翰·赫伊津哈著:《游戏的人》,多人译,中国美术出版社1996年版,第82—83页。
② 同上书,第84—85页。
③ 同上书,第84页。
④ 同上书,第85页。

在一场纯竞赛的诉讼中,许多律师所追求的也许就只剩下胜诉,无论这种胜诉是否符合自然正义(natural justice)。正如一位美国律师说的那样:"最令人兴奋不已的是你有错时打赢了官司!"① 为了赢得胜诉,律师则凭借其绕开规则付诸实施的不正当行为而陷入道德危机之中。②

在辩护律师的眼里,刑事审判绝不是单纯地追求真实,辩护律师也没有责任去揭示真相,除非真相对本方有利。这是无足为怪的。对于其他诉讼主体来说,说刑事审判不是单纯地追求真实,也是对的;但不是"单纯"地追求真实与完全不追求真实,却是不能混为一谈的,否则诉讼就与一场游戏无异了。

耐人寻味的是,受到大陆法系观念熏陶的我国民国时期的刑事诉讼法学者,对于过分注重各种形式上的、繁琐的诉讼规则和证据规则有着近乎本能似的排拒,在刑事诉讼中颇重视发现案件的真实情况。③ 从总体上说,他们对于案件真实情况寄予了很大关注,似乎也没有对能够发现案件的实质真实的信念产生过怀疑。但在民国时期,即便是主要取法大陆法系,诉讼中也不可避免地带有某些游戏的成分,如法袍的穿戴等等,就是显著的例子。

诉讼中完全弃绝了游戏的因素而专注于诉讼的实质,却是由新型的社会主义司法的代表马锡五在大槐树底下完成的,这种诉讼针对的是户婚财产方面的纷争,它不拘任何诉讼的形式,几乎完全抛弃了诉讼中具有强烈游戏性质的形式因素,其息解纷争的便捷性受到一般民众的拥戴,"马锡五审判方式"至今为中国的法学者耳熟能详。与马锡五审判同时进行的,是一些以群众大会形式进行的刑事审判,此种审判将法庭审判的游戏因素破坏殆尽,同时将群众运动的许多因素填充进来做了补充,而每次群众公审都因不可避免地带有表演成分而成为show trial(审判秀)。

如今人们似乎意识到,诉讼毕竟具有一定的仪式性,案无大小,事无巨细,都采取负曝听证、倚树审判的方式就完全抹去了司法的各种符号,而司法的各种特定符号的缺失可能使诉讼失去某些形式上的功能,如审判的严肃性和刻意营造的公正气氛因此被荡涤殆尽。中国的法律部门调整法庭布局,增设各种"正义的行头",制定各种形式的规则,取消带有军事法庭色彩的大檐帽,这种种变化,是重新找回诉讼的传统程序的举措,在社会中广受瞩目。不过,在进行各种形式上的"革新"之时,纯竞赛的观念可能会蹑足而来。为此人们需要自我提醒,那就是:诉讼形式方面的变化固然是需要的,但是更重要的,是司法的实质正义。

日本学者石井一正曾经中肯地指出:"证据法中,无论是涉及民事诉讼、刑

---

① 原载 R. J. Gerber, *Lawyers, Courts, and Professionalism*, p. 103。转引自黄列:《美国律师在诉讼中的道德危机》,载《外国法译评》1996 年第 2 期。
② 参见黄列:《美国律师在诉讼中的道德危机》,载《外国法译评》1996 年第 2 期。
③ 我们可以在梅汝璈先生所著的、未及完成的关于远东国际军事法庭审判的书中领略这一反应。

事诉讼还是行政诉讼,都反映出这些诉讼程序的一个基本理念,即所有的诉讼程序中的证据法都存在着一个共同的基本理念。作为一项存在于各个诉讼程序的证据法的基本理念,首先应当明确的是,在诉讼程序中,对于构成审理对象的过去的一定事实的正确认定(发现真实)……人民对于法院寄予的最大希望就是准确地对事实作出认定,这一点是谁也不能否定的。"①

这正是我们在审视、思考证据法时应当深思的。

---

① 〔日〕石井一正著:《日本实用刑事证据法》,陈浩然译,五南图书出版公司2000年版,第8页。

跋

古人称词为"诗之余"[①]，曲为"词之余"。作诗闲暇偶尔填词，填词闲暇偶尔弄曲，起初并没把它当个正业看待。至宋而词兴，至元而曲胜，方知楚辞唐诗宋词元曲汉文章，本无高下之别，谁也别看不起谁。几十年来，吾国之证据法学，大可称为"诉讼法之余"，诉讼法学者精研深究诉讼法之余暇，偶尔涉足证据法领域——说是涉足，大多不过是涮涮脚而已。如今偶有实体法学者发现实体法与证据法亦可眉来眼去调调情跳跳舞，对证据法发生一点兴趣，探出头来在证据法食槽里啃上几口草料，毕竟非常人有非常之志，然非常人有几人欤？

以证据法在诉讼中之重要性，受此冷落，实在不应该。

好在近十年来，证据法学经过不短时间的沉寂后，搭着虚晃一枪的立法传闻，很是繁荣了一阵。虽然法是不立了，从上到下司法机关制定的证据规则却是开了锅冒泡似的层出不穷。这个过程虽然热闹，却也暴露出我国证据法"负债"太多，无论学者还是司法人员，对于证据法还有许多盲区没有廓清，文章论著、制定的规则都有许多马脚露在外面（笔者在写作本书时，就不免因此心生忐忑）。

我国之证据法浅显简陋，与英美之证据法繁密复杂，恰成对比。并无夸张地说，证据法，实际上已经成为我国司法的软肋（司法软肋一定不止这一个），或者西方人常说的"阿基里斯之踵"。学者缺乏精准把握；教学不予应有重视；虽然通过国家司法考试，身披法袍执槌司法，然不知证据关联性为何物的法官并不在少数，这一切都是真正令人心忧之处。诉讼中许多惯性，使得证据以及相关技术规则的重要性没有得到凸显，我们的司法显得粗鄙，又何足为怪？

从长计议，司法要摆脱强加于它的各种羁绊，要真正走向健康和公正，要取得公信力，就不能不重视证据和证据法。这对法律界人士的专业水准要求也会很高，假如到了那个时候，打官司靠的，端的是证据、事实和法律，证据和证据法的作用以及受青睐程度一定与当今迥异。如果你做法官、检察官、律师，你案头上放的，包里揣的，手上拿的，一定有证据法；你在准备诉讼、参加审判、作出裁决时，眉头紧皱、时常思索的法律之一，一定是证据法。

这一天，也许会蹑足走来。

[①] 清代况周颐对"诗余"有不同理解，（清）况周颐著：《蕙风词话·蕙风词笺注》，巴蜀书社2006年版，第27—29页。